北京画院美术馆年鉴

（2005—2008）

北京画院 编

文化艺术出版社
Culture and Art Publishing House

图书在版编目（CIP）数据

北京画院美术馆年鉴：2005～2008／北京画院编.
—北京：文化艺术出版社，2010.1
ISBN 978-7-5039-4176-4
I.北…　II.北…　III.美术馆-北京市-2005～2008-
年鉴 IV.J12-28

中国版本图书馆CIP数据核字（2010）第001848号

北京画院美术馆年鉴（2005—2008）

编　　者　北京画院
责任编辑　董瑞丽
设计指导　海　洋
设计制作　北京锦绣东方图文设计有限公司
出版发行　文化艺术出版社
地　　址　北京市东城区东四八条52号
邮　　编　100700
网　　址　whyscbs.com
电子邮箱　whysbooks@263.net
电　　话　010-64813345　64813346（总编室）
　　　　　010-64813384　64813385（发行部）
经　　销　全国新华书店
印　　刷　深圳雅昌彩色印刷有限公司
版　　次　2010年5月第1版
印　　次　2010年5月第1次印刷
开　　本　787×1092毫米　1/8
印　　张　67.125
字　　数　840千字
书　　号　ISBN 978-7-5039-4176-4
定　　价　358.00元

目 录

研 究

研讨会

典　藏

教　育

讲　座

交　流

纪　事

序 一

王明明

北京画院美术馆于2005年建馆，时至今日，已有近四年的历史。

北京画院美术馆隶属于北京画院，其建馆初衷就在于画院收藏有大量的中国书画精品，我们应该设立专门的美术馆为这些经典艺术提供一个陈列和展示的平台。北京画院雄厚的收藏为画院美术馆的藏品陈列提供了极其丰富的资源，同时也为美术馆功能的拓展提供了广阔空间。正是在北京画院规模化的藏品基础上，画院美术馆经典作品的展示、学术活动的开展、社会职能的履行才更够实现。

目前，就北京乃至全国范围内的美术馆而言，普遍存在一项重要的运作缺失，即长期基本陈列的缺位——美术馆以短期临时性展览支撑运营，展览组织、策划工作相对简单，学术深入程度有限。长期陈列是维系一个美术馆长久生存和发展的基石所在。作为收藏、研究、展示、普及教育的公益性美术事业机构，美术馆有责任对馆藏作品进行有计划、有步骤的长期展示，以达到宣传、展现地域、民族、乃至国家美术历史发展最高水平的目的。这不仅有利于民族文化的传承和发扬，同时也有利于培养公众高品位的审美眼光。从这一层面来讲，北京画院美术馆的成立正是对整个中国美术馆界陈列展览缺失的有效补充。从开馆伊始，我们以研究为依托，以收藏为根本，根据不同专题将齐白石的作品分为10个系列陆续陈列展出。令观众有充分的时间来欣赏、领略齐白石大师的艺术风采。

传统文化是一个国家和民族历史创造的集体记忆与精神寄托，它维系着古老民族的血脉和尊严，积淀着祖辈千百年来的智慧和勤奋。然而时下，西方艺术形态的不断渗透已对中国传统文化构成一定程度的冲击，艺术界目前存在的一些问题令人堪忧：不仅有假大空的低级俗套，更有远离中华文化本体的心猿意马，甚至有人把否定传统文化当作前卫，结果造成中国当代艺术的光怪陆离和不知所云。人们丢弃了中华文化的人文精神，把艺术变成追名逐利的低级趣味工具，障蔽了艺术家的慧眼，失去了慧根。

文化的传承是一个耳濡目染的过程，需要一定的环境和条件。而历史文脉一旦断裂，青年一代就再没有机会接触传统文化，他们与传统文化的陌生感也会随之增强。从文化战略的角度来讲，对于传统文化，继承是最好的保护，发展是最深刻的弘扬。如果一个国家、一个民族都不重视祖辈们代代传承的艺术经典，那么这个民族的文化又怎能获得外国人的尊重与赞叹？国外很多国家在这一点上做得很好，他们会把传统的文化艺术放在至高无上的位置，让那些来参观的人不得不去顶礼膜拜，不得不去敬畏、去景仰。当我们参观卢浮宫、大都会的时候，能够令我们心灵悸动、情感振奋的不是别的，正是这个国家所涌动的民族力量，是经过日月朝夕不断累积的传统精萃。然而，回过头来反观我们自身，作为一个美术馆人或者博物馆人，如果都不去敬重、守卫我们的经典艺术，那么在不久的将来，这些优秀的传统文化很有可能被边缘化、被那些所谓的当代潮流所吞没。如果中国没有一个阵地来展出自己的传统艺术，那么中华民族的文化根基将会动摇，几千年的历史文脉也将断裂。因此，北京画院美术馆始终坚持自己的学术定位，把陈列和研究齐白石艺术，展示和发掘20世纪中国经典美术大家作为目前以及日后工作上的中心、重心。

三年多以来，画院美术馆做了很多这样的工作，推出了“北京画院秘藏齐白石作品系列特展”、“二十世纪中国美术大家系列展”等展览，这些展览不仅得到了业界人士的认同，同时也得到了社会上观众的接受和满意。虽然这种学术性展览所要花费的人力、物力往往会超过十场临时性展览。但即便如此，画院美术馆依然会坚持自己的运作标准，因为这是美术馆作为一个公共文化服务设施所必须承担的责任和义务。经营北京画院美术馆的团队成员都有一个共识，那就是：要打造一座美术博物馆，而不是单纯的美术展览馆。

有感于这样的文化职责，北京画院美术馆又将目光投向更为广泛的艺术领域。因为社会的信息是多元化的、公众的需求是全方位的，所以美术馆提供的知识量、涉足的范围也要随之增加和扩大。美术馆的经营者不应以自己的好恶作为美术馆发展的航向和标准，而应面向公众，选择那些在美术史发展和传承中有价值的、值得宣传的，甚至由于功利性原因很少有人提及的艺术作品来研究和进行传播。近年来，画院美术馆跨越了绘画领域的局限，不仅在展览形式和内容上丰富了自身，同时也令美术馆的审美教育功能趋于完善，满足了观众不同层面的文化需求。

如今，在中国还没有形成一种去美术馆、博物馆欣赏和消费的习惯。究其原因，与现今美术馆的功能、环境尚未做到以人为本有很大关系。仅仅建立展览空间，而缺少休闲、教育等公众非藏品空间，这其实是一种服务意识的冷漠，一种与观众互动行为的弱化。由于没有参与性的吸引和休闲性的舒缓，观众也就无法在美术馆中做长时间的停留。北京画院美术馆的规模虽然不大，但一直以来都十分强调在工作中贯彻服务意识。今后我们仍要将美术馆的教育与服务功能作为日常工作的重心，注重观众的开发与维护，注重与其建立良好的沟通与互动关系。

一路走来，北京画院美术馆的价值正逐渐被社会所认可，许多人已经形成一种意识：要看齐白石的作品、要看经典的艺术之作，就要到北京画院美术馆。尽管这里的场馆空间并不大，但我们却为社会提供了一种服务：让希望看到齐白石作品、希望看到经典艺术展览的观众有处可去。提供条件让艺术爱好者在观看艺术精品、感受中国传统文化的过程中实现心灵上的净化、境界上的提升。

序　二

吴洪亮

美术馆是人类创作成果得以积淀和展示的重要场所，同时也是社会文化记忆得以传承和创新的坚固阵地。它所承担的职责和使命就是要对人类过往的历史活动、文化事件，乃至生与死的观点保持一种记录，以说明曾经发生或者正在发生的事情，并将对事情的认识传达给更广泛的人群。而一个美术馆所选择的收藏内容和展示途径，恰恰可以呈现出它对这种言说方式的观点和态度。

北京画院美术馆从建馆至今虽然只有不足四年的历史，但北京画院却在时代风雨的洗礼中屹立了半个多世纪。50余年来，伴随着政治浪潮、机构变迁和人员更迭，北京画院一步步走到今天。如今回首望去细数这些脚印，我们发现它的目标是明确的，足迹是清晰的，那就是对传统优秀文化艺术的继承与发扬。这是一种以传承为基础的创新，而不是靠颠覆前人来实现的自我创造。隶属于北京画院的美术馆同样体现着这样一种态度：从“北京画院秘藏齐白石作品系列特展”到“二十世纪中国美术大家系列展”，以及这期间大大小小的美术展览，其实都在诉说一种认识，即我们对中国传统艺术的敬畏与崇拜以及对20世纪以来那些经典美术大家的尊重和青睐，而这正是现今艺术市场中很少有人去顾及或者愿意涉足的领域。从这一点来看，可以说北京画院美术馆作为一个研究机构、一个公益事业单位尽到了它应尽的责任和义务。

基于北京画院院藏齐白石作品的丰富性与完整性，画院美术馆根据题材将这些作品划分为10个专题陆续陈列展出。这项规划将持续五至六年的时间，我们希望能够借此以呈现出齐白石的艺术全貌。到那时，不断累积后的经验所代表的价值将是不可估量的。“陈列”是一个美术馆文化态度最持久、最准确的呈现。北京画院美术馆之所以会选择以一种长期陈列的方式来向公众展示白石老人的艺术成就，正是出于他在20世纪中国画坛中举足轻重的艺术地位。因为任何人想要了解这一时期的中国美术史都不可能绕过齐白石单独实现，而我们在展示方式上的价值和意义就在于此——让喜欢和研究齐白石的人随时可以看到他的作品，随时可以与之对话，感受大师的熏陶。此外，画院美术馆还将在接下来的工作中，配合展览的概念编辑一套齐白石艺术全集，这些工作与努力都在向社会说明，作为公共文化服务重要设施的美术馆，我们的功能性和社会价值是什么。

在展览的策划和操作中，为了避免单独呈现个人作品而造成的孤立感以及对艺术发展脉络叙述的不完整，画院美术馆采取了以齐白石艺术为中心做发散的方式。以20世纪中国绘画发展历程为经，以活跃于各时期、各地域的美术大家为纬，从横纵两个方向出发，用系列展的形式来呈现20世纪中国绘画艺术的全景。在营造富有中国传统人文环境的基础上，全面展示中国画的文化内涵和艺术风采。

在对20世纪美术大家进行梳理的过程中，一个现实令人忧心和焦虑：那些曾经在画坛中做出卓越贡献，取得显著艺术成绩的大师们，如今正在从公众的视野中渐渐隐去。而当我们亲自接触到这些艺术作品的时候，那种从心底涌出的感动是令每个人都记忆犹新的。这种感动、这些大师所创造的艺术价值，还有他们不该被历史遗忘的不争事实，正是我们愿意花时间和精力去进行研究的不竭动力。从启功、姚有多，经任率英、于非闇，再到胡佩衡、陈半丁以及2009年所策划的李斛作品展，如今“二十世纪中国美术大家系列展”已经成功地举办了七次。它所呈现的不仅仅是艺术风格的发展与演变，还有北京画院美术馆身为一个公益机构在对待传统文化和社会公众时所应该持有的态度。通过对胡佩衡艺术人生的研究与发掘，策划决定将其主线定位于胡佩衡对中国传统艺术的传承，并以“画范传灯”作为展览的名称。基于此种认识，展览展出了胡佩衡大量的课徒稿，并将其作为主体重点突出。这种展示内容让观众对胡佩衡的艺术有了新的认识，一定程度上填补了过往大家在当前文化语境中的研究空白。此外，为了筹备“开篇大作——人民英雄纪念碑落成五十周年纪念展”，负责人员持续了三年时间的采访工作，从各方人士手中征借到大量实物资料作为展品基础，并亲自登上纪念碑拍摄到第一手影像资料。以文献展的形式，较为全面地反映了人民英雄纪念碑建造始末的历史过程。在纪念碑落成50周年的历史契机下，展览将其背后一些鲜为人知的故事和信息传达给观众。这并不是对一个历史事件的简单回顾，而是要从艺术本体、从社会学的角度来探讨纪念碑在现今的社会价值和对公众的意义。此外也从另一个角度证明了北京画院美术馆并没有停留于对中国画或者绘画范畴的局限，而是从更广泛的角度参与到对社会的审美教育中来。

立足于自身的体量和规模，北京画院美术馆需要在展览形式上做得更有特色。为此，我馆将目标投放到将展览专题做细做精，并借用这些专题来促成中外以及馆际之间的交流活动，通过与不同地区美术馆的互动，以扩大自己在社会中的影响力度，从而延伸展览空间，有效弥补美术馆由于展场面积所带来的制约。2008年，北京画院美术馆在武汉策划的“天机自得——齐白石的笔下画境”就作为武汉美术馆开馆大展的重要内容。展览将齐白石的图稿与作品以对照的方式进行展出，得到了武汉观众的热烈反响，带来了很好的社会效应。又如“开篇大作——人民英雄纪念碑落成五十周年纪念展”在北京首展之后，又陆续被邀请到上海、深圳、湖北、天津等地进行巡展，每到一处都会引发当地的轰动。不仅如此，通过展览我们还获取到更多有价值的信息，从而使后续的展览内容更加丰富。

如今，我们着手于对以往工作的梳理，出版了北京画院美术馆的第一本年鉴，它的意义就在于表明北京画院以及美术馆一直以来的学术立场和观点。由于我们没有趋同于社会中的热门展览，而是希望通过有价值的研究，让关注近现代美术史的人来重新认识20—21世纪艺术作品的演变过程。这就决定了我们需要以一种渐进的方式来树立美术馆的品牌，需要用很扎实工作来实现美术馆界和公众对北京画院美术馆的认知和肯定。恰恰是这种积淀才可以显示出我们对传统文化所一贯坚持的态度与担当的责任。

北京画院美术馆2009年工作规划

北京画院美术馆建馆三年多以来，相继策划筹办了一系列在专业领域以及社会公众中具有重要影响的大型展览，为弘扬我国传统文化、推进首都美术事业发展、丰富北京地区群众文化活动做出了积极贡献。三年来的工作实践中，北京画院美术馆不断更新工作理念，调整工作模式，完善工作体制，逐渐形成了成熟的办馆理念和准确的学术定位，打造出富于特色的文化品牌，在专业领域的影响已基本形成。2009年是新中国成立60周年，也是北京画院事业发展蒸蒸日上的关键之年，北京画院美术馆拟于年内开展以下几个方面的工作。

一、以展览为主导，拓展开发多渠道、多层次的工作模式，强力打造齐白石文化品牌，使北京画院美术馆成为齐白石艺术收藏、展览、研究的重镇。继续组织策划“北京画院秘藏齐白石作品系列特展”，拟于年内筹办“齐白石书法”以及“齐白石果蔬题材绘画”艺术专题展。通过展览、出版活动推进齐白石艺术的深入探索，组织学术力量专门开展齐白石艺术专题研究，保持在国家级核心期刊发表研究成果的数量和质量。不断更新展览理念，拓展展览模式，提升展览质量，为社会提供鉴赏齐白石艺术的渠道，保持齐白石艺术的社会影响力。启动“齐白石国际研讨会”的筹办工作，增强齐白石艺术在国际范围内的影响力。加强齐白石文化的推广普及工作，启动“齐白石故居”修缮改造，把雨儿胡同开发成为集纪念旅游、艺术鉴赏于一体的文化场所。

二、紧扣北京画院基本学术定位，围绕国家重大政治时事需要，依托北京画院的藏品资源，组织策划大型专题系列展览。不断拓展完善“二十世纪中国美术大家系列展”的策划工作以及展览模式理念，通过出版研究专著，在重要期刊配合发表研究专论、开办艺术史话专栏、召开学术研讨会、举办学术讲座提升学术品味，打造成为北京画院的重点学术品牌。拟于年内再举办李可染、周思聪、吴作人、庞薰琹、董希文等五位20世纪重要美术大家的专题艺术展览。同时重点筹备纪念建60周年系列展览，包括长征题材和土改题材的艺术展览，重点推出反映北京地区美术事业发展、新中国伟大成就的艺术展览。

三、进一步拓宽展览范围，完善美术馆社会职能。广泛开展馆际交流合作，丰富展览品类，举办当代艺术家的展览。深入开展美术馆教育活动，建立加强与重点学术期刊、收藏机构、研究机构、文物部门、艺术院校、新闻媒体之间的联系，通过互相成为学术支持单位、共同组织筹办展览，从而增强与相关机构之间的互动，整合多方资源，拓展活动空间，增强综合社会影响力，丰富观众文化生活，彰显北京画院社会公益性质。

四、加强体制队伍建设与硬件设施建设。进一步加强内部体制队伍建设，在实践中完善各项工作体制，健全岗位设置，提高人员工作能力素质，吸纳培养业务骨干，引进专业精尖人才，做好新进人员的培训工作，锻炼一支美术馆工作队伍，为将来的北京美术馆积蓄力量，奠定坚实的组织基础。年度内完成智能灯光控制系统改造工程以及美术馆七层“空中花园”建设工程。装置红外感应灯光系统，使绘画作品既有足够的观赏条件，又能最大程度地减少光线对展品的损害。多样的控制模式以及讲解模式照明控制系统，配合展板或展柜多种布展方式照明，适应不同的灯光效果需求，达到多样性的展出效果，实现更好的观展需要。七层“空中花园”的建设将进一步增加美术馆的综合功能。

新的一年，北京画院美术馆将继往开来，奋发有为，使各项工作再上台阶，充分发挥社会公益职能，为首都文化事业发展贡献力量。

2008年12月

管理与建设

北京画院美术馆综述

北京画院美术馆隶属北京画院，坐落于北京市朝阳区北京画院院内，毗邻风景秀丽的朝阳公园，为北京城东区的重要公共文化设施。北京画院美术馆是不以营利性为目的、为社会和社会发展服务、面向社会开放的公益性文化设施。其立馆初衷是发掘传统艺术精华、展示精品画作，关注时下中国传统艺术的变革与创新，为那些逐渐在人们视野中淡去的20世纪美术大家搭建舞台，肩负起一个公益机构、一个研究机构应有的责任和义务，为梳理和构建首都地区美术史发展脉络、繁荣首都地区文化事业发展贡献自己的一份力量。

北京画院美术馆以长期陈列齐白石的作品为特色，以收藏、研究近现代京派绘画为方向，是集收藏、研究、陈列展览、教育、交流和服务为一体的现代造型艺术博物馆。北京画院美术馆致力于传承近现代文明中最精华、最有代表性的艺术内涵，推动北京地区美术创作的发展；致力于增强北京文化在全国乃至全世界的认同，完善北京作为文化中心的公共文化服务功能；致力于提升北京文化生活品位，促进北京市社会主义精神文明建设。北京画院美术馆在办馆理念上体现了民族性与现代性的和谐统一，顺应了北京经济发展和群众文化需求日益增长的趋势。

北京画院美术馆于2005年9月21日正式开馆，迄今已有四年的历史。依托于北京画院雄厚的藏品资源，自开馆至今，北京画院美术馆已举办了“草间偷活”（草虫）、“自家造稿”（人物）、“借山娱目”（山水）、“梅菊远思”（梅兰竹菊）、“草泥乡里”（水族）、“花能解语”（花卉）六个齐白石系列作品专题展，并有“新诗自书”（书法）、“决不回刀”（三百石印）、“清白传家”（蔬果）和“人生若寄”（手札）四场展览正在筹备中。能举办齐白石系列作品展得力于北京画院丰富的齐白石作品收藏，这里有齐白石的绘画、书法、石印、手札等珍品1900余件，它不仅是北京画院美术馆的一大优势，也使其在国内外具有了不可替代的独特美术馆特色。北京画院美术馆不仅会继续推出齐白石的作品展览，也会从4000余件宋元以来的书画藏品中推出新的展览以供观者学习借鉴。当然，承接当代书画展览将是北京画院美术馆的重中之重，毕竟艺术当随时代。要担负起引导中国书画潮流的机构重任，美术馆必然要与当下的书画创作紧密相连。

北京画院美术馆已先后举办了多次具有较高学术价值的美术展览，如“和而不同——北京画院院藏人物画作品展”、“造化与真情——姚有多水墨艺术纪念展”、“疎影留香——北京画院院藏于非闇作品展”、“纸上春秋——陈半丁中国画精品回顾展”、“开篇大作——人民英雄纪念碑落成五十周年纪念展”等。通过组织这些高品位的美术展览，以及相关的学术研究工作和陆续推广的美术教育活动，极大地提高了北京画院美术馆的知名度。此外，北京画院美术馆注重策划举办现当代中外画家专题展览、学术研讨及国际美术交流活动，使北京画院美术馆已成为首都地区弘扬中华文化传统，促进中外文化交流的重要平台。

北京画院美术馆建筑面积4600平方米，一至四层共设四个展厅，展览面积1167平方米。由于外部采用通体镀膜钢化玻璃设计，保证了美术馆内的自然采光以及视野的通透。美术馆第一、二展厅主要用于承办各种临时性艺术家个展以及专题展览，第三、四展厅主要用于长期陈列北京画院收藏的齐白石艺术精品。第一展厅面积255平方米，入口处设有服务台，为观众提供存包、导览册发放、语音导览等服务。第二展厅面积362平方米，展厅外备有多媒体影音播放，可配合展览拓宽展示外延，调动观众参与兴趣，使其能够对展览背景与内容有广泛而深入的了解。第三、四展厅面积均为275平方米，其中第四展厅按照齐白石在雨儿胡同的故居，复原了白石老人的画室，让观众得以近距离地接触并走进这位大师的艺术世界。

此外，二至四层均设有观众休息席，三层开辟了积学书屋（纪念品、书店与教育空间），负责销售北京画院出版的书籍、各种艺术类图书、画册、文学著作，以及根据美术馆藏品所制作的艺术衍生品，同时这里也是开展教育活动的空间。畅怀轩（餐饮服务区）位于美术馆四层，环境优雅，为观众提供了高品质的服务以及舒适的休息与交流环境。五、六层还设有各种中小型会议厅、贵宾室、接待室，为举行各种会议，接待重要嘉宾提供了场地与设备服务。美术馆五层的多功能报告厅，配有扩音、音响、灯光、电视录像、幻灯以及同声传译等先进设备，可容纳上百人，适用于各类学术讲座以及研讨交流活动。目前，美术馆还在顶层露台建设“空中花园”，此项工程以齐白石的“借山馆”为原型建造，届时将会营造出游鱼流水、山石掩映、鸟语花香的宜人环境，令人犹如置身于画卷之中。

按照国家GA27−2002《文物系统博物馆风险等级和安全防护级别的规定》，北京画院美术馆属于三级风险单位，并以展厅为主拥有三级风险部位。为了最大限度地保障展厅内展品和参观人员的安全，北京画院美术馆投入大量资金和人员，打造了一个拥有国家一级防护要求的安全防护技术体系，做到无间断追踪和无监控死角。北京画院美术馆每天24小时，全年无间断时开起全部三层技术保障系统，对美术馆内外实施严格监控。执行严格的闭馆布控制度，闭馆之后任何人不能随意出入，并采用三级密码控制制度，随时更换密码，杜绝了内外部的侵入可能。根据《中华人民共和国文物保护法》、《博物馆安全保卫工作规定》和北京市文化局的要求，结合北京画院美术馆的实际情况，我们制定了一整套以预防为主，强调“人防”、“技防”和“物防”相结合，切实可行的美术馆安全保卫制度，包括周界红外对设系统、电子监控系统、电子巡更系统、室内感应报警系统和恒温恒湿系统。此外，北京画院美术馆的两个库房均安装有恒温恒湿设备，并有专人监控（温度20℃±2℃，湿度50%±5%）。仓库安全设备也先进到位，一方面，红外线摄像头24小时实时监控，库内外无死角；另一方面，烟火感应器、防爆灯、气体灭火装置齐全，在最大限度上做好了藏品的安全防护措施。为适应情况的变化，在工作中，北京画院美术馆还形成了一套“动态制度调整模式”，即注意时时进行总结，使得美术馆的安全制度愈加合理与

北京画院美术馆

完善。可以说，北京画院美术馆在安全保障工作方面尽其所能地实现了规范化、科学化以及安全化。

北京画院美术馆下设办公室、策划部、展览部、教育部、对外交流部、技术保障部等部门，力求建构美术博物馆的功能性。在建馆四年多的时间里，各部门在馆长的统筹和协调下，分工与配合日益完善，各部门职权明确，大大推进了北京画院美术馆的发展进程。馆内各功能区划分清晰、布局合理，满足了陈列、展览、艺术交流、会议、休闲等多种功能的需要。

北京画院美术馆以展览为主导、拓展开发多渠道、多层次的工作模式，强力打造齐白石文化品牌，使北京画院美术馆成为齐白石艺术收藏、展览、研究的重镇，为社会提供鉴赏齐白石艺术的渠道，拓展齐白石艺术的社会影响力。紧扣北京画院基本学术定位、围绕国家重大政治时事需要、依托北京画院的藏品资源，北京画院美术馆组织策划了大型专题系列展览，将“二十世纪中国美术大家系列展”等主题性展览打造成为北京画院美术馆的重点学术品牌。北京画院美术馆在接下来的工作中将进一步拓宽展览范围，如广泛开展馆际交流合作以丰富展览品类、举办当代艺术家的展览等。北京画院美术馆将通过深入开展美术教育等活动彰显北京画院美术馆的社会公益性质，丰富首都地区观众的文化生活、增强美术馆的综合社会影响力。

在北京城里，北京画院美术馆以其高尚典雅的艺术环境、独到的展陈构思、精美的展品、清晰的展线为观众在繁华的都市中开辟了一块洗去浮尘、净化心灵的艺术圣地。

美术馆形象推广

于　珊

从世界范围来看，当下艺术博物馆的功能正在由“展品陈列”向“观众服务”转化，这说明随着社会经济的日趋繁荣，人们对文化消费提出了更高的要求。这不仅是对美术馆经营理念和展览方式提出挑战的时刻，也是对美术馆发展壮大提供新机遇的时刻。将学术性与公益性作为品牌核心定位的北京画院美术馆，期望在公众心目中树立有特色、有亲和力的现代形象，因此北京画院美术馆不仅坚持使用形象广告、媒体宣传等传统推广形式，还从传播策略层面入手，运筹新的推广形式，努力赢得公众的兴趣、关注与支持。

品　牌

所谓“品”，是指“品质、品位”；所谓“牌”，是指“可感知的符号”。有语“有品无牌跑龙套，有牌无品成被告”。依托有半个多世纪历史的北京画院，北京画院美术馆具有历史根脉和资源基础两大先天优势，可以说品质和品位都拥有保障，关键就在于如何去推广和被公众识别。品牌识别包含理念识别（MI）、行为识别（BI）和视觉识别(VI)三部分，理念识别，指蕴涵在符号和行动中的品牌文化内涵和品牌精神特质；行为识别，指由统一的品牌理念指导下的行为活动，其侧重的是一种行为过程；

北京画院美术馆标志

北京画院网站载入界面

视觉识别，指符号化、具体化、视觉化的品牌传达形式，其项目最多、层面最广、效果最直接。美术馆的品牌识别不仅包括了美术馆的名称、标识、标准字体、色彩、空间环境、展览陈设、导视系统、公关用品和纪念商品，还包括了其服务人员的行为举止、举办的各项展事、活动及所有符号体现出来的品牌价值内涵。其实，关于美术馆的每个环节不分大小，都体现着美术馆的形象。

北京画院美术馆主要从事齐白石作品和近现代京派绘画的研究和展示，通过对整个美术馆硬件设施、资源储备以及文化内涵的研究挖掘，最终决定将北京画院第一任名誉院长齐白石为画院篆刻的“大匠之门”印作为主标志符号进行推广，齐白石的工虫（蝴蝶、蜻蜓、蚱蜢等）作为辅助图形，配合主标应用在网站、宣传册、导视系统等方面。符合北京画院美术馆自身历史背景与价值内涵的视觉形象识别系统，不仅能够突出美术馆特征，确保自身的不可替代性，还可将美术馆的文化理念以直观的方式进行传播，吸引观众并使其产生记忆，以此培养他们对美术馆的忠诚度。

工作人员是美术馆组织结构中的重要元素，是与观众的直接接触者，他们的态度行为、业务素质和服务质量很大程度上影响着观众对美术馆文化产品的满意度，成为观众是否再次参观的重要影响因素。因此北京画院美术馆在注重展览质量与对外交联络的同时还非常注重内部人员的管理，除了定期对工作人员进行业务培训（如书画装裱）外，还注重美术馆自身品牌文化的传达与梳理（请退休领导或画院画家为新员工讲述画院历史、由院长亲自为全体员工分析美术馆生存与发展趋势等），在了解品牌历史、领悟品牌文化内涵之后，美术馆员工会自然地将美术馆一贯的求实、进取精神带到工作中，从而将美术馆文化身体力行地传播出去。

文化衍生品的设计与开发是推广美术馆形象、展示与传播美术馆文化的又一个方式。与美术馆经营理念相符合的空间设计、相联系的器皿用具等能够在不经意间为观众营造一种属于美术馆独有的感官氛围；与展览文化主题相关的礼品、纪念品能够加深观众对展览内容的记忆，满足他们对参观留念的需要。北京画院美术馆在三层咖啡厅和各个贵宾厅内陈设和使用的器具就是经过专门设计而制成的。设计的主题与美术馆的整体特色直接挂钩，应用的是齐白石草虫和花卉的形式，经特殊工艺雕刻于象牙白骨瓷器皿上，阳光下观看图案近乎透明。美术馆想以此种方式与观众对话，传达传统艺术之于现代生活的意义与感受。

展　览

展览是美术馆与观众最主要，也是最直接的对话方式。北京画院美术馆在奥运期间推出“齐白石·中国画——北京画院院藏精品展”，借助奥运契机展示中国传统文化、传播齐白石艺术，同时也希望更多的观众能够认识和了解北京画院美术馆。展览采取立体展示、多媒体影像动态展示、比对展示相结合的陈述语言，再现艺术家创作原景，希望能够借此改变传统设计在时间与空间上的感受局限。展览复原了齐白石在雨儿胡同故居的画室，并用明清家具在展厅搭建了中堂式的客厅，配以齐白石的《寿桃》和对联。通过多媒体播放由齐白石艺术造型改编的水墨动画——《小蝌蚪找妈妈》，摆脱了静态展示的陈规，增强了观众的视听感受。新的展览方式实现了观众对传统人文空间的回归，让他们对展览体验性、互动性的需要得到满足，成果令人满意。

具有鲜明特色和高品质的展览是无声的广告，吸引观众欣赏的同时，也赢得了口碑，从而为美术馆形象推广工作带来事半功倍的效果。

观　众

观众是美术馆最重要的无形资产。为了维护稳定的观众群体，防止观众流失，美术馆应与观众建立起长久的互动关系，而且应当根据需求变化不断地做出调整。例如国际上广泛流行的“博物馆之友”组织，并通过寄送展讯、礼品的方式增加与观众的感情，培养他们对美术馆的忠诚度。与此同时，还要学会倾听观众的要求，研究他们的兴趣与关注点，采纳他们的可行性建议，及时发

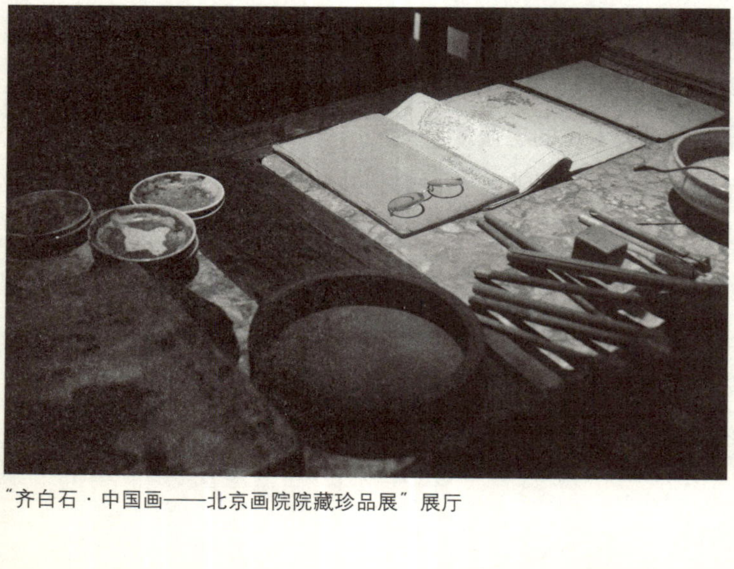

“齐白石·中国画——北京画院院藏珍品展”展厅

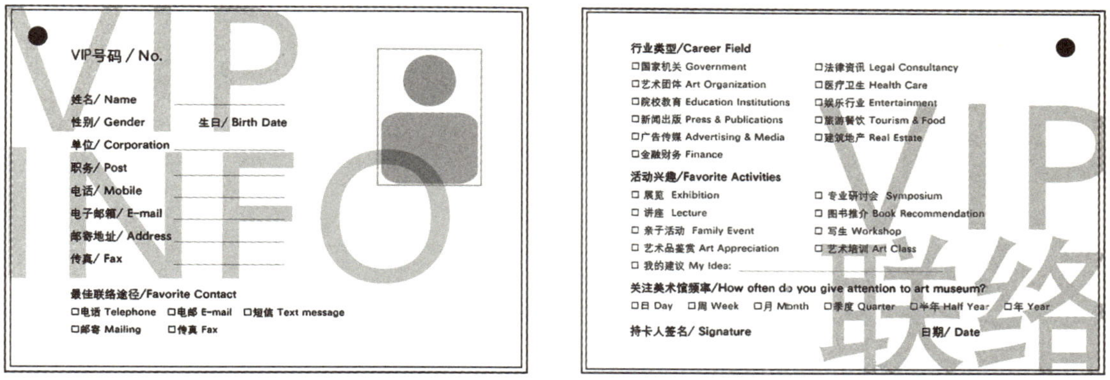

会员信息卡

现问题，改进工作方法，避免因观众基础缺失而导致展览的无人问津。此外，美术馆还要适时地回报观众，并将其作为美术馆与观众进一步建立和发展良好关系的催化剂。

北京画院美术馆根据自身的条件和特点，在巩固原有观众群（主要集中在美术院校、中央及地方的美术协会和各类艺术机构上）的基础上不断开发和吸引新的观众群体。2008年，美术馆更新了原有的学生会员卡和VIP会员卡的设计样式。

除此之外，美术馆还完善了“北京画院美术馆之家”制度，增设了网络和现场申请窗口，单独设计了会员信息卡。新设计的会员信息卡设置了最佳联络方式选项，以便于不同观众根据自己的习惯及时收取到美术馆展讯和活动信息；设置了活动兴趣选项，使得不同观众可以根据自己的爱好取向，有针对性地参加美术馆活动；设置了关注美术馆频率选项，以便根据不同的关注频率将美术馆信息按照不同的量传达给观众，如年讯、季讯、月讯等，方便不同的观众制订观展计划。这样不仅使观众参观展览更加方便，也有助于使美术馆的服务更加细致周到。美术馆还拟定于2009年初，与新浪开展新一轮的网络会员活动：以齐白石艺术爱好者为受众群体，建立网络互动平台“石友会”，借助北京画院网站的资源平台，围绕齐白石开展一系列的主题讨论，内容涉及艺论、画论、杂论、生平交友、市场鉴定等诸多方面。结合最新的艺术交流形式和自身的资源优势，北京画院美术馆期待能与广大的观众建立起和谐、互动的关系。

观众是美术馆的无形资产，观众之间的二次传播是美术馆形象推广的最佳状态。会员对于美术馆来说，不单单是稳定的观众群体，更是美术馆与社会各阶层、各领域之间的桥梁，他们对于美术馆的发展具有不可估量的潜在影响力。

媒　体

北京画院美术馆的媒体宣传由“专业媒体”与“大众媒体”两部分组成。平时媒体联络工作注重与《国画家》、《书画世界》、《中国书画》、《收藏界》和《荣宝斋》等专业媒体保持学术往来，并与其建立起资源交换平台。如2008年11月与《书画世界》签订合作协议，2009年2月与国家级艺术类核心期刊《中国书画》签订合作协议，学术支持与媒体支持互为支撑。这样，在展览期间除了相应展讯的发布之外，还能够与专业媒体配合做有学术深度的同期报道，保障了美术馆活动的学术深度。不仅增强了观众对美术馆关注的信任度和连贯度，还为美术馆的进一步发展积攒了后劲。例如在筹备“二十世纪中国美术大家系列展”时，媒体与美术馆在商榷文稿的同时，还能互通有无、彼此检验，从而产生丰富、可靠的内容，双方都营造出更加广泛的社会影响力。又如在“纸上春秋——陈半丁中国画精品回顾展”期间，被邀请参加研讨会的《书画世界》记者就北京画院美术馆学术部及陈半丁家属在会上的发言整理成两篇文章，发表在同期杂志的陈半丁专题中，从艺术评论和生平轶事两个角度丰富了画家信息。

面对大众媒体，北京画院美术馆则针对大众的兴趣点、语言方式以及各媒体的特点有选择性地发布美术馆信息。如“北京画院秘藏齐白石作品系列特展”，美术馆在展览名称设计上下了一番功夫（以生活化的口语押韵短语为固定格式，有助于引起大众的关注和兴趣）：草间偷活——齐白石笔下的草虫世界、自家造稿——齐白石笔下的人物神情、借山娱目——齐白石笔下的山水意境、梅菊远思——齐白石笔下梅兰竹菊松的世俗意趣、草泥乡里——齐白石笔下的水族意趣、花能解语——齐白石笔下的花卉情趣等等。在与大众媒体的沟通交流上悉心处理，如针对《北京青年报》记者的秘藏信息点，《京华时报》记者的艺趣信息点，《北京晚报》记者的市场信息点等均给予专题性的解答。对同一主题展览进行多角度解读，不仅增强了媒体报道的可读性，也使美术馆的服务更加人性化、灵活化。

美术馆和传媒的互动已不只是“展览”和“报道”的简单关系，而是在共同打造一种文化氛围。美术馆借助传媒走进大众文化的空间，并在这个空间中彰显个性。

探　索

美术馆是一个国家或地区文明程度和社会发展的标志，是该地区科技、文化、经济实力的综合体

中央美术学院田黎明教授带领学生参观北京画院美术馆并进行现场讲解

现，对提升城市文化品位、塑造城市形象具有不可低估的作用。在休闲经济时代的大背景下，美术馆以其文化性和休闲性并具的高雅姿态出现在大众视野当中，但是要想在新形势下赢得公众的认可，美术馆就需做出调整。第一，做到价值高而架不高，采用高新技术增添展览的娱乐性和参与性；第二，深层发掘自身所蕴涵的文化元素，积极拓展其他经营种类，开发各种文化产品市场，满足观众不同层面的需求；第三，审时度势，借助各种时机加强机构形象宣传，提高社会认知度与认同度；第四，举办巡回展览，在进行美术馆宣传的同时，解决观众与美术馆存在的时间与空间障碍；第五，加强与兄弟单位的合作，促进双方信息传递、资源共享，实现共赢。

北京画院美术馆深刻认识到这一点，依托于展览同期开展艺术活动。如在大型展览开幕当天举行以艺术家艺术经历和艺术风格为主题的研讨会；展览期间邀请相关专家、学者在美术馆开办讲座。“丹青化境——李斛绘画精品回顾展”展览期间，美术馆邀请著名画家田黎明为李斛先生的母校（中央美院）的150余名学生和部分报名观众开设讲座，为观众提供了一套更为完整的美术大餐。

结合具有北京特色的“胡同游”，北京画院美术馆计划开发齐白石故居（雨儿胡同）文化旅游项目，并将此作为美术馆文化产品的重要组成部分。项目通过复原白石老人在雨儿胡同的故居，以展示老一辈人民艺术家的创作环境和生活方式。观众可以置身于齐白石晚年曾经居住生活的地方，近距离欣赏老人所用过的画几条案、橱柜桌椅，细细品味白石老人的艺术人生。这个项目将会丰富北京画院美术馆的展览内容，也将带动整条胡同文化旅游经济的发展，实现双利双收。

除此之外，美术馆还常常采用巡回展览的方式将美术馆的文化向外推广。如2008年“开篇大作——人民英雄纪念碑落成五十周年纪念展”在北京、天津、上海、湖北、深圳五地巡回展出，2009年为庆祝建国60周年举办“地球的红飘带——沈尧伊大型长征题材连环画原作展”在上海、常熟等地巡回展出。北京画院美术馆所做的巡回展览，一方面使外地观众能够领略到我们的艺术内涵，另一方面也实现了美术馆自身品牌形象的宣传。

美术馆文化很大程度上属于精英文化范畴，但鉴于现今的生存发展条件及竞争趋势，美术馆不得不借助大众文化的操作模式及传播渠道面向公众进行推广。北京画院美术馆所“经营”的中国画艺术在面向公众时就面临着时效性、投机性、消闲性（大众文化）与反思性、批判性、探索性（精英文化）的矛盾，但是北京画院美术馆选择聆听时代和观众的呼声，不断地在生存策略的可能性视角中探求一条新的发展之路。

网络平台对于美术馆推广的意义

——新版北京画院及北京画院美术馆网站建设

薛　良

网络是当下社会中重要的宣传平台，公众采集信息的渠道也越来越侧重于网络。优秀的美术馆网络展示可以深入浅出地为大众呈现美术馆的资源建设，有效地与更多观众进行及时沟通。优秀的美术馆网络平台建设可以更大范围地向全国、全世界介绍和宣传北京画院及北京画院美术馆的优秀传统和丰富的文化内涵，从而将北京画院建院50多年来所取得的成就以及北京画院美术馆建馆几年来逐步成长的足迹清晰明了地展示在公众面前。

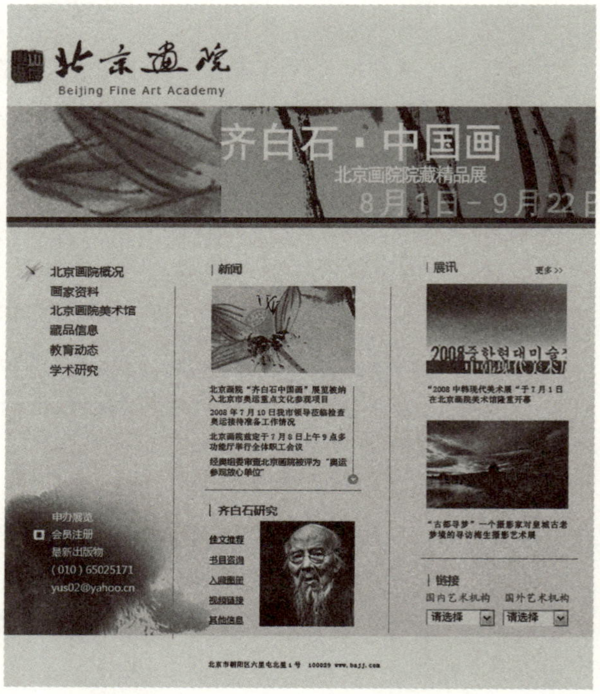

新版北京画院网站主页

北京画院新版网站（http://www.bjaa.com.cn/my/index.htm）经历了将近一年的准备时间，已经进入上线试运行阶段。新版网站的建设更加突出了视觉效果的强化与美术馆类网站注重功能性的延续。新版网站跳转页面及首页动画充分利用了齐白石作品中艺术形象以及中国画水墨元素，在设计风格上力求与画院主题相契合。今日的美术博物馆已经完全改变了当时它诞生之初的私密性，为大众服务的公益性成为美术馆性质的最大转变。而网络平台作为新时期美术馆的衍生品与宣传平台，它的性质应当完全依托于场馆性质，即与美术馆展示、收藏、教育、研究的功能相吻合。新版网站的建设从美术馆的功能性出发，力求最大范围地面向社会进行美术教育推广，促进齐白石学术研究的大众化。此外，还要注重与北京画院为社会服务、为人民服务的公益性质保持一致，将历年来收集到的优秀藏品在网络平台上进行高清展示，这就为那些尚没有成熟条件观看原作的美术爱好者们提供了很好的临摹机会和欣赏角度。

与旧版网站相比，新版网站具有以下几个特点。

1.网站结构完善

旧版的网站由于制作时间较久，板块内容的划分已不能适应新时期的美术事业发展的需要。随着时代的发展，北京画院及北京画院美术馆内部结构设置已有所变化，对自身信息化建设要求也越来越重视，所以对新版网站建设也提出较高的要求。新版网站为了改变这一情况，建设者参阅、总结了大量国内同类型网站，如中国美术馆、刘海粟美术馆、广东美术馆、上海美术馆等国内较为优秀的专业同类网站。在此基础上，力争将北京画院及画院美术馆网站建设与国际接轨，将泰特美术馆、MOMA美术馆、卢浮宫美术馆等国际知名艺术机构的优秀板块与画院美术馆实际情况相融合。对旧版网站已有板块改组，增添了一些实用性较强的新兴板块，并将旧版网站中较为次要的二级页面进行归纳整合，划分到新版网站二级页面中的子目录当中。以这样的方式进行融入整合，使得新版网站的分类显得并不繁杂。

门类繁多的美术博物馆网站在国内比比皆是，这样的陈列方式是出于观者实用性角度的考虑，力求将美术馆的方方面面都呈现给观众，但是所带来的弊端却是令观者眼花缭乱，面对众多子目录中的专业

- 1.北京画院概况
  - 画院简介——1、画院照片 2、北京画院概况
  - 机构设置——1、历任院长及机构 2、现任组织机构
  - 历史沿革——1、历史图片 2、北京画院大事记
  - 联系我们——画院联系方式
- 2.画家资料
  - 现任画家
  - 离退休画家、已故画家
  - 兼职画家、曾在画院工作的画家
  - 原《中国画》编辑部人员
- 3.北京画院美术馆
- 4.藏品信息
  - 齐白石精品——1、草间偷活 2、草泥乡里 3、花能解语 4、借山娱目 5、梅菊远思 6、清白传家 7、自家造稿 8、决不回刀 9、人生若寄 10、新诗自书
  - 国画——吴昌硕、李可染、傅抱石、潘天寿、吴镜汀、徐燕孙、周思聪等。
  - 油画
  - 北京风韵藏品——1、国画 2、油画
  - 版画、雕塑、古籍书本
  - 古画精选
- 5.教育动态
  - 招生信息
  - 教学动态
  - 培训部简介——1、周恩来题词 2、教学历史 3、教学活动 4、教学设施
  - 工作室介绍——人物、花鸟、山水、油画四个工作室
- 6.学术研究
  - 20世纪京派艺术家研究——《20世纪北京绘画史》
  - 齐白石研究——1、佳文推荐 2、书目咨询 3、入藏图册 4、视频链接 5、其他信息
  - 院编刊物及著作

新版北京画院网站结构

北京画院美术馆

- 正在展出、艺术资讯、国内外美术馆链接、艺术日历
- 1.概况
  - 美术馆概况
  - 机构设置
  - 展览设施——1、服务设施 2、主展厅 3、齐白石纪念馆
  - 学术定位
- 2.展览
  - 精品特展——展览信息、展览简介、展览前言、展览招贴、作品图片、现场图片
  - 展览回顾——展览信息、展览前言、作品高清图
  - 展览预告
  - 展厅在线——展览前言、展览信息、作品高清图、展厅现场
- 3.学术研究
  - 展览评论——1、专家评论 2、观众留言
  - 研讨会
  - 视频专题——1、展览视频 2、艺术家访谈 3、展览讲座 4、媒体宣传片 5、纪录片 6、展览资料片 7、艺术专题片
- 4.服务
  - 参观指南——1、地理位置及交通路线 2、票务管理规定 3、参观注意事项
  - 会员制度——北京画院美术馆会员制度、申请表
  - 展览申请——1、参展原则 2、布展申请 3、所需材料清单 4、办展流程表
  - 作品捐赠
  - 书店
  - 联系我们
- 5.公共教育
  - 主题讲座
  - 教育活动
  - 馆校互动
  - 志愿者
  - 实习计划

新版北京画院美术馆网站结构

词汇无从下手，反而使网站的实际效用不高。纵观优秀的美术博物馆，条理清晰必是它呈现给观众的第一印象，毕竟美术馆的受众群体是大众。美术类网站的建设最重要的原则应该是深入浅出，将丰富的有效资源以最简洁的方式归纳清晰，而不是简单地注重数量上带来的视觉冲击力。

2.信息量庞大

北京画院自成立至今已有50余年的悠久历史，在这些年的风风雨雨中，许多著名的画家为画院奉献了自己的青春和心血，留给我们一大笔不为世人所知的财富。为了更好地让业内人士敬慕画院，让业外人士了解画院，新版网站整合了大量历史文献及图片资源，力争把画院悠久的历史和优秀的文化传统全方位地展示给世人。这样，我们的网站就不仅仅作为一个宣传平台存在，而是以资源数据库的模式存在，需要建设者

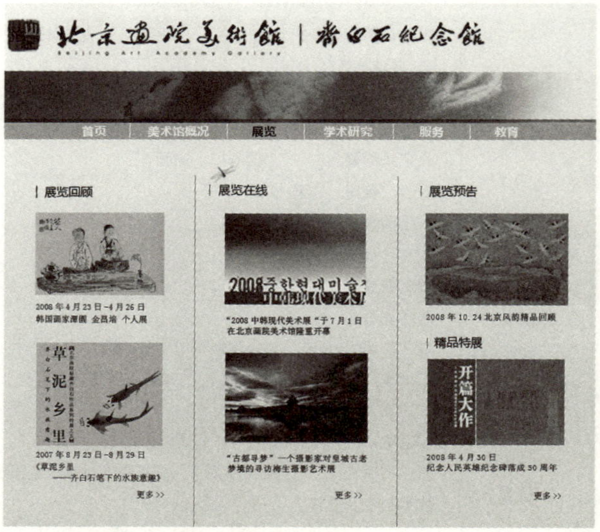

新版北京画院美术馆网站主页

及时对信息资源进行采集、发布、整理和建档保存，网站的实用性将大大提高。如我们在新版网站中开辟了一些新的专区，将北京画院美术馆展览板块从原有的“展厅在线”扩充为“展览回顾、展厅在线、展览预告、精品特展”四个专区，这样人们所关注的就不仅仅是某次展览的时效性，而会对我们以往举办过的展览有一个整体概念上的认识和把握，从而对北京画院美术馆的办馆理念、学术定位增加了解，而我们也正是通过这种方式将自己创造的历史和未来的展览计划介绍给公众。

此外，新版网站专门收录关于齐白石研究的期刊论文300余篇，齐白石研究专著140余本，相关视频20余集，每位在职艺术家保证5张作品高清图，每次展览保证10张作品高清图及5张展厅现场图。除此之外，由北京画院主编的《20世纪北京绘画史》在网上全文刊录，历时六年举办的大型文化工程“北京风

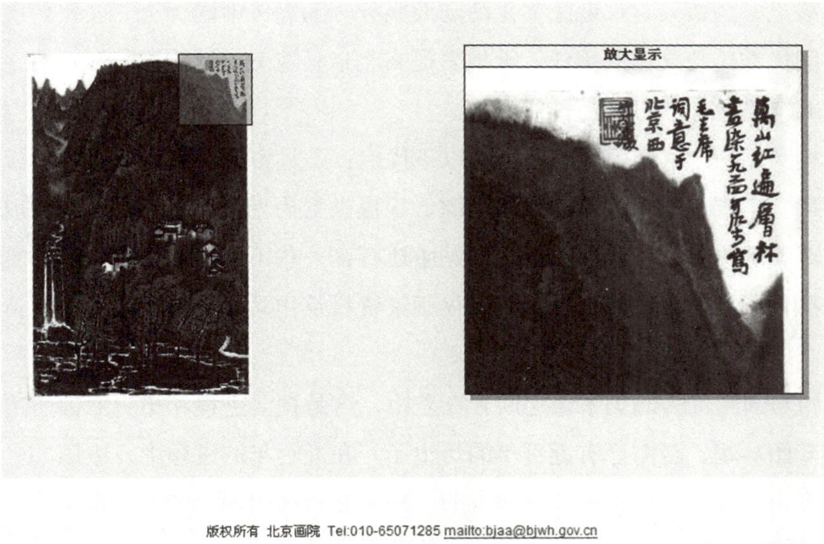

新版北京画院美术馆网站中的展览作品展示方式

韵系列作品展”收藏作品全部高清展示。如此庞大的信息量虽然对新版网站的存储空间及后台技术提出了新的要求，对于画院陈存的各种档案进行梳理也是新的挑战，但所带来的效果和意义也是显著的，不仅可以令广大观众得以了解大量的有效信息，吸引越来越多的观众访问我们的网站，也对画院本身的资源梳理工作增加了监督环节，从而良性循环下去。

资源可利用性高

北京画院是一所在全国范围内具有重要影响的艺术机构，进入新世纪以来，北京画院的国际影响力也有所提升，很多国内外美术爱好者由于地域原因，无法直观地、充分地了解北京画院。新版网站针对这种实际情况，努力提高新版网站中资源的可利用程度，为广大的美术爱好者创造良好的认识窗口和学习平台。如新版网站中所有的作品图片均可局部放大，使观者更加清楚地看到画院艺术家作品的笔墨结构与艺术特色；院藏精品将逐步进行分类，从而达到全面呈现，使观众更容易欣赏到20世纪绘画精品，一些简单的信息不再需要通过观看真迹去了解。可以说，这种网络技术的运用会在一定程度上改变美术

馆藏品“秘而不宣”的格局，也将大大改善美术馆“藏而不展”的局面。

此外，在新版网站中服务功能的有效性得到提高。近年来，服务在美术博物馆的建设中占到较为重要的位置。美术馆作为高级的精神消费场所，一方面普通观众对它所提供的服务提出了更高要求，另一方面美术馆的参展方为了达到更好的陈列效果和宣传目的，也会对美术馆提供的服务项目有所要求。针对这些情况，新版网站的建设中注重提供清晰的参展路线和简明的办展流程，这样完善的网络服务平台会达到互惠互利的效果，既方便了他人，也提升了自己。

资源共享，加强互动

艺术是不分地域国界、不分语言的。新版网站力求做成一个艺术交流的大舞台，而不仅仅局限于一家之言，所以在新版网站中我们加强了与业内诸多单位的交流与合作，添加了与国际常用艺术机构的链接，推荐业内优秀艺术活动和美术展览。为繁荣首都地区文化活动而服务，为宣传中国优秀的文化传统而努力，我们肩负着宣传、弘扬中国优秀传统文化的重任，承担着提高北京画院美术馆的国际影响力、学术地位的责任，可以说，我们的工作还大有可为。

此外，与国内同类型的艺术机构网站相比，新版网站还具有以下优点：①具备更加多元、实效、权威的学术研究资源；②具备更为珍稀、丰富、系统的作品收藏资源；③提供更为直接、便利的信息获取方式。但是由于时间的仓促与技术革新的约束，在我们的新版网站中还存在一些不足，如画院藏品的更新与添加；美术馆教育活动、互动项目的推广；已故画家、离退休画家资料及作品的更新整理，都有待于进一步地梳理。

诚然，国内的美术博物馆建设尚与国际优秀的美术馆之间存在差距，这是社会进程和历史原因所造成的。从蔡元培先生提出“美育”开始算起，至今已有近百年的历史了。在近百年的进程中，中国的美术馆工作者们经历了几代人的艰辛努力，如今已让这种传于西方的“舶来品”在中国大陆上生根发芽，并开始具有自己的特色建设。就网站的建设和推广来讲，我们仍需侧重美术教育功能的完善和高端科学技术的应用。如在西方一些先进的美术馆、博物馆网站建设中，会为广大的青少年观众开辟专门的教育专区，以新兴的电子技术制作出童趣盎然的游戏和FLASH，以此来吸引青少年的兴趣，从而达到美术普及的目的。国内的美术馆大多不太重视教育功能的推广，这种观念的缺失也导致了网站建设中功能性的缺失，致使美术馆的青少年受众人群无法提高对美术作品的关注点和兴趣。在今后的建设中，我们需要转变这种观念，将美术馆的教育普及提高到重要位置，只有这样，我们才能早日实现国内美术馆建设的全面发展。

谈“齐白石作品系列特展”展览陈列技术的应用

郑智威

展览陈列是一门综合艺术，通过对各种艺术独特语言的综合运用进一步提升作品的展示效果。美术馆的陈列展示活动不是一种纯知识现象、认知行为，它的传播必然会引起知识现象之外更广泛而深刻的社会文化效应，在传播知识和观赏性服务的同时，也把一定的价值观念、文化形态传递给了社会大众。现就北京画院美术馆举办的“齐白石作品系列特展”在展览陈列技术方面的应用做一回顾。

一、深入研究展品是展览策划的关键

北京画院藏有近2000件齐白石的艺术作品，基于收藏内容的优势，北京画院美术馆在馆内独辟“齐白石纪念馆”，用于长期陈列北京画院所藏齐白石的作品，迄今已展出了“草间偷活”（草虫）、“自家

在“花能解语——齐百石笔下的花卉情趣”展览中陈列着齐白石的花卉作品和相应花卉照片、生长特性的简介文字

造稿”（人物）、“借山娱目”（山水）、“梅菊远思”（梅兰竹菊松）、“花能解语”（花卉）六个系列专题展，其余四个系列展将陆续推出。这些专题展在学术研究的基础上对齐白石的作品进行了梳理和分析，不仅将作品和稿本并置陈列以显现白石老人的创作过程，而且按照题材将作品划分为了十大系列。作品依照创作年代排序，并辅以其他馆藏作品的图片和文献，以便更好地展示齐白石诸题材作品的演变历程。封存了近半个世纪的白石老人作品，除部分卷轴、带框镜片可直接展出外，有些作品还未托裱。白石老人的画稿一般画在比较薄的元书纸上，有的画在记事本或日记本上，有的则画在普通的包装纸上，甚至还有的画在面积很小的包颜色的包装纸的反面，这些画稿大小不一、纸质不同，可见白石老人在画的时候比较随意，是不经意间的偶然所得。这些画稿，有的反复修改，有的一气呵成；有的工细、完整，有的粗犷、奔放。而白石老人对一些比较满意的画稿（往往是比较完整的作品），一般都加题加印，所以这些加题加印的画稿更是不同寻

在“自家造稿——齐白石笔下的人物神情”展览中作品与稿本并置展出

为了更好地展示齐白石笔下草虫的精微，北京画院美术馆专门为观众在画框边配备了放大镜。

“齐白石·中国画——北京画院院藏精品展”展厅现场，一层展厅陈设了条案、八仙桌椅、花架等中式家具。

常，具有特殊的审美意味。这些图稿中最大的是《为法源寺僧画》，纵110厘米，宽63厘米；最小的是《蜘蛛》，纵15.8厘米，宽7.8厘米。为把这些画稿和院藏作品一一对应展出，我们对这些按照“修旧如旧”自染色纸托裱，选用同型框边不同模数的画框展出，不仅增加了展览的学术价值，也为今后的研究、收藏、展览做了扎实的基础工作。

二、拓展新的展陈方式　深化展览主题

在四楼齐白石纪念馆，白石老人用过的文房四宝、刻刀、书籍等文物置于画案，家具按原貌摆放，观众休息厅内滚动播放1954年由中央新闻纪录片厂拍摄的《画家齐白石》，立体地再现了白石老人在诗书画印艺术之路上探寻并获得成功的不平凡人生。在展览的设计上，力求突出这位20世纪中国艺坛知名度最高的书画家的文人情怀。在具体的展陈方式上，展厅内搭建中堂客厅、书房等古代建筑元素，摆放几案、屏风等明清家具，营造出古典优雅的展览氛围，把艺术作品还原到感性的背景之中，增强了展览的文化内涵，丰富了齐白石纪念馆陈列展览的内容。

展品的悬挂摆放遵循造型形式美的法则，在统一中求变化，注重节奏韵律美感。中国古代卷轴画受文人画主张的影响，逐渐与画工、匠师区别。文人画，又谓“文玩”、“墨戏”，相比作品，更重视作画的过程。文人作画本就不是要给别人看的，即使邀上三五好友悬挂共赏，也是在私人空间之内；甚至仅仅是拿在手里，近距离观看。当艺术作品的展览方式最初在19世纪的欢洲出现时，并未给西方绘画带来根本性的冲击，因为西方绘画本来就是制作出来在公众场所，如大厅、教堂进行展示的。但是展览的方式在中国出现，则对中国画的欣赏习惯产生了颠覆性的冲击。1910年，中国出现了最早的美术展览，不久画展即迅速发展起来，成为向社会公众展示绘画原作并以此作为艺术家取得社会承认的主要方式。当然，在那个年代，画展也是推动艺术活动甚至宣传的政治工具。传统的中国卷轴画，显然不适合这种公众空间内、一定距离外、不可以触摸，与许多不相识的人一起观看的方式。应该说从20世纪初，无论是艺术家的创作（如齐白石、徐悲鸿、林风眠、李可染等），还是美术馆设计建设都在顺应这一变化。北京画院美术馆在设计过程中就充分考虑了这一点，如落地玻璃屏幕和任意组合式展墙可建构不同的展览空间。

在“齐白石作品系列特展”展览陈列上，美术馆不仅配备了多国语言的语音导览系统，还制定了展品悬挂高度、框画作品悬挂倾斜角度、艺术品照度等系列展陈标准。对于高度在1.80米以下的作品，美术馆规定展品的中心距地面1.60米；对于更大的画面，适当提高作品悬挂高度；对于装框镜芯画面，悬挂倾斜度系数￡=T／L（其中T为画框上边到展墙的距离，L为画框的高度），小幅作品倾斜度系数取0.15—0.03，大幅作品倾斜度系数取0.03以下。展览布置过程无小事，大到整体策划，小到一个标签的粘贴、一簇绿植的摆放，处处都要到位，因为细节的处理关系着展览的品质。展柜内所陈列的每件文物及辅助陈列品的布置往往比较复杂，陈列品多种多样，形态大小各异，但经过展品组合设计之后，整个陈列就会使观众感到条理清楚、主次分明、错落有致，使人们在愉快轻松的参观中受到启迪。

三、通过展墙色彩、灯光、背景音乐营造展览效果

在展览设计中，注意展墙色彩与展览主题、展览作品的色彩关系，并根据季节因素变换色彩的冷

暖，适当降低展墙的色彩明度，通过视觉对比突出展品。北京画院美术馆展厅采用人工光源，与自然采光相比，人工照明的优越性在于：灯具安装位置和照明质量都可以控制，具有安装灵活、光源稳定等特征，是美术馆照明的主要光源。

北京画院美术馆展厅的灯光分为顶光、洗墙光和聚焦光三个照明层次。在展览陈列运用中，美术馆的原则是既要充分发挥光的颜色、阴影及光的象征性特征，又要尽可能地减少灯光装置和光源，尽量使照明方式与艺术陈列融为一体。考虑到观众的需要，展厅的灯光照度一般设置在50—100lx，以降低展厅的光环境；对于作品则用进口可调光斑轨道射灯、多功能轨道射灯，以突显作品的笔墨技巧与层次。

展览的背景音乐是观众加深理解作品的向导，是进入展览作品意境的催化剂、营造展示环境的魔术师。在前期策划中考虑展览陈列中的细节并根据每项展览选定相应的背景音乐，是北京画院美术馆的一大特点。2005年9月24日，北京画院美术馆正式向公众开放，美术馆四层工虫图稿展厅展出的57幅齐白石未完成稿，是老人为防眼力不济预先精心绘制的，以待日后再补画草叶背景。画面中的草虫无论神情、姿态，还是结构、设色，都体现了白石老人对生活的细致观摩和在艺术上的深厚功力。为了让观众欣赏到这些工笔草虫纤毫毕见的艺术效果，我们于每幅作品旁边都配备了放大镜。更令人叫绝的是展厅四周不时传来的蝈蝈叫声，这些隐藏在绿色植物内的蝈蝈是开馆前两天在花鸟虫鱼市场购买的。这种视听方式不仅增强了与观众的互动性，还提高了展览的的临场感。针对“齐白石 · 中国画——北京画院院藏精品展”，配以特选的舒缓悠扬的古筝曲作为背景音乐，创造出柔和谐美的声光空间，升华了展览主题。

随着物质文化生活水平的逐步提高，社会公众期望欣赏到高水平的艺术展览、高品质的艺术作品，这对美术馆的整体服务包括展览陈列都提出了更高的要求。美术馆展览策划展示设计人员必须重视观众的视觉感受要求，只有具备了超前的策划设计理念，才能更好地引领公众逐步提高审美意识。

艺术品照度推荐表

艺术品种类	照度（lx）
中国画	150—300
雕塑、造型物、模型	幅度要高一些
木料及石料雕刻	300—1500
金属雕刻	750—1500
油画	300—750
陶器、玻璃制品	200—500

展品面的照度高低要考虑光和热的影响，以上为艺术品类的推荐值。当画面暗时，照度要高一些。画面上的最低照度和最高照度之比要在0.75以下，这样观看才不会感到不均匀。

北京画院美术馆灯光及恒温恒湿设备应用

刘 濶

北京画院美术馆以画院院藏为展示资源，而这些藏品主要来自历代在院画家的创作积累，并以大批齐白石作品及20世纪著名大家的作品为重要内容。画院领导考虑在展出这些精品的同时，更要注重展品保护，还要能给观众带来最佳的艺术享受，所以在展厅内采用了高科技照明手段和恒温恒湿设备。

一、北京画院美术馆灯光设备应用

在建馆初期，根据馆内展览注重灯光的方向性和可变性问题，采用国际一流技术将灯光分为顶光、

第一展厅灯光效果

第二展厅灯光效果

绘画长卷灯光展示效果

洗墙光和聚焦光三个照明层次，可以根据不同需要调整光照及角度。灯光的设施设备采用可调光斑轨道射灯、多功能轨道射灯。其中又将多功能轨道射灯分为宽光束、窄光束等以应对馆内纸质展品易发生褪色的现象，同时考虑到展品的安全问题和整体展出效果，对多功能轨道射灯又配备了柔光棱镜、镜片支撑、遮光罩、反射罩等配件，以体现出当代展览的理想状态。

高科技射灯的应用，既最大限度地保护了院藏精品，又可使藏品的展出达到最佳效果。为了保持整个美术馆内部造型的统一，并使其达到实用与美观并重的效果，打造出内部空间的完美与协调性，我馆从设备的选择到应用等各项细节，尤其注重在灯光和展陈条件上的设计。其中照明设计根据技术、艺术、心理、生理、行为、环境等许多环节，在照明需求复杂的工程中，通过多方多次的共同分析、研究，令目前的展厅灯光达到实用与美观并重的设计效果。

现在很多展览都是按照惯例随意配置照明，这样处理很难达到理想化效果。只有通过谨慎的分析研究，将重点结合并应用起来才能实现预期的照明水准和效果，且不乏艺术性。

从展览效果上出发，使用可调光斑射灯对待不同作品时就要考虑打出不同的光效。如展出作品的装裱尺寸是85cm × 85cm，而画芯尺寸是30cm × 40cm，那么在打光的时候就要考虑到整体效果。通过调节可调光斑射灯内的镜片，打出30cm × 40cm的长方形光束，以突出作品画芯。但若打出85cm × 85cm正方形光束，单从效果来看，后者不如前者那样突出画芯重点的效果好。

对于齐白石的工虫画尤其要注意灯光的应用效果，由于齐白石的画工精细到用放大镜都能看得到画中小虫翅膀的纹路，在这种情况下，通常考虑用多功能轨道射灯，既运用了可调光斑射灯光度较强的作用，又能使作品坚持较长时间的展出。同时鉴于作品纸张本身的年代已久，如不注重考虑一些细节就会很容易对作品造成损坏。所以从保护作品的角度上，我馆灯光的应用已经充分考虑到这一问题。另外，从灯光效果考虑，如果光度过强，就有可能造成观众在欣赏作品时由于角度不同而产生反光现象，以致无法看清作品，更无法与作品进行情感交流，若用多功能轨道射灯中的中型聚光灯则不会在整体效果中产生如上问题。在对待长卷作品的打光问题上，不能只用一盏射灯，在这种情况下，就要考虑到作品的长度。如果采用多功能轨道射灯中的散光，需配以至少2—3个射灯，最重要的是不管用什么射灯，都要以保护作品及观赏的最佳效果为中心。在调试完灯光后还需加上遮光罩，以减少灯光对作品的损坏，同时避免观众在观看展览时感觉灯光晃眼。

2009年初，院领导就北京市文物局、北京文博交流馆出台的《北京地区馆藏文物腐蚀调查报告》做出指示：进一步加强美术馆对作品的保护，以照明够用为准重新布灯，尽量减少超标的光照度。尽快启用感应照明系统，严格控制照明时间，以最大限度尽可能地保护作品。高品质美术馆的各种电气控制必须达到智能、安全、简洁、成熟等现代智能楼宇控制要求。在现代智能建筑中，传统的电气控制已难以满足对楼宇各种电气的控制要求，尤其对使用频繁的灯光控制要求越来越高，不但需要通过灯光控制营造不同的环境氛围，更要将电动窗帘、温度等控制融合在一起，从而进行各种更加灵活的调控和变换。传统的通过BA方式的简单控制也很难满足环保节能、灵活、易于管理维护、多种功能的控制要求，灯光控制系统更趋向于专业性高、科技性强的产品。

目前，北京画院美术馆即将进行智能灯光控制系统的改造，并从以下几方面着手。

1.红外感应

用于无人参观时展厅内的基本照明。当观众走近展品时灯光会自动打亮，走入下一个区域时则激活该区域感应照明，无人的展区灯光延时变暗并恢复最初的基本照明度（即当观众在两个展区的中间地带时，两个展区同时是明亮的灯光）。参观结束，观众离开时则保持原有基本照明，使馆内保持明亮而柔和的智能控制照明度，满足绘画作品足够的观赏条件，又最大程度地减少了光线对展品的损害。

2.多样的控制模式

北京画院美术馆三、四层展厅采用了展柜与展板相结合的展览方式，并能根据展览要求将展柜与展板混合展出。为此，智能灯光也要符合这一要求。例如我馆展出的工虫作品是齐白石艺术珍品中重要的组成部分，在展陈设计中，我馆采用了展板展出的方式，使观者能够近距离观赏、细细品味及研究作品。而立轴作品则使用展柜方式展出，在保障参观效果的基础上，以最大限度地保护作品。在实现智能灯光控制后，通过面板预设场景，配合展板或展柜多种布展方式照明，适应不同灯光效果需求，达到多样性的展出效果。另外，预设不同切换模式，实现展厅内一键式切换，从而更能适应布展模式、展出模式等现代展览的多样化需求。

3.讲解模式照明控制

在讲解员进行讲解时，可根据其讲解内容，通过移动遥控器激发一组或多组感应器，控制照明的尺度和范围，即所有的探测器和照明之间的关系是完全可以由讲解员自由控制的，使讲解更专业，实现更好的观展效果。

二、北京画院美术馆恒温恒湿设备的应用

恒温恒湿设备主要包括建筑物内的空调机组控制、新风机组控制等，它们在楼宇自动化系统的监控和管理下，使建筑物内的温湿度达到预期的目标，同时以最低的能源和电力消耗来维持系统及设备的正常工作，以求取得最低的运行成本和最高的经济效益。

除了高科技、高性能的恒温恒湿控制系统，人员的技术素质也仍为重要，不仅要保证对设备的了解，并且还要考虑室外温度的因素，使展厅温度控制在22度左右，湿度均衡在55%左右。受室外温度的影响，展厅内温湿度会经常发生变化，这就要求美术馆工作人员不定时地检查温湿度，发现问题后及时

通知设备技术人员，对室内温湿度进行调节。若展厅内温度过低，需通过恒温恒湿机中的升温功能，利用电辅助加热、水路（供暖）加热，通过风机盘管往室内吹热风，以提高温度；若展厅内温度过高，则通过恒温恒湿机中的降温功能，利用压缩机、空调降温，降温的同时也可除湿；若展厅内湿度过低，则通过恒温恒湿机中的加湿功能，利用加湿罐加湿。

智能建筑是信息技术与建筑技术结合的产物，概括地说，它是以建筑为平面，具有通信自动化、建筑设备自动化和办公自动化三者的智能化集成系统。它为人们提供了舒适、安全、高效、方便的环境，空调自控系统是组成智能建筑很重要的一部分，特别随着近年来控制技术的发展，尤其是微电子和计算机技术的发展，使空调仪表走向智能化，功能大大增加，为变风量空调技术的发展和实际应用提供了可靠保证，从而为智能建筑提供了高舒适、低能耗的系统。

综上所述，本馆凭借多年收藏、保存及展示经验，已经在业界取得一定地位。为更好地提升展览品质和藏品保护力度，本馆将从设备、设施的细节上进行逐步完善。在灯光设备上保持原有的统一性，维系现有的功能性，从技术上改善，从细节上完善，以实现其功能的多样化，提升展览效果。在恒温恒湿问题上，尽最大可能保护展品本身，使本馆逐步达到国际标准，以展品配合周边细节的维护与平衡，为观众呈现高品质的展览，并使珍贵的藏品得以更好地保存流传。

北京画院美术馆展厅平面图

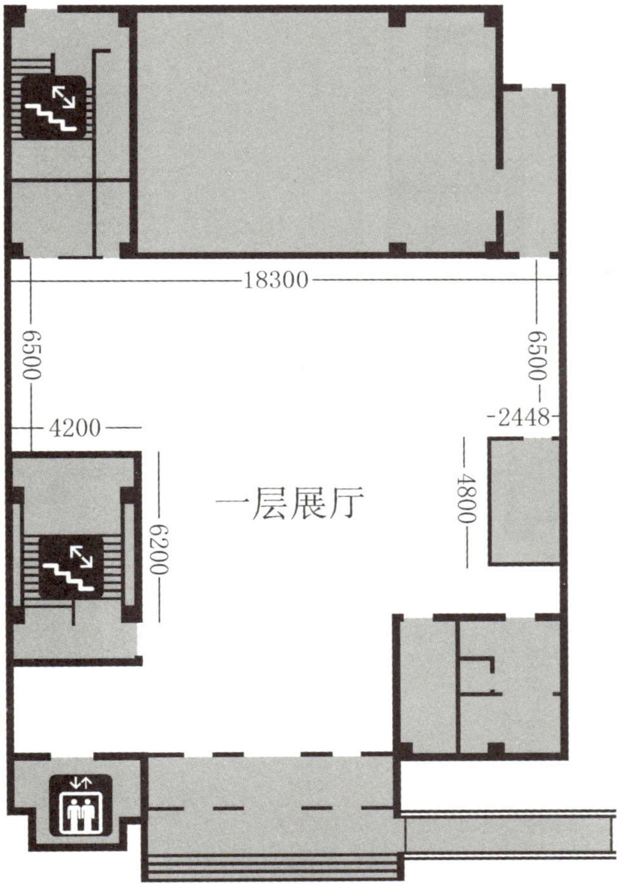

第一展厅（单位：mm）
第一展厅面积255平方米，展线50米，高3.60米

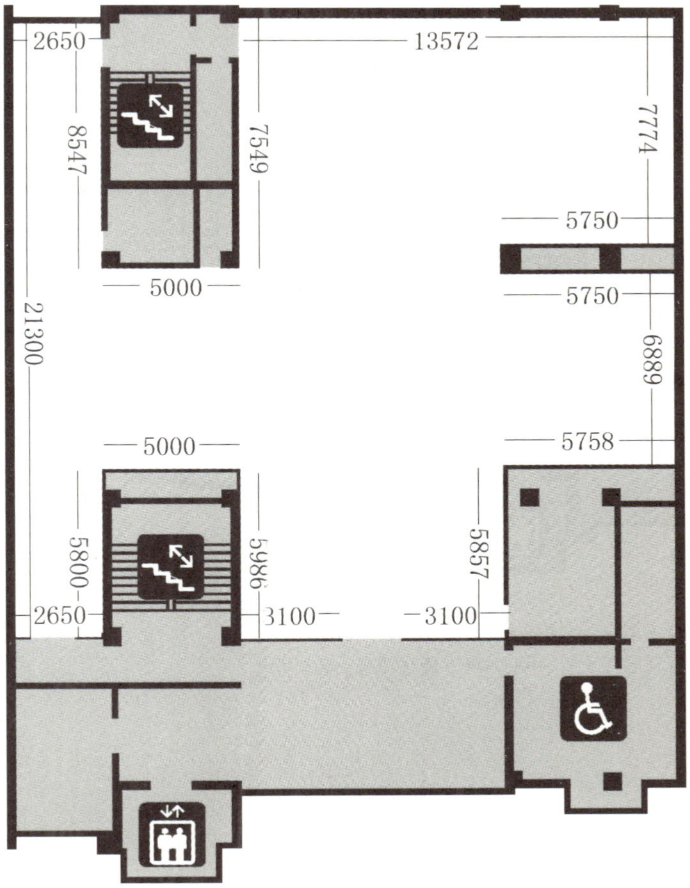

第二展厅（单位：mm）
第二展厅面积362平方米，展线124米，高3.60米

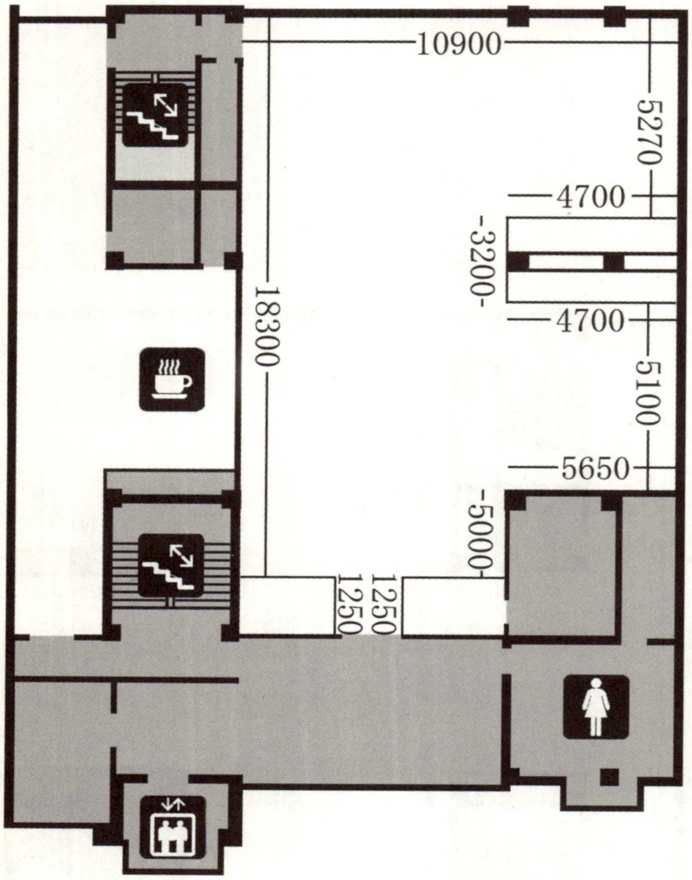

第三展厅（单位：mm）
第三展厅面积275平方米，展线73米，高3.60米

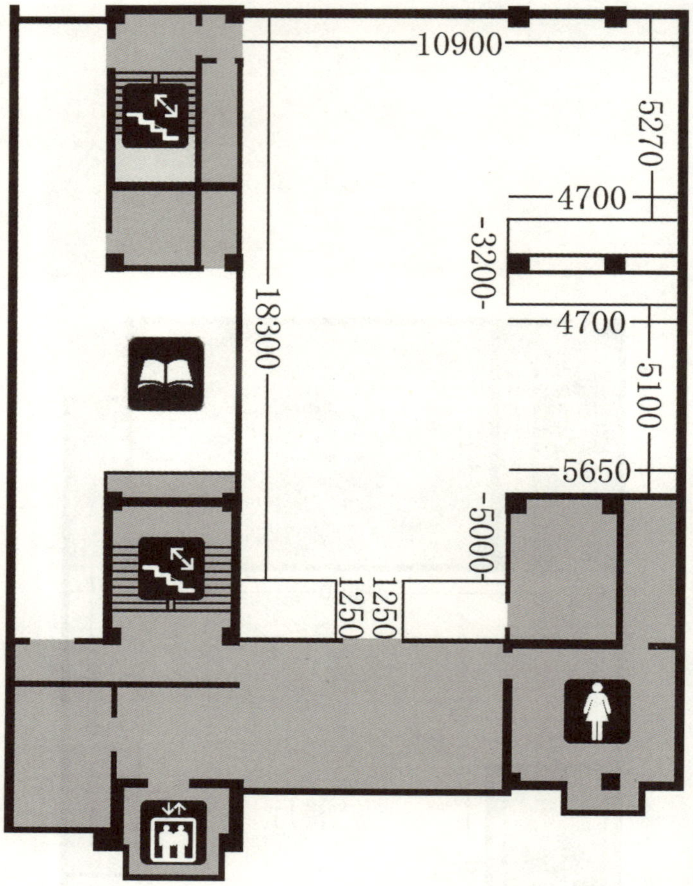

第四展厅（单位：mm）
第四展厅面积275平方米，展线73米，高3.60米

展览

北京画院美术馆、齐白石纪念馆正式开馆

王民德

2005年9月24日，新落成的北京画院美术馆、齐白石纪念馆正式对外开放。“北京画院院史图片展”、“草间偷活——齐白石笔下的草虫世界”专题陈列展和“北京画院院藏精品展”也于当天同时开幕。

北京画院美术馆坐落在北京画院院内，建筑面积4600平方米，馆内有四个展厅，其灯光配置等各种硬件设施都是按照现代化博物馆的标准来建构的；容纳上百人的现代化多功能会议厅，可以举办各种学术研讨会。馆内还辟有书店和咖啡厅等文化休闲场所。开馆后的北京画院美术馆，将以陈列艺术大师齐白石的作品为特色，以收藏、研究近现代京派绘画为方向，同时策划承办现当代中国画家作品展览、学术研讨及国际美术交流活动，是一家集陈列、展览、研究和学术交流为一体的现代化的造型艺术博物馆，是面向社会开放的公益性文化设施。

北京画院藏有大量齐白石和近现代重要京派画家的作品，是研究齐白石和京派绘画最权威的第一手史料，但由于种种原因，这些藏品一直没有公开展览过，致使这些宝贵的文化遗产没有发挥应有的作用。北京画院美术馆开馆以后，将定期策划具有学术研究价值和史料价值的专题陈列展。画院丰富的藏品，人才的优势，与齐白石及主要京派画家特殊的历史渊源关系，使北京画院美术馆成为国内首家以收藏、陈列、研究齐白石作品及京派绘画为特色的专业美术馆。它的落成，对弘扬民族绘画传统，深入研究齐白石及京派绘画的艺术成就，必将起到积极的推动作用。

美术界近半个世纪的梦想变为现实

1957年9月16日，齐白石先生在北京溘然长逝。在白石老人去世后不久，国家曾决定在北京建立“齐白石纪念馆”，但因种种原因，“齐白石纪念馆”却未能开馆。对这样一位受人爱戴的世界级艺术大师，在北京却没有一家专门的纪念馆，让人们全面了解他的艺术成就，这成为近半个世纪以来美术界

的一大憾事。

齐白石生前为北京画院名誉院长，原“齐白石纪念馆”工程下马后，纪念馆中的藏品悉数由北京画院保存。在这些藏品中，除白石老人的绘画、书法、创作图稿、三百石印、手札等作品外，还包括家属捐赠的一批珍贵生活图片和白石老人生前的生活用具，这些珍贵文物成为研究齐白石艺术最权威、最真实可靠的第一手史料。

新落成的北京画院美术馆馆内特辟“齐白石纪念馆”，将永久陈列北京画院收藏的齐白石作品，广大艺术爱好者期待了近半个世纪的愿望终以实现。馆内还按照白石老人在雨儿胡同的故居，复原了白石老人的画室，室内所陈列的画案、毛笔、砚台、眼镜、橱柜等所有物品都是白石老人生前用过的，画碟内的颜色是白石老人临终前留下的，门窗都是老人生前亲手抚摸过的，这间复原的画室成为白石先生晚年生活的最好见证。

北京画院院长王明明说：“北京画院所藏的大量齐白石珍品，是白石老人留给全社会的珍贵文化遗产，作为国内最专业的齐白石作品收藏陈列机构，我们不仅担负着妥善保存的义务，也担负着研究和宣传齐白石的重任。面对当代中国画发展存在的种种问题，重新认识齐白石，在今天具有重要的意义。”

北京画院藏齐白石珍品第一次公开面世

“草间偷活——齐白石笔下的草虫世界”专题陈列展是北京画院秘藏的齐白石作品第一次公开面世。在筹备此次展览的过程中，北京画院对所有齐白石藏品重新进行了整理研究，分为“草间偷活”（草虫）、“花能解语”（花卉）、“清白传家”（蔬果）、“草泥乡里”（水族）、“借山娱目”（山水）、“自家造稿”（人物）、“梅菊远思”（梅兰竹菊）、“新诗自书”（书法）、“决不回刀”（三百石印）、“人生若寄”（手札)等10个系列专题，将在齐白石纪念馆陆续展出。

“草间偷活——齐白石笔下的草虫世界”是“北京画院秘藏齐白石作品系列特展”的第一展，展览分两部分，一部分为齐白石的写意草虫画，另一部分为未添花草的工笔草虫图稿，共展出齐白石草虫作品110余件。从展厅的整体设计、灯光效果到布展方式，此次展览都是按照现代化博物馆的要求来陈列的。在工虫图稿展厅，每张画都配备了放大镜，观众不仅可以欣赏到这些工笔草虫纤毫毕现的艺术效果，同时这种观赏方式也增强了展览的互动性。

此次展览有三个突出特点：其一，史料性。齐白石是中国绘画史上为草虫写照种类最多的画家，仅北京画院就藏有白石老人的工虫图稿100余张，涉及的昆虫多达数十种，几乎没有什么草虫不可入画。此次展出的57张工虫仅是其中的一部分。据北京自然博物馆昆虫分类学专家刘思孔教授辨识，画中的昆虫大多为京城一带生养，因此可以断定这批工虫应为白石老人移居北京后所作，虽是未完成稿，但生动逼真，工细绝伦，以其独特的审美价值提升了传统草虫画的品格。这批工虫图稿不仅为研究齐白石的绘画艺术和中国草虫绘画史提供了新的史料依据，而且也因大师的生花妙笔，成为研究20世纪初京津昆虫学最珍贵的图像史料。其二，观赏性。80年前，白石老人把老北京随处可见的昆虫，创造性地搬到了平面的纸、绢上，成为具有独立审美品格的艺术品。这些画中的昆虫，在今天的日常生活中依然可以见到，因此展览具有极强的可观赏性。对成年观众来说，在欣赏白石老人艺术的同时，可以重温童年的美好回忆；对青少年儿童观众来说，则可以通过白石老人的工虫画，认识自然，增长知识。其三，研究性。此次展览是国内外第一次以专题展的形式，系统、全面地展示齐白石的草虫画艺术，其中的绝大多数作品是首次公开面世。这种带有研究性的学术展览，对专业美术工作者提高艺术技艺、再次认识齐白石的艺术成就，是一次难得的直接观摩的学习机会。

“北京画院院藏精品展”大师名作荟萃

北京画院是新中国成立最早、规模最大的专业画院，也是收藏最丰富的画院。此次推出的“北京画院院藏精品展”，共展出28位著名画家的56幅作品，虽然只是院藏珍品中极少的一部分，但众多从未公开露面的经典力作，使此次展览成为近些年为数不多的、名副其实的近现代中国画精品展览之一。

北京画院成立初期，几乎汇集了当时所有“京派”的重要画家，这些老画家大都亲身见证了20世纪中国画发展的几度兴衰，他们自觉担负起薪火相传的历史使命，精研古法，博取新知，在继承传统的基础上，深入生活，师法造化，创作出了具有鲜明民族特色和时代特征的优秀作品。此次“北京画院院藏精品展”，展出了于非闇、陈半丁、徐燕荪、王雪涛、周思聪等14位北京画院已故著名画家的作品。其中于非闇的《春花斗艳》(46cm × 359.5cm)、周思聪的《矿工图》(180cm × 320cm)等都是载入20世纪中国画史的经典之作。另外，北京中国画院花鸟组集体创作的《力争农业大丰收》(143cm × 361cm)、《东风吹遍百花开》(162cm × 305cm)等巨幅作品则带有鲜明的时代烙印，反映了上世纪五六十年代，北京画院的画家用手中的画笔积极参与祖国建设，为时代生活写照的使命感。通过这些画家的作品，可以直观地看出“京派”绘画在不同历史时期的演进和变革。

除了14位北京画院已故著名画家的作品外，还展出了吴昌硕、黄宾虹、徐悲鸿、李可染、潘天寿、傅抱石、李苦禅、张大千、蒋兆和等艺术大师在创作巅峰时期的精品力作，其中绝大数作品从未公开展览和出版过。

李可染一生创作过6幅《万山红遍》，是李可染先生最重要的代表作，此次展出的《万山红遍》(135cm × 85cm)，创作于1964年，是6幅同题作品中尺幅最大的一幅，对研究李可染先生的山水画艺术成就具有不可替代的史料价值；潘天寿的《鹰》(213cm × 300cm)和李苦禅的《山岳钟英》(146cm × 362cm，创作于1961年)，此前均未公开出版过，都是难得一见的巨幅力作。在同一个展厅中，同时看到两位大写意花鸟画大师以“鹰”为创作题材的巨幅作品，可以直观地看到两位大师在艺术风格上的明显不同。另外，吴昌硕于1897年创作的《天竺如花图》(177.5cm × 95.5cm)、黄宾虹于79岁时创作的《峨嵋诗意图》(103cm × 41cm)、傅抱石在重庆金刚坡时期创作的《山水》(104cm × 51cm)、徐悲鸿的《马》(150cm × 81.5cm)和他为齐白石90岁生日创作的巨幅书法对联、蒋兆和于1961年创作的《读毛选》(104.5cm × 77cm)等，都是能够代表画家艺术高度的精品力作。

北京画院美术馆：打造独具特色的造型艺术博物馆

王民德

市民心声：巴黎有毕加索美术馆，北京有齐白石纪念馆

2005年9月24日，北京画院美术馆、齐白石纪念馆正式开馆，“草间偷活——齐白石笔下的草虫世界”专题陈列展和“北京画院院藏精品展”也于当天同时开幕。出乎很多业内人士的预料，三天的预展期间，每天接待的参观人数均接近一千人次。

北京画院美术馆既不是国家级覆盖全国的大馆，也不是省市级面向一个地区的中馆，但在短短几个月内，北京画院美术馆、齐白石纪念馆已经成为京城的文化品牌，每天都有海内外的美术工作者和艺术爱好者来这里参观学习。

家住宣武区的陈先生说：“齐白石是与毕加索齐名的世界文化名人，巴黎有著名的毕加索美术馆，现在北京也终于有了齐白石纪念馆。”陈先生的话代表了众多普通北京市民的心声。白石老人自57岁定居北京，在京城完成衰年变法，度过了艺术生涯中最辉煌的时期。在老北京人的心目中，白石老人是中国的文化品牌，是世界文化的品牌，同时也是北京的文化品牌。而北京画院美术馆也因为馆内特辟的“齐白石纪念馆”和丰富的齐白石藏品及京派绘画藏品，成为北京人的骄傲。

白石老人生前为北京画院名誉院长，北京画院藏有齐白石作品和珍贵文物1000余件，是研究齐白石最珍贵的第一手史料。“草间偷活——齐白石笔下的草虫世界”专题陈列展是北京画院所藏的齐白石作品第一次公开面世。在筹备此次展览的过程中，画院对所有齐白石藏品重新进行了整理研究，分为“草间偷活”（草虫）、“花能解语”（花卉）、“清白传家”（蔬果）、“草泥乡里”（水族）、“借山娱目”（山水）、“自家造稿”（人物）、“梅菊远思”（梅兰竹菊）、“新诗自书”（书法）、“决不回刀”（三百石印）、“人生若寄”（手札）等10个系列专题，其中齐白石人物画、山水画、梅兰竹菊等3个常设专题展正在策划、研究之中，预计将在2006年陆续推出。

随着2008年奥运会在北京举办，将会有大量的国际友人通过北京画院美术馆和齐白石纪念馆，了解

艺术大师齐白石所创造的灿烂的中国绘画艺术，相信在不久的将来，北京画院美术馆内的“齐白石纪念馆”将会像巴黎的“毕加索美术馆”一样闻名海内外。

美术界前辈：圆了半个世纪的梦想

上世纪50年代末，白石老人去世不久，中央人民政府即决定在北京建立“齐白石纪念馆”，但因种种原因，“齐白石纪念馆”一直未能开馆。白石老人的弟子、著名画家娄师白先生是当年参与筹建“齐白石纪念馆”的见证者之一，在北京画院美术馆、齐白石纪念馆开馆时，娄老亲手把40年前制作的、油漆一新的“齐白石纪念馆”木牌挂在馆内复原的白石老人画室的墙壁上。

娄师白说：“当年齐老在雨儿胡同的房子是中国美协给齐老买的，打算将来做齐白石艺术馆。齐老去世后不久，我们国家遭受三年自然灾害，这事就一直搁下了。到文化大革命，江青提出来批齐白石，为齐老建纪念馆的事就一直拖下去了。尹瘦石先生担任(北京画院)院长的时候，曾酝酿重新建齐老的纪念馆，但一直没有建成。现在齐老的纪念馆终于建起来了，我们做学生的如愿以偿了。”

北京画院美术馆开馆的第二天，黄苗子、郁风夫妇来到了美术馆，两位先生对北京画院美术馆给予高度评价。黄苗子先生说：“为齐老建纪念馆，这是美术界的一件大事！圆了美术界半个世纪的梦想。”当看到齐白石纪念馆陈列的世界和平理事会授予齐白石1955年度国际和平奖金的奖状原件时，郁风先生笑着对陪同参观的工作人员说：“当年齐老在授奖仪式上的答词还是我为他代笔的，也是我代读的。”

国画大师李可染先生的夫人邹佩珠两次到美术馆参观。第二次参观时，85岁的邹先生谢绝了所有工作人员的陪同，独自在馆内的齐白石纪念馆观看了近两个小时。在复原的白石老人画室前，邹先生指着白石老人生前用过的画具，对一群参观者说：“这些我都熟悉着哝。那时候中央美院给齐老发的工资，都是可染代领。有一次，可染去了德国，我给齐老送工资，正赶上齐老病了，不肯吃药，对护士耍小孩子脾气，是我劝齐老把药给服了。”

靳尚谊：北京画院美术馆是“目前国内起点最高的美术馆”

北京画院美术馆建筑面积4600平方米，设四个展厅，展览面积2000平方米。馆内为室内灯光，并分顶光、洗墙光和聚焦光三个照明层次，可根据不同需要调整光照及角度；任意组合式展墙和落地玻璃屏幕可营造不同的展览空间；恒温恒湿、中央监控、自动消防等各种硬件设施，达到国际博物馆的标准。馆内有容纳上百人的现代化多功能会议厅，可以举办各种学术交流活动。另外还设有书店、咖啡厅等文化休闲场所，充分体现了以人为本的现代美术馆文化理念。

北京画院美术馆开馆后，中国美术家协会主席靳尚谊先生在看完展览和美术馆的硬件设施后，称赞北京画院美术馆是“目前国内起点最高的美术馆”。

去年10月在宁波召开的全国美术馆工作会议上，潘天寿纪念馆馆长卢昕在发言中说：“北京画院美术馆的学术定位明确，特点突出，真正代表了专业美术馆的办馆方向。”

面对专业人士的好评，北京画院院长王明明说：“一个美术馆必须要有丰富的藏品作支撑。北京画院美术馆依托于北京画院，北京画院不仅是新中国成立最早、规模最大的专业画院，而且收藏丰厚，仅齐白石作品就达2000余件，还藏有宋元以来的书画作品4000余件。对一个美术馆来说，丰富的藏品是立馆之本，但同时要有明确的学术定位。北京画院美术馆从筹建开始就制定了明确的学术定位：充分依托北京画院的资源优势，以陈列、研究艺术大师齐白石的作品为特色，以收藏、研究近现代京派绘画为学术方向，在此基础上，策划承办一些具有国家水准和民族特色的现当代中国画家作品展览和国际美术交流活动。美术馆不同于展览馆，真正意义上的现代美术馆承担着收藏、研究、陈列、教育、学术交流和休闲的多种功能，所以我们对承接展览制定了很高的学术门槛，力求每个展览都有相应的学术研究成果。”

北京画院美术馆开馆后，除去现在陈列的“齐白石草虫画”专题常设展和以京派绘画为主线的“北京画院院藏精品展”外，还先后举办了“源远流长山水情——北京·台湾当代十人画展”、“第六回·中日美术交流联合展”、“承传与变革——新金陵画派经典作品展”。其中将于2月21日结束的“承传与变革——新金陵画派经典作品展”是北京画院美术馆引进的首次名家交流展。据王明明介绍，展览资源共享是当代美术馆的发展趋势，北京画院美术馆今后将有选择地引进类似“新金陵画派经典作品展”这种高水平的名家交流展，以满足观众的审美需要。

在谈到北京画院美术馆今后的拓展方向时，王明明特别强调美术馆所承担的社会教育功能。他说：“美术馆发展的最终目的是提高大众的人文素质，如果一个美术馆没有观众，即使有好的藏品，也起不到社会教育的功能。通过举办好的展览引导观众，这是现代美术馆文化中的重要课题。下一步我们将举办一系列观众互动活动，定期举办学术讲座，并免费向中小学生开放，以让更多的人走进美术馆。”

丹青百年

——二十世纪中国美术大家系列展览、研究活动概述

马明宸

20世纪是中国历史发生了重要变化的一个时期，社会形态变换，西方文化东传，20世纪的中国美术也发生了转型，美术的基本观念、艺术的本质以及社会功用都发生了变化。西画传入并被改造融合成为被中国民众接受的艺术形式，传统中国画成为画科之一种，变革成为一个世纪的艺术潮流，我们今天的美术就是20世纪转型的结果。20世纪纷繁复杂的美术现象已经成为一个的事实性存在，反思梳理这段历史对于中国美术的发展至关重要，因为这是与当前的美术发展联系最为密切的一个历史时期。刚刚逝去的许多20世纪美术大家的感性印象还留存在人们心中，如果不及时进行梳理研究，给这些20世纪美术大家一个准确的学术定位，写进史册，那么随着感性材料的流失与记忆的淡化，这些大家就会被淡忘，社会的记忆就会出现空白，开展20世纪中国美术史研究具有紧迫的现实意义。历史概念的生成需要大量具体的工作，许多感性的艺术现象还需要重新审视，20世纪的中国美术史研究应该从艺术家个案的梳理起步，当个案研究积累到一定的规模才能形成关于整个时期的艺术时代风格流变线索概念，所以艺术家个案研究又是20世纪中国美术史研究的首要课题。

北京画院作为新中国成立最早的画院，是国家首都地区的的公立画院，它见证了、参与了新中国主流美术史的生成过程，有着50余年辉煌历史，它的成立和发展与20世纪中国美术发展有着深刻渊源关系。北京画院成立之初，这里汇聚了一批晚清民国时期的中国画大家，许多在20世纪中国绘画史上产生了重要影响的著名艺术家都曾在这里工作过或者担任过院外画家，留下了大量作品。50余年间，北京画院典藏了中国绘画精品4000余件，其中尤以齐白石为主兼及20世纪其他艺术大师的作品及遗物为院藏瑰宝，这些藏品是开展20世纪中国美术史研究的宝贵资源。北京画院与很多著名艺术家的后人以及生前友好保持着密切的联系，这是开展“二十世纪中国美术大家”研究的社会基础。北京画院有着丰厚的传统文化底蕴，在相对浮躁的当代艺术环境中保持冷静心态，坚守发掘、保护、弘扬传统艺术的文化立场。对于开展“二十世纪中国美术大家”研究工作具备多方资源与优势，所以北京画院选择开展这一活动是时代的需要，是历史的必然。

进入新世纪以来，北京画院有计划、有步骤地启动开展了“二十世纪中国美术大家系列展”活动，已经成功举办姚有多、陈半丁等七位重要艺术家的展览，并拟于2009年组织筹办李斛、李可染、周思聪、吴作人、庞薰琹、董希文等几位美术大家的展览。已经举办的这一系列展览定位准确，特色鲜明，致力于呈现艺术家风格流变脉络，追溯艺术家风格形成的文化背景，利用图版以及多媒体手段展现艺术家生平年表。对于艺术家的艺术成就、风格特色以及在美术史上的地位地位给予了确定。通过这一活动，一大批艺术家存世作品以及文献资料得到汇聚整理，通过出版以及研讨会把艺术家个案研究推向深入。十几位重要艺术家的展览、研究连接起来，已经逐步勾勒出20世纪中国美术史发展的基本线索，建构出20世纪中国美术发展的基本概念，这一活动具有重大的艺术与学术价值。

这项工作推进了20世纪中国美术史研究的同时，也产生了重大综合社会效益，丰富了首都地区群众文化生活，在社会上产生了重要的的影响，逐渐形成为一个富于特色的主导文化品牌，牵动了一系列的其他文化活动。众多影视媒体以及报刊杂志相应举办相关活动，中央电视台、《中国文化报》给予大篇幅报道，《中国书画》、《荣宝斋》等国家级艺术类重要核心期刊开办相应的“近现代大家”专题栏目，《中国艺术报》相应开办艺术史话专栏《细说名家》，网络媒体进行专题访谈，中央美术学院、中国传媒大学等艺术院校组织学生团体参观，中国美术家协会、中央文史馆等众多的文化机构团体、文物收藏部门积极参与、大力配合，甚至举办相关展览，在全社会范围内形成为一股文化潮流，充分显示了这一系列展览活动的社会意义。

草间偷活：齐白石的草虫画

陈履生

齐白石与传统绘画中的草虫

“顾恺之论画以人物为上，次山，次水，次狗马、台榭，不及禽鸟。故张舜宾(彦远)评画以禽鸟为下，而蜂蝶蝉虫又次之。”宋人董逌在《广川画跋》所言不仅记述了草虫在以往中国画史上的地位，而且表明了“蜂蝶蝉虫”之类的草虫在顾恺之时代尚未形成中国画的一个类别，但至晚到了唐代，在论述当时绘画的时候已经独立成科。五代时期，在“徐黄体异”的时代表述中，与黄筌的珍禽瑞鸟、奇花怪石相应的是徐熙的汀花野竹、水鸟渊鱼、凫雁鹭鸶、蒲藻虾鱼、丛艳折枝、园蔬药苗，表现出了江南处士的野逸风格。而在现存的黄筌的《珍禽图》(故宫博物院藏)中，除了禽鸟之外，还有天牛、蚱蜢、蝉、金龟子、蜜蜂、细腰蜂、胡蜂等草虫。正因为此，“若论花竹禽鸟，则古不及近”(宋代郭若虚《图画见闻志》)，也就是说，“花竹禽鸟”在宋代已经表现出了超于前代的成就。此后，到了元人钱舜举的《草虫卷》，“三尺许，蜻蜓蝉蝶蜂蜢类皆点簇为之，物物逼肖，其头目翅足，或圆或角，或沁墨或破笔，随手点抹，有蠕蠕欲动之神，观者无不绝倒”(清代方薰《山静居画论》)，草虫在中国绘画的审美体系中显示出独特的魅力。其影响所及，直至20世纪的齐白石。而齐白石在草虫绘画方面集大成的成就，则将这一领域的表现推向了一个后无来者的高度。

在中国绘画史上，特别是到了宋元之后，许多擅长花卉的画家都工草虫，因为草虫能给春花秋卉以生意。然画史中的草虫只不过是蜂蝶蝉虫之属，而齐白石则扩展了草虫的范围，广及蝗虫、蟑螂、臭虫、苍蝇等为人们所厌恶的品种，可以说是只要他目之所及，皆无所不画。现在很难统计出齐白石一生画过多少种草虫，但是北京画院所藏的齐白石的作品中有许多前人没有画过的草虫，它们有天上飞的、地上走的、水中游的，有有益的，也有为害的，其中有许多在昆虫学家的眼里亦是稀有的品种。

如果仅仅说“无所不画”，那可能只局限在“能品”的范围。对于现在具有科学造型基础的画家来说，见什么画什么并不难，画什么像什么也不难。难在栩栩如生，难在形神俱备，难在趣味盎然，难在将一种题材推向中国绘画史的极致。因此将齐白石的草虫画放到整个中国绘画史中去考察，可入“神品”之列。

齐白石的乡间生活与题材选择

齐白石1864年生于湖南省湘潭县城南约50余公里的一个名为“杏子坞”的村庄，村东头有个充满传说的“星斗塘”。他成长在这个“星塘白屋不出公卿”的世代农家中，砍柴牧牛和读书写字兼而有之的童年生活，使他从小就能感受到“儿时牛背笛，归去弄斜阳。三里壕边路，藤花喷异香”的美的意境。1878年，齐白石15岁时开始学木工，继而拜当地著名的雕花木工周之美为师，仍然没有脱离农家。1889年，齐白石拜胡沁园、陈少蕃为师，学习作诗写画。到30岁左右，齐白石已经能以画画为生。不同于文人画家的是，齐白石画什么是根据订件的要求，而他在如何画的时候则是以一种能够满足或讨好客户要求的手法，因此这一时期的齐白石属于具有乡间生活背景的最为普通的民间画工。

齐白石在35岁之前，活动的范围仅限于杏子坞附近的百里之内。35岁的时候，才第一次到了湘潭县城。后来，他离开老家到距星斗塘五里地左右的梅公祠，在百梅书屋外，“墙角种粟，当作花看”，在梅公祠门前的水塘内种莲藕，依然过的是农人的生活。

1904年，齐白石40岁时应夏午诒的聘请赴西安教画，开始了他“五出五归”中的第一次远游。此后，他遍历陕、豫、京、鄂、赣、沪、苏及两广等地，饱览名山大川，广结名人雅士。直到1917年6月，为避地方土匪之扰而北上，定居北京。来到北京的齐白石，虽然离开了家乡，离开了乡村，但是心里还是惦记着“十载家园总辜负，芋苗黄瘦蓼花红”，还想到“以农器谱传吾子孙”(篆刻)。他还在诗中表达了对于往日生活的眷念，“新种葡萄难满架，复将空处补丝瓜”，“满园蔬菜绕门青”，“先人代代咬其根，种菜山园深闭门”。而这种感情更多的是反映到他的绘画之中。

齐白石像许多文人画家那样也接受过私塾的文人绘画的教育，也临摹过一些文人画家所遵循的画谱，可是文人绘画中强调的“胎性”和书香门第，决定了他的后天教育难以摆脱他的世代农民出身的局限，以及他骨子里的民间画工的审美喜好。这些反映到他的题材选择上，尽管他也画文人画家们所热衷的梅兰竹菊，然而他更酷爱蔬果、草虫以及柴爬、算盘这些他最为熟悉而又寄寓了特别情感的东西。这些在文人画家眼中是非常俗气的事物，在齐白石的笔下则显得是那么生动和自然。因为这些对于他来说，则是他所经历的现实生活。“说话要说人家听得懂的话，画画要画人家看见过的东西”，齐白石正是在这样的思想下，选择了他所熟悉的题材以及与这些题材相适应的画法。

齐白石的乡间题材在都市中

居住在京城的齐白石并没有脱离他出身农民的品性。在他的身上，不仅保留了许多农民特有的生活方式和生活习惯，而且在京城的生活中还依然以这种农民的生活方式和生活习惯对待城市中的人和事，并以此建立起一种新的环境关系。在他的艺术世界中，不仅能够从生活中发现一些能和乡村生活相联结的东西，除了蔬果之外，就是草虫，而且还将这种乡间生活表现出符合文化人、城市人欣赏的需求，并演化为一种文人的审美趣味，成为一种雅俗共赏的艺术。就草虫的特点而言，除了地域所决定的有无之外，无所谓乡村与城市的差别。它们作为现实生活的一部分，并不是生活其间的所有人都能对此发生兴趣，特别是

蜻蜓图稿（局部） 齐白石
34.6×105cm 纸本设色

双蝶蛾图稿 齐白石
68×33.3cm 纸本设色

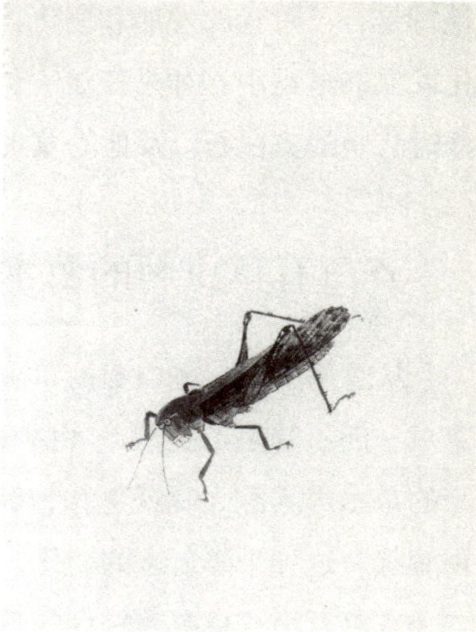

蚂蚱图稿（局部） 齐白石
34.5×34.5cm 纸本设色

一些类如苍蝇、臭虫、蝗虫等为人类所憎恶的蝇虫，其艺术魅力在于艺术家的发掘和表现。齐白石对于草虫的关注，一方面是对于乡村生活的留恋，另一方面也反映了京城养虫的传统，以及现代社会中人们对生灵的宠爱。齐白石的艺术表达，更多的是连接了人们对于生活的热爱。就齐白石的出身而论，他的朴素和善良决定了他能够用艺术的方式倾注对生灵的关爱。在他的眼内，具有生灵的草虫没有是非、丑恶，有的是生活的情趣。在他的心中，自然性的丑与恶并不重要，重要的是在笔下能否把自然性变为艺术性，把丑的恶的变为美的善的。齐白石创造了一种超于现实的生活，他把那些丑的、恶的，通常认为是不入画的东西搬上了画面，营造了一个属于他自己的草虫世界。这是一个生态平衡的世界——没有憎恨，也没有残杀，有的只是一种艺术的情趣。

齐白石寓居京城后，其艺术进入到成熟时期。这一时期的北京画坛既是传统文人画的一统天下，又是西方绘画的传播中心，不管是相对于哪一个阵营，齐白石都是时代的另类。他的乡间题材决定了他和文人绘画的品格相去甚远，而他的画法又与西方绘画格格不入。在这样的一个时代的夹缝之中，齐白石的乡间题材在绘画上所表现出的独特性，使得像陈师曾、徐悲鸿这样的文人画家和西画家也为之动情，为之惊奇。

在齐白石的草虫画中，画得最多的是蜻蜓、蝉、蝗虫、螳螂，显然这种题材上的偏重与他的生活有着不可分割的联系，因为这是农家最常见的。齐白石所画的草虫与他的生活有着不可分割的关系，如果没有这样的关系，在摄影术欠发达的时代，又无画谱的参考，要想画出结构严谨、姿态生动的草虫，那几乎是不可能的。正因为有了与生活的关系，齐白石才画了那么多一般画家没有画，而一般人也难以指认的那么多品种的草虫。对于文人画家来说，他的写实性所表达的乡间情趣正是文人画家所缺少的一种现实关怀，而那种惟妙惟肖的刻画，在技术的层面上也为那些不注重形的表现的文人画家难以企及。对于西画家来说，或者是相对于那些在中西论战中的非传统派画家来说，齐白石的艺术正是传统文人画的一种现实反叛，也是改良传统中国画的一种方式。

在时代文化的激荡中，处于文化边缘的齐白石好像置身于新文化运动之外，可是他的独特性和中间性却暗合了时代的发展和变化。随着时代的潮流，齐白石的乡间题材不仅进入到都市，而且进入到新文化发展的过程中。如果在这一层面上考量齐白石的草虫画，其意义就超于草虫画的本体之外。显然，特殊时代中的齐白石以及他的草虫画是特殊时代的选择，也是特殊时代的产物。

齐白石草虫画的艺术特色

从总体上看，齐白石的草虫，有工、写之分。通常工细者，先画草虫后补景；写意者，先画景后补草虫。而不管是工是写，齐白石都非常注重草虫的体态结构，反映了他极为细致的观察和表现能力。他画的草虫得其翻飞鸣跃之相，翻者折翅能见动作，飞者振羽如临风声，鸣者切股能闻音响，跃者挺身可视耀状。这种千姿百态的变化，反映了他深厚的具有中国特点的造型基础。

齐白石画草虫有着较好的整体效果，又有着细致入微的细部刻画。草虫一般体态较小，而一些具体的结构就更小。一般能画出虫爪的结构已是不易，但他不仅画出基本的结构，还画出虫爪上的毛，真可谓细致入微，令人叹为观止，表现了极强的绘画功力。齐白石的画在注重草虫结构的同时，还注重质感的表现，画蜻蜓和蝉的翅膀极透明之能事，而画飞蛾通体蓬松的绒毛感觉一碰即落，其绘画语言的运用表现出了超于一般画家的能力。

刻画精细是齐白石草虫画的一大特色，但常人画得细，容易腻和板，甚至细得如标本而无生气；齐白石所画则于精细中求生意，严谨处富变化。如画蜻蜓翅膀中的网纹，一笔中有浓淡变化，更增加了翅膀的动感。画水中草虫的长足，线条挺拔又能表现出关节的结构。这一切都是笔笔写出，积淀了他数十年的绘画功夫和学养。

草虫的布景如点睛，是这一题材绘画的有机组成部分。齐白石善于运用工与写的对比手法，创造了一种艺术化的生态氛围。在他的草虫作品中，工致草虫的布景都比较简单，但必定是以写意的手法，画蟋蟀添一罐或几株小草；画水虫写几丝水纹；画蜻蜓涂一根莲蓬。如此的简洁是为了烘托主体的形象，而写意的笔法也是为了主次形象的对比，工者更工，写者更写。在另一类幅面较大的以花卉为主的作品中，工虫往往是画面的点缀，起画龙点睛的作用，一般是以意笔写出，或工写结合。

画工虫需要有很好的眼力，可是由于生理的原因，受到视力的限制，老年人“目昏隔雾”已无力去画工细的草虫。而在齐白石的存世作品中，却有明确纪年的70岁以后的工虫作品，人们往往大惑不解。对此，北京画院所藏的一批齐白石的未完成稿，却解开了这一疑团。为了防止老年时不能作工细的草虫，齐白石在60岁之后陆续画了一批工虫待以后补景。这种点睛补龙的手法是齐白石的一大创造，也反映了这位高寿画家的长远之计。在这些形象生动、刻画完美的未完成的草虫图稿中，那些还没有添景的空白部分可以引发人们的多种想象。基于传统审美方式的作用，空白之无和有的辩证关系决定了这里有着丰富的可能性，可以想象，这些草虫的周围是一个丰富的世界。所以这些未完成稿所表现出来的意趣和审美的意义，使之具有一定的独立性，现在完全可以把它们作为一件完整的作品来对待。实际上，齐白石在画这些草虫时已经有了最初的构想，从具体的位置到草虫的姿态，都凝聚了老人的匠心。

齐白石的草虫画在题材和画法上独具一格，开时代新篇。他更正了唐代以来“评画以禽鸟为下，而蜂蝶蝉虫又次之”的评画标准，提升了草虫画的品格，成为中国绘画史上的奇葩。

（“草间偷活——齐白石笔下的草虫世界”，展览时间：2005年9月23日—2006年4月26日）

白石老人的启示

王明明

在中国近代绘画史上，还没有一个画家能像齐白石一样让人们所喜爱。不论是专业艺术工作者，还是普通的绘画爱好者，只要提起齐白石，几乎每个人都可以像谈起一个老朋友那样评论几句，这在中外绘画史上也是罕见的。但遗憾的是，这样一位受人爱戴的世界性的艺术大师，在北京却没有一个专业的纪念馆，让人们随时可以观摩他的真迹。40多年前，国家曾经决定建立“齐白石纪念馆”，但因为种种原因，“齐白石纪念馆”却未能开馆，这成为美术界的一大憾事。现在，新落成的北京画院美术馆馆内特辟“齐白石纪念馆”，永久陈列北京画院收藏的齐白石作品，广大艺术爱好者期待了近半个世纪的愿望终于实现了。值此北京画院美术馆、齐白石纪念馆开馆之际，我们将画院珍藏的齐白石作品重新整理研究，分为“草间偷活——齐白石笔下的草虫世界”等10个专题系列，陆续推出，为广大艺术爱好者研究齐白石提供宝贵的第一手资料。

海棠蜻蜓天牛图　齐白石　67.5×33.5cm

在白石老人去世近半个世纪后，今天重读白石老人的作品，仍然给我们很多新的启示。首先，齐白石从早年师法古人到“衰年变法”，他的艺术之路是在传统脉络中完成的，其“自成家法”是有源流可追寻的。仔细研究齐白石的前期作品和最后风格的形成，从题材到技法，都可以明显地看出他和前一辈大师之间的传承关系。与白石老人相比，我们有些画家对传统采取全盘否定的态度是值得反思的。无论什么时代，优秀的民族传统都是艺术家赖以生存的文化土壤，如果我们连自己的传统都没有认识清楚，所谓的创新就是无源之水，无本之木。其次，中国画不是靠观念和热情的冲动来创作的，是经过不断地修炼，长时间的文化积淀和外师造化慢慢“养”出来的。白石老人一生生活在自己的艺术世界里，荣辱不惊，远离虚名，“不教一日闲过”，因此才练就了天才的绘画能力，成为超越时代的艺术大师。一个中国画家画的是修养，格调的高下要看笔墨功夫和笔墨背后表现出来的精神品格，两个方面都需要画家倾尽毕生的心血来修炼。一个画家只有用平常心对待艺术，才能在创作中得到最大的满足，从而使自己的艺术走得更远。

把生活中的自然形态转化为具有中国绘画精神的艺术形象，用传统的水墨语言表现现实生活，这是中国水墨画最大的难点，也是中国画发展中最重要的课题，在这方面，白石老人为我们做出了楷模。在白石老人的笔下，“世间无物非诗画之料”，他把生活中一些最普遍、最常见的东西画出来，让平常的事物凸现艺术的魅力。他提出的“妙在似与不似之间”，不仅是他个人风格的自解，更是关于写意造型最精妙的理论概括，他用自己的艺术实践证明了水墨画在表现现实方面具有巨大的发展空间。从这个意义上说，齐白石不愧是一个具有现代意义的艺术大师。

当我们把齐白石作为个案去研究时，还有两点是需要特别提及的，一是同时代画家之间的交流和影响，对一个艺术家的成长是非常重要的。齐白石晚年迁居北京

桃源山水图　齐白石　102×49cm　约1938年

后，与陈师曾结为知交，白石老人在自述中说：“师曾劝我自出新意，变通办法，我听了他话，自创红花墨叶一派。”可见陈师曾对齐白石晚年的绘画有极大影响。今天的画家为什么不能敞开心扉与同时代的画家交流呢？说到底还是对待艺术的心态出了问题。二是白石老人完全是通过自学成就一代艺术大师的。这说明一个真正热爱中国画艺术的人，只要按照艺术规律长期不懈地努力，最终是可以取得成功的。同时白石老人的成功之路，也为我们按照西学体制建立起来的学院制美术教育提出了一个重要课题。目前的中国画教学是否符合中国画的艺术规律，这是值得研究的。

作为画家，我一向认为，大师们的经验比任何时尚的新潮观念更值得借鉴，但在过去很长一段时间内，很多人对新观念的热情显然超过了实实在在的案头功夫。在这样一种风气之下，让我们的画家坐下来去认真研究那些艺术大师们的经典作品，并透过他们创造的样式探寻其内在的艺术规律，是很困难的，甚至被认为是不合时宜的。这种浮躁的风气，使当代中国画在表面繁荣的背后已显露着深刻的危机——大量贴着中国画标签的作品，其实已经丧失了中国的文化精神，缺少基本的笔墨内涵和艺术法度。因此抱着虔诚的心态向大师学习，重新认识中国画的艺术规律，是当代画家必须补足的功课。我们推出齐白石系列展的目的和意义也全在于此。

（“草间偷活——齐白石笔下的草虫世界”，展览时间：2005年9月23日—2006年4月26日）

寿桃图　齐白石　179×48cm　1937年

昆虫学专家刘思孔谈齐白石工虫画

刘思孔

看了北京画院美术馆展出的齐白石工虫画，第一感觉是白石老人对虫的观察非常细致。画中的昆虫，如果细分可能有近百个种类，像他画的蝗虫，就有稻蝗、飞蝗、车蝗等，蛾子、蝴蝶也有几个种类。这么多种类的虫子，我作为一个研究昆虫分类学的能一下子看出画的是什么，这样的功夫是太让人佩服了。当然，如果按照严格的昆虫学分类，有些画里的昆虫很难鉴定种类，像他有一张画，触角像蛾子，翅膀又像蝴蝶，就不好定类，但绘画艺术毕竟不同于标本，从大的形态上看，每一张画都是非常形象生动的。

这批工虫画还有一个特点，画中的虫子都是我们日常生活中能看到的。从所画的昆虫的种类来看，这批画应该是白石老人移居北京以后画的，因为什么呢？除了一张画中的荔枝蝽象（一种吃荔枝的虫）生长在南方之外，其他的虫在老北京都能看得到。

一个画家能画好几种昆虫已经很不简单了，而白石老人把日常生活中能见到的虫几乎都画到了，包括苍蝇、蟑螂这些让人讨厌的虫子，他都画得很生动，如果没有对事物细致深入地观察研究，是不可能做到的。像他画的菜粉蝶，翅脉非常逼真，连我们搞昆虫学专业的人都不得不佩服。还有一张画，画的是螳螂捕蚂蚱，螳螂正准备出击的那种神态非常生动，这也符合生物链的科学道理，当然，白石老人是否想到这一层，那就是另外一回事了。

（刘思孔为北京自然博物馆昆虫分类学教授，王民德根据录音整理）

（“草间偷活——齐白石笔下的草虫世界”，展览时间：2005年9月23日—2006年4月26日）

现实主义精神与中国画的广阔前景

马鸿增

当代条件下重新研究中国画创作中的现实主义精神自有重要的现实意义。近20多年来，由多种因素造成对现实主义有意无意的淡化和疏离(包括理解上的偏差)，如西方现代艺术思潮的冲击，“文革”政治工具式的伪现实主义引发的逆反心理，书画市场对创造精神的干扰，中国画“意象主义”与现实主义的距离感等。这一切，都向我们提出：为了重振现实主义主流精神，必须重新解读现实主义。

一、“意象主义”就是“中国式现实主义”

我所理解的现实主义既不是指某一流派，更不是指某一技法，而是广指人类自有艺术以来从自发到自觉地逐渐形成的一种主流艺术精神、艺术思想、艺术原则。其核心在于“实”，包括“真实”和“现实”。具体说来，其基本内涵可以概括为三句话：以具有审美价值的艺术手法，真实地再现客观的现实生活，真实地表现主观的思想感情。这一理解与以往相关定义的区别在于，不再单纯强调“如实描写”或“按照生活本来的样式来描写生活”，而加入了表现主体情思的内涵，完整地表达出现实主义艺术主客观统一的审美本质。当然，这两者的统一在不同历史时期、不同画家的作品中，有着不同高度和深度的品位上的差异，也有不同侧重面和语言风格上的差异。我觉得这样的理解完全符合中国历来的艺术创作实际和理论原则。

在中国画创作中，从未出现过西方严格意义上的“如实描写”。然而中国画的“意象主义”就其本质而言，却可以称之为“中国式现实主义”。在中国绘画中，构成艺术作品的三个要素——客体的形、神，主体的情、意，本体的笔墨语言——处于辩证统一之中，这就是“意象”体系。纵观中国画史，唐宋以前是以传达客体形神为轴心，有顾恺之的“传神”论、谢赫的“六法”论、荆浩的“图真”论；唐宋以后则是以表达主体情意为轴心，有苏东坡的“写意”论、倪云林的“逸气”论、石涛的“不似之似”论等等。需要指出的是这一美学观无论前期后期，无论侧重于哪一方面时，从来不放弃其他要素。

这就是说，写意论者也保持一定程度的客体再现性、描写性。

最经典的概括中国意象主义的名言，莫过于唐代苏州画家张璪提出的“外师造化，中得心源”。主客一体，物我交融，天人合一，这就是中国式现实主义的本质特征。历代有成就的画家无不是这一原则的忠实实践者。不用多举例，仅在南京这块土地上就诞生了东晋顾恺之的《女史箴图》、南唐顾闳中的《韩熙载夜宴图》这样流芳千古的人物画杰作；论山水画则有董源、巨然开创的江南山水画派，与中原地区荆浩、关仝开创的北方山水画派并峙称雄；论花鸟画，又有徐熙开创的“野逸”画风，与西蜀黄筌的“富贵”画风竞相媲美。到明末清初，龚贤、石谿等为核心的金陵画派，作品也多是金陵周边地区风貌为生活基础的艺术升华。20世纪上半叶，一代现实主义艺术大师徐悲鸿在南京崛起；20世纪下半叶，南京又孕育出以傅抱石为首的新金陵画派。他们的出现给中国传统意象主义注入了新鲜血液，也为当代中国画创作现实主义精神的弘扬，提供了更直接、更亲和的经验与启迪。

二、徐悲鸿的启示

徐悲鸿倡导现实主义(写实主义)，许多人只记得他引进了西方古典绘画素描写实手法，这是事实，但决非全局。针对当时中国美术界远离现实、一味摹古等种种弊端，徐悲鸿在不断的思考和中西美术比较中，深化着、拓展着自己的思想，其中最重要的有四点。

第一，真善美相统一的艺术价值观。他坚守“为人生而艺术”，以强烈的爱国主义激情和历史使命感，竭力提倡“艺术有三大原则，即真善美是也”①。又说：“当然艺术最重要的原则是美，可是不能单独求美而忽略了真和善。”②这正是徐悲鸿现实主义思想的根本动因。

第二，惟妙惟肖、形神兼备的造型美学观。他所说的“惟肖”是指形的准确性；“惟妙”是指心手相应之后的传神之境；而且他又说“妙之不肖者，乃至肖者也”③。这就是强调从生活的真实到艺术的真实，其内在精神与石涛的“不似之似似之”，齐白石的“妙在似与不似之间”是完全一致的。

第三，以写实为基础，绽放各派灿烂之花的包容意识。1930年，他说“以写实主义启其端”④；1943年，他进一步表明：“写实主义是以治疗空洞浮泛之病，今已渐渐稳定，此风格再延长二十年，则新艺术基础乃固，尔时将有各派挺起，大放灿烂之花。”⑤按他的设想，到20世纪60年代，将会出现多种风格流派共同繁荣的局面。

第四，以西补中，复兴中国艺术的民族主体意识。针对当时人物画特别薄弱的状况，他呼吁“要以人的活动为艺术中心”⑥。在画法上，他主张在传统基础上“西方画之可采入者融之”⑦。他明确反对“中西合瓦”，即那种不伦不类的中西拼凑。

徐悲鸿的现实主义思想对20世纪中国人物画的创新和发展有着决定性的作用。他自己创作了借古

---

① 徐悲鸿：《中西画的分野——在新加坡华人美术会讲话》，《星洲日报》1939年2月12日。

② 徐悲鸿：《对中国近代艺术的意见》，（香港）《工商日报》1937年5月12日。

③⑦ 徐悲鸿：《中国画改良之方法》，《北京大学日刊》1918年5月23日—25日。

④ 徐悲鸿：《悲鸿自述》，《良友》画报第46期，1930年4月。

⑤ 徐悲鸿：《新艺术运动之回顾与前瞻》，《时事新报》1943年3月15日。

⑥ 徐悲鸿：《美的解剖》，1926年。

喻今的人物画作品《九方皋》、《愚公移山》，在笔墨与素描造型的结合上取得突破性的成果。在他的影响下，蒋兆和更是直接描绘下层劳苦大众，创作出不朽的《流民图》。正是徐、蒋的密切合作和前赴后继，共同开创了融西入中的水墨写实人物画语系和教学体系，即“徐蒋体系”。这一体系坚持现实主义的创作原则和人文关怀精神，影响了好几代有志于人物画创作的画家。五六十年代的黄胄、方增先、杨之光、刘文西、王盛烈、卢沉，八九十年代的周思聪、姚有多、马振声、杨力舟、王迎春、赵奇、李伯安等，就是其中的代表。他们的作品，无论在反映现实生活、追思历史足迹和艺术语言的个性化上，都取得了令人瞩目的成果。当今画坛，北方的“关东画派”、“黄土画派”和南方的“新浙派”，都是以人物画为主的画派，并且形成了皴擦点染式、水色滋润点虱式、新工笔重彩式、新工笔淡彩式等不同风格。现实主义人物画完全可以在总结20世纪“新传统”经验的基础上开拓新局面。

三、新金陵画派的启示

研究当代山水画创作中的现实主义精神，断然离不开上世纪五六十年代的“新中国画”，尤其是当时崛起的两个代表性画派——新金陵画派和长安画派。

新中国成立后，在毛泽东文艺思想的统领下，反映新时代、新生活的要求，与画家们的爱国热情、感恩思想相合拍，以傅抱石为首的一批江苏国画家，冲破虚无主义和保守主义的双重束缚，大张旗鼓地开展面向生活、面向大自然的写生活动，特别是1960年举行的六省二万三千里旅行写生，画家们开眼界，长见识，扩胸襟，壮气概，在感动和激动的心态下，他们创作出大量具有新内容和新笔墨形式的山水画作品，最有影响的如傅抱石的《待细把江山图画》、《西陵峡》，钱松喦的《红岩》、《三门峡水库》，亚明的《三峡夜航》、《出院》，宋文治的《山川巨变》、《广州造船厂》，魏紫熙的《峨眉山中》、《渡口》等。这些作品于1961年5月以“山河新貌”为题赴北京展出，备受各界好评。同年10月，西安美协石鲁、赵望云等人的作品也赴京展出，又引起一番轰动。正是在对这两地画风的比较中，美术界确认了“新金陵画派”和“长安画派”的诞生。

新金陵画派精神就是现实主义精神的彰显。傅抱石曾撰文表述了他们的共同观念：“时代变了，生活、感情也变了，通过新的生活感受，不能不要求在原有的笔墨技法的基础之上，大胆地赋予新的生命，大胆地寻找新的形式技法，使我们的笔墨能够有力地表达对新的时代、新的生活的歌颂与热爱。换句话，就是不能不要求‘变’。”①显然，这一思想是石涛“笔墨当随时代”的发展，当然又融入追求真善美相统一的时代内容。

考察新金陵画派的作品，有以下共性：

其一，在创作思想上，坚持反映时代，感悟生活，关注民生，关爱自然。正是他们，将传统山水画有限的题材内容扩展为四大类——祖国建设新貌、革命历史纪念地、大自然风光和毛泽东诗意画。应当承认，他们大大拓宽了山水画的审美领域，而且合乎天理，顺乎民心。试想，在那个时代，令中国人民喜闻乐见的不正是摆脱百年受侵略之苦和战争灾难之后建设自己美好家园的蓬勃新姿吗？不正是忆苦思

① 傅抱石：《思想变了，笔墨就不能不变》，《人民日报》1961年2月26日。

红岩　钱松喦　83×54cm

春雨江南　亚明　90×48cm

甜感念前辈艰难创业的历史足迹吗？不正是社会安定始有闲情畅览祖国大好河山的心底回响吗？不正是对人民领袖气势恢弘意纵天地的诗情崇仰吗？这正说明新金陵画派是与人民大众同呼吸共命运的、高扬人文关怀精神的画派，这才会有广大的社会受众。而今有些人从浅薄的“自我”角度来贬低“山河新貌”的审美价值，那是既不懂历史，又不懂艺术。

其二，在创作方法上，他们将毛泽东提出的“革命现实主义与革命浪漫主义相结合”同中国古代画论中有关的论述进行了合理的链接。傅抱石就说过：“中国绘画现实主义的理论基础，应该是：从客观的实际出发(实对、应物象形、随类赋彩)，通过主观的加工(迁想妙得、骨法用笔、经营位置)，从而统一地有机地创造性地体现物象(传神、气韵生动)。”①后来他又多次引用张璪说的“外师造化，中得心源”，石涛说的“山川与余神遇而迹化”、“搜尽奇峰打草稿”，认为这些观点“都是主张要写山水神情的意思”②。按照这样的理解，他们在创作中既尊重客观对象的基本特点，又进行合理的想象和夸张，是现实主义精神和浪漫主义手法的结合。钱松喦的《红岩》、《常熟田》就是成功的典范之作。

---

① 傅抱石：《中国绘画的优秀传统》，见《傅抱石美术文集》，第383页，上海古籍出版社2003年版。

② 傅抱石：《谈山水画写生》，见《傅抱石美术文集》，第530页，上海古籍出版社2003年版。

其三，在语言风格上，力求将传统笔墨与现实生活相契合，清新的生活气息与灵性的笔墨气韵相交融，刚柔并济，雄秀兼备。以中国民族传统画法为根基，适当吸收西画的色彩法、构图法(他们都学过西画)，而且能不露痕迹地融入中国“写画”美学体系之中，这正是他们的高明之处。

然而，由于他们各自性格、气质、生活阅历、艺术素养等不同，自然显出风格个性的差异，使群体面貌丰富而不单一。傅抱石格调奔放洒脱，独创散锋笔法，画面如飞如动，表现出山川的光感、体量感、空间感和特有的飞动美，洋溢着天风海雨般的豪情，成为由古典形态向现代形态转换的一代山水画大师。钱松喦画风浑厚沉着，笔力老辣，有古拙苍浑之致，特擅墨彩交辉，新意盎然，被誉为“山水画推陈出新的样板”，晚年忆故乡之作返璞归真。亚明机智敏捷，早期作品空灵清秀，巧趣天成，后期追求奔放超逸之境。宋文治画风清隽润泽，以表现江南水乡诗情韵味最佳，水墨为骨参以色彩渲染，明艳动人，晚年创“小泼彩”，别具一格。魏紫熙取北派气势，融入南派韵味，画风刚健挺拔，长于表现中原厚土，太行魂魄，晚年愈见雄壮之美。

从新金陵画派代表人物的画风差异与演变中可以看出，他们所一贯坚持的正是“外师造化，中得心源”，客体与主体相结合的现实主义精神，只不过“文革”前更多倾向于“造化”的再现，而晚年更多倾向于“心源”的表现而已。当今中青年画家在审美取向和风格个性上更为丰富多姿。由此我们也得到启示:现实主义艺术精神是本质的、永恒的；而现实主义艺术风格则是无定式的、多样化的。这正是现实主义生命力之所在。

四、当代现实主义的广阔天地

提倡当代中国画创作中的现实主义精神，是经济全球化、文化多元化时空条件下，建设中国先进文化的必然需要，同时也为现实主义传统的发展演进提供了新的机遇。从20世纪的创作经验和教训中，我想提出两个“转变”的问题并做一些讨论。

第一，从“隐性”状态到“显性“状态。

毋庸讳言，自上世纪80年代对外开放，各式各样的西方现代艺术思潮涌入，加之人们对“文革”美术的逆反心理，强化了对现实主义的曲解和误解，于是渐渐地避忌使用现实主义的概念，或者说现实主义“失语”。然而从实际创作来看，饱含着现实主义精神的作品却一直未曾中断过，甚至在一些作品中还有新的拓展。比如周思聪的《矿工图》，王迎春、杨力舟的《太行铁壁》，冯远的《世纪智者》，毕建勋的《以身许国图》，以及许多既有时代气息又有新颖语言的人物、山水、花鸟作品，但很少有人从现实主义的角度加以评说。

另一方面，中国画坛上也存在着脱离现实、脱离生活的倾向，或一味模仿古人、前人，或一味追逐西方现代主义的审美标准;甚至有些已有一定成就的画家，也因迷恋市场价格而丧失继续上进的艺术追求，不再到生活中去汲取新的灵感，也不再到传统中去发现新的资源，而只是反复复制某种固定“图式”，实在令人惋惜。

我以为，如果说当代中国画坛“多元激荡”，那并非意味着各“元”平分秋色；现实主义理当成为其中的“主元”，对真善美统一的追求理当成为主导性的审美理想。社会普遍认同和期盼的正是这种艺术精神，能够使诸多浮躁迷茫的心灵得到抚慰和振奋的也正是这种艺术精神。“以人为本，构建和谐社会”是当代中国基本国策，也是当代中国艺术的重要使命。以亲切的人文关怀走向广大公众，以独特的人文魅力推进和谐社会的构建，以强大的人文力量促进人与自然的和谐发展，可以说，现实主义艺术驰骋的天地无比广阔。

20多年来现实主义”隐性”发展的不正常状态该结束了，中国当代现实主义应以“显性”的姿态昂首阔步，通过自由竞争而更加光大。

第二，从“线性”思维到“立体性”思维。

这里的“线性”是指代一种简单化、绝对化的思维方式，把生动活泼的现实主义理解得过于狭隘，非此即彼，产生排他心理或置身其外的心理，其实很不利于当代现实主义艺术的拓展。比如片面地以为现实主义就只是重大题材的人物画，就只有写实手法，这就无法解释中国画创作的传统(包括古代传统和20世纪新传统)，也无法理清当代创作的现状。

从“立体性”思维来看，当代中国画创作中的现实主义艺术精神和艺术风格具有无比的丰富性和多样性。就艺术精神而言，主要把握这两点：一是贴近时代，关注民生，关爱自然，努力反映现实生活，对当代社会有积极的参与意识和真诚的人文关怀；二是追求真善美相统一的审美理想，满足当代人民群众的审美需求。可以说，凡是具备以上精神的作品，都属于现实主义作品。在这个前提下，无论人物画、山水画、花鸟画，都有广阔的发展空间。就艺术形式风格而言，空间更为开阔，写实手法、写意手法、象征手法等，甚至某些西方现代主义的手法，都可以借来为我所用。在中国画形神兼备、“妙在似与不似之间”的天地里，尽可自由翱翔。这正体现了当代现实主义者充满自信的民族气派和开放的艺术眼光。当然，关键在于“融化”，一切吸取只能是为了有助于彰显民族文化精神。

“线性”思维的另一种表现是将所谓“个人话语”与主流的“公共话语”对立起来，片面强调个人体验、个人欲望的直白表达，甚至只要快感，不要美感，很少顾及作品的社会效果和公众认知度。这种思维把现实主义曲解为只有“公共话语”，没有“个人话语”。他们不大承认个性与共性的统一，也不大承认张扬个性与社会责任感的统一。我们前面再三说过，中国式现实主义的特质就是“外师造化，中得心源”，就是主体和客体的统一，只不过这种“心源”、“主体”是附着在具有真善美意味的“造化”、“客体”之艺术升华后的语言形态中。不具备真善美品格的“个人话语”也可能来自“现实”，但它决不等同于“现实主义”。只有将“个人话语”与“公共话语”相融合，才能创造出现实主义艺术风格，才能展现出现实主义风格的多样性。从顾恺之到顾闳中，从徐悲鸿到傅抱石，从清代金陵画派到20世纪的新金陵画派，都证明了这个规律。新世纪中国画创作的现实主义精神和艺术风格，也将在这种辩证的、历史的艺术运动中发扬光大，开拓创新。

（“承传与变革——新金陵画派经典作品展”，展览时间：2006年1月12日—2月21日）

“修来清静华严佛，尚有尘寰未了因”
——读北京画院藏齐白石人物画

梅墨生

一

齐白石老人到晚年已修成了画坛的一尊“佛”。作为现代写意画的开宗立派人物，齐白石已经成为一种象征，而且已经成为历史，融化在中国艺术的血脉里。已经、正在、还会继续用他那平凡而伟大的艺术发生影响，感染世人。

齐白石在《大涤子作画图》上题曰：

> 下笔怜公太苦辛，古今空绝别无人。
> 修来清静华严佛，尚有尘寰未了因。
> 释瑞光画大涤子作画图，乞题词，余喜之，临其大意。癸亥秋，白石山翁并题。

齐白石一生以布衣自居，以平常心运非常手，画出了一个丰富灿烂的世界，他本身的艺术就似华严世界，层层庄严，丰富无比。他本身也如“华严佛”。可是，这尊“佛”并不是超越的，而是入世的、现实的，“尚有尘寰未了因”，他具有勤劳的农民心性，有朴素的平民情怀，他的慈爱惠及草木，恩及蚊虫。对万千生物富于同情的爱心，体现了中华民族的传统美德，老我之老以及人之老，幼我之幼而及人之幼。但是，齐白石的人生哲学之可贵在于：合光而不同尘，同流并不合污。他从俗就俗、热爱常人的生活，但却洁身自好，通俗而不庸俗，享受世俗人生的快乐，饱尝生活的五味，却又“年高身健不肯做神仙”(齐印语)!

我以为，欲读懂齐白石，不可不读懂这方极富个人情怀的自刻印语。齐白石毕生服膺崇拜的八大山人有一方印文为“可得神仙”，而齐白石却是“年高身健不肯做神仙”，两方印语，两种心迹，两种情怀，两种文化旨趣，齐白石画虽然从八大山人画出，而其画中意境却相判霄壤。八大山人的画不食人间烟火气，餐风饮露，云烟雾霭，“令人有天际真人想”(《南田画跋》)。而齐白石的画则纯出于田野市井生活，富人间现实生活气，草木欣欣，虫鸟欢欢，山水一片诗意，人物则众生相毕现，是尘世人间的境界。由于身世与阅历之异，又由于心性情志之不同，八大山人的绘画世界是冷寂的，齐白石的绘画世界是热烈的，热烈而活泼，生机盎然。因此，若仅从画面之简洁去看八大、白石之同，实未懂八大、白石之不同。其不同处，正是两人心境之不同，正是两种世界观与生活态度的反映。齐白石的通俗、世俗、日常、平凡与八大山人一类的高洁孤傲有着本质上的差异。特别是名声日隆后的齐白石，其画意的健康热烈，充满爱情，饱满清新，恰与文人一脉的孤骚避世——求超脱，成一反差。

二

齐白石1915年题所作《罗汉》云："余自四十以后不喜画人物。"然而我们现今所见的齐白石人物画，却不乏40岁以后之作。就以北京画院藏画为例，计59幅人物，全部是他40岁以后之作，其中最早的也是他47岁(1909)时的作品了。

齐白石的绘画，直接取法以明、清人为多。八大、石涛、沈周、黄慎、罗聘、金农、钱慧安、改琦、费丹旭等人对他影响最大，再就是《芥子园画传》和民间绘画的影响。可以说，齐白石一生未入唐、宋人范畴，取法比较晚近。但是以如此的取法，竟能独树一帜，影响如此广大，成为一代教化主，齐白石靠的是什么？这是殊堪琢磨玩味之事。

齐白石的心志情操，一生梦萦故乡山水田园，"白石画屋不出公卿"(齐印语)，他典型地恪守着吾土吾民的传统准则，本质上是农民，怀有善良、正直、朴素、幽默、乐天知命的农民情怀。他的一生体现了悠久的农耕文化进入新兴的都市文化后的希望、痛苦、失落、困惑、兴奋与自我实现过程。在20世纪的社会、人文风云中，齐白石奇迹般地成就了他平淡而光辉的艺术人生，或许可以认为正是一个民族对日渐远离的田园诗意的眷恋成全了一个湘上老农的梦。还有一个不容忽视的原因，就是齐白石强烈的个性气质与智慧。在对传统的相对有局限的了解中，齐白石能够取少用多，能够发人所未见，锤炼出自我的"大匠之门"(齐印语)，绝对来自老人超常的人性智慧。在几十年的苦苦修行中，他转益多师，用长舍短，集腋成裘，形成了自我的一套看似笨拙实则扎实的学习方法。一如他的木匠本事：选材、泡制、度量、可钉可铆。严丝合缝，用精心的铆榫结构架构起一种学习、借鉴、挪用、吸纳、化合、提纯的办法，造就了一座齐白石艺术殿堂。只需观览其人物画作，便知道他是多么长于向各种资源学习。画家画中的民间画工画，文人画，门人弟子的画，名家同行的画，都一一纳入白石画稿中，经过他的不断揣摩、消化，再挥写而出，于是成为齐白石风格。我认为，齐白石研究中不可忽略对他学习方法的探究。

由于白石老人热爱生活，关注现实，对万事万物极为细心观察，心思细腻，自有一双火眼金睛，所以在他的笔下，无物不成画材，万物奔赴腕底，以致他慨叹：我腕下有鬼神耶?!因此齐白石之取于传统者或少而近，然而齐白石之取于生活者则多而广，微而妙。这是齐白石的过人之处。他的画取文人画的直率简洁，而不取其酸腐，直抒胸臆，表达性灵，如短诗小令，如小品文，如民谚俚语，是画中"国风"，映现了一种人生世态，恩怨得失，爱恶弃取，披卷即得，非"鲜活生动"四字不足以尽之，仅此一点，齐白石便可以古今独步！

三

齐白石的“尘寰未了因”，显现于他的诗、文、书、画、跋、印、函中，信息量很大。作为一位长寿画家，阅历坎坷，萍踪南北，然而其不见稍许消磨者，“赤子之心”——诗情也。齐白石爱恨分明，极具真情意趣。我认为齐白石之最为动人之处即在此，最为可爱处亦在此。他的情思，丰富而细致；他的性格，直率而朴素。

中国文化历来重天趣，而绘画能得天趣者历来不多，齐白石则为一代表。画中天趣，必以画者之有天赋为前提，此可遇而不可求者也。

天赋的气质与浪漫的诗意胶合着，于是有了白石艺术。齐白石47岁所作的《婴戏图》，显然在艺术上尚不够老到，但那份单纯真率的美感实在让人无话可说。其中儿童造型的生动活泼，没有对生活的深入体察，绝不可得。而其简洁的笔法、单纯的设色、空灵的构图，又无不隐约可见木版年画等民间艺术的影子。

齐白石爱作道释人物，如来、观音、罗汉、铁拐李等为其人物画中的一个部分。显然此类题材是受到金农、罗聘的启示，但齐白石以粗拙概括的用笔和单纯喜庆的颜色为之，眉目间神韵独出，十分美妙。这些道释人物活脱脱地富于世俗众生相，“神仙也要人来做”的意味洋溢而出，他们神圣而不道貌，出世而不离世间，表现了一种可亲可近的人间情怀。而直接表现平民生活的则更是意态万千，令人忍俊。如《钟馗搔背图》、《搔背图》、《乞丐图》、《扶醉人归图》、《却饮图》、《上学图》、《挖耳图》、《人骂我图》、《老当益壮图》等无一不是意趣盎然，幽默诙谐，赏人以现实生活的情趣之美。

其中的《老当益壮》，据我所知，除北京画院收藏三件外，原荣宝斋也曾藏过一件。齐白石有依稿作画的习惯，得意之稿，会反复画之。我个人非常喜欢这件作品，它几乎是齐白石老人的自画像——至少是他心目中的理想老人形象。有学人说古希腊的文化是青年的，而古印度的文化是老年的。其实，中国文化也是老年的。但是还要一个补充：中国文化是老当益壮的，是老而返童的，只有如此，才全面准确。而齐白石的人生境界与艺术境界也恰恰如此：老当益壮，返朴还真。

我曾想过：如果说中国文化是太极文化——阴阳思维的话，则黄宾虹阴柔多于阳刚，齐白石阳刚多于阴柔，然而两者的艺术都是刚柔并济的，殊堪比拟为现代画史上的两类代表。刚健朴茂的齐白石艺术正是在这一点上逾越了明清而上接秦汉，与高古相合，极古极新——笔法古朴而情调清新，令后人钦仰！

（“自家造稿——齐白石笔下的人物神情”，展览时间：2006年4月28日—10月18日）

洒脱背后是艰辛

——齐白石笔下的人物神情

尚 辉

以突出齐白石怎样惨淡经营自家粉本为特色的“自家造稿——齐白石笔下的人物神情”正在北京画院美术馆展出，这是该馆自去年开馆以来推出的第二个齐白石系列特展。这个展览陈列了北京画院所藏齐白石人物画作品共56幅，是齐白石衰年变法和艺术盛期的人物画精品，代表着齐白石成熟的人物画风貌；展览还整理陈列出64件画稿，这是齐白石晚年留存在自己身边的人物画稿本，为难得一见的枕中之秘。这个展览以凸现齐白石怎样“造稿”的创作历程为亮点，将作品和稿本并置陈列，并以其人物画的演变历程为线索，辅以其他馆藏作品的图片和文献，以此揭示齐白石那些“一挥而就”洒脱写意的人物形象创造所掩藏的良苦用心。

齐白石的人物画之名，远早于他的花鸟画和山水画之名。据《自传》说，他的第一张人物画是8岁时在门上摹拓的雷公像；第一次画现实人物是读村馆时用写字纸画“星斗塘常见的一位钓鱼老头”。齐白石16岁拜同乡周之美学雕花木工，曾从绣像小说插图中勾摹历史故事。20岁时，借得《芥子园画谱》摹习，画谱成了他在雕花上出新、为乡亲画古装人物的依据。除了应用《芥子园画谱》，他还从戏剧人物、现实人物找些参照，尤善描写仕女，当时有“齐美人”之誉。26岁时，齐白石从萧芗陔、文少可学习民间肖像画。27岁时，又拜胡沁园、陈少蕃为师，从此，他“弃斧斤”成为职业画手。齐白石为人画像既能对人写真，也能用照片放大，兼传统和“擦炭”两种画法。从27岁到40岁，他一直作为肖像画师活跃于湘潭和长沙一带。这个时期，他除了画肖像，还画仕女、儿童、历史人物和佛道人物等，受黄慎、改琦、费丹旭以及钱慧安等人画风的影响，有工细一路，也有兼工带写一路，技艺熟练，然个性不甚鲜明。

1899年，齐白石投师王湘绮门下，并广结文人，思想上开始发生巨大变化，刻意追求文人化，在绘画创作上也努力追求文人化的笔墨意趣。定居北京后，形成了他的衰年变法：工细人物减少，粗笔大写意一跃而为基本格式，一些作品源自切身的生活体验，以诗画结合的方式直率地表达对社会人世的看法。从70岁到90岁，是齐白石艺术的盛期，个性风格完全形成，题材、体裁、形式风格也相对稳定。盛期时代的齐白石人物画，将八大山人、石涛和金农的画风融为一体，用笔减省而富有意趣，形象简括而不草率。特别是一些自写性质的人物以及各种各样的钟馗、罗汉、佛像等，表达了画家的慈爱之心、不平之气、幽默智慧和鞭挞丑恶的精神倾向，形成了稚拙而纯朴、凝练而平和的个人风貌。

作品解析

《老当益壮》

《老当益壮》可谓白石老人晚年的自况图，是充满童稚之趣的自画像。那鹤发童颜的神态、那直臂撑杆的身板、那充满自信的气度，都是白石晚年精神状态的直呈。更为精彩的是展览同时陈列了一帧《老当益壮》图稿和三幅变体作品，让人们亲炙了画家怎样从草图到作品完成，又怎样从不同的变体不断得到完善与升华的创作过程。图稿中老人的右手似乎短了些，于是画家在图稿上写下“此手此袖宜推出二寸”。从此稿画出的第一幅当是有“八十六岁自留自本丙戌元旦”时间落款的那一幅，此作最接近草稿；第二幅变体进行了适当的简化，应为自署“白石山翁”那幅小画；而第三幅变体则为画中长者穿上了长袍，不仅形象更加简洁，而且突出了线条浓淡枯湿的变化。白石自己似乎对此幅也颇为得意，于是用篆书落上“老当益壮”，用草书落下“寄萍堂上老人齐璜”，还特别强调“三复依样一挥而成”。

执杖老人　齐白石　33×25cm　77岁

老当益壮图　齐白石　63.5×44cm

老当益壮图　齐白石　33×25cm

老当益壮　齐白石　101.5×41.5cm

《铁拐李》

丁卯年（1927）对齐白石画人物画也许是非常重要的一年。正月，他即得“铁拐李”一图，并题“丁卯正月廿又四日为街邻作画造稿。其稿甚工雅，随手取包书之纸勾存之。”这幅用包书纸勾存的作品，似乎已不是草稿，而是正稿了。同年11月30日，齐白石一天连画了四帧铁拐李图稿，从捧葫端坐的铁拐李，到前倾回望的形象，再至携杖行走的动态，齐白石在这一天之中，将在厂肆（琉璃厂）画窗观察到的人物形象殚精竭虑地转化为传说中的铁拐李的形象，体现了画家对平民百姓的人文关怀和将神话人物世俗化的艺术创造性。特别是第三稿倾身回眸的姿态与神情颇费思量，画了修，再画再修，“用心颇苦”。这几幅画稿日后均画成正稿，如“稿第二”，完成的记录是“甲申中秋前三日”的铁拐李，现藏于中国美术馆。在上世纪30年代的一幅铁拐李作品中，他曾题跋：“尽了力子烧炼，方成一粒丹砂。尘世凡夫眼界，看为饿殍身家。白石山翁意造并题新句。此画此诗一日制四幅，此幅第四也。”白石这么爱画铁拐李的形象，多有感于世事艰辛，既有寄托，也有挞伐，体现了他绘画艺术的平民视角。

铁拐李图　齐白石　92×51.5cm

铁拐李图　齐白石　100×45cm

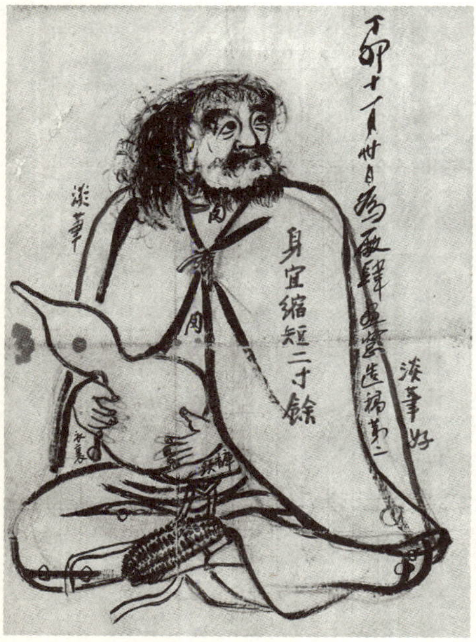

为厂肆画窗人物之二　齐白石　69×46cm

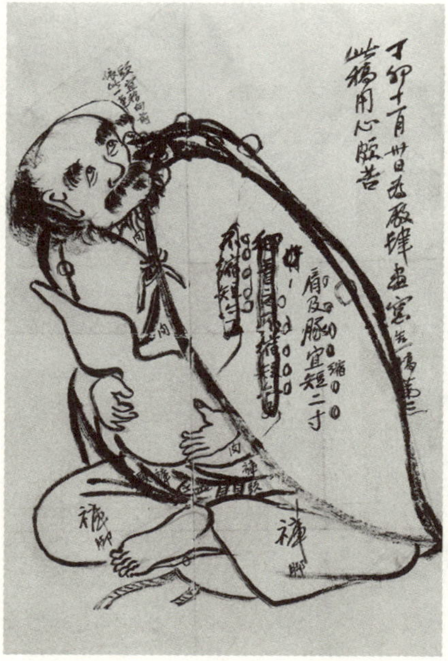

为厂肆画窗人物之三　齐白石　69×43.5cm

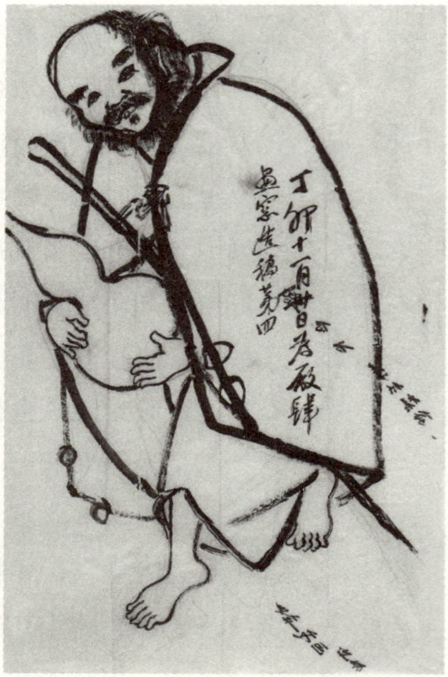

为厂肆画窗人物之四　齐白石　69×42cm

《钟馗搔背图》

感慨于战乱和官僚政治的齐白石，常画“搔背图”一吐为快。在《钟馗搔背图》作品中，画家描绘了小鬼为钟馗搔背，但总是搔不到痒处的尴尬，并题曰“不在下偏搔下，不在上偏搔上，汝在皮毛外，焉能知我痛痒？”为别人搔痒总难搔到痒处，这样的矛盾尴尬岂不是到处都有的人世体验？难得一见的是，展览还并置陈列了《钟馗搔背图》的画稿，上有多处勾描修改的痕迹，并记有一些修改意见，如“小鬼宜离开一寸许”、“此手扶肩不可少”、“此稿衣褶宜另造，或将鬼移于自搔背之稿上亦可，自搔稿之衣褶甚好”，此外，还有对题诗的勾抹涂改等等，揭示了齐白石老人写意洒脱的背后，不只借鉴于前人，也得之于生活观察和独具个性的想象，得之于反复推敲、再三修改的艰苦用心和惨淡经营。

（“自家造稿——齐白石笔下的人物神情”，展览时间：2006年4月28日—10月18日）

钟馗搔背图　齐白石　89×47cm　1926年　64岁

钟馗（图稿）　齐白石　47×31cm

赋梅兰竹菊松以新意

邓福星

在传统绘画中，习惯将梅、兰、竹、菊并称“四君子”，同时亦将松、竹、梅合称“岁寒三友”，因此他们在文人画以及中国民间绘画中出现率很高，是中国历代画家反复描画的对象。梅、兰、竹、菊、松在白石老人笔下也一再出现，并被赋予了新意。

梅作为绘画表现的题材，始于南北朝时期的梁代，画史记载张僧繇曾画过《咏梅图》。宋代画梅者渐多，出现了专门以水墨画梅的和尚画家华光和画梅的技法书《梅谱》。自元以后，画梅名家辈出，不可胜数。这里收入的十几幅梅花作品是白石老人在约50岁至70余岁期间所作。从中可以看出他在前后两个阶段不同的画风。60岁以前的作品，画面取景较阔，花枝繁茂，树干虬曲，前后的空间关系有所交代，与后来相比，前期作品显得比较写实。60岁以后的作品则发生了变化，画面简练了许多，取折枝式，或将梅枝插入瓶中，或在大面积空白处题写跋文。大多数作品中的梅花不再以线勾画，而以色点花瓣，画面更加率意散淡，此时已减弱了写实的成分。齐白石画梅前后风格的转变与他绘画总体风格的转变是一致的。白石在一段题跋中曾经赞赏过三个画梅的画家，即晁补之、和伯与吴昌硕。他认为和伯画的梅超过了补之，但他只知道和伯是长沙人，其他不详。笔者亦未见和伯所画的梅为何面貌。从白石前期所画的梅来看，好像受过金农影响，但比金农严谨，不若金农放松；后阶段点瓣梅花则与吴昌硕有相近处。不过，白石画梅的个人风格是十分显著的。

梅花图　齐白石　116.5×43cm　1917年

三祝图　齐白石
134×33cm　约1928年

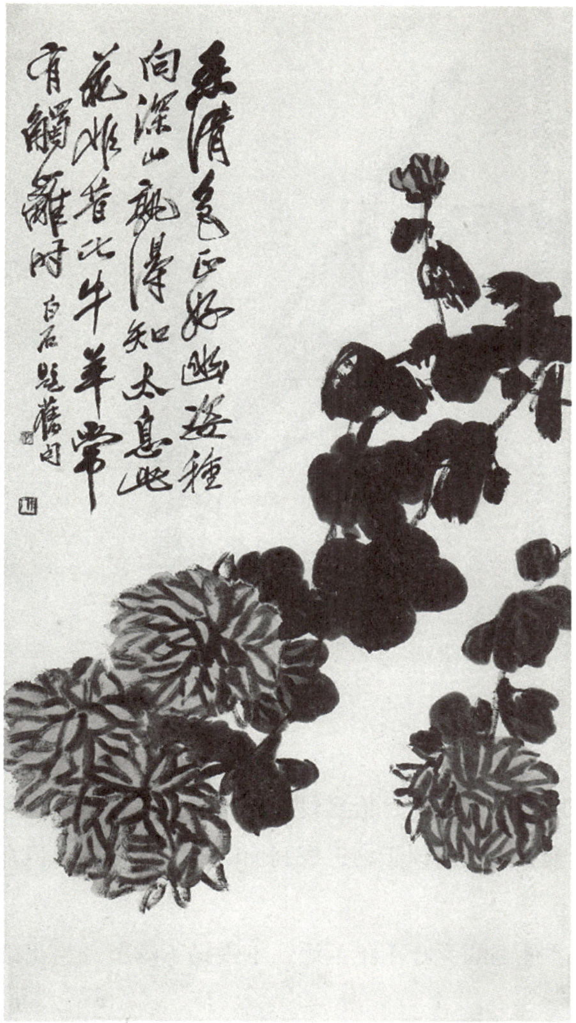

黄菊花图　齐白石
89.5×48cm　约1937年

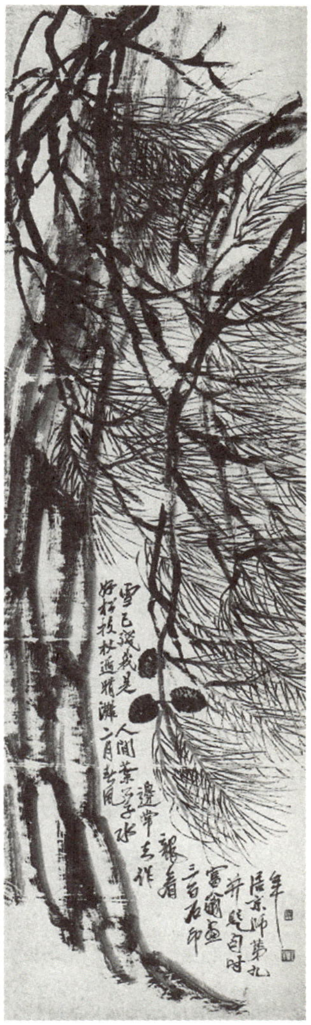

松图　齐白石
161.5×47cm　1926年

这里收入的10余幅墨竹大致反映了白石画竹的基本风貌。宋元时期画墨竹已很盛行。宋代苏轼、文同，元代李衎、吴镇、柯九思等都是画竹高手。清代扬州画派中的郑燮、李方膺对墨竹又有发展。白石画竹，不倚傍前人，自出机杼。他画的竹叶呈“个”字和 “介”字形，大小近似。画风竹时则使其总体方向趋一，从而造成画面的统一和单纯感。墨色基本都是浓淡两个层次，既保持了一定的单纯性，又增加了一种厚度。画幅多取竖立长条，画中为两三竿立竹。从一个角度来看，竹叶和枝杆也是一种表现符号。画家对这些符号进行充分的摆饰，以求得最佳构成样式。

想较之下，白石在画菊时，当是投入了更多的情感。他在菊花旁经常画有篱笆或支架，这些菊花像是生长在庭院或小园里。我记得他有些画作中在菊花旁画几只觅食的雏鸡，更增加几分农家生活气息和田园情趣。白石的一首题画诗这样写道：“香清色正好幽姿，种向深山孰得知。太息此花非昔比，牛羊常有触篱时。”从中可以看出白石老人把古代文人画家的菊所标榜的傲霜超逸的清高之气农家化了，体现了齐白石对传统文人画在某一方面的跨越。白石除了画人们习见的黄色菊花外，还以水墨画白菊，或红、黄、白、多色相簇拥的花园，菊花或墨或青或绿变化多样，花枝或横生或竖长，在表现手法上不拘一格。

白石老人画松也很别致。他画松大都取折枝式，松枝倒垂，针一般的松叶健挺而又蓬松地挂在枝

墨兰图　齐白石　38×44cm

头，这些细密的线轻快而有力度，枯润相济，恰到好处，从中可以看出老人勾线的深厚功力。重墨画出的枝叶背后，映掩着用淡墨湿笔干擦出的树干，造成画面的多样与变化，但全面统一在“线”的和谐交织中。

白石画兰的作品相对较少。他画的兰叶不狂不躁，不张扬不摇曳，兰花饱满，总体显出收敛、含蓄的态势。

梅、兰、竹、菊、松是传统中国画中极常见的题材，这与其被认定为具有象征的含意有关。作为植物的几个种类本无思想无性情，但在中国传统文化背景下，它们被赋予了高洁、坚贞、不畏严寒，甚至不畏强暴等优秀的品格，从而成为画家常画不衰的题材。历史上，文人士大夫经常藉以自喻，特别是在不得意时，更是藉以抒写自己孤傲不羁的心态。在一代代文人画家及民间画工反复描绘的过程中，随着相应审美观念的形成，它们也具有了较为稳定的表现程序。

白石老人也以他深厚的美术修养和不断迸发出的创造力，把一种真实的下层劳动人民的情感融进绘画美术中，将平凡的非文人的农家趣味引进美术创作。所以在他的笔下，那种旧时代士大夫文人的孤傲清高气消除了，而代之以农家的质真、平易和亲切；在表现形式中的某些僵化的笔墨程序也被打破，换上了清新活泼有时略带几分幽默的笔墨意味。应该说这是对文人画的一种丰富和充实，也是一种发展。

齐白石对传统题材梅、兰、竹、菊、松的描绘，同他花鸟画乃至中国画创作总体是一致的。这位年纪将近一个世纪的老人所做出的创新，是牢牢地立于中国传统美术的基础之上的。他对写意花鸟画的推进，从某种意义上说，是对传统文人画的美学意蕴的拓展和丰富。

（“梅菊远思——齐白石笔下梅兰竹菊松的世俗意趣”，展览时间：2006年10月20日—2007月8月1日）

扎根传统　立定精神
——王明明访谈录

时　间 > 2006年9月10日
地　点 > 北京画院美术馆
访谈人 > 王民德

画家只能在自然中发现诗意

王民德：这是你第一次将自己的花鸟画结集出版，很多人并不知道你曾经创作过大量的花鸟画，其实你在第六届全国美展获奖的作品《晨曲》就是一幅花鸟画。从这次收入的花鸟画作品可以看出你对中国画各种技法形式的研究和极强的把握能力，那么你又怎样看“专精”与“博采”的关系呢？

王明明：其实作为画家来说，不要刻意为自己设定画种的限制。我们能把齐白石简单地界定为花鸟画家吗？当然不能，他的人物画、山水画同样达到了一个高度。像任伯年、徐悲鸿、傅抱石、黄胄等也同样如此，他们在涉猎的各种题材上都达到了很高的水准。把自己限制在一个画种或者一个题材上，对画家的成长是不利的，尤其是中国画画

四条屏：雨霁闲立、赤日清音、绿荫清幽、晚秋霜影　王明明　180x48.5cmx4　2001年

家更是如此。从中国的传统绘画来说，花鸟画和山水画的成就是最高的，如果一个画家在山水和花鸟画方面没有下过功夫，恐怕很难进入中国画的传统源流，也很难深刻理解中国画的人文精神。我一直主张画人物画的画家也要研究花鸟和山水画，包括书法，都应该作为最基本的功课。当然，也有些画家专精某一种形式，卓然成家，这些画家都是非常聪明的，他们知道自己的长处，善于扬长避短。像吴昌硕，他很少画鸟，他是金石大家，书法、金石方面的能力、修养最容易在花卉方面体现出来，他抓住了这个点，把自己的优长发挥到极致，成为一位划时代的大家。所以“专精”与“博采”，我觉得不是对立的，关键是画家要清醒地认识自己，要清楚自己缺什么，应该补充什么，然后从源头去找自己需要的东西。

王民德：林语堂曾经谈到中国诗歌赋予中国绘画以精神，而中国画的诗意境界是通过画面本身营造的氛围，也就是诗意的氛围，让观众体味到的，这是很重要的。我觉得当代花鸟画在诗意氛围的营造上是非常欠缺的，无论是工笔，还是写意花鸟，我们看到的要么是一种因袭前人的、程式化的笔墨图式，要么是截取生活中的一种自然场景，直接摆到画面上。文人画讲究诗、书、画、印的综合修养，其实这里谈到的“诗”，不是说在画面上题一首诗，就有“诗”的修养，不是这样，而是指画面中通过简练、概况的笔墨所体现出来的诗意境界，是指画面给予人的一种超越自然物象的人格精神。用古人的话说就是格物致知。我看了你这批花鸟画，最让我感动的也是你对氛围的营造和把握，每一幅画都能感受到你对生活、对自然的一种最原始的触动，同时又不是描摹自然，而是有自己的精神和审美选择。我想听听你自己对这批花鸟画的看法。

王明明：对我个人的画，我没有什么好说的，我要说的话都体现在画面上了。但你说的诗意境界和诗意氛围确实是比较关键的问题，也是我这么多年一直在追求的东西。我这次展出和准备结集出版的花鸟画是几十年来积累起来的，不是短时间画出来的。一个人掌握了一定的笔墨和造型能力，要在短时间内画一批花鸟画出来，我相信很多人可以做到，但要在画面上保持一种对自然的新鲜感受和感悟是不可能的。因为技法可以重复，但对生活的感受和感悟是不可能重复的。我在20年前的生活感受，对大自然的认识，与今天是不同的，我今天的技法可能更成熟了，但我永远画不出20年前的画。另外，面对不同地域的花鸟、植物，甚至不同的创作心境、精神状态，都会有不同的想法，包括画面的构成、笔墨语言、色彩、造型，都不会相同。我曾经画过一批热带的花鸟，色彩比较强烈，这是我当时真实的感受，如果画北方的花鸟，就不可能采用

疏林丽影　王明明　143.5×365.5cm　2003年

碧水悠栖　王明明　145×367cm　2002年

同样的形式语言。我这次把近20年来的花鸟画集中起来出版，就是想梳理一下自己在花鸟画创作中的发展脉络。我个人的体会是，画画一定要有感而发，而不是重复古人和自己的笔墨样式。刚才谈到画的诗意境界，我觉得一个画家只能在自然中发现诗意，在大自然中有所发现和感悟，然后经过自己的笔墨语言表现出来，这样才能构成画面上真正的诗意境界。八大、齐白石的画有诗意，那是因为他们有自己的独特发现和感悟，如果我照搬他们的样式，或者将他们的画面增增减减，就失去了最鲜活的、那种直接源自生活的东西。我们可以学这些大师的笔墨，学他们处理画面的能力，目的是研究他们的创作规律，真正落实到自己的创作中，必须忘掉脑子里所有的技法、图式，画自己的感受，画自己的画。

王民德：当代花鸟画在诗意境界上的缺失，除了画家不注重生活感受以外，你觉得还有什么深刻的原因呢？

王明明：缺少对中国画精神的整体把握。我们不能离开中国大的文化背景和传承关系来思考绘画问题。如果我们站在大文化的背景，仔细分析宋元明清以来花鸟画的发展脉络，我们可以很清晰地看到，无论工笔，还是写意，历朝历代的任何一个大家都有一条很清晰的传承主线，这条主线就是对意境和境界的追求。技法可以发展变化，但意境和境界始终是中国画的核心。宋人的工笔花鸟有宋人的意境，元代山水有元人的意境，明清的大写意花鸟有明清时代的意境追求。具体到某个画家，像徐渭、八大、吴昌硕、任伯年，到齐白石，都有自己的境界，他们的技法都是建立在意境和境界基础上的。意境和境界、画外功夫、文化修养，这都是共性；技法、画面效果、样式，都是个性。我们要研究历朝历代的艺术传承，就要找出一些共性的规律，然后在共性的基础上发挥自己的个性。如果我们一开始就从技法入手，丢掉了共性的规律，那就是本末倒置。

王民德：就绘画本身而言，你觉得当代花鸟画存在什么问题？

王明明：其实这个问题应该是理论家来讨论的问题，作为一个画家，就是把自己的画画好。如果要谈我个人的看法，我觉得在花鸟画创作中有几种倾向是值得大家思考的：一是概念化。我觉得造成概念化的原因主要是画家不注重生活体验，不注重观察对象。很多工笔画是对着照片复制出来的，画没有生趣。而一些从传统文人画传承下来的画家过多地重复前人，缺少时代精神；二是装饰化。这个问题不仅表现在花鸟画领域，山水、人物画都存在这种倾向。大家一味往平面里画，乍一看感觉很现代，但经不起仔细品味，并且对画家个人来说，追求装饰化会使自己的路子越走越窄。好的画都有画眼，没有画眼，画就平了。也许我这种观点过时了。

王民德：你觉得造成这种现象的原因是什么呢？

王明明：就是我刚才谈到的，一是没有从中国大文化的角度来认识中国画特殊的艺术规律以及中国画独特的审美标准，从而造成审美上的混乱和偏差；二是缺少生活，深入生活是个老生常谈的话题了，就是这个老生常谈的问题，正在成为当前中国画创作最根本的问题，因为没有了生活的感受，画越来越空洞、概念化。要么去重复古人，在古人的画里讨生活；要么热衷于技法的创新，从技法到技法，为技法而技法，把艺术最本质的东西丢掉了。

艺术家不要老想着去超越，要善于吸收和借鉴

王民德：从技法的层面来讲，你觉得画好花鸟画需要有哪些功夫呢？

王明明：首先要懂得中国画的法度。中国画要讲究“法度”，现在大家好像不提“法度”了，好像谁都可以成为艺术家，可以随便画，因为艺术多元了嘛。其实，任何一种艺术都是有法度的，如果失去了法度，就没有评判标准了。尤其是中国画艺术，就跟中国的京剧一样，有它特定的程式，特定的法度。超出了法和度，就脱离了中国画的传承脉络，就脱离了中国画的范畴，人们就没法来衡量这幅画的优劣了。中国画的“法”怎么形成的？就是靠一种传承，离开了特定的传承源流、传承脉络，就不成其为法。“度”是什么？“度”就是你掌握法的程度，就像齐白石说的“太似则媚俗，不似则欺世”，不能太过，又不能不及，这就是“度”。我们说艺术要雅俗共赏，这也是个“度”的把握问题。有些人说画画不需要和观众沟通，那也可以，你只能自我欣赏。如果想进入公共展厅，进入市场，就要考虑和公众的沟通，要沟通就要遵守法度。

其次，画好花鸟画应该具有非常强的造型能力，我觉得这一点非常重要。当前花鸟画的很多问题出在造型能力上。我说的这个“造型能力”是中国画的造型能力，不是说速写画得好，有素描功底，就有造型能力了。中国画的造型能力是综合的，包括笔墨的造型能力，素描、速写的造型能力，观察实物的能力，等等。我们研究历代的大师，每一位的造型能力都很强。像虚谷、任伯年，正因为他们有极强的造型能力，才形成了个人鲜明的艺术风格。另外，造型能力决定了一个画家是否能在花鸟画上有所突破。当一个画家具备中国画的造型能力之后，再去研究古人，临摹古人，就不会掉到传统里面。比如说潘天寿，他与古代画家的造型是脱开的，他的画的结构完全突破了前人的程式，这与他具备高超的造型能力有关。齐白石最重要的一个观点就是讲造型的，他找到了中国画最独特的造型规律，就是“妙在似与不似之间”。他的草虫画达到了极致，极其逼真，但一点儿不刻板，非常生动鲜活，为什么？因为他很好地把握了“似与不似”的“度”，他对草虫的结构、姿态观察得非常仔细，

处理得非常精到，但在草虫的翅脉和触须的笔墨处理上非常写意，既不失法度，又很好地体现了中国画的写意精神。他的人物画非常概况、简练，这也仰仗他极高的造型能力。北京画院保存着他大量的人物画手稿，我们从这些手稿上可以看出他在造型上也下过非常大的功夫，每一笔甚至每根线条的角度、粗细、长短都经过反复的推敲。有些人说，我画西洋画多少年了，画中国画还画不好吗？其实中国画的造型和西洋画的造型是两种造型观念，不仅是材料的不同，观察方法、造型理念都不相同。现在很多人物画是在宣纸上画素描，尽管他用的是中国画材料，但已经失去了中国画的精神。

王民德：你觉得这个问题的原因与我们当前的学院教育有关吗？

王明明：肯定是有关系的。对一个画家来说，第一口奶非常重要。在一个人对绘画艺术还没有认识的时候，你教给他一种观念，他很快会形成一种习惯思维，要改变一种习惯太难了。现在的孩子从一开始学画就是西方的教学模式，到上大学前，毛笔都没有拿过，他所有的基础，包括对绘画的认识、审美标准、观察方法都是西方的，基础都偏了，怎么去认识和理解中国画的艺术规律？再说这么多年来，我们对中国画传统始终持一种批判的态度，很多人还没有认识传统，先成了一个批判者，一个批评者。我觉得作为一个艺术家首先是继承，批判传统不关艺术家的事。艺术不是政治，批判是批评家的事，理论家的事。一个艺术家以毕生的精力去看几千年美术史上的好东西也看不过来，哪有精力和时间去批判呢？艺术家最重要的是研究艺术的规律，吸收古人最好的营养。如果抱定这样一种态度来对待传统，艺术家就变得单纯了。

王民德：从某种意义上说，艺术就像宗教，一个人要想进入宗教，首先要有一种虔诚心，不要当批评家。如果用批判的态度去对待宗教，可以成为一个宗教研究的学者，但永远进入不了宗教的核心。

王明明：对待艺术就是要虔诚。如何才能虔诚？首先要对古人敬畏。至于敬什么，畏什么，那是一个人的喜好和选择问题。

王民德：有些人认为中国的花鸟画已经发展到极致了，很难超越前人的高度，你对这种观点怎么看？

王明明：艺术家不要老想着去超越别人，画画不是体育比赛，面对前辈艺术家，我们需要的是借鉴、提高，而不是超越。我相信所有的历代大师，没有人会把自己的目标放在超越谁上。我觉得面对美术史上的一座座高峰，一代一代的艺术大师，我们应该虔诚地崇拜，只有虔诚地崇拜，才能吸收到他们的艺术精华。齐白石曾说，甘做青藤、雪个门下走狗，这是一个真正艺术家的治学态度。现在的画家对艺术没有敬畏了，动不动就要超越这个，超越那个，这是一种无知的表现。如果我们真正看懂了传统，就不敢说“超越古人”这样的话了。这些历代大师的境界、修养只会成为我们的镜子，时时让我们看到自身的不足。现在有些画家认为，接受传统以后会掉到传统的圈子里头，出不来，我们为什么不去研究一下那些历代的艺术大师，他们具备什么样的能力才会走进传统，具有什么样的能力才能跳出来，不具备什么样的能力又会陷进去呢？真正的高手是在传统里能进能出，进去的时候一下能抓住精髓，出来的时候有跳出来的本事。还是我刚才谈到的观点，不要和古人去比技法，更不能认为在技法上玩出了点儿新鲜花样，就觉得自己超越古人了，中国画最重要的是表现画家个人的精神境界，而画家个人的精神境界又是

寒荷晴晚　王明明　68×138cm　1993年

和时代紧密联系在一起的。每个时代都有每个时代的精神，我们生活在这个时代，就要表现这个时代的精神。如果一个画家能够在他的作品中充分体现一个时代的精神，同时他的艺术又是在中国画大的传承脉络中，向上追溯可以和传统的文脉续接上，向下可以传承，那么这个画家一定是可以站得住的。

风格是一个时代筛选出来的

王民德：你怎么看风格问题？

王明明：实际上不是每个画家都有风格，风格的界定应该是很严格的。真正的艺术风格的形成，与性格、天赋、生活阅历、艺术传承、个性追求是密切相关的，它是一个艺术家不断进入传统，探寻艺术的规律，然后逐渐觉悟，最终形成的个人独特的绘画语言和表现方式。艺术风格既有画家的个性因素，同时又有一种普遍的、别人可以借鉴的意义，只有从中能够研究出规律性的东西，才可以称之为“艺术风格”。严格来说，风格是一个时代筛选出来的，是大家认定的。比如说齐白石，他的独特风格影响了很多人，因为它带有普遍的指导意义和传承关系，我们可以从齐白石的艺术风格中吸取很多经验，他就好像是一个挖不完的宝藏，越深入去认识，越感到博大精深。现在很多画家都在追求独特的风格，包括我们的一些评论家在评价某个画家时，动不动就说这个画家创造了自己的艺术风格，其实很多所谓的“艺术风格”，不过是一种习气，“习气”和“风格”是两码事。另外一点，艺术风格不等同于技法，技法只是枝节，是表象，通过技法所传达出来的画家的文化修养和独特的人生感悟才是艺术风格的核心所在。现在很多画家太关注技法了，一旦在技法上搞出点儿花样就有风格了，这是很肤浅的。我6岁的时候，李苦禅先生给我画了几张课徒稿，上面有一个落款，很有意思：“我速写给明明看，为的是增他胆量及魄力，但不以画法限其本能。”这些大师教我画画的时候，他不是以技法教我。所以我们应该去研究风格形成的规律，不要把精力放在技法上。

王民德：你认为决定艺术风格形成的因素有哪些？

王明明：首先要进入传统的源流。绘画艺术不是发明创造，不是玩新鲜花样，观念艺术、现代艺术可以不讲传承，但是如果你画的是中国画，就必须要有传承。有传承才有普遍意义，有传承才知道该向哪个方向去突破，才能明辨这种突破是否有意义。当一个画家把握了中国画传统的精髓以后，就不会走弯路。比如说徐悲鸿，他在很年轻的时候已经形成了自己的风格，尽管他的寿命很短，达到高峰的时间很短，但他的艺术风格是经得起历史检验的。他回国以后画了那么多画，当时很多传统的画家说徐悲鸿没有笔墨，实际上几十年以后我们再去看徐悲鸿，他的画是纯粹的、地道的中国画。徐悲鸿为什么没走弯路？包括他后来一直没有偏离大的传统脉络？这是很值得研究的。其实原因很简单，因为他在接受西方的绘画理论之前，他已经认识到中国文化的精髓。他出国前曾经深受康有为的影响，在绘画上对任伯年很崇拜，他又是那种天分极高的画家，虽然很年轻，已经从康有为、任伯年那里认识到中国传统文化和中国画艺术的精髓，不管他后来在观念上如何推崇西方的写实主义，其实从他个人的绘画来讲，根已经扎在中国文

春晴　王明明　68.5×68.5cm　1995年

化的土壤上。我们看他画一只公鸡、一匹马、一头雄狮，每一笔都非常讲究，都非常有法度，虽然也受到西方绘画的影响，但精神是中国的。

其次，艺术风格是慢慢养出来的，是经过长时间的艺术积淀自然而然形成的。现在有很多年轻人灵气非常好，一入手感觉非常新。可几年以后见不到这个画家了，他否定了自己，完全变成另外一个样式了，他没有逐渐地去深入研究中国画本体的东西是什么，没有找到一种规律性的东西。他最初的那种感觉很快就用完了，没办法往下走了。有些人说，一个人要敢于否定自己，对这种说法，我不敢苟同，没有哪个画家愿意当一辈子试验者。如果一个中国的画家把自己前面的东西都否定了的话，那是愚蠢的艺术家，证明这个画家从一开始就没有走上“大道”，是走了弯路。一个画家的风格是循序渐进的，不是跳跃式的。无论是黄宾虹、齐白石，还是毕加索、马蒂斯，前后的艺术风格怎么变都是有源流的，是在过去的基础上渐渐演进的。像毕加索，他后来走向抽象是有规律可循的，如果他没有早期的蓝色时期，没有经过严格的写实训练，他的立体主义绘画从哪里来？所以我们在研究一个画家时，如果他几个时期的绘画风格完全不同的话，那么他的这种风格一定是值得怀疑的。在题材方面是可以画各式各样的画，但在艺术风格上必须有一条主线是连着的。

再一点，风格的形成与画家个人的天赋、个性有直接关系。从某种意义上说，形成风格的过程，也是画家在不断认识自己、修正自己，并逐步实现自我价值的过程。所以画中国画，特别强调个人的文化修养。我们看古代那些大家的画论，讲技法的少，讲人生修为、讲哲学思想的多，为什么？因为中国画的核心不是技法，而是技法背后的那个东西。技法重要不重要？很重要！但技法只是手段，目的是表现人生的精神境界。那么如何来修养自己的境界，这就牵扯到中国传统的文化思想和哲学思想问题。我们总在讲中国传统文化的博大精深，博大在哪儿？精深在哪儿？按照我的理解，就在于中国文化在不同的时代都可以为我们提供一种价值观、人生观，就像一个宝藏，不同个性的人可以选取不同的传统思想来指导自己的人生观、艺术观，来规范自己的行为。比如我是积极入世的，我可以研究儒家思想；你是主张出世的，可以从老庄的道家思想吸收营养。再比如“天人合一”，这是中国人的哲学观，但在艺术创作中具有非常实在的指导意义，中国画的观察方式其实充分体现了“天人合一”，我看一片山水，一朵花，一只鸟，不是一种对立关系，都是有感情的和沟通的，这种沟通，其实就是一种“天人合一”的境界。古人讲“中得心源”，怎么才能“中得心源”？“天人合一”了，与大自然沟通

春消息　王明明　142×364cm　2002年

了，才能得其心源。另外，在创作中也是这样，你要忘掉技法，忘掉对象，心灵空空明明，才能画出好的画，这种状态也是一种忘我的、“天人合一”的状态。再比如说，中国的文化一直强调“刚”和“柔”的问题，这在画里面是非常重要的。刚柔、阴阳处理得当，画就有境界。太刚就容易折，别人看了你的画可能会说画得很有力量，但感觉到一览无余，不耐品；柔的、阴的东西太多，就给人感觉阴暗，不够正派、大度。从我的体会来说，我们研究道家、儒家、佛家，包括禅宗，关键是要吸收什么，在画面传达什么样的精神。我们要通过悟人生、悟艺术，悟出大道来。现在好多画家，画山水、花鸟、人物的，都是玩世不恭的，我觉得这不是中国文化的大道。从观众的角度来说，我相信百分之九十五以上的人是喜欢阳光的，喜欢正面的，不喜欢阴的。我觉得中国文化的大道是中庸的精神。事事要有度，不过、不偏。比如用线，方的线、圆的线都很好，但方里见圆、圆里见方是最好的。这就是中庸之道，就是“度”的把握。所以说，一个画家没有文化上的修养，他可能在技法上非常有悟性，很容易出新，但往往没有后劲，这样的画家，无论在一个时期多么火，也是很难在历史上立得住的。因为在中国的绘画史上，还没有哪个画家是单纯靠技法传下来的。

另外一点，必须要有自己特殊的人生感悟。这是一个画家形成个人风格的基本条件，也是艺术最本质的东西。现在很多画家的画，我不知道他要表现什么东西，为什么要画这幅画？连真情都没有了，还谈什么风格呢？

最后一点是技法问题。一个画家了解了中国的传统源流，有了文化修养，还要落在技法上，因为绘画毕竟有特殊的技术要求。不能说我的境界很高，学问很好，就可以成为大画家了，必须要有非常高超的驾驭技法的能力，才能把你的境界、修为表现出来。我觉得我们在谈技法问题时有几个问题必须要搞清楚：其一，中国画技法的特殊性，这种特殊性与中国画的材质有关，宣纸、毛笔、水墨，这些特殊的材料构成了中国画特殊的效果和审美价值，不要试图去改变材质，改变了材质，就不是中国画了，就失去中国画特殊的味道了。一个很成熟的中国画家对画面的效果具有很强的控制力，但同时又会出现很多偶然的效果，有时候正是这种不经意间的偶然效果使一幅画更耐看，更能见出画家的性情，这就是特殊的材质决定的。笔墨在宣纸上出现的偶然效果是其他材料永远没法达到的，也是中国画的难度和魅力所在，我们必须认识到这种材质对中国画的特殊审美价值和特殊的规定性，再去分辨画家的技法真正构成了艺术风格上的意义；其二，中国画的技法是非常丰富的，皴、擦、点、染，各种技法中又有很多种方法，中国画丰富的技法决定了中国画语言的丰富性、流派的多样性和丰富的表现力。现在很多画家为了尽快形成个人风格，往往把一种单纯的技法放大，把中国画的语言简单化了。我们面对的大自然是丰富多彩的，中国画的表现技法是丰富多样的，我不明白有些人为什么把自己的画法限制在一个点上呢？真正优秀的画家应该能够驾驭各种技法，通过各种技法的巧妙组合，构成耐人寻味的画面；其三，中国画的技法训练和人生修为是结合在一起的，这一点特别重要。中国画的笔墨不是单纯的技法问题，如果是技法就简单了，我们从历代大师的笔墨中都可以看到他们的才华、性情和修为。吴昌硕的线像金刚杵，金石气十足，任伯年的线飘逸潇洒，八大的线有一种出世的意蕴，中国画的一根线就可以看出画家的人生境界，这是其他画种所不具备的。所以我们不能把中国画的笔墨、技法看成一种纯粹的绘画技术，只有了解这一点，才能看懂中国画，画好中国画。

"回归传统"不是口号，不是运动，画家要靠作品说话

王民德：从上世纪90年代开始，"回归传统"成为中国画坛的一种主要潮流，这种回归主要表现在山水画和花鸟画方面，人物画似乎很难从传统中找到一种造型来源。因为传统的人物画高度符号化了，今天的人物画画家又如何从传统绘画中寻找一种适合表现现代人物的造型语言呢？

王明明：你确实提到了一个很关键的问题。对这个问题我是这样看的，我们说回归传统，是要站在中国大文化的高度来研究中国绘画艺术的精神和艺术规律，这些规律包括中国画的审美方式、观察方法、笔墨法度、形式技法等等，还应该包括对中国文化的哲学思想、价值观念等问题的研究和思考。也就是说，我们要站在中国大文化的角度来思考艺术问题，这样的话，一些绘画上的问题就比较容易把握了。比如说人物画的造型问题，我们首先要了解中国人的造型理念。中国艺术从来不强调逼真地、科学地描摹客观对象，强调的是通过物象来表现画家特定的情感、精神境界和对生活、自然的独特感悟，所以中国画叫"写意画"。"意"是什么？是精神、情感、感悟、感怀，这是中国画的根本所在。如果一幅中国画没有传达出作者的精神境界，技法再高明，画得再逼真，也很难引起观众的情感共鸣。如果我们认识到这一点，再去观察对象和表现对象时，就不会拘泥于客观对象，那么在造型观念上也就比较明确了。我觉得齐白石讲的"妙在似与不似之间，太似则媚俗，不似则欺世"道出了中国绘画最根本的审美特征，也可以说是中国画的造型原则。这个造型原则适合于花鸟、山水，也适合人物画。现在很多画家，尤其是人物画家，之所以在造型上把握不好，画出来的画缺少中国画的味道，主要问题在造型观念上。水墨人物画的造型问题并不是单纯的绘画语言问题，而是对中国画艺术的整体认识问题。齐白石可以用很简单的一句话，把中国艺术的造型问题、审美特点都能概括到位，假如齐白石没有诗、书、印等各方面的全面修养和感悟，他不可能对中国画最本质的艺术规律认识得这么清楚。所以我反复强调，画中国画必须要对中国传统文化进行全面研究，要找出其中的规律，进入传统的源流，这样才知道中国画最本质的审美精神是什么，法度是什么。懂得了法度，再加上长期的修炼和独特的生活感悟，慢慢就会找到自己的艺术语言，形成个人的艺术风格。如果不从大文化的角度来看待中国画的传统问题，只是从技法到技法，从语言到语言，那是舍本求末。就像现在有些人物画家，不懂得中国书法，不懂得山水、花鸟，让他回归传统，怎么回归呢？

秋醉　王明明　224×142cm　2003年

王民德：我一直认为在今天这样一个时代不是每个画中国画的人都可以回到传统的。对一个个体的艺术

家而言，回归传统是有条件的，这些条件包括与生俱有的对传统文化的热爱，性格因素，良好的家教，最初接受的启蒙教育，独特的生活阅历，以及对笔墨语言的天赋敏感，等等，这些条件不是每个人都具备的，我们必须承认画家个体的差异。所以今天我们谈回归传统时，除了要研究传统的笔墨语言，还要研究历史上那些成功的艺术家的成功规律。

王明明：这是一个很大的课题，也是这么多年来我一直在思考的问题。我觉得研究艺术家的成长规律，比总结前人的笔墨、研究具体的某种技法更重要，对后人也更有启示。现在我们往往只谈艺术家在技法上如何突破了前人，谈他们的艺术风格如何，却忽略了他们是如何形成这种风格的，忽略了这些大艺术家全面的艺术修养以及对民族文化的整体思考。深入去研究这些大艺术家就会发现他们都具备很多共性，最突出的一点，那就是站在中国大文化角度上去看待绘画艺术。有了这样一个高的起点，他们就会自觉地去追溯中国画的源流，去研究中国画大的艺术规律。这样，他们的传承是有根基的，同时也知道自己该向哪个方向、哪个点去突破。我们看近代的吴昌硕、齐白石、黄宾虹、徐悲鸿、潘天寿、傅抱石、李可染、林风眠这些大师，哪一个不是站在中国大文化的角度去思考绘画问题？如果放在整个中国绘画史上去研究这些大师的艺术，可以清晰地看到，他们在技法上的创新，个人艺术风格的形成，都有很清晰的传承脉络，这就是共性，就是艺术规律。

另外一个共性，就是注重对生活的感悟。一个画家形成某种独特的艺术风格，或者创造某种技法，一定是建立在自己的人生感悟和生活体验上。在这一点上最突出的画家是齐白石，他早年研究徐渭、石涛、八大等前人，在诗、书、画、印等各方面打下深厚的、全面的根基，掌握了严谨的笔墨法度，到了晚年，他就是画自己的生活和情感。他曾经说“我绝不画我没见过的东西”，他有一方印：“我自作我家画”，从这些话里我们可以看出，齐白石晚年能别出心裁，自创一格，在于他把自己独特的人生感悟融进去了。这种感悟和前人，和同时代的其他画家都是不同的，他要表现自己这种独特的感悟和情感，因袭前人的技法和笔墨图式是不够的，所以他就要去创造一种表现形式和技法，经过长期的探索，最终达到了“用我家笔墨，写我家山水”的境界。

王民德：接受一种观念或者一种艺术主张是容易的，难的是长期在艺术创作中实践这种艺术主张，尤其是在今天这样一个时代，各种潮流、观念泛滥，艺术家的定力非常重要，如果没有定力，是很容易迷失自己的。

王明明：确实是这样。“回归传统”不是口号，不是运动，靠运动是复兴不了传统的，“回归传统”必须体现在艺术家的创作上。如果一个时代的画家都在思考如何把自己的创作和传统的文脉接上，而不是停留在观念的论证上，那么过去10年、20年以后，我相信“回归传统”就不再是一个空洞的口号，也不是实质的论证的问题。现在的问题是，争论观念的人多，深入研究传统的人少。艺术家最终要靠作品来说话，观念再好，没有画出好的画，也是站不住的。所以，我们今天研究传统，一定要研究那些成功的艺术家是如何一步一步走向成功的，找出其中的规律。一旦找到了规律，不能摇摆不定，不能受时尚潮流的影响。

王民德：我注意到你从80年代初就基本建立了自己的艺术创作方向，始终坚持在传统的基础上表现自己的独特感受，并且形成了自己的艺术面貌。包括在“八五美术新潮”中，你也始终没有改变自己的初衷。那么你认为画家如何在各种潮流中立定精神呢？

王明明：很简单，历史上那些成功的大艺术家已经给我们提供了一个最佳的途径，那就是我刚才谈到的两点：一是从大文化的角度来认识中国画的创作规律。你把握了规律，就不会迷茫；二是要始终坚持表现自己对生活的独特感悟。这样你就会有别于前人和同时代的画家。如果画画有什么捷径的话，这就是捷径。

王民德：今天的艺术家似乎正在对他人的经验变得漠不关心，都太关心自我了，对那些已经被历史定论的艺术家正在失去敬畏，没有耐心去进行文化、人格上的必要修养，所有的精力都花在技术问题上了。

王明明：其实近百年来，尤其是近二三十年来，中国画的技法，我觉得要比古人多得多。现代科技给我们提供了很多辅助绘画的手段，再加上西方各种现代观念的影响，今天的画家在技法上应该说超越了前人，但却丢掉了中国画最根本的灵魂和精神。我们看全国画展，看各种各样的画册，就会发现很多画家在技法的运用上可以说发挥得淋漓尽致，可就是没有古人的画耐看。其实我们看历朝历代的大艺术家的作品，打动你的不是技法，而是技法背后的文化内涵、精神境界和人格修养。尤其对老百姓来说，画家的技法是无足轻重的，你说这幅画是怎么作出来的，在技法上如何突破了前人，老百姓根本不管这一套。技法问题是艺术家自己来解决的，观众看的是画面能不能打动心灵，能不能产生感情上的共鸣。所以一个艺术家必须跳出技法层面，不要去炫耀技法多么高明，而是要运用各种技法表现自己的心境。如果你的境界是高的，即使是用非常平实的笔墨表现出来，也能够打动人。我觉得一个人是用技法画画，还是通过技法表现个人的精神境界，表现对生活的感悟，这是衡量一个画匠和艺术家的分界线。那些作假画的人，技法也很高明，但他们永远成不了艺术家。画家自身的境界高了，有了对生活的独特感悟，有了一种强烈的要表现的冲动，接下来才是技法问题，才是如何把自己的境界转化为一种画面效果的问题。现在有些画家正好反了，为技法而技法，用一种技法去表现不同的感受，这样一来，路越来越窄，不断地重复自己。看一幅画可能觉得不错，但几幅画摆在一起就没有东西了。

王民德：有没有境界，这是中国画最核心的标准。境界在中国画里面表现为一种诗意的精神，或者说是诗意的境界。这一点，我相信很多画家都意识到了，但问题的关键是如何在画面上体现这种境界。

王明明：这个问题确实不是观念能解决的，这需要手头的功夫，需要很强的绘画能力，包括驾驭笔墨的能力、造型能力，同时还需要天分。有些画家天分很高，他们在很年轻的时候已经形成了自己的艺术风格，后来只是在不断地完善自己，像傅抱石、徐悲鸿都是这样的画家。还有一些大器晚成的画家，像黄宾虹、齐白石等，他们早期的画可能没有和古人拉开距离，但经过长期的积淀、探索，终于形成了自己的风格。天才毕竟是少数，何况这些天才的画家，在他们的背后无不经过超出常人的勤奋修炼。所以我说中国画是慢慢养出来的，人格、精神需要长期的修养，技法、笔墨语言也需要长期的提炼、感悟，然后慢慢形成自己的风格面貌。

（“心迹自然——王明明花鸟画展”，展览时间：2006年10月20日—11月5日）

命运天图的使者
——图像背后的精神与观念

尚　辉

对于一个长期从事舞台美术设计的人而言，当代艺术最典型的方式——装置，也许就不是什么新鲜的话题了。哪一台布景不是装置？哪一件当代装置作品不似舞台美术？曾经在八一电影制片厂从事美术设计达16年之久的匡剑对当代艺术提出的批评或许正是他选择自己创作路径的重要契机。的确，对于这样一个装置过现实生活空间，拍摄过电影、电视和广告的艺术家而言，他不再想把绘画颠覆为影像和装置。在他看来，装置和影像永远替代不了绘画，绘画是一种更为纯净而永恒的艺术。

习惯于用影像讲述故事的匡剑，从来不是在他的绘画里追求再现性。他的《帕米尔的阳光》看似极度的写实，但画家描绘的这个在深暗的居室里承受阳光的帕米尔女孩子的形象绝对不是叙述，而是通过这个女孩子形象的塑造，将映射在女孩子面庞上瞬间即逝的阳光与微笑凝固为隽永的纯朴。画家那样精心于画面的营构、光影强弱的转折变幻和眼神动作的静穆与凝重，都超越了图像的信息传递。作品并不在于直白地诉说人物的身份和行为的意义，而试图在精微刻画的背后闪现艺术主体的精神维度。

在许多人的眼里，抽象主义、表现主义才具有艺术主体的主观性，装置、行为和影像才具有当代艺术的观念性，而事实是写实绘画并不因其具象性特征而减损观念的表达，只要换一种方式，写实绘画也能呈现出强烈的创作主体的主观性。正像装置是用实物表达观念一样，当写实形象超越原在的时空之后，架上绘画便从写实形象的叙述性结构走向精神与观念空间的维度，那些写实形象不再只代表原在的意义，而是充当艺术主体的理念符号，用以呈现新的时空思维。20世纪90年代后，中国写实油画大都疏离了传统现实主义的再现性，而凸显艺术主体的人本主义理念。他们把西方古典主义形象塑造的精微性和当代艺术凸显主体精神的观念性结合起来，以此探索中国写实油画的广阔空间。

作为90年代中国写实油画的探索者，匡剑一方面参悟欧洲古典主义油画形象塑造的真谛，另一方面则试图将当代艺术的理念糅入到现实时空的人物表达中。以此形成古典与现代、技艺与观念、具象与抽象的冲突与对比。在《失去的记忆》系列作品中，他反复将女性躯体的形象置入一个不确定的时空中，深入细微的手部描写和隐去的头部、触手可及的绳索与飘忽不定的纸片、斑驳残损的墙壁和少女飘逸舒

帕米尔的阳光　匡剑　160×130cm　布面油画　1994年

错位　匡剑　160×140cm　布面油画　1995年

游戏之五　匡剑　162×130cm　布面油画　2005年

展的裙衫，似乎都揭示和隐寓了某种生命的哲理和他个人的一些生活经验。他入选在美国古根汉姆博物馆举办的“中华五千年文明大展”的作品《错位》，形象地揭示了中华五千年传统文化与当代文明的冲突。那种令人惊叹的写实技艺所塑造的具有当代文明气息的少女形象，却悬置在超现实的时空中，那个既似安坐在座椅上的少女实际上又隐去双腿，只留下了两只悬浮的脚。飘荡着的一只皮鞋、水渍斑驳的墙角和不经意之间丢落在地面上的白纸，不仅被空间错置，而且显示出时间的流逝与波动。作品试图以时空的错置揭示当代生活与文化的错置，冷灰色的基调渲染了少女漠然而忧伤的眼神，皮鞋和座椅的孤零悬浮所营构的巨大空间隐寓了现代文明对于人性的疏离。

如果说90年代匡剑对于写实油画的探索偏重于现代文明与人性关系的表达，偏重于都市文明中人性疏离感与冷漠感的批判，那么新世纪之初，他的《我的女儿》系列则在探寻纯真、质朴的人性温暖的同时，呈现出恢弘、辽阔而更为厚重的人性精神。

或许是对90年代那种超尘绝俗的玄思反拨，他的《我的女儿》系列不仅披露了他对于女儿的亲情真爱和他在冷漠的现代文明中感受到的我们人类本有的晶莹剔透，而且再次推进了他的写实绘画技巧，从而把欧洲古典主义的经典原则和中国的现实人物融为一体。从入选第十届全国美展的《光》到《凝眸》和《童年的游戏》，画家着力描绘的是冬日阳光投射到女儿身上的那种温暖的光感。通过窗口投射到室内的阳光形成了受光、逆光和反光等各种复杂的光的转折与变化，色彩也因这光的不同而呈现出微差。画家一方面将色彩浓缩在米黄、橙红、土黄、土红及深蓝、深褐几种色相中，另一方面又在这几种色相中寻求丰富而微妙的变化。相对于《帕米尔的阳光》和《错位》的笔笔不苟，《光》、《凝眸》和《童年的游戏》则显得张弛有度、虚实相生，特别是面部与手部的处理，既精微细腻，又概括整体，显示出他对古典主义理想化审美原则的深入把握。

如果说《光》、《凝眸》和《童年的游戏》是匡剑把自己的精神家园安置在充满阳光的现实中，那么他完成于2005年的另一组《我的女儿》系列，则试图从这种甜美的家园中剥离出来，回到那个富有哲理意味的、充满主观表现的超现实时空。从《守望》、《寻声》、《惑》、《荡》到《飘浮的声音》

守望　匡剑　130×162cm　布面油画　2005年

飘浮的声音　匡剑　130×162cm　布面油画　2005年

和《照镜子》,《我的女儿》也从童年歌谣的天真无邪走向初识人世的困惑与守望。画面上那种温暖如春的阳光褪去了，代之的则是单纯而有些惨白的冷光。画面色彩也极度简化，深褐、浓黑为主调，女儿的形象也不十分完整，而是和背景那种虚妄、恢弘的空间融为一体。但这一组《我的女儿》系列远比恬淡的充满阳光的上一组更具有人性精神的俯视性。这些作品不在于表现童年歌谣的温馨和甜美，也不在于表现童年时代人性的晶莹剔透，而是将人生的童年置于辽阔、幽远、神秘的大命运背景中。和90年代那种缥缈的充满玄思的时空错置相比，这些作品不是体现观念的睿智，而是表达审美主体的宏大、沉重与悲怆。那画面中身着白裙的女儿仿佛是从尘世的阳光中飞向画家命运天图的使者，也仿佛是艺术命运交响乐里低回嘶哑的精灵。画家用抽象写意的笔触为这个天使和精灵的女儿形象增添了无比丰富厚实的容量，这不仅是匡剑个人对于自己写实油画的超越，而且是中国油画对观念性写实的突破。

写实，固然要实写，但技艺高超的充满灵性的写实总离不开意写。正像齐白石的工笔草虫是用意写的方法去表达一样，匡剑写实油画的探索性不仅表现在他把思想和格调的容量灌注在那些实写的形象上，而且在于他敢于并能够将“意写”与“实写”融为一体。像《惑》、《荡》、《守望》、《寻声》和《飘浮的声音》那些作品的思想容量就完全得益于背景中意写而充满激情的挥洒。画家把中国画的笔法和美国抽象表现主义画家波洛克的滴、洒、泼、打的方式结合起来，把书写的内敛性和滴、泼的扩张性与偶或性交织在一起，从而和实写的人物、工谨厚塑的造型形成鲜明的对照。虽然在匡剑的作品中，我们可以看到维米尔、米勒、巴尔蒂斯、波洛克和基弗的影响，但我们也不得不承认他笔下女孩子的形象、画面背后散逸出的文化气息乃至许多笔触油彩的自然意趣，都具有鲜明的中国本土性。正是匡剑的这种本土性，将上述西方大师的艺术品质融合而一。这正是匡剑写实图像背后精神与观念的价值所在。

2006年3月12日于中国艺术研究院

（“女儿·匡剑油画展2004—2005”，展览时间：2006年4月21日—27日）

乡园梦　世间情
——齐白石的水族画

薛永年

多才多艺的齐白石，几乎无所不画，所画花鸟、山水和人物样样奇绝。其中的水族画，尤为精妙。他画虾、画蟹、画鱼、画蛙、画蝌蚪，在落墨即化的生宣纸上，以极为精简的笔墨，似写而实工地表现了这些生灵各不相同的活泼形态，恰到好处地呈示了或坚硬或光滑或莹透的质感，别有所会地描写了它们的动人神情。螃蟹的坚实甲壳和双螯茸毛已不易用简单的笔墨描绘，青蛙和蝌蚪黏滑的体表与活跃的身姿，画起来更加困难。最为难画的莫过河虾了，它们像鱼一样，只有在水中才能显现生命的活力，但和鱼相比，那薄壳包裹躯体的半透明感，那繁多的长须和成排的小腿，每令古代高手莫知所措。也许唯其如此，一部源远流长的绘画史中，偶尔画虾者也仅有过沈周、八大、高其佩和郑板桥等少数人物，但谁也没有把水中的游虾画得像白石那样笔简神完、活灵活现。白石的虾表面看来画得惟妙惟肖，实际上却经过了大胆的剪裁和夸张，须和腿都删略了，眼睛则由圆形变异为横线，这种出人意表的艺术加工，十分鲜明地强化了虾在运动中的突出特点。看似信手拈来，却包含着锲而不舍、精益求精的实践。为此，白石在66岁时指出："余之画虾已经数变。初只略似，一变毕真，再变色分深淡，此三变也。"后来他又在《芋虾图》上题道："余画虾已经四变，此第五变也。"正是这种不断进取的精神，才造成了他晚年的举重若轻、妙造自然。他画虾如此，画鱼、蛙和蟹又何尝不然？对此，他在一首诗中道出了深刻体会，诗曰：

苦把流光换画禅，功夫深处自天然。
等闲我被鱼虾误，负却龙泉五百年。

诚然，他的水族画之精妙绝伦，完全因为他不同寻常的功夫。但同样下功夫而缺乏感受与迁想的画家，却不一定具备白石对水乡生活的情有独钟，更缺少白石那种在记忆中保存的无尽乡情和赤子之心。幼年的白石家居湘潭杏子坞，坞边便是波光潋滟、鱼游虾跃的星斗塘。离家旅食的齐白石，像热爱星塘老屋一样地热爱与童年生活为伍的青蛙、草虾、螃蟹和小鱼，热爱它们鲜活的生命。那种田园生活

虾图　齐白石
135×33cm 1928年

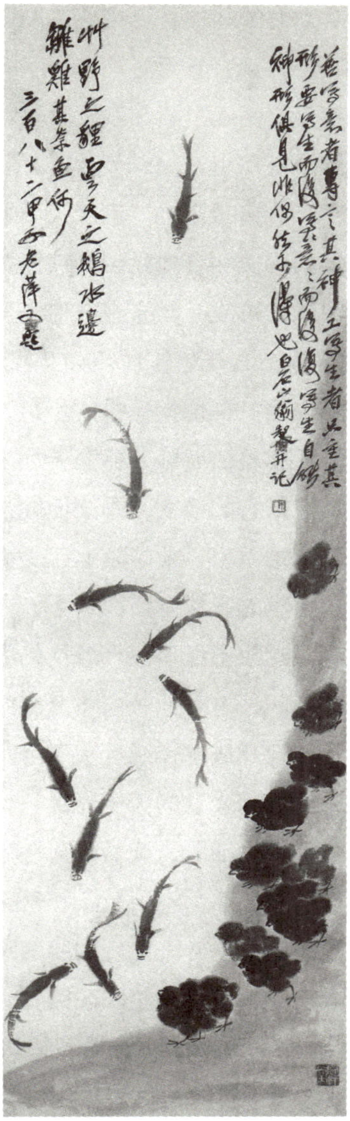

雏鸡小鱼图　齐白石
142×41.5cm　1926年

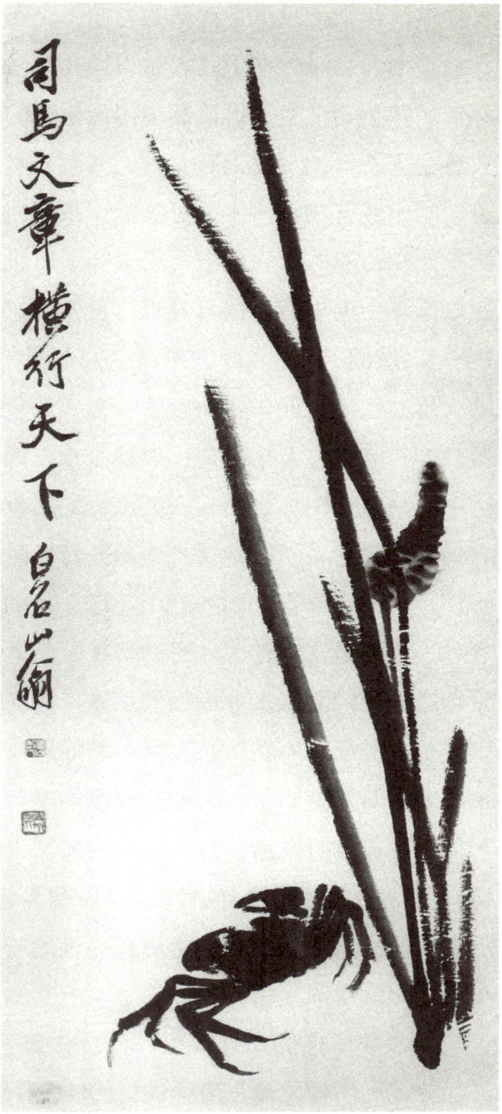

蒲蟹图　齐白石　80×34cm

的情味，在白石的心灵深处留下了永恒的生机和长久的怀恋。他在题画中说："友人尝谓余曰，画虾得似，从何得来？余曰，家园小池，水清见底，常看虾游，变动无穷，不独得形似？"很清楚，白石的意思是形似不过是一种手段，目的是表达心与物游穷其变化的一份感动。当然要表现这份感动，也有赖于对水族习性及其运动规律的精确把握。在他移家到茹家冲后，便十分注意观察螃蟹的横行，曾在题画上写道："余寄萍堂后，石侧有井，井上余地，平铺秋苔，苍绿错杂，尝有肥蟹横行其上。余细视之，蟹行其足一举一践，其足虽多，不乱规矩，世之画此者不能知。"白石对所画诸物的观察入微，为的是以创作规律驾驭自然规律，实现赖对象以代言的绘画创造，不失形似又不受形似局限地抒发心底的光明与感触。

遍观他的水族画，可以看到一种儿童的天真和淳朴的乡情溢于楮墨之外，童心与乡情又是异常紧密地纠结在一起。有这么一幅人所共知的作品，上画两根系着鱼饵的长丝，引得小鱼三五奔跃而来。画中题道："小鱼都来！"画的是诱鱼上钩，却表现了钓鱼孩童内心的希冀与欢乐。还有一幅作品也时常被人称道，画中一只纵身欲跃的青蛙，企图奔向欢迎它的同伴，可惜它的一条后腿被拴在了芦苇上。这件作品之耐人寻味，在于既容易引发儿时生活的联想，又有意无意地表达了对自由的向往。其他如《芙蓉小鱼》体物的细微，也显然与田园生活的追忆不无联系，白石在画上的题诗，即表达了此情此景下的动人感受。诗曰："池上有芙蓉，倒影来水中。水中有双鱼，浪碎芙蓉影。"《蒲蟹》同样充满乡情地题道："十载苦离家，家书可叹嗟。山园泥里草，可有旧时花？"细腻入微地表述了对家乡的无尽怀念。此外，在白石的水族画中，还寄寓了对世路崎岖的感慨和自由光明的憧憬。以他画鱼为例，有的完全是在歌颂自由的生活。像《雏鸡小鱼图》，岸边窥伺的鸡雏，丝毫也奈何不得水中游鱼的自得其乐，画上进一步题诗曰："草野之狸，云天之鹤，水边雏鸡，其奈鱼何！"有的则深有所感地述说着和平与自由的失落。比如，30年代他画的一幅《群鱼图》，描绘一群惊慌失措的小鱼，题诗则点破了独特的立意，诗曰："满地家乡半罟师，偶随流水出浑池。沧波亦失清游地，群队无惊候几时！"大约同时，他还画过一幅《鱼虾图》，描写一条可怜的小鱼，避开了横行的螃蟹，却又面临被两条大鱼吞没的危险，其上有句云："三百石印富翁齐璜无处投足时作。"不难看出，前者表达了失去家园温馨后的期待，后者则寄托了在弱肉强食的旧社会中无地立足的感叹。白石的水族画所以动人，大概除去形神兼备、惟妙惟肖之外，主要是富于迁想妙得的寄托，是通过联想与想象寄托了一个善良的老人的感情波澜，表达了他关乎世道人生的立意。他画螃蟹虽多，但含意往往不同，有时他从菊黄蟹肥想到昔年故园承欢膝下，如今则"子欲养而亲不在"，充满乡愁地题诗曰："归梦难成寒夜永，黄茅堆子二亲遥。衰年强作无愁客，把酒吟诗对蟹螯。"有时则从螃蟹的横行无阻，联想到文章的天下无敌，在画上写道："司马文章横行天下。"还有时在所画藻间横行的螃蟹上题着"草间偷活"，我看后久久不解，后来又读到另一首题画诗句才恍然大悟，这首诗说："多难多忧尚惜生，草间一粥苦经营，诸君得画休低价，且待萍翁享太平。"原来草间偷活的不是横行一世的螃蟹，而是画面上并未出现的躲避恶势力的小鱼小虾，画家是以小鱼小虾的草间偷活而自况的。人所共知，抗战期间，白石在沦陷区以实际行动表现出大义凛然的民族正气，并非所述的苟且偷生，他这样公开地题画也说明善良而有正义感的老人自责之严。唯其严于律己，他才无所顾忌地在所画横行的螃蟹上愤懑地题写"看汝横行到几时"！

白石的水族画，可以说是他艺术中最精彩的部分之一，之所以如此，在于他以最高妙、最动人的艺术语言表达了一个永远挚爱着家园、永远祝颂着和平生活的质朴而纯真的老人的赤子之情。

（"草泥乡里——齐白石笔下的水族意趣"，展览时间：2007年8月3日—2008年3月26日）

风华正茂　各逞风姿

——白羽平、蔡玉水、莫晓松联展感言

曹玉林

作为今天商品社会和市场中介的投影与折射，当下画坛打着各种旗号的画展铺天盖地，令人目不暇接，且有愈演愈烈之势。从理论上说，画展乃现代社会开放的产物，是观察、检阅绘画创作成果的窗口，交流、检讨创作成败得失的平台，因此没有画展是不可能的，也是不现实的。然而由于当下很多画展其目的不在学术，而在功利，却刺激了画家们的攀比心理和超量生产，稀释了艺术的原汁和浓度，不利于绘画艺术的健康发展，故而人们对于这一类画展多有微辞。但此次北京画院举办的白羽平、蔡玉水、莫晓松三位青年画家的联展却不在此例。理由是这三位青年画家的联展与上述很多画展的目的正好相反，其着眼点不在功利，而在学术，或换言之，其着眼点不在于市场推介的经济效益．而在于促进艺术发展和创作繁荣的社会效益，在于见证文化事业单位体制改革的丰硕成果。

白羽平、蔡玉水、莫晓松三人所涉足的画种不同，主要致力表现的对象和绘画风格也互有区别，但都是三年前由北京画院面向社会公开招聘的专业画家。北京画院为中国画坛之赫赫重镇，在人们的心目中享有崇高的地位。北京画院面向社会公开招聘专业画家的消息一经传出，立即在全国的美术界引起强烈反响，应聘者达数百人之多。这些应聘者大多身手不凡，都是各地画坛秀出同侪的青年俊彦，因此竞争异常激烈。后经数十位著名专家、权威人士的反复考核、评选，最终白羽平、蔡玉水、莫晓松三人脱颖而出，幸运地成为北京画院的专业画家。当时的盛况，人们至今仍历历在目。如今三年的时间过去了，这三位青年画家的近况如何？创作上又取得了哪些成绩？艺术上又有哪些新的进展？人们很希望有所了解，并希望通过了解来检验公开招聘这种新的人才选拔机

冬去春来　白羽平　80×160cm　2006年

天堂巴厘岛　蔡玉水　250×1200cm　1996—1997年

制的实际效果。本次这三位青年画家的联展，无疑为人们这种希望的实现提供了一个绝好的机会。

白羽平、蔡玉水、莫晓松这三位画家都是上世纪60年代出生的。上世纪60年代是一个物质匮乏，极“左”思潮猖獗，机械唯物论和庸俗社会学君临天下的特殊年代。出生于这一时期的画家有一个共同的特点，那就是他们的童年时代和少年时代曾经受过生活的磨难和环境的锻炼，虽然他们早期所受的文化教育相对不足，但其后一般都有正规的现代美术教育的学院背景；另外，他们之所以选择了绘画，也并非如现在美术院校的有些学生那样是出于就业的考虑，或其他功利性的目的，而是缘自于其内心的对艺术的热爱。另外，还有一点，这便是在他们学习期间和从事创作伊始，中国画坛经历了“85美术新潮”的震荡和洗礼。虽然用现在的观点看，“85美术新潮”作为一种激进的文化现象，其强烈的主观乌托邦色彩不无某种反叛传统、消解经典的极端化缺陷，但它对于原来的那种体格上因循守旧、不思进取和观念上意识形态定于一尊的冲刷，毕竟解放了人们的思想，开阔了人们的视野，为当代绘画艺术的发展提供了一个多元开放的生存空间。因此从某种意义上说，这批出生于上世纪60年代的青年画家又是幸运的。和老一辈画家相比，他们思想活跃，较少观念上的束缚，没有老一辈画家那么多艺术的或非艺术的心理障碍；而和更年轻一辈的画家相比，他们又较为扎实，较有经验，不论在认识上，还是在技能上都正在走向成熟，很少再会受外界的干扰和蛊惑。作为当今画坛风华正茂，即将担当承前启后之主力重任的这一代画家，正在引起人们越来越多的关注。

在这次联展的三位画家中，白羽平是从事油画创作的画家。与其他绘画形式相比，油画的特点一是更为强调“语言”的魅力；二是更为突出材质的性能和质感，白羽平在这两方面都表现得十分出色。从表现内容上看，白羽平的作品大多是较为具象的，然而却又不同于一般意义的写实主义，而是在单纯中寓丰富，在客观中见主观，既平实、流畅，又含蓄、内敛，有着朦胧的诗意和耐人寻味的精神性文化内涵。而更为值得称道的是白羽平的“语言”。欣赏白羽平的作品，我们可以发现白羽平的“语言”有着强烈的艺术个性，它常常不满足于“叙述”内容，而更多的是在展示“自我”，即展示语言自身的意蕴、活力、节奏、韵致以及种种微妙的、不可言说的形式美感。故而不妨可以这样认为，“语言”对于白羽平来说，已不再仅仅是一种手段，其本身也是一种自为的目的，也具有独立审美价值和精神意义。也许正因为这一点，所以在白羽平的作品中虽然没有激烈的冲突和对抗，既没有金戈铁马，也没有如花美眷，有的只是萧疏简淡的月夜、旷野、山林、平畴、晨光中的教堂和暮色中的老城，然而却使人透过那些画面可以触摸到画家的那份敏感、才情和一颗充满诗意的心。对此，本次联展中的作品为我们提供了生动的例证。

与白羽平不同，蔡玉水和莫晓松两位画家都是从事中国画创作的。不过，在表现的内容上，蔡玉水主攻的是人物画，而莫晓松主攻的却是花鸟画。在绘画的风格上，蔡玉水醉心于大题材的创作，工写兼善，但在实际的创作过程中却又每每分而治之；而莫晓松则是郭怡琮“大花鸟”概念的出色实践者，其绘画体格立足于工笔，然而却又兼取写意精神融贯其间，“工”与“写”两种画法水乳交融，优势互补，堪称双善兼美。

蔡玉水于1995年曾在中国美术馆推出其超大型的宏幅巨制《中华百年祭》，那是一件黄钟大吕式的作品，前后历经10年方始完成，其强烈的悲剧意识和爱国激情令人震撼，因此当时被学术界认为是继蒋兆和的《流民图》，周思聪、卢沉的《矿工图》之后的又一件具有里程碑性质的力作，人们对此记忆犹新。其后，蔡玉水又创作过诸如《天堂巴厘岛》等一些反映人类命运主题的作品，也同样引起较大反响。调入北京画院后，蔡玉水在创作上又有很多新的想法，正在酝酿着新的突破。透过本次联展，细心的观众也许可以发现这些想法和突破的端倪。

荷塘野趣　莫晓松　210×96cm　2006年

与蔡玉水较多地致力于绘画所指系统的题材拓展相比，莫晓松似更多地致力于绘画能指系统的形式构建和本体探索。由于家世的原因，莫晓松曾受过传统与现代的两方面教育，既不像纯受现代教育者那样，往往立足于西方艺术本位，轻学养，重技能，对中国画的精神性文化内涵缺乏应有的重视，也不像唯受传统教育者那样不够系统，视野狭窄，容易为老师的经验和局限所束缚，而是走一条沉潜传统与勇创新格相结合的道路。莫晓松一方面改变了传统工笔花鸟画过分注重技术和程式，唯谨严、精致、艳丽、细腻马首是瞻的固有风范，在意境、气韵和格调的营造方面加大了作品的精神含量和地域特征；另一方面在创作的过程中，莫晓松又坚持以线条点划之间的变化为主导，适当地削减渲染的次数，勾勒工整，但不过分强调，刻画细腻，但决不雕凿繁琐，在表现山石和云水的部分，尽可能地用山水画写意的方法来处理，以使整个画面显得从容、随意、自由、舒展，有着某种随机的因素，另外在色彩的运用方面，也努力做到既单纯，又丰富；既统一，又变化，将色彩与水墨、色彩与色彩之间的差别和微妙，表现得淋漓尽致，恰到好处，给人以别样的视觉惊喜和美的享受。莫晓松的这种日趋成熟的绘画风格和近几年来不断前行的坚实足迹，在本次联展中也有充分地展示。

总之，风华正茂，俊彩星驰，各擅胜场，各逞风姿，是这三位青年画家联展的最大特色。可以相信，通过这次联展，在今后的创作道路上，这三位画家将更加意气风发，不懈精进，无愧历史的重托，担当起振兴民族艺术的重任，创作出更多更好的作品。

（“东方神韵——白羽平、蔡玉水、莫晓松作品展”，展览时间：2007年9月6日—12日）

人性的丰富性与诗的意境

——姚有多的艺术创造

邵大箴

姚有多君离开我们已经六年多了，可是在我们的感觉里，他还生活在我们中间，他还在勤奋地创作与教学，还在积极参与当代中国画艺坛的活动，还在热情地发表他的艺术见解……这是因为有多把自己的一生都献给了中国画事业，他的名字和20世纪下半期特别是后20年的中国画艺术有不可分割的联系。作为全国美协中国画艺术委员会的副主任、主任和中央美术学院中国画系的系主任，他勤奋工作，为中国画的复兴与繁荣付出了大量心血。他之所以被推举担负这些重任，一是因为从50年代末起，他的艺术才华就崭露头角，先以出色的连环画创作受到美术界的关注与好评，继而以创新的国画人物画得到普遍的赞誉；二是有多是热心人，有为大众服务和献身艺术事业的精神，他思维敏捷、工作认真、处事利落，有组织活动的能力。在同事中，我们都亲切地称他的小名"阿多"。

茅屋为秋风所破歌　姚有多　153×83cm　1983年

有多是一位杰出的人物画家。他的人物画创作路子很宽，既擅长单个人物肖像，又善于多人物的情节性构图。后者包括反映现实生活和描绘历史事件的题材。在人物肖像中，有即兴式的写生，也有精心构思的创作。他有出色的构图能力和刻画人物形象的本领，善于把特定人物放在特定的环境中加以描写。他的不少人物画作品如《幸福颂》、《新队长》、《陈胜吴广起义》、《茅屋为秋风所破歌》、《虔诚的教徒》、《抗洪图》、《叶浅予像》等，是我们研究20世纪中国画人物画的历史时必须提及的优秀作品。

综观有多的人物画创作，不难发现他是一位热爱生活和关注现实的艺术家。他出生于贫困家庭，饱尝旧社会的生活艰辛。对新社会发生的巨大变化，对自己有机会在中央美术学院接受高等美术教育，他感到十分幸福。从学生年代起，他就立志用自己的画笔歌颂新的生活和新的时代。当时，他创作的《老干尖子》、《革命的一家》（1958年获第二届全国美展连环画奖），之后创作《新队长》这类题材的作品，固然是受当时革命文艺思潮的影响，同时也是发自他内心对革命历史和现实生活的赞美。关注现实，从现实生活中吸收营养，努力用自己的画作去推动社会进步，是有多一生锲而不舍的追求。记得1991年有多充满热情创作大幅画《抗洪图》的情景，当年在抗洪斗争中发生的许多可歌可泣的英雄事迹深深地感动了他，他当即向中央美术学院领导表示要创作一幅大画献给在抗洪第一线奋战的解放军战士和劳动大众。他在很短的时间内克服了重重困难，完成了这一件宏大的构图，受到了人们的赞扬。

有多有坚实的生活和技巧的基本功，他了解旧社会劳动人民的疾苦，理解他们的喜怒哀乐。他在少年时期学过油画，还有连环画创作的经验，这些对他转入中国画创作都很有帮助。在中央美术学院学习期间，他受到了叶浅予、蒋兆和、李可染等在“中西融合”路线上做出重大贡献的艺术大师的指导。他也决心走这条道路，摸索把西画的造型纳入中国画的创造，以丰富中国画人物画的表现力。创作于1963年的《新队长》是他早期的代表作，这幅作品之所以引起人们的好评，不仅因为题材新颖，刻画了农村新人物的形象，而且技巧、手法也很有新意。他把严谨的写实造型和传统的笔墨技巧结合起来，在笔墨上兼有北派之雄健与南派之秀丽，这在当时的中国画界是颇有积极意义的新成果。有多后来的许多优秀的人物画创作，是沿着这个方向发展的。一方面他珍惜自己在学习期间掌握的写实技

新队长　姚有多　163×115cm　1963年

赛马手　姚有多　154×145cm　1996年

巧，坚持勤奋写生；另一方面他深刻体悟传统中国画的写意精神与不断提高自己的传统艺术修养，锤炼自己的笔墨技巧，探索融西画造型与传统中国画写意体系之新途径。在为自己画集（《姚有多画集》，荣宝斋出版社1995年版）写的《自序》中，他对中国画如何融合西画技巧有自己的认识，他写道："如何结合得好？我体会，其中之关键在于结合点，结合的中介就是生活。大社会大自然给予艺术家的艺术创造以无穷无尽的源泉，无论是师古人，还是师洋人，都只是交流，都要汇集于生活之中去印证和检验。"

他重视对人物的观察、体验，重视以形写神，重视通过对人的五官特征特别眼神的描写，表现对象的性格和内心的情绪。由于他善于捕捉对象瞬间的动作、表情和心理活动，他的人物画有强烈的生活气息，可谓绘声绘色。有多说，他的人物画主要追求表现"人性的丰富性与诗的意境"。确实，他塑造了众多绚丽多彩的现实和历史人物形象，他笔下的劳动人民憨厚、质朴，他创作的西双版纳少女像柔美多情。描写历史人物，如释迦牟尼、苏武、陶渊明、李白、杜甫、陆游、苏东坡、曹雪芹等，他也重视体会他们生活的历史情境，努力刻画他们的内心世界。有多善于整体地把握人物形象，同时也善于用细节烘托人物的性格。他每幅作品的背景处理别具匠心，《荷香图》中用淡荷渲染，《老农》中大片的虚白空间，《画家女儿像》中寥寥几笔的模糊线条，都恰到好处地衬托了人物形象。在笔墨运用上，有多十分讲究，他凭自己的直觉和经验，随不同对象选用不同的笔法、墨法。如《渔家秋色》中线条流利酣畅，墨与彩和谐优雅。《虔诚的教徒》中线条有顿挫的力感，并辅以墨染法。而《叶浅予像》中富有表现力的短线较多，并且用线的粗细变化来调剂画面，增加了人物形象的沧桑感。这些重视意象创造、富有诗意的人物画，渗透着有多深厚的传统功力与修养。

有多在艺术上有宏大的抱负，他还有不少艺术构思计划去付诸实现，去完成。可惜天不假年，在他艺术成熟的年代，病魔残忍地夺走了他宝贵的生命。人们在悲痛之余唯一感到欣慰的是，他一生辛劳的成果成为了中国现代艺术史的一部分，为后人所珍惜和赞赏。在有多遗作画集付梓之际，谨以此小文表示深切怀念。

阿多安息，人们会记住你，记住你出色的艺术创造。

2007年7月于望京慧谷寓所

（"造化与真情——姚有多水墨艺术纪念展"，展览时间：2007年9月29日—10月8日）

一个时代的艺术精品

——回顾任率英先生的连环画艺术

宛少军

任率英先生是我国当代著名的画家，一生创作了数量颇丰、深受人民大众喜爱的国画、连环画和年画作品，为中国传统工笔重彩画、连环画、年画的创新、提高和繁荣做出了重要贡献，特别是在新连环画的创作上，任率英先生更是功不可没。

任率英先生（1911—1989），字敬表，河北束鹿人。自幼喜好民间艺术，对绘画兴趣浓厚，10岁时，随当地民间画工学画，以临摹画谱为主，并通过函授方式学习各种绘画，打下了坚实基础。1937年到北京，曾随吴一舸学画。翌年，拜徐燕荪为师，深得师法，专攻工笔重彩人物画。

任率英先生对新中国连环画的发展起到了重要的推动作用。连环画俗称“小人书”，是20世纪中国兴起的一门新的独特的艺术形式，深受人民大众的喜爱。新中国建立后，为发展“民族的，科学的，大众的”文化艺术，连环画受到党和政府的高度重视。如何占领旧小人书的文化阵地，改造旧连环画，创作出受人民大众欢迎的新连环画作品，成为新中国初期美术工作的重要任务。毛泽东亲自指示有关部门做好连环画的出版工作。由此， 1949年12月底，蔡若虹受命领导组建了新中国第一家国营连环画出版社——大众图画出版社，专门出版连环画。为创作出人民大众满意的新连环画，出版社广聘画家参加这一工作，第一位表示参加并主动串连其他画家前来出版社的就是任率英先生。在他的影响下，投入新连环画创作的优秀画家有徐燕荪、陈缘督、墨浪、卜孝怀、刘继卣、王叔晖等。1950年1月，大众图画出版社就出版了第一本任率英先生创作的线描连环画《黄泥岗》。5月，出版了《红娘子》。同年又接连出版了《九件衣》、《爱国少年》，足见任率英先生从一开始就投入连环画创作的热情之高、能力之强。1951年4月1日，《人民日报》刊载一篇推荐新出版的连环画文章，在文中所推荐的30余部新连环画中，任率英先生就有两部。新中国对连环画艺术的重视，使这门在建国前不被重视的艺术形式焕发了新的生机，这是时代赋予的历史契机。任率英先生正是在这样的时代需求中，通过自己的努力，展现出优秀的艺术才能。1952年，任率英先生用工笔重彩这种传统艺术表现形式，创作了连环画《将相和》，并以年画四条屏的形式出版，发行到千家万户。这是任率英先生第一次用工笔重彩的传统技巧创作的

将相和　任率英　1952年

白蛇传　任率英　1953年

连环画，也是连环画史上出现的第一部工笔重彩连环画。《将相和》受到人民大众的热情欢迎。《将相和》创作的成功，不仅使长久以来工笔重彩人物画衰退的趋势出现转机，使工笔重彩在表现人物故事方面有了突破，重要的是工笔重彩艺术同连环画相结合，直接提高和丰富了连环画的艺术表现力，有力地推动了新连环画艺术的发展。1953年，任率英先生又创作了经典的连环画作品《白蛇传》，更是受到人民大众的喜爱。此后，刘继卣、王叔晖、赵宏本等创作的《武松打虎》、《西厢记》、《三打白骨精》等工笔重彩连环画接连出现，把工笔重彩连环画的创作共同推向了时代的高峰，成为一个时代的连环画精品。1953年，人民美术出版社确定了编绘《水浒》连环画库的重点工程，第一批计划出版21集，任务繁重，时间紧迫，任率英先生又是主动请缨，承担了首批中重头戏之一的《鲁智深》，后来又接着完成了《高唐州》、《两破童贯》。对待创作任务，任率英先生总是勇挑重担，克服种种困难，超前完成。创作中，任率英先生同许多老画家一起只争朝夕，忘我工作，为新连环画的创新，给人民大众送去满意的精神食粮，真可谓是“革命加拼命”了。任率英先生把最宝贵、最旺盛的创作生命奉献给了新中国的连环画事业。

在新中国建立直至文化大革命的17年中，任率英先生仅创作的连环画就有29部之多。这些连环画主要分为线描连环画和工笔重彩连环画。其中工笔重彩连环画有《将相和》、《白蛇传》、《秋江》、《桃花扇》、《昭君出塞》、《岳云》等。任率英先生创作的连环画多以民族英雄、神话传说和民间故事为题材。这些题材、故事以及故事中的人物多为人民大众所了解、所熟悉，想要在这种熟悉的基础上，创作出为人民大众所肯定、所欢迎的作品，必然在创作上就要提出更高的要求；同时，要在常常是十几幅的画面上展现一个完整的故事，创作上的难度也是相当大的。然而任率英先生为了生动地表达故事情节，准确地刻画人物，动笔之前反复阅读有关文字资料和脚本，收集大量的形象和道具资料。他在深刻领会故事内容的基础上，对故事中的每一个人物形象和每一个环境细节，都经过缜密思考、反复推敲、精心设计的处理。由此，任率英先生成功地刻画了连环画故事中的许多人物形象，受到人民大众的喜爱。特别是他笔下的如白娘子、花木兰、梁红玉、穆桂英等许多女子形象，一扫传统工笔仕女柔弱隽婉的神情步态，而显示出康健爽朗、豪迈刚强的精神气质。这些女性，或出现于郊野沙场，或身披甲胄，或策马舞剑，飒爽英姿，意气风发，即便是《白蛇传》中端庄贤淑的白蛇亦是显露出内敛刚强的性格，使人感到痛快淋漓的抒发！尽管任率英先生在连环画中塑造的这些女性都是身着古代装束，却强烈地反映出新中国建设初期人民大众昂扬向上、精神焕发的时代气息，是建国初期新精神、新气象、新创造的时代映射，实际上也是任率英先生在新连环画创作中的精神写照。

在故事叙述中，任率英先生既注意画幅之间的连贯顺畅、起伏转折，又善于抓住故事中的典型情节和关键环节瞬间来展现人物之间的矛盾、冲突和承转及其在单幅画中的完整性艺术表现。任率英先生在每幅画的构图和环境布局上巧妙精研，尤其注重情节意境和氛围的营造，力求通过典型环境烘托人物的情态和故事情节的发展与变化。对环境中的一山一石、一草一木，对人物的装束配饰等细节局部都是精心刻画，精到细致，精心推敲之处又见自然亲切，从而营造出逼真自然的历史情境和现场感，使得人物与环境相得益彰，和谐纯美，以景衬人、借景抒情、情景交融，有力地增强了作品的艺术感染力。随着故事内容的发展和人物感情的变化，人物的神情动态、举手投足、人物之间的群分聚散、主次秩序等相互关系也都是变化丰富而俨然有序，恰到好处，处处流露出先生高超的驾驭叙述、刻画故事的能力，以及丰富的艺术想象力和生活阅历。

任率英先生的连环画工笔重彩有自己鲜明的艺术特点。他的用线细致流畅而秀劲有力，单纯简练而变化精微；画面设色典雅明丽，重彩清澈，丰富而和谐，富于民族特点；构图布局变化丰富而又亲近平易；人物造型清朗隽丽、意蕴丰富、美不胜收。这种富于表现力的用线设色、布局造型显露出画家深厚纯熟的传统艺术功底和修养，以及对西方绘画表现形式的创造性学习和吸收。由此，任率英先生的连环画呈现出工整严谨，绚丽古朴，清新纯美的画风，纯净、明朗、质朴、自然、优美、亲近的审美意境。任率英先生的连环画艺术真正成为人民大众喜闻乐见、专家同行称赞的雅俗共赏的典范。

我们回顾任率英先生的连环画艺术，不仅称赞他把传统工笔重彩的表现形式引入连环画，促成了工笔重彩画与连环画的完美结合，为新连环画的创新注入了新鲜的血液，有力地推动了新连环画的发展，同刘继卣、王叔晖等许多画家一道创造了一个时代的连环画艺术的高峰；也要感谢他以自己优异的艺术才能和执着努力，创作出一批优秀的雅俗共赏的连环画作品，为我们留下了宝贵的艺术财富，更要学习他一丝不苟、精益求精的艺术创新精神，精湛的艺术技巧和谦虚平和、热忱待人的高尚人品。在新的世纪，回顾任率英先生的连环画艺术，仍能给我们以丰富的艺术享受，唤起对一个时代的温情记忆和精神蕴藉，以及新的思考和启迪。画史会铭记任率英先生的艺术功绩，人民大众特别是连环画爱好者也会永远怀念并珍视他的艺术。

（“任率英——连环画艺术回顾展”，展览时间：2007年10月10日—16日）

取精旧法成新法
——欧阳笃材的书画艺术

王明明

欧阳笃材，号涌泉山人，生于1920年，湖南宁乡县人。其父欧阳正熙，熟农事，其耙所过之处，水田如镜一般。欧阳笃材少时家境殷实，幼承家训，4岁跟叔父读书写字，8岁即能为乡邻书写对联。14岁时，八百少年竞赛名列第一。先生自幼酷爱绘画，借叔父所藏之《芥子园画谱》、《朱滌吾画谱》临写为乐事。其时，在新学中就读，故新旧文化兼而蓄之。1940年考入华中艺专，就读于王遐举、陈国钊门下。所学颇宽，有水墨画、素描、白描、木刻、水彩、版画、舞美和乐理、乐器、舞蹈等。因日寇侵略，学校依次迁湘潭、溆浦，后遣散。次年，考入因日寇战火迁至益阳的南京美专，求学于高希舜门下，备受高先生器重。两年后，南京美专缺费解散，遇华中艺专复学，再度转入华中艺专毕业。多年的国画专业训练，在名师指点之下，为其艺术道路奠定了坚实基础。

欧阳笃材的人生道路，劫难重重。他毕业后从参加党的地下工作、游击战争、教书，到筹建宁乡县文化馆、担任报社记者，直到长期在乡下搞农村工作，居无定所，流动多变，于画事几乎废弃。但他本是文人，曾任宁乡县诗词协会副会长，于读书作诗联，于书法，却如影随形，不曾隔断。至知天命之年，才得以重操旧业："不画云山四十年，兴来蘸墨也惶然。丹青早废生花笔，一路崎岖一路巅"（《题山水诗》）。这段漫长的无序生活，他获宝有四：文人、诗文一也；书法二也；生活三也；磨其筋骨，饿其体肤，苦其心志，养气四也。他可能是历史上一个特别的画家，即无纸、无笔、无墨、无桌的"创作"，使他真正得以实践"外师造化，中得心源"。

欧阳笃材先生之书画艺术发展可分为三个阶段。第一阶段从上世纪30年代始至60年代初。此阶段追求灵动、活泼和稚拙的风格，笔意展露出意气风发、风华正茂的生命活力和民族精神高涨的特点。第二阶段从上世纪60年代末至90年代末，是欧阳笃材先生破旧立新的阶段。"依样葫芦未可求，奴书奴画费绸缪。取精旧法成新法，半信名家半信欧。"（《题画葫芦诗》）人过中年，经九磨十难，倒使他大醒大悟。书法与画的线条为一无二，似经万年风霜雪雨吹打，千载雷电冰旱苦熬的古藤，沉而起，静而动，退而进，刚而柔，曲而直，屈而伸，凝重而飘逸，作生命的抗争，作勇者无畏的强行，像压在巨石下的竹根，冲破千难万阻，总向有灿烂阳光的方向一寸一寸地伸展而去！作品风格苦涩而古朴，极富沧桑感。第三阶段是90年代末至今。这阶段已由心灵书写转换成用毛笔书写十余年。大致是他78岁开始的又一次变法："几回搔首问苍穹，击楫当年一梦中。三生果有轮回说，不信来空去也空。"（《励志诗》）走入古稀之年的欧阳笃材再度变法，笔墨中舍去了苦涩，变得苍老而明丽，祥和而辉煌，凝重而幽静，自由而自然，天人合一。笔墨多变，未知起笔落笔于何处，率意挥写无定法，随心所欲。大气磅礴、高古旷远、富丽堂皇，似春天之山花烂漫，如三秋之霜叶绚丽。欧阳笃材的画是文人画与画家画的一种现代感很强的新形式，既有很深的传统，又力求更新创新。

他是一位文人画家，几十年博览群书，而后自然成为一位诗人。他的诗崇尚陶渊明平淡清新自然一路，随寓意而发，不刻意追求，内涵却深刻而耐人寻味。但他从不以诗人自居，很多诗随写随丢，尚存的仅50多首。偶尔完成一幅画作，随意填写一首，自嘲为"补白"。

他对书法颇得真经。从少年至古稀之年，对篆隶行草、各家各派，细心意临，领会其精要。临而不僵守，进而师法自然，逐渐悟出古藤爬壁之章法，凿石用笔之法，草木采光的自然的结字，笔随意转似乎无法的自由挥写。在形式感上，弯弯曲曲摇摇摆摆正正歪歪，舒舒卷卷大大小小长长短短，圆圆扁扁宽宽窄窄密密轻轻重重。其内在的美则追求哲学的对立统一，求奇出正合，似曲而直，欲倒达稳，狼藉而趋整，不齐之齐，乱而求序，无意于佳乃佳也，似汗血宝马驰骋于大漠来去无踪，观者难寻出自哪家哪门哪派。

欧阳笃材先生其人、其诗、其书、其画为一无二。其画平淡、自然、宁静、水墨淋漓、浑厚华滋、富丽堂皇。我们从其画中可读到大气的特性：大笔阔墨是大，率意挥写是大，线条弯弯曲曲、大块凿墨是大；不加修饰、自然而为是大；小题材大手笔是大；笔墨简练或纷呈繁复是大；气势磅礴亦是大。重墨与大气度的独有书法线条书写形式感，使他的画具有独立的形式语言符号系统，从而在本世纪重新诠释了中国花鸟画。我想，他在美术史上当会留下一笔。

（"欧阳笃材书画作品展"，展览时间：2008年1月12日—14日）

画范传灯
——胡佩衡生平及艺术活动

马明宸

“层次分明点画工，启人心事见毫锋。他年画苑三千辈，个个毋忘念此翁。对君斯册感当年，撞破金瓯世可怜。灯下再三挥泪看，中华无此好山川。”这是白石老人80年前写给胡佩衡的画评，遗憾的是胡佩衡在近现代美术史上的价值与地位尚未被充分认识。在传统文化走向复兴的时代背景之下，胡佩衡的绘画艺术以及他的艺术教育活动应该被重新审视，他在美术史上的价值与地位应该重新进行评价。

20世纪40年代，胡佩衡在北京后毛家湾27号旧居前留影。

1961年，胡佩衡在荣宝斋与陈半丁、周怀民、王友石、关松房交谈。

一、生平

胡佩衡（1892—1962），谱名锡铨，又名衡，字佩衡，号冷庵，蒙族人，原籍河北涿县，祖辈时迁居北京。胡佩衡幼年丧父，家庭靠粮店股份维持生计。7岁入私塾，后毕业于私立北京法政专门学校、新华专门铁路学校。综观胡佩衡的艺术道路，大体可以分为三个时期。

第一时期（1892—1917）：自修画艺

胡佩衡自幼喜绘事，他从临摹古画入手，后追随西陵山水画家李静斋，得以在其指导下临摹李家收藏的明清画作，积淀了坚实的摹古功力，为以后的艺术创作打下了坚实的基础。他尝试用古法进行写生、创作，这个时期他从事教员、办事员等职业，业余坚持不懈自修钻研。

第二时期（1918—1948）：教授课徒

胡佩衡25岁以后步入画坛，加入画会，受到北京画坛名宿姜颖生、林琴南指授，随金城、陈师曾、齐白石、陈半丁等京派名家交游切磋，艺术逐步走向成熟。在这一时期，他先后在多所学校担任兼职图画教员。1944年被聘为北平艺专中国画系教授，编印画刊，出版画集，创办学社，为中国美术教育事业做了大量工作。

第三时期（1949—1962）：现代大家

新中国成立后，胡佩衡壮心不已，转变画风，坚持到江西、湖南一带写生，创作出了一批讴歌新生、祝福祖国的画作，先后任北京中国画研究会常务理事，北京画院画师兼院务委员等职务，编著出版了一批绘画普及读物，他还用自己的艺术回报社会，购买国债支援国家建设，参与抗美援朝作品义卖活动，支持国际友好事业。

二、艺术风格演变

胡佩衡的绘画以山水为主，兼擅花鸟，精于诗文，传统艺术修养全面。考察他的全部现存艺术作品，风格演变经历三个时期。他在20年代的作品主要以临仿古画为特点，画风追南北宗诸大家，摹古功力深厚，临仿元四家中的王蒙，明代吴门画派的沈周，清代的八大、王翚、石涛、龚贤，大体以南宗为主，也涉猎北宗，后期临仿之作大多参入己意。胡佩衡这一时期的绘画意境深远，风格古雅。进入三、四十年代，胡佩衡对传统诸家画艺融会贯通，形成自家面貌。胡佩衡这一时期的作品大抵有两种面貌，一种结构反复，勾皴细密，从南宗变化而来；一种多湿笔泼墨，笔线粗壮泼辣奔放，在墨法方面继承之中又有开拓，他艺术成熟时期的作品笔精墨润，色彩淡雅，意境深邃古朴，强调诗书画一体的文人画艺术传统，作品的现代面貌已经出现。进入50年代以后，胡佩衡又在传统中国画转型方面进行了大胆的尝试，他深入生活面向现实，重新提倡以古法写生，寻求画风转变，这一时期作品笔墨厚重，喜用焦墨勾皴与对比强烈的色彩，如石青、洋红，一反前期的淡雅古朴的绘画风格，变化为色彩艳丽，写实面貌更加浓郁，富于蓬勃的时代气息。这种风格的转变应该与时代文艺思潮相关。虽然对于这一时期的作品尚有不同看法，但是胡佩衡对于传统中国画的转型进行了大胆尝试之功不可没，表现出了可贵的艺术探索精神。

20世纪50年代，胡佩衡在中山公园写生。

绘画之余，胡佩衡勤于笔耕，留下了一批关于古代画史画论的文字著述，如《王石谷画法抉微》、《冷庵画诣》、《临古

20世纪50年代，胡佩衡在齐白石老人家中。

1961年，胡佩衡在后毛家湾旧居书房作画。

刍言》、《绘余随笔》、《中国山水画布置法》以及《北辰画刊记者访谈》，胡佩衡撰写的画史画论著述中不乏精辟的见解，主张从事中国传统绘画要提高全面修养，与陈师曾、徐悲鸿等人一起反对中国画因袭仿古的风气，力倡“用古法去写生，由写生而创作”，对于山水画的创作提出了许多有价值的观点，对于我们今天学习中国传统绘画仍然具有借鉴参考价值。

三、艺术教育活动

胡佩衡不仅仅是一位卓有成就的画家，他还是一位美术教育家，他为中国传统绘画艺术的传承发扬做了大量卓有成效的工作。胡佩衡从事美术教育的形式是多样的，早年他在北平艺专等学校担任兼职教员，后在家中主办中国山水画函授学社，发扬函授艺术教育的形式，编辑出版《胡佩衡课徒画稿》、《我怎样画山水》传统绘画技法普及读物。他在中国画艺术传承教育方面积累了丰富的经验，对中国传统绘画的教育方式方法进行了深入研究，总结提炼出一套系统的教学方法，如山水画的点苔、皴法，云气、树木画法，校订《芥子园画谱》等美术教育书籍，对于登门请教的后学循循善诱，成为青年绘画爱好者的良师益友。1918年，他应北京大学校长蔡元培之邀主编《绘学杂志》，其中他主编的《湖社月刊》是20世纪前半叶坚持时间最长的美术刊物之一。这些重要刊物是新文化运动的产物，对于传统艺术的现代化转型发挥了重要的作用。30年代，胡佩衡在琉璃厂创办“豹文斋”，编印了石涛、齐白石、萧谦中等人的画册。在欧风美雨盛行的时代，他主张批判地对待传统，继承弘扬传统，这些思想正与我们今天的倡导是一致的。胡佩衡在理论与实践层面均对中国传统艺术教育做出了重要贡献。

综观胡佩衡先生勤勉的一生，他为传统中国绘画艺术做出了卓越贡献。他在自己的艺术学习阶段全面继承传统，在自己的艺术创作之中发展传统，新中国成立后又转变画风弘扬传统，在文字著述中总结、反思传统，从宏观教育形式到微观教学方法等方面为中国画艺术教育做了大量卓有成效的工作，在中国画艺术传承中功不可没，为中国画家编印画册发扬传统，为弘扬传统艺术，传承国粹做出了重要贡献。胡佩衡是20世纪中国美术史上精研传统，对中国山水画现代转型做出开拓性贡献的一代大家。

（“画范传灯——胡佩衡中国画精品回顾展”，展览时间：2008年2月29日—3月31日）

新东方绘画：幻象与精神表达的重建
——中国工笔画"语意结构"转变中的"当代性"

杭春晓

对徐累、张见等新型工笔画的关注，源于我对画史的一个设问：东方绘画语言，有无现代意义上的表达？如果有，怎样才恰当？问题看似简单，答案却很复杂。它涉及东方与西方、古典与现代等诸多因素的混融与碰撞。

试图回答，可能存在两条线索：一、就本土画史来看，现代意义的表达与古典绘画差异何在？二、就世界范围艺术潮流来看，它与全球化语境下的艺术发展有无关联？对架上绘画的"消亡"有无建设性价值？两者之中，后者的判断似乎决定了前者的结果。

但有关后者的思考，让我们不得不面对一个尴尬的话题：艺术中心向非架上偏移，架上绘画日渐边缘化，那么采用东方绘画语言的表达，在根本上亦属架上范畴，它与架上绘画的"消亡"是否命运同步？

一、架上绘画必定走向"消亡"？

这是一个宏大而沉重的话题，它不仅涉及长达百年的艺术史潮流，还隐含了一个抽象的艺术理论问题——"我们应该采用怎样的模式来分析艺术史"？简单说来，就是艺术是什么？它由哪些因素构成？其中某一因素的改变怎样引导了其他因素的改变，从而产生艺术史的推进？这种推进为什么在20世纪会出现反架上的倾向？

或许《草地上的午餐》有助于对上述问题的思考。这件作品对当时画坛的触动给了我们一种启示：让人们不安的裸女出现在《田园交响曲》中，并因此破坏了古典油画"语言"与"语义"的结构稳定。如果我们将艺术看作是由"语言"、"语义"两个因素组成的"语意结构"，那么马奈的行为无疑以个人化的视角演绎了经典题材，改变原本结构中的语义意象，从而打破了古典油画的结构平衡。对于这种平衡的破坏，我们可以看成因为社会情绪的改变，马奈不再满足原有"语意结构"中"语言"、"语义”的稳定组合，于是他改变了其中一个因素，并因此获得表达上不同于过去的审美样式。如果事情仅仅发展到这一步，或许20世纪的艺术史还能相对稳定，然而“遗憾”的是，马奈提供的审美样式似乎仍然不能满足他的后继者。印象主义继承了马奈对经典油画“语意结构”的破坏，并将破坏深入到这一结构中的色彩“语言”。于是在科学主义观念的引导下，印象派的“点彩”彻底颠覆了“文艺复兴”以来经典化的语意结构，以及由此带来的审美样式，然而“文艺复兴”的噩梦并未因此终结。随着反理性主义思潮的逐渐汹涌，印象派刚刚建立的语意结构又迅速显得那么不合时宜，它的后继者沿着印象派“点彩”的步伐进而破坏了这一结构中的造型“语言”。于是在强调自我理性表达的观念下，塞尚的“解构主义”造型、野兽派的“东方主义”造型、立体派“四维空间”造型，相继冲击着艺术史不断被破坏又不断被重建的“语意结构”。

在这一过程的描述中，我们看到了一个有趣的“艺术史演进模式”：曾经稳定的“语意结构”，因为某种表达需要而被改变了一个因素，结构的平衡遭到破坏。于是新的表达需求就更为便捷地介入这一进程，从“语义”因素引导到对于“语言”因素的破坏，而且这种破坏在时间上呈现出了加速度的趋势。于是不断的解体与重建成为20世纪绘画“语意结构”革命的常态，直至人们发现因为强烈的个人表达需要而要破坏的“语意结构”，已经不再存在可以破坏的“因素”对象时，这种因破坏而构建的表达欲望便将矛头指向了这一结构存在的根本方式——架上。

当杜尚的小便器堂而皇之地走进美术馆时，由马奈开始的破坏便达到了阶段性的巅峰：经典油画语言与语义表达结构的彻底瓦解。之后，艺术的语义表达似乎获得了脱离语言束缚的自由空间，于是20世纪现代主义在反理性主义大旗下，完成了自己最伟大的革命。但是历史似乎开了一个不大不小的玩笑，为了表达自由而破坏的语言体系表面上退出艺术的“语意结构”，实际上却以另一种不确定的方式走进了艺术表达的过程。也就是说，他们虽然成功地“解聘”了架上“语言”，却又立即遭遇了“架下”语言——即便杜尚经典的小便器，现成品本身的选择也是一种语义表达的“语言”。

现代主义也不得不面对一种艺术表达结构上的重建任务——“语义”与“语言”的重组，然而尴尬的是，当他们痛快地否定原语意结构中的架上语言后，他们不得不重新寻找语言，并且新的“语言”具有极大的模糊性与不稳定性，从而难以确定新的稳定的结构体系。他们只能延续一直以来的“破坏”方向，在“非架上”的表达中不断否定曾经的“语言”而寻找新的“语言”。因为无法提供相对稳定的语意结构，现代主义运动留给我们永远革命的印象，一直处于不断尝试新的“语言”而获取新的“语义”的过程中。表面上看，这对于艺术的终极目标——“表达人的存在”具有无限拓宽的可能性，但同时这种无限可能中也隐含了一种危险：艺术概念的自我消解。因为不断尝试而导致的艺术语言生活化，最终导致了艺术与生活界限的消失。当“激浪运动”振臂“人人都是艺术家”时，艺术存在的价值也就自然消逝。因为如果人人都是艺术家，那么艺术就成为日常生活，而不再是具有特定精神表达价值的文化形态了。

现在，我们可以回到“架上绘画必定走向‘消亡’”上了。这一命题的产生源自20世纪艺术“语意结构”在破坏中走向不稳定状态下的产物，古典状态下偏向意象表达的“语义”被一种强烈的观念“语义”取代。人们不断寻求着更为直接、个体化的认知表达，并因此舍弃传统语意结构中的架上方式，于是“架上绘画必定走向了消亡”。然而在这一过程中，激进运动的艺术家忽略了一种可能：并非一定要舍弃架上语言，才能进行新的艺术表达。也就是说，在不破坏架上语言载体的前提下，经过重新调整的语言是可以融入新的表达需求中，并因此提供新的结构，而无需在不断的新的语言载体中重复破坏与重构的"宿命"，甚至是消解艺术独立存在的价值。就此而论，所谓架上绘画的"消亡"只是现代主义不断摧毁经典语意结构的逻辑结论，并非艺术史的事实。即便现代主义运动的高潮中，架上绘画仍以语言调整为方式来尝试新的语义表达，并且现代主义在"语义"表达上不断的突破，也为这种尝试拓展了精神表达的空间。诸如德国新表现主义，正是将传统表现主义语言与新的观念表达重组，并以此构建结构平衡的成功尝试。

经过现代主义结构性破坏的革命，艺术面对的表达空间与价值指向相对经典绘画的表达更为开阔，并因此可以更自由地选择"语言"、"语义"的平衡点。或许这正是现代主义反架上运动，却能成为架上绘画发展新的契机的原因所在。从这一角度理解，现代主义尝试的各种语义表达都可以在架上方式中重新寻找语言的连接、组合。那么经过现代主义表达之后的"语言"、"语义"的重建，绝非重回经典绘画的结构平衡，而是20世纪不稳定的现代主义表达获得稳定"语意结构"的机会。当然，这个机会更是架上绘画的——"语义"表达的拓展引发"语言"适应的调整，并因此重建艺术表达上的结构体系与审美样式。不过，这次变化和马奈以来的尝试有所差异，因为"语言"因素已经成为了我们需要强调的因素，而不再是能够被忽视，甚至被"舍弃"！

二、东方绘画语言怎样介入当代？

架上绘画并未死亡，相对非架上，它正面临着一种机会——重构稳定的艺术"语意结构"，其关键在于绘画语言需要重新介入到表达中。然而这一结论与我所关心的这批工笔画又存在着怎样的联系？表面上看，两者缺乏联系，工笔画是东方抒情意象表达的绘画手段，与世界性的艺术运动似乎没有关联。但换一个角度，如果把工笔画置于世界艺术格局中，它属于架上绘画的大范畴，那么它就与我们所说的结论发生关系了。

这里存在着一个简单的逻辑推断：因为工笔画属于架上绘画的一种类型，而架上绘画存在着重构稳定表达的"语意结构"的机会，故而工笔画也就存在着这种可能性。但是这一推断在前提上隐含了一个悬念：东方绘画语系与以西方为中心的现代艺术本是两种艺术的"语意结构"系统，它们之间存在着互通的交集吗？思考这一问题，日本的东山魁夷给了我很大启示，或可以说东山魁夷为世界艺术提供的独具东方语汇神秘、宁静气质的现代审美样式，正是东方绘画语言介入世界艺术"语意结构"重建的成功案例。也就是说，在现代绘画"语义"、"语言"互动的演进史中，并不排斥东方语言的介入，它们之间存在着视觉方式上融合的可能。如果将问题还原到"艺术是什么"上考虑，似乎会更简明一些。因为艺术是借用一定的语言形式，表达特定的关于"人的精神"的语义指向。虽然东西方绘画语言因为文化隔离，在各自的历史逻辑中形成方式上的差异，但它们作为"语义"表达的手段存在则是一致的。故而在文化交流状态下，当"人的精神"表达具有趋同性时，两者便有着嫁接、互动的可能，其演进过程也存在着元素相互结合的状态，诸如造型趣味、色彩经验乃至"语义表达"等等，并因此产生新的绘画风格。尤其当不同体系的绘画经验碰撞时，更是如此。当然，这种描述仅是针对一种可能性，这种可能性在中国当代画坛有无内在需求以及怎样具体实现则是另外的问题。

类似东山魁夷这样的"语意结构"在中国当代有无产生的内在需求？回答这个问题还要回到我们一直强调的"艺术的本质是借用一定的语言形式，表达特定的关于'人的精神'的语义指向"上。为什么呢？如果中国画既有的"语意结构"能够满足当代"人的精神"的表达，那么我们就没有必要改变这种

路易威登的迷失　徐累　65×130cm　纸本设色　2004年

结构。反之，就存在改变的必要。我们知道中国画经典的“语意结构”——以水墨线条、渲染及勾勒、敷色为中心的笔墨语言，表达以文人理想为中心的语义指向，强调在人自然存在状态下对物我的平静体验，往往带有意象化抒情特征。这样的“语意结构”，更适合节奏缓慢的自然主义状态下的精神表达。但在工业化乃至后工业化的今天，反自然主义的物质利用，导致人的精神存在与物质世界容易发生冲撞与不适应，而不再是和谐状态下的共存。因此人的反思容易在对立的物我关系中强调自我精神“孤独的深刻”，并往往因为这种“深刻”的无解而产生困惑、怀疑、否定、颓废、虚无、悲观、幻灭等理性体验，乃至于自我虚构的理性满足。它不具有群体理想主义稳定的精神指向，而多带有个体化不稳定的精神特质。对这种“人的精神”，意象化抒情方式的“语意结构”很难获得满意的表达效果。虽然我们不能说这样的“人的精神”就是今天生活的全部，或许古典状态下“物我”平静体验的精神状态在一定程度上还有所保留，但谁都会承认它绝对不是今天“人的精神”的主流。这种“人的精神”主流的改变必然要求中国画出现一种调整，以适应新生的语义表达。因为只有这样，才能保证我们所说的艺术本质。但充斥当代的中国画主流却仍然采用过去的“语意结构”，与我们所认可的它的“非主流”地位相互矛盾。这种矛盾说明了什么?或许说明当代中国画的发展遗忘了它作为艺术存在的价值与责任，在很大程度上成为古典艺术的吊唁、重复。即便这种吊唁的形式极为精彩，也仅是一种手工艺层面上的绘画，而非艺术。这样的判断也许过于尖刻，但却是今日国画家大多仅是画家而非艺术家之现状的合理解释。

也就是说，在全球化的今天，在东西方人因交流而生活状态趋同，精神方式也趋同的今天，用东方绘画语言介入现代语义的表达，不仅能够丰富世界范围内架上绘画之“语意结构”重建的手段，也是中国画自身适应当代社会表达的内在要求。当代中国画需要一种新的“语意结构”，类似东山魁夷路线的新的审美样式。或许这正是我之所以关注徐累、张见、姜吉安、徐华翎、崔进、陈林、雷苗、高茜、杭春晖、郑庆余等一批新型工笔画家的原因所在。这批画家采用中国工笔画语言，却尝试着一种不同于传统中国画的语义表达。他们或从自我精神状态的反思出发，或借鉴当代艺术的表达样式，从而形成“语

幻象·恍　陈林　66×51cm　纸本设色　2007年

蝶　秦艾　64×68cm　纸本设色　2008年

言”、“语义”连接上的重新组合，并构建了新的中国画的“语意结构”。面对这批作品，我们很容易发现这种语义表达上的特点——有别古典精神吊唁的中国画的精神质地。他们多采用反自然状态下的情境虚构，表达个体的理性体验，其图像方式往往具有主观营造的特点，受超现实主义、观念图式等现代艺术的影响，试图在虚构的图像经验中表达个人化的认知、判断，具有某种观念的隐喻性或象征性。

这种图像虚构在他们的画面中大致可以分为三个类型：文本观念虚构、场景情节虚构、语言表意虚构。当然上述划分是相对的，三种虚构在一件作品中并生的现象也时常有之。大致说来，文本观念虚构多采用语义预设的方式，借助某种文本概念、经典图像以及观念样式营造具有脚本性质的图像幻境。如徐累《路易威登的迷失》，一个时尚品牌的概念在明式椅子的经典图像、遮蔽的床沿与切割空间，甚至暗示路易威登经典标志“LV”的墙体中，共同营造出虚幻的现代精神世界。在这个世界中，古典与现代、经典与流行在错乱的空间陈列中再现了一种怀疑与虚无的现代理性感受。所谓的路易威登与其说是画面内容，不如说是虚幻图像的文学脚本。另如姜吉安的《恍兮惚兮No.1》，源自《道德经》对“道”的描绘概念，被附加于丝网遮蔽中的石膏几何体与古典家具上，光线变化的微妙呈现，隐喻了画家内心深处冷静的困惑与迷惘；杭春晖的《失乐园》，以亚当、夏娃的经典传说为本文，在象征男性的熊，沉思的女人，蛇与餐盘、苹果的组合中，鲜红与黑白的色彩对比象征着一种无助、压抑的情绪；郑庆余的《逝去的青春——摇曳》，以时间中的“物是人非”为语义假设，生命体的透明与物质世界的对比暗示了画家内心无奈、苦涩的生命感受。

场景情节虚构受到超现实主义主观营造方式的影响，多在时空逻辑的矛盾中呈现一种精神反思。如张见的《桃色》，人物向下倒垂的场景中，画家正面俯视的角度与配景的石块、桃花形成空间表达上的矛盾，并进而造成一种不稳定的虚幻场境。饱和、暧昧的色彩强化了这种不稳定的矛盾，象征着一种现代诱惑与不安全感的心理体验；高茜的《忧郁症》，以大于瓶颈的鱼与瓶子的空间组合体现了一种逻辑上的矛盾，并因这种矛盾而暗示着一种欲罢不能、困惑而不自由的现代情绪；陈林的《困惑·疑》在镜子的辅助下，以一个“寻找”的情节设置，将两个状态下的空间进行矛盾组合，错乱的视觉感受隐含了画家内心深处彷徨、失落的困惑；秦艾的《走出非洲》将动物的活动场景置换为由马赛克与迷宫墙组合出的迷幻空间，长颈鹿拟人化的企望背影与短促孤独的投影营造了一个画家自我迷惘、期待的心理经验。

与上述两种虚构相比，语言表意虚构并不注重文本或场景语义的预设，而更在意语言的虚化所呈现出的一种虚幻的镜头感，并以此烘托某种情绪的表达。如崔进的《黄昏》，成团状构成的少女们被一种沉闷、灰暗的色彩氛围所笼罩，隐约透出的白粉与黑暗虚幻的色彩构成强烈的语言对比，带有悲剧感的精神压抑成为画面语义的表达中心；徐华翎的《依然美丽》在造型原则上遵从写实化基本方式，但在色彩语言的运用上却模糊了对象的实体感，块面化的色彩斑驳赋予人物一种虚幻情境中的视觉感受，隐含了一种不可靠而虚无的精神体验；雷苗的《叠加的器皿·十》在日常的视觉经验中，提取器皿的质地与形态，进行一种光影、色彩的语言转换，在细腻的语言节奏中赋予对象妥帖的主观感受，形成一种虚幻的优雅与华丽。

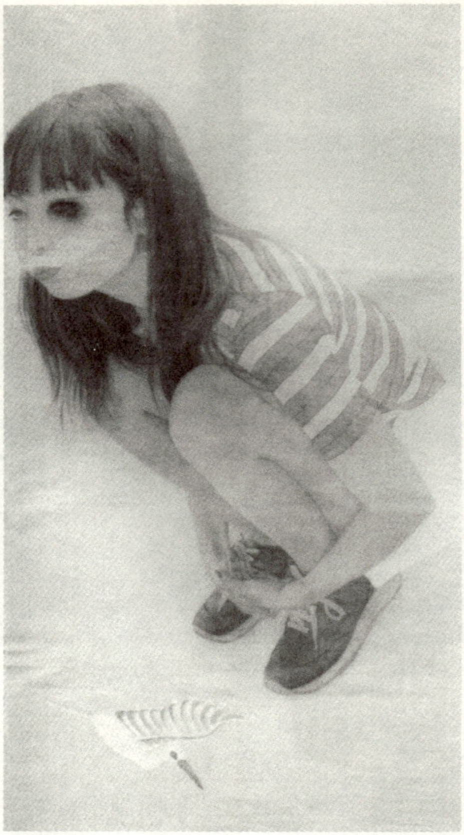

依然美丽·五　徐华翎
240×130cm　纸本设色　2008年

应该说，无论这些画家采用了哪种虚构的手段，他们的作品都共同呈现出游离现实感受，追求主观、个体化观念表达的图像精神。他们虚幻的图像经验，是现代生活状态下“人的精神”在不同层面上的视觉营造。其虚幻影像的背后，是画家对传统抒情意象的“语意结构”的不满足，并尝试新的“语义”表达。而正是这种尝试，促使这批画家的作品摆脱了经典中国画“语言”、“语义”的连接，犹如马奈转换古典油画的语义表达一样，预示着一种旧的审美样式获得重新表达的机会。我们前文曾述，现代生活中“人的精神”的转变，要求中国画改变陈旧的语意结构，否则它就只能成为手工艺品，而非艺术。这批工笔画家对传统工笔画语意结构的改变，正是从一个新的角度拓展了中国画表达现实精神的能力，从而有望重构一种“语意结构”，并实现一种“审美样式”的转换。相对于近30年来中国画领域中出现的新文人画、都市水墨、实验水墨等话题，这批工笔画家以图像营造为中心进行中国画语言形式与现代语义结合的尝试，在意图与结果上都似乎更加明确。

就上述而言，如果我们能够认可这批画家，在某种程度上代表了工笔画“当代性”的方向。原因有两点：一、他们的作品获得了表达现代精神状态的可能性，使得中国画可以重新在艺术的层面上展开讨论，而不是一种手工艺品的讨论；二、艺术史的演进取决于新的“语意结构”的出现，它在时间纬度上的“当代性”体现在新旧“语意结构”过渡与转折的过程中，而这批工笔画家无疑正处于这样的过程中。

三、介入“当代”的东方语汇有无独特的建设价值?

前文的讨论中还保留了一个疑问：这批工笔画家实现的新语义表达受到了已有的现代艺术的影响，那么他们的价值是否会遭受怀疑？答案是否定的。正如东山魁夷，日本画语言介入到表达中后，一种神秘、含蓄而宁静的感观表现是油画语言所无法取代的。这种不可取代的视觉感受则导致了东山魁夷的表达在精神指向上不同于油画，并因此获得了全新的“语意结构”。应该说，这批工笔画家也有着类似的特征。他们依靠工笔画层层渲染的方式塑造形象，其语言在表意过程中具有一种“间接性”，故而表达效果与油画的笔触或平涂完全不同。这种内敛、含蓄在视觉效果上具有深邃、迷幻等特征的语言质地，与他们画面中隐喻、象征的语义目标极为吻合。

于是一个有趣的现象出现了，如果把这批工笔画转换为其他绘画语言，即便是完全一样的图像，也不再具有原来画面中特定的氛围与气质，在隐喻、象征的结果上会大打折扣，甚至会因为语言表意的“直接性”而丧失这种隐喻、象征的表达效果。也就是说，这批工笔画的语言已经成为语义表达的有机组成部分，并因此具备了不同于其他画种的“语意结构”。这也是我们在光怪陆离的现代艺术中能够发现这批工笔画具有一种别样气质的原因所在。

按照这种方式理解，将这批画家比较于当代艺术，无论是方力均那样强调图式的，还是尹朝阳这样强调语言的画家，我们都会发现一种独具价值的精神表达效果。他们没有上述画家那种直接的图像力度，却具有另外一种沉静的思想表达，而这正得益于东方绘画语言宁静、疏缓的表达特征。我们在他们的画面中，看不到其他当代艺术中常见的不安与动荡，虽然他们也在表达着当代人灵魂深处的某种矛盾、冲突，但在表达效果上却将之消解于某种理性主义的安详与宁静中，带有哲学化的修辞特点。从这个意义上说，在当代中国画坛上，他们不属于我们习惯理解中特定的“当代艺术”的范畴，而是一种新的能够表达“当代”的艺术，并且相对“西化”潮流下特定概念的“当代艺术”，他们是更能代表中国的“当代艺术”。

这样一种论述并不是为了否定习惯认知下的“当代艺术”的价值，而是为了指出实现当代语义表达的可能性是多种多样的，西画语言可以完成一种架上绘画“语意结构”的重建，中国画语言同样能够达到。我在前文曾指出：“工笔画属于架上绘画的一种类型，而架上绘画存在着重构稳定表达的‘语意结构’的机会，故而工笔画也就存在着这种可能性”，正是基于这样的认识与判断，如果我们将这种认识、判断置于世界艺术发展的视野中，我们可以大致这样描述他们的价值：东方绘画语言作为与西方绘画语言并置的图像表现手段，同样具备表达当代精神的能力，并且这种表达能力的发现极大地丰富了架上绘画重建稳定“语意结构”的空间，有助于在现代主义瓦解了艺术概念的经典范畴之后，重新确立“因语言而存在表达”的艺术概念。

当然，在讨论这批工笔画家的时候，出于叙述的方便，我曾以日本的东山魁夷为路线、方向的例证，那么这批工笔画家与东山魁夷之间又具体存在着怎样的异同呢？毫无疑问，两者都属于东方绘画语言介入现代“人的精神”表达的案例，并且都因为东方绘画语言宁静、疏缓的表达特征而具备一种沉静的画面效果。但是他们在表达现代精神的角度上却稍有差异：东山魁夷用东方绘画语言表达了现代社会因动荡而产生的对于神秘主义的宁静、优雅的向往，虽然是一种现代语义范畴的表达，却没有直接面对现代精神。而这批工笔画家则是直接面对现代精神中某种困惑、彷徨的精神体验，他们不是用画面呈现的希望来消解精神苦涩，而是将之转换为具有隐喻、象征色彩的理性反思。这一点，是东山魁夷不曾具有的。

最后，有一点需要补充，或者说是前文刻意回避了的一个问题：关于架上绘画死亡与否的讨论在今天并非一个新鲜的话题了，因为20世纪80年代德国“新表现主义”、法国“新具像主义”与意大利的“超前卫”艺术已经采用后现代的方式给予了答案：在现代主义消解艺术概念的确定性后，重归架上传统，发掘“传统”的“现代”表达能力，以对经典的复制、嫁接、组合以及重构来重建艺术的稳定概念。而这一特征从某种角度上看，也正是这批工笔画家艺术表达上的方向——他们发掘传统工笔画语言的现代表意能力，借助经典物象重新构建的虚幻场景，在带有哲学化修辞的表达中，隐喻、象征了现代精神中某种碰撞、矛盾或困惑、虚无、颓废之类的精神状态，从而以东方的绘画方式解决了现代主义到后现代主义在绘画中的转换。如果依照这样的观念，我们或可以称这批工笔画为“新东方绘画”—— 一种中国绘画传统中衍生出的后现代方式。

对于这样一个判断，我在前文还是因为某种谨慎的担心而加以了回避：后现代主义是与复杂性、多样性交融的概念，具有“反归纳”的思辨特征，与现代主义并非前后更替的概念，甚至在一定程度上具有共生性与混同性。在反“二元对立”中认为任何“命名”都存在凝固对象的危险的后现代主义思想中，我们不能因为这批工笔画借用了的某些策略性方法，如复制、摹仿、解构等，就给予简单的归纳、定性，因为这样做很容易会走向庸俗化的后现代主义陷阱中，而忽视了后现代主义强调的对“人的精神”进行多样性阐释的根本思想，甚至会因此遭受某种误读，并被再次简单归纳、定性为“后殖民主义”。在论述中，我更倾向于采用一种新的“语意结构”的分析方法来探讨在“语言”、“语义”互动的艺术史演进过程中，这批工笔画运用传统东方绘画语言、资源来编织、营造幻象图景并拓展现代性“语义表达”的努力，以及这种努力对于整个架上绘画复兴的价值、意义，并因此而注重东方绘画语言在这种表达中所具有的不可替换性，以及由此带来的有别于西方后现代主义绘画的“语意结构”。我想，这种“语意结构”，称之为“新东方绘画”是有效的。

我们虽然不能强调此类绘画就是中国的后现代主义，但认为这批工笔画所代表的“新东方绘画”与西方“新表现主义”、“新具像主义”、“超前卫”艺术一样，与后现代思潮具有某种不可否认的联系则是恰当而准确的。

2008年3月18日夜于中国艺术研究院

（“幻象·本质——‘当代’工笔画之新方向”，展览时间：2008年4月16日—21日）

再现大作
——“开篇大作：人民英雄纪念碑落成五十周年纪念展”策展手记

吴洪亮

我丝毫不想通过自己的虚构来增加或者冲淡所发生的一切的内外真实性，因为在那些非常时刻历史本身已表现得十分完全，无需任何后来的帮手。

——斯蒂芬·茨威格①

人民英雄纪念碑是中华人民共和国建国以来第一座由国家投资建设的大型公共艺术项目。2008年5月为纪念这件凝聚了太多人心血，历时八年多建成的作品落成50周年，我们做了主题为“开篇大作”的展览。此展从北京到上海、深圳、武汉、天津，一路巡回下来，可以说它既是播种机，又是收割机，播下的是纪念碑艺术本体与精神内涵价值研究的关注，收获的是关于纪念碑更多新的材料与理念。回想去年，彻夜布展，将两吨多现场制作雕塑的灰泥搬到展厅，在天安门广场用大吊臂近距离拍摄纪念碑，开幕式上为纪念碑浮雕作者101岁的曾竹韶先生戴上红领巾，一切都恍如昨日，令人激动不已。

做这个展览最初的想法源于2002年，当时我正在参与筹备“北京国际雕塑展”，其中有一个展览名为“半个世纪的回顾”，是关于北京自建国以来城市雕塑与公共艺术发展的文献展。在办展过程中，我有幸接触到了北京建筑艺术雕塑工厂关于纪念碑的图片档案。经过对方同意，我们在那间堆放各种杂物的小黑屋里扫描了整整一天，得到了关于纪念碑的第一批原始资料。之后，又陆陆续续做了多位从老艺术家到石工的访谈，到去年决定做这个展览时，资料以及对相关信息的掌握成为此展的基础。面对收集来的近2000张图片，百余件作品手稿、雕塑小样、会议纪要、实物资料，甚至毛泽东主席在奠基时宣读碑文的录音及揭幕时的影像资料，不由得想起大学时读到翦伯赞先生在《史料与史学》中引用恩格斯的一句话：专靠几句空话是解决不了什么问题的，一定要掌握资料。②但资料常常是冷冰冰的，因为它们的无序，使其只能是资料。只有将其连接起来才能成为历史，尤其是展览，

---

①《人类的群星闪耀时·序言》，第1页，生活·读书·新知三联书店2009年版。

② 翦伯赞：《史料与史学》，第8页，北京大学出版社1985年版。

它是空间与视觉的表达，没有那张照片、那份档案、那件实物是不能完成的。因此当时对资料的整理与分析成为最具挑战的工作。所幸的是此前殷双喜老师在2006年出版了《永恒的象征——人民英雄纪念碑研究》这本书，史料分析之细腻，观点之清晰，给了我们很大的帮助。经过近三个月的筹备，很多东西开始清晰起来，我们再触摸这些来自各方的资料时，感到历史其实是有温度的，它真真切切地摆在我们的面前。当把每一幅浮雕作品从纸上的稿子到晒出的蓝图到浮雕小稿、人体稿、着衣稿、放大稿，直到纪念碑上的浮雕成品照片排列、铺陈出来时，的确构成了一部大型雕塑创作的纪录片，对于一个学习雕塑的学生来说甚至是一部教学片。当把从不同地方得到的会议通知、会议纪要按时间排成一条线，细读每个人（对于我们今天的人来说，与会的很多人都是大师级的人物）的发言，我们可以清晰地感受到每个人的脾气与秉性，生动之处有如电视剧的剧本。面对这一切，我们的确没有太多可以“增加”或者“冲淡”的必要，只需将它们按时间与展览的空间排列出来好像就足够生动了。

因为展览在北京画院美术馆举行，重点不仅在史料，更在作品上，实实在在的呈现才是最有魅力的。因此我们以最大的耐心、所有的公关能力，借到了多件纪念碑浮雕创作的小稿，甚至复制了与纪念碑有着诸多联系的王临乙的《民族大团结》。为了使展览更真实，更具冲击力，在王明明院长的大力支持下，经过两个月的协调，我们有幸到纪念碑月台上进行拍摄。当你站在浮雕前，震撼你的不只是众多人物的表情与动势，而是细节，《五四运动》中女青年摆动的衣裙，《武昌起义》中被踩在脚下的龙旗，《胜利渡长江》中被战士们冲破的铁丝网，都如此鲜活而有性格。马克思说雕刻家“他的思想就凝固在这块大理石里面”，那一刻，我感受到了，艺术家对历史的理解以艺术的形式完美地呈现于大理石之中。为了使展览更生动，我们决定在现场复制一块与纪念碑浮雕原大的作品《五四运动》，不仅因为这块浮雕的艺术水准很高，更因为“五四运动”就发生在北京天安门广场，这一想法在武汉展览时，演化成复制《武昌起义》这件作品，颇具回味。

当资料、实物、复制雕塑的学生都逐一到位时，对于这样一个题材，如何为其定名，成为当初最费思量的问题。名字是呈现整个展览概念的核心，传达着展览策划者的态度。经过与宛少军、马明宸等同仁的反复讨论，一遍遍否定，最终定名为“开篇大作”。

所谓“开篇”，人民英雄纪念碑奠基于1949年9月30日，是中华人民共和国开国大典的前一天。毛泽东主席亲率中国人民政治协商会议的全体代表来到天安门广场，举行纪念碑的奠基典礼。周恩来发表讲话，毛泽东宣读碑文后，各代表团团长和在场代表共同执锹铲土，为纪念碑奠基。因此这件作品起始之隆重，时间之重要，应视为新中国国家级艺术创作之“开篇”。

所谓“大作”，除艺术水准、制作工艺至今无出其右之外，我们可以用一组数字来说明：从时间上讲，人民英雄纪念碑从1949年9月30日奠基到1958年5月1日落成揭幕，共耗时八年七个月，时间跨度为新中国雕塑创作长度之最。从人力上讲，动用了当时中国最顶级的建筑师、艺术家、文史专家，建立了完整的组织结构和管理体系，上到国家主席、总理，下到建筑工人、民间艺人，无不倾力而为。虽其间多有争论，但为了共同的目标团结在了一起。从“物力”、“技术”及“财力”上讲，纪念碑工程从石料的开采、运输、建造动用了当时最先进的工程设备及技术。点线仪的大规模使用、防冻试验、防风化材料的研究、避雷装置等等，当年能用的“高科技”都用了。1958年11月30日，在人民英雄纪念碑建成后半年多，兴建委员会做出了工程总决算，共计总预算为人民币4，282，115，44元，总决算为

4,047,797,57元，[①]可见对其的投入之大。因此，被称为“大作”当之无愧。

再有，纪念碑在立意以及概念呈现上也堪称“大作”。为人民英雄纪念碑奠基时，由毛泽东主席宣读，后来由周恩来总理手书镌刻于纪念碑南侧的碑文，现在读来还很令人回味：

> 三年以来，在人民解放战争和人民革命中牺牲的人民英雄们永垂不朽！
>
> 三十年以来，在人民解放战争和人民革命中牺牲的人民英雄们永垂不朽！
>
> 由此上溯到一千八百四十年，从那时起，为了反抗内外敌人，争取民族独立和人民自由幸福，在历次斗争中牺牲的人民英雄们永垂不朽！

这篇碑文没有写共产党、解放军的伟大成就，而提到的是人民英雄，其中所强调的是纪念为国家、民族的独立，人民的自由幸福而牺牲的人。当一个新兴共和国成立的前一天，共和国的缔造者们想到的是什么？他们希望这个碑产生什么作用？主题是什么？他们选择了“人民英雄”，选择了能让更多的人接受的词汇：“独立”、“自由”、“民主”、“幸福”，这是所有爱国者的愿望，是所有中国人都能够认同的语言。碑为不朽而立，碑的概念本身也应该是不朽的。

因此在50年后，用一种形式来纪念创造“不朽”的人们和这一“不朽”的艺术工程，好像突然成为了某种责任，我们从纪念碑的创造者开始来感谢为纪念碑以及为本次展览付出努力的人们。

首先，要感谢毛泽东、周恩来等共和国的缔造者们在建国之时产生了如此好的一个创意；感谢梁思成、刘开渠、郑振铎等一批时代精英为我们留下了这样一件伟大的艺术作品；感谢当年参加人民英雄纪念碑建设的每一位石工、每一个描图员，尤其是为纪念碑留下大量原始图片的摄影组工作人员，是你们为我们这些晚辈了解、研究纪念碑创造了可能。其次，要感谢王明明院长在我提出要做这样一个展览时给予的全方位的支持，尤其是亲自给市委宣传部打电话，使我们有机会零距离拍摄人民英雄纪念碑，留下了一份重要的影像资料；感谢李盈春副院长同我们一起在深夜布展，并在巡展中一路奔波；感谢本次展览的学术主持殷双喜老师，是您撰写的专著在理论上支撑了本次展览，感谢您的团队为展览做了大量的组织工作；感谢朱尚熹老师，是您在周末与同仁一起，甚至拉上夫人为我们整理出本次展览最重要的一批图片资料；感谢我们画院的艺术家陈淑光老师为大家讲述当年的故事；感谢王少军、张伟老师以及你们的学生在展览现场为观众重现了纪念碑浮雕的创作过程；感谢盛杨先生、李祯祥先生、吴鹤林先生、于化云先生、李文链女士、华夏女士、唐斌先生以及刘开渠、吴作人、傅天仇、曾竹韶的家人给予的巨大资料支持；感谢安远远老师，促使本次展览成为一个全国性的巡展。还有上海中国画院的施大畏院长、钱琦琦书记、车鹏飞副院长，关山月美术馆的陈湘波馆长、湖北艺术馆的傅中望馆长、天津大学美术馆的王伟毅馆长，使巡展每站不同，新意不断。

如果说人民英雄纪念碑是一个浩大的艺术工程，凝聚了无数人的心血，那么为纪念这一伟大工程的本次展览也汇集了太多人的努力，我在此是感谢不完的，只能一并谢过了！就像纪念碑上的英雄们都是无名英雄，但他们创造了历史，我们感谢他们！

（“开篇大作——人民英雄纪念碑落成五十周年纪念展”，展览时间：2008年4月30日—5月19日）

---

①殷双喜：《永恒的象征——人民英雄纪念碑研究》，第203页，河北美术出版社2006年版。

写在石头上的民族史诗
——人民英雄纪念碑艺术

马明宸

人民英雄纪念碑是新中国第一个大型公共艺术工程，是新中国美术史的开篇之作，融汇了建筑、雕塑、书法诸多艺术因素，在碑文形式、建筑形制、装饰浮雕等方面保留了民族传统，但“人民英雄永垂不朽”的主题、工人农民革命斗争的浮雕题材、红旗麦穗青松花环等装饰纹样又属于全新的时代。如何展现既是民族的，又是时代的这一特性，是人民英雄纪念碑落成50周年之际在北京画院美术馆举办的“开篇大作——人民英雄纪念碑落成五十周年纪念展”所要呈现的主题。

本次展览分为纪念碑工程与艺术本体两个部分，展品包括200余件图片与实物，大批珍贵的纪念碑工程文献图片、原始音像材料、艺术家创作手稿以及浮雕小稿等，重点文物有毛泽东手书碑文双钩摹本，负责历史浮雕主稿工作的著名艺术家刘开渠、滑田友等人的雕塑小稿原作，雕塑家张松鹤的构图草稿原件，建筑师梁思成的设计图纸，工程人员工作证件、雕刻工具等。30余件珍贵文物经过组织者多方协调征集，首度汇聚面世。

展览在保证学术性的同时又力求开拓办展理念、创新展示手法，充分利用多媒体音像，播放《人民英雄纪念碑五十年》纪念宣传片，现场临摹制作浮雕《五四运动》，为观众提供近距离观摩的机会。配合举办的人民英雄纪念碑工程参与者50年后再聚首活动，则邀请了纪念碑历史浮雕主稿艺术家曾竹韶以及其他工程参与者欢聚一堂，观展座谈，口述历史，营造了一个立体动态的展示空间，呈现了一段鲜为人知的幕后故事。用通俗语言讲述历史史实，增强了展览的趣味性、通俗性，照顾到了普通观众的文化消费需求，适合不同层次、年龄的观众，具有重大的社会效益。

这个展览的学术主题是“开篇大作”，旨在呈现人民英雄纪念碑在新中国美术史上的重要地位。在突出主题方面，展览主要采用了两种手法：一是动态呈现，即把人民英雄纪念碑艺术还原到其生成过程之中，形成从讨论酝酿，到设计草稿，再到制作模型，一直到最后落成的动态展示；二是把人民英雄纪念碑艺术放在新中国美术史的大背景之中来呈现它的艺术地位——人民英雄纪念碑艺术对新中国其他一大批建筑、雕塑艺术，包括中国人民革命军事博物馆雕塑、北京农展馆圆雕、毛主席纪念堂雕塑等产生

毛泽东主席手书的人民英雄纪念碑碑文双钩本　41×29.5cm

的深远影响，展览用图片对比陈列的方式呈现了出来。

在今天世界各民族文化交融互动的大趋势之下，展览以虔诚的态度，用艺术的眼光，来品读这部写在石头上的民族史诗，观瞻庄严肃穆的花环旗帜，浩叹排山倒海的革命浪潮，激赏流畅遒劲的镏金榜书，抬眼高耸云端的建筑碑顶，仰首宽阔广场上的清冽长空，我们感受到的是一个古老民族的百年沧桑，一股奋勇抗争的英雄气概，一份重新崛起的自豪感慨，中华民族对于近代历史巨变的深刻情感体验都镌刻在这座丰碑之上。中华盛世来之不易，民族团结来之不易，这无疑能激发我们对民族命运的反思，增强我们的民族凝聚力、向心力，增加我们民族的自尊、自爱、自豪之心。

（“开篇大作——人民英雄纪念碑落成五十周年纪念展”，展览时间：2008年4月30日—5月19日）

【先锋对话】

人民英雄纪念碑，一座不朽的丰碑

——TOM网访谈

时　间 > 2008年4月25日

地　点 > TOM网演播厅

主持人 > 吴洪亮（北京画院美术馆馆长）

主持人：TOM网友，大家下午好！今天我们将在这里做一个很有趣的访谈节目。因为5月1日就是中国人民英雄纪念碑落成50周年纪念日了。在此之前，一个名为“开篇大作——人民英雄纪念碑落成五十周年纪念展”的活动即将在北京举行。今天在TOM网举办本次活动是为了在展览之前为大家公布一个最新消息。

我是北京画院美术馆馆长吴洪亮。这个展览将在我们美术馆举行，4月30日正式对外开放。下面介绍一下今天的嘉宾，首先要介绍的是人民英雄纪念碑的亲历者，当时参加纪念碑花纹创作的老艺术家顾士元先生。第二位是中国雕塑学会秘书长吴鹤林老师，他曾经是刘开渠的秘书，对刘老的生平、伟大成就特别了解。接下来要介绍的是北京画院美术馆策划部的马明宸先生，马先生在整个展览过程中对于纪念碑很多细节，包括纪念碑艺术本体意义都进行了深入的研究。最后是北京大学刚刚毕业的李永鑫同学，他刚刚进入我们这个团队，今天请他来想和大家聊一聊，一个刚刚大学毕业的人，通过两个月的工作，对于纪念碑会有什么样的感受，为此他也付出了很多的努力。这就是今天访谈的几位嘉宾，下面首先请顾士元先生为我们谈谈当时参加人民英雄纪念碑建设过程中的一些感受。

顾士元　人民英雄纪念碑建设者之一

吴洪亮　北京画院美术馆馆长、策展人

顾士元：我是1955年从上海调到首都来参加人民英雄纪念碑建设工作的，能参加这个活动很不容易，所以心里非常高兴。当时负责纪念碑工程的有关领导、党委书记介绍了纪念碑的伟大意义，要求方方面面都需达到一定的标准。我们这批人是从全国各地找来的，来了之后要先看你的技术水平，我来的时候刚刚22岁。第一步要求所有人都要做花岗岩，很硬的。因为他们不了解我们的技术水平，所以就拿了一块样品让我们去做。两个星期以后，合格者就被选上来。从1955年11月一直持续到1958年6月，纪念碑很顺利地建成了。当时参加这个活动，我是很年轻的一个，感觉特别幸运，到首都来参加这项工作是不容易的，要是没有高超的技术是进不去的。因为我是跟我师傅学的，搞的是民间石雕。花岗岩一般比较坚硬，我学的就是打花岗岩。

主持人：花岗岩要比大理石坚硬得多。

顾士元：坚硬得多，所以正合我的拍。当时施完工一看，觉得很不错，就把我留下来了，一直到做完。所有花岗岩纪念碑的花纹都是我们做的，同组的有秋林，还有一位女同志，并得到了领导的好评。负责纪念碑工程的领导觉得我们很单纯，也很信任我们这些人，但是具体工作是很辛苦的，因为要求特别严。关于大字的部分，我们也参与制作，后面还有周总理的题字。整整做了三年，我从中得到了锤炼，也掌握了一定的技巧。能参加这项工作感觉非常荣幸，虽然说不上复杂，但是很辛苦。

主持人：纪念碑工程培养了一批人。

顾士元：培养了一大批人。总理有一个批示，说这批人来之不易，一定要保留下来。所以后来就有了一个北京市建筑艺术雕塑工厂，我们都到了这个工厂工作。雕塑厂的工程量很大，属于全国性的，当时所有为纪念解放战争制作的纪念碑都由雕塑厂负责，包括像黄继光、董存瑞等英雄人物的塑像。雕塑界中的一批人也转入那个雕塑厂，工厂里人才很多。我们的第一项任务就是十三陵水库，还有十三陵纪念雕塑，毛主席、朱德、刘少奇等几个人的题字。中国革命军事博物馆的海陆空的雕塑我们也做了两座，还有淮海战役纪念碑也非常大，浮雕也很大。再后来就到全国各地做一些纪念碑。

主持人：接下来我们请吴鹤林秘书长介绍一下刘开渠先生，他是人民英雄纪念碑美工组的领导，也是“渡江”浮雕的主要创作者，还是后来中国美术馆的第一任馆长，他在中国美术界是举足轻重的人物。下面请吴老师来聊一聊刘老。

吴鹤林：我在上小学的时候就和刘老很熟了，但是真正同刘老一起工作是1987年。当时刘老、华君武一批艺术家给中央打了一个报告，成立了全国建筑雕塑领导小组，刘老担任组长。我于1987年调到小组办公室，做一些办公室工作。和这些老艺术家们的接触使我受益很大，尤其对纪念碑的感受也是非常深的。刘老经常去纪念碑那边参观，去了之后，精神都不同了，变得振奋起来。他看得非常仔细，对工程也非常关心。回去之后，和北雕的主要领导交换意见，现在保护得怎么样，非

吴鹤林　中国雕塑协会秘书长

常具体。还有王临乙先生，即使天气再热，也要到纪念碑走一走。还有傅天仇先生，关于纪念碑写了比较多的文章。

主持人：写了一篇关于浮雕的文章。

吴鹤林：对，出了一个小册子。虽然很薄，但是基本来说把大概情况都介绍了一遍。当时人民英雄纪念碑是一个非常神圣、庄严、肃穆的纪念人民英雄先烈的标志。纪念碑在当时确实也是建筑界和美术界相结合的成果，用现在的话来说就叫做“公共艺术”。

主持人：新中国第一座大型公共艺术作品。

吴鹤林：当时梁思成先生做建筑组的组长，刘老做雕塑组的组长。建筑界和艺术界共同完成的纪念碑，当时好像把全国的民间艺人都组织了起来。

主持人：像顾老先生这样的能工巧匠都请到了北京。

吴鹤林：对。当时有曲阳、浙江的一批老艺人，在北京培训了两年，这好像也是第一次由雕塑艺术家、专家来共同培训这些人。

主持人：第一批做当代艺术雕塑的石刻工人。

吴鹤林：对，等于是写实雕塑和人体雕塑。培训了两年时间，才做出这么高水平的纪念碑。起码从艺术来说，也代表了那个时代，应该是那个时代的精品，对以后的大型建筑确实有可以借鉴的地方，包括这次在湖南长沙橘子洲头准备做32米高的主席胸像。

主持人：也是吴主任参与完成的，相当于今天纪念碑性质的重要项目。

吴鹤林：对，这个应该是在纪念碑之后的又一个重大项目，应该是我们雕塑界，乃至全国非常重要的、非常有影响力的项目。我们应该借鉴很多纪念碑的组织方式、创作方式，完成一个真正能代表我们这个时代的作品。

主持人：下面请马明宸老师为大家介绍一下“开篇大作——人民英雄纪念碑落成五十周年纪念展”的情况，以及对于纪念碑的一些认识和看法。

马明宸：大家好！首先我把展览的基本框架和呈现方式做一个简单的勾勒，以今天的公共艺术的眼光来看人民英雄纪念碑会有一些新的发现。本来书法、建筑、雕塑属于各自独立的艺术门类，但是人民英雄纪念碑却把这些艺术门类做成一个综合艺术，成为新中国美术史中的开篇大作，具有开创性意义。整个展览的学术价值就定位于此，用一个展览把人民英雄纪念碑在新中国美术史上“开篇大作”的历史地位呈现出来。

这个展览在策划过程中得到了文化部艺术司等国家文化机构和专业机构的大力支持，同时一些当年纪念碑的参与者，或者参与者的后人都以极大的热情参与到我们的工作中来。此外，一些研究纪念碑艺术的专家也参与了我们这样一个活动。我们用三

马明宸　北京画院美术馆策划部成员

年的时间开始做研究项目，用了几个月的时间策划展览，在对目前人民英雄纪念碑的研究成果梳理分析的基础之上提出了我们的展览主题。整个展览中，我们力求把纪念碑还原到其生成过程之中。展览分为两个部分：第一部分展示整个纪念碑工程，我们用图表的方式呈现出每一年的工程进度。第二部分从四个角度呈现纪念碑艺术本体，一是纪念碑的主题，二是纪念碑的建设，三是纪念碑的浮雕，四是纪念碑的装饰纹样。在呈现方式和展示理念上，我们进行了一些创新，包括使用的材料，一共搜集挑选出160幅比较珍贵的历史文献图片，以及一些当时珍贵的文物，包括毛泽东手书碑文摹本，还有参与者的雕塑工具、著名艺术家当时设计的小稿。这些都是各大学、博物馆以及艺术家多年收藏的艺术珍品，通过这次展览汇聚到这里。在具体展示手法上，我们增加了现场临摹、复制五四运动浮雕的活动，从而展现整个工程的制作过程，让普通观众对浮雕有一个深刻的了解。同时配合这个活动我们还举办了纪念碑工程参与者50年再聚首的活动，让参与者一起座谈、观展，口述历史，为观众提供一个动态的立体展示空间。至于展览的意义，顾老师刚才已经说了，我再补充两点：一是政治意义，在当代艺术占据主流地位，激情已经暗淡的时下，我们把这些政治因素过滤掉，以纯艺术的观点看人民英雄纪念碑，同样能够发现一些新东西。比如人民纪念碑承载的民族百年沧桑，中华民族百年历史巨变中的体验，我们能从它的形象，从排山倒海的人潮，从宽厚的碑身中都可以体验到。第二点，这次展览在学术方面的进展在于我们尽量澄清了一些疑点，包括纪念碑是否是未完成品，须弥座与碑身的比例问题等等。

主持人：包括现在看碑顶的时候，我们采访盛杨先生时，他说，因为整个纪念碑到毛泽东纪念堂前面的顶都是平的，虽然高一些，但是整个感觉从环境艺术角度来讲是有和谐关系的。纪念碑确实有太多要向大家呈现的故事，在我们的展览里也有太多更有趣的东西，我们现在把这个展览中有趣的东西让大家先睹为快先看一看。老先生们用自己的心血铸造了纪念碑这样的艺术作品，用这么长时间完成一项伟大的工程。在这个过程中，他们是如何做的？这就是我们所说的背后故事。今天我们带来两张照片，为大家呈现的这张已经是一个中间过程，当时像这些老先生的创作之严谨，大家是可以看到的。先做人体，作品中先把人体完成，在人体基础上再着衣，从严谨状态中我们可以完成这么结实的人体，这么丰富的人物细节，其实在背后是一点一滴完成的。纪念碑这个过程也是很认真、很学院式地完成了，这就是我们今天看到的关于纪念碑的一点点细节。下面我想放一段录像，是专门为这次展览拍摄的。纪念碑由于种种原因，大家不可能零距离接触，不能很直观地触摸它，我们经过很多周折，才得以拍到这个片子，大家可以亲身感受一下纪念碑的状态。

现在网友的问题很多，都在评价今天的谈话，包括对刚才马明宸的陈述都十分感兴趣。为了使展览更丰富，我们特意复制了几件重要的作品。比如说王临乙先生在人民英雄纪念碑之前做的一件很重要的作品——《民族大团结》，相当大的作品，有2m×4m这样的尺度。包括刚才提到的五四运动的浮雕，我们在展览期间的20多天里要完成一个雕塑的过程。作为策展人，我们希望把“雕塑”这门艺术呈现给更多的老百姓，让他们去了解。因为很多人不知道雕塑是怎么做出来的，我们也借人民英雄纪念碑这个巨大工程项目复制的过程，让大家了解一个雕塑是如何从稿子、泥稿上创作，如何把泥稿做成石雕。因为人民英雄纪念碑恰恰是中国人接受西方雕塑方法的过程，其中有一个工具叫“点线仪”，这是西方的工具第一次真正大规模地在中国雕塑中使用。

在展览中，我们还将展示点线仪是怎么使用的，这是展览中很有趣的项目。下面由策划团队中最年轻的朋友李永鑫跟大家谈一谈，因为我第一次提出这个项目的时候，李永鑫刚刚来北京画院，我和他提起这个展览要怎么做，有什么意义。从年纪来讲，我和马明宸应该属于“70后”，在我小时候对人民英雄纪念碑的感触是一个很漫长的过程，这其中或许有一点亲身体验在里边。不过作为更年轻一辈的“80后”对人民英雄纪念碑有什么感受，下面请李永鑫来谈谈。

李永鑫：我感觉纪念碑和我距离很遥远，我长这么大，只有上次拍摄纪录片的时候去过，那种震撼是无法用语言来描述的。我第一次听到馆长计划要做人民英雄纪念碑的展览时，当时感觉我没有见过纪念碑，只能通过一些很简单的资料去了解它，我怎么把它做出来。因为一个东西必须要使你感动，你才会愿意付出心血、付出感情去做。后来看了资料，我对纪念碑熟悉了很多，一直到这个案子成形，了解到很多人为纪念碑付出了太多心血，有200多人参加过这个工程。当初很多像我一样二十几岁的人参加过这项工程，他们那种感情是很难描述的。纪念碑在1949年9月30日——开国大典前一天举行的奠基仪式，虽然距今较遥远，但是这个意义当时已经开始了。因为这个碑是缅怀死者，鼓舞生者的。我小时候看过，但只是很远地看过。筹备展览的时候，我一点一点被感动，举个简单的例子：我去北京档案馆找资料，工作人员说这个资料很珍贵，要我们小心。对于我们“80后”来说，根本无法感受那种力量带来的鼓舞。奠基的碑文即使是很小的错误，毛主席都要亲自去改，由此可以想象当时所投入的精力和财力。最感动的其实是在拍摄纪念碑的时候，我有一个机会可以亲自上去，那是一种之前不曾感受过的力量。当你真正看到纪念碑的时候，看到那些浮雕的时候，便有一种升华的感觉。看照片是永远无法感受到那种感觉的，人的经络、脉络都很清晰，给你感觉这个人是实实在在活在你面前的。他的那种精神，他的那种眼神，整个摆在你的面前，真的可以感受到他们是为了这个国家牺牲的人。现在“国家”这个意义可能在我们这代人心中已经被慢慢淡化了，我很想告诉“80后”的朋友，让他们以一种什么样的精神再感受，再去看人民英雄纪念碑。我们在做策划的时候，也加入了很多新鲜的元素，让我们年轻人也要去认识纪念碑。因为这个纪念碑是属于人民的纪念碑，是所有人的纪念碑，不是说只有像顾老这种上了年纪的人，应该是从小到老都要认识的一个纪念碑，这是我最想要告诉年轻人的。我们那天也很有幸能拍到25中的一些学生去站岗的镜头，他们可能出于去理解纪念碑的目的，和我们理解的纪念碑可能还有不一样的地方。他们作为少先队员在那儿站岗，和我们作为年轻人比他们大一点，有更深刻的国家意识的时候，应该怎么去爱国。我觉得不太一样，我很希望年轻人去感受一下。

李永鑫　“开篇大作”展览策划组成员

主持人：谢谢李永鑫！刚才李永鑫谈到一个关于“人民”的概念，这也是我们最初做这个展览时一直考虑的问题。为什么这个纪念碑被叫“人民英雄纪念碑”，而且我们查阅资料，一开始这个浮雕里面是有名的人物，比如说林则徐。在修改过程中，这些人物慢慢被泯去了。当时一直提到“毛主席万岁”，他回应的其实是“人民万岁”。“人民”这个词我们去查了，最早比较清晰描述的人是梁启超，而建人民英雄纪念碑是梁思成。梁启超在上个世纪初强调“人民”和“政府”的关系，强调二者之间是并制的，之后是孙中山，之后是毛泽东。一个纪念物，一个大型工程项目，如何使它站得更稳，使纪念碑永久流传下来。创作者想到“人民”这一更广泛的概念，并且在广大群众不理解的情况下强调了这个概念。而且到1840年的时候，整个纪念碑是中国近现代史的纪念物，做展览之初对于人民态度的理解可能和美术本身有一定的距离。但是因为这个态度在创作过程中，我们看到一群一群人在向前冲，为他们的自由和解放在斗争的过程，这是我们在做人民英雄纪念碑时很深刻地感觉到的。刚才李永鑫提到这种力量也是我当时去拍摄的时候感受到的，因为有很长时间没有上过人民英雄纪念碑的台阶了，当我们上去的时候，确实有一种震撼，包括其中所创造的细节。

网　友：人民英雄纪念碑为什么建了这么久？

主持人：这里面有多种原因。我认为一是当时新兴的共和国政府对于艺术家的尊重，二是艺术家希望创造更完美的作品。整个创作过程，包括为了人民英雄纪念碑的建立，刚才顾老师说了还专门有北雕工厂的诞生，有一个学校的诞生，或者一个机构的诞生。这是一个创造过程，大家可以想象这些都是需要时间的。因为在当时中国没有做当代艺术雕塑的工人，而且其中一批艺术家是留学法国归来的，大家把带回来的对于西方的认识和中方的认识相结合。包括纪念碑的故事也很有趣，比如张松鹤先生也提到把当时一些创作的生活、战斗场面深入地融入了纪念作品。这个纪念碑很多故事我们今天翻过头来看，具有感人至深的一种力量。我们反复观摩时发现的很有趣的事情，希望通过这次展览带给大家。刚才我提到创作和学习的过程，我不知道顾老师做这个纪念碑的过程中，您觉得您学到了哪些东西呢？

顾士元：学到了他们的革命精神。为新中国建立第一个作品，为千秋万代的年轻人树立一个教育基地，纪念碑这样的作品可以让革命精神流传百代。在我参加这个工作以后，得到了锤炼，也学到了革命的坚韧，艺术的精华，人生也是这样的。

网　友：是不是安排巡展？

主持人：肯定要安排巡展的，第一站6月份将在上海展出一个月。TOM网友应该是天南地北的，如果来北京不方便，还可以去上海，还有几站还在联系过程中。

网　友：纪念碑浮雕的主创者现在还有几位健在？

主持人：现在曾先生还健在，去年刚给曾先生过了百岁生日。而且中国雕塑学会和中央美院专门颁给曾先生一个终身成就奖，这是雕塑界第一个真正终生成就奖。他拥有潇洒的气质，不仅会弹古琴，还会拉小提琴，这是中西合并的老先生。现在很健康的像刘开渠的夫人，身体也很好，请吴老师来聊一聊，他比较熟悉，据说程老师还会唱京戏。

顾士元：每个星期六唱诸葛亮唱得非常好。

吴鹤林：如果有可能的话，开幕式的时候把曾老先生请过来，让TOM网的朋友们见一见。还有刘开渠的夫人，90多岁，身体还可以。程先生对于纪念碑整个建设过程比大家了解得更多一点，更深入一点，因为她是亲身经历的。刚才还说了程老师是中国戏曲学院毕业的，京剧唱得非常好。

顾士元：文化生活很丰富的，星期六一定会出来。

网　友：这个展览里如何体现学术性？

主持人：因为我们是美术馆，所以展览策划定位于美术类。在艺术创造上，无论建筑艺术、雕塑艺术，还是前期画家的参与，我们认为都是和艺术有关的。要做出结论，我们的前提是什么？第一要掌握大量的资料和准确的信息。我个人曾经一直研究新中国雕塑的工程，尤其是雕塑的大型项目。做过两三年的访谈，在这期间了解了当时一些状况。不仅如此，顾老所在的北雕工厂，当时很完整地保留了当年人民英雄纪念碑的大部分资料。这次仅仅从北雕一处搜集的资料就有1300多张，当时的图片资料有将近1500张的基础量，还有涉及其他信息的图片将近2000张，可以说是一手准确的材料。

为什么说人民英雄纪念碑是一个严谨的设计和创造呢？由于参加纪念碑建设的艺术家很多没有亲历过战争，为了使人民英雄纪念碑具有历史准确性，于是就把战争场面拍摄集成一册。奔跑的军人怎样？拿枪的军人怎样？这就是研究的第一步。为了体现这种客观，我们没有用更修饰的词句，而是把纪念碑的故事拍摄成一部纪录片。人民英雄纪念碑从9月30号毛主席奠基开始，在新中国成立前一天就开始了，真可谓“开篇大作”。至于所花费的人力物力，在展览中我们会向观众呈现一部分具体数据，可以公开一部分已有的财务资料，投入的资金在当时可以说是举全国之力来完成的。在时间方面，所有的领导，从主席到总理都没有催促艺术家，做好为止。纪念碑一直到1958年4月最终完成，5月揭幕，这么多人的精神都在这里呈现出来。

马明宸：这次展览的名称是“开篇大作”，为呈现人民英雄纪念碑在新中国美术史上的地位。如何将这个学术主题呈现出来？即通过展品的逻辑。整个展览向观众呈现了两点：一是还原了人民英雄纪念碑的生成过程。整个人民英雄纪念碑建筑过程，从设计草稿，再到草稿的模型，一直到最后的成品，我们都有一个动态的展示。我们将人民英雄纪念碑艺术放在新中国美术史的大背景之中来呈现其艺术地位。人民英雄纪念碑是新中国最早的大型公共艺术，竣工之后，国家又成立了北雕工厂，吸收了纪念碑的建设者们。可以说这批建设者后来又参与到北京地区乃至全国相当一批革命题材雕塑的制作中。凡是能显示出受到人民英雄纪念碑影响的建筑、雕塑，我们也配合着呈现出来，包括军事博物馆雕塑，还有人民大会堂的雕塑。这些纪念碑的建筑点对新中国十大建筑、对新中国后来一大批革命历史的雕塑来说，它们的影响是哪些？在什么层面？我们都用图片呈现了出来，这就是学术主题的呈现方式。

网　友：殷双喜老师的博士论文就是写的人民英雄纪念碑。

主持人：这次展览中的很多资料都是他提供的。

网　友：人民英雄纪念碑还有什么可选方案？

主持人：其实当时可选方案还是很多的。

李永鑫：据资料显示，当时搜集的时候大概有240件碑形设计，后来大概挑了七八件入选第二轮。最后做了三个模型，做了三个碑形，用于向社会征求意见。纪念碑在建设过程中，多次征集群众意见，包括最后做完浮雕停工三天，还招集群众为纪念碑提意见，这是现代工程中很难得的一点。

（“开篇大作——人民英雄纪念碑落成五十周年纪念展”，展览时间：2008年4月30日—5月19日）

淡泊高洁的文化立场

康　征

天之苍苍，地之泱泱。
先生之风，山高水长。

独上高台，发怀古之幽思，仰慕古代先贤的高风亮节，叹世风之衰并不是我们这个时代才有的。“七贤”的烂漫放荡，陶潜的隐逸清幽，王勃的奇异超群，“醉翁”的闲适飘逸，苏轼的豪放潇洒，都在中国文化史上留下了灿烂辉煌的一页。“怀古”是一种文化现象，表达了人们对传统文化的向往与仰慕。我们到哪里去寻找古代文明的足迹呢？王明明推出的手卷作品为我们再现了一幅典雅清醇的中国文化长卷。你会在他精心塑造的人物身上或者在他营造的环境中，寻找到你精神的归属。

在绘画创作方面，王明明是一位具有传统文化观念的艺术家。他的绘画几乎没有任意的或者是即兴之作，他的绘画是自己思考成熟的结果。当然，对于传统文化的认识也并非他的天性，他也有一个认识过程。作为一位有责任感的画家，如何让自己的绘画走到更广泛的受众中去，这是他思考最多的问题。艺术的东西不是孤芳自赏的，它的价值就存在于社会与群体之中。20世纪80年代初期，他的绘画首先在题材上与他的老师周思聪拉开了距离，逐渐地走向了对古代题材的描绘上。由于题材的变化，形象就要发生变化，随之而来的就是笔墨技巧方面的继承与革新。经过一系列的风格蜕变，他的个人风格在20世纪80年代，尤其是经历了“八五美术新潮”之后便形成了。我们怎样面对传统？这是每个画家所不可躲避的问题，我们要对这个问题做出肯定的回答。我们究竟要在传统中找到什么？我们对传统题材的表现怎么适应当代的审美需要？有一个时期，这些问题一直在困扰着他。在他看来，中国绘画的传统从根本上脱离不了中国传统文化的大背景。我们对古代题材的表现不是去再现过去的环境，而是要在传统的题材中寻找到传统艺术的精神。因为在一脉相承的文化长河中，只要找到传统艺术的精神，也就找到了传统艺术与时代艺术的切合点。他的绘画创作就是在这个基础上进行的。几乎同时，他也开始了系列手卷的创作。1988年，他的两部手卷《林泉雅集图卷》和《东坡承天夜游图卷》诞生了。当经历了新中国历史上不同的运动以及新时期的改革开放之后，我们开始思考关于中国文化的问题。我们感到了文化的陌生，当我们从事其他领域的建设的时候，我们几乎忘记了中国文化的存在。在王明明的这两幅手卷中，他透过历史场景为我们展示了一种古典文化的存在。苏东坡是中国文化史上一个鲜明的符号，在他的身上承载着中国文化中豪放恢弘的一面，代表着中国传统文化的主流倾向。他的手卷创作在形式上采取中景式的观察角度，在画面上既能发挥他的山水绘画的修养，描绘出动人的自然环境，又能很好地把握人物的形象。他把生动传神的形象放置在这样的环境之中，非常恰当地揭示了绘画精神层面上“天人合一”的思想。这两幅长卷的意义当然还不止于此，更重要的是他通过对古人生活方式的描绘，诠释了一种文化心态。中国传统文化为什么具有永恒的生命力？为什么越是在外来文化的狂潮来临的时候越能显示其独特的魅力？因为中国的传统文化的根源就在于天地合一而孕育出的生态环境。人类为什么向往自然的怀抱，因为那里是我们的精神家园。当我们的很多艺术家向往“前卫”艺术的时候，王明明以其冷峻敏锐的态度把我们引进了中国传统文化的精神空间，让我们感受到了繁华与浮躁背后的天真、淳朴和豪放。

手卷是中国传统绘画中一种比较常见的绘画形式，这种形式同样产生人们对于自然世界的认识。对于山水绘画的欣赏与评述，多有一步一景，情随景生，情景交融的特点。手卷在过去不是用来展示的，而是作为文人雅士们的私藏，他们时常会面对三五知己才拿出来欣赏品评，有时还会选择一个吉祥的日子，或在春和景明，或在长烟一空。他们不但是在品评一幅绘画作品，而且是在享受一种文化心态，这种心态带给他们对生活的无限憧憬和对生命的无限热爱。这也是这种绘画形式和那些可以张之壁上的卷轴绘画的根本不同之处，因此手卷这种形式的绘画历来受到了收藏家的喜爱。但由于受各种条件的限制，一幅具有经典意义的手卷往往会花费画家巨大的精力，所以在中国绘画史上能够传世的手卷作品并不多。王明明独辟蹊径，他把手卷作为自己的一个题材来研究、创作，无疑是给自己出了一个不小的难题。首先，现代绘画是要展示和传播的，而他的手卷很不利于一些场馆的展示，也不利于各种刊物的发表。在创作理念上，古代的手卷大都是原创性的，如王希孟的《千里江山图》和张择端的《清明上河图》，这在后人对绘画的理解方面不会造成什么歧义。而王明明的绘画取材于古代的文学经典篇目或者具有历史记载的历史场景，他在创作中就必须有意识地打破人们的定式思维，赋予绘画一种视觉形象。这样才能从原有蓝本的阴影中脱离出来，让绘画意义上的鲜明形象呈现出独立的审美价值。在创作这批手卷的时候，他有一种非功利的淡泊观念。他对于手卷的展示并没有做过多的思考，在手卷创作之前，他曾经研究过许多前人的手卷作品，心情十分激动，也很感动。他有很多的想法要体现在这种绘画形式上，手卷使他对传统绘画的认识深入化了。通过手卷的创作，他的思维和对传统绘画精神的感悟进入了一个深的层次。在创作的过程中，他用心灵和古人沟通，精心地揣摩和体会古人是怎样创作的。他按照艺术的规律，把自己对生活的认识和自我精神挥洒在画面上，并在此找到了与古人的艺术相通的东西。他的每一个创作过程，可以说都是在经历中国传统文化的洗礼。因为他把自己的理解、激情、笔法都寄托在了传统题材上，所以他得到了传统的精神。这种感觉往往让他兴奋不已。他的创作同样是一个痛并快乐的过程。他通过“手卷”这种艺术形式的东西创造出了一种属于自己的风格，他把形式的意义风格化了，这不但是绘画形式的升华，而且还是绘画精神的深化。他的绘画所传递的文化信息为我们当代绘画如何走进和谐文化的行列，如何去实现真正意义上的“中国气派”提供了一个非常优秀的范本。这个范本更深一层的意义还在于他作为一位有责任心和使命感的艺术家为当代的文化建设提供了精神支持。

从20世纪80年代到现在，他先后创作了20余幅手卷。我断言这批作品一定会在美术史上大放异彩，因为这批作品都是他的呕心沥血之作，在这些作品中寄托着他无限的珍惜和情感。20世纪90年代，我到敦煌参观。讲解员滔滔不绝的讲解对我已如过眼云烟，只有一位老画师的话还萦绕在耳边。他说："平凡的画师却创造出了不平凡的敦煌艺术，因为他们是用生命和鲜血来绘画的。"在谈到这批作品的时候，王明明很动情地说："关于展示的方式，我不太考虑这些东西。我为自己的体会、思考、情感而创作。中国的观众具有几千年的艺术欣赏习惯和经验，这是不会改变的，民族文化的根本是不会变的。只要在绘画中融入了自己的真感情，肯定有很多的观众和你沟通。我首先考虑的是我的作品是否真正继承了传统的绘画精神，凡是经典的东西都可以和任何一个时代的读者去沟通，没有时代的障碍。传统题材和现代题材在形式上有差异，但在精神上是相通的。我相信读者看到我的这些手卷，他们也会和我一样地激动的。"从他历时30多年的绘画创作中，我们可以明显地体会到他对于中国传统绘画艺术认识的不断深入，他的绘画境界从一个高度升华到另一个高度。这种成就的取得和他的人格魅力也是不无关系的。在长期的文化浸润中，他从灵魂深处产生对传统文化精神的敬畏心态，他的性格形成了多重化的特点。一方面，他仰慕平淡、自然、朴素，这是他性格的主导面，表现在绘画和处世上就有了他绘画的意境高古和游刃有余的大度。另一方面，他渴望经典、深刻、传承，在艺术的追求上，他执着的个性就表现得很充分了。他坚信挖井"就要一直挖到底，挖到底的时候早晚会找到水"，"艺术家应该深入地研究"，这是他的绘画不断深入的契机。我不能妄加推测一个艺术家成功的心理机制，但他的成就与他的艺术思想是不可分割的，是其创作的两个方面，缺一而不可。如果我们能够体会到这一点，回过头来再看他的作品的时候，我们就不难发现他的绘画是怎样走向深入的了。20世纪80年代，他首先摆脱了各种艺术新潮的干扰，把自己的笔触果断地伸向了传统绘画题材的领域。他的《林泉雅集图卷》和《东坡承天夜游图卷》等作品，无论是对自然环境的描绘，还是对人物形象的塑造都是非常直观的，绘画和文学作品所反映的境界还没有完全拉开距离，他的笔触还仅仅停留诗情画意的小格调里。当他游历了青城山、黄山、峨眉山等名山之后，加深了对自然，尤其是自然与人的关系的认识。从根本上说，绘画所关注的不是自然的形态，而是人对自然的感悟和由感悟而产生的情绪。中国传统文化形态中历来就有"出世"与"入世"的区别。对于人生的态度，古人也有"积极"与"消极"两个方面。我们的绘画艺术究竟要在当代造成什么样的影响？给人什么样的精神财富？对于古代题材的绘画，他选择的是古人积极入世的思想情怀。在后来的作品中，如《十八罗汉图卷》、《竹林七贤图卷》、《醉翁亭同乐图卷》、《兰亭雅集图卷》等，他的用笔活泼轻松，场景的取舍得当。《醉翁亭同乐图卷》在人物的造型方面，线条细腻生动，用线立其轮廓，皴擦树起形质，人物形象淳朴而稚拙，流露出一种高古原始的生命气息。生活闲适的环境里，"不知有汉，无论魏晋"，太守与平民同乐，童子与老者相谐，这是一幅具有典型意义的太平盛世图。文学家欧阳修以"醉能同其乐，醒能述以文"自谓，老顽童般的太守简直有点老王卖瓜了。一种祥和、宽松的文化气息和一种坦荡、磊落的文人情怀洋溢在画面上。扇面也是一种传统的绘画形式，这种形式的绘画在古代是文人身份的象征。一把名人绘制的折扇在手，口中吟诵着诗词，踱着四方步，悠闲地游荡在溪流与竹林间，这是我们在古代的文字常见的描绘。王明明的扇面作品所描绘的也大多是古人的雅集、畅怀、寻梅、踏雪、卧观等生活状态，在有限的表现空间里描绘出无限的精神境界。"最喜小中能见大，还求弦外有余音"，扇面的形式魅力被他渲染得可谓淋漓尽致了。关于绘画形式，我们现在忽视了这个问题，其实在宋代，绘画的形式就已经很完备了，绘画形式的完备从另一个侧面反映了当时文化发展的多格局状态。随着民族矛盾的激化和民族文化的融合，中国汉民族大一统的文化形态被破坏了，绘画形式的丰富性逐渐不存在了。王明明关于绘画形式方面的探索是其文化观念的呈现，也是他对宋代绘画深层次研究的成就。他的绘画在精神层面上拥有了一种积极健康的艺术情调。人们在这样的绘画面前会看到自己意识里阴暗的一面，不由得产生了对光明的憧憬并且去努力完善自己的人生。宗教是神圣而辉煌的，我向来认为真正的艺术是宗教的重要组成部分，艺术的教化力量有时是超越物质的，它潜移默化地作用于人类的精神领域，无言地提醒人们去挖掘生命的意义和价值。另一方面，他的绘画从本质上也具有出世的情怀。艺术家借助对古人高尚精神生活的吟咏，抒发了自我心灵的解放。他在创作过程中有意识地采用浪漫主义的创作方法，使作品在形式上具有一种空灵的远古气象。王明明向来不慕名利，他总是把自己的心灵和情怀放置在热烈、浓郁、喧闹的市井边缘，从不让自己的心灵和情怀受到世俗的污染。他每每怀着一个艺术家善良的愿望为社会默默地做着自己的工作，最大程度地奉献着自己的爱心。他是一个在市井中修行的人，这是他的出世境界。“出世”和“入世”在他的身上表现为人格魅力的两个组成部分，是他走向自我境界，完善自我人格的必经阶段。从这一点上，我们也可以看出王明明对于古代绘画题材的选择其实是他心灵深处的一种文化观念。在谈到绘画题材的问题时，他说过：“我感到古人的情怀和境界要高于我们。他们在心境、情绪和生活状态上是能够打动我们的。在和古人的交流中，在对大自然的感悟中，我们激动的情绪逐渐得到平静，等到平静后再去用艺术的方式去表现，这种表现是理智的。中国艺术在审美上是很含蓄的。中国画并不复杂，而且还很简单。艺术家最终要谈对生活的态度。艺术的悟性就在心态的平和，心理的纯净。一个艺术家保持正常的心态就会自觉地调整对艺术的追求，甚至是艺术风格。艺术风格升华的关键就在于艺术心态。”在论述中，他多次谈到“艺术心态”的问题，怎么去认识这个问题？我感觉到艺术的心态就是佛家的空境，也只有你的心是空的，你才可能包容一切。包容的心态是博大的，也是最平静的。通过王明明的手卷、册页、扇面系列，我们可以看到他是面对古人的心境来述说自己的心境的。他的努力在于他沉淀了自己的浮躁，淡化了自己的意识，陶冶了自己的灵魂，把一个自然而然的我赤裸裸地呈现在了艺术的名义下，由此而悟到“一个利欲熏心的艺术家是不会达到艺术的高境界的”。

最近，我欣赏了他的两幅手卷新作，在艺术的表现手法和表现深度方面表现出了他的新追求。王明明的绘画艺术正是在不断的挖掘中走向深入的。他对古代绘画题材的驾驭本领还在于他能够根据时代的文化精神和审美需要不断地调整和深化绘画的表现力度。当代是一个建设和谐文化环境的时代，“和谐”在某种意义上讲也是生产力。在经历了中外文化的比较或者是较量之后，有志之士提出站在民族文化的立场上，建设具有“中国气派”的绘画艺术就成了一个突出的问题。我在欣赏《归梦吟图卷》的时候，既看到了古人的“归梦”，也看到了一个当代艺术家之“吟”，借古以“吟”今，我想就是他绘画的本意吧。他画得非常动情，我就沿着他的无限情思走进他的绘画世界。陶令不过一介书生，过着清贫的生活，家里非常需要“五斗米”，但是他不愿为了“五斗米”而“折腰”。在画面的布局上，《归梦吟图卷》有八个场景，我命名为“归来”、“问答”、“家居”、“畅怀”、“雅聚”、“村头”、“耕耘”、“远望”。在这八个场景中，陶令虽然脱去了官服成为一名普通百姓，但是作者通过细腻的笔触把陶令的气质和精神融进了每一个片段，画面上荡漾着一种浩然正气。这种气派不就是属于我们中华民族独有的“中国气派”吗？在画面场景的安排上不但井然有序，而且节奏明快，气韵生动，画面呈现出淡泊、静雅、简洁的形式语言特色，这与绘画的精神内涵是完全一致的。欣赏王明明的绘画，我们要看到他细微的内心思维在画面上的反映，这样我们才不至于辜负他的一片苦心。《归梦吟图卷》与其他的手卷作品相比在形式上没有太大的变化，这一点很容易遮蔽我们对作品的理解水准。其实在笔墨的

归梦吟图卷（局部） 王明明 48.2×1041cm 2007年

东坡赤壁怀古图卷（局部） 王明明 49×1001cm 2008年

表现力、色彩的结构以及思想情感方面，这部作品是独具魅力的。这是因为他经历了很长一段时间的构思才进行创作的，这幅作品寄托着他对传统文化的理解和纯真的情感。他甚至不断地改变自己的感情方式来加深对古代绘画题材的理解与表现，经历了一个感情磨砺、感情沉淀和感情升华的曲折过程。几乎与《归梦吟图卷》同时期的另一幅手卷《东坡赤壁怀古图卷》在思想境界和文化形态上与《归梦吟图卷》是截然不同的，两幅作品所表现的是两种类型的感情和情怀，一种是婉约的，一种则是豪放的。他的感情世界似乎还没有从《归梦吟图卷》中脱离出来，很快又到了《东坡赤壁怀古图卷》的境界里。在感情方面，这不是属于游戏的，对于一个具有创作责任的艺术家来说，他的这种感情转移有时是非常痛苦的，这种转移在具体的艺术操作中往往体现在艺术构思的错位和表现手段的更新，这并不是一般艺术家能够做到的。从审美本质上讲，他相对于古人境界的回归是一种精神上的回归，他追求平淡的生活方式，他所追求的绘画风格也是属于淡雅的。《东坡赤壁怀古图卷》的创作过程其实也是他的精神漫游的过程，他在体会苏东坡心境的基础上，仿佛画中的人物伴随他也做了赤壁之游，画面在布局上采取了倒叙的艺术手法，画面设计精巧，但总揽全局又没有半点儿设计的痕迹。这一过程是他从自我设计到自我放怀的过程，画面和谐统一。赤壁神游、知己相约、怀古之思、远山如黛、孤鹤惊梦，环环相扣，波澜起伏，山水缭绕。两种不同的文化形态，两种不同的思想境界在绘画的表现手段上也是不同的，《归梦吟图卷》是通过故事情节来展开的，《东坡赤壁怀古图卷》是通过自然山水环境来展开的。20世纪90年代以来，王明明的绘画样式发生了悄然的变化，而且逐渐走向风格的成熟化。他的手卷作品就是这种变化的结果。他把人物绘画、山水绘画，甚至是花鸟绘画的因素有机地融合在一起，这种绘画样式非常具有现代绘画的形式感，在审美感觉上则是遵循了传统绘画的精神风貌。他的绘画打通了绘画形式上的局限性和艺术表现上的空间感。这种样式为中国绘画的发展提出了新的课题，内含许多中国绘画革新的原始元素。我们在此没有必要把“创新”的头衔强加给他，因为他非常强调艺术形式都是初级的，艺术本质的东西就是自然。他的这种样式是在对生活长期的观察和对传统绘画深入的研究过程中逐渐形成的，不是设计性的。人和自然的关系是和谐的，他的绘画讲究的就是这种和谐。

科学家们认为21世纪的发展要到2000年的孔子那里寻找智慧。今天，科学发展观同样意识到了和谐文化对于社会发展的重要意义。王明明的艺术探索是在弘扬中国传统文化的责任感上找到了继承传统绘画的精神和形式的切入点。他从各个角度去体会传统，在《归梦吟图卷》和《东坡赤壁怀古图卷》两幅手卷中，我看到了“清代丈二匹”，“乾隆山水清音墨”等字样，他对于绘画材料的选择也是颇具匠心的。这种纸墨性情比较温和，失去了原有的火气。虽然笔触多次反复，但是层次依然分明，墨的亮度和细腻也是非常可人的。古语云：“工欲善其事，必先利其器。”材料的优良和画家的心态均达到了高度的平淡和谐。中国书画的材料是具有中国人的手工智慧的，取天地之精华，凝人类之灵性而成。这两幅手卷因材料而更加玲珑，材料也因艺术的魅力而更加体现出劳动创造的辉煌。他的手卷的意义还在于他对中国传统绘画形式的肯定与开拓。在中国近代美术史上，还没有哪位画家把手卷作为系列化题材进行研究、创作。经过30多年的艰辛探索，他创作的手卷系列在中国绘画史的长廊中必定占有重要的位置。因为这些作品不但在形式上赋予了手卷新的意义，更重要的是这些作品承载了他对于中国传统文化的思考和对当代美术发展的昭示。在当代艺术市场的正规化运行机制还没有完全确立的情况下，艺术品的质量可以说是良莠不齐，鱼目混珠。一个系列的代表作品不仅代表了画家的艺术水准，而且还具有时代艺术的经典意义。“中国气派”的意义还在于艺术的经典性。这些经典性的作品既是对传统绘画艺术的集大成，相对于未来，这些作品即将成为新的传统艺术，对于当代绘画艺术的走向具有鲜明的指导意义。

王明明是一位具有强烈责任感的艺术家，从这种文化使命出发，他的艺术自然而然地产生了两种不同的审美取向，一要张扬自我的艺术个性；二要适应社会和时代的审美需要。这两种取向代表着他同一的文化立场，那就是民族的、纯正的、积极的精神魅力。现代艺术是多元化的，原创性的艺术和传统性的艺术不是割裂开的，是相互依附而并存的。他的手卷、册页、扇面系列，是他对中国绘画形式的研究成就。对于中国绘画中即将流失的形式或精神，他是有一种紧迫感和责任感的。中国传统绘画中优秀元素的消失速度不亚于动物世界中物种，对于绘画领域里非物质文化遗产的抢救与补救是他一份神圣的责任。关于这一点，他是非常具有前瞻性的，中国绘画的发展应该在绘画形式和表现空间上越来越丰富，而不是以传统的、经典性的绘画形式和精神的流失为代价。他的手卷系列是21世纪美术史上辉煌的一页，是当代艺术宝库里的奇葩。因为这些绘画都与当代的艺术精神密切相关，这些绘画是时代文化繁荣的标志，代表着和谐文化建设的成就。对于艺术，我们要兼容、吸收、借鉴、尊重，而不是去盲目的批评。王明明的作品塑造的就是一种和谐的文化环境和生态环境，因此他的艺术具有很强的凝聚力，其艺术之路的未来也就是这两种取向的高度合流。

2008年4月6日

（“怀古寄情——王明明手卷、册页、扇面作品展”，展览时间：2008年5月21日—6月8日）

在源流里感悟　从自然中升华
——王明明访谈录

时　间 > 2008年3月25日
地　点 > 北京画院美术馆
访谈人 > 宛少军　康　征

东坡承天夜游图卷　王明明　47.3×347cm　1988年

宛少军：您的这批画主要以手卷为主，从现在国画创作的情况来看，从事手卷这种形式创作的画家似乎不是很多。我知道您从1988年开始创作第一幅手卷到现在已经有20年，而且每年都有手卷创作出来。然而80年代特别是“八五美术新潮”之后，现代艺术开始在中国大行其道，很多中国画家都受到现代艺术思潮的冲击和影响，大家都在着力寻求创新，寻找新的表现形式，许多钟情中国传统形式的画家感受到很大的压力，而您在当时这个氛围中却主动选择“手卷”这种极具传统特色的国画呈现形式进行创作，为什么？

王明明：这批手卷是我这20年来一直在做的一些创作尝试。我对传统的认识是逐步深入的，从无知到慢慢重视到最后非常尊重，而且不遗余力地要打进传统，向传统学习，这里有一个认识的过程。我们这一代人在“文革”时期经历了主题性创作、基本功训练的锻炼。在80年代之前对传统一无所知，而且也采取了批判的或者不去关注、不去吸收的态度。80年代初开始，我做一些传统题材的创作，比如《杜甫》、《招魂》等。当时主要想追求风格上的突破，想跟我的老师拉开距离。要有自己的风格面貌，我首先想从题材上拉开。这样对传统做了一些初步的研究，并且创作出几幅作品，这是我认识传统的开始。重要的是，1983年我第一次出国，尤其是去法国的十几天，看了法国现代和古典的艺术以及西方经典的艺术，当时最突出的一个感觉，就是作为一个中国画家，在创作方向上不应该迷茫。回来后，我有了一个非常明确的认识，以后更加坚定：作为一个中国画家，必须要踩在自己土地上，创造具有自己民族特色的作品。从1983年确立了这样一个信念后，慢慢地就开始接触传统，比如去故宫看展览，研究一些印刷品，向一些老先生请教，逐步地进入状态。1985年以后，关于中国画的争论非常热闹，这个时候也有很多画家问我怎么画，我说想怎么画就怎么画，想进入传统就进入传统，要创新就创新。我以为“进”和“出”的问题是画家自己应该把握的问题。我当时也创作了很多现实题材的作品。不管画什么题材都要有感而发，而不是被动地随着潮流走。审视这二三十年，包括“文革”前一些对中国画的争论，实际上对很多问题我们采取的就是运动的方式，把艺术的问题变成了开展政治运动，不是你压倒我，就是我压倒你，没有真正做到“百花齐放”、“百家争鸣”。我们应该按照自己的思路走。一个艺术家关键要把握住自己，任何时候都要按照自己的信念走。就像挖井一样，有人挖十个坑可能不出水，因为挖得很浅，老觉得找不到水就再挖下一个。如果挖坑，就要一直挖到底，挖到底的时候早晚会找到水。所以艺术家应该深入地研究，去思考，可能会有更大的收获。

宛少军：就是说手卷这种形式是您对传统文化认识的一个主动选择的结果。

王明明：手卷是一种很特殊的形式，其实这种形式的作品在古代很多，我也做过一些研究。那个时候看的传统东西很少，故宫的东西也不多。当时北京画院藏有《南画大成》，民国时期由日本出版的，里面有很多手卷，看了之后非常激动。因为手卷的形式是中国的一个特殊艺术形式，能够表现自己的心境和追求。当然，到清末以后，这种形式慢慢不太被采用了。对于这种形式如何展出，我并不太关心，我在乎的是自己寄托的感情、自己的一些想法能够在里边体现，一种情思也好，对于传统的认识也好，都在其中逐渐深化，慢慢地形成自己的一系列想法和追求。这些手卷有20年的跨度，有些作品现在不在我手里，可是基本上保留了几个不同阶段的作品。

宛少军：您进入手卷创作前后这么长时间，应该对其有不同的体验和认识。以您现在的认识来看，手卷创作对您的整体艺术创作和艺术认识有着怎样的影响？

王明明：通过这种形式，包括册页和扇面这种特别传统的形式，让我进入到认识传统深层问题的层面。进入传统，而且创作传统题材，应该在这种语境中表现自己的绘画语言，创造自己的风格。这里有一定的程定、样式和一些规矩，这就是传统。就像京剧一样，不可能把京剧唱成歌剧，唱歌剧的演员去唱京剧，感觉也不对，因为彼此的发声、转弯等等是不同的。所以我在用这个形式创作的时候，体会古代画家们如何进行创作，如何用他们的语言表达方式、程式化的路数，然后再加上自己的感受体会，这样画出来的东西才会有自己的感觉，而且有古代程式化的东西在里边。这种程式化的东西我认为不是概念化，而是法度、法则和规矩。只有通过这种法度，才可以跟古人的意韵相通，而且有些东西只能在那个流里面来研究。所以画不同的题材，就要研究不同的法度、定式，比如我画现代题材——藏族的、渔民的、南亚风情的时候，表现手法跟传统题材绝对不一样。有些人可能把一个长卷画成一个视角、一个平面，只是把画面拉长。我理解的手卷不是这样，古代是用散点透视，从不同的角度，通过不同的情节，把他对事物的感性认识和理解反映出来。古代很多手卷，包括张择端的《清明上河图》，这次在上海又看了仇英的《清明上河图》，两个完全不一样，但都非常精彩。张择端的画绝对精彩，可是再看仇英的那些小人物也画得十分精彩。历代画家创作的手卷很多都反映了当时的社会生活、民俗风情，这是研究此时历史状态的最好范本，其中很多的鸿篇巨制．影响深远。不同时代的画家有不同的理解，我们这个时代的人去画古代题材的时候，首先要进入这种状态。这种状态不是以一种生活方式进入，而是自己的理解、情思，所有的构思和笔法都要进入这种状态，只有这样才能创造出有自己面貌的作品，否则用一种现代的方法去阐述这样古老的形式，这种感觉不对，味道不对。

宛少军：一般的现代国画家很少创作手卷，可能有一个重要的原因是考虑手卷的传播和展出的问题。在传统意义上，手卷是在手上把玩的，不是悬挂于现代意义上的美术馆，在其中作为远距离观赏。如果把它放在美术馆的空间里展出，和传统的观赏方式之间会不会有矛盾？会不会影响到对手卷的理解？如果可能的话，我们怎么解决手卷入馆展出的问题？

王明明：这是一个展示方式的问题。实际上我在画的过程中不过分考虑这方面的问题，因为只有现代的展览方式才提出这个问题。手卷为什么能流传？就是文人之间的把玩，世代流传，大家拿着在桌子上来回的观看，细心地琢磨，最后一些经典的作品进入到宫里面，这是一种流传的方式，也是一种特殊的方式，有时是匿藏起来的。现在我画完的手卷有些没有裱，我也为展示做准备，因为现在一般展示手卷的方式都是放在桌面上压着。没有装裱，在展览中就可以按照自己布置展览的想法陈列出来，这种展览方式跟古代不一样。重要的是，我在创作的时候基本上不考虑今后的展览方式，因为首先不是展览方式，而是要把自己的想法、体会和情感表现出来。

宛少军：您是为表达自己的情感而选择手卷创作，可是最终作品要传播，应该影响到更多的社会观众，这是现代艺术作品的一个社会功能，是艺术家不可回避的。从公众的欣赏角度来看，这种传统的手卷形式和现代人生活之间会是一种什么关系呢？对他们欣赏方式会产生什么影响？

王明明：中国的观众有几千年的文化底蕴，艺术品世代相传，欣赏习惯也慢慢传下来。当然西方艺术的冲击、人们生活方式改变，会影响一些人的欣赏习惯，可是我们民族的东西、民族的文化延续下来，每一个人都受到熏陶。只要作品有情感，是用心去画的，并且注意到跟观众的沟通，我以为什么形式都不重要，很多人会跟你沟通的。因为想着跟别人的感情沟通，而且又能把感情抒发出来，无论用传统形式，还是现代形式，肯定会有观众理解和欣赏的。所以我首先考虑作品是不是能够跟观众的情感沟通，所创造的东西对于传统文化是不是继承了，发展了？一个画家把自己的想法、情思和真情实感注入画面的时候，任何时代的人都能领会。经典的东西是超越时代的。大家去看《蒙娜丽莎》的时候没有感到她是几个世纪前的人，不论她穿着什么样的装束，任何人都能感受到她的气息。因为她的微笑是从内心发出的，不会因时代而产生距离。我看辽博和上博展览上的那么多的手卷，非常激动，越看越感觉跟它的距离在拉近。很多观众跟我同样认真，我相信他们不是专业工作者，是普通的观众去欣赏的，这个时候我觉得它没有时代距离。所以我创作这批传统题材的手卷，考虑用什么样的语言跟现代观众沟通。这个时候观众不会说画的是什么，传统怎么老，实际上不会在乎，观众就看能不能跟自己沟通。就如同现在很多电视剧演的都是传统题材，其实这些传统题材中蕴涵的感情跟当今是联系在一起的，大家不是看得津津有味吗？所以作品就要强调真情实感，强调情感的沟通。

宛少军：您刚才实际上指出了艺术创作本质性的问题，作品最终要以情感人，要表达画家自身的真情实感，和观众交流，形式在于其次。您是通过手卷这种传统形式表达自己作为一个现代人的情感，如果观众喜欢的话，某种意义上您就使手卷这种传统形式被观众所接受，那就是把这种形式很好地继承下来了。同时，实际上也回答了有些画家想创作这种形式而心中存在的疑惑。您创作这些手卷形式本身是独特的，从题材的角度讲也非常独特。您基本上是以中国古文名篇作为创作对象，因为您从1988年开始一直到现在的手卷创作都特别说明了题材的明确指向性，并且20年一直坚持下来，显示出长期性和统一性。一般手卷画的创作题材是以山水居多，选择文学题材的很少，那么您为什么选古文名篇作为创作题材呢？

王明明：这个有30年的创作历程可以说明一下。我从80年代初创作了很多传统题材的作品，主要以唐诗、宋词为主。当时我的展览很多，比如说到新加坡、香港、台湾、日本等地展出，新加坡的朋友提出画李白、杜甫等历史名人。当时我就想一个问题：怎么去刻画李白和杜甫，是用形象刻画他，还是画他的诗意？最后我选择了诗意，没选择形象。为什么？因为每一个人对李白、杜甫都有自己的定式和印象，每一个心中都有一个李白，所以我们画的李白肖像能不能符合所有人心目中的形象？那是不可能的，可能有百分之十的人说你画的李白很像，这就是我心中的李白。所以我从80年代初就从诗情画意的角度入手，画意境、画山水的情节。我去写生，游历很多名山大川，回来以后自然地就感觉到古人游历名山大川的情感，慢慢体会到山水对于我的滋养。渐渐地，我对青城山的幽静、黄山松树和云海的意境都有了感受，从这个时候我就开始创作了自己心中所想的一些图画。1988年画的《东坡承天夜游图卷》，实际上有很多都是自己对山水的体验、体会。很多人说既然你寄情于山水，你的情感是什么？我说我的情感是对于山水和古人的一种情怀、情思。有很多古人不得志归隐山林，也有很多是对山水的体验，我采取的是一种积极向上的态度。既然吸收精华去其糟粕，那就要把积极的因素吸收进来，而不是消极因素。可能有些人吸收消极因素，他的画就充满了一种思想上的迷盲和颓废。就跟吃东西一样，在吃的时候就有选择了，这是自然而然的，而不是说出一个口号，什么是糟粕，什么是营养，在吸收的时候要把营养和糟粕区分开来。所以我很明确吸收什么。我吸收李白积极向上的豪放，苏东坡的旷达，陶渊明归隐的发自心底的归宿感和快乐，而不是颓废、没落和不得志。我心里没有这样的情节，我的心态是往上的。这种诗意画都是我寄托于山水的一些情思，当然把古人的情感也都加进去了。现在再读这些名篇的时候可能跟我十几年前读的感觉不同，因为情感和生活经历都不一样了。再把这几个名篇通过长卷的形式表现出来，我的理解自然地加入进来，所以就创作了《兰亭雅集图卷》、《醉翁亭同乐图卷》、《东坡赤壁怀古图卷》。其实在思考创作古人名篇的时候，也想过会不会有人说这都是人家表现过的了，我有这方面的矛盾心理。可是反复阅读以后，我内心产生的激情必须要表现出来。我看过很多历代手卷，进行研究分析，比如文征明、仇英等，他们也画过很多的历史名篇，也是在前人的基础上慢慢发展的。每个时代的表现方法与内涵不一样。同样一个《归去来辞》，几个朝代人画出来的情感不一样。所以我再去画的时候，就把自己的体会、生活感受、我对他们的理解完全融进去。

康　征：您一定对陶渊明的这篇文章有着深刻的理解。您在创作过程中是怎样把握原作的主题思想和精神境界的？

醉翁亭同乐图卷（局部） 王明明 48×494.5cm 2006年

王明明：90年代的时候基本上没有画古文名篇，主要是画自己的山水感受，比如《溪山雅集图卷》、《秋园兴会图卷》、《溪山高逸图卷》等这样的作品。后来逐渐读的文学作品多了，就偶尔画画《桃花源记》等，然后再读，又有了新的体会，自然而然就开始一年画一两个这类题材的卷子。再想其中的问题，比如陶渊明的《归去来辞》，实际上想了好几年没办法入手，它的情节、表现形式如何处理？于是我就去研究历史上画这个题材的画家，如赵孟頫、文征明等很多大家都画过这一篇。可以看到后人都是在延续前人的基本构图和格局，实际上我的这两个手卷也是沿袭前人的情节。固定情节是没办法变的，但是我画的跟明代画家画的肯定不一样。怎么不一样？表现手法不一样。我对于山川事物的情感同他们是不一样的，因此笔墨也不一样，包括色彩。但如何去表现，思考很多，最后才画出来。这里有我的精神理想的寄托，也有现在想追求的艺术表现方式的展露。此外没有什么功利因素，我不想拿这个作为商品，也舍不得。我想通过一个系列一个系列的题材积累，慢慢地可以总结出一些规律性的东西来。这个过程就是刚才说的由于追求诗情画意而转变自己，再通过一些名篇的创作把自己的艺术感觉表现出来。这一点要自然而然地去画，有可能过几年我再画一次，可能又是另外一种感受，因为生活体验和感受不一样了。

康　征：您画的不是具体的故事情节，特别是陶渊明这种淡雅的绘画语言、精神情感特别好，欣赏它的时候有一种神清气爽的感觉，那您在创作过程当中怎样把人物的精神世界和自己的感情世界融入到画面上去？

王明明：陶渊明有一种回归故里，隐居安逸的思想，是精神上的回归。我画陶渊明的时候，在画法上力求表现出这一点。从淡雅里面表现出丰富，而不是单纯追求一种艺术视觉的效果，像现在常说的艺术视觉的冲击力。我要在淡雅里面体味出他的情趣、笔墨的丰富和变化。现在很多的中国画把那么丰富的传统笔墨语言给简单化了。太简单了，最后变成一种笔墨样式，而不是根据事物的千变万化来运用笔墨。所以我画陶渊明就追求淡雅、恬淡的情趣，但是用比较丰富的笔墨语言把这种感情表达出来。

宛少军：这些题材一个是古人已经画过了，有了先在的范例；二是这种题材自身有一种情节规定性，那么您是如何解决这种局限性和自身真实感受之间的矛盾？

王明明：这里面是有些矛盾。我们拿京剧来做比较，比如一出经典剧目几代人都在演，定式必须有，唱段也必须有，怎么去发挥？这就看自己的理解和智慧。为什么后来京剧出来了个梅兰芳，现在出不来？面对这种传统的大脉络，首先应该勇于进入，有信心进入到传统里面，那时候才能感觉到它的博大和自己的渺小。可能一个画家花一辈子精力也吸收不了一点点，但是应该有一个气力打进去，进去之后，中国画的真谛在哪里可能就知道了，否则永远摸不到中国画流传下来的很多最根本的东西。比如画《归去来辞》，里面有很多情节，文征明、仇英都画过这样的情节，我怎样去理解这个情节，而且跟现代连环画的表现不一样？我在理解每个情节的时候，包括人物的情感、植物、房屋、山石、流水等等，跟自己的生活环境紧密结合起来，这个时候画出的东西就有这个时代的气息，这种气息是自己所理解的气息。我借用传统这个流，只要有我的气息，会使人感到这是21世纪的人画出来的手卷，而不是任伯年时期的，因为画中带着这个时代的气息，可是又按照这个流在走，当然这确实有非常大的难度。所以只要自然而然地流露出现代的气息，很容易就能和别人沟通了。

宛少军：解决这个矛盾的时候，您个人的才能起到决定作用，我更感兴趣的是您的这种才能是如何体现出来的？

王明明：我以为每个人都具有才能，就看怎么样把它发挥出来。刚才就谈到了我敢于进入这个流，好像没有被别人注意，这是很多人不愿意进入的，觉得跟这个时代很有距离。可我的感觉是，当一个画家去体会古人的心境，游历名山大川的时候，会感觉到古人的心境、古人的情怀，它是那么沉静，不被社会喧嚣所打扰的沉静，能耐于寂寞的沉静。当然有很多古人虽然归隐山林，却耐不住寂寞，很无奈的。我不是从这种角度理解，而是从积极向上的方面去理解。这样，从情感上、情绪上、生活上，很自然的体验会慢慢使自己的心境平和下来。一个艺术家首先要有心态的平和，在这种平和沉静之中才能观察烦躁繁杂的世界，这个时候才能慢慢地把所学到的东西融会贯通。画中国画是把自己所有奔放的情绪、生活的强烈情感，包括笔墨，完全理解了之后，慢慢化为自己内心的东西，再收敛，之后再放出来。它是一种理智的、理解了的东西再发挥，跟现代艺术讲求直接地喷发不一样。在这些问题上，我们要理解中国画为什么难？难在哪儿？为什么有些人理解完了又发不出来？就是所理解的东西和所要发出来的东西能不能有机地结合起来。艺术非常简单，不复杂，技法也非常简单，关键是认识能否达到一定的境界，所以我越来越认为中国画画的是一种境界，而不是技巧，技巧是一个初级层面的问题。有很多老先生谈问题，虽然说的是技巧问题，实际上他们说的是艺术规律的问题。大家容易把这些东西归于技巧问题，实际上我以为这是观察事物的方法，对于传统的认识方法。这几种方法如何运用

幽谷清逸图卷　王明明　47.5×349.5cm　2003年

得当，怎么进入传统，怎么出来？又怎么在传统的定式里头有自己的东西？这实际上都是一个个课题。这需要自己平时不断地加强修养和练内功的时候慢慢地体会消化。这是自然而然的，不是一蹴而就的。

宛少军：所以你画的同一题材跟古人在精神意境上很不同，古人常常有一些消极，而您是积极乐观的，审美情趣不一样。您手卷中的很多印章，如"古趣"、"寄情"、"长乐"、"游心澹泊"、"淡然无意"、"山水有清意"、"得安隐乐"、"取诸怀抱"、"平淡见真奇"、"学古以资我用"、"万趣融其情思"、"家在蓬莱阁畔"、"古淡天然之趣"、"意飘云物外，诗入图画中"、"字中有笔，笔中无锋"等很清楚地表明了这一点，也真实地反映了您现在的精神状况。我们对中国古代历史文学题材不断地再创作，实际上都内在地反映了现代人对某种精神生活的关怀和向往，您的题材也反映出这一点。这种怀想实际上指向了一个更高的审美境界，就是中国的传统人文精神，从这一点讲，我们跟古人是一致的。比如，儒家讲"仁者乐山，智者乐水"，道家讲"物我两忘"，佛家讲"色空顿悟"，从整体上说，就是"天人合一"，人与自然和谐的终极人文关怀。这种精神是中国文化追求至高的哲学与审美的境界。如果没有这种精神追求，我们的艺术创作可能会失去文化的根基和发展的方向，艺术家的个体精神也将变得无所归依。然而当下的艺术创作中，似乎出现了某种程度的精神离乱。作为一个现代画家，您为什么会有对这样的审美境界的追求？这种精神追求对于现代的中国画家会有怎样的意义？

王明明：我觉得一个人在社会上不管是从政、从商，还是从事艺术，其实最根本的东西是自己的心境。如果心境不平和，不沉静的话，任何事情都做不好。不是说画画必须沉静，从商就可以不沉静，根本不是。从政要怎么样冷眼观世界，也要有自己的一套想法。因此做艺术跟其他门类的东西是相通的。我的印章里有很多大家感觉好像不食人间烟火的词语，实际上人的最高境界应该就是不食人间烟火，为什么？要没有这个境界，就不能从心理上安静下来。艺术家的宗旨是什么，有些人说要养活自己，这是低层面、初级阶段的认识。在养活自己的同时对艺术要怎么做，最后还要归结于对艺术的态度。有些人把艺术和钱联系在一起，那画画的时候不可能那么安静，因为自己要考虑这张画卖给谁，谁会喜欢？就针对他、讨好他。学习佛家、道家、儒家，归根到底首先要心态平和、平静，然后才能产生认识上的升华。在这个现实世界中工作，每天的会议、烦恼的事非常多，要处理非常杂的事情也很多，可是心里应该有一个什么状态要

清楚。有时候可能发火，或者为某一件事情发火，但是回到家里，心态要归于平静。很多人说，王先生，你的一批花鸟画很好，你怎么能掌握时间，达到这样的心态？其实一个艺术家如果保持正常的心态，就会调整自己的艺术，无所求的时候才有所得。中国画的关键是在心态上能不能达到沉静，认识能不能有所升华，然后才能决定作品的高低，这是所有人都看得见的。笔墨浮躁不浮躁，跟古人来比，心境自然就平静下来，为什么？因为没有办法和古人的心境相比。我们看古画的时候，很快地就能从繁杂的心境当中回归于平静。现在为什么无法超越？因为这些大艺术家生活很平淡、很俭朴，所以我在艺术里也追求平淡，只有平淡才能显示出不同，只有平淡了以后慢慢让人体味，才能感觉出里面的好处，这种回味比奇异的艺术更持久。

宛少军：这种平淡思想是一个艺术家最终的精神归宿吗？

王明明：我觉得应该是，因为一个人在奋斗之中，没有名会追求有名、有利。之后再追求什么，还是名利吗？那就太肤浅了。艺术如果光追求名利，艺术本身就达不到那种境界；达不到那种境界，技术也不会有高度。我们的文化为什么要崇尚老子、庄子、孔子和佛家，实际上就是追求那种境界。我们虽然达不到，但是去追求这种境界的时候，艺术才有可能跟前人相通。我是绝对不相信一个充满追求名利思想的艺术家能达到什么样的高峰，或者为他这一方的人民所崇拜，这是不可能的。可以喧嚣一时，找各种媒体炒作，但是最后是什么？最可怕的是历史的筛选，人走了以后的历史才是真正的历史。所以在把名利看透的时候，应该要归于自己的平静，默默地追求，剩下的事情就不要管了。当然，你可以出很大的名，或者没有人理解，这些从心底里都不要在乎，而不是从表面上。有些艺术家说从心里面归隐山林，不食人间烟火，可是他时刻还在盯着名利的时候心理便扭曲了，心理扭曲了以后，身体出问题了或者情绪出问题了，那还不如赤裸地追求呢。所以这个问题要想开的话，自会甘于寂寞，愿意这样做，这个时候慢慢就沉静下来了。那么，对笔墨的理解，和古人的意会，对古人的敬畏之心，慢慢会升华。中国画就需要这样的体会，包括这里面的大胆创新。实际上在这种沉静之中，冷静地分析了所有艺术的时候，自会出现自己的面貌。寂寞之道才是真正的成功之道。

康　征：实际上这是一种文化观念，您画的东西不是一个具体的形象，而是通过这个形象要表达出它所代表的精神。

王明明：对。比如说《东坡赤壁怀古图卷》，古人一般把两篇分开来画，《前赤壁赋》和《后赤壁赋》。后来我想干脆画到一起，因为两个不同的境界画在一个卷子上实际上也是一种尝试。这个表现方法同画陶渊明虽然大体相同，可是具体到画面上还是不太一样。有些认识和体会是一种感觉，有时候不一定能说得特别到位，但是在画里能体现出来。

康　征：在创作的过程当中，您的认识是在不断变化的。

王明明：比如画《兰亭雅集图卷》，我有两个卷子。2004年有一个，2007年也有一个。经过三年的不同认识，稍微有一点儿变化。对中国画的理解就是这样，今年的理解跟前五年的理解应该不一样，这是自己逐渐有一种升华的体现。为什么李可染最后感觉到还要再学习？实际上他真是认识到了。他一年一年的深化，最后所认识到的境界在表现上还没有达到。这是在过程之中，这个过程就是逐渐演变的过程。如果用现在西方的理论和观点来审视中国画就不对了，因为现代艺术没有那么长时间演变深化的过程，只有爆发力，只有一次升华，而中国画是逐年升华，慢慢地升华。

宛少军：有人认为追求跟古人一致的境界，从艺术创作的角度来讲有可能会使我们回复到缺乏艺术创造力的状态里面去。您的创作理念和实践比较好地回答了或是解决了这个问题，那您是如何处理这种精神追求和现代人最真实的生活感受之间的问题？

王明明：要说解决了，其实不见得能解决。现在艺术的发展趋向就是一个多样、多元。可以在继承里面去发展，也可以原创，这都非常可贵。但不能做了原创的探索就否定传统，或者以传统的观念批评现代水墨没有笔墨。所以现代艺术家首先应该在尊重别人的基础上发展自己，而不是在批判别人的基础上发展自己。如果一个艺术家的主导是批判，但批判了以后不可能前进，为什么？因为在批判之中把好的东西都丢掉了、否定掉了，应该吸收的东西没有吸收，所以应该建立一个非常好的艺术氛围。要按照自己的艺术道路去发展，别人的东西可以吸收、可以借鉴，也可以不吸收，但是每个人对前人、对别人的艺术应该尊重。有了这样多元的艺术和社会氛围的时候，我们才能发展出更好的艺术。有对传统的怀旧情结就可以去做，这是自由的选择，不应该是批判的对象。不能用一种运动式的方式去指责，应该用尊重别人的态度去互相沟通，这个时候自己的心态也会好了。所以现在的问题主要表现为心态问题、急于求成的问题。我要把你打倒，变成我第一。艺术上没有第一，只有尊重，大家都在一个平等的位置上。谁第一、谁第二，那是历史的问题，历史会做出选择。一个艺术家应该把所有的精力投入到艺术本身的发展中，而不是投入到艺术运动、艺术批判中，那是理论家、批评家的事情，不是画家的事情，自己有自己的选择就行了。有人愿意唱传统京剧，就可以唱；有人用美声唱法唱，也可以唱，就看观众喜欢听谁的。大家都可以有一个尝试。我们对中国画的争论也好，一个词句的争论也好，这是没有多大用处的，对艺术发展本身没有用处。艺术家作为一个实践者在没有达到那个艺术高度的时候，任何理论表白都显得苍白无力。出现了八大和石涛，出现了齐白石，才是艺术理论最辉煌的时候，为什么？因为实践上达到了那个高度，理论才有建树。我们这一代人没有达到那个高度，任何吵架都是没有用的。所以大家应该奋力拼搏自己的艺术。可能某一个人会站在一个高点上，这有可能就代表了这个时代的高峰，但现在我们把精力都放在了没有必要的指责上，或者没有必要的纠纷里，都是在浪费时间。

宛少军：许多争论的思想前提是一个风格类型出现的时候总是以否定另一个类型来证明自己的正当性，实际上这个是没有必要的，就像您说的应该是在尊重别人创作的基础上来发展自己，这是不同的道路，会有不同的评定标准，这个才是多元。一个属于或否定另一个，不是多元。

王明明：不是东风压倒西风，就是西风压倒东风，这在艺术上是不可能的。大家是并列的，可能是几十年的运动思维方式形成的惯性，我今天就要说了算，我要把你按下去，那是不行的。

宛少军：我知道您的画是用清代的纸和墨创作的，您在题款中也提到了这个特点。用清代的纸和墨来创作当然不具有普遍性，这也是您偶然的机缘所得，但是这反映了您对笔墨问题的重视。在您这个题材的创作中，从效果上看，这种纸和墨起到怎样的作用？

王明明：文房四宝中，我觉得首先是纸，其次是墨。为什么纸最重要？现在做的纸跟过去的纸，跟30年前的纸完全不同。我在80年代初有机会存了一大批纸，有一个机缘买到一点儿清代的宣纸，现在用的都是30年前的纸。把20年前、30年前的纸拿出来用的时候，就像老酒一样，没有火气了，尤其是清代的宣纸。90年代初的时候，我裁了几块老纸给新加坡的朋友，他说想请两个老艺术家来写，一位是谢稚柳先生，另一位是新加坡的潘受先生。他把这两种纸拿到老先生那儿去的时候，两位老先生都特别高兴，尤其谢稚柳先生，两天之内就把长卷写完了，非常精彩，写完了之后，他跟我那个朋友说能不能再给他一张。后来我又裁好了给两位老先生寄过去。那时候我就知道只有这些老先生才有份写这种纸，因为他们真正知道这种宣纸的好。我也画了几幅手卷。在北方的冬天，一般的宣纸画完了以后会很皱，可是这种纸画完了，不管积多少墨都非常平，而且很软。过去的纸非常细腻并且非常薄，现在的宣纸要达到过去的高度是不可能的。我现在用的都是80年代初五星厂出的，那个时候做出来的纸比现在不知道好多少倍。为什么画手卷都采用这些老宣纸？因为画几遍、多遍上去墨不糊，笔触非常清楚，这是所有现代宣纸达不到的，现代的宣纸两三遍就糊掉了。墨，我有几块，也是清代的。我用清代的宣纸配合清代的墨，可以看到现在的墨汁也没有办法比，包括四五十年前的墨跟它也是没法比，它那种细腻和亮的程度是现在达不到的。我在一个题款里说“今不如昔”。笔没有必要那么讲究，只要用顺了手，任何笔都可以用。因为笔是千变万化的，不好的笔可能在那个人手里用着最合适，当然认准几个牌子就可以了。有些人天天用最好的笔，其实画不好，因为笔要丰富，就需要笔千变万化。有时需要秃笔，有时需要尖笔，有时需要含水量大的笔，有时需要特别细的笔。砚，发墨就好，当然齐白石用的砚非常一般，李可染的砚可能不是特别好，但发墨快，研出了砚的微量元素。李可染非常讲究纸和墨，他从一刀纸里面选几张来画。墨也是用清代的墨。他得到了好墨就慢慢研。其实他也是挑纸的薄厚、均匀、细腻，他的笔墨淋漓不是一般纸能达到的。我有很多画画的朋友说什么纸都用，我说一个人的生命有限，画的数量有限，何必不用最好的纸？画家成本不要降得如此之低。干什么都要有成本，加大成本的话可能画出来更好。我画花鸟和现代题材的作品，用20多年前的宣纸，绝对不用清代的纸，没有必要。画传统系列的时候用传统的纸墨，这是根据不同表现形式来变的。我的花鸟用了很多水彩、水粉、丙稀，那是题材的要求，和这些手卷是完全不同的。

宛少军：您的画总是很重视自己的生活感受，笔墨也有自己的特色。笔墨问题是现代中国绘画史上一直争论的一个重要问题，问题的矛盾可能在于笔墨有传统的规范及其独特的审美趣味，但是面对新鲜生活时，笔墨有时就表现出自身的某种局限性，因而产生形式与内容上的矛盾。在您的这批手卷以及其他的创作中是如何处理笔墨与自己对生活的真实感受，以及笔墨的继承与创新的问题？

王明明：大家争论很多关于笔墨的问题，我想应该首先谈造型问题。只有具备了造型能力才能谈笔墨。如果不具备，再怎么谈笔墨也没有用。为什么？因为一个艺术家突破首先是在造型上，这一点我觉得非常重要。当然，我说的造型并不就是西方人的造型，也包括中国人的造型观念和方法。笔墨问题首先离不开造型，齐白石也好，傅抱石、徐悲鸿、潘天寿、张大千也好，首先他们都具备自己独特的造型能力。这种造型能力不只是画准，还包括虚实、概括能力，以及画面的整体把握能力、形神兼备的能力等。当具备这种造型能力的时候，作画时就没有那么多顾虑，笔墨就可以随意挥洒，怎么都觉得好，因为他的那个笔墨都体现在造型最关键的问题上。所以要谈笔墨，离开了最根本的造型问题是无法去谈的。比如傅抱石随意挥洒山水的时候，实际上他是在造型。可能别人挥洒就是一摊泥、一堆烂草，因为还不具备驾驭造型的能力。傅抱石正是有了那样的造型能力才敢那样挥洒，随之笔墨就有他自己的特色了。齐白石也是这样，如果分析所有齐白石的人物、花鸟画，可以看到都是在造型上有所突破。吴昌硕也是这样。所有有所成就的画家都是在造型上有自己非常独特的地方，而且完全可以驾驭，所以笔墨越来越大胆。可是我们在造型的时候没有锻炼出那样有把握的能力，或者有的画家锻炼造型的路子偏了，所画的人物、山水趣味不对，慢慢就产生一些怪诞的笔墨。

实际上所谓的笔墨是画面上的笔墨。画面上的笔墨精髓是什么？笔墨不是抽象的，傅抱石有傅抱石的笔墨，徐悲鸿有徐悲鸿的笔墨。把笔墨真空地抽出来是没有用的。首先有造型能力，然后才有笔墨的挥洒和控制，最后由于艺术家的修养和境界，才能形成一个完整的笔墨表现。如果把笔墨的因素抽出来专门进行评论，就会引起不必要的争论。如果把这些画家所具有的表现规律研究清楚，就会发现首先他们具有熟练驾驭造型的能力，以后才出现笔墨的升华。有些人这辈子都在解决造型问题。可是傅抱石40岁就不需要解决造型问题了，他已经过了造型关，可以挥洒了，所以大家觉得他的笔墨好得不得了。李可染实际上也是在逐渐解决造型问题的过程中同时在解决笔墨问题，所以李可染造型的结实和笔墨驾驭的能力是连在一起，不可分开的。因此不能把别的因素都抽出去而单独谈笔墨问题，那会误导很多人。

宛少军：如果笔墨问题首先体现为造型的话，那么20世纪以来的许多画家，尤其是徐悲鸿确实特别强调造型。可是不少传统型画家却批评一些现代重视造型的画家，认为造型很充分，但是缺少传统的笔墨味道，怎么理解这种看法？

王明明：每个艺术家都有自身的局限，批评家不要找到弱点就狠打，谁都不是完人。我跟蒋兆和学过，他的第一句话就跟我谈造型问题，难道他不注重笔墨吗？人人都有局限性，但一个人的贡献大于他的局限就够了，要用他的所长。我从来不评价人的短处，而只看长处，对我有利就可以。我们首先应该肯定一个艺术家的贡献，让大家吸收好的方面，而不是天天去批判他。比如说徐悲鸿有非常强的造型能力，那是西画的造型能力，跟任伯年的造型能力完全不一样，但他为什么欣赏任伯年？实际上他是欣赏任伯年的造型能力。任伯年的能力是纯中国方式培养出来的。我相信徐悲鸿在想两个造型方式的对比问题。徐悲鸿非常聪明，他肯定是拿两种造型艺术做对比，从而不断地完善自己。能说徐悲鸿没笔墨？他画的柳枝和喜鹊，那种线，现在有几个人能赶上他？所以徐悲鸿吸收了前人好的地方，是非常聪明的。

康　征：您的画从90年代以后发生变化，是山水画和人物的融合，把人物的活动背景、自然环境和人文环境结合起来，人物、山水结合起来，这种形式是您刻意组织的，还是随意的？

王明明：这不是刻意的，当然有内在的追求，但是没有刻意地非要这样做。因为这种融合想刻意也刻意不了，但一直有一种追求。比如我在北京，不方便到外地写生，我就经常到香山、颐和园去逛那些少有人去的景色。这些景色中的每一棵树，每次看到的感觉都不一样。艺术家观察生活是随时随地的，不是非要到名山大川才叫观察。如果养成一个观察习惯，一棵树从春天发芽到最后掉叶子，反复看，感觉是不一样的，这都是一种修养。所以在遛弯儿的时候，转到一棵树，我就观察一下，那种感受每次都不同。

康　征：您绘画里边一贯的追求是不太注重绘画的形式的东西，而是注重表达自己的情感。

王明明：我曾经追求形式，后来不完全追求形式。追求形式是一个初级的阶段，中国画最后归于自然、归于最本质的东西。如同最好的文章，应该没有任何造作，非常平淡地说出来，这是别人无法超越的。中国画里的很多东西要平时养，在一种追求里面慢慢达到一种境界，最后画的是境界。

宛少军：您的手卷非常好地解决了人物与山水结合的问题，甚至可以说创出了一种山水人物的新的表现形式。画面上的人物与山水彼此融合，相得益彰，表现出高度的和谐意境。我想这种成功首先得益于您对国画各科的涉及，您是人物、山水、花鸟都画，可谓“博”，并都有所长；有自己的独特面貌，可谓“专”。那您怎么看中国画家“博”与“专”的问题？就您自己的手卷创作经验来说，如何协调和把握这其中的关系？

王明明：这跟中国画教育有关。现在中国画分成了山水、花鸟、人物各科，大家都专攻一科，不涉及别

十八罗汉图卷　王明明　51.5×463cm　2005年

科，这一点局限了画家的想象力和创造力。比如人物画家不可能都只画肖像，必然有配景，配个桌椅板凳都要配。这就要看画家是否勇于涉及别的科目。不要给自己设定一种人为的障碍，这种障碍有一种是心理上的障碍，有一种是认识上的障碍。从我来说，观察生活、体验生活，可能涉及到方方面面的东西，我都去吸收。我去新加坡，在那边看到热带风光，就产生非常强烈的创作欲望。热带的花鸟怎么画？游青城山、峨眉山、黄山的时候，我在传统笔墨上应该怎么吸收，那种情境跟古人有什么相通，自己的心境跟古人有什么沟通？这就需要广泛的知识和笔墨表现技巧。这二三十年我一直往诗情画意里走，往意境里面走，我逐年慢慢地提炼打造，这是一个非常慢的功夫。现在看20多年前的画，我觉得怎么画得那么差。可是再仔细看看、想想，觉得那个时候是一个探索时期，探索人与自然的关系。有可能10年以后跟现在还不一样。我发现这两三年和前面又不一样。1998年时画的人物造型、景色都比较概念，从90年代末到2000年前后慢慢又往回走。对于一树一石的体验，我需要用很强的表现力才能表现出来，包括人和景色之间的关系，水的流动、山石的感觉。深入去体验的时候，我感觉思路慢慢又回归了，想尽可能把原貌表现出来，从造型的角度说，表现更细腻了。这里有时间、观念和方法

的不同。总体上说，这些年是慢慢地从一种不确定的、无法控制的，或者受当时现代思潮的影响所留下的痕迹状态，通过读书、看画、体验生活，到现在自己能够比较独立地审视自己的艺术怎么发展，这个脉络慢慢清晰了，自己的主张慢慢用到里面去了，感觉深度一点点有了。通过体会自己二三十年创作中国画的历程，我总结中国画的规律是，只要在中国画的传统笔墨里面慢慢打造，就永远打造不完。为什么？因为每个时期的笔墨追求和最后要达到的艺术境界不同。通过再读书、看画，这个时间里的创作可能比过去的作品好很多，尽管外行人看可能差不多。这一点一滴的变化和深入是潜移默化的，是养出来的，是可以不断走下去的。

宛少军：实际上是自己慢慢感悟出来。

王明明：对，这种追求就是慢慢地好像没有演变的演变和升华。通过读书，观察自然，认识自然，达到那种境界的时候，自己的艺术才能一点点跟上。这时候再看过去的画可能就显得嫩了，到后来就变得老辣，再到后来就达到一种极致。这跟现代艺术家的方法完全不一样。现代艺术家包括现代水墨画家需要感觉、才华，爆发力极强。它是一种感官的东西，会很快成为一个样式，这个样式影响当代一大群人。可是再往下走，会发现有才能的传统画家比现代水墨画家走的路要长远。因为现代水墨画家的爆发力到这个时候如果没有营养跟上，就只能停滞在这个层面。我

相信在传统里边锤炼的人能走得更远，路更长，当然，可能不容易被人理解，看不出来。因为他在做内功，不如爆发力强的艺术家出名早、见效快。为什么很多现代艺术家和现代水墨画家各领风骚两三年或者四五年就不见踪影？因为后续的东西没法接上，如果再吸收传统样式的话就不对了，尽管他去吸收传统营养是极聪明的，可是没办法对接，所以有很多聪明的艺术家对传统认识非常多，可是对接不了，这是两套系统。在这两套系统之中怎么去做，那是个人自己的选择。

一些大师，包括徐悲鸿、林风眠、傅抱石、关良、刘海粟等，我在分析他们20世纪走向的时候，发现这些从国外回来的艺术家没办法抗拒中国传统艺术对他们的影响，而且他们也清楚国外艺术发展到了什么程度，回来应该干什么，所以他们的指向非常明显，就是最后都归于用中国画来表现。董希文画的是中国情结的油画，这种情结是研究他的艺术规律必不可缺的，这好像是没有办法抗拒的。现在和世界接轨，可以接，所有的生活方式都可以接上，但是艺术家需要研究接轨问题，因为这很困难。一个现代艺术家在798活动不难，学院毕业只要有想象力都可以在里面展示，很快地出名。难的是有文化底蕴又吃透传统，在传统领域里驾驭这个问

题。在这条主线里面耕耘的人会感到有难度。我们要继承中国传统艺术，可是这里面的问题有多少人理解了？但不能说有难度、不好理解，大家就不去做，或者因为有些人目光短浅，根本看不懂笔墨是怎么回事，就影响了自己去做努力，从而降低中国画的水平。现在大师不出现，我认为第一个问题就是现在眼力低了。徐悲鸿为什么一下子就看中了《八十七神仙卷》，这是他的修养和他对于中国传统的尊重和理解，我以为特别重要。有些误导和理念使得我们在这些问题的认识上含糊了，但前辈艺术家没有白走，他们留下的这些作品和探索对我们非常有启发。我特别愿意研究人家成功的因素，看看能从这些因素里面吸收什么。当然失败了，我也要知道原因是什么？

康　征：您把山水绘画和人物绘画有机地融会在一起，创作出一种崭新的样式，说是人物山水画也可，说是山水人物画也可，这和传统的山水画和人物画都是不同的。这种样式代表着自然生态环境和人文环境的结合，非常具有时代性。在具体的创作实践方面，单纯的人物画家画不来，单纯的山水画家也画不来。您已经打通了花鸟、人物绘画的表现空间了，这种绘画形式是属于您的，可以称为“王家样”了。王老师，您给中国绘画的研究带来一个新的课题。

王明明：你刚才说到底是花鸟、山水或人物，我不管。我是在画画，而不是在画什么式样。我从不追求自己的什么样式，或是强化风格，那容易使自己结壳，走向概念化。我画的是传统题材，就要进入这个题材的语言里去发挥，那么花鸟画就应该进入那种表现语言。一个艺术家应该进入哪种语言方式，归根到底还是根据自己的心境。只不过在艺术语言上有不同的变化，有的很灿烂，有的很平静，但是最后让人体会画的意境的时候，应该使人感觉能够沉静下来，平静下来，自己的作品能跟人家对话和沟通，这才算是达到了目的。不能让观众看了感觉莫名其妙，而只能自己欣赏。

康　征：这是各种形式的结合，是一种非常新鲜的形式，所以大家在欣赏您的绘画的时候总会提出一个界定的问题。

王明明：这个界定是别人的事，不是我的事，我画画的时候没想界定的问题。中国人对于自然的认识是很独到的。中国人讲究人与自然的和谐，讲“天人合一”，把自己融入自然，而不是跟自然对立。后来产生园林山水，实际上园林是人为的造景，它也是跟山水的自然结合，并没有产生对立。我在处理人与自然的画面关系时，也是秉持这样的观念。人融入了山水之中，就跟古人的情境是一样的，我们不能违背。所以从20多年前我的用笔、画法比较生硬的结合，到现在变成很自然的结合，有机的结合，这是通过不同阶段的认识慢慢实现的。还有一点，我以为画家掌握画的度很重要，就是造型的度。很多画家从造型不严谨开始学习严谨，严谨之后掌握笔墨，然后从收到放、到极放，放到极致。我是不太愿意走这条路。我一直在把握艺术跟观众沟通的最佳点，不过于夸张，又不过于写实，来回来去在一个度里边调整。我不跨越那条线，因为我知道画到大写意里面去的时候，往往这个艺术家就走到了一种极端。这跟我的为人之道和我理解中国文人的中庸之道有关。中国的艺术也是采用这种中庸之道，有界而不越界，在这个方面我来回动，时而放一点儿，时而收一点儿，一放一收中有所提高。有一种艺术观点说很快要达到极致，极致是什么？要么是最简化，要么写实到极致，到这两个极致的时候必然走向反面。

琵琶行图卷（局部） 王明明 38.1×364.4cm 2007年

尤其大写意极致的时候就容易变成概念。从一种感觉变成一种概念，概念是符号，符号就失去了本身的生命力。虽然说是原创的东西，可是没有生命力再怎么原创也没有用。坚持与观众心灵的沟通，这一点最重要。

康　征：您画的大部分是文人雅士，这是不是与您个人人生追求有很大的关系，因为您的绘画散发出很浓的文化气息。

王明明：文人雅士可以有很多表现的题材。仕女很不好画。古代妇女有一些题材并不是特别好表现，我画最多的是采莲，别的题材很少画，因为一是对生活不够了解，二是容易画得俗，我就不太碰它。

康　征：您有一段时间画渔姑，后来这个路子怎么没走下来？

王明明：那个是一段时间的创作，后来就没再去写生，画得不多。有些少数民族的生活，我比较了解，画得就比较多，这是另外一个系列。

康　征：您表现了自己对生活的认识，在手卷表现形式上有自己独到的视角。

王明明：手卷布局是采用比较传统的散点透视，可以画得很丰富，我采用的是中景。如果采用远景，人物就非常小，现在我的眼睛也达不到那种程度了。中景能使山水、人物之间的感情很好地表现出来。人物有动态和表情，山水包括一些泉水、山石能够充分表现出来，尺度又很合适，这种中景表现在古人画里不是特别多。另外起承转合的幅度应该比较丰富，中间穿插也较自由。我在这里边反复锤炼，摸索出应该用什么样的语言方式表现这种传统题材。当然册页有册页的要求，册页要简，笔墨情趣要够，跟手卷、斗方又不太一样。我的每个卷子虽然画的都是松树、山石，表现的方法和用纸还有一些不同。我喜欢画山林里杂乱而又非常有序、又很自然的感觉，没有经过人工的雕琢，植物自然地生长，用笔墨画出来非常有滋味。

宛少军：您的手卷创作一般的方法和程序是怎样的？先有草图吗？从哪里开始？

王明明：这个很难说。一般在脑子有一个构思，是比较朦胧的想法。有了想法，再读读书，把文学情节同自己的生活体验连接起来，就会产生创作的冲动。或者酝酿很长时间，心里特别想画，就找一个时间。不少画我是在大年初一开笔。因为初一到初七这个放假时间是由我自己支配的。我只要想好，把起承转合的地方想好，就一次推着来画，从右边推向左或者从左推向右。当然，先有一个整体的构思，山水的千变万化基本都在自己的脑子里。但是这棵松树怎么画，那棵杂树怎么接，都是根据当时画的具体情况而定。就这样一点点地推进，最后完全展开，再反复调整，调整完了再推着画、再调整。我从不打稿子，因为打好稿子再去画就失去了笔墨的随意性和激情。

宛少军：您提到这个过程中有一个偶然性和必然性的问题，如何理解？

王明明：必然性是脑子里有一个想法，最后出来整体的效果要达到脑子里的想法，就是说心、脑、手要高度统一，自己所想的东西基本上自己的技法能够达到，这就是最佳的状态。当然有些人眼高手低，最后驾驭不了，那没用，因为想得再好，但没有表达出来。以现在的技巧能把所想的东西有效地表现出来，这就是必然。偶然是什么呢？是画的过程中出现新的矛盾和问题，然后慢慢解决。有时候会出现笔墨的一些自然流露，是意想不到的效果。对于这些效果，保留什么？借势发挥什么？有可能这块应该是实的，画着画着觉得虚掉了，这个情形不是事先打草图所能决定的，那么就需要对这些意外效果做灵活的、因势利导的处理。假如没有这些偶然效果的话，最后画出来的就不可能生动。也因为这个缘故，我画手卷时，同样一个题材，我绝对不看以前画的。我可以看完、分析完当时的对和错，然后全部搁起来，再画另一幅的时候才能把自己最新的感受完全注入到画面上。

宛少军：就是说偶然的效果是由必然的能力控制着的。

王明明：对。中国画要处理偶然和必然的关系，必然是自己的造型，可以控制的能力。偶然是当时内在的情绪和笔墨的现场发挥出现的偶然效果，以及对此的灵活处理。这种效果是不可复制的，甚至有时候就是神来之笔。中国写意画最后就是要出现这种偶然，我相信傅抱石的画很多都是这样处理的。但是没有必然的驾驭能力就不可能出现这种偶然，必然也是由偶然总结和提炼出来的。在作画过程中，把种种偶然效果加以总结、提炼、升华，那么偶然就会变成必然。当然它可能是一种浅层次的必然，过20年会上升为一个深层次的必然，在这个基础上会出现一种更高级的偶然。这时候心境、境界提高了，再画出来的东西整个就高上去了。

宛少军：这个必然的修得是长期积累的过程。

王明明：它和偶然是互相交替升华的。

宛少军：您的书法书写得非常用心，增强了画面的整体意境。您现在怎样认识画面中绘画与书法的关系？

王明明：我采用比较工整的书法，实际上还是认为对传统艺术表现力应该收一些。比如说现在有很多落款，字都非常大，很豪放。可是在一个作品里边，如果山水旁边的字非常大的话，山水就显得小了。字和画不应该是冲突的，应该相得益彰，互相补充。我从小就练字，写字是属于业余，在绘画过程中也不断地练，临一些帖或碑，慢慢在补充。通过手卷的方式把书法呈现出来，这也是传统流里边应该具备的。写好写坏是另外一个问题，让书法家来看肯定这个字很糟，可是我做到结合起来。另一方面，包括大字的跋和后面零散的一些字，我尝试把它们完整地呈现出来，这也是一种追求。可能10年以后这个字看着不上眼，那是提高的问题，现阶段就是这样。傅抱石的小字、书法在他绘画里面是很独到的，我也受他的影响。他在《前后赤壁赋》里写了很多小字，非常精彩。在一些卷里边把题字作为一个重要的部分，能表现出来一种完整的形式，而不是一个单纯的题款需要或摆设。

宛少军：您在手卷、册页、斗方等这几个形式之间走动，一般是先有了感受，然后觉得应该采用哪种形式，还是觉得某个形式很好，然后要画点什么？

王明明：这是很自然的，事先没有很特别的想法。我在香港买了很多很好的册页，有短时间我就画一画，可能三年了这一套还没有攒齐，有可能几天八开的册页就完成了。我有一个白描册页放了很长时间，一年吧，慢慢地才画成。可以说相互启发吧。有时候画完这个画那个，这个觉得没意思了就画那个，假如过两天觉得又有意思了再回来画，是反复交叉的。

宛少军：在画的过程中有没有特别的在这些形式之间拉开距离？

王明明：强化它的特点，比如这套册页全是画唐诗，就全按唐诗的意境题诗，包括怎么去表现。有可能那套册页画的全是现代少数民族，或者全是古典的，那么表现的方法就不一样。

宛少军：想问几个题外的话。您是画院院长、文化局长、美协主席、政协常委等兼有多种社会身份，事务很多，为此耗费大量时间，像您这样的情况一般看来应该是没有时间画画的，但是您却不间断地创作，而且创作成果颇丰，那您一般用什么时间来画画？怎么处理繁重的工作事务与自己创作之间的冲突？

王明明：首先要会利用时间。我主持画院工作已经八年了，这八年可以算是我工作最繁重的时期，头绪多，兼职也多，包括文化局、政协，每天都有会，可以开出六种不同的会，还要不断地转变角色，要开不同的会，角色就得转变。我在院里面是院长，到文化局是副局长，到政协是委员，到美协是主席，角度不断转变的时候就要思考一些不同的问题，所以工作非常繁杂。可是人家问我怎么能挤出时间？我是把没有必要的和可以省掉的应酬都省掉。减少应酬，减少没有必要的社会交往，把本职工作做好，剩下的时间就专心画画，就是这么简单。艺术家最后留下的是作品。我回到家里，自己的天地是不受人家打扰的。把时间调配好，如果给我有半天时间，我不画画，但可能看书、写字或者研究一些问题，可以非常快地安静下来。

宛少军：从您内心世界来讲，对平静、淡泊一直是内在的精神追求，所以有创作上的坚持，而有时候因繁杂的事情所带来的烦躁心情，也因为这种追求而能够是自己迅速地平静下来。

王明明：对，这需要自我调节。因为有很多烦恼的事情，也有很多棘手的事情需要解决，解决完了踏实了，解决不完也不要过多的想，想多了也没用。一个人任何时候要有公心，办事的时候要有公心，对待社会要公正，这时候心里就没有障碍。所以在工作中我追求做事不一定完美，但要做一些更有意义的事情。我把有限的时间和生命都放在做更有意义的事情上，不做更多浪费时间的事。所以在利用时间的时候，我是有选择的，包括画院策划什么样的展览，面对社会要做什么样的服务。这个选择就是利用有限的时间来做更大的事情。作画也是一样，利用有限的时间来把它发挥到极致。

（“怀古寄情——王明明手卷、册页、扇面作品展”，展览时间：2008年5月21日—6月8日）

别样展示齐白石

——北京画院美术馆馆长吴洪亮谈“齐白石·中国画：北京画院院藏精品展”

时　间 > 2008年8月10日

地　点 > 北京画院美术馆

访谈人 > 王亚楠

王亚楠：我们知道北京画院美术馆一直以陈列齐白石的艺术作品为特色，日前正在馆内展出的“齐白石·中国画——北京画院院藏精品展”无论从展览设计，还是作品展示来讲，都可称得上是高规格、大规模之作。那么，能否请您谈一下齐白石的艺术魅力主要体现在哪里？

吴洪亮：谈起白石老人，不得不说他是20世纪中国画坛的一个奇迹。因为无论是从文化背景，还是成长环境来讲，与同时代许多画家相比，他都没有优势，甚至可谓艰辛。他27岁习画，“五出五归”、“衰年变法”，终成大果，兼具诗、书、画、印，山水、花鸟、人物，无一不能。像他这样的人物，纵观百年中国画界是绝无仅有的。更重要的是齐白石的艺术反映了一种中国式的审美情趣，诙谐幽默的人物，活灵活现的虾蟹，工写兼融的草虫，这些没有欣赏门槛的方式恰恰正是中国文化于含蓄之外最直接的表白。白石老人始终以开朗的胸怀去抒写乐观、向上的生活，因此他的作品也就极富情感交流的亲切感。如果在全国人民之中做一次调查来评选中国最著名的画家，恐怕绝大多数人都会毫不犹豫地说出“齐白石”的名字，这就是“人民艺术家”的魅力。

王亚楠：为什么会策划这样一个展览，您有哪些考虑？

吴洪亮：我时常会想：齐白石的艺术如何能够在今天得到更为国际化的钟爱，而那些被我们视之为精髓的传统艺术在今日又如何与现代人发生了关系。带着对这些问题的思考，北京画院特别推出了“齐白石·中国画——北京画院院藏精品展”这个展览。一是想借助奥运的契机，向世人来展示中国的传统、文化和艺术，彰显“人文奥运”理念。其中最有代表性的当是中国画，今年奥运开幕式贯穿始终的就是一幅展开的长卷。我想，这不应该是巧合。而中国画坛中最具标志性的自然是齐白石，他是独一无二的。二是想在当代艺术沸沸扬扬的今天，以一种新的视觉模式来重温民族文化，以一种新的思维角度来审视传统艺术，而齐白石深厚的传统文化根基和鲜明的民族气派正是我们所要表现的。

王亚楠：在展览中，我们发现传统的艺术被一种现代的语言陈述了出来，与此同时又融入了很多中国文化的元素，我想请问这次展览的设计理念是怎样的？

吴洪亮：齐白石是一位独特而丰富的艺术家，这就要求我们必须打破单一的陈列方式，去寻求更为多元化的展示手法。为了全面地呈现白石老人的艺术风貌，我们采取了立体展示、多媒体影像动态展示、比对展示相结合的陈述语言，再现画家的创作原景，回归传统人文空间，希望改变传统展览欣赏在时间与空间上的感受阈限。

王亚楠：能否请您具体谈一下。

吴洪亮：我们借用了一点儿“后现代”的艺术表现方法运用于展览呈现中，去解构齐白石的艺术，去还原中国古老文化中最经典的元素。比如在一层展厅，我们用传统特色的屏风与立方体块相结合，作为幕墙分割了展览空间。此外，还搭建了中堂式的客厅，摆放了明清家具并配以齐白石的《寿桃》和对联。这样的陈设一方面增强了展览的传统文化韵味，观众更可以置身其中，切实体会到这些摆件所带来的古典气息；另一方面将白石老人的画作与对联置于中堂之上的陈列方式还原了中国画原有的生存状态，一改传统展示的单调。我们知道齐白石善于吸收民间美术养分，反映百姓的趣味。悬挂的《寿桃》和“六福宜富贵，万寿亦无疆”的对联不仅诠释了中国人的审美倾向，同时也诠释了老人贴近百姓生活的创作风格。

突破了空间上的限制，我们又开始思考如何令展览可以摆脱静态展示的陈规，最后终于决定运用多媒体对水墨艺术进行展示和传播，那就是水墨动画。水墨动画巧妙地将传统的中国水墨与动画制作结合起来，在影片上表现出宣纸经水墨晕染后的浓淡虚实、轻灵优雅。同时它还能以运动变幻的形象作用于观众的视听感官，因而更容易被观众所接受，产生深刻的印象。

展厅内的中堂式布置

1960年，陈毅曾对美术电影工作者说：“你们能把齐白石的画动起来就更好了。”后来经过上海美术电影制片厂一年多的努力，终于成功摄制了中国第一部水墨动画片《小蝌蚪找妈妈》。影片中的动物造型均取自齐白石笔下，泼墨山水的背景、憨态可掬的鱼蟹、幽静素雅的荷塘，一个个场景就如同一幅幅意蕴生动的水墨画，彰显了白石老人“似与不似之间”的绘画美学。影像展示还包括源自李可染艺术造型的动画片《牧笛》和50年代拍摄的一部齐白石的纪录片，这三部影片让观众无论是对中国画还是对齐白石的艺术人生都有了更

复原的齐白石画室

为深刻的理解。

为了让观众更真实地了解齐白石的艺术和社会生活，我们采用了立体展示的方法。展览挑选了42件齐白石的遗物，并按照老人在雨儿胡同的故居，复原了他的画室。画室中陈列的画案条几、书籍橱柜、笔墨纸砚都是白石老人生前用过的，画碟中残存的颜料则是他绝笔时所留下的。画室的复原为观众展示了一个笔耕不辍、专心创作的齐白石，也让观众得以近距离地接触并走进这位大师的艺术世界。展览还陈列了30余件重要的文献资料，其中既有齐白石与当时文化名流交往的信札，也有代表老人一生荣誉的各种证书，为观众从另一个侧面揭示了齐白石的社会生活和文化圈子。在材料的处理上，我们甄选了一些能够代表齐白石社会关系的文献，如徐悲鸿、廖静文夫妇在过节时为白石老人送鲥鱼所留下的信件，信中介绍了鲥鱼的烹制方法，并特别嘱咐料理此鱼不可去鳞，寥寥几笔却道出了徐齐之间的深厚友谊。

王亚楠：本次展览的主题是齐白石与中国画，与此同时还展出了其他名家的作品，请问您是基于怎样的考虑？

吴洪亮：齐白石是20世纪中国画坛的集大成者，可以说他是上个世纪水墨画的骄傲与代表。但即使是大师也不可能逃离一个时代而独自存在，他必然会有交友圈子，有师承渊源，有传授影响。为了不让白石老人的艺术在展览中显得孤独，我们特别融入了对20世纪艺术界整体风貌展示的单元，向观众呈现了齐白石的前辈、友人以及弟子的作品，如吴昌硕、陈师曾、陈半丁、叶恭绰、李可染、潘天寿、于非闇、李苦禅、黄胄、蒋兆和等28人的60余件精品，希望能够使那个时代艺术领域的历史情景得以全面的展示，而这才是展览更高一步的升华。

王亚楠：对于展品的筛选，您又是依照了怎样的标准？

吴洪亮：白石老人一生勤于书画创作，有人统计说他为世人留下了大约3万余幅佳作。此外他还是一位全能型的艺术人才，诗、书、画、印无不通晓，人物、山水、花鸟、草虫无不精湛。北京画院就藏有齐白石绘画、书法、石印、手札等珍品共计1000余件，如何在数量丰富、题材广泛的作品中挑选出最能反映齐白石创作风貌，体现中国文化的艺术精品就成为重中之重。我们在保证展品全面性的同时，力图呈现展品与老人艺术生活之间的相互反映，因此特别挑选了一些具有艺术家典型风格，同时又富有故事性的作品。展览展出的《雏鸡小鱼图》就是老人以生动幽默的绘画语言展现其人生哲学的代表，画面中的一群雏鸡对着塘中的游鱼而跃跃欲捕，游鱼却显得怡然自在。鸡非鸭，又何能捕鱼?这些雏鸡的欲望很容易让人联想到孩童的幼稚，令人忍俊不禁。另外一幅《发财图》则是我们挑选的一件富有故事性的作品，上面画了一只算盘，同时还讲述了白石老人创作此图所发生的轶事：1927年，时值65岁的白石老人家中来了一位求画的客人，可他不求游鱼雏鸡，也不求葡萄紫藤，单求白石老人从未画过的《发财图》。老人有些为难，说道：“这发财门路太多，到底您要画哪一种财路呢？”客人答道："麻烦先生说几路听听。"齐白石问："要不要财神爷赵公元帅图？"客人摇头。"要不要官印官袍之类？"客人又摇头。"那就画张能够猎取不义之财的刀枪绳索之类。"客人还是摇头。客人见齐白石无法猜中自己心中所想，便说出自己的心思："就一只算盘，如何？"老人听后连连称妙，说道："太好了。欲人钱财而不施危险，乃仁具耳。"于是一挥而就，画了一幅算盘图，取名为《发财图》，并在空白处记录了之前的对话。客人走后，齐白石又按原样再画一幅作为家藏，也就是展览中所见的这幅。以算盘为画面主图在齐白石的作品中仅此两件，同时这也是我国现当代国画艺术中较为少有的绘画题材。

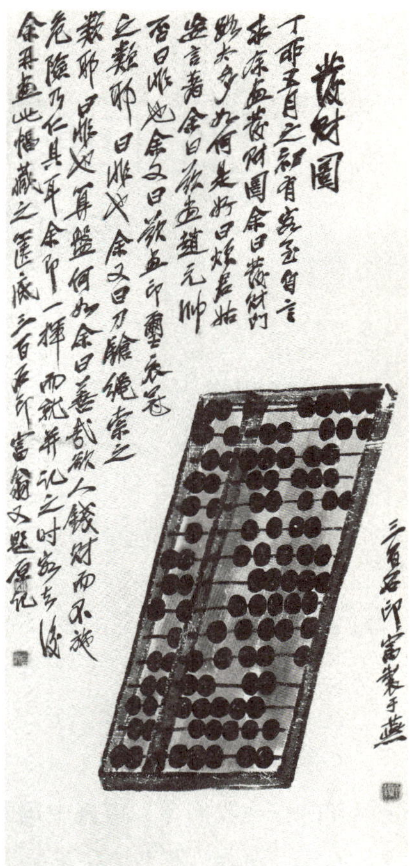

发财图　齐白石　104×47cm　1927年

蜻蜓图稿　齐白石　30.5×41cm

王亚楠：观众的参与性已成为当代展览中不可忽视的内容，但在传统艺术的展示上，您是如何驾驭这个问题的？

吴洪亮：以当代的展览语言去解读传统艺术是我一直关注的。在对待观众参与的问题上，我们选用了很多方式。比如在一层展厅摆放的中堂式布置，观众就可以坐在椅子上亲身体会中国古典的家居环境。四层工虫图稿展厅展出的一批齐白石未完成稿是老人为防眼力不济预先绘制的，以待日后再补画草叶背景。画面中的草虫无论神情、姿态，还是结构、设色，都体现了白石老人对生活的细致观摩和在艺术上的深厚功力。为了让观众欣赏到这些工笔草虫纤毫毕见的艺术效果，我们于每幅作品旁边都配备了放大镜，这种观赏方式不仅增强了观众的参与性，还提高了他们的兴趣点。

王亚楠：本次展览的参观情况如何？

吴洪亮：好展览是不愁人流的，而且媒体报道也很热烈。这次展览不仅接待了前来观看奥运的国际友人，更利用暑期为小朋友及他们的父母组织了活动，最希望的是孩子们喜欢。

（"齐白石·中国画——北京画院院藏精品展"，展览时间：2008年7月25日—9月22日）

世纪回眸　重读大师

——“齐白石·中国画：北京画院院藏精品展”

马明宸

齐白石是我们今天审视中国画的一位关键人物，他集文人画的诗、书、画、印四大艺术要素于一身，人物、山水、花鸟诸科兼擅。他的作品雅俗共赏，画名蜚声海内外。以齐白石这位妇孺皆知的大艺术家的生平与艺术为核心，从中国画的现当代转型与世界艺术交流这两个角度来观照20世纪的中国画艺术，进行一次历史性回顾与反思，这对于当下的中国画创作具有重要的现实意义。

白石老人一生之中坚持艺术追索，他把自己的人生与艺术拧在一处，把艺术语言化作感受世界的有机器官，抓住抒写生命体验的艺术本质。所以他能突破固有的题材、风格束缚，画吾自画，胆敢独造。也只有到了这样一个层面才能不仅仅创作作品，还能完成对整个中国画艺术的改造转型，创造出了符合现代人审美经验的中国画风格。白石老人不仅仅在画中彰显了笔墨，开拓题材，还转换了传统绘画的意境，这些都为传统中国画注入了全新的时代因素，使中国画的现代转型迈出了重要的一步，也使中国画艺术走向世界迈出了重要一步。

20世纪的其他大家如徐悲鸿、陈半丁、周思聪等人与白石老人同道殊途，致力于中国画的改造创新，艰辛摸索，他们共同创造了异彩纷呈、蔚为大观的20世纪中国画艺术。中国画在20世纪的发展变迁过程中表现出深广的包容性与蓬勃的生命力，她的源头活力仍然来自我们民族的文化根脉，今天的中国画创作更要继承传统文化的精神。

历史每向前迈一步就要向后看一步，21世纪的中国画要发展，在风起云涌、花样翻新的国际艺术思潮的的影响之下，我们更应该在对中国文化的返观内视之中汲取灵感与启迪，创造出符合我们民族审美经验的当代中国艺术，在价值观念多元化的今天，使中国画担负起引领时代精神、引导价值取向的社会功用。

本真无变

白石老人的一生曲折坎坷，他经历了晚清、民国、新中国三个历史时期，从一个木工学徒成长为一位人民艺术家。青年时期，他为生计奔走，在旧社会以淡泊自守；在沦陷时期，表现出崇高的民族气节；新中国成立以后，又无私地把自己的艺术奉献给人民。在不同的时期，他都同样地坚守寂寞之道，潜心书画艺术，孜孜不倦进业修身，以平常心成就大事业。他的画中流露出的幽默生活心态、诗中洋溢着的浓郁思乡情怀，展示出一位大艺术家真实而独立、宽厚而博大的伟岸人格。

心画大象

白石老人的艺术门类广博，他诗、书、画、印皆能，人物、山水、花鸟兼擅。他的人物画在幽默讽世中寄寓情怀，山水画意深而笔简，平中见奇；花鸟画刚柔并济，雅俗共赏；书法苍劲老辣，沉着雄浑；印风浑厚粗犷、潇洒遒美；诗文发自肺腑，平实有味。白石老人是在中国画艺术领域与艺术水平上的集大成者，他的艺术具有真淳质朴的审美品格，这是白石老人对于生活的真实感受，其间透露出白石老人的真性情、真趣味。从这一批齐白石艺术的经典作品之中，我们能够解读出中国画抒写生命体验、抒发生存情感的艺术本质，重新认识齐白石在中国绘画史上的地位。

世纪丹青

20世纪的中国画坛群星璀璨，这是齐白石绘画风格产生的艺术背景。白石老人在这一时期独领风骚，他早年习八大山人，晚年行“衰年变法”学吴昌硕，广收门徒传播画艺，影响了李苦禅、王雪涛、李可染等一大批艺术家，乃至新中国成立后又成长起来的一批著名画家像黄胄、周思聪等。这些人在新的历史时期发扬传统、反思传统，为中国画艺术在自我提升中转型做出了重要的贡献。与齐白石同时期的著名画家徐悲鸿、胡佩衡等人，或从西方绘画中汲取养分，借他山之石改造、弘扬国粹，或在秉承传统中创新求索，传承艺术，他们共同创造了异彩纷呈、蔚为大观的20世纪中国画艺术，从这些作品中，我们可以看到中国画艰辛而雄壮的发展历程。

（“齐白石·中国画——北京画院院藏精品展”，展览时间：2008年7月25日—9月22日）

无法忘却的感言

王明明

记得1958年我6岁时，父亲说带我去见一位著名的老画家，叫陈半丁爷爷。我高兴地跟着他去了。半丁先生家离我家不远，在帘子胡同。半丁老人个子不高，两眼有神，非常高兴地接待了我们。父亲同他说了些什么现在已经记不得了，我只是东张西望地看着墙上挂着的画。不久，我收到了半丁先生寄来的一尺见方的《红梅》，父亲十分高兴地把此画挂到墙上，让我临摹。从这时开始，我对半丁先生有了深刻的印象。此后，无论在报刊上，还是在荣宝斋看画时，我都会留意半丁先生的画作。

“文革”中看到小报上说半丁先生是反革命、反动权威……那时我在想，如此慈善的老人怎么会是反革命呢？

1978年，我调入北京画院，这是我艺术人生中的一个重要转折。我钻到画院资料室的库房中如饥似渴地翻阅画册资料。那时我才知道，半丁先生已经在几年前含恨去世了。

1980年，我参加了半丁先生的骨灰安放仪式，了解了他不平凡的艺术人生，尤其对于北京画院的创立，他是功不可没的。在遗憾中，我渐渐地对他的人生与艺术产生了兴趣。然而在那个时期，批判传统、力求创新是时代的主潮，这种氛围使我无法安下心去研究陈半丁的艺术。

20世纪90年代，我到武汉出差，住在武汉东湖别墅。在参观毛主席故居时无意间发现了半丁先生的一幅大画，虽然离得较远，但仍吸引我看了很久。

2004年，我代表北京画院参加在浙江绍兴修建的半丁先生纪念馆落成典礼，这是我第一次全面地了解先生的山水、花鸟、人物，以及书法、篆刻、诗文。我被先生丰富的艺术创造和深厚的传统文化修养所打动，突然间，我感到自己在中国画的学习中缺失的东西太多了。

多少年来，我们在“无知无畏”中发展中国画，在批判传统的口号声中张扬着自己的个性。然而这样的个性，又有多少能够经受住历史的检验，并积淀成为民族文化发展的基石？批判传统、否定传统容易，但是之后我们将如何呢？我们能从哪里开始新的文化建设？事实上，在近代以来追求艺术创新的潮流中，在与世界各民族艺术的比较中，我们不得不一次又一次地回首传统，在传统中寻找着民族艺术发展的根基，致使“传统”与“现代”始终成为我们割舍不清的时代课题。然而就是在这样的徘徊纠葛中，我们已经越来越远离传统文化的浸润，对传统艺术的认识也已经越来越含糊。更为重要的是，当我们面对像半丁先生这样自信的艺术创造时，映衬出我们对继承民族文化艺术的不自信。正如半丁先生所说，如果对陈一无所知，甚至还胜不过陈，就无法推陈出新。在半丁先生看似没有创新的作品中，我看到他对前人的继承和发展；在半丁先生的内敛和溢满书卷气的作品中反衬出我们作品中诉求张力的浅薄；在半丁老人全面的传统文化修养面前，我们应该反思现在的艺术教育还能培养出多少这样的民族艺术大师？

我时时在想，大师需要什么样的条件才能产生呢？外因是什么？内因是什么？前辈艺术大师对民族文化的自信，任其批判与打击，仍能泰然处之，坚持自己的信念，这是何等的可贵！而我们这个时代还能否产生出具有如此民族文化自信的大师吗？

在全球化时代的今天，在与世界接轨的国际化进程中，中国传统绘画依然面临发展的时代课题，如何处理继承传统与大胆创新的关系，是当代中国画家需要认真解决的问题。半丁先生给我们留下的丰富艺术遗产，一定会使我们越来越感到珍贵，并认真地去加以研究。

欣闻半丁先生的子女们用了几年的时间征集、整理了先生的作品，与北京画院共同编辑半丁先生的画集，我感到欣慰。整理、出版、研究老一代艺术家的艺术成就是我们这一代人的责任和义务，也是还历史遗留的欠账。尽管目前搜集到这些作品对于陈半丁的全部艺术创作来说只能是窥豹一斑，然而这些难以见到的作品的结集出版，毕竟可以部分地展现先生卓越的艺术成就，这将对当代中国画的发展起到积极的启示和推动作用，也是对半丁先生最好的纪念。我想他的艺术成就与民族自信心会千古流传下去先生所播撒的民族艺术的种子，等待我们去培育，他一定希望能够结出丰硕的果实。

（“纸上春秋——陈半丁中国画精品回顾展”，展览时间：2008年10月23日—11月30日）

缅怀父亲陈半丁

陈燕妍

在筹备父亲纪念活动的三年中，他的身影常常重现在我眼前，回忆起我的童年、青少年以及在成长过程中父亲对我们的教诲，甚至想起父亲的性格、生活习惯、作画的全过程……就好像重新回到了与父亲生活的日子里。我们是一个大家庭，近20口人共同生活，我出生在北京地安门米粮库4号的大院里，后称为“五亩之园”。

父亲不仅酷爱绘画，也非常喜爱京剧，他常说这两项艺术是中国独有的，是中国的国粹，它们是相通的。很多画家喜爱京剧，同样很多戏剧家也非常喜欢绘画，在我的记忆中就有梅兰芳、萧长华、程砚秋、尚小云、荀慧生、李少春等戏剧家和我父亲学习国画。正因为这个原因，我们家就成为父亲与书画界和戏剧界朋友相聚的地方。父亲非常好客，当时常来家做客的画界朋友有齐白石、叶恭绰、张大千、王雪涛、汪慎生、胡佩衡、何香凝、于非闇、蒋兆和，还有有陈毅、李济琛、郭沫若、老舍、张伯驹、傅作义、章士钊等国家领导人及名人。他们常在一起交流，有时大家看父亲绘画，有时磋商画艺，有时观摩各名家的绘画，有时大家合作一起作画，他们都有共同的爱好，是绘画艺术把他们联系在一起，并成为朋友和至交。

当时也常有慕名前来拜访和咨询的，无论是初学绘画的，还是小学生，父亲都是热情地接待，他不仅酷爱艺术，也重亲情。那时我年纪还小，看到家里来这么多人，看他们谈笑、作画很好奇，父亲虽允许我们子女站在边上观看他们画画，但不允许发出声音。我们很高兴，同时也常常可以看到他们作画的全过程，这些都给我留下了深刻的印象。

父亲的生活非常节俭，他要求我们要养成节俭的习惯，不能浪费。练字时，他让我们先在废报纸上练习，待水平提高后，才可以在宣纸上写，否则太浪费。那时，父亲来往书信很多，他看到许多是牛皮纸的信封，就对我说：“这么厚的牛皮纸，用一次就丢掉太可惜。”他让我做完功课后，把信封翻个身，贴好，还可以再用一次。按照父亲的要求做好后，还能得到他的表扬，我也很高兴。他要求孩子从小在生活上点滴都要节俭，不要浪费，不忘劳动本色，但他并不吝啬，他对朋友的困难总是给予热情帮助，慷慨解囊。在朱京生先生撰写的父亲专著中提到20世纪30年代，他的好友王梦白先生生活较困难，父亲经常接济。1934年，王梦白先生病逝，父亲召集画界的同仁好友举行义卖，为其操办后事，并接济家中老小。又如肃亲王死后，父亲曾两次在大连举办个人画展，全部收入用于灵柩返京之需。1941年，他的弟子尤无曲在中山公园水榭举办个人画展，他除每幅画都亲自题跋外，作品的装裱、镜框的制作、场地的选择、请柬的发送，全部由父亲操办，并承担了他画展的全部费用。在得知另一个弟子齐子茹（齐白石的第三个儿子）于1955年在沈阳不幸病逝的消息后，他十分悲痛，心情很低沉，闷闷多日，失去这样一位好弟子感到十分惋惜。为了纪念他，他把子茹画的昆虫画，张张补上花草，成为一幅完整的画，以示怀念之情，并在画上题“半丁、子茹生死合作”出版成册并发表。他对朋友和学生都给予热情的帮助，无论在经济上和精神上都会给予支持和关怀。他对学生从不保守，倍加爱护，他常对学生说：“你们学我的画，但不能完全像我的画，你们要比我画得好，要有你们的特点，自己的风格，要有创新、有发展。”他尊重人才，培养人才，也非常重亲情，他对自己的老师是尊师重道，但对自己的学生从不以老师自居。

父亲的画室有一个斋号“二树草堂”，他说：“首先要树立人品，才能树画品。人品不好，画也不可能好。”同时也常用这个斋号来勉励自己。他性格直率，非常忠厚，不管在家里，还是在社会上，见到他认为不对的事情，就要讲，就要批评，从不客气，不搞两面派，也正因为如此，常伤害一些人，也顶撞和得罪了一些领导。

父亲生活非常有规律，从不吸烟，很少饮酒，荤素搭配。每天早晨起来，先要喝一杯淡盐水，在院子里边散步，边进行头部按摩和搓揉。早上和下午的点心均是两个鸡蛋，一个吃法：先将鸡蛋打碎加水和少许糖，在小火上加热，同时搅拌成糊状。中午和晚上是一小平碗米饭，不过量非常少，几十年如一日，没有改变，生活非常平淡。

父亲在我们孩子的脑海中是一位对工作兢兢业业、一丝不苟的人，同时也是一个可尊可敬、和蔼可亲、勤俭节约、待人热情、性格直率、刚直不阿、忠厚老实的老人。

（“纸上春秋——陈半丁中国画精品回顾展”，展览时间：2008年10月23日—11月30日）

古陶探微
——中国古代陶器的发展流变

王亚楠

远古初民在耕种五谷、驯养牲畜的同时就已开始懂得使用黏土制陶。陶的发明体现了人类对水、土、火的认识和把握，加快了社会由"蒙昧时代"向"蛮荒时代"的迈进。作为人类本质力量物化的最初艺术呈现，陶的出现开启了民族传统文化的先河，不仅为青铜器的产生创造了条件，也为此后的绘画、雕塑和建筑做了造型技艺的准备。中国的陶与瓷有着鲜明的继承关系，其悠久的传统自新石器时代至今从未间断，几乎记载了所有时期的社会信息，堪称我国经济生活、文化艺术、科学技艺发展的缩影。悠悠的古陶之路，从朴拙沉稳的原始彩陶、恢弘雄壮的秦兵马俑，到妙趣横生的汉说唱俑、雍容华贵的唐三彩，乃至脱胎于陶的臻美瓷器，犹如一条源远流长的大河，无论潺潺的源头，还是入海的巨流，无不是一道道清澄妩媚、雄健激荡抑或壮丽绚烂的风景。任随汲取一掬河水，都可从中感受到其中折射出的文化底蕴和艺术魅力。

陶因为与瓷一脉相承，在工艺上又有很多共性，所以通常被人们以"陶瓷"概为一体来称呼。但是陶又与瓷有着明显的区别，主要表现在原料、挂釉情况和烧成温度三个方面：陶器的原料为陶土，属于河谷沉积土或普通泥土等无机物质的粘土。这种原料制成的器皿如果温度过高，就会烧坏变形，因此陶器的烧成温度一般在800℃—1000℃之间。其胎体质地比较疏松，有较强的吸水性，通常表面无釉，或者挂有低温釉。瓷器则是以专门的瓷土为原料，其主要成分是高岭土，并含有长石、石英石、莫来石等，由于含铁量低，所以高温烧制时不易烧塌。瓷土经混合、制坯、挂釉后在1200℃—1300℃的条件下高温焙烧，使釉料呈现出玻璃态的透明状，坯体洁白，质地坚硬细密，因此不吸水或吸水率不足1%。根据烧制方法和胎体成色的不同，瓷器可分为青瓷、白瓷、黑瓷、彩瓷四大类别，陶器则有红陶、灰陶、黑陶、白陶、彩陶、彩绘陶、釉陶等不同种类。

陶器的演变

人面鱼纹彩陶盆　仰韶文化

正如《周书》所言："神农耕而作陶。"陶器的出现与农业的发展密切相关：农业为人类提供了大量稳定的食物，而粮食又需要炊煮、储存的工具，于是陶器应运而生。它是人类最早融技术与艺术于一身的创造物，标志着人类社会新石器时期的来临。在陶的领域，华夏民族将智慧与美感抒写得酣畅淋漓，形成了绚丽多彩且一脉相承的陶器文明史。

我国是世界上最先烧制和使用陶的国家之一，关于陶器的制作技术可以追溯到新石器时代早期（距今8000—10000年）。原始陶器最初由手工捏制而成，大多仿制已有的器物，如篮筐、椰壳、葫芦等。后来发展为盘筑式，这是一种典型而成熟的陶坯成型技术，在新石器时代使用最广泛、时间最长久。其操作方法是先将泥料搓成泥条，再用泥条筑成坯体，可分"盘筑"和"圈筑"两种方法。制作时根据需要不断续加或垒筑添摞泥条，并依靠手指控制来改变器物造型。待陶坯制成后，再刮掉多余泥料进行修整，或以陶垫垫于内壁以调整器物曲线。最后还要将陶胎拍打滚压，使泥条黏合得紧密牢固。进入父系社会后，古代先民开始使用陶车以轮制法使陶器成型。轮制法大大提高了制陶的生产效率和质量，所做器物胎壁薄厚均匀、器型规整、表面光润，堪称制陶工艺史上的一次飞跃。

夏代的制陶方法趋于多样，有模制、轮制、手捏、泥条盘筑等，这时的陶器多采用两种或两种以上的方式制成。商代出土的多为灰陶，也有少量白陶和釉陶，但仅供奴隶主使用。其中釉陶由高岭土高温烧制而成，被认为是瓷器的前身，它的出现证明我国在商代已经开始制瓷。进入周代，陶塑工艺的进步已不仅仅限于陪葬所用，更重要的是反映在建筑装饰方面。

春秋战国时代的陶器主要用于日常器皿和随葬冥器，其中后者在形制上以仿造青铜器为主。由于现实生活的大量需求，政府还特别设有专管陶瓷生产的工官"陶人"，并且对不同用途的器物形制、规格尺寸都有明确规范。文明的衍化、社会的进步使得墓俑代替人殉旧俗广泛流行起来，并以陶俑使用最多。先秦时

舞队陶俑　战国

武士跪射俑　秦

杨家湾兵马俑　西汉

代的陶器制作工艺主要承袭商周以来的传统，手法上并无太大变化，依然采用轮制和泥条盘筑法，只是在技术上有所成熟，器物日臻精巧完美，产生了具有时代特色的暗纹陶和彩绘陶。

陶俑堪称秦代制陶工艺的最大成就。风格写实、手法严谨，以单体造型的重复排列呈现出巨大的军阵场面。造型采用泥模与手捏结合、分段制作的方法，成型后施以彩绘，陶胎空实合宜，烧制温度掌握恰当，展示了秦代陶俑成型、窑炉烧造诸方面的娴熟技艺，在我国陶器发展史上占据着重要席位。

汉代制陶工艺发达，无论在器质、品种、产量、装饰技法方面都较前代有很大突破，出现了奁、仓、灶、扑满、博山炉等新品种，纹饰也因生产工具的改进形成了新的花式，印纹、划纹、堆纹、暗纹、浮雕、镂空等手法在继承的基础上都有所创新，并且注重了对装饰部位的选择。陶塑水平自商发端至此已进步得更为娴熟，人物、车马、动物、建筑等形制多样，造型在把握整体效果之外更能把握住对神态的刻化。制作工艺上多使用模制法，针对不同形象选择合模或分模。通常先制作陶俑母型，根据母型分部位制模，模压成型后入窑焙烧，出窑后再将各部位进行组装，或趁湿粘接，或使用粘合剂，最后再于胎体上施以彩绘。随着金属冶炼、炼丹术的发展，汉人逐渐掌握了通过加铅来降低熔点的方法，在青釉配方中加入含铅的助溶剂，制成了铅釉陶。西汉末年，又将铜、铁粉作为呈色剂，使陶器显现出绿、赭、褐的色彩，为唐三彩工艺做了技术上的准备。

魏晋时期制陶业有所衰落，直至南北朝才逐渐恢复。铅釉瓷在汉代的基础上继续发展，并与普通陶器分开制作，其原料、质量和工艺特征方面都更接近北方青瓷。陶俑艺术在保持汉代风格的同时开始出现定型化的趋向，在北朝形成了镇墓俑、出行仪仗俑和家内侍仆俑的组合。这时的陶俑多为模制，在黑色胎骨上施以彩绘，形象刻画通过脸形和五官结构来完成，出现了具有时代特色的胡人俑。后期由于受到佛教造像的影响，陶俑在造型上开始体现出模式化的倾向。

唐代陶器在原料选择、工艺制作、烧成温度、胎釉结合等方面日益精做，最具代表性的当属唐三彩。它是在南北朝釉中挂彩的基础上发展而来的低温铅釉陶，以白黏土为原料，通过轮制、模制或雕塑方法制成陶坯，经千度高温烧制

彩绘骑马吹角俑　北魏

三彩骆驼胡人俑　唐

后，涂以含有铜、铁、钴、锰等呈色剂的釉料，再用800℃—900℃左右的温度焙烧而成。主要分为器皿类的生活用具和人物、动物类的随葬明器。隋唐时期，金属制品逐渐减少，陶瓷一跃成为日常生活的主要用品。这时的瓷器经过东汉和魏晋的发展已经成熟起来，形成青瓷、白瓷、彩瓷多种品类，制作工艺大幅度提高，应用范围日趋普遍，于是逐渐代替陶器成为主流。

陶器的烧制

最初，陶器烧制并无陶窑设备，只是在村落或山脚露天烧陶，直到新石器中期才开始使用陶窑烧制。仰韶文化（约公元前5000—3000年）时的陶窑设备已相当进步，分为火口、窑室、火膛、火道和窑箅五部分。这时的陶窑有竖穴窑和横穴窑两种，竖穴窑的窑室在火膛之上，直壁、圆筒形，表面涂有加草的泥。底部为窑箅，上有10余个火孔，从火口、火膛进来的火焰经过火道、箅孔进入窑室；横穴窑的火膛位于窑室一侧，为横长的圆筒状，窑壁周围有距离相等的火孔10余个。窑内温度一般为950℃—1050℃，一次可烧四五件陶器。随着生产力的提高，陶器的烧制技术再次得到改进：缩小火口、扩大窑室、加深火膛、增加火道或箅孔数量，使热力散布均匀，从而提高了陶器质量。龙山文化时期（约公元前3000—2000年），古代先民已掌握了封窑技术，烧制时使陶土里的铁得到还原，于是创造出灰陶。此外，他们还学会使用掺碳法烧制黑陶。

夏代的烧陶技术有了很大进步。陶窑为直径1米左右的直壁圆筒形，下部为火膛，一侧有火门，乃燃料燃烧处。中间为厚5cm的窑箅，布满了密密麻麻的圆孔，使陶坯受火均匀。商周时期的窑身多为圆形，上面放置陶坯，下面烧火。这时的劳动人民已学会利用还原焰烧的方法，使得陶胎坚硬，经久耐用。西周的制陶业在原料配置方面较商更为注重科学原理，其中饮食器多用澄滤的黏土，炊煮器往往掺以适量的细沙，既方便传热，又可防止器皿遇高温爆裂。

春秋战国时期的陶窑在结构、规模上都较之前有所扩大，烧制数量也因此而增多。东汉时期，龙窑得到广泛使用，此种窑建于山坡之上，利用山体坡度形成自然抽力。窑头角度较大（约20°），有利于预热、升温，尾部角度平缓（11°），便于保温。龙窑有效利用了烟气热量，窑温可以提高到1300℃左右，同时还可维持烧造青釉陶的还原焰。龙窑能够依山绵延数十米，装烧面积大，每次能烧制陶器千余件，大大提高了陶器在烧制过程中的效率。

唐代将商周出现的馒头窑发展为半倒焰窑，至宋形成全倒焰窑，标志着馒头窑的成熟。馒头窑是北方传统的窑炉，因火膛和窑室合为馒头形的空间而得名。此窑火膛与窑室连为一体，在窑底一侧的窑壁上开孔排烟，并在火膛相对的后壁外加砌竖烟道与排烟孔相通。点火后火焰自火膛喷至窑顶，因窑顶封闭而倒向窑底，流经坯体使其烧熟，烟气则从排烟孔自竖烟道排出。馒头窑扩大了燃烧室和烟囱，更有利于控制温度。唐代载用于烧造的窑厂遍布各地，据《陶录》所载“陶至唐而盛，始有窑名”。浙江的越窑、河北的邢窑就是以烧造青瓷、白瓷尤佳而名扬天下的。

陶是泥土与火焰的艺术，承载了人类历史的源远流长，从原始的朴拙走向秦的雄壮、唐的雍容、宋的隽永、清的纤巧，这一路从未间断。我国历代的陶器，或经受岁月更迭、代代传承；或长埋地下，历经沧海桑田才得以破土而出。如今，站在它们面前，就仿佛在抚摸历史，进行一次数千年的文化巡礼和艺术寻根。因为它所呈现的不仅是造型艺术的发展，审美观念的演变，更是中华文明延续不断的历史脉络。

（“陶之记忆——中国古代陶塑艺术展暨《凝聚梦想》北京百件奥运雕塑画册首发式”，展览时间：2008年12月18日—23日）

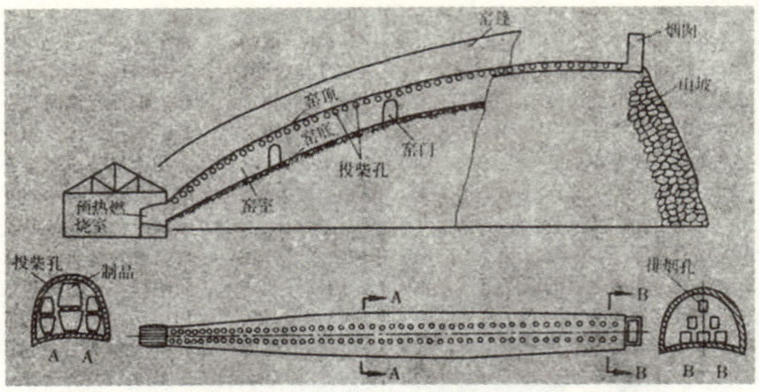

龙窑结构图

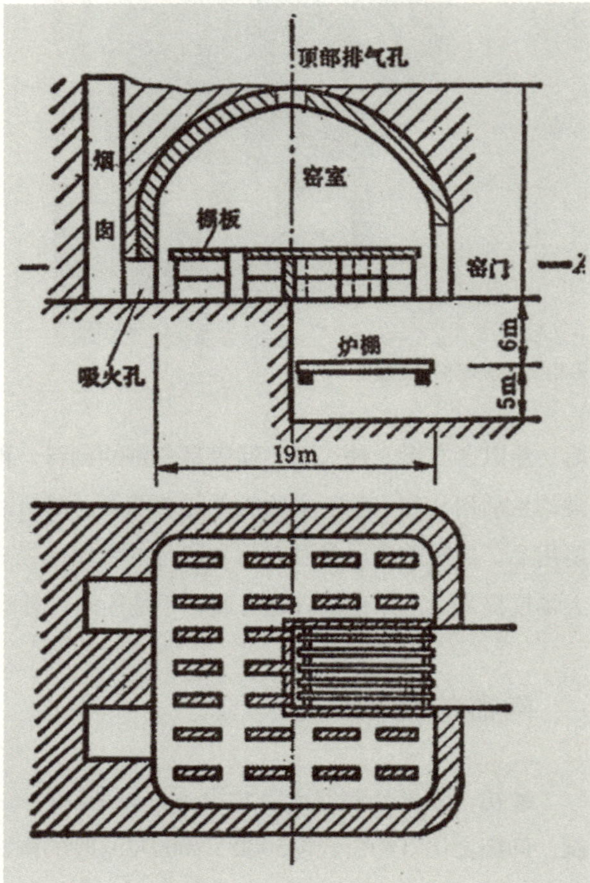

馒头窑结构图

展览档案

展览序号　　001

展览名称　草间偷活——齐白石笔下的草虫世界
（北京画院秘藏齐白石作品系列特展之一）

展览时间　2005年9月23日—2006年4月26日

展览地点　北京画院美术馆第三、四展厅

作品数量　110余件

展览前言

2005年9月23日，北京画院美术馆、齐白石纪念馆隆重开馆。“北京画院院史展”、“草间偷活——齐白石笔下的草虫世界”专题陈列展和“北京画院院藏精品展”也于当天同时开幕。

“草间偷活——齐白石笔下的草虫世界”专题陈列展，是北京画院秘藏的齐白石作品第一次公开面世，在筹备此次展览过程中，北京画院对所有齐白石藏品重新进行了整理研究，分为“草间偷活”（草虫）、“花能解语”（花卉）、“清白传家”（蔬果）、“草泥乡里”（水族）、“借山娱目”（山水）、“自家造稿”（人物）、“梅菊远思”（梅兰竹菊）、

“草间偷活——齐白石笔下的草虫世界”请柬

“新诗自书”（书法）、“决不回刀”（三百石印）、“人生若寄”（手札）等10个系列专题展，将在齐白石纪念馆陆续展出。

此次系列专题展是国内外第一次以专题展的形式系统、全面地展示齐白石的草虫画艺术，其中的绝大多数作品是首次公开面世。这种带有研究性的学术展览，对专业美术工作者提高艺术技艺，再次认识齐白石的艺术成就，是一次难得的直接观摩的学习机会。

展览序号　002

展览名称　北京画院院史展

展览时间　2005年9月23日—10月15日

展览地点　北京画院美术馆第一展厅

展览序号　003

展览名称　北京画院院藏精品展

展览时间　2005年9月23日—10月15日

展览地点　北京画院美术馆第二展厅

作品数量　56幅

展览序号　004

展览名称　第六回·中日美术交流联合展

展览时间　2005年10月17日—23日

展览地点　北京画院美术馆

主办机构　北京画院／日本南画院

后援单位　北京市文化局／日本国驻华大使馆

作品数量　97幅（中国47幅　日本50幅）

开 幕 式

出席嘉宾　町田泰宣（日本南画院理事长）

市 川 皓（日本南画院副理事长）

山本和夫（日本南画院常务理事）

江尻清音（日本南画院常务理事）

潮见冲天（日本南画院常务理事）

堀江春美（日本南画院事务局长）

冯　远（中国文联常务副主席）

王明明（北京画院院长）

王　珠（北京市文化局副局长）

邵大箴（中国美术家协会理论委员会主任）

“第六回·中日美术交流联合展”请柬

李　松（中国美术家协会编审）

夏硕琦（中国美术家协会编审）

陈履生（中国美术馆学术一部主任）

赵力忠（中国国家画院研究员）

展览序号　005

展览名称　源远流长山水情——北京·台湾当代十人画展

展览时间　2005年10月24日—28日

展览地点　北京画院美术馆

指导单位　中华人民共和国文化部/国务院台湾事务办公室/北京市人民政府

主办单位　中华文化联谊会/北京市人民政府台湾事务办公室/北京市文化局

承办单位　北京画院

参展人员　罗振贤　龙　瑞　李小可　江明贤　贾又福　李义弘　周　澄　何怀硕　徐　希　杨延文

开 幕 式

出席嘉宾　曹居京（北京市台湾事务办公室副主任）

王　珠（北京市文化局副局长）

王明明（北京画院院长）

邵大箴（中国美术家协会理论委员会主任）

江明贤（台湾师范大学教授）

何怀硕（台湾师范大学教授）

罗振贤（台湾艺术大学美术学院院长）

周　澄（台湾著名画家）

杨延文（北京画院艺术委员会主任）

贾又福（中央美术学院教授）

徐　希（著名画家）

李小可（北京画院艺术委员会副主任）

王　镛（中央美术学院教授）

夏硕琦（中国美术家协会编审）

赵力忠（中国国家画院研究员）

梁　江（中国艺术研究院美术研究所常务副所长）

"源远流长山水情——北京·台湾当代十人画展"请柬

展览序号　006

展览名称　承传与变革——新金陵画派经典作品展

展览时间　2006年1月12日—2月21日

展览地点　北京画院美术馆第二展厅

主办机构　北京画院／北京美术家协会

后援单位　江苏省文学艺术联合会

作品数量　88幅

展览前言

四十六年前的1960年，成立未久的江苏省国画院在亚明先生的主导和策划下，组成国画工作团，远赴西北、西南、华南数省实地考察和写生，前后三个余月，行程二万三千里，返宁后，整理创作出中国画作品160余幅。1961年5月，这些作品中的140幅以“山河新貌”特别展进京展出，震动了当时的中国画坛。由此，二万三千里壮行和新金陵画派崛起，成为20世纪60年代中国绘画史重要而辉煌的篇章。

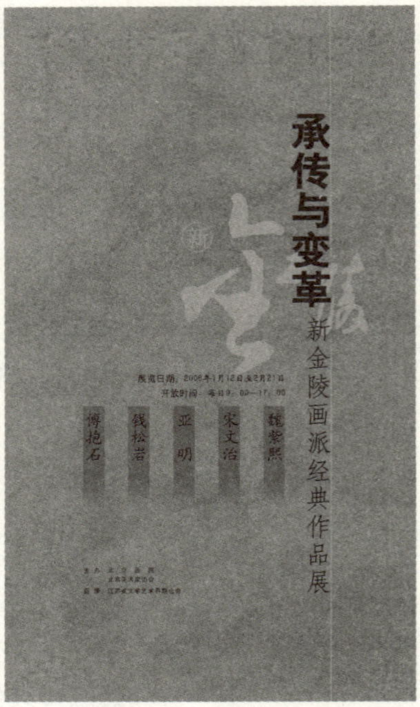

“承传与变革——新金陵画派经典作品展”宣传海报

与明末清初的金陵八家不同，以傅抱石、钱松喦、亚明、宋文治和魏紫熙为代表的新金陵画派，在突破中国近代保守主义和民族虚无主义的多重文化壁垒后，以山水画全新的现实精神与笔墨形态，展现出中国传统人文思想与20世纪中叶发生的一个划时代的历史性转换。作为新金陵画派的创作理念。“时代变了，笔墨不得不变”，“从传统的基点上出发，向新的时代生活要笔墨、要新意”，也集中体现了传统艺术形式能够反映新的社会现实并在这个过程中得到发展的创作思想。这种新的文化认识和艺术意识的转变，对于有着深厚文化积淀的中国画而言，颇具深刻的变革性和时代感。在某种意义上，新金陵画派通过艺术实践所提出的理论思考，真正推动了当时中国画适应时代变革的发展进程。

没有对传统文化的充分尊重，没有对历史经验的深刻认知，就不会有真正的艺术创新和发展。今天，当我们处在21世纪新的历史文化的变革时期，20世纪那些值得回顾和阅读的历史，依然会给我们许多有益的启示。北京画院主办的这个新金陵画派经典作品展，试图从对历史的重新阅读中审视当下，以期新的承传与变革。特别是作为南方山水画的典范，新金陵画派这种秀雅飘逸的格调和清新灵动的笔墨，对具有对比性的北派山水而言，也不乏借鉴和互补的作用。

北京画院

开 幕 式

出席嘉宾　王明明（北京画院院长）

杨承志（中共江苏省委宣传部副部长）

邵大箴（中国美术家协会理论委员会主任）

王　仲（《美术》杂志主编）

杨延文（北京画院艺术委员会顾问）

梁　江（中国艺术研究院美术研究所常务副所长）

李树勤（江苏省版画院院长）
李树声（中央美术学院教授）
刘曦林（中国美术馆研究员）
陈履生（中国美术馆学术一部主任）

展览序号 007

展览名称 风景在高处——陈逸青作品展
展览时间 2006年4月15日—21日
展览地点 北京画院美术馆第二展厅

展览序号 008

展览名称 女儿·匡剑油画展2004—2005
展览时间 2006年4月21日—27日
展览地点 北京画院美术馆第二展厅
主办单位 北京美术家协会/中国艺术研究院/北京画院美术馆

展览序号 009

展览名称 自家造稿——齐白石笔下的人物神情(北京画院秘藏齐白石作品系列特展之二)
展览时间 2006年4月28日—10月18日
展览地点 北京画院美术馆第三、四展厅
展览前言

"自家造稿——齐白石笔下的人物神情"是北京画院秘藏齐白石人物画作品的专题陈列。

齐白石的人物画之名，远早于他的花鸟画和山水画。据《自传》说，他的第一张人物画，是8岁时在门上摹拓的雷公像。第一次画现实人物，是读村馆时用写字纸画"星斗塘常见的一位钓鱼老头"。齐白石16岁拜同乡周之美学雕花木工，曾从绣像小说插图中勾摹历史故事。20岁时，借得《芥子园画谱》摹习，画谱成了他在雕花上出新，为乡亲画古装人物的依据。除了应用《芥子园画谱》，他还从戏剧人物、现实人物找些参照，尤善描写仕女，当时有"齐美人"之誉。26岁时，齐白石从萧芗陔、文少可学习民间肖像画。27岁时，又拜胡沁园、陈少蕃为师，从此，他"弃斧斤"成为职业画手。齐白石为人画像既能对人写真，也能用照片放大，兼传统和"擦炭"两种画法。从27岁到40岁，他一直作为肖像画师活跃于湘潭和长沙一带。这个时期，他除了画肖像，还画仕女、儿童、历史人物和佛道人物等，受黄慎、改琦、费丹旭以及钱慧安等人画风的影响，有工细一路，也有兼工带写一路，技艺熟练，然个性不甚鲜明。

1899年，齐白石投师王湘绮门下，广交文人，"五出五归"，思想上开始发生巨大变化，刻意追求文人化，在绘画创作上也努力追求文人画的笔墨意趣。定居北京后，形

成了他的衰年变法，工细人物减少，粗笔大写意一跃而为的基本格式，一些作品源自切身的生活体验，以诗画结合的方式直率地表达对社会人世的看法。从70岁到90岁，是齐白石艺术的盛期，个性风格完全形成，题材、体裁、形式风格也相对稳定。盛期时代的齐白石人物画，将八大、石涛和金农的画风融为一体，用笔减省而富有意趣，形象简括而不草率。特别是一些自写性质的人物以及各种各样的钟馗、罗汉、佛像等，表达了画家对现实社会真诚而直率的看法，不乏幽默和智慧，形成了稚拙而纯朴、凝练而平和的个人风貌。

"自家造稿——齐白石笔下的人物神情"宣传海报

北京画院所藏齐白石人物画作品共56幅，画稿64件，是齐白石衰年变法和艺术盛期的人物画精品，代表着齐白石成熟的人物画风貌；而画稿是齐白石留存在自己身边的人物画稿本，为难得一见的枕中之秘。这个展览以齐白石的人物画演变历程为线索，将作品和稿本并置陈列，辅以其他馆藏作品的图片和文献，以此揭示齐白石那些大写意人物形象的创造，不只借鉴于前人，也得之于生活观察和独具个性的想象，得之于反复推敲、再三修改的艰苦用心和惨淡经营。

尚　辉

展览序号　010

展览名称　新变与转换——北京画院珍藏二十世纪中期工笔画作品展

展览时间　2006年4月28日—6月23日

展览地点　北京画院美术馆第二展厅

作品数量　63幅

展览前言

工笔画在20世纪中期处于由传统向现代的转换过程。北京画院所藏一些代表性画家的创作清晰地印下这一发展变化过程的轨迹。

在三四十年代，工笔画的发展顺应时代需求，画家们上下求索，寻求新的生机，以与当时居于主流地位的水墨画相方驾。有的直承五代宋元工笔重彩传统；有的远赴敦煌，从灿烂的盛唐佛画获得启示；有的参酌清代郎士宁等融汇中通的画法；有的负笈东瀛，受到日本画影响。这些探索与实践，形成了工笔

"新变与转换——北京画院珍藏二十世纪中期工笔画作品展"宣传海报

画复兴的局面，在人物、山水、花鸟领域都有了可观的创作成果，在北京地区聚集了溥心畬、徐燕荪、于非闇、陈少梅、刘凌沧、潘絜兹等人为代表的工笔画家群，他们为工笔画继往开来做出了重要贡献。

五六十年代，工笔画开始了新的变革：画家深入生活，写生创作，在绘画技法上借鉴新年画、连环画，突破画种和工写的界限，逐渐从旧的樊篱脱颖而出，在作品取材、创意、绘画语言和审美意趣上出现新貌，靠近了现实生活，贴近了时代，终于破茧而出，迎来了八十年代以后工笔画在当代画坛的繁荣兴盛。

李 松

展览序号 011

展览名称 陈履生画展

展览时间 2006年6月25日—7月3日

展览地点 北京画院美术馆第二展厅

展览序号 012

展览名称 呼吸——蒋悦&韦尔乔纸上作品展

展览时间 2006年7月5日—9日

展览地点 北京画院美术馆第二展厅

主办单位 北京画院美术馆／广东美术馆／三联书店／上海书店出版社

承办单位 空与间文化机构

展览序号 013

展览名称 借山娱目——齐白石笔下的山水意境（北京画院秘藏齐白石作品系列特展之三）

展览时间 2006年10月20日—2007年8月1日

展览地点 北京画院美术馆第三展厅

作品数量 53件

展览前言 “借山娱目——齐白石笔下的山水意境”是北京画院藏齐白石山水画的专题陈列。

以花鸟名世的齐白石，画学路子十分宽博。他不仅早年以画人物为主，而且30岁始研习山水画。他画山水起缘于他做雕花木匠时得到的一本《芥子园画谱》，为了配好木雕人物的背景，他从《芥子园画谱》中得到很多启示，闲时便摹习了不少画谱中的树木山石。27岁经胡沁园介绍拜山水画家谭溥为师后，他才正式学画山水。初时，以四王为粉本，枯笔皴擦，细勾繁染。40岁后的“五出五归”，不仅开阔了他的眼界，而且增添了他山水生活的蒙养。他画了许多纪游式的山水，用功甚勤。真正让他山水画发生转变的是赴桂林的第三次远游。他曾自述：“我在壮年时代游览过许多名胜，桂林一带山水，形势陡峭，我最喜欢，别处山水，总觉不新奇，就是华山也是雄壮有余秀丽不足。我以为，桂林山水既雄壮又秀丽，称得起‘桂林山水甲天下’。所以，我生平喜画桂林一带风景，奇峰高耸，平滩捕鱼，即或山居图等，也都是在漓江边所见的。”

“借山娱目——齐白石笔下的山水意境”宣传招贴

齐白石在桂林一带居住了很久，他的山水形态、树木、构图无不以桂林山水的自然地貌、地理特征为依据，这是形成他平中见奇山水风格的重要因素。他于前代山水画家最推崇董其昌、石涛、八大山人，认为他们没有匠家习气。他认为石涛山水多从广西一带“搜尽奇峰打草稿”而来。石涛山水的生活气息、笔墨恣肆都给予他深刻的影响。他的山水画注重对自己生活感受的提炼和生发，不落前人窠臼，大胆创造，笔简而意深。他非常注重构图的经营，意深而笔简，往往平中见奇，大疏大密，通过简约而奇险的布排凝炼深意。他画的山水，大多像桂林独秀峰，耸然直立，气象雄伟。画山则皴法不乱，笔笔清楚，非有需要绝不点苔；而远峰则不勾不皴，以大笔没骨法写出，一二笔即成。他追求巧拙互用的笔墨，巧则灵变，拙则浑古。

北京画院所藏齐白石山水画作品共36幅，画稿53件，其中《借山图册》是齐白石中年山水画最重要的代表作。该作完成于1902年到1909年齐白石“五出五归”期间，原有52幅，现仅存22幅。所谓“借山图”，按白石自己的话说：“凡天下之名山大川，目之所见者，或耳之所闻者，吾皆欲借之。所借非一处也。”《借山图册》充分体现了白石山水平淡见奇、意趣横生的艺术风格。

齐白石30年代后已很少画山水。1931年，他曾在一本山水册上题写：“吾画山水，时流诽之，故余几绝笔。”这大概是他以后很少画山水的原因。

这个展览在学术研究的基础上，对齐白石山水画进行了梳理和分析，展览不仅将作品和稿本并置陈列显现了白石山水的创作过程，而且辅以其他馆藏作品的图片和文献以揭示齐白石山水画的演变历程、丰富展览内容。

北京画院

展览序号　014

展览名称　梅菊远思——齐白石笔下梅兰竹菊松的世俗意趣（北京画院秘藏齐白石作品系列特展之四）

展览时间　2006年10月20日—2007年8月1日

展览地点　北京画院美术馆第四展厅

作品数量　67幅

展览前言　“梅菊远思——齐白石笔下梅兰竹菊松的世俗意趣”是北京画院藏齐白石梅、兰、竹、菊、松的专题陈列。

齐白石40岁后专攻花鸟画，梅、兰、竹、菊、松是他众多花卉中具有传统文化寓意的题材。在齐白石的笔下，这些象征着中国传统文人操守的花卉，被赋予了质朴、平易的亲切感。

白石老人画梅，初学长沙本地画家尹和伯，是宋代杨朴之水墨勾线的一路画法。50岁后转学金冬心枝繁花茂的笔法，工谨整饬，而洒脱不足。60岁后再学吴昌硕没骨法，以色点瓣，古艳多姿。或折枝、或插瓶、或大面积空白题跋，画面更加率意散淡。白石自谓："如此穿枝出干，金冬心不能为也。"

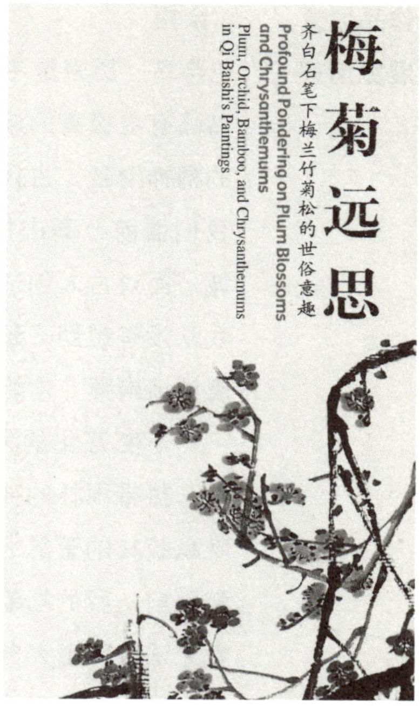

"梅菊远思——齐白石笔下梅兰竹菊松的世俗意趣"宣传招贴

喜气写兰，怒气写竹。但白石画兰、画竹都与众不同。他笔下的兰叶往往粗而健，兰花也相应地大而厚。正是花蕊吐露，兰叶舒展，天真烂漫。老人自谓，他画的是建兰的一种。他画竹分浓墨、淡墨两个层次，而且是先画叶，后画竿。画叶，则取其气势，大气磅礴；画竿，则经营穿插，小心收拾。一反先画竿、次画枝、由枝再生叶的古法，从而显得特别的生动，不落俗套。

相较之下，白石的菊花更富有田园意趣。特别是一些出之篱笆的菊花作品，充满了恬淡温馨的乡土情怀，丝毫没有传统文人画那种孤傲冷逸的落拓感。老人一生画菊最多，不同的种类，形形色色，鲜艳多姿。他最爱画千叶重瓣，花头如球，花瓣如舌，中锋双勾，两笔一瓣。60岁画菊，喜用颜色分出前后花朵的浓淡；70岁画菊，往往在花瓣中间掖上一点浓色，使菊花更显得娇艳灵动。

而白石画松，大都折枝取势，松枝倒垂。他把雄壮高大的马尾松转换为枯湿浓淡的笔墨意蕴：侧锋画干，表现得粗厚雄健；中锋写枝，笔笔劲挺，姿态矫雄；长锋勾针，铁线篆法，如锥画砂，密密重重，繁而不乱。间以淡墨画出的松果，阴阳向背，疏落有致。

这个展览将齐白石的梅、兰、竹、菊、松作为一个具有传统文化内涵的花卉题材，荟萃于一个专题，以此展示了齐白石衰年变法之后于传统花鸟画题材的创作面貌和他在这种传统题材中显示出的创造个性；展示了他怎样在吴昌硕之后，把孤高清逸的文人画推向质朴、平和，具有世俗意趣的田园花鸟画。这里，揭示的是以齐白石为代表的20世纪上半叶中国花鸟画审美取向的重大转换。

北京画院

展览序号　015

展览名称　心迹自然——王明明花鸟画展

展览时间　2006年10月20日—11月5日

展览地点　北京画院美术馆第一、二展厅

主办单位　全国政协书画室／中国美术家协会／北京美术家协会／北京画院

作品数量　50余幅

展览前言　花与鸟，历来是中国画家创作的主要题材。古人的花鸟画有着极高的成就和审美价值，同样也是一笔宝贵的精神财富。古代大师们犹如一座座艺术高峰耸立在我们面前，高山仰止，超越是何等难。当我心怀虔诚，面对古人创造的伟大艺术时，心灵变得简单了。我从没有想到“超越”，我只是在吸收和借鉴。只有虔诚地崇拜，才能吸收到前人的艺术精华。

“心迹自然——王明明花鸟画展”宣传招贴

千变万化的大自然，总让我为之感动，为之倾倒。热带雨林的神秘绚丽，盛夏荷塘中的幽馨素影，晚秋疏林的萧瑟之境，雪霁后的空寂之声……在大自然面前，我的画笔好像无能为力。人类的各种想象力都无法表现出大自然的奇观与千姿百态。

我力求把对传统的感悟与真情的流露自然地结合起来，以期达到化境。我追求与自然的和谐，追求天然平淡的境界。我从不刻意地去求新求变，而是强调与观众的审美与情感的沟通。

中国画创作重要的是写心中之意，表万物之境。造型严谨而不失空灵，法在其中又不失于度。这是我在花鸟画创作中一直坚持的艺术观。

在人物画创作之余，我始终对花鸟画情有独钟。此次展览的作品是二十年来的积累和探索，奉献给观众，以求得大家的共鸣与指正。

王明明

展览序号　016

展览名称　重构——十人当代艺术展

展览时间　2006年11月6日—13日

展览地点　北京画院美术馆第二展厅

展览序号　017

展览名称　继承与开拓——谢永增、南海岩、郭宝君作品联展

展览时间　2006年11月15日—21日

展览地点　北京画院美术馆第二展厅

作品数量　60余幅

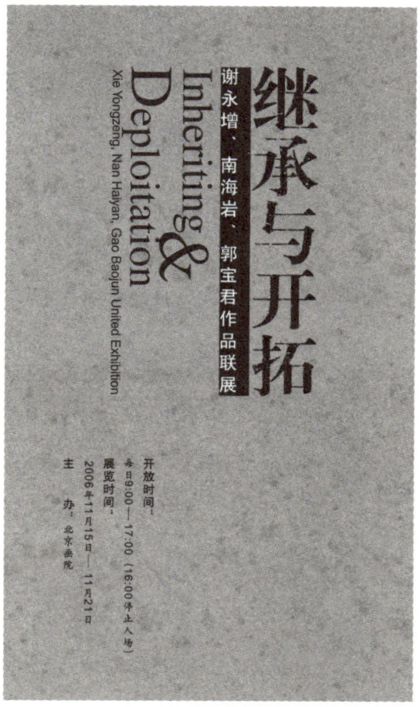

"继承与开拓——谢永增、南海岩、郭宝君作品联展" 宣传招贴

展览序号　018

展览名称　南京书画院作品展

展览时间　2006年11月23日—29日

展览地点　北京画院美术馆第一、二展厅

主办单位　北京画院/南京书画院

作品数量　60余幅

"南京书画院作品展" 请柬

展览序号　019

展览名称　物·语——胡建斌静物画展

展览时间　2006年12月1日—6日

展览地点　北京画院美术馆第二展厅

主办单位　中国美术出版总社/北京画院

"物·语——胡建斌静物画展"请柬

展览序号　020

展览名称　交流与展望——2006年《国画家》提名展

展览时间　2006年12月7日—13日

展览地点　北京画院美术馆第一、二展厅

主办单位　中国美术家协会中国画艺委会/《国画家》杂志

承办单位　秦皇岛市天一阁画苑

参展人员　方　向　方楚乔　王晓辉　白云乡　甘长霖　李壮阁　吕绍福　朱道平
张立柱　张江舟　何家安　周华君　林容生　曾先国　韩敬伟

展览序号　021

展览名称　北方的诗学——同路而行　第三届油画作品展

展览时间　2006年12月15日—21日

展览地点　北京画院美术馆第一、二展厅

主办单位　北京画院/同路而行合作社

展览序号　022

展览名称　新瓷器时代——法蓝瓷重燃华人瓷艺骄傲展

展览时间　2006年12月21日—2007年1月15日

展览地点　北京画院美术馆第二展厅

主办单位　景德镇法蓝瓷实业有限公司

展览序号 023

展览名称 花言鸟语——北京画院珍藏写意花鸟画作品展

展览时间 2007年1月19日—2007年2月8日

展览地点 北京画院美术馆第二展厅

作品数量 56幅

“花言鸟语——北京画院珍藏写意鸟画作品展”宣传招贴

展览前言 “写”和“意”是中国花鸟画的两大重要特征。由天人合一的中国哲学观念而生发的“同胞物与”的观照方式，形成了中国花鸟画用自然形象比拟人的品格与情感的文化心理。所谓“意”就是通过花鸟题材的选取，立文人精神操守的“意”，呈主观个性才情的“意”。所谓“写”，就是通过个性化的笔墨去阐释程式化的题材，让不断重复的共性化的文化符号转换为由笔墨个性化带来的艺术形象的独特性。

20世纪的写意花鸟画肇始于海派的赵之谦、吴昌硕、王一亭、蒲作英等，海派花鸟画以碑学入画，为传统写意花鸟画带来浑厚、古朴、雄健的画风，一改晚清花鸟画柔媚纤丽之姿。陈师曾、齐白石、潘天寿、陈半丁、王梦白、李苦禅、王个簃、唐云等，皆从吴昌硕变出，由此形成20世纪海派与京派写意花鸟画在全国的统领地位。50年代始，受表现现实生活的影响，传统花鸟画在新时代的感召下，开始注重对于乡土题材的表现，郭味蕖、王雪涛等兼工带写的画风增添了花鸟画的现实感与生活气息。这是写意花鸟画从“承传”酝酿“新变”的一个转折期。70年代后，写意花鸟画转向对自然与生命生态环境的表现，缤纷多彩、争奇斗艳的热带雨林成为人类观照自然生命与生存环境的对象。这是20世纪写意花鸟画从“文化花鸟”转向“生活花鸟”或“生命花鸟”的重大文化观念的转换。

北京画院珍藏写意花鸟画作品展，荟萃了从海派吴昌硕、潘天寿、唐云到京派陈师曾、齐白石、徐悲鸿、陈半丁、李苦禅、郭味蕖、王雪涛和周思聪等20世纪写意花鸟画大师名家的精心之作。这些作品，让我们再度回顾了20世纪写意花鸟画如何以碑入画而获得的雄浑之气，如何从文人画的个性寄寓走向民间市井的世俗意趣，如何从比拟品性的传统题材扩展至观照生活与生命的乡土及热带雨林题材。这些作品既有传统的法度，也孕育了20世纪人文观念的转变，特别是一些合作的花鸟画巨作，已成为那个时代特有的鲜明印记。

祈愿这个展览能为当代写意花鸟画创作提供一个观察历史的路标。

尚　辉

展览序号 024

展览名称 笔墨辑痕——王铁全山水画展

展览时间 2007年2月10日—14日

展览地点 北京画院美术馆第二展厅

主办单位 中国美术出版总社／北京画院／荣宝斋

展览序号 025

展览名称 北京市少年宫绘画、书法、摄影作品展

展览时间 2007年3月24日—28日

展览地点 北京画院美术馆第二展厅

主办单位 北京市少年宫

展览序号 026

展览名称 天地神韵——汤文选、汤立大写意作品展

展览时间 2007年3月30日—4月6日

展览地点 北京画院美术馆第一、二展厅

主办单位 中国美术家协会／北京美术家协会／北京画院

协办单位 中国长城书画院

作品数量 164幅

“天地神韵——汤文选、汤立大写意作品展”请柬

展览序号 027

展览名称 纸上——段正渠纸本作品展

展览时间 2007年4月7日—14日

展览地点 北京画院美术馆第二展厅

主办单位 首都师范大学美术学院

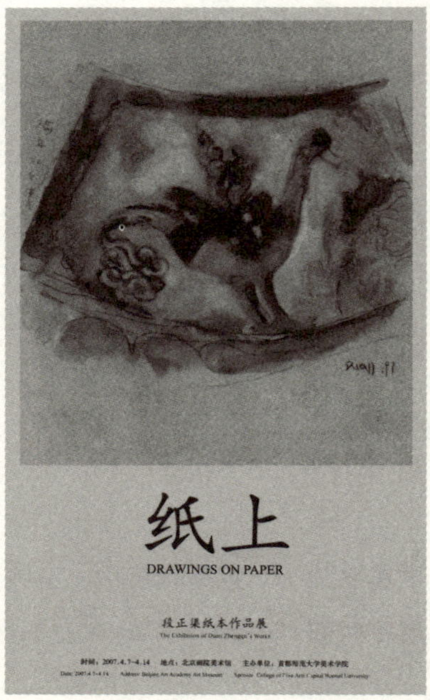

“纸上——段正渠纸本作品展”请柬

展览序号 028

展览名称 和谐盛世——雅临轩首届中国著名画家邀请展

展览时间 2007年4月16日—22日

展览地点 北京画院美术馆第一、二展厅

主办单位 北京美术家协会／雅临轩（北京）旅游文化艺术中心

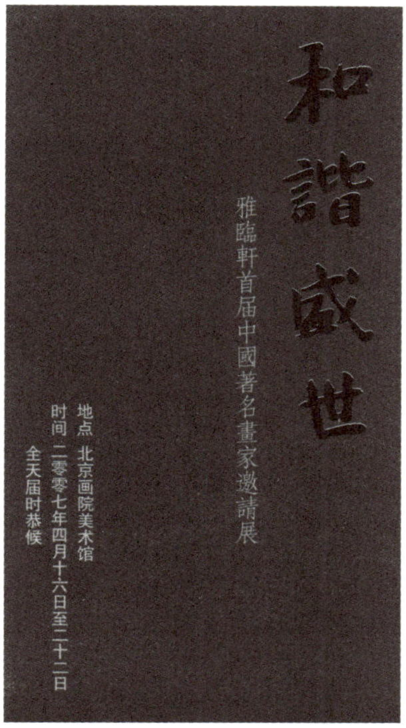

"和谐盛世——雅临轩首届中国著名画家邀请展"请柬

展览序号：029

展览名称 彤管流芳——宁、京、蓉著名女画家联展

展览时间 2007年4月24日—28日

展览地点 北京画院美术馆第一、二展厅

主办单位 中国美术家协会中国画艺术委员会/江苏省文化厅/江苏省文联/四川省美术家协会

承办单位 北京柳月轩文化艺术中心/江苏省国画院/成都画院

协办单位 《美术》/《国画家》/《美术报》/《中国书画报》等

参展人员 杨春华 孙晓云 徐乐乐 胡宁娜 吴湘云 喻 慧 姚 红
靳卫红 雷 苗 秦 艾 潘东篱 方 原 庞 媛 朱理存
陈雅丹 王迎春 孔 紫 胡明哲 孙玉敏 纪京宁 韦红燕
潘 缨 宫 丽 高晓笛 崔 虹 李 江 周雅玲 姚思敏
王 玮 胡 冰 李青稞

展览序号：030

展览名称 山川气象——大土三阳山水画展
展览时间 2007年4月30日—5月15日
展览地点 北京画院美术馆第二展厅
主办单位 深圳市文学艺术界联合会/世界华人书画家联合会

展览序号 031

展览名称 梅溪画展
展览时间 2007年5月16日—22日
展览地点 北京画院美术馆第二展厅

“梅溪画展”宣传招贴

展览序号 032

展览名称 制造理想——蒋世国作品展
展览时间 2007年5月24日—29日
展览地点 北京画院美术馆第二展厅
主办单位 河北省师范大学
协办单位 河北省青龙满族自治县县委县政府

展览序号 033

展览名称 花之觉——张佳婷油画个展
展览时间 2007年5月31日—6月13日
展览地点 北京画院美术馆第二展厅

“花之觉——张佳婷油画个展”请柬

展览序号　034

展览名称　陈广文梅花画展

展览时间　2007年6月15日—20日

展览地点　北京画院美术馆第二展厅

主办单位　北京市文学艺术界联合会/北京美术家协会/北京画院

"陈广文梅花画展"请柬

展览序号　035

展览名称　学院·经典——首届全国美术院校工笔画名家作品展

展览时间　2007年6月22日—27日

展览地点　北京画院美术馆第一、二展厅

主办单位　中国美术家协会艺术委员会/湖北美术学院

协办单位　湖北美术家协会/湖北美术出版社

参展人员　于　敏　王玉珏　王天胜　王颖生　韦红燕　冯　斌　卢禹舜　叶　军
刘大为　刘永杰　刘　临　刘泉义　孙志钧　庄道静　朱理存　朱兴华
江宏伟　齐　鸣　何家英　吴团良　张导曦　张　见　李乃蔚　李　峰
李水歌　李　宁　李传真　李　桐　肖　蓝　苏百钧　陈孟昕　陈运权
陈　子　周京新　周彦生　林　凡　林容生　金　纳　姚大伍　姚舜熙
宫　丽　胡明哲　赵　洁　钟　鸣　唐勇力　唐秀玲　徐勇民　桑建国
莫晓松　贾广健　顾正主　高　茜　崔　进　喻　惠　谢振瓯　雷　苗
熊明非　潘　缨

展览序号　　036

展览名称　庆祝香港回归十周年——萧晖荣中国画展

展览时间　2007年7月1日—6日

展览地点　北京画院美术馆第一、二展厅

主办单位　中国美术家协会/中国国家画院/北京画院

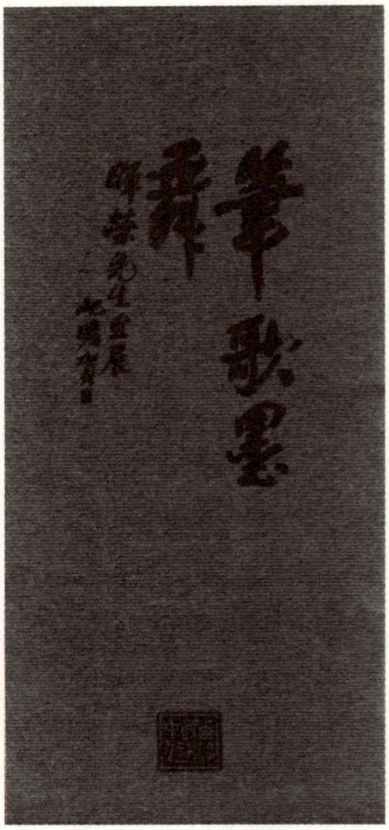

"庆祝香港回归十周年——萧晖荣中国画展"请柬

展览序号：037

展览名称　人文奥运　魅力北京——旅美画家赵准旺北京四季风韵画展

展览时间　2007年7月7日—10日

展览地点　北京画院美术馆第二展厅

主办单位　中国美术家协会艺术委员会/北京保利博物馆

支持单位　奥运会组织委员会文化活动部

展览序号　　038

展览名称　启功联语墨迹展(二十世纪中国美术大家系列展之一)

展览时间　2007年7月26日—31日

展览地点 北京画院美术馆第二展厅

主办单位 北京师范大学／中央文史馆／全国政协书画室／北京画院

协办单位 北京师范大学出版社／文物出版社／北京师范大学档案馆

作品数量 95幅

展览前言

启功先生是当代著名的学者、书法家，曾长期担任中国书协主席、名誉主席，先生的书法艺术独步当今书坛。楹联，是中国独特的，为广大群众喜闻乐见的书法形式和文学形式之一。先生的联语墨迹，把这二者完美地结合，是文化艺术的一个佳话，也是前辈学人修养情操的一个生动展示。

这里共展出先生不同时期的联语墨迹95件，形式多样，各体兼备，展现了“启体”所独有的清俊洒脱、刚柔并济的特色，深具学者气质和书法之美，加之文辞优美，堪称美不胜收。

“启功联语墨迹展”宣传招贴

先生在北京师范大学执教七十余年，被誉为北师大“形象大使”。先生早年即以画名，上世纪五十年代为筹建北京画院而竭尽全力，是北京画院建院的元老之一。先生长期担任中央文史馆馆长，全国政协书画室主任，为普及和提高中国书画艺术作出了杰出的贡献。在先生诞辰九十五周年之际，我们联合举办这个展览，既以飨喜爱先生艺术的广大观众，也是我们对先生的深切怀念。

借此，谨向提供展品的各界朋友表示衷心的感谢。

展览序号　039

展览名称 草泥乡里——齐白石笔下的水族意趣（北京画院秘藏齐白石作品系列特展之五）

展览时间 2007年8月3日—2008年3月26日

展览地点 北京画院美术馆第三、四展厅

作品数量 102幅

展览前言

家园小池——论齐白石的水族

“家园小池水清见底，常看虾游变动无穷”的齐白石，将在家园小池中所见的虾、蟹、鱼、蛙、蝌蚪等水中一族，作为他最具有个人特点的绘画题材，演绎出20世纪绘画史上的一段重要篇章。他以非凡的智慧和丰富的情感从始至终地专注于水族，不断而反复地表现，不仅展现了家园小池的魅力，而且以虾为标志的水族也成了齐白石艺术所代表的一个重要方面，在民间得到广为传颂。

齐白石所画的水族之趣，有着“草野之狸，云天之鹅，水边雏鸡”奈何不得的自在和生动，还有齐白石所企盼的幸福生活的完美与和谐。“虾盘坐上乡邻酒，欢乐人间五百

年”，也是齐白石倾情于此的缘由所在。这种表现农业社会审美情趣的图像，是农民出身的齐白石反映基层文化的一种离经叛道，它区别了元明清以来文人绘画的孤芳自赏，也与文人绘画中的不食人间烟火拉开了距离。可是，齐白石又以文人的修养去除粗俗，用文人的笔墨润泽民间的趣味，使水族的视觉图像出现在文人画发展的道路上，并大放异彩，其中像“蛙声十里出山泉”那样难得的诗情，一直为人们津津乐道。

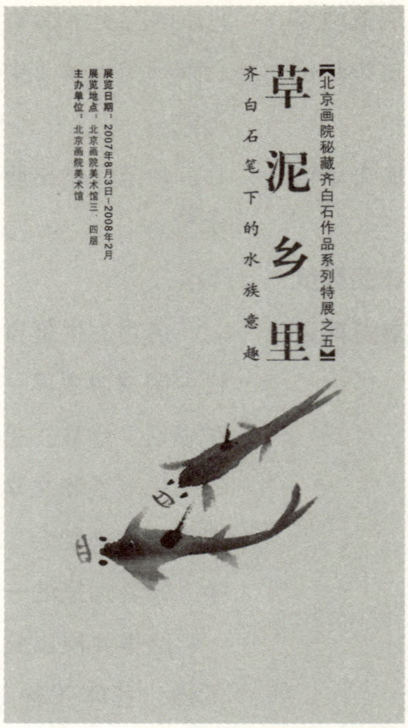

“草泥乡里——齐白石笔下的水族意趣”宣传招贴

“家园小池水清见底，常看虾游变动无穷”也是齐白石回答“画虾得似至此，从何而学来”的答案。因此，他还说：“余之画虾，临摹之人约数十辈，纵得形似不能生活，因心目中无虾也。”从眼中有虾，到心中有虾，表明了齐白石的绘画由形似而神似的发展变化，个中的关系，可以通过齐白石临摹高凤翰（南阜老人）所画的《鱼》而能了解一般。1919年，齐白石三过都门，于周印髯处见高凤翰的《鱼》，而成《小鱼图》。1934年，72岁时又作一幅。由眼中而入心中，因心中而疏离眼中，包括临摹古人在内的各种修养，使得齐白石有可能进入到这种变化之中，并通过这种变化得到了质的跃升。

66岁时，齐白石总结自己画虾“已经数变，初只略似，一变毕真，再变色分深淡，此三变也”。后来，他在题所画《芋虾》时又说：“余画虾已经四变，此第五变也。”在这“五变”之中，齐白石自己说“余六十年来画鱼虾之功夫若磨剑”。画虾如此，画蟹也是这样。“前人画蟹无多人，纵有画者，皆用墨色，余于墨笔间用青色间画之，觉不见恶习。”对于其它水族，齐白石同样是一而再、再而三地去表现，他没有浅尝辄止的偶然所得，而有孜孜以求的不懈努力。1932年，70岁的齐白石将鱼、虾、蟹画于一幅，又开创了一种新的画局，使他的水族世界呈现出丰富的精彩。

齐白石的过人之处是多方面的，其中他将所画的水族与常见的芋苗、蒲草等水生植物结合起来，不仅丰富了画面，也为人们营造了一个与水族相关的自然环境。而在表现上，这种添景的表现更能够发挥他的擅长。因此，他说“余于芋苗下画虾蟹不下万幅，雷同皆为世人所好，余自耻之”。毫无疑问，在不下万幅的数量之中，雷同是在所难免的，可是，齐白石不断追求其中的变化，表现了持之以恒的创作精神。

纵观齐白石数以万计的水族之画，尽管他在画面的空白处给人们留下了无穷的审美空间。可是，当人们进入到他的水族世界之后，发现他所表现的只是令人神往的“家园小池”而已。这时候，人们好像又离开了他心中的艺术世界，回到了他早年眼中的现实世界之中，一切是那么的平实、自然，如同他家园中的蔬果一样，可赏、可餐。

陈履生

展览序号　040

展览名称　和而不同——北京画院院藏人物画作品展

展览时间　2007年8月3日—29日

展览地点　北京画院美术馆第二展厅

作品数量　48幅

展览前言

“和而不同——北京画院院藏人物画作品展”宣传招贴

中国画在20世纪向现代形态转型过程中，以人物画的变化最为显著。此次北京画院美术馆展出的院藏人物画作品，有两个突出特点：

一是作者群体中以北京画院建院初期的画家为主要比重，包括徐燕荪、吴光宇、古一舟、尹瘦石、潘絜兹和较晚的周思聪等，以及院外画师陈缘督、蒋兆和、叶浅予、刘凌沧、黄胄等，都是当代重要的人物画家，他们各自沿着自己的艺术道路，相互增益，和而不同，把人物画创作从低谷推向繁荣。

二是所选作品的创作年代相对集中于60年代前后，正是人物画创作开始进入成熟期，呈现出璀璨的景观，一方面显示出传统绘画固有的生命力，和与时俱进的再生能力；另一方面吸取外来艺术营养，丰富了艺术表现技巧，表现出巨大的宽容性。

参展作者中，老一辈作者徐燕荪、陈缘督、吴光宇、陈少梅、刘凌沧等，早年曾是中国画学研究会或湖社画会成员，掌握了精深的传统绘画技巧，对工笔重彩人物的发展起着薪火相传的重要作用。跨入新中国成立后，有的更致力于历史画创作和表现现实生活，在绘画的转型中发挥了桥梁作用。

蒋兆和在1943年创作了人物画巨作《流民图》等作品，他将中国画的笔墨表现技巧与西画造型基础结合，成功地解决了表现现实人物的难题，他的作品早年多以老弱贫病、孤苦无依者为对象，哀其不幸，寄托以深深的同情，五六十年代的作品转向对新社会生活的热烈歌颂。

叶浅予的人物画综取漫画、速写与传统绘画之长，形成独特画风。1943年访问印度之后，开始以中国画之笔法表现舞蹈形象。五六十年代是叶浅予画戏剧舞蹈人物的高峰时期，域内外各民族舞蹈、戏剧表演的丰富生活内涵和人文内涵、表演的不同艺术语言与个人风格,在叶浅予笔下得到丰富多彩的表现。

黄胄是以农村写生著称的画家，赵望云的学生。他是区别于学院出身而又最具艺术个性的画家。黄胄把速写作为认识和积累生活感受的重要手段。他从新疆各民族生活和人文环境、自然景观中找到与自己的艺术气质契合之点。在他的作品中表现了新疆人民豪放、乐观、善良、勇敢、热情奔放的性情。他擅长结构多人物组合的巨幅画面，以豪放的笔墨和厚重的色彩构成写意重彩画法，展出的《丰乐图》、《戎歌行》是其代表性作品。

年轻一代女画家周思聪的几幅作品，留下了她艺术道路发展变化的印迹，从70年代末的《人民和总理》、《抗震小学第一课》到《矿工》组画，由写实走向表现，嗣后到四川大凉山彝族地区写生，陆续画出《彝女组画》，更是画家心象的自然流露，展出的《同胞·汉奸和狗》是《矿工》组画的第一幅，是她与丈夫卢沉合作的。为了内容表达的需要，尝试在同一画面中表现不同时间、空间的物象，用错综复杂的幻影，描绘那惨绝人寰的场景，令观者为之震动而深思。

这些画家和他们的作品是人物画发展长链上的重要环节，联结起以往与未来，为中国艺术的延续和发展，提供着宝贵的借鉴。

李　松

展览序号　041

展览名称　曹明油画展

展览时间　2007年8月31日—9月4日

展览地点　北京画院美术馆第二展厅

主办单位　沈阳书画院/沈阳美术馆

协办单位　广州华美艺术公司

展览序号　042

展览名称　东方神韵——白羽平、蔡玉水、莫晓松作品展

展览时间　2007年9月6日—12日

展览地点　北京画院美术馆第一、二展厅

展览前言　为适应新世纪美术事业发展的需要，不断提高人才质量，加强创作实力，改变专业画家队伍逐渐老化、后备力量不足的状况，北京画院新世纪以来开始实施了签约制画家聘用制度，旨在全国范围内陆续招聘有突出成就的青年画家，不断充实和扩大专业画家队伍。

白羽平、蔡玉水、莫晓松等三位青年画家，都是北京画院第二次招聘过程中脱颖而出的优胜者。

入院三年来，三位年轻的画家在北京画院这所艺术殿堂继承传统、勇于开拓，进行了各自的探索与试验，也经历了种种磨练与考验，积极承担北京画院的创作任务。参加北京画院主办的各种展览的同时，他们也积极参与社会，在多项大展中获得奖项和荣誉，取得了一定的成绩。

此次展览集中了他们进入画院前后的作品以及最新的创作，展现了他们成长、进步、探索、演变的轨迹。

北京画院签约制画家聘用制度的实施，目的在于探索美术创作人才聘用的新模式，以期形成北京画院专业人员新的用人机制和管理体制。我们希望年轻的画家们勇于探索、奋力开拓，继续保持积极进取的创新精神，在社会主义美术事业的发展中做出更大的成绩。

北京画院艺术委员会

展览序号　043

"彩云之南——中国画名家云南采风作品展"请柬

展览名称　彩云之南
——中国画名家云南采风作品展

展览时间　2007年9月13日—18日

展览地点　北京画院美术馆第一、二展厅

主办单位　云南省美术家协会/
雅临轩（北京）旅游文化艺术中心

展览序号　044

展览名称　盛世风华·云峰画苑二十周年艺术大展

展览时间　2007年9月19日—27日

展览地点　北京画院美术馆第一、二展厅

展览序号　045

展览名称　造化与真情——姚有多水墨艺术纪念展（二十世纪中国美术大家系列展之二）

展览时间　2007年9月29日—10月8日

展览地点　北京画院美术馆第一、二展厅

主办单位　全国政协书画室/中国美术家协会/中国美术家协会中国画艺术委员会/
中央美术学院/人民美术出版社/北京美术家协会/北京画院

作品数量　71幅

"造化与真情——姚有多水墨艺术纪念展"宣传招贴

展览前言　姚有多先生（1937—2001），是新中国成立以来国家培养的卓越的、优秀的中国画人物画大家。他坚持现实主义的传统，将写实与写意两种不同的艺术形式完美地结合，是继徐悲鸿、蒋兆和之后"徐蒋体系"的第二代代表性人物；同时他也是一位献身于授业解惑、桃李满天下的美术教育家。姚先生在艺术创作上自我总结的两条原则：一是"新意源于造化，气韵出自真情"，讲创新不能离开自然、社会的大规律之下；二是"以真实求妙趣，以精微求豪放"，则是阐述真正的写意不是粗率，而是简练而精微。姚先生在艺术上有宏大的抱负，他还有很多的艺术构思、计划要去付诸实现，只是他英年早逝，留下许多未完成的事业，这既是他个人的不幸，更是整个中国艺术事业的一大损失。有幸的是，人们可通过此次纪念展，对姚有多先生的艺术有一个较全面的认识，这不仅是对他很好的怀念，也希望通过对中国画人物画的深入研究，把中国人物画的创作推向新的阶段。

展览序号：046

展览名称 任率英——连环画艺术回顾展(二十世纪中国美术大家系列展之三)

展览时间 2007年10月10日—16日

展览地点 北京画院美术馆第一、二展厅

主办单位 人民美术出版社/中国美术家协会连环画艺委会/中国版协连环画艺委会/北京美术家协会/北京画院

作品数量 100余件

"任率英——连环画艺术回顾展"请柬

展览序号：047

展览名称 疎影留香——北京画院院藏于非闇作品展(二十世纪中国美术大家系列展之四)

展览时间 2007年10月18日—11月6日

2007年11月28日—12月19日

展览地点 北京画院美术馆第二展厅

作品数量 67幅

展览前言

于非闇先生（1889—1959），现代中国典型的工笔重彩画家，是"京派"工笔花鸟画的杰出代表。

出身书香世家，从小接受传统文化熏陶，二十余岁时从民间画家学习，后自学专攻工笔花鸟。他的花鸟从陈老莲而上溯五代两宋，得赵佶之神髓，并参以丝绣等民间美术，形成谨严清雅、端庄富丽的画风，是"京派"工笔花鸟画复兴的大家，与陈之佛并称"南陈北于"。

于非闇深知古代写生之趣，同时接受现代写生方法，重视现场写生，积累了数纸素材，体会自然物象之风、晴、雨露和朝夕动静的意境，闭目如在眼前，达到妙造自然的境地。其艺术技巧精湛深厚，艺术语言精炼丰富。笔法细劲、圆厚，富于变化；同时色彩表现明朗大气，尤善于近似补色关系的大对比色彩的运用，间以面积、纯度的变化，显现鲜明沉稳的色彩韵致。

于非闇坚持继承传统，致力于工笔花鸟画由院体向人民大众审美情趣的转化，雅俗共赏而不失巨匠的风采，是中国20世纪最杰出的工笔画家之一。

北京画院

"疎影留香——北京画院院藏于非闇作品展"宣传招贴

展览序号：048

展览名称 奥运向我们走来——北京市区县文联书画联展

展览时间 2007年11月8日—13日

展览地点 北京画院美术馆第一、二展厅

主办单位 北京市文学艺术界联合会

作品数量 112幅

展览前言

"奥运向我们走来——北京市区县文联书画联展"，是北京市十八个区县文联在党的十七大胜利召开之际，为喜迎2008北京奥运，弘扬奥运精神、发掘奥运文化内涵，以自己的优秀书画创作成果向党和人民献上的一份厚礼。艺术家们用丹青妙笔讴歌党的丰功伟绩，讴歌伟大的时代，讴歌我国改革开放以来的辉煌成就，传播奥运精神。形式和内容的统一给观众以艺术的熏陶和美的享受，激发人们参与奥运、奉献奥运的爱国情怀，激发人们全面建设小康社会的信心与斗志！

今年以来，北京市十八个行政区县都已成立了文联。作为北京市文联的团体会员，各区县文联为促进繁荣本地区的文学艺术爱好者为丰富活跃群众的文化生活和精神文明建设做出了积极的贡献，在此基础上，也涌现出了一批在北京市乃至全国知名的文艺家。

胡锦涛总书记在全国七次作代会、八次文代会的讲话中指出："全面建设小康社会、开创中国特色社会主义新局面的历史进程必将推动我国文艺事业全面发展繁荣，中国民族的伟大复兴必将伴随着中国文化的伟大复兴。"他在十七大报告中提出："推动社会主义文化发展大繁荣。"这是党中央从全面实施党和国家发展战略的高度，对我国文化发展趋势做出的科学判断，对加强社会主义文化建设提出的新要求，为文化发展指明了方向。首都文艺工作者重任在肩，必须进一步加大文艺精品创作生产力度，努力推出更多思想性、艺术性、观赏性俱佳的优秀作品，不断丰富广大人民群众的精神文化需求。

北京市文联组织的"区县文联书画联展"展出书画作品112幅，反映了当今区县书画界的创作水平。其中书法作品风格多样、书体皆备；绘画作品题材丰富、异彩纷呈。这次展览为区县书画家提供了一次学习交流的机会。今后北京市文联还会定期举办类似活动，积极为区县文艺家和文艺工作者服务。

朱明德

展览序号 049

展览名称 地域·风格——2007年《国画家》提名展

展览时间 2007年11月15日—20日

展览地点 北京画院美术馆第二展厅

主办单位 中国美术家协会／《国画家》杂志

承办单位 天津国金艺苑

参展人员 杨启舆 冯今松 王振中 赵树松 胡正伟 王之海 甘长霖 贺 成 马寒松 李壮阁 张运河 梁时民 周石峰 陈芳桂 吉瑞森

作品数量 120幅

展览序号 050

展览名称 美好家园·和谐社区——北京美术作品展

展览时间 2007年11月22日—27日

展览地点 北京画院美术馆第一、二展厅

支持单位 北京市文化局/北京市文学艺术界联合会

主办单位 北京美术家协会/北京文化艺术活动中心

作品数量 96幅

展览前言

美好家园是人们恒久且常新的生活追求，是于现实和理想中期盼的天堂乐土，是物质与精神交互的双重乐章。

在当代中国的社会生活中，美好家园的构筑正在以和谐社区的独特而具体的形式得以呈现和落实。身处其中的画家们以敏感又生动的艺术形式记录和反映了这一伟大时代共建家园的历史进程。

这里展出的作品，既体现出古都北京深厚的人文历史底蕴，又描绘了日新月异的现代化城市新貌；既表现了百姓寻常生活的漫步，又勾画了摩登新鲜节奏的快舞。从城市的街心公园到乡村的傍水人家，从老人的淡定祥和到孩子们的灿烂笑脸……丰富多彩的画题无不荡漾着新时代的跳动旋律，也激发了画家们在此所展现出的其趣各异的观察视角、表达形式与创作风格。这是宽广丰厚的家园生活的自然流露，也是画家们融理想于现实，在现实中展现理想的真实写照，

这些作品不仅给人们带来精神上的关怀与慰藉，为和谐社区的建设增添了温馨的精神动力，同时本身也是美好生活的一种表露和重要组成部分。美好家园需要这样亮丽的艺术风景线。

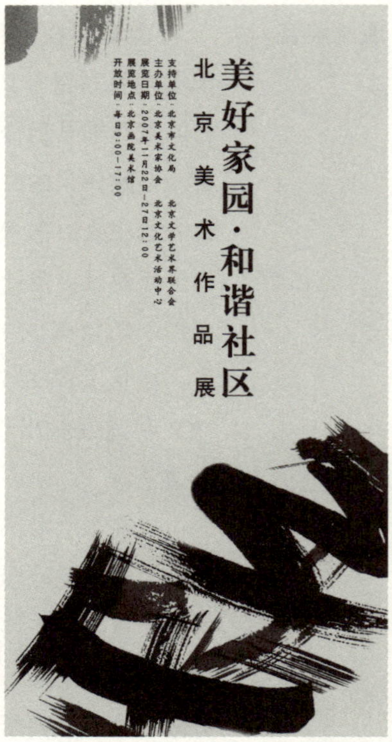

“美好家园·和谐社区——北京美术作品展”宣传招贴

展览序号 051

展览名称 朱明德——走近奥运建设者速写展

展览时间 2007年12月20日—26日

展览地点 北京画院美术馆第一、二展厅

主办单位　北京美术家协会/北京画院

作品数量　200幅

展览前言

这是一个别开生面的画展。

“朱明德——走近奥运建设者速写展”宣传招贴

朱明德同志不但是一位积极倡导艺术要深入生活的文艺领导者，而且还是一位颇有绘画造诣的艺术家。他早年就热爱美术，后来很长一段时间从事美术领导工作。在繁忙的工作中，他始终没有忘记美术的宗旨和自己的艺术责任，忙里偷闲。写生几乎成了他的生活爱好，他已经习惯于用写生的方式来记录他对生活的感受。他到北京市文联工作不久，便提出了艺术创作要实行“三贴近”的工作思路。在繁忙的工作之余，他深入“奥运”工地，与工人同志们交心交友，同喜同乐，画了一大批具有浓郁的生活气息的速写。他的这批作品名为“速写”，实为“心写”，作品中的人物、场景，甚至一些场面的细节都是他经过提炼概括所得，今天展出的作品是有限的，但是他对于生活场景的感悟是无限的。因此，这批作品才真正地反映出了当代建设者们的精神风范和内心世界。同时，从这批作品中也感受到了他作为一位文艺领导者的社会责任心。

他的作品必将得到广大美术工作者和劳动者的喜欢，也会对北京的美术深入生活有所启迪。

北京画院

展览序号　052

展览名称　学院工笔——第二届全国青年工笔画名家艺术展

展览时间　2007年12月29日—2008年1月3日

展览地点　北京画院美术馆第二展厅

主办单位　北京工笔重彩画会／中国当代绘画交流

协办单位　江西美术出版社／中国绘画交流网／北京康玛克科技有限公司／北京颂雅风文化艺术中心

展览序号　053

展览名称　爱心·艺术——首都书画界名家公益作品展

展览时间　2008年1月5日—11日

展览地点　北京画院美术馆第二展厅

主办单位　北京市法律援助基金会／北京市政协文化俱乐部／北京美术家协会／北京书法家协会／北京画院

“爱心·艺术——首都书画界名家公益作品展”宣传招贴

展览序号　054

展览名称　欧阳笃材书画作品展

展览时间　2008年1月12日—14日

展览地点　北京画院美术馆第二展厅

主办单位　中国美术家协会／中国画艺术委员会／北京画院／湖南省文学艺术界联合会/湖南省美术家协会

作品数量　50余件

展览前言

这位独特的大写意花鸟画家没有炫目头衔。

这位年届九旬叫欧阳笃材的老画家，早年是高希舜先生门下的才子。建国前，他参加过党的地下工作和解放游击战争。此后，隐居不出，销声匿迹，过着孤独、寂寞、清贫的日子，大隐七十载！

他压根没有来京搞画展的打算，也不知怎么个来法。他是被策划家张良玉发现推介给彭利铭，再推介给我们邀请赴京的。他由于没做进京的打算，素时所作又多流失散佚，因此今天陈列的多是近作，不能称之为“代表作”。但是从他的诗作、画论、万岁古藤体书法中，从他的独树一帜的大写意鸟画中，从他的笔墨中，从他阐述的文化精神中，仍然可见到中国画雄强大气的灵魂！

他以其独立的形式语言符号系统，在本世纪重新诠释了中国花鸟画，我们认为，他在中国美术史上当会留下一笔。

北京画院中国画艺委会

“欧阳笃材书画作品展”宣传招贴

展览序号　　055

展览名称　北京服装学院美术系教师作品展

展览时间　2008年1月15日—21日

展览地点　北京画院美术馆第一、二展厅

展览序号　　056

展览名称　心法自然

——穆永瑞、王兴家、张志国、孙佩杰书画展

展览时间　2008年2月22日—27日

展览地点　北京画院美术馆第二展厅

主办单位　北京市文学艺术界联合会／北京美术家协会／北京书法家协会

后援单位　北京瀚嘉华宝艺术品拍卖有限公司／北京博雅觅庐画廊

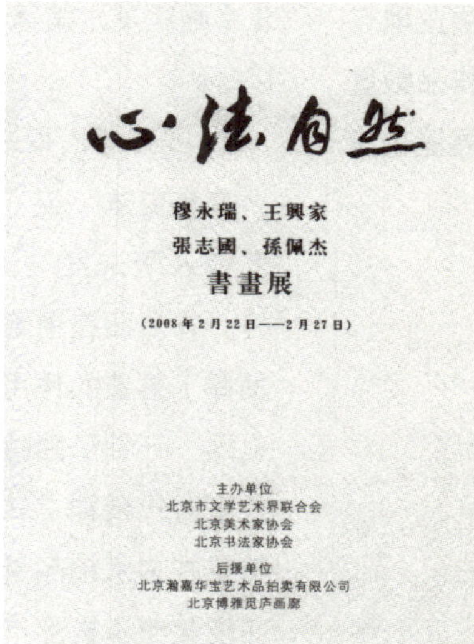

“心法自然——穆永瑞、王兴家、张志国、孙佩杰书画展”请柬

展览序号　　057

展览名称　画范传灯——胡佩衡中国画精品回顾展

（二十世纪中国美术大家系列展之五）

展览时间　2008年2月29日—3月31日

展览地点　北京画院美术馆第一、二展厅

作品数量　117幅（文献9件）

展览前言　“层次分明点画工，启人心事见毫锋。他年画苑三千辈，个个毋忘念此翁。”这是白石老人80年前写给胡佩衡的画评。20世纪前期，西学东渐，倡导中西融合成为时代文艺思潮主流。胡佩衡先生坚守中国古代艺术传统，遍临诸家而又师古不泥，力倡“用古法去写生，由写生而创作”，形成了自己笔精墨润、淡雅古朴的绘画风格。同时他还从事古代绘画史论研究与艺术教育，在民国时期就被誉为“以课徒见长的画家”，50年代以后，他在中国画的现代转型方面大胆尝试，做出了重要贡献。胡佩衡是20世纪中国美术史上对于中国传统绘画艺术规范之灯火相传做出卓越贡

“画范传灯——胡佩衡中国画精品回顾展”宣传招贴

献，对中国山水画的现代转型做出开拓性探索的一代大师。

北京画院

展览序号　058

展览名称　花能解语——齐白石笔下的花卉情趣（北京画院秘藏齐白石作品系列特展之六）

展览时间　2008年3月28日—7月22日

展览地点　北京画院美术馆第三、四展厅

作品数量　104幅

展览前言

白石老人取“不似之似”为“百花传神”，行“衰年变法”创“红花墨叶”，他“画前人所未画，发前人所未发”，融世俗情趣于文人雅趣，自成一格。齐白石在中国传统写意花卉画的现代转型过程中发挥了重要的作用，他不仅拓展了传统花卉画的题材范围，开创了独特的艺术风格，还为这一传统题材注入了时代精神，转换了作品的意境情趣。这一批齐白石花卉艺术精品是中国现代写意花卉画的发轫之作，在现代绘画史上产生了深远的影响。“花能解语——齐白石笔下的花卉情趣”是“北京画院秘藏齐白石作品系列特展”的第六个专题展览，本次展览从“题材开拓”与“意境转换”两个方面来呈现齐白石花卉画的审美内涵，彰显其画史意义。

“花能解语——齐白石笔下的花卉情趣”宣传招贴

花卉是中国传统绘画的一类重要表现对象，被赋予了特殊的吉祥寓意和精神品格，形成了一种广为社会熟知的花卉画寓意文化，这一方面促进了花卉画的普及与流行，另一方面也对它形成束缚，使它的取材被限定在一个狭窄的范围里面。齐白石作为一位艺术大师，他摆正了艺术与生活之间的关系，紧紧抓住艺术表现生命体验的本质，把自己的取材范围延伸到传统之外，突破了寓意的局限，开拓了花卉画的题材范围。齐白石在他的画中题道：“余日来所画皆少时亲手所为、亲目所见之物”，牵牛花、雁来红、向日葵、鸡冠花这些庭院花木，只要能触发他的感思便拿来入画。像作品《芭蕉小鸡》中肥厚丰润的芭蕉、《秋色》中浓艳欲滴的海棠，形象生动鲜活，他赞美这种生命本源活力，为百花传神。他笔下的花卉迎风向阳落地生根，冲出樊篱挣扎开放，不娇贵不孤傲，富于生命活力，有一种天然真淳、质朴刚健的大美。

为了成功把眼中之花转变为手中之花，白石老人历经十年变法，艰辛追索，在艺术形式上进行了大胆创新。作为一个以卖画为生又有着自己艺术追求的艺术家，齐白石的艺术观念既不同于一般画匠，也不同于超脱的文人画家，他在考虑到受众审美习惯的同时还坚守艺术之根本，在一则画跋中齐白石写道：“作画在似与不似之间为妙，太似为媚俗，不似为欺世。”他把眼中之花经过感情的淘洗过滤、提炼升华，转变为艺术形象，运用中国画的艺术形式表现出来。他的花卉画用墨的层次大大丰富，形象的体感韵味更足，“写”

的意味更加突出，文人笔墨意趣得到提炼。齐白石在《自传》中曾以“红花墨叶”来概括自己花鸟画的特点，他把透明的墨色与浓艳的红色巧妙搭配。在中华民族的传统文化中，红色与黑色有着特殊寓意，红色与喜悦相关联，代表了民间审美趣味，墨色象征高雅脱俗，是文人画的基本要素，齐白石把二者巧妙地统一在花卉画中。这些造型、笔墨、色彩基本元素组合在一起便形成了齐白石花卉的艺术特色，它符合广大中国民众的审美趣味，白石花卉成为最雅俗共赏的艺术。

在《莲叶双鸭》、《鸡与菊花》、《白梅双鹊》等一批作品中，荷下游双鸭，菊旁聚雏鸡，梅上落双鹊，画中动物情态自在自得，其间透露出的是一种对于幸福生活的美好体验，同传统文人所画的无根之兰、空谷幽花中寄寓的孤傲闲雅、超然物外的寂寞感受划开了界限，属于两个时代。即使画梅兰竹菊这些题材，我们也可以感受到齐白石赋予了它们以世俗的意趣，梅枝婉转柔韧，造型平实；兰花肥厚粗壮，竞相生长，张扬着生命活力。他在画中的题跋都是家常话、直白语，譬如在《菊花鹌鹑》中题道：“也曾亲种倚危墙，白石山前九月霜。最是十指犹自慰，挥毫写得故园黄。画成此幅时，忽动离乡之感。”没有半点酸腐气，也没有一丝玄虚味，得之于生活，发之于肺腑，给人的感觉亲近而平易。因为这是白石老人“眼中、胸中之花”，透过这些或以盆栽或用架扶的村野之花，我们能看到一位热爱生活、富有情趣的花后之人；一处宁静祥和、亲切自然的农家田园；一派生机盎然、充满活力的生存境界。

齐白石花卉是民族风格与时代精神成功结合的艺术典范，是中国现代写意花卉画的滥觞，从这些画中，我们感受到的是一个古老民族充满活力的新时代。

北京画院

展览序号　059

展览名称　走近太行——中国画名家采风作品展

展览时间　2008年4月2日—7日

展览地点　北京画院美术馆第一、二展厅

主办单位　雅临轩（北京）旅游文化艺术中心

展览前言　骑手・坐骑

儿时的记忆，朦胧、缥缈。能使其清晰完整的，是阅历不是年龄。

传世的作品，经典、耐读。能让它粲然生辉的，是修养不是画技。

五千年积淀，朴厚、高深。教诸子顶礼膜拜的，是文化不是年份。

八百里太行，巍峨、雄浑。让百家苦心寻觅的，是精神不是野趣。

与画家的一次小叙，茶香中我顿有所悟；

与画作的一番交流，墨韵里我似得真谛。

无论是不惑之年还是年逾古稀，芸芸众生里，这儿有一群久经考验的探索者；莘莘学子中，那儿有一伙充满自信的“童子军”。骨子里，他们充斥着拒嗟来之食的豪爽，流露着对传统文化的虔诚；作品中，他们寄寓着对大自然的敬畏，蕴藉着祈天下晏然的善意。

看得出来，振国笔下的山是靠双脚趟出来的；志龙笔下的水是从心底流出来的；周曦画中的情是用童子功铸就的；绿霞画中的缘则得自伟大的母性。感觉得到，兆明情感的五彩斑斓；赵刚性格的深沉凝重；山麓心里的空灵飘逸；巨亭梦中的人间幻景。

“走近太行——中国画名家采风作品展”请柬

回顾多年来关于基本功与照相机，深入生活与改造思想的讨论，面对改革开放与商品经济，主题展览与艺术市场等新课题，这一群那一伙的苦乐年华，让我又想起了古代名篇中的一段名句：“故天将降大任于斯人也，必先苦其心志，劳其筋骨，饿其体肤，空乏其身，行拂乱其所为，所以动心忍性，曾益其所不能。”只是不知希望里，阵痛中，他们修炼到了哪个层次，揣摩出了哪些道理。好在我看到了，大家也能看到他们辛勤的付出与真情的回归。此时此刻，也只有此时此刻，他们才能以从容不迫的心境，分享大自然的恩赐，回味创作中的快意，品尝人生中的百变沉浮，戏说市场上的扑朔迷离。真是的，要说爱你不容易。

阅历使人沉稳，修养教人宽容，文化给人自信，精神让人年轻。现在他们不是市场的宠儿，将来也不是藏家的陷阱。他们正与有识之士共建一种模式，意在传承，重在参与，志在双赢。可贺，可喜，可行，我信。

——他们是骑手，不是坐骑。

王鸿勋

展览序号　060

展览名称　四季水墨·春——当代优秀艺术家中国画提名展

展览时间　2008年4月9日—15日

展览地点　北京画院美术馆第二展厅

提名单位　《美术》/《清华美术》

参展人员　张桂铭　朱振庚　杜大恺　董小明　张培成　田黎明　刘进安　周京新　刘庆和　徐华翔

展览前言

“四季水墨”展的动意得之尚辉，依其所思，四季可指时序，春而夏，夏而秋，秋而冬，周而复始，然“岁岁年年花相似，年年岁岁人不同”，同是春天，今春不是去春，其余亦然；“四季”亦可指观念、风格、样式等主动的、被动的，亦或不期而至的衍变与更迭，这些无论对于现在，亦或对于未来，都充满张力，都有驰骋想象力的空间。

参展作者按年龄排序依次是张桂铭、朱振庚、杜大恺、董小明、张培成、田黎明、刘进安、周京新、刘庆和、徐华翔，他们分别来自上海、北京、南京、武汉、深圳、张家港，地不分南北，年不分高低，一一欣然接受了尚辉的动意，从去年岁末开始，他们各自为这一系列展做了准备。

北京画院美术馆的展览是首展，可谓春季展，接下来的夏季展在上海刘海粟美术馆，秋季展在陕西省美术博物馆，冬季展在深圳美术馆，这一年对于十位艺术家来说无异于一次说短亦长的心智较量。

艺术总是面向理想的，艺术的创作过程是接近理想的过程，理想与现实的距离是一种宿命，因此艺术家接近理想的过程有始无终，很难说这对于艺术家是幸运还是不幸，至于展览的得失，则只有留给读者评判了。

杜大恺

展览序号 061

展览名称 幻象·本质——“当代”工笔画之新方向

展览时间 2008年4月16日—21日

展览地点 北京画院美术馆第二展厅

参展人员 徐 累 崔 进 姜吉安 陈 林 雷 苗 张 见 高 茜 秦 艾 徐华翎 杭春晖 郑庆余

展览序号 062

展览名称 韩国画家潭园金昌培北京画院邀请个人展

展览时间 2008年4月23日—27日

展览地点 北京画院美术馆第二展厅

主办单位 北京画院美术馆/人民日报社/神州书画院

后援单位 驻华韩国文化院/驻华大韩体育会/驻华韩国人会/中国北京聚龙集团/中国保健协会国际交流会/北京沃兰企业管理服务有限公司/韩国茶与文化/韩国茗仙家/韩国月刊书艺文人画

展览前言

在北京奥运会即将召开的2008年，以茶为素材的“韩国画家潭园金昌培个人邀请展”在北京得以举办，我认为其意义深远，并表示衷心的祝贺。

韩中两国碧海连波、地域相接，自古以来历史交往悠久密切，以此为平台，两国在政治、经济、文化等多个领域展开了全方位的交流。在此基础上，韩中关系如今取得了令人瞩目的累累硕果。

中国被称为茶的故乡，茶文化占据着人们生活的一部分。自古以来，韩国也与中国一样，延续着韩国特有的茶文化。

特别是在金昌培老师此次“茶韵”展示中让人一睹为快的100余件优秀作品，其中蕴含并散发着韩国人与茶相共鸣的情愫，我坚信此次展览是领略韩国茶文化的一次绝好契机。

最后，我要向为此次展示活动的成功举办给予大力支持与协助的北京画院王明明院长及有关人士致以诚挚的谢意和衷心的祝贺。

驻华韩国文化院院长 朴永大

展览序号：063

“开篇大作——人民英雄纪念碑落成五十周年纪念展”宣传招贴

展览名称 开篇大作——人民英雄纪念碑落成五十周年纪念展

展览时间 2008年4月30日—5月19日

展览地点 北京画院美术馆第一、二展厅

主办单位 文化部艺术司/中国雕塑学会/北京美术家协会/上海美术家协会/北京画院/上海中国画院

协办单位 中国雕塑研究中心/城市雕塑研究中心/北京城市雕塑建设管理办公室/北京市人文空间雕塑研究所/北京美协雕塑艺委会/中央美术学院雕塑系

承办单位 北京画院美术馆/上海中国画院美术馆

作品数量 92件

展览前言

人民英雄纪念碑作为新中国成立后第一个国家级的公共艺术工程，从1949年9月30日毛泽东主席亲自奠基，到1958年5月1日正式落成，历时八年有余，是建国以来耗时最长的大型艺术项目，也是凝聚了无数人智慧、心血的艺术精品。她不仅成为了中国近代史的形象载体，更体现出一个新兴国家的建国理念，堪称新中国的开篇大作。

我国著名的文艺理论家、美术批评家、雕塑家王朝闻称赞人民英雄纪念碑是“纪念性与创造性的对立统一，雕塑形象的生动性与概念性的对立统一，吸收外国经验与坚持中华民族艺术风格的对立统一，爱国主义与反对因循守旧的对立统一。”

五十年来，人民英雄纪念碑已经成为中华民族自强不息，追求民族独立与解放的精神象征。因此在其落成五十周年之际，由北京画院发起的此次纪念活动，将以展览的形式再现人民英雄纪念碑的建造过程及伟大成就，从而阐释人民英雄纪念碑深厚的文化内涵，彰显人民英雄纪念碑的当代价值。

北京画院

开幕式

出席嘉宾
曾竹韶（著名雕塑家，人民英雄纪念碑浮雕主要作者之一）
刘中军（文化部艺术司副司长）
王明明（北京画院院长）
曹春生（全国雕塑建设指导委员会艺术委员会主任）
盛　扬（中国美术家协会雕塑艺术委员会主任）
白澜生（中央美术学院教授）
殷双喜（中国雕塑研究中心主任）
朱尚熹（北京人文空间雕塑研究所所长）
王明贤（中国艺术研究院建筑研究所副所长）
王少军（中央美术学院雕塑系副主任）
陈培一（《雕塑》杂志副主编）

展览序号　064

展览名称　怀古寄情

——王明明手卷、册页、扇面作品展

展览时间　2008年5月21日—6月8日

展览地点　北京画院美术馆第一、二展厅

主办单位　全国政协书画室／中国美术家协会／北京美术家协会/北京画院

作品数量　68件（手卷15卷、册页36幅、扇面17幅）

展览前言　**寂寞沉静中的思索**

“怀古寄情——王明明手卷、册页、扇面作品展”宣传招贴

我在林中漫步，静听松风在耳边掠过；我在瀑布溪水边小憩，感受到震撼心灵的狂吼与潺潺流水的细语之声；我在湖边冥思静坐，一片寂静中体悟大自然的气息。大自然的美进入我的心田，使我沉静、遐思，感到心灵自由的真趣和怀古幽情的沉思。

在当今现代化的城市生活中，人们尽最大的努力去工作，使自己得到欲望中的满足。生活富裕了，但人们又觉得缺少了什么？于是又急匆匆奔向山林、原野，寻找失去的东西，使自己浮躁的心得到一分安闲，以求一种心里平衡。空寂、旷达、淡泊、宁静和至静之极的境界是古人先贤所追求的境界。沉静中才能有所悟，寂寞中才能得到精神升华，自己是否缺少这种境界呢？

在中国传统文化的观念中，山水之美与人格之美是互相映衬的。人们对自然敞开自己的心灵，体验和感悟自然与人生，产生了脍炙人口的文学名篇，留给后人美好的遐想和由衷的赞叹。历代的艺术家们被这些名篇所打动，他们向往圣人、先贤、仁者、智者所描述的超凡的境界，而创造出一幅幅巨制佳构。

我游历祖国的大好河山，体悟山水的千变万化，感悟先贤们的名篇与名作，敬畏之心油然而生，从而产生了创作的激情与思考。

手卷、册页、扇面是传统中国画中的特有形式，历代艺术家们创作了很多名作。我喜欢用这种形式来表现传统题材。在二十年中，我不断地用这种形式来重温和诠释这些题材，从而使自己慢慢地进入传统，表达自己回归传统，感悟古人的心境与情思，寻找自己心中的一种归宿。

我是在批判传统，鼓励革命、创新的环境中成长的。从批判中思考，到学习、继承传统，我经历了曲折的心路历程。这可能是我们这一代人的使命吧！世界各国的历代艺术都是在尊重前人的基础上发展的，一代代生生不息。当今多元的社会中，我们的批判多于继

承，盲目多于思考，自负多于自信。在怀疑我们民族文化的氛围中，又能产生什么样的大师呢？后人又如何评价我们呢？

我们在发展中国画的过程中，研究中国画的艺术规律比技法更重要，研究中国画的精神比时髦观念更重要，调整自己的艺术心态比批判别人更重要。艺术需要发展，艺术家需要发挥个性，但这应建立在尊重前人、同道互相尊重的基础上，否则艺术就不能健康地向前发展。

怀古使我的精神得到净化和升华，寄情表现了我在艺术上的追索与创造。这就是我此次展览的目的所在。

王明明

展览序号 065

展览名称 和平里一小迎六一绘画作品展

展览时间 2008年5月28日—6月1日

展览地点 北京画院美术馆

展览序号 066

展览名称 京城往事——刘洪宽中国画展

展览时间 2008年6月11日—15日

展览地点 北京画院美术馆第一、二展厅

主办单位 中国民主同盟北京市委员会/北京市美术家协会展览部/北京画院美术馆/北京书画艺术研究会

协办单位 中国画家协会/北京老舍研究会/人民日报社疗养院/北京化工疗养院

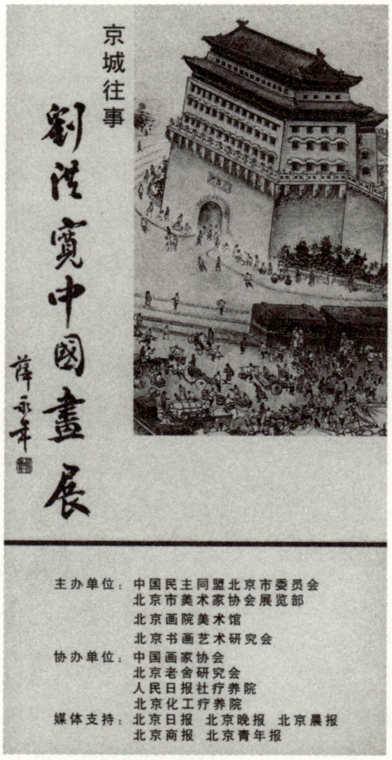

“京城往事——刘洪宽中国画展”请柬

展览序号　　067

展览名称　张必强花鸟遗作展

展览时间　2008年6月19日—23日

展览地点　北京画院美术馆第二展厅

展览前言

张必强，浙江浦江人，五十岁前为木匠，五十岁后对中国写意花鸟画深迷之，问道乡贤，后北上京华入北京画院王培东先生画室，两年后从余游，自此五上京华，百学不倦，画纸等身，苦学终日。正是勤能补拙，其画作得写意花鸟画之三味。必强之勤奋在当下是少有的，必强对艺事之真诚是难得的。在此物欲横流的时代，如必强不为欲动，真心向艺，视艺术如生命者之学人，能有几人？

然天不假年，必强去矣。但他留下了两三百件画作，是可见他精神之永存。

郭石夫

"张必强花鸟遗作展"宣传招贴

展览序号　　068

展览名称　开篇大作——人民英雄纪念碑落成五十周年纪念展（上海巡展）

展览时间　2008年6月20日—7月13日

展览地点　上海中国画院美术馆

主办单位　文化部艺术司/中国雕塑学会/北京美术家协会/上海美术家协会/北京画院/上海中国画院/

协办单位　中国雕塑研究中心/城市雕塑研究中心/北京城市雕塑建设管理办公室/北京市人文空间雕塑研究所/中央美术学院雕塑系/北京美协雕塑艺委会

承办单位　北京画院美术馆/上海中国画院美术馆

"开篇大作——人民英雄纪念碑落成五十周年纪念展"（上海巡展）宣传招贴

展览序号　　069

展览名称　淡中有味——宁斧成金石书画展

展览时间　2008年6月24日—29日

展览地点　北京画院美术馆第二展厅

主办单位　北京画院美术馆/宁斧成艺术研究会

作品数量　90余件

展览前言

宁斧成是建国后中国传统书画艺术的忠实继承者，同时，他也是新时期现代书法绘画创新的先驱。尤其是他在扎实的传统书法的基础上，创出雄健、清朗、古意盎然的一种新体隶书。在那个相对封闭的时代进行这样的书法创新是极其富有意义的。

在艺术的创新意识不断增强的今天，在艺术呈现多元化发展的局面下，我们希望通过对宁斧成金石书画作品的展示，重新认识、研究这位在上世纪60年代中期就已经取得突出成就的艺术家，以及他在书法、篆刻和指画等方面所表现出可贵的创新精神对我们今天的启示。

“淡中有味——宁斧成金石画展”宣传招贴

展览序号　070

展览名称　2008中韩现代美术展

展览时间　2008年7月1日—13日

展览地点　北京画院美术馆第一、二展厅

主办单位　北京画院／韩中美术交流会

后援单位　中国美术家协会／北京美术家协会／大韩民国驻华文化院／韩中文化艺术FORUM／韩国美术协会

“2008中韩现代美术展”宣传招贴

参展人员

中　方	闻立鹏	袁运甫	曹达立	朱乃正	杨延文
	闫振铎	李小可	孙为民	王明明	吴长江
	王沂东	田黎明	白羽平	莫晓松	雷　波
韩　方	吴承雨	闵庚甲	朴南在	朴洸真	宋荣邦
	金凤台	李钟祥	李奎鲜	石兰姬	李澈周
	吴浪子	李斗植	金春玉	朴学成	李光春

作品数量　45幅

展览前言

“2008中韩现代美术展”是中韩美术交流史上又一件值得庆贺的事情。中韩现代美术展自2003年成功举办以来，正在逐渐产生更大的影响。此次展览恰逢北京奥运会及中韩两国建交15周年之际举行，具有特别的意义。

中韩两国都有着悠久的文化艺术传统，同在东方，彼此有着相近甚至同质的文化内核。近代以来，西风东渐，东方文化受到西方文化的深重影响，面临前所未有的挑战，如何促进本民族传统文化的现代转型是中韩两国面临的共同历史性课题，这使中韩两国的文化艺术交流具有更为切实的基础和彼此关照、借鉴、互勉的内在动力，因而具有更为深远的意义。

此次展览将更进一步促进两国艺术家在学术上的交流，彼此取长补短，互有助益。期望此次展览中显示出的良好态势，为两国艺术家的相互学习，为扩大中韩两国的美术交流，乃至中韩两国的友谊做出更大的贡献。

北京画院

韩中美术交流会

开 幕 式

出席嘉宾　辛正承（大韩民国驻华大使）

朴永大（大韩民国驻华大使馆文化院院长）

闵庚甲（韩国艺术院院士）

朴洸真（韩国画家）

宋荣邦（韩国画家）

李奎鲜（韩国画家）

吴浪子（韩国画家）

金春玉（韩国画家）

闵庚显（韩国艺术理论家）

王明明（北京画院院长）

王　珠（北京市文化局副局长）

闻立鹏（中央美术学院教授）

袁运甫（中国工艺美术协会副理事长）

曹达立（北京画院一级美术师）

朱乃正（中央美术学院教授）

杨延文（北京画院艺术委员会顾问）

闫振铎（北京画院艺术委员会副主任）

李小可（北京画院艺术委员会主任）

吴长江（中国美协分党组书记）

展览序号：071

展览名称　古都寻梦——一个摄影家对皇城古老梦境的寻访（梅生摄影艺术展）

展览时间　2008年7月16日—21日

展览地点　北京画院美术馆第一、二展厅

主办单位　北京画院/中国摄影家协会

作品数量　80件

展览前言　古都北京，三千年历史，五朝都邑，八百载皇城，辉煌博大，无以尽数。卓然风范的城池宫苑，瑰丽雄浑的殿宇园林，沧桑幽寂的陵寝坛庙，晓风残月的古道边城，得天下之大观，极古今之一统。北京皇家景观建筑，居于世界同类之首，皆列于联合国《世界遗产

名录》。

建筑，人类居住形态，文化载体符号，早于典籍，大于器物，常人熟视无睹，哲人观之有思。建筑是凝固的历史，摄影人的拍摄是对历史的哲理剖析。

古都沉雄，皇城迷离，天地映照，阴阳含隐，如梦如诗。一个摄影人对古城梦境的寻访，诗梦哲思，在高低俯仰的角度选择中，将浑重的哲思和绮丽的诗梦摄于平面的图像之中。

“古都寻梦——一个摄影家对皇城古老梦境的寻访（梅生摄影艺术展）”宣传招贴

徜徉古都十余载，快门开启之间，经常会有些虚幻的影像闪现在镜头里，其实只是一种非正常的观察状态，一种超越时空的心理感悟，或叫做“灵感”，或称为“梦境”，只是把眼睛的错觉和心灵的迷幻移接到镜头上，虚变为实，一个是另一个的梦。移花接木，摄影将瞬间固定，梦境成为现实。

梦是诗的世界。

诗是摄影师的镜头，把现实变为图像。

图像是摄影人的哲学思考。

梅　生

开幕式

出席嘉宾　郑欣淼（故宫博物院院长）
李前光（中国摄影家协会分党组书记）
宋举浦（中国摄影家协会理事）
王明明（北京画院院长）
苏士澍（文物出版社社长）
王郑生（中国摄影家协会分党组副书记）
邓　维（中国摄影家协会副主席）
王文澜（中国摄影家协会副主席）
朱宪民（中国摄影家协会副主席）
张桐生（中国摄影家协会副主席）
王　瑶（中国摄影家协会副主席）
王　悦（中国摄影家协会副主席）
李文儒（故宫博物院副院长）
王亚民（故宫博物院副院长）
吕厚民（中国摄影家协会顾问）
马未都（观复古典艺术博物馆馆长）
山本敏彦（佳能-中国有限公司总经理）

展览序号 072

展览名称 开篇大作——人民英雄纪念碑落成五十周年纪念展（深圳巡展）

展览时间 2008年7月18日—8月6日

展览地点 关山月美术馆A、B展厅

主办单位 文化部艺术司/中国雕塑学会/北京美术家协会/上海美术家协会/北京画院/上海中国画院

协办单位 中国雕塑研究中心/城市雕塑研究中心/北京城市雕塑建设管理办公室/北京市人文空间雕塑研究所/北京美协雕塑艺委会/中央美术学院雕塑系

承办单位 北京画院美术馆/关山月美术馆

展览序号 073

展览名称 齐白石·中国画——北京画院院藏精品展

展览时间 2008年7月25日—9月22日

展览地点 北京画院美术馆第一、二、三、四展厅

作品数量 192件

"齐白石·中国画——北京画院院藏精品展"宣传招贴

展览前言

中国画是中国优秀的传统艺术形式之一，在千年的发展历程中，凝炼了深厚的中国人文精神和艺术精髓。近代以来，中国画面临现代转型的历史课题，在传统与现代之间，几代中国艺术家为此做出了艰苦而卓越的艺术探索，取得了令人瞩目的艺术成就，并以自身的独特魅力而在世界艺术之林占有重要的位置。在全球化时代的今天，艺术多元化的发展已经取得全世界人民的共识，中国画将以坚持民族特色、更加开放的心态，兼容并蓄，多样发展，为人类的艺术创造做出新的贡献。

齐白石是20世纪中国画家的杰出代表，他与其他众多中国画家的卓越艺术创作共同谱写了20世纪中国画发展的辉煌篇章。这里展出的齐白石与28位名家作品是北京画院珍藏的优秀作品，从总体上反映了20世纪中国画艺术创作的基本艺术面貌。这些艺术家从山水、人物、花鸟的不同题材选向，到艺术形式、风格、技巧的个性语言，以及各自的审美内涵，都表现出鲜明的个性特征，然而又都具有强烈的时代精神，体现出20世纪中国画多元发展的面貌。这些作品留下了20世纪中国画探索、发展的历史印记。

在新世纪的今天，在2008年北京奥运会开幕的盛大日子里，回顾这些艺术大师的作品，为推动中国画的进一步发展提供新的启示，也为国际友人走近和认识中国画，乃至中国文化而奉献一个契机。

北京画院

展览序号　074

展览名称　开篇大作——人民英雄纪念碑落成五十周年纪念展（湖北巡展）

展览时间　2008年8月15日—9月15日

展览地点　湖北省艺术馆3、4、5、6号展厅

主办单位　文化部艺术司/中国雕塑学会/北京美术家协会/北京画院/湖北省艺术馆

协办单位　中国雕塑研究中心/城市雕塑研究中心/北京城市雕塑建设管理办公室/北京市人文空间雕塑研究所/北京美协雕塑艺委会/中央美术学院雕塑系/湖北美术学院雕塑系

承办单位　北京画院美术馆

开幕式
出席嘉宾　刘中军（文化部艺术司副司长）
安远远（文化部艺术司文学美术处处长）
殷双喜（中央美术学院教授）
冀少峰（石家庄当代美术馆艺术总监）
李盈春（北京画院副院长）
吴洪亮（北京画院美术馆馆长）
宛少军（北京画院学术研究部副主任）
唐小禾（著名艺术家）
徐勇民（湖北美术学院院长）
董继宁（湖北省美术院院长）
徐　建（湖北省美术家协会秘书长）
方　方（湖北省作家协会主席）
周向林（湖北美术学院副院长）
吴汉东（湖北省美术家协会副主席）

展览序号　075

展览名称　开篇大作——人民英雄纪念碑落成五十周年纪念展（天津巡展）

展览时间　2008年9月20日—10月7日

展览地点　天津美术学院美术馆

主办单位　文化部艺术司/中国雕塑学会/北京美术家协会/上海美术家协会/北京画院/上海中国画院

协办单位　中国雕塑研究中心/城市雕塑研究中心/北京城市雕塑建设管理办公室/北京市人文空间雕塑研究所/中央美术学院雕塑系/北京美协雕塑艺委会

承办单位　北京画院美术馆/上海中国画院美术馆/天津美术学院美术馆

展览序号　076

展览名称　心画大象——北京画院院藏齐白石精品展

展览时间　2008年9月23日—28日

展览地点　北京画院第三、四展厅

展览序号　077

展览名称　走出清华——清华大学美术学院2006级访问学者作品联展

展览时间　2008年9月28日—10月6日

展览地点　北京画院美术馆第一、二展厅

主办单位　中国美术家协会展览部

承办单位　空军政治部文艺创作室/北方工业大学艺术学院/北京文艺网

参展人员　王界山　王书万　王金花　申世辉　卢晓波　关宏臣　朱海刚　蒋才坤

作品数量　60余幅

展览前言

画界，有这样一群“和而不同”的画家，集结在一起，一道进入清华美院做了访问学者，随后又走出美院，怀着对艺术、人生的感悟与信念，乐此不疲地继续完成着每个人自己的宏愿，在20余年中，他（她）们在追梦中充实地行走着，行走中的面貌充溢着个性的、丰厚的和多变的内涵及精进的精神气息。

这里，面对形貌各异的成熟作品，非常值得让我们去祝愿、关注和欣赏这行走中坚实而清晰的印记，因为这印记承载着文明进程的步伐并指向当代与未来……

铁木忽尔

展览序号　078

展览名称　第七回·中日美术交流联合展

展览时间　2008年10月8日—20日

展览地点　北京画院美术馆第一、二、三展厅

主办单位　北京画院/日本南画院

后援单位　北京市文化局/日本国驻华大使馆

作品数量　91幅（中国41幅　日本50幅）

“第七回·中日美术交流联合展”宣传招贴

展览前言

2008年，值北京举办奥运会之际，再次迎来了“第七回·中日美术交流联合展览”，这是中日美术交流史上又一件值得庆贺的事情。

北京奥运，举世瞩目，北京成为世界关注的焦点。让世界人民更好地了解北京是中国艺术家乐于奉献的心灵企盼。北京的画家们更是义不容辞地担负起了这一构现北京艺术形象的创造工作。这次参展的中方艺术作品，涉及到北京社会生活的各个方面，既有深厚的

人文历史遗存，又有现代化建设的北京新貌；既有北京周边优美的自然景致，也有丰富多彩的都市生活情趣……体现出艺术家们对北京深厚的感情和丰盈的艺术表现力，为认识北京增添了新的视觉感受。

日本南画从题材到形式继续展现着丰富的艺术创造力，很多画家表现了新的艺术取向，取得了新的艺术成果。日本南画表现形式的多样化，体现出多种艺术观念相互共存、交融的状态，表现了日本南画家在处理继承与创造的关系上所具有的开放的心态，以及为此所做出的诸多努力，这是值得中国画家尊敬和认真思索的。

水墨画是东方特有的艺术形式，在中日两国都有着深厚的民族根基。在全球化时代的今天，如何使这一传统艺术形式适应现代人的社会生活，并焕发出新的创造生机，是中日两国艺术家面临的共同历史性课题，也是需要迫切且认真解决的问题。基于这样的认识，中日两国的美术交流就具有更为切实的基础和彼此关照、借鉴、互勉的内在动力，因而中日美术交流展就具有更为深远的意义。

相信“中日美术交流联合展”的持续举办，将会继续受到两国艺术家的欢迎，以及两国人民的欢迎和支持，会为推动中日两国的文化交流和友谊，为推动水墨画的不断发展做出不懈的贡献。

北京画院

开幕式

出席嘉宾　町田泰宣（日本南画院理事长）
市川皓（日本南画院副理事长）
村岸良华（日本南画院副理事长）
陈广文（原北京市政协主席）
王　珠（北京市文化局副局长）
杨延文（北京画院艺术委员会顾问）
李小可（北京画院艺术委员会主任）
庄小雷（北京画院第一创作室主任）
王文芳（北京画院一级美术师）
宋　涤（清华大学美术学院教授）

展览序号　079

展览名称　纸上春秋——陈半丁中国画精品回顾展（二十世纪中国美术大家系列展之六）

展览时间　2008年10月23日—11月30日

展览地点　北京画院美术馆第一、二展厅

主办单位　中央文史研究馆/北京画院

作品数量　100件

展览前言　陈半丁（1876—1970）先生，中国现代美术史上成就卓越的书画大家，是京派中国画

的杰出代表之一。

陈半丁的一生，跨越晚清、民国、中华人民共和国等历史时期。早年孤苦，后凭借自己的艰辛努力，步入画途。1906年随金城进京后，上下求索，逐渐成为北京中国画坛的中心人物之一。新中国建立后，团结众多画家，积极立言，为传统中国画的继承与发展做出了重要贡献。

“纸上春秋——陈半丁中国画精品回顾展”宣传招贴

陈半丁具有深厚的传统人文底蕴，艺术修养全面，擅长花卉、山水及人物，诗、书、画、印并进。他的作品具有海派艺术遗风，又兼融明、清写意画各家之长，具有纯正的中国传统文人画特色。陈半丁在长期的艺术修炼中，创造了一种平易自然、雅俗共赏的写意风格，既具有民间艺术浓艳富贵的特色，又透出清秀典雅的文人画之气。

由于历史的种种原因，陈半丁的艺术还没有被更多的公众所认识。回顾和总结陈半丁的艺术成就，学习和继承他的艺术风范，对于探索和推动中国画在新世纪的发展必将产生有益的思考和启迪。

中央文史研究馆

北京画院

开幕式

出席嘉宾　赵喜明（全国政协书画室副主任）

陈鹤良（国务院参事室副主任）

郭怡孮（中国美术家协会中国画艺术委员会副主任委员）

杨延文（北京画院艺术委员会顾问）

冯锦汶（原最高人民检察院副检察长）

陈滋英（原国务院港澳办公室副主任）

王国荣（绍兴陈半丁纪念馆馆长）

陈燕保（陈半丁之子）

展览序号　080

展览名称　《中国美术家作品集》首发式

暨当代中国画名家九人展

展览时间　2008年12月3日—15日

展览地点　北京画院美术馆第一、二展厅

主办单位　人民美术出版社

承办单位　北京图文天地制版印刷有限公司/

北京大鸿图文化经纪有限公司

参展人员　李宝林　郭怡孮　杜滋龄　姜宝林　程大利

刘大为　龙　瑞　冯　远　王明明

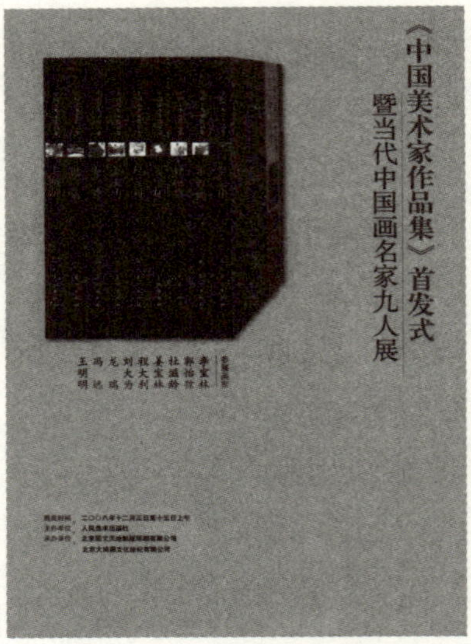

“《中国美术家作品集》首发式暨当代中国画名家九人展”宣传招贴

展览序号　081

展览名称　陶之记忆——中国古代陶塑艺术展暨《凝聚梦想》北京百件奥运雕塑画册首发式

展览时间　2008年12月18日—23日

展览地点　北京画院美术馆第二展厅

主办单位　北京画院/中国文物信息咨询中心/北京城市雕塑建设管理办公室/北京美术家协会

作品数量　33件（套）

展览前言　《周书》言：“神农耕而作陶。”远古初民在耕种五谷、驯养牲畜的同时，开始懂得使用黏土制陶。陶的发明体现了人类对水、土、火的认识和把握，加快了社会由“蒙昧时代”向“蛮荒时代”的迈进。作为人类本质力量物化的最初艺术呈现，它开启了民族传统文化的先河，不仅为青铜器的出现创造了条件，也为此后的绘画、雕塑和建筑做了造型技艺的准备。中国的陶与瓷有着鲜明的继承关系，其悠久的传统自新石器时代至今从未间断，几乎记载了所有时期的社会信息，堪称我国经济生活、文化艺术、科学技艺发展的缩影。悠悠的古陶之路，从朴拙沉稳的原始彩陶、恢宏雄壮的秦兵马俑，到妙趣横生的汉说唱俑、雍容华贵的唐三彩，乃至脱胎于陶的臻美瓷器。它犹如一条源远流长的大河，无论潺潺的源头，还是入海的巨流，无不是一道道清澄妩媚、

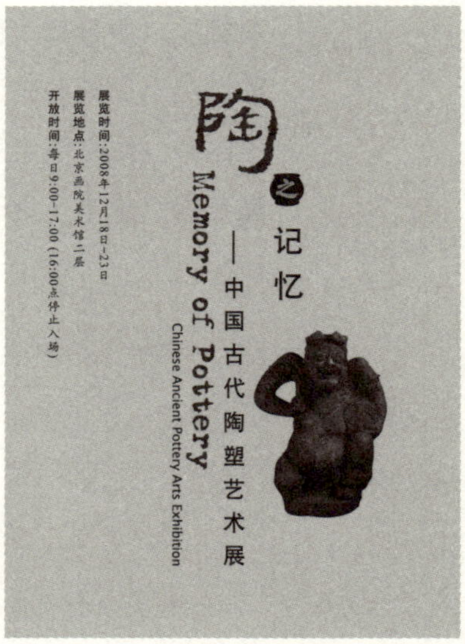

“陶之记忆——中国古代陶塑艺术展”宣传招贴

雄健激荡抑或壮丽绚烂的风景。任随汲取一掬河水，都可从中感受到其中折射出的文化底蕴和艺术魅力。

中国历代的陶塑饱受岁月更迭，历经沧海桑田才得以破土而出。如今，站在它们面前，细细地观赏，就仿佛在抚摸历史，进行一次数千年的文化巡礼和艺术寻根。一件件古陶，呈现的不仅是造型艺术的发展，审美观念的演变，更是中华文明延续不断的历史脉络。

北京画院

展览序号　082

展览名称　天机自得——齐白石的笔下画境

展览时间　2008年12月26日—2009年1月16日

展览地点　武汉美术馆

主办单位　武汉市文学艺术界联合会／北京画院／武汉美术馆

作品数量　64幅

展览前言

齐白石（1864—1957），中国二十世纪杰出的艺术大师。不仅诗书画印、花鸟、山水、人物、工笔、写意，无一不能，更一改当时画界日趋滞锢的文人之气，融前人精粹，取民风自然，创“红花墨叶”，独树一帜，成为画坛翘楚。齐白石一生，勤九十余载，作品巨丰，至今无人能出其右。此次恰逢武汉美术馆开馆之喜，所展出白石画作近七十幅，是从北京画院所藏齐白石近两千件作品中精选而成。以图稿及作品对照方式展出，不仅呈现了齐白石作品（工虫、水族、禽鸟、花卉、人物等）的多个侧面，更可从中体味出白石老人精习古人时的谦和，师法自然时的入微，从而理解大师“画前人所未画”，大笔“一挥而成”之前，“不教一日闲过”的敬业与勤勉。

“天机自得——齐白石的笔下画境”宣传招贴

“采花蜂苦蜜方甜”，这“甜”之于齐白石的成就，更之于为此展得来武汉，付出太多辛劳的同仁。望展览成功，望武汉观众能有享“眼福”之感。

吴洪亮

展览序号　083

展览名称　“自然 · 而然”——唐寅油画展

展览时间　2008年12月27日—2009年1月3日

展览地点　北京画院美术馆第二展厅

主办单位　中央美术学院研究生部

作品数量　39幅

“‘自然 · 而然’——唐寅油画展”宣传招贴

媒体关于北京画院美术馆报道评介一览表

2005年

展览名称：北京画院院史展
草间偷活——齐白石笔下的草虫世界

题　目	报刊名称	作　者	时　间
北京画院美术馆齐白石纪念馆开馆	《中国文化报》	朱虹子　王民德	2005.9.20
北京画院美术馆齐白石纪念馆将于近日开馆	《文艺报》		2005.9.20
北京画院美术馆落成开馆	《中国旅游报》	郝　丽	2005.9.21
观白石大师原作　品京派画家精品 ——北京画院美术馆齐白石纪念馆落成近日开馆	《北京青年报》	王　岩	2005.9.22
“齐白石纪念馆”尚未定名	《新京报》	甘　丹	2005.9.23
北京画院美术馆已于九月中旬开馆 ——专访北京画院院长王明明	《艺术新闻》	杨　扬	2005.10
北京画院建成自己的美术馆	《中国书画报》	彭利铭	2005.10.3
北京画院美术馆齐白石纪念馆落成开馆	《人民日报》（海外版）		2005.10.8

活动名称：北京画院美术馆、齐白石纪念馆新闻发布会

题　目	报刊名称	作　者	时　间
逛京城四地　赏名家画作	《法制晚报》	郝洪捷	2006.1.19
草间偷活——齐白石笔下的草虫世界	《北京日报》	李继辉	2006.2.10
北京画院今年带您逛“城池” ——“城池漫游”6月在中国美术馆拉开帷幕	《北京晨报》	王　琳	2006.2.13

北京画院10元钱赏齐白石真迹	《竞报》	杨 柳	2006.2.13
“梅菊远思” “花能解语” ——北京画院美术馆对集体参观的中小学生免费开放	《北京晚报》	罗 颖	2006.2.13
北京画院藏品价值几十亿	《竞报》	李加强	2006.2.14
北京画院美术馆带你探秘白石老人的世界	《北京青年报》	王 岩	2006.2.14
北京画院藏4000历代名画	《信报》	孙玉洁	2006.2.14

展览名称：第六回·中日美术交流联合展

题 目	报刊名称	作 者	时 间
中日佳作 平分秋色——美术交流联合展	《法制晚报》	郝洪捷	2005.10.17
第六回·中日美术交流联合展开幕	《北京晚报》		2005.10.17
振兴东方水墨文化	《人民日报》（海外版）	许 涿	2005.10.19
第六回·中日美术交流联合展在京举行	《人民政协报》		2005.10.21
中国水墨画对垒日本南画 ——北京画院美术馆首次推出专题展	《信报》	孙玉洁	2005.10.23
中日美术交流“第六回”	《中国文化报》		2005.10.25
第6回中日美术交流合同展	《全日本美术》（日）		2005.11.10
日本南画院北京へ 中国北京画院と交流展	《美术通信》（日）		2005.11.10
第6回“中日美术交流联合展”	《新美术新闻》（日）		2005.11.11

展览名称：源远流长山水情——北京·台湾当代十人画展

题 目	报刊名称	作 者	时 间
“北京·台湾当代十人画展”在北京举行	《人民政协报》		2005.10.25
源远流长 情牵两岸 ——北京·台湾当代十人山水画展举办	《中国文化报》		2005.10.25

北京台湾10画家联手绘山水	《信报》	孙玉洁	2005.10.25
同祖同宗　同源同法 ——写在北京、台湾山水画展之前	《人民日报》（海外版）	陈履生	2005.10.31

2006年

展览名称：承传与变革——新金陵画派经典作品展

题　目	报刊名称	作　者	时　间
"承传与变革——新金陵画派经典作品展"在北京开幕	《美术报》	尚　辉	2006.1.14
亿元画作武装押运到京 ——46年前引发轰动的新金陵画派作品在北京画院展出	《信报》	孙玉洁	2006.1.15
现实主义精神与中国画的广阔前景——新金陵画派的启示	《国画家》	马鸿增	2006.2
承传与变革——新金陵画派经典回顾	《中国文化报》		2006.3.6
"承传与变革——新金陵画派经典作品展"在京举行	《江苏美术》		2006.4

展览名称：女儿·匡剑油画展2004—2005

题　目	报刊名称	作　者	时　间
关爱人生　关注社会——21世纪有影响力画家匡剑	《北京晚报》		2006.4.27

展览名称：自家造稿——齐白石笔下的人物神情
新变与转换——北京画院珍藏20世纪中期工笔画展

题　目	报刊名称	作　者	时　间
齐白石人物画展　透露大师背后"秘密"	《北京青年报》	王　岩	2006.4.26
齐白石64件人物画稿本公开露面	《北京日报》	路艳霞	2006.4.26
天价齐白石晚年人物画开展 ——画作图稿同时亮相　精品价值难以估量	《信报》	孙玉洁	2006.4.26

20世纪工笔画大家精品　齐白石笔下的人物神情 ——五一期间北京画院精心打造两大画展	《人民日报》(海外版)	华　苑	2006.4.28
从"自家造稿"领略齐白石人物 由"新变与转换"品味上世纪中期工笔画 ——北京画院，五一大办藏品展	《中国书画报》	晶　晶	2006.5.4
北京画院秘藏齐白石人物画稿与观众见面	《中国文化报》		2006.5.9
洒脱背后是艰辛——齐白石笔下的人物神情	《北京日报》		2006.5.8
佳作欣赏："新变与转换——北京画院藏20世纪中期工笔画作品展"展览作品	《中国书画报》		2006.5.11
专业而生动的展览——记齐白石作品系列特展之二	《中国艺术报》	张亚萌	2006.5.19
Master's figures	《China Daily》	武丽萍	2006.5.25

展览名称: 借山娱目——齐白石笔下的山水意境
梅菊远思——齐白石笔下梅兰竹菊松的世俗意趣

题　目	报刊名称	作　者	时　间
借山娱目　梅菊远思——北京画院再推齐白石山水花鸟画	《中国书画报》	彭利铭	2006.10.23
北京画院金秋再展秘藏齐白石山水·花鸟	《中国书画报》	梅　述	2006.10.24
观赏性与学术性兼具 ——北京画院美术馆再推齐白石作品专题展	《文艺报》	天　寒	2006.10.26
齐白石笔下的世俗意趣 ——北京画院美术馆金秋再揭秘藏齐白石系列特展之三、之四	《北京日报》		2006.11.6

展览名称: 心迹自然——王明明花鸟画展

题　目	报刊名称	作　者	时　间
王明明办个人花鸟画展 劝画家不要追逐市场	《北京娱乐信报》	孙玉洁	2006.10.19
贾庆林在京观看"心迹自然——王明明花鸟画展"	新华社	李　斌	2006.10.20
王明明常务理事花鸟展追求心迹自然	《北京日报》		2006.10.24

展览名称：继承与开拓——谢永增、南海岩、郭宝君作品联展

题　目	报刊名称	作　者	时　间
北京画院首批签约画家展示成绩	《中国文化报》	朱虹子	2006.11.18
北京画院推出新人新作	《人民日报》（海外版）	华　苑	2006.11.21
三位年轻画家，联展北京画院改革成果	《中国书画报》	彭利铭	2006.11.23

展览名称：南京书画院作品展

题　目	报刊名称	作　者	时　间
南京书画院进京展示整体创作实力	《文艺报》	天　寒	2006.11.23
在院派交流中碰撞思想 ——“南京书画院作品展”暨研讨会在京举办	《中国文化报》	成笑容	2006.11.29

展览名称：北方的诗学——同路而行　第三届油画作品展

题　目	报刊名称	作　者	时　间
与“北方的诗学”同路而行	《中国文化报》	范一鸣	2006.12.28

展览名称：新瓷器时代——法蓝瓷重燃华人瓷艺骄傲展

题　目	报刊名称	作　者	时　间
景德镇法蓝瓷获“世界杰出手工艺品徽章”	《文艺报》	任静静	2006.12.28
法蓝瓷：用产业化经营推动艺术生活化	《中国文化报》	隗瑞艳	2007.1.1

2007年

展览名称：花言鸟语——北京画院珍藏写意花鸟画作品展

题　目	报刊名称	作　者	时　间
花言鸟语——北京画院珍藏写意花鸟画作品展举行	《文艺报》		2007.1.20
56幅写意花鸟画珍品刻下时代印记	《北京日报》	路艳霞	2007.1.20
花言鸟语——北京画院珍藏写意花鸟画	《中国文化报》	尚　辉	2007.1.21
农作物登上花鸟画 ——北京画院举办珍藏大师画作展　56幅墨宝亮相	《信报》	孙玉洁	2007.1.21
花言鸟语，说上世纪一段文脉 ——北京画院珍藏写意花鸟画作品在京展出	《中国书画报》	彭利铭	2007.1.25
花言鸟语	《人民日报》（海外版）		2007.1.26
花言鸟语——北京画院珍藏写意花鸟画作品展	《美术报》		2007.1.27

展览名称：笔墨辑痕——王铁全山水画展

题　目	报刊名称	作　者	时　间
王铁全　胸怀丘壑写从容	《北京晨报》	杨现富	2007.2.5

展览名称：天地神韵——汤文选、汤立大写意作品展

题　目	报刊名称	作　者	时　间
汤文选、汤立父子挥就“天地神韵”	《中国文化报》	严长元	2007.4.1

展览名称：纸上——段正渠纸本作品展

题　目	报刊名称	作　者	时　间
纸上：段正渠纸本作品展举行	《文艺报》		2007.4.14

展览名称：和谐盛世——雅临轩首届中国著名画家邀请展

题　目	报刊名称	作　者	时　间
和谐盛世 ——雅临轩首届中国著名画家邀请展即将举行	《文艺报》		2007.4.14
丹青绘和谐——雅临轩首届中国著名画家邀请展将开展	《中国文化报》		2007.4.15

展览名称：花之觉——张佳婷油画个展

题　目	报刊名称	作　者	时　间
花之觉	《中国文化报》	尚　辉	2007.6.3
花之觉——张佳婷油画展举行	《文艺报》		2007.6.9

展览名称：庆祝香港回归十周年——萧晖荣中国画展

题　目	报刊名称	作　者	时　间
著名画家萧晖荣中国画巨作　喜迎香港回归十周年	《香港商报》	Carick	2007.6.29

展览名称：启功联语墨迹展

题　目	报刊名称	作　者	时　间
启功逝世后首次展墨迹 ——展品来自友人珍藏　前后跨度60年	《北京晚报》	彭利铭	2007.7.24
启功联语墨迹展在京举办	《人民日报》（海外版）		2007.7.27

展览名称：草泥乡里——齐白石笔下的水族意趣
和而不同——北京画院院藏人物画作品展

题　目	报刊名称	作　者	时　间
草泥乡里——齐白石笔下的水族意趣	《中国文化报》	李　迅	2007.8.5

和而不同——北京画院院藏人物画作品展悄然开展	《中国文化报》		2007.8.5
北京画院美术馆双展同辉 ——"草泥乡里"：讲白石老人水族意趣 "和而不同"：道上世纪人物画流变	《中国书画报》	彭利铭	2007.8.13
北京画院美术馆呈现齐白石笔下的水族意趣	《中国艺术报》	小　熊	2007.8.14
草泥乡里　和而不同——北京画院院藏作品展	《人民日报》(海外版)	郑　文	2007.8.14
"草泥乡里——齐白石笔下的水族意趣展" "和而不同——北京画院院藏人物画作品展" 北京画院美术馆开展	《文艺报》		2007.8.18

展览名称：曹明油画展

题　目	报刊名称	作　者	时　间
昨日曹明油画展暨研讨会在北京画院美术馆举行	《文艺报》		2007.9.1

展览名称：东方神韵——白羽平、蔡玉水、莫晓松作品展

题　目	报刊名称	作　者	时　间
北京画院推新人展	《北京晚报》	彭利铭	2007.9.8
风华正茂　各逞风姿——白羽平、蔡玉水、莫晓松联展感言	《中国文化报》	曹玉林	2007.9.9
东方神韵——白羽平、蔡玉水、莫晓松作品展举行	《文艺报》		2007.9.15
东方神韵——白羽平、蔡玉水、莫晓松作品	《人民日报》(海外版)	郑　文	2007.9.21

展览名称：彩云之南——中国画名家云南采风作品展

题　目	报刊名称	作　者	时　间
"彩云之南"雅临轩中国画名家云南采风作品展举行	《文艺报》		2007.9.15
画笔挥写"彩云之南"	《中国文化报》		2007.9.16
彩云之南	《人民日报》(海外版)	祖　伟	2007.9.21

展览名称：造化与真情——姚有多水墨艺术纪念展

题目	报刊名称	作者	时间
造化与真情——姚有多水墨艺术纪念展举行	《文艺报》		2007.9.29
造化与真情 ——写在“姚有多水墨艺术纪念展”举办之际	《中国文化报》	北 言	2007.9.30
造化与真情——纪念姚有多先生诞辰七十周年	《今日信息报》	长 明	2007.11.5

展览名称：任率英——连环画艺术回顾展

题目	报刊名称	作者	时间
复兴连环画需要做什么 ——“任率英连环画艺术回顾展”带来的思考	《中国文化报》	成笑容	2007.10.28

展览名称：疎影留香——北京画院院藏于非闇作品展

题目	报刊名称	作者	时间
“疎影留香”寓吉祥——北京画院举办于非闇作品展	《中国书画报》	彭利铭	2007.10.22
疎影留香——北京画院院藏于非闇作品展	《人民日报》（海外版）	郑 文	2007.10.30
怡悦心声的无声诗——“北京画院院藏于非闇作品展”观后	《中国文化报》	秋 韵	2007.11.18
疎影留香——记北京画院院藏于非闇作品展	《北京日报》		2007.12.2
《于非闇》浓缩“京派”画家艺术创造	《北京日报》	路艳霞	2007.12.29
贺《于非闇》画集出版	《北京晚报》	金鸿钧	2008.1.8
于非闇艺术研讨会在京举行	《人民日报》（海外版）	郑 文	2008.1.25

展览名称：地域·风格——2007年《国画家》提名展

题　目	报刊名称	作　者	时　间
地域·风格——2007年《国画家》提名展将在京举行	《中国书画报》	京　文	2007.11.1
15位国画家展“地域·风格”	《北京日报》	路艳霞	2007.11.19
“地域·风格——2007年《国画家》提名展”在京开幕	《文艺报》		2007.11.24
提倡多样创作　展示地域风采 ——“地域·风格2007年《国画家》提名展”	《中国文化报》	成笑容	2007.11.25

展览名称：朱明德——走近奥运建设者速写展

题　目	报刊名称	作　者	时　间
用画笔为奥运场馆建设者塑像 ——“朱明德走近奥运建设者速写展”在北京画院揭幕	《北京文艺》	雁　子	2007.12.28
朱明德画作歌颂奥运建设者	《中国文化报》	赵凤兰	2007.12.30

2008年

展览名称：欧阳笃材书画作品展

题　目	报刊名称	作　者	时　间
取精旧法成新法——欧阳笃材的书画艺术	《人民日报》	王明明	2008.1.6
九旬欧阳笃材进京办展	《中国文化报》	黎　琼	2008.1.24
欧阳笃材艺术展在京举行	《人民日报》（海外版）	彭　文	2008.1.25
欧阳笃材艺术观摩暨学术研讨会亮相北京画院	《中国艺术报》	康　伟	2008.1.25

展览名称：心法自然——穆永瑞、王兴家、张志国、孙佩杰书画展

题 目	报刊名称	作 者	时 间
四人联展“心法自然”	《中国文化报》	弓 木	2008.2.28

展览名称：画范传灯——胡佩衡中国画精品回顾展

题 目	报刊名称	作 者	时 间
精研传统，画范传灯 ——胡佩衡中国画精品回顾展举行	《中国艺术报》	张亚萌	2008.2.29
胡佩衡：精研传统　传承画范	《中国文化报》		2008.3.6
让“画范”得以“传灯”——北京画院纪念胡佩衡	《中国书画报》	彭利铭	2008.3.6
胡佩衡中国画精品回顾	《人民日报》（海外版）	华 苑	2008.3.25

展览名称：花能解语——齐白石笔下的花卉情趣

题 目	报刊名称	作 者	时 间
北京画院秘藏齐白石作品系列特展	《中国改革报》	明 慧	2008.3.29
花能解语——齐白石笔下的花卉情趣	《中国文化报》	关 文	2008.4.3

展览名称：走近太行——中国画名家采风作品展

题 目	报刊名称	作 者	时 间
北京画家走进太行	《北京晚报》		2008.3.29

展览名称：四季水墨·春——当代优秀艺术家中国画提名展

题　目	报刊名称	作　者	时　间
“四季水墨”——当代优秀艺术家中国画作品展春季展举行	《文艺报》		2008.4.12
“四季水墨”——当代优秀艺术家中国画作品展	《人民日报》（海外版）	华　苑	2008.5.2

展览名称：开篇大作——人民英雄纪念碑落成五十周年纪念展

题　目	报刊名称	作　者	时　间
重读红色经典	《雕塑》	马明宸	2008.3期
人民英雄纪念碑落成50年纪念展月底起在京展出	《解放日报》	王　虎	2008.4.14
“人民英雄纪念碑”档案史料首次大规模公开	中央电视台《整点新闻》		2008.4.17
文化新闻	北京人民广播电台		2008.4.18
百岁雕塑家揭秘人民英雄纪念碑	《北京晨报》	刘　婷	2008.4.18
人民英雄纪念碑工程参与者再聚首	《京华时报》		2008.4.21
五十年后再聚首：走近人民英雄纪念碑落成50周年纪念展	《中国文化报》	严长元	2008.4.22
简讯：“开篇大作——人民英雄纪念碑落成五十周年纪念展”与观众见面	中央电视台《新闻联播》		2008.4.30
Exhibition Dedicated to the Monument to the People's Heroes Opens	中国国际广播电台		2008.4.30
我的收藏——人民英雄纪念碑落成50周年纪念	首都生活广播《我的收藏》		2008.4.30
人民英雄纪念碑落成五十周年纪念展	《人民日报》（海外版）	华　苑	2008.4.30
北京画院美术馆自降门票价格——2元钱看人民英雄纪念碑纪念展	《北京青年报》	王　岩	2008.4.30
英雄纪念碑主题展开幕——公益票价仅两元　将持续至5月19日	《京华时报》	赵楠楠	2008.4.30

承载奋勇抗争的英雄气概 ——记人民英雄纪念碑落成50周年展	《文汇报》	李 扬	2008.4.30
“开篇大作” 凝聚百年历史	《浙江日报》		2008.4.30
在人民英雄纪念碑落成50周年的时刻……	新华社		2008.5.1
人民英雄纪念碑背后的故事	《中国书画报》		2008.5.1
凝望“开篇大作”	《美术报》	王 婷	2008.5.3
重读大作	《光明日报》	田 呢	2008.5.7
人民英雄纪念碑建造的秘密：真人模特摆造型	《法制晚报》		2008.5.8
“人民英雄纪念碑50周年纪念展”北京举办	中央电视台 《综艺快报》		2008.5.8
塑人民英雄 展开篇大作 ——纪念人民英雄纪念碑落成50周年	《中国艺术报》	张亚萌	2008.7.4

展览名称：怀古寄情——王明明手卷、册页、扇面作品展

题 目	报刊名称	作 者	时 间
王明明个展“怀古寄情”	《中国文化报》	彭利铭	2008.5.22
怀古寄情——王明明手卷 册页 扇面作品展	《人民政协报》		2008.5.22
王明明手卷册页扇面展——心怀高古 寄情灾区	《中国艺术报》	张亚萌	2008.5.23
王明明义卖赈灾	《北京晨报》	刘 婷	2008.5.26
典雅清醇的文化长卷——评王明明手卷系列作品	《中国文化报》	康 征	2008.5.29
王明明手卷、册页、扇面的魅力	《人民日报》（海外版）	彭利铭	2008.6.10
怀古寄情——王明明手卷、册页、扇面作品展	《北京印象》		2008.6

展览名称：开篇大作——人民英雄纪念碑落成五十周年纪念展（上海巡展）

题　目	报刊名称	作　者	时　间
人民英雄纪念碑移师沪上 ——二百余件珍贵图片和实物免费开放	《文汇报》	李　婷	2008.6.20
大型文献展“开篇大作”来沪巡展	《新民晚报》	林明杰	2008.6.21
人民英雄纪念碑移师沪上 二百余件珍贵图片和实物免费开放	中国上海网		

展览名称：淡中有味——宁斧成金石书画展

题　目	报刊名称	作　者	时　间
宁斧成金石书画展在京举办	《中国文化报》	程　竹	2008.6.26

展览名称：2008中韩现代美术展

题　目	报刊名称	作　者	时　间
30位中韩画家北京联展	《北京日报》	闫川龙	2008.7.2
中韩现代美术在京展示	《中国文化报》	严长元	2008.7.3
中韩美展：零距离的艺术交流	《人民政协报》		2008.7.28

展览名称：古都寻梦—— 一个摄影家对皇城古老梦境的寻访（梅生摄影艺术展）

题　目	报刊名称	作　者	时　间
梅生摄影艺术展在京举行	雅昌艺术网		2008.7.15
摄影家梅生今起“古都寻梦”	《北京青年报》		2008.7.16
梅生摄影展“古都寻梦”	《中国文化报》		2008.7.17
“古都寻梦——梅生摄影艺术展”走进北京画院	《中国艺术报》	段泽林	2008.7.18

梅生摄影作品展展现人文奥运	《京华时报》	赵楠楠	2008.7.19
古都寻梦：梅生对准人文内涵	《人民政协报》		2008.7.28
古都寻梦——梅生摄影艺术展在京开展	摄影人网		

展览名称：开篇大作——人民英雄纪念碑落成五十周年纪念展（深圳巡展）

题 目	报刊名称	作 者	时 间
首次完整揭秘纪念碑设计建造始末 ——人民英雄纪念碑落成50周年纪念展在深圳举行	《广州日报》	鲍文娟	2008.7.24
用艺术眼光读《开篇大作》 ——人民英雄纪念碑落成50周年纪念展深圳巡展在关馆举行	《深圳商报》	梁 瑛	2008.7.28

展览名称：齐白石·中国画——北京画院院藏精品展

题 目	报刊名称	作 者	时 间
展讯：齐白石大展	《城市周报》		2008.7.17–30
Virtuoso's works	《中国日报》		2008.7.24
齐白石·中国画——北京画院院藏精品展开幕	《中国改革报》	明 慧	2008.7.26
齐白石·中国画——北京画院院藏精品展	《人民日报》（海外版）	华 苑	2008.7.29
原汁原味的齐白石艺术："齐白石·中国画 ——北京画院院藏精品展"亮相	《中国文化报》	欣 文	2008.7.31
齐白石为奥运会出力	《美术报》		2008.8.2
罕见文物解密齐白石老人传奇人生 ——《齐白石·中国画》开展　30余件重要文献材料首度面世	《北京青年报》	王 岩	2008.8.6
齐白石·中国画——北京画院院藏精品展	《假日100天》		2008.8.8–14
白石艺术诠释心中大象	《人民政协报》		2008.8.11
北京画院美术馆举办齐白石精品展 ——人文奥运彰显中国书画艺术精髓	《北京晚报》		2008.8.12

为人文奥运画卷增添有意蕴的一笔 ——“齐白石·中国画”展览印象	《中国艺术报》	张亚萌	2008.9.5
鲜明民族气派　现代展陈语言 ——北京画院别样展示齐白石的启示	《美术报》	钱晓鸣	2008.9.6
“齐白石·中国画”展在北京画院美术馆举行	《国画家》		2008.5期
“齐白石·中国画”大展在北京画院隆重举行	《书画世界》		2008.7月号
“齐白石·中国画”大展	雅昌艺术网		
《齐白石·中国画》北京画院院藏精品展	美术同盟网		

展览名称：开篇大作——人民英雄纪念碑落成五十周年纪念展（湖北巡展）

题　目	报刊名称	作　者	时　间
两代人重温“浮雕上的故事”	《楚天都市报》	何君辉	2008.8.16
人民英雄纪念碑落成纪念展在汉举行 ——解密了当时建造全过程	《楚天金报》	王　璐	2008.8.16

展览名称：开篇大作——人民英雄纪念碑落成五十周年纪念展（天津巡展）

题　目	报刊名称	作　者	时　间
穿越时空　感受震撼 ——“人民英雄纪念碑落成五十周年纪念展”明在津开幕	《渤海早报》	杜　琳	2008.9.18
“人民英雄纪念碑落成50周年纪念展”开展	天津市河北区政务网	王　璐	2008.10.1

展览名称：第七回·中日美术交流联合展

题　目	报刊名称	作　者	时　间
中日美术交流展　写就一段水墨缘	中国艺术品网		2008.10.9
第七回中日美术交流联合展	雅昌艺术网		2008.10.9
中日美术交流展　写就一段水墨缘	《中国文化报》	欣　文	2008.10.9

展讯	《中国日报》		2008.10.10
第七回中日美术交流联合展在京开幕	美术同盟网		2008.10.13
中日美术交流联合展	《北京晚报》	彭利铭	2008.10.14
中日美术交流联合展　诠释水墨画不同风采	《北京青年报》	王　岩	2008.10.15
中日画家续写水墨缘	《北京日报》	路艳霞	2008.10.16
中日美术交流联合展在京开幕	《中华建筑报》	亚　力	2008.10.16
中日美术交流联合展	《京华时报》	卜昌伟	2008.10.17
北京画院中日交流展回顾26年水墨缘	《中国艺术报》	小　熊	2008.10.17
二十六年水墨缘	《人民政协报》	溪　文	2008.10.20
二十六年间　一段水墨缘	《人民日报》（海外版）	华　苑	2008.10.31
日中美术交流联合展开幕	《新美术新闻》（日）		2008.11.1

展览名称：走出清华——清华大学美术学院2006级访问学者作品联展

题　目	报刊名称	作　者	时　间
走出清华——清华大学美术学院2006级访问学者作品联展	《文艺报》	欧阳小波	2008.10.11
走出清华 ——清华大学美术学院2006级访问学者作品联展举行	《今日信息报》		2008.10.13

展览名称：纸上春秋——陈半丁中国画精品回顾展

题　目	报刊名称	作　者	时　间
陈半丁中国画精品回顾展在京开幕	雅昌艺术网		2008.10.18
《纸上春秋　传奇人生》——陈半丁精品回顾展	美术同盟网		2008.10.22
陈半丁中国画精品回顾展明在北京画院美术馆开幕	《北京晚报》		2008.10.22

诗书画印　纸上春秋——陈半丁的绘画艺术	《中国文化报》	龚产兴	2008.10.23
陈半丁回顾展　追忆艺术大师	《北京青年报》	王　岩	2008.10.24
陈半丁"纸上春秋"观众称奇	《北京日报》	路艳霞	2008.10.24
纸上春秋　传奇人生	《人民日报》(海外版)	华　苑	2008.10.31
感知陈半丁	《中国文化报》	王明明	2008.10.30
无法忘却的感言	《人民政协报》	王明明	2008.11.3
记录在纸上的春秋岁月 ——陈半丁中国画精品回顾展在京展出	《中国艺术报》	张亚萌	2008.11.7
展讯	《保定晚报》		2008.11.16
无法忘却	《北京晚报》	王明明	2008.12.4

展览名称:《中国美术家作品集》首发式暨当代中国画名家九人展

题　目	报刊名称	作　者	时　间
九画家作品集出版	《京华时报》	卜昌伟	2008.12.11
李宝林等九画家入选"小红袍"	《中国文化报》	张晶晶	2008.12.18
人民美术出版社提供平台 九位入编"小红袍"画家北京举办联展	《中国书画报》	曹玉文	2008.12.29

展览名称:陶之记忆——中国古代陶塑艺术展暨《凝聚梦想》北京百件奥运雕塑画册首发式

题　目	报刊名称	作　者	时　间
奥运雕塑古代雕塑交相辉映	《北京日报》	路艳霞	2008.12.19
陶之记忆　中国古代陶塑展	美术同盟网		2008.12.19
北京画院奥运雕塑画册首发暨陶艺展	雅昌艺术网		2008.12.19
击鼓说唱俑首度在京露面	《北京青年报》	王　岩	2008.12.21

"陶之记忆"展现陶艺变迁	《京华时报》	蒲东峰 卜昌伟	2008.12.21
陶塑精品展现陶艺变迁 ——"陶之记忆——中国古代陶塑展"在京城开幕	《渤海早报》		2008.12.24
现代奥运雕塑、古代陶塑"互为诉说"	《中国文化报》		2008.12.25
"凝聚梦想"回望传统 ——从"看热闹"到"看门道" 北京画院奥运雕塑策展新视野	雅昌艺术网	钱晓鸣	2009.1.4
北京画院举办中国古代陶塑展	《美术》		2009.1期

展览名称: 天机自得——齐白石的笔下画境

题　目	报刊名称	作　者	时　间
"武美"开馆大展筹备有序	《武汉晚报》	袁　毅	2008.12.22
大师笔下悟深意　纵横歪倒贵天真 ——楚天文艺沙龙邀来小朋友临摹齐白石真迹	《楚天都市报》	叶茂林	2009.1.3
齐白石真迹在汉展出——尚有四成从未露面	《长江日报》	胡孙华	2009.1.7
湖北画坛名家"重读齐白石"	《长江日报》	胡孙华	2009.1.14
武汉美术馆好戏连台	《中国商报》	尚　逸	2009.1.15

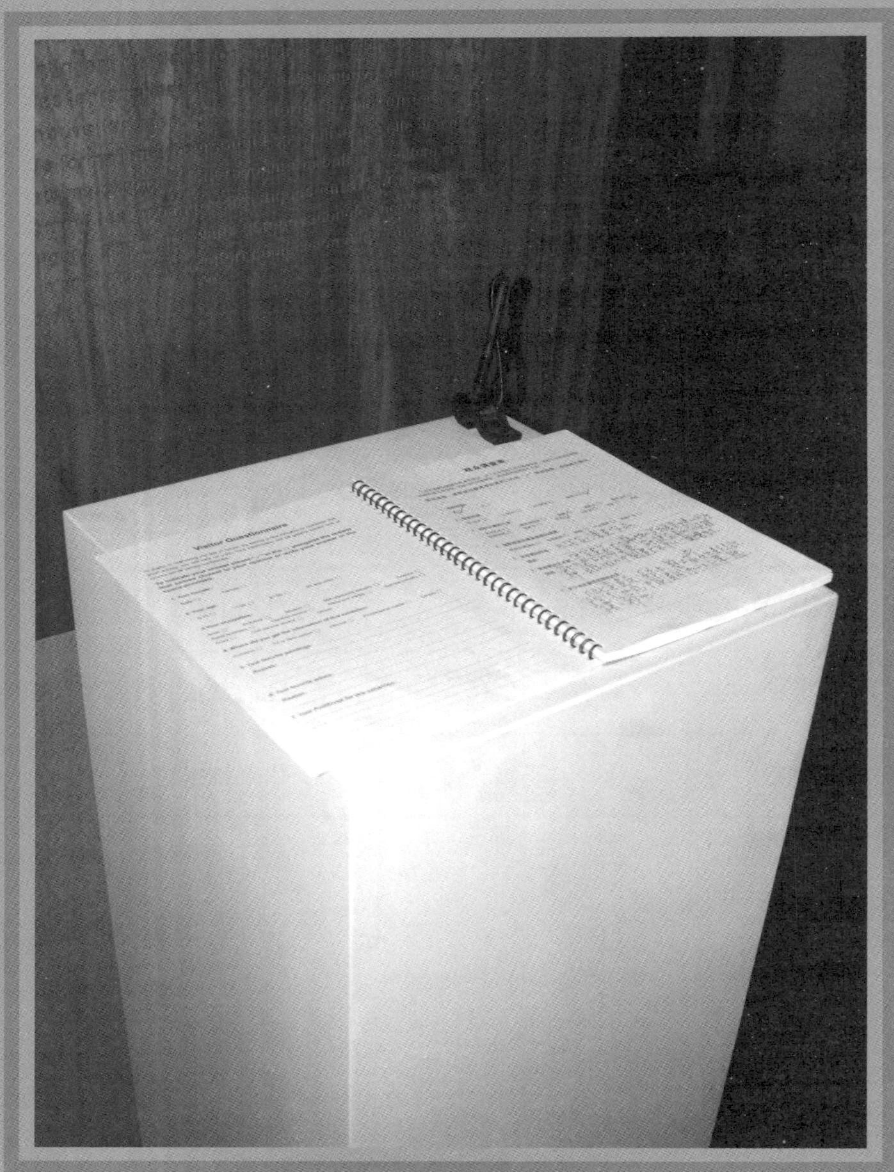
Visitor Questionnaire

观众留言

关于北京画院美术馆整体的留言：

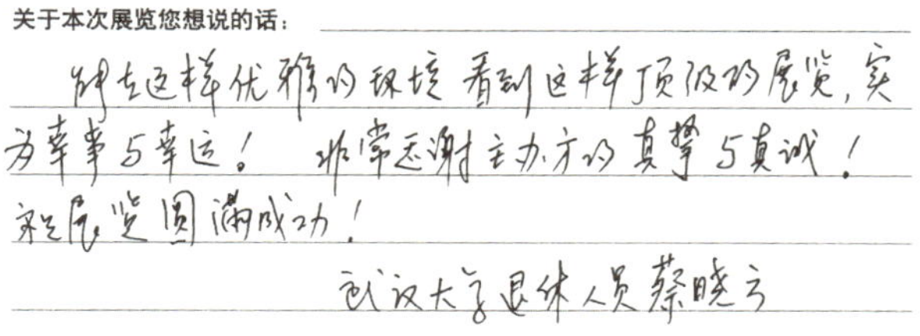
关于本次展览您想说的话：能在这样优雅的环境看到这样顶级的展览，实为幸事与幸运！非常感谢主办方的真挚与真诚！祝展览圆满成功！
武汉大学退休人员蔡晓云

能在这样优雅的环境看到这样顶级的展览，实为幸事与幸运！非常感谢主办方的真挚与真诚！祝展览圆满成功！

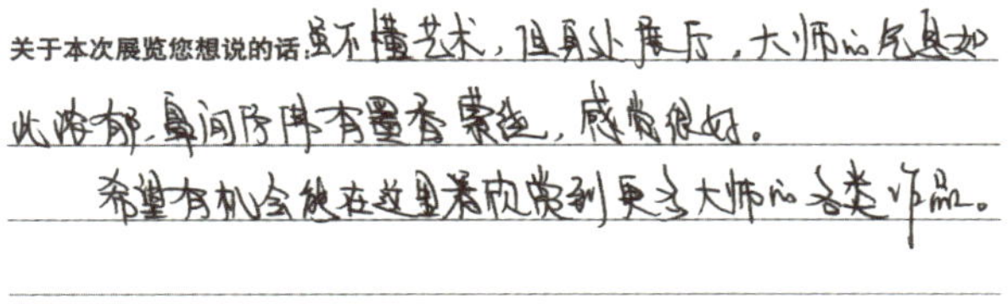
关于本次展览您想说的话：虽不懂艺术，但身处展厅，大师的气息如此浓郁，鼻间仿佛有墨香萦绕，感觉很好。希望有机会能在这里看欣赏到更多大师的各类作品。

虽不懂艺术，但身处展厅，大师的气息如此浓郁，鼻间仿佛有墨香萦绕，感觉很好。希望有机会能在这里欣赏到更多大师的各类作品。

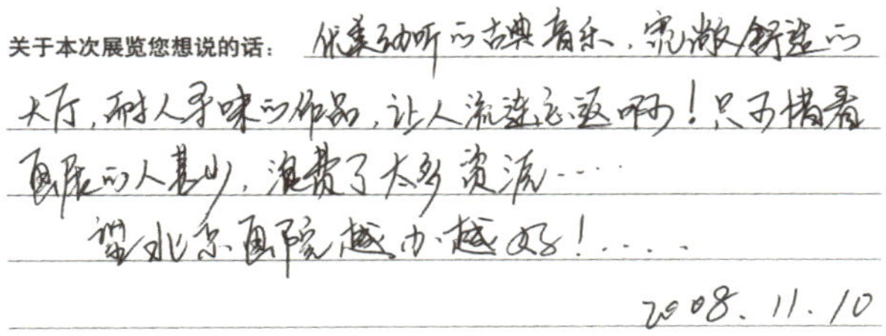
关于本次展览您想说的话：优美动听的古典音乐，宽敞舒适的大厅，耐人寻味的作品，让人流连忘返啊！只可惜看画展的人甚少，浪费了太多资源……望北京画院越办越好！……
2008.11.10

优美动听的古典音乐，宽敞舒适的大厅，耐人寻味的作品，让人流连忘返啊！只可惜看画展的人甚少，浪费了太多资源……望北京画院越办越好！

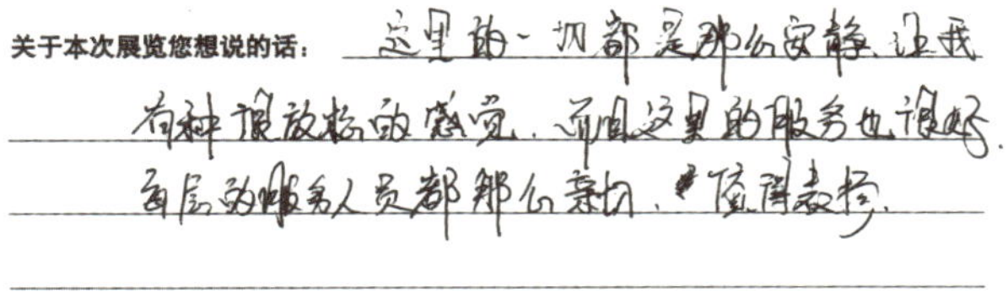
关于本次展览您想说的话：这里的一切都是那么安静，让我有种很放松的感觉，而且这里的服务也很好，每层的服务人员都那么亲切，值得表扬。

这里的一切都是那么安静，让我有种很放松的感觉，而且这里的服务也很好，每层的服务人员都那么亲切，值得表扬。

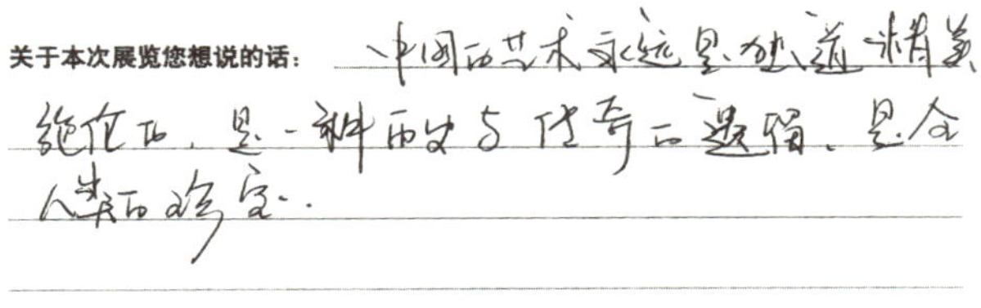
关于本次展览您想说的话：中国的艺术永远是独道精美绝伦的，是一种历史与传奇的遗留，是全人类的珍宝。

中国的艺术永远是独道（到）精美绝伦的，是一种历史与传奇的遗留，是全人类的珍宝。

关于本次展览您想说的话：

本次展览内容丰富精彩，门票尚贵，希望贵院今后更多的（地）举办大师展，以便让更多大专以上艺术院校来观看，提高中国绘画综合审美水平及绘画创作能力，亦可有书法家的大展等。期待您们下一次精美的展览！谢谢您!!

关于本次展览您想说的话：

1.希望多展出本次展览这种风格和水平的作品，展期长一点。

2.点射式照明灯只强调局部，不能表现全画风貌，细节看不清。希望改进成均匀接近天光的光源。

关于本次展览您想说的话：

类似于此种展览活动，应多举办，并希望今后能经常举办一些公开性的名家讲座。（即面向美术工作者、爱好者和普通民众的讲座，借以提高我国人民的文化艺术修养水平）

关于北京画院美术馆所办展览的留言：

展览名称：北京画院秘藏齐白石作品系列特展

关于本次展览您想说的话：

1.希望有更多一些“白石”老人的原作。

2.是否能增加一些”白石”老人的生活照、作品照、广大人士对老人崇敬及参观展览的照片。

关于本次展览您想说的话：

感谢贵院这次展览，为推崇中国水墨在国际上艺术地位将是功不可没！希望展览能走出国门，为中华优秀文化而努力！

关于本次展览您想说的话：

个人认为白石老人所画蝴蝶花为鸢尾，不是贵馆图中所示植物品种，鸢尾为园林常用品种，菖蒲河公园中有种植，花多兰（蓝）色、白色，请核实，谢谢！

关于本次展览您想说的话：

看过许多画家的工虫，能把虫类画到如此精细的非齐白石（莫数）也。齐白石的伟大艺术和独特的审美情操让后人更加摩（膜）拜，他的伟大也正在（是）这样。很遗憾这里的偏僻，望多加宣传。

关于本次展览您想说的话：

齐白石的艺术不但是中国的，也是全世界的。建议尽快修复齐白石故居“铁栅栏”，让更多的世人去了解和认识齐白石。

关于本次展览您想说的话：

为观众设放大镜，实在是体贴入微，太好了，谢谢！

关于本次展览您想说的话：

希望画院的有关工作人员把齐白石老先生画的这些草虫的具体资料张贴出来，如年份等，那样就更好了，谢谢！非常成功的一次展览。

希望这样的展览经常举办，而且常规化。人民的艺术家的作品应该无偿对人民开放，不应收费，政府应多投资。对于这样伟大的艺术家，从政府到民间，从官员到百姓都要高度重视，花巨资建更好的美术馆和陈列室。

印章的摆放不是很好，看不清篆刻的那面，很可惜。作品的说明中，英文介绍太少，无法向其他国家的人民传播中国的艺术。

作品虽好，画家已为尘人，观摹（摩）虽是好的学习机会，但江山代有才人出，现在美院的教授、名家展望多举办（，）给学艺者以聆听教诲的机会。望加强宣传开幕式名家到场的消息，与名师失之交臂乃人生最大的遗憾。望美院的老师常临展（，）让学画者有一睹庐山真面目的机会。

展览名称：开篇大作——人民英雄纪念碑落成五十周年纪念展

虽多次参观纪念碑，今日，才深知它的群策群力，它的三绝，突出人民是推动历史前进的主要动力。人民英雄永垂不朽，人民万岁。正值地震期时，突显人民的力量，更不能不看到胡主席、温总理的亲临一线的伟人风范，领导的力量。谢谢，组委会的邀请。

不要忘记历史，更不能忘记为推翻“三座大山”建立新中国而英勇奋斗、流血牺牲的人民英雄们！建议此展览做（作）为国家珍贵文物，将它移至国家博物馆长期、永久地展出。

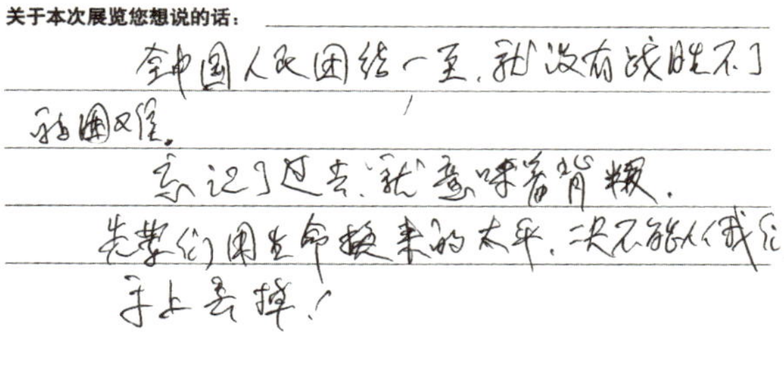

全中国人民团结一至（致），就没有战胜不了的困难。忘记了过去，就意味着背叛。先辈们用生命换来的太平，决不能从我们手上丢掉！

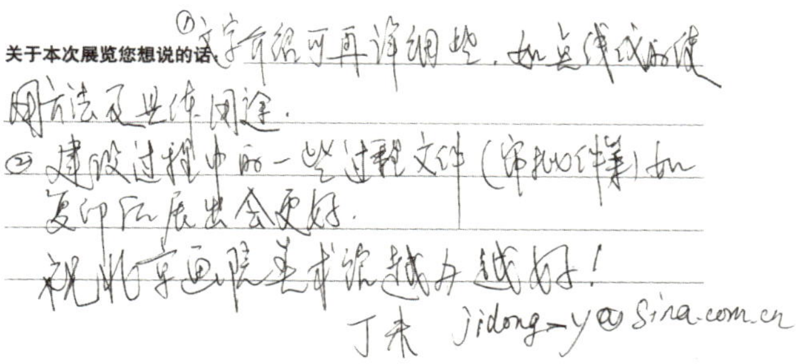

①文字介绍可再详细些，如点线仪的使用方法及具体用途。

②建设过程中的一些过程文件（审批件等）如复印后展出会更好。

祝北京画院美术馆越办越好！

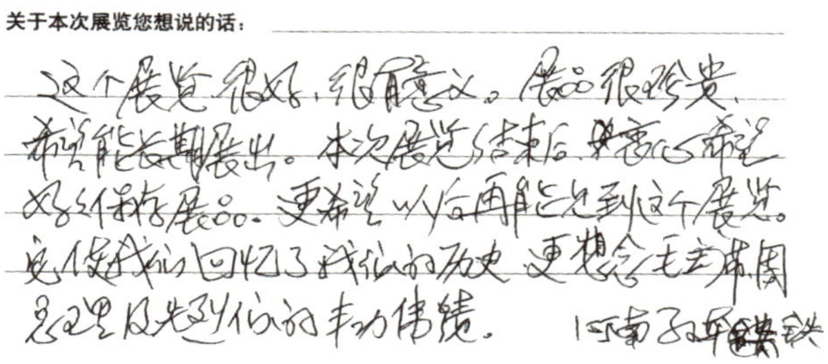

这个展览很好，很有意义。展品很珍贵，希望能长期展出。本次展览结束后，衷心希望好好保存展品，更希望以后再能见到这个展览。它使我们回忆了我们的历史，更想念毛主席、周总理及先烈们的丰功伟绩。

展览名称：齐白石·中国画——北京画院院藏精品展

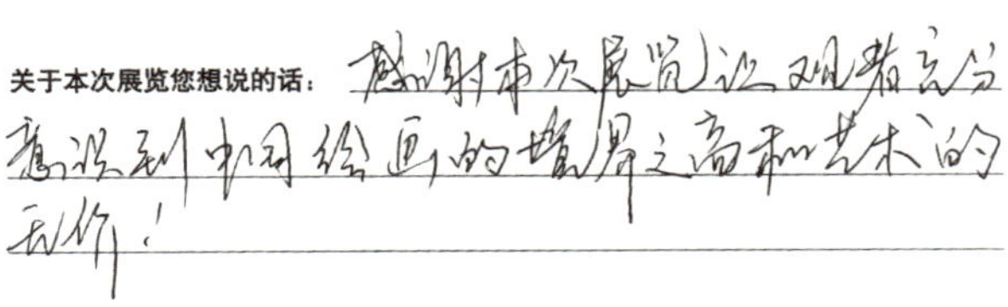

感谢本次展览让观者充分意识到中国绘画的境界之高和艺术的无价！

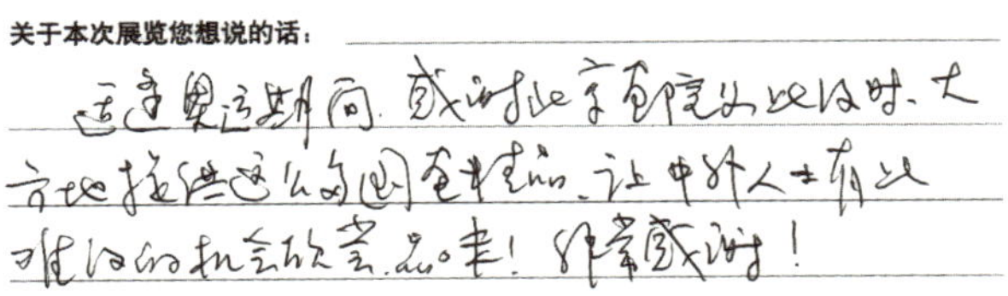

适逢奥运期间，感谢北京画院如此及时、大方地提供这么多国画精品，让中外人士有此难得的机会欣赏、品味！非常感谢！

展览名称：纸上春秋——陈半丁中国画精品回顾展

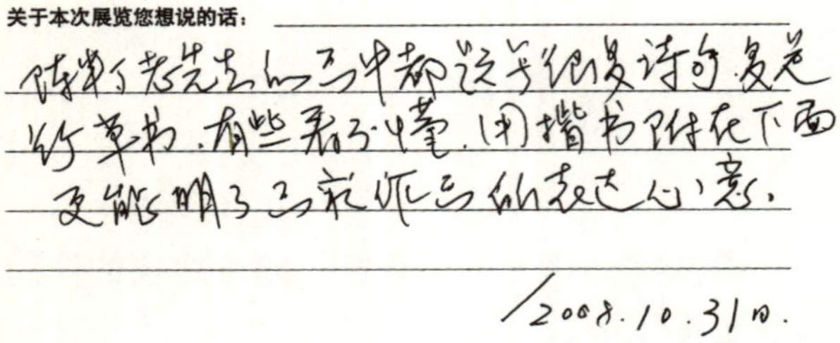
关于本次展览您想说的话：
陈半丁老先生的画中都题写很多诗句多是行草书，有些看不懂，用楷书附在下面更能明了画家作品所表达心意。
/2008.10.31日.

陈半丁老先生的画中都题写很多诗句，多是行草书，有些看不懂，用楷书附在下面更能明了画家作品所表达（的）心意。

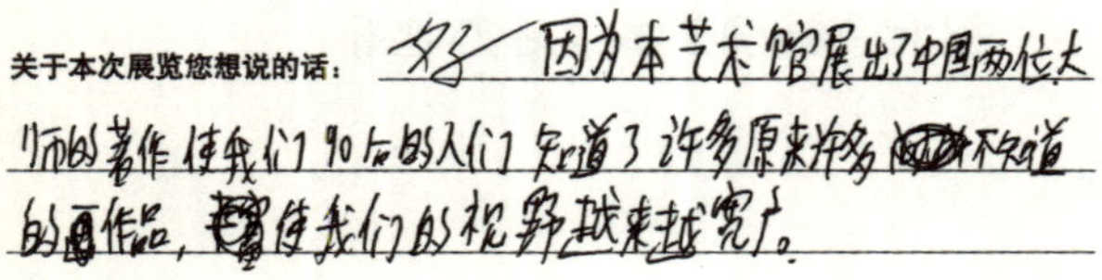
关于本次展览您想说的话：好 因为本艺术馆展出了中国两位大师的著作使我们90后的人们知道了许多原来许多不知道的作品，使我们的视野越来越宽广。

好，因为本艺术馆展出了中国两位大师的著作，使我们90后的人们知道了许多原来许多不知道的作品，使我们的视野越来越宽广。

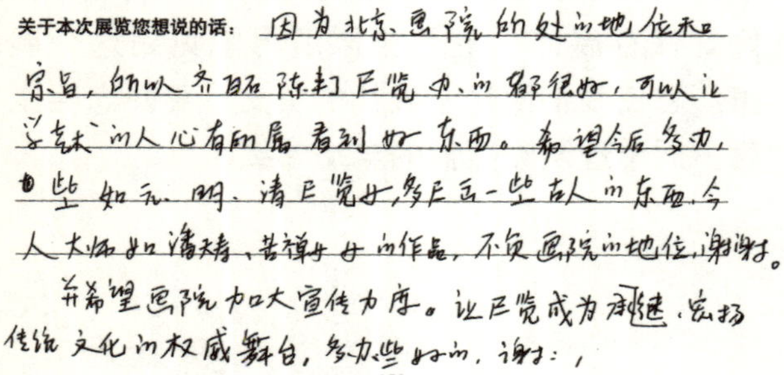
关于本次展览您想说的话：因为北京画院的处的地位和宗旨，所以齐白石陈半丁展览办的都很好，可以让学艺术的人心有所属看到好东西。希望今后多办些如元、明、清展览等，多展出一些古人的东西。今人大师如潘天寿、苦禅等等的作品，不负画院的地位，谢谢。
并希望画院加大宣传力度。让展览成为继承、宏扬传统文化的权威舞台，多办些好的，谢谢！

因为北京画院所处的地位和宗旨，所以齐白石陈半丁展览办的（得）都很好，可以让学艺术的人心有所属看到好东西。希望今后多办些如元、明、清展览等，多展出一些古人的东西，今人大师如潘天寿、苦禅等等的作品，不负画院的地位，谢谢。并希望画院加大宣传力度。让展览成为继承、宏（弘）扬传统文化的权威舞台，多办些好的，谢谢！

研究

重霑雨露的老花

——于非闇及其工笔花鸟画研究

刘曦林

于非闇（1889—1959）

于非闇（1889—1959)是20世纪北方“京派”工笔花鸟画的杰出代表，也是整个中国现代美术史上屈指可数的工笔花鸟画大师之一。其工谨明丽、重色浓妆的工笔画风，继宋画之周密不苟，扬现代之审美时尚，对现代工笔花鸟画产生了重要影响，堪称“于派”而连绵不绝。

一、兴废继绝　创工笔写生新派
——于非闇的人生与艺术里程

光绪十五年(1889)农历三月二十二日(公历4月21日)，于非闇在北京的一个四合院里诞生。于家本是汉族，祖籍山东蓬莱，自曾祖父起移居北京。其父属内务府正白旗汉军，其母为满族人，姓爱新觉罗，故后来从母为满族。他初名魁照，号仰枢，后改名照，别号非厂、非闇、老非[①]，以号非闇名世，曾以“闲人”为笔名，堂号玉山砚斋、华萼楼主。

于非闇自7岁始读私塾，15岁考中秀才，自后转入新学，公立第二小学高等班毕业后，又考入满蒙高等学堂，肄业三年。辛亥革命事发，学堂停办，又转入市立师范学校专科。毕业后，他曾任中小学图画教员，并以卖字、治印贴补家用。以后又相继担任市立师范、华北大学美术系、京华美专、北平艺专教师，同时又以其文才得以兼任北平《晨报》“艺圃”版编辑、平津京沪各报特约撰稿员。1936—1943年间任古物陈列所国画研究馆导师。1938年，曾被日寇抓捕、拷问三个昼夜，释放后被迫在日伪教育机构的教育刊物股任主任编审，因无“成绩”而被解聘。1942年任教留守的北平艺专，又因不常到校遭解

① 有人称其曾用名于耀、心厂，或误记，或较少用；又有印文曰“非痞”。他本人于1955年8月17日交给北京中国画研究会的《自传》称：“我原名于照，户口簿登记是于非厂，别号非闇。”

聘。在母亲、妻子相继病逝的伤痛中，他潜心于工笔花鸟画的研究与创作，20世纪40年代已自立于北平。新中国成立后，他当选为第一、第二届北京市人民代表大会代表，任政协全国委员会列席委员、北京市文联常务理事、北京中国画研究会副会长、中国美协古典美术研究委员会委员、人民日报社顾问、《美术》杂志编委，实职为民族美术研究所研究员和北京中国画院副院长兼《中国画》杂志编委会主任委员。1959年7月3日，因患癌症病逝于北京。

于非闇出身于书香世家，从小受到了良好教育，接受了来自祖父和父亲的文化熏陶，其曾祖明保、祖钟英、父文森均为清末举人而未入仕途，以古典文学之长事教育为生。至庚子兵燹，于非闇与父亲被抓去做苦力30余日，其家物荡然无存，家藏所剩文玩亦不得不变卖以换米盐。辛亥革命后，在内务府供职的父亲失业不久，祖母陪嫁的20间房屋亦被迫卖出。日军攻占北平后，西直门外的坟地被平没。旗人的失落并没有改变其雅好玩赏的习俗。其曾祖与父亲兼长书画，也曾有些古代书画收藏影响于他，读书之余，兴趣倾向于诗文和书画篆刻，自谓："吾喜治《小学》，即《说文》一书，已见十余种。"[1]此正是明清以来金石学兴这一文脉的递传，在艺术上展现出灵慧大概是许多聪敏的旗人在那个时代里比较理想的选择。

至于其学画经历，自谓："吾作画初无师承，且尤不喜于抚。幼年，侍砚叔祖父琴公，默识运笔用墨之法。及长，从润暄先生学花卉、学昆虫，辄出己意，不拘于稿本也。"[2]由此可知，他是初随民间画师王润暄习画工笔花鸟草虫，凭着自己的悟性和努力自学踏上了画坛。至于启蒙老师王润暄之情况，俞剑华编著的《中国古代书画家人名辞典》记曰：

> 王德顺(1845—1919)，字润暄，北京人。工花卉虫草，曾画十三种草虫于一幅，各得其神。尤以画蝈蝈闻名于时，清末之时，每画一虫，白银一两。于非闇幼年曾随之学画。与妇女作画不肯自己署名，往往用其子文海或文浩名字。卒年七十四。[3]

于非闇在《都门豢鸽记》中述曰："往岁，王润暄先生画蝼蝈，豢养数十种，日即其形态，动作，鸣息，而审度之，揣摩而默识之，出之笔端，栩栩各有生意。"[4]据于非闇题《园蔬图》：

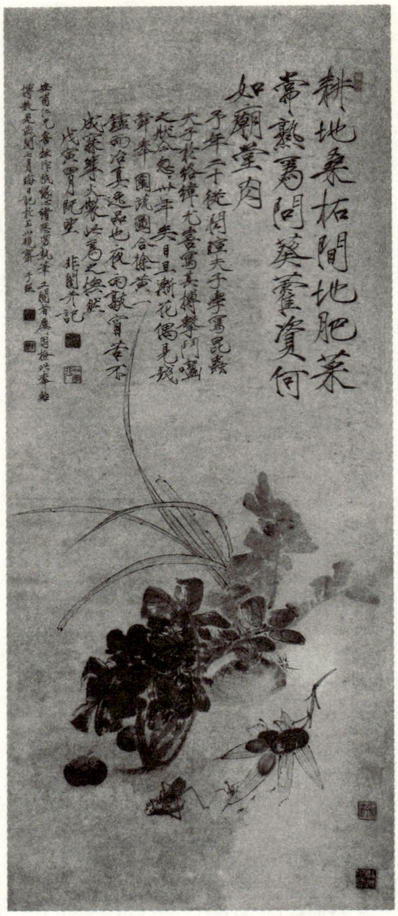

园蔬图 于非闇 112×46.5cm 1938年

四喜图 于非闇 135×67.5cm 1957年

---

① ② 《非厂漫墨》卷三，转引自1928年的《北京画报》。

③ 此条为"胡佩衡稿"，见《中国古代书画家人名辞典》，第126页，上海人民美术出版社1987年版。

④ 于非闇：《都门豢鸽记》，晨报出版社1928年5月发行。

“予年二十从润暄夫子学写昆虫，夫子于络纬，犹喜写其搏击斗啮之状。”1956年，他在《我怎样画工笔花鸟画》一书中叙述较详：

> 我在二十三四岁时[①]在业余从一位民间画家王润暄老师学习绘画，他先令我代他制造颜料，他还教我养菊花、水仙，养蟋蟀、蝈蝈。我从他学画不及两年，制颜料学会了，养花、斗蟋蟀也学会了，绘画却一笔未教。王老师是以画蝈蝈、菊花出名的。他病到垂危，才把他描绘的稿子送给我，并且说：“你不要学我，你要学生物，你要学会使用工具。”[②]

由此知王润暄晚年得此高足，将数代式微的工笔花鸟、草虫一路继承发扬，此为王润暄、于非闇之功，是否也与时代思潮、艺术变化有关呢？

“五四”运动前后，一批敏感的学者有感于中国画竞尚高简，崇尚仿古的风气，曾经大声疾呼美术的变革，他们一方面主张引进西画的写实主义，同时也主张复兴院画的写实作风，以救治中国画的“弊端”。康有为为“矫正”近世中国画之“衰败”，在1918年出版的《万木草堂藏画目》中高度评价宋人画，提出“以形神为主而不取写意，以着色界画为正，而以墨笔粗简者为别派；士气固可贵，而以院体为画正法”[③]。被文人画忽视了多年的院体工笔画终因适应写实的需要而引起关注。但我没有任何证据证明于非闇读过康有为的《万木草堂藏画目》，他也没有谈到鲁迅对宋画周密不苟的赞赏，没有谈到金城实际上在京城里对宋元传统的重视，只是说“我自小即听到祖父、父亲讲赵佶的花鸟画，是被人喜爱的。我家那时还有几轴宋代的好画，赵子固画九十三头水仙长卷，也在我家。”[④]另外，他还谈道：“我在未学画之前，就和民间的画家、民间的刺绣家们讨论。我也给他们画过‘肚兜’、‘鞋面’、‘挽袖’、‘床面’和帐子‘走水’，这和我与养花养鸟养虫的老师傅们(旧社会时称他们叫‘匠’，叫‘把式’)在一起，得到了相当大的启发与教益，同样的帮助了我学画。”[⑤]由此看来，于非闇的家教和民间画师的启蒙是使他选择工笔花鸟画的真正动因，但是这动因却暗合了美术论争中倡导院体宋画的文化背景，使他的个人选择顺应了审美时尚更新的时代的选择。

于非闇在《自我介绍》中说，他早年即“对宋人的画，已有相当的认识”。自称：“共和(即1912年清帝退位，临时共和政府成立)后见宋元之画渐多，始稍稍习山水，拘于画谱诸说，未能自抒其意。乃摒弃说谱，自写其胸臆，以迄于今，不知有六法，不知有宋元也。”[⑥]且当时即有“妄自创派”之想。看来青年时代已有自立意识而不无狂气。此间他曾师事正走在“衰年变法”途程上的齐白石，进一步坚定了他的创造意识。他回忆说：“日前与齐白石先生谈画，先生谓‘自作画以来，不知有法度，不知有成说。种瓜而役，然后写瓜，食菘而后，然后写菘。唯以笔墨求物形，传物神耳’。此论颇含至理，与吾学画尤合，故书以告世之学画者。”[⑦]1957年题《四喜图》说：“二十六年前，曾向白石老人学画雪景染法，彼时我还不会花鸟写生。”此后，他曾广泛地涉猎过山水、花鸟，工笔、简笔，以半工半简、勾花点叶的花卉居多。自1935年始，在他四十几岁的时候，

① 于非闇从王润暄学画，有十七八岁(见《自我介绍》档案)、二十岁、二十三四岁诸说，应该说是十七八岁始调制颜色，约二十岁时从师养花养鸟，二十三四岁时习画合于其学习内容。

②④⑤ 于非闇：《我怎样画工笔花鸟画》，人民美术出版社1957年版。

③ 康有为：《万木草堂藏画目》，长兴书局1918年版。

⑥⑦ 《非厂漫墨》卷三，转引自1928年的《北京画报》。

把艺术的重心移向了工笔花鸟画，并且为自己规定了研修工笔花鸟画的“日课表”①。这艺术的转化是由博及约的艺术规律使然，也是艺术家发现自己、把握自己的结果。从外因讲，除前述时尚的变化、启蒙教育埋下的种子之外，张大千对他的启发亦不容忽视，包括其水仙花姿都有张大千的影响。于与张有莫逆之交，于曾为张代言与徐燕荪笔战，并将张大千与溥心畬并称“南张北溥”，张亦关注于之艺术。据包立民先生考证，张大千曾劝他弃小写转工笔，专攻双勾花鸟画，并配以瘦金书题款，于非闇听其劝，遂致力于此。②他从明末陈老莲上溯两宋五代的双勾花鸟画，专学宋徽宗，并以其栽花养鸟知识从事写生，研究丝绣、缂丝和民间绘画的艺术特色，逐步形成了于派工笔花鸟画的样式和语言。

在于非闇艺术的成长期，其家境却日渐窘迫。民国二十四五年间，其母患痰壅气闭之症，他在家侍疾，不再去钓鱼、听戏、找朋友聊天，并自此闭门不出，埋头挥毫，得作品五六十幅，遂于民国二十五年(1936)夏在北平稷园水榭举办画展，山水、花鸟、草虫无所不备，但尤以工笔花鸟成绩突出。应该说这次画展使于非闇实现了人生选择的“不惑”，且渐知“天命”在斯。

民国二十六年(1937)，北平陷于日军铁蹄之下，他和所有沦为亡国奴的人们一样在困惑、彷徨、屈辱中生活，唯有在艺术中保留着一块美的净土。他辞去了《晨报》编辑职务，参与倡导成立了古物陈列所国画研究馆并担任导师，沉湎于中国古代书画的大海中，继续向着周密不苟的宋画的纵深天地走去。抗日战争胜利之后，夫人病逝，中国又发生了内战，他的生活仍然不得安宁。在这十几年的战争岁月里，他却仍以坚强的精神在艺海里奔波。

于非闇的前期已有不少佳作，但他对前期的艺术成就并不满意，对自己的艺术观念亦有反省，他在《我怎样画工笔花鸟画》一书中说：

> 在旧社会，对于中国画的认识，可以说从士大夫阶级的审美观点，降低到富商大贾等的喜好。与其说中国画家是“孤芳自赏”，“唯我独尊”，不如说在某种环境的不同程度上是仰人鼻息，迎合富豪，较为近于真实。我在当时，就是其中一个，这还是我自吹自擂的，我要对宋元画派兴废继绝，我要创为写生的一派。实际上，我的画连我自己都不愿意重看，只是借此弄一些柴米维持着最低生活罢了。

于非闇可能有些自谦和过分的自责，实际上，他在当时欲“兴废继绝”，创写生新派十分坎坷和艰困。他在上书中专门有一节总结“哪些原因使我学习花鸟画消耗了这么长的时间”，其中之一是“只有恭维”，“得不到点滴的批评指导”。他在该书《后记》中说：

> 在旧社会我不自量力地要把已经失坠的双勾写生花鸟画提倡起来，是几经挫折，几经打击的。在笔墨至上、淡雅是尚、轻视院体画、轻视民间画的环境里，要兴废继绝，要创为新的花鸟画，这真是太不容易的了。

---

① 于非闇在《我怎样画工笔花鸟画》一书中曾介绍其学画“日课表”曰：“1935年到1937年，午前定为学画的时间，最初两年内很少对生物进行写生，第三年才用铅笔描写一下家中所养的花鸟。1938年起，自上午8时半至12时，下午1时半至4时定为学画时间，进行写生。不一定在家里，已练习到敢于在各公园、各地方去描写。画的范围不限定是北京的花鸟，这样到1945年。”

② 参见包立民《于非闇与张大千》，《人物》1986年第一期。

1949年之后，中国的形势发生了历史性的改变，艺术也在相当程度上发生了与社会同步的变化。在中华人民共和国成立之初，中国画坛因为艺术市场的关闭而有些冷寂，山水花鸟画能否为社会服务也遭到怀疑，于非闇又遇到新的困惑，但他明丽的工笔花鸟画艺术显然具有超越政治的魅力而受到人们的喜爱。新国画研究会的成立，“推陈出新”文艺政策的贯彻，对民族虚无主义观点的批评，北京中国画院和民族美术研究所的创办，很快为中国画的繁荣展现出新的文化环境。于非闇明确地反对民族虚无主义，在其人生的最后10年里，亲身感受到民族美术研究所和北京中国画院的成立给他开创新的写生花鸟画带来的鼓舞，遂坚持继承传统，并致力于工笔花鸟画由院体向人民大众审美情趣的转化，迎来了自己艺术创作的旺盛期。在他的画卷里，蓝天更加澄碧，翔鸽更加自如，牡丹更加富丽，笔法更加坚挺，色彩更加明亮，构图更加严谨，正像他自己所说，他的花鸟画是“一枝重霑雨露的老花”。

大约在于非闇潜心于工笔画研究的同时，南方的工艺美术大师陈之佛也开始了工笔花鸟画的创作，天津刘奎龄的工笔花鸟走兽已趋成熟。刘奎龄参西法，讲究形体塑造，形神有微妙表现；于画骨力坚实，色彩明丽；陈画雅逸超脱，灰中见明。画风虽然不同，但刘奎龄与“南陈”、“北于”三位巨匠级工笔花鸟画家的出现，改变了中国工笔花鸟画长期衰微的局面，为中国现代工笔花鸟画的复兴做出了历史性的贡献。于非闇雄踞北平，对北方工笔花鸟画坛影响甚深，尤其任国画研究馆导师期间，使青年直面古代名迹，获益甚多。田世光、俞致贞等名家和王学敏、唐怡、俞致贞之妹俞致赓直接出其门下，为于派花鸟第二代传人；老舍夫人胡絜青受益颇多，对乃师艺术评论最精[①]；1956年冬，在他患有严重的心脏病、哮喘病期间，民族美术研究所同意他带徒弟，为中央美术学院华东分院培养了郭立凡、唐和、朱颖人以及周觉均等又一批画家；当今工笔花鸟画家金鸿钧、李魁正、王庆升、詹庚西、王道中、周彦生、高宗水等无不从于派起步走向变革的新途；20世纪30年代，他曾教授的美国史迪威将军的女儿史文森也成为在海外传播中国画的火种；他在病中著述《中国画颜色的研究》和《我怎样画工笔花鸟画》两书，都是为了毫无保留地将其实践经验传承下来。于非闇兴废继绝，应运而生，开宗立派，后学有人，作为现代工笔花鸟画的开路人之一，在现代画史上树立起一座光彩照人的丰碑。于非闇说自己的画是“一枝重霑雨露的老花”，从整个中国工笔花鸟画史的角度来看，他确实赋予这枝老花以新的青春。

暗香疏影　于非闇　34×101cm　20世纪40年代

① 胡絜青在《想起了于非闇大师》一文中说：“他成功地运用了一条创作原则：亲切往往能产生伟大的作品。”“于非闇大师留给人间的是一大批美妙无比的画，他给了人们高等的享受。人们应该记住他！”

直上青霄　于非闇　102×64cm　1958年

白牡丹　于非闇　90.5×55cm

这枝“老花”深受欣赏者的欢迎，深受艺术界的推重，即像老舍夫人胡絜青所说，因亲切而伟大，也因充满着理想而崇高。他空前地被委任各种职务，与其说是对于非闇本人的重视，毋宁说是给予这艺术老圃的桂冠。1959年7月3日，于非闇病逝于北京，他不无遗憾地在步向更高艺术巅峰的时候离开了人间，但在欣赏者的幻象里，他是身携一团团璀璨的花簇被唤入美的天国。

二、明丽之心　理想之美——于非闇艺术与共性的审美

艺术是一种不断传承也不断变革的审美活动，于非闇对于宋元绘画亦如此，他并不是简单地、原封不动地把宋元绘画移植到今天，他在学习宋元的同时融入了自己的审美愿望，融入了自己养鸟莳花时的感受，融入了自己的个性。从总体上说来，他三四十年代的作品，如《茶花斑鸠》、《梅雀图》、《暗香疏影》等，倾向于雅洁明丽，一花一鸟娟娟如淑女，然而又像他擅长的瘦金书那样逸爽劲利，这在他笔下的水仙、梅竹中有典型的表现。萝卜在他笔下也是那么姿态妖娆，婉约有致，完全出自对北京特产“心里美”的回味[①]。他虽然从母为满族，但他毕竟不是王公贵族，他没有“旧王孙”溥心畬那么

① 1941年时于非闇画《萝卜》，叶色涂绿而沉稳，萝卜根尾呈紫红，极具质感，其上有一蝈蝈，更增情趣。左上题：“环北京产萝卜，味甘而脆，色尤艳美，有所谓心里美者胜他种，今年生者尤硕大，而予齿已不能嚼矣，老态已至，作此怆然。”右又题：“此是十九年前北京沦陷时所作，今虽老态益增，而真的心里美矣。乙亥春，非闇七十一岁。”

浓重的失落感，他热爱人生，热爱自然，他总想把美好的东西献给人间，所以在他的画里几乎寻不到失意的牢骚和反抗的发泄，顶多只可以说隐含着孤寂和清冷。历史的更迭、战争的骚扰，母病妻逝、子女待哺，给他带来过生活的窘迫，但他在白天教书、夜间书画的紧张生活中克服着，他有养花、养鸟、听戏等典型的京味的嗜好，他也以书画充实了自己的人生，仿佛始终有一颗明丽的心，就像他自己所说的“善嬉戏”、“有童心”，总是期冀着人生美好的一面。当然，真诚的艺术会复杂地交织着他的全部心绪并自然而然地流露出来。抗日战争胜利之后，曾经是亡国奴的他并不被重用，尽管徐悲鸿将他介绍给李宗仁，也有政界要人的笼络，但他总愧疚于在沦陷区被迫担任日伪教育刊物编审会主任编审之事，故在胜利后，“我自认是民族气节已亏的‘伪民’，并未和他们发生过什么特殊关系。就是多年老友、胜利归来的张大千，我也自惭形秽地躲得老远，同时，还把向我学画的学生介绍给他”①。于此，我们理解了他于20世纪40年代后期如1948年所作《雁荡山》、《三折瀑》两幅山水画何以那么清冷幽邃，这是他那颗孤寂的心的折射。

20世纪50年代，虽然在文艺思潮上对中国画、对花鸟画、对他所崇仰的宋徽宗的艺术都有过不公，况他房屋窄小，工薪有限，还有五个子女，经济并不宽裕，但那毕竟是生活得温饱的和平环境。于非闇原以为曾参与日伪“编审会”之事会影响他的前途，但是政策的宽宏使他很快得以心安，甚至为此“感动得落泪”。当他接到参加第四届各界人民代表会议的邀请，“这如同晴天霹雳……以前一些顾虑一扫而空”，并表示“今后，我一心不贰地沿着建设社会主义事业的大道，用活到老学到老的精神，向前迈进”②。知识分子就是这样，当他受到政府的信任和关照，他会感激涕零，会忠贞不贰地效忠政府，他会真心诚意地放弃小我，会将自己的审美情趣转向为工农兵服务的大我。1956年，他患胃溃疡得紧急救治③而镌“再生”印以寄情怀。晚年对于他来讲是个更加充满激情的时代。1958年，他“根据交心——思想总结，针对自己的毛病”制订了《红专规划》，表示“忠诚老实地贡献我一切力量”，“争取红——红透，比钻研专深要迫切得多”，而且还自定比重：“红7：专3(第一、第二年)，红6：专4(第三到第五年)”，甚至有每日计时的安排④。如果说在20世纪三四十年代，他更多地倾心于表达自己的清逸俊俏的个性气质，那么到了50年代，他更多地倾向于表达社会共同的蓬勃、兴旺的审美理想。他的牡丹集春花、夏叶、冬干于一身，是其理想美的集中体现⑤，他笔下的鸽子已不是玩物，而是全世界全人

---

① ② 于非闇于1955年8月17日交北京中国画研究会的《自传》。

③ 于非闇在1957年自撰的一份《申明》中称："我有心脏主动脉弯曲硬化和心脏哮喘病。去年1月11日犯了严重的这种病，已濒于危殆，幸经市人民委员会得悉，大力抢救，仅四天即脱离危险。"

④ 于非闇在1958年6月30日制订《红专规划》第8项：

第一、第二年每天时间的安排如下表(随季节调整)：

上午 6:30～7:30 收听广播。

8:30～12:00 画院 采取负薪挂角的方法，带着学习文件，打算占1小时学习。

下午 1:30～4:30 搞创作。

7:00～9:00 读报，学习文件。

9:00～9:30 省察。

第三年到第五年(1960～1962)按照上面日课表进行，并有以下几点变动：

甲：学习：以《毛泽东选集》为主，继续学习马克思、列宁的经典著作：每日占1小时，学习时事占1小时。

乙：创作：第三年编写《写生花鸟技法图说》，图150幅，文3万字，创作120方尺花鸟画和山水画；第四到第五年写专题论文6篇到8篇；创作120～200方尺写生山水画、花鸟画。

⑤ 1958年，于非闇题《牡丹双鸽》曰："去年再到各公园观赏牡丹，凡春天之花、伏天之叶、秋后之老干仿佛别有所会，因成此图。"

类所期求的和平的象征。在这个历史时代里，他既有真诚地拥护和投入其中的愿望，又有知恩图报的良心，当然不谙政治的老画家也不可能洞晓那些极“左”的物事，但他并没有简单地把花鸟画依附于政治，他知道人们的精神生活是丰富的、复杂的，花鸟可以愉悦情性，有养生慰心之益，所以他明确地表示，花鸟画是“给人怡悦心神的无声诗，它可以养性，可以抒情，可以解忧，可以破闷，更可以使人领会到发荣滋长、生动活泼，促人以进取之情”①。所以他的花鸟世界既明丽地充满阳光，又有着千姿百态的表现。《直上青霄》(1958)寄寓了对世界和平的期冀，那幅题词为“愿此花在全世界开遍”的《牡丹》(1958)则表达了祝愿世界人民富贵的心声。同年的《丹柿》之灿灿果实与“大跃进”的社会思潮相共鸣；那幅石青底上衬托的《玉兰黄鹂》(1956)，以其高洁的色彩和“仓庚耀羽，玉树临风”的境界又是一种社会明媚兼有君子之风的表白；兰花虽题名《国香》(1957)，却是他多年艺兰的宠物。他说，他“不再顾虑什么院体不院体、匠气不匠气、雅不雅了”②，只要对人生有益、对社会有益，他就把这美奉献给人间。1958年，他更明确地表示：“到民间艺术和生活的汪洋大海中去游泳一番，去寻找自己的笔法，大画而特画我们时代的阳光和春天”，闯出一个“活本所有，画本所无”的新风格，“在新世界的画坛上大放异彩”③。其弟子胡絜青评论说，“他打破了历来工笔画的宫廷气和书卷气”，“打破了历来工笔画的宁静气和沉闷气”，而带给人们亲切的美、动态的美、极度完美的美，这正是于非闇后期所追求的美的理想。

真诚的“再生”感，过重的感恩情结，使他几乎完全奉献给了时代和大众的集体审美理想，原本文人的雅赏不可能不时时地流露出来，但也不得不有所抑制。他在一幅高洁雅致的《白牡丹》(1957)的题识里写道：“自多买胭脂画牡丹以来，越感到精神面貌难以捉摸，今作此图更不是说绚烂之极复归平淡，而只是再作尝试耳。”其实，这位被称为“典型的旧式中国名士”的人，太坚决地完全改造了自己，他原本不必如此遮掩自我的审美需求和个性的自然流露，艺术思想没有完全解放，又是那个时代的局限。

三、嬉戏于物　造化在胸——于非闇由写生到创作的丰富经验

艺术是现实的，也是理想的，或者说就是现实与理想之间的桥梁。一般来说，工笔画侧重于现实动植物的真实描写，而易流于刻板，但于非闇的画却寓理想于写实之中，通过“形而下”的刻画给人以“形而上”的感染。于非闇对于他所描绘的花鸟世界原本就非常熟悉，在早期的艰苦条件下，也不像一般败落的八旗弟子那样穷愁无聊，他靠白天教学、晚上编报的辛劳养活八口之家。不过，他依然有着钓鱼、养鸽、莳花的嗜好，他喜欢听京戏、写剧评、拉二胡，能唱杨派武生戏，故有人说他是“典型的旧式中国名士”，无论此说法是否恰当，重要的是这些癖好都对他的绘画产生过直接或间接的影响。民国十七年(1928)5月，由北京晨报出版社同期出版了《都门钓鱼记》、《都门艺兰记》、《都门豢鸽记》三书。三书洋洋数万言，尤以《都门豢鸽记》文图并茂，资料最丰。予粗翻三书，知于非闇于物所知之详，所侍之细，所亲之深，非老“把式”不能为。其中嬉戏于物的文人情趣是一种“无为”的造化体验，与书画直接相关，更是入世无能、出世不得的一种游弋于雅俗之间的生活态度，与其艺术观有千丝万缕的联系。如其言豢鸽心态曰：

① 于非闇：《我怎样画工笔花鸟画》，人民美术出版社1957年版。

② 《于非闇工笔花鸟画选集·自序》，人民美术出版社1959年版。

③ 此处引文据1958年3月24日《文汇报》，该报记者叶岗文《大比之年考先进——于非闇先生谈又红又专》。

吾人不惜掷光阴，费心血，劳躯体，耗金钱……一唯鸽之是务，沉溺至此，一若世间都无可为，唯吾飞奴，善足以慰我……爱之之情乃愈切，豢养之术乃愈精，于是乎己身一切，均俯首帖耳，而一任飞奴之支配，不为苦而翻为乐，而唯恐爱之不专者，吾每思及此，未尝不深叹愚昧也。[①]

又如言钓鱼心态曰：

宣和时，酒店壁间，有句云："是非不到钓鱼处，荣辱常随骑马人。"非厂不敢，不敢自托于高蹈，而窃好钓鱼。所求者细，所以得于天、地、河、湖、草、木、虫、介者，大足以避尘氛，涤烦暑；书画之余，往往披短褐，戴箬笠，出入于杨柳蒲苇间，与渔人伍。[②]

他同年出版的《非厂漫墨》中，对钓鱼生活亦有记述，兹引述两段，以助读者和研究家们察其情性。《非厂漫墨》卷三自述曰：

吾性至迂，吾尤喜嬉戏，吾年齿虽渐长，自谥则犹有童心。日前城甫辟，吾即转钓丝，赴柳荫深处垂钓，虽气燥水涸，吾乃连有所获，不自知其时过禁也(注：不知已过关城门的时间)。夕阳映城阛，举吾所获，安步归，门已阖，赳赳者拒不听入，吾乃入小茶肆，谋果腹，主人善谈，与吾言天下事，刺刺不能休，吾亦喜与之言，主人出杯酒，烹吾所获，大嚼，主人颇自负，燕赵多慷慨士，岂其人欤。漏即下，语尤烈，吾则颓然卧矣。吾近来有两快意事：一则在天安门垂钓，一则在北海观钓也。天安门向为禁地，吾侪小民，获凭栏观鱼者，已属大幸。日前道出公园，见小儿二三，持竿为戏，吾亦不免生羡鱼之心，及持竿投饵，获乃殊丰，归而烹之，味尤甘美。北海自辟公园，吾遂不得垂钓。近日赴友人之招，过静心斋，于翠荷碧苇中，时见钓丝浮动，为园中生色不少。伫而观之，乐乃滋永。惟不审吾侪小民，亦得持竿往钓否？

由以上数段自述，可知于非闇是个喜欢戏玩的人，且在玩中自得其乐，在玩中悟人生之道，在玩中品造化之味，在玩中悄悄地积累了艺术的素材和学养。花鸟本玩物，俗人或丧志，但对花鸟画家来说却是"造化"，却是"心源"，却由此与物化而为一，物我两忘，寓心于物，有意无意间寓心于画，使其日后的"写生"、创作建立在深厚的生活体验基础之上。

"写生"二字出于古代花鸟画论，西洋画传入中国之后，写生转换为对景写照，于非闇是深知古代写生之趣者，又坦然在现实主义主导思潮中接受了现代写生方法而非常重视写生，尤其1950年春花开时节，几乎每天清晨出去写生，甚至于逐日逐时记录花朵开放的程序，积有写生素材数纸。但他却逐渐缩短写生的时间，而予以更多的观察和默写，体会其风、晴、雨、露和朝夕动静的意境，就是为了强化精神上的体味和化育，使对象闭目如在眼前，下笔奔来腕底，达到妙造自然的境地。

---

① 于非闇：《都门豢鸽记》，晨报出版社1928年5月发行。

② 于非闇：《都门钓鱼记·序言》。

禽鸟写生较花木难，但他有养鸟的经历和经验，且曾熟读关于鸟类学的书籍。譬如他对鸽子，堪称专家。早年著《都门豢鸽记》曾被译为英文①，收录49种北京鸽。晚年撰《北京鸽》②一文，又发现了许多新的品种。1950年，将鸽子作为世界和平的象征物时，无疑为这位鸽子的玩家天造地设般地提供了新的创作契机。但平日看翔鸽均为仰视，所见姿态未必最美，经作家老舍提议以俯视察之，于非闇对此言甚感兴趣，遂疏通天安门管理部门登楼看鸽翔飞姿态三日，作速写数纸，方有《直上青霄》之极佳飞姿跃然纸上。他对于昆虫更是细心观察，昆虫“表情全在两个触角”，即是细察品玩之体会。

于非闇对于写生曾认真地总结了花鸟画写生形神兼备的传统，梳理了自己写生的三个时期：“初级写生”，先以铅笔，后以毛笔白描；“中期写生”，辅以默写，注重用笔变化和笔致统一；“近期写生”，偏重观察，顾及笔调与风格。③此间经历了20年的磨炼。

中国花鸟画称为“写生”，实际上是为了写其生意，传神写心，其间经过了由造化到创意的过程，或者说是从自然信息到艺术信息的升华。于非闇深谙此道，老舍回忆说：“每逢公园牡丹盛开，或某处开有菊花展览，他必去详为赏览，勾画底稿多幅。每值我家菊开，画师必来，徘徊花间，见细瓣如针，或色微韵秀，频谓‘这怎么画呢?怎么画呢?’事实上，他并不畏难，他千方百计地想办法，把最不易摹拟的画了出来。这便是创造，因为前人没有这么画过。”④他说其创作方法又不仅仅限于写生，他是利用作文作诗的方法从内容出发，首先在构思上要创立新意。这种创作方法使其作品工于笔而精于意，出于自然而美于自然，避免了一般工笔画工谨流于板实，繁采失之寡情的弊端，而进入精神的境界。

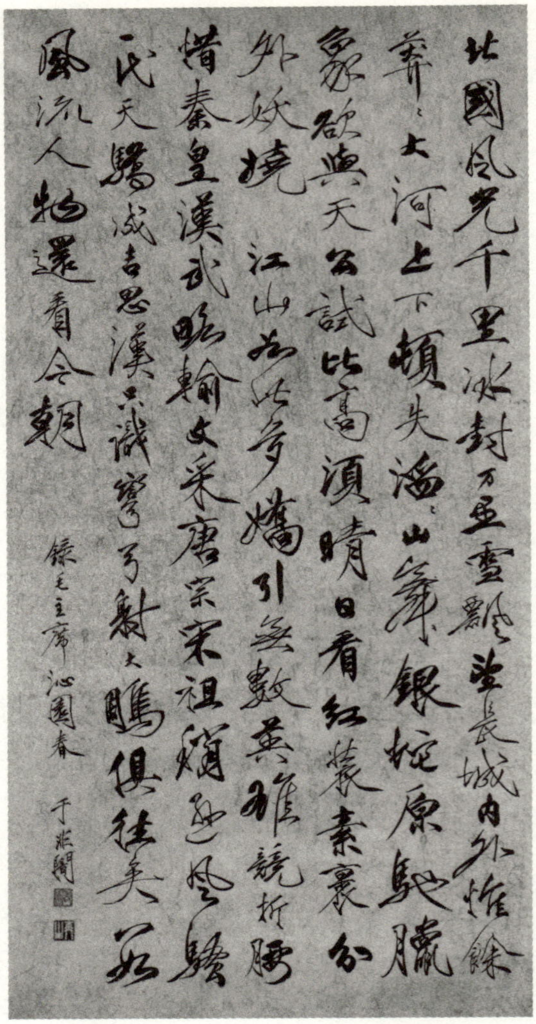

书法　于非闇　67×25.5cm　20世纪50年代

---

① 于非闇在《浴鸽图》题识中言：“予喜养鸽，豢百余头，晨起放之空中，铃央央然。曾为之记详，其族类动息、饲养、繁殖诸法都数万言。题曰《都门豢鸽记》，友人为之梓行，美友福开森君为译成彼邦文字。窃谓：予之豢鸽不后于张曲江之传飞奴也。”

② 《北京日报》1956年10月1日。

③ 于非闇：《我怎样画工笔花鸟画》，人民美术出版社1957年版。

④ 老舍：《悼于非闇画师》，《人民日报》1959年7月7日。

于非闇深深体会到中国的古典文艺理论与画相通，对于指导其创作“起到重要的作用”。其一为唐韩愈在《答李翊书》所说：“非三代两汉之书不敢观，非圣人之志不敢存，惟陈言之务去”；其二为古典画论之六法，关于“立意”与“意在笔先”，“虽质沿古意，而文变多情”之说；其三为“师古人不如师造化”。他认为这三项“是对我在花鸟画创作上起着决定性的作用的理论”①。由此可见文化修养，尤其中国古代画论、文论的修养成为他由造化而复创立新意的理论基础。

1959年，在他生命的最后一年，曾通过《喜鹊柳树》之题识总结其艺术里程：“从五代、两宋到陈老莲，是我学习传统第一阶段，专学赵佶是第二阶段。自后就我栽花养鸟一些知识从事写生，兼汲取民间画法。但文人画之经营位置亦未尝忽视。如此用功直到今天，深深体会到生活是创作泉源，浓妆艳抹，淡妆素服，以及一切表现技巧，均以此出也。”此可视其一生之总结。

四、语言丰富　精益求精——于非闇的艺术技巧

无论工笔、简笔(俗称“写意”)都以精神的表现为最终目的，然而从制作和技法来讲却各有其难。工笔之难在工，它相对要求一丝不苟地描绘出事物的形态、结构和色彩，不允许有糊涂之事和偶然的误笔，也要避免刻板实腻。于非闇这位主要靠自学、自悟起家的画家为此付出了难以形容的艰苦努力。他的每一幅画既是其全面修养的结晶，也是一针一丝缝绣的彩练，一砖一瓦砌起来的华屋。他通过研究，熟悉花鸟的形态、性情、结构；通过写生、默写的锻炼，笔墨和设色技法的学习构筑艺术创作的地基；待到创作时，又经过构思立意，起稿，落墨勾勒法、勾填法、没骨法，或勾勒与没骨结合，或穿插使用勾花点叶法和点垛法……他的画看起来是那么单纯，那么鲜明，但每一幅画都是一个丰富的大千世界。

工笔画相对于简笔，造型严谨为其首要特点。于非闇既熟悉于物性，亦注意观察其造型规律，更通过写生把握其姿之丰富变化。如其禽鸟，除对鸽子有特别研究之外，其余翎毛无不呼应顾盼，若闻鸟语相答。画虫则模糊其翅，有飞动感。如其牡丹花、叶，正反侧背之角度，抑仰偃搴之姿态尽现于笔端。其老干之屈曲折转、新枝之劲拔舒展，兰、草、柳之婀娜柔俏，莫不得其质而尽其势。其画枝干用笔多顿挫，纵横互用，再点以疖疤；勾叶则以铁线描，起笔重，收笔虚，气贯而脉连；画石则多用斧劈皴，以枯笔现其质。但他又不拘限于生活的真实，而集中、概括、提炼为最美的造型，如其牡丹将不同季节的花、叶、干所得的感受纳于一纸，塑造了他理想中最富丽丰艳的牡丹典型，此正是工笔画家之迁想妙得。

造型赖笔法而立，笔法与书法相通。于非闇专门谈到“帮助我用笔的书法”②，为了练习“腕力”与“笔力”，必以书法为基本功。他自己的体会是：“为了练习下笔的准确和稳当，进而要求笔道的劲利圆润，生动飞舞，对于绘画技法帮助最大的是8世纪唐朝李阳冰的《三坟记》、《谦卦》等篆书。他的篆书讲究结构，讲究匀整，讲究圆润有笔力。学他的字，越写得大，越写得整齐停匀，越对绘画有帮助。”“为了练习笔道的曲折转换、粗细润枯、有气势、有断续、变化多端，我曾学习过唐代怀素的《自叙帖》。”他还认为，不仅三指握笔要坚实，还要运腕、运肘、运肩，即可画极长的线、极圆的圈和几尺长的竹竿，此确为用笔的经验之谈。

相对于简笔而言，工笔赖白描之功，相对于其他工笔画家而言，于非闇的特点在于笔法的独特性。其笔法有高古游丝描之细劲，铁线描之圆厚，又融钉头鼠尾描之变化，为其工笔花鸟画奠定了坚实而变

①②于非闇：《我怎样画工笔花鸟画》，人民美术出版社1957年版。

化丰富的骨法基础。就笔法而言，他初以赵子固、陈老莲笔法为本，兼得圆硬尖瘦之趣，后以赵佶瘦金书笔法入画。于非闇认为，赵佶的花鸟画“变化多端，时出新意”，其笔法与其瘦金书相关，自称“我在1931年‘九一八’以后，就开始学习赵佶‘瘦金书’的书法，这对于研究他的绘画，是有一些帮助的”①。于非闇的瘦金书学自宋徽宗赵佶，赵兼擅工笔花鸟和书法，赵佶书法“初学薛稷，变其法度，自号瘦金书”，得“笔势劲逸之致”，一度是于非闇学习的核心。于非闇的书法学赵佶略变，习瘦金书后又习章草，故其提按、疾徐、粗细、肥瘦及布局、节奏变化略多，或融入行书笔意，是现代瘦金书体第一大家，也是融瘦金书体于工笔绘画最成功的范例。他直到晚年对宋徽宗的绘画亦每见必研其来龙去脉，或勾摹临习。最早临其《祥龙石》，仅能观赏几个小时的《五色鹦鹉图》则背临。早年曾花了相当财力和时间，从画商手中借得赵佶《写生珍禽图》卷对临，后来又临过《瑞鹤图》、《六鹤图》等。今尚见1954年摹赵佶《御鹰图》跋中言，1924年即曾“勾得粉本，摄影存之”，之后十年及1954年又两度复制。1941年意临赵佶《杏花鹦鹉》，跋曰：“十年前见之厂肆，数百元为日商购去，迄今时形诸梦寐，幸辗转乞得影片聊以慰情。此图略参其意，并临瘦金书于上。”据《临赵佶白山茶》跋，早年即曾勾摹此图，1953年“重为临抚”，深慨赵佶之艺精：“宋徽宗花竹翎毛，气骨生动，神理完足，以简胜繁，以拙御巧，所见博，所取精，利乞健毫，妙师造物。以焦墨写竹，以生漆点睛，最为特出。”1955年，他还临摹还原故宫绘画馆藏黄筌的《写生珍禽图》，可见其临古态度之虔恭，得益于传统花鸟画笔法、画法功力之深。如与前贤相比，其篆刻之铁线篆亦惠于笔法之刚柔变化殊多。显然学习书法与临古画，使其笔道有了粗细、软硬、顿挫，波磔、回旋的变化，不仅笔劲气连书意大增，且使线条具有表现质感、体积感、空间感的多重功能。

于非闇的艺术，一方面因挺劲婀娜之笔力为骨，又以色彩的丰富表现为肌，形成了以浓丽庄重为主导辅以多种和谐性表现的浓妆风神，并因之而与文人雅逸为主的文人画拉开距离而富时代感与大众性，成为现代中国典型的工笔重彩画家。于色彩，他精于对比色和同类色的运用，堪称为色彩的大师。

于非闇于对比色的运用有大对比与小对比、强对比与弱对比之别。大对比即整体色调近于补色关系之对比，如《牡丹双蜂》、《山茶蝴蝶》、《山茶白头》等以红花绿叶为对比；《直上青霄》、《玉兰黄鹂》、《玉兰绶带》等以石青与黄、红为对比，均以色域大、色相纯为特色。但为了达到既鲜明又沉稳的艺术效果，画家往往弱化其中一色色相，如施墨为叶或使叶呈墨绿效果而使红花更明艳；或在对比色的面积上拉开距离，如绶带、黄鹂之红、黄面积远远小于蓝天及玉兰面积，而使画面避免了纯度或面积等量而呈变化。加之对比色的大形参差错落，又有花干之灰色作为过渡，即大对比中有非对比因素，有令人所谓色彩构成之想，遂使主题与内美得以强化。

小对比即局部对比，在和谐的整体色调中，个别细节呈对比色。如《白荷》，绿叶衬白荷，叶上落一红蜻蜓，拈出“白菡萏香初过雨，红蜻蜓弱不禁风”诗意；《杏花鹦鹉》整体秀雅，仅鹦鹉青头、绿背、红腹，使画面顿时明亮起来；前述《山茶蝴蝶》以红花墨叶为大对比，又施石青与金黄画蝶，此为大对比中之小对比；《太液池荷花草虫》中左下角绿萍叶上加两只红色小瓢虫，使是图微观处见妙笔；《杜甫诗意》中黄鹂加黑色尾翅，顿使“两个黄鹂鸣翠柳”之诗意盎然……小对比或在大对比中，或在弱对比与同类色中运用，足见画家用心之精微，亦增画外之意、味外之味。

弱对比是中性色彩的对比，非红绿、黄青之补色对比。如《丹柿》，柿为橙黄，叶之正面墨绿近黑(背面为赭)，借用墨之中性造成近于黑黄对比之效果；《烟波出浴图》中勾填淡紫红之花与花青没骨

---

① 于非闇：《我怎样画工笔花鸟画》，人民美术出版社1957年版。

叶，手法有异，色相呈弱对比，有淡雅冷艳之致。《荷花》中花呈紫，叶施墨绿与三绿，紫与绿为复色之间的弱对比，此画属浓重冷艳一格。弱对比偏雅，与题材和意境相关，故使用黑白等中性色彩与其他色彩之间的比照，使黑、白产生倾向性。如《临赵佶白山茶》，白色与墨绿、石绿共一纸，使白色倾向于冷，遂有清雅之思；《梅鹊图》无非是黑、白、灰、绿，黑、白、灰皆近于绿，几近同类基调。

同类色的运用较少运用于偏重写实的工笔画，但有文人意趣的于非闇却喜用之，早期尤其如此。如1937年之《竹石双鸠图》、约1940年左右之《暗香疏影》，基本上呈灰绿色调，早期山水亦为墨笔或浅绛，以雅为旨。新中国成立后，画家之个性从属于群体审美共性，较少有冷逸之作，但雅淡之心亦时有流露。如1954年之《竹鹊图》纯用浓淡墨色，不施丹青；1957年之《国香》，乃写幽物，多用同类之绿；1958年画《白牡丹》，唯花蕊呈局部对比，大片淡墨、淡赭、淡黄趋于同类的静雅。值得思味的是，于非闇在新中国“多买胭脂画牡丹”，既有其真诚，亦有盲从，不知尚有多少精神上的自留地得艺术之自由，他只是在共性的审美需求氛围里尽可能地运用色彩规律提高其艺术质量，以臻于浓丽而不火，明艳而不俗之境，“淡妆素服”极少，此正是于非闇在时代制约中的艺术思维。

工笔画的特色除以上笔法及色彩的匠心之外，在绘制中有诸多独特的程序。于非闇在其《我怎样画工笔花鸟画》中除总结花鸟画史、习画经历、养鸟心得、写生经验、创作过程之外，又备述其所用工具材料、渲染方法，是前所未有的史、论、技兼全的工笔花鸟画专著。本文关于技法的记述也多源自此书。

于非闇“与古为徒”(印语)，所见既多，经验亦丰，且“唯陈言之务去”(印语)，屡创新言己语，画法变化无常，工笔有重彩、淡彩之别；或勾填与没骨法并用，或纯用没骨又于没骨中见笔最为难得。于非闇除工笔外，亦时见其半工半简花卉，但不如其工笔精到。工笔以笔法立其骨，以渲染半其肌，以勒、点醒其神，语言丰富且多灵活、微妙、精绝之处，笔者仅就此几点略事陈述。

染法附于勾勒，以尽物形，以成色泽，以营气氛。工笔画有“三矾九染”之说，来不得半点躁气。于非闇于渲染颇为考究，设色渲染必由浅入深，逐步加浓，且颜料不使其有一丝尘垢。染朱砂，先用白粉(不用铅粉)打底，次用二朱薄染，然后上矾，再用洋红分染(较古人用胭脂分染明艳)，一遍不成，再来一遍，此法名“笼套”，故其花有体积和质感且明丽中有深厚旨趣；用西洋红，先以花青打底，后以西洋红几度涂染，得红中发紫，紫中透红之致；画叶，花青和淡墨分染，再上矾水，复以石绿、草绿罩染，如此反复多遍，沉着浓艳之效果出方止；石黄，用法国颜料，分三层使用，以蛤粉打底，而忌用铅粉；用赭石染枝干，于绢背面重染；正面紫色或石青，在背面托头绿；若用石青，忌厚涂，根据画面效果分别先晕染三绿或胭脂、或赭墨、或花青，然后层层薄染；画淡色花，于浅淡处提粉，使花瓣活脱……其弟子胡絜青言：其柿以藤黄打底，再罩以雄黄精；有时画牡丹，正面敷粉红，背后托朱砂……这些方法的运用，使其画层次丰富、沉着明丽，有深厚华滋之美。其渲染亦多微妙之处，如《腊梅山禽》中之禽，鸟羽黑、白相间，画家在白纸上淡染赭黄，妙施白粉，黑处则墨中含红，极尽微妙。

勾勒之功已如前述笔法之多变，亦见其“勒”之妙。“勒”，一般指染后傍墨线复勾以色线，徐燕荪派工笔人物多用此法，于非闇用于花鸟，此前亦罕见。于非闇用勒法于花而不用于叶，其勒法亦微妙，他以色把墨线盖住，再勒以色线或墨线，如《美人蕉》之红花，勒以黄线，即现其“金边大红”之辉煌；粉红花，似有白粉勒痕，又浑融不显；《众生黑》之紫色花头，勒以粉红，有轻重隐显之别，遂如丝绒之光照感。于非闇画叶除勾之外，亦有“空”法，如《山茶蝴蝶》之叶，染时留一淡线于墨线内；《丹柿》叶之边、之筋均染淡墨时留出，上敷赭石、胭脂，线似为勒，实为空；《桃花翠鸟》之墨竹叶与叶之间、桃花之瓣与瓣之间皆留一隙，似白线而实为空。《喜鹊柳树》之柳丝，墨线之后复以赭、绿套勾。《直上青霄》之云头，以同类红色勾染，有民间画风。

于非闇亦善用点，山水画用胡椒点，攒三聚五，浓淡虚实疏密错落有致。其工笔花鸟点在老干，或墨点之上复以石绿，或墨点之后辅以色点，或淡色点与浓色点叠用。最精处在点蕊，点蕊为花醒神最为紧要，如白牡丹之蕊，以石青点酱紫，酱紫上点以黄，《牡丹双鹊》中有各色牡丹，淡紫花点石青，白牡丹黄蕊复点紫，紫牡丹点以黄，有如美女云集，簪饰纷呈，无碍整体色调，又变化丰富多彩。

时下人作画，墨、色多用现成制品，对工具材料不甚考虑，有粗制滥造之嫌。于非闇深知“工欲善其事，必先利其器”之古训，于材质精益求精，是极重视工具材料的严肃的艺术家，这也应该是所有能称为“巨匠”、“大师”的人不容忽视的环节。他用北京吴文魁制笔；用墨起码是50年前陈墨；新纸喜用棉连、六吉料半；旧纸喜用开化纸、金线榜纸；熟纸则自己加工，春制秋用；绢喜生绢，且正背两面着色。他使用的家藏纸张、颜料均有久远的历史，连张大千也常索要于家这些上好材料。《国香》一画题记中说，友人赠兰，“亟出古铜釉瓷钵种之”，并“检佳纸”图绘；《同心》题记中言“我至今还保存着‘大德颜料公司’的绘画颜料”，均可见对材质之重视。于非　对于颜料极有研究，自谓：“我自二十几岁随老师制颜色，到目前为止，我对于使用颜色可以说从心所欲了。”[①]其所著《中国画颜色的研究》一书可谓旷古空前的专著，书中对中国画颜色的品种及性质、发展状况，中国墨的特色，古代和现代画家着色及研漂使用颜色的方法，包括如何用矾、用胶甚至如何使色牢不退都有详考备述。别有意味的是他同时注意到民间画工的审美观和使用颜色的经验，并通过这种学习融入了民间绘画和刺绣的审美特点，其画风为大众所喜并非出自偶然。

于非闇其人丰富多彩，没有一个画家像他那样消闲地玩鸽子、钓鱼，也没有一个画家像他那样对色、墨这样地严肃认真。于非闇虽有印曰“壮夫不为”，但对花木玩赏之心不已，对工笔花鸟画进深研究不已，在艺术上终至有为。如果一个人能玩赏且玩赏出个水平来，精于事业能精诚到一个高度来，则一定是把玩赏的学问也融进了事业，也一定是把事业化作了乐事。孔子说：“知之者不如好之者，好之者不如乐之者。”诚斯言也！

于非闇无疑是以艺术为乐的人，但他可能过重地考虑了为老百姓喜闻乐见，在雅俗结点上过重地倾向了大众。他的画无疑属于人民，但也无疑经得起行家里手的检验。如果在适应大众审美时尚的同时，更坦然无虑地也把自己的快乐、自己的人生体验诉诸于笔墨，原本应该有更自由、更快乐、更丰富的艺术表现。尽管历史没有什么“如果”，他仍不失为20世纪最杰出的工笔画家之一，仍不失艺术巨匠的风采。

（“疎影留香——北京画院院藏于非闇作品展”，展览时间：2007年10月18日—11月6日　2007年11月28日—12月19日）

① 于非闇：《我怎样画工笔花鸟画》，人民美术出版社1957年版。

博识多能　一代名家

——胡佩衡和他的艺术

郎绍君

胡佩衡(1892—1962)，谱名锡铨，又名衡，字佩衡，号冷庵，以字行，蒙古族，原籍河北省涿县，因祖辈做粮商，迁居北京。胡佩衡幼年丧父，家庭靠粮店股份维生。7岁入私塾，后毕业于私立北京法政专门学校、新华铁路专门学校。民国初，相继任北京三圣观小学教员、海军部办事员、北京第二中学图画教员。1922年，由交通部交通行政讲习所分发至京绥铁路局办事，后任车务处课员。又先后兼任北平师范、私立华北大学、北平师范大学、北平艺专教职，主办过“中国山水画函授学社”①。又在北京琉璃厂创办豹文斋书画店。新中国成立后，先后任北京中国画研究会常务理事、北京画院画师兼院务委员。

在《我怎样画山水画》一书中，胡佩衡曾谈到自己的学画经过：

我自幼就喜爱绘事，十多岁就开始画山水。当时家里有一些山水画，天天看着很有兴趣，

---

① 秦仲文《悼念胡佩衡先生》一文，说胡佩衡“曾主办‘中国画函授学校’”，柱宇《中国画名家胡佩衡访问记》则称之为“中国山水画函授学社”。本文依柱宇说。其“函授简章”原文如下：本社为便利有志画学，因路远及职务年龄等关系，不能直接就学，通函教授，以期普及。本社由胡佩衡先生本历年之经验，分人函授。因学者各人之程度资质，而变更方法。无论已学未学，经其指点，无不豁然贯通。一、寄与学者之画稿，每月四幅，加以说明。学者照式临摹，寄社评改。原画稿归学者所有，不必寄还。寄与学者之画稿，全部约百幅，均系胡先生所手绘，非印刷品。除最数幅系二三尺堂幅条幅扇面等，均有题款，可以装裱成画(此种画幅，每月一幅或二幅)，余均系册页式，尺寸一律，盖有图章，以便装成册页之用。二、学者于画稿或说明有不了解之处，函问立即作答。如不照式练习，或欠交学费，即停寄画稿。已交之学费概不退还。三、凡有志向学者，随时报名，交纳学费，并寄来本人相片及略历。已能画者，附作品一张，未能画者，附书法二张(楷字行书)。函寄北平西四牌楼后毛家湾27号。本社接到，即开始函授。四、练习期间，暂定二年。每日练习半小时，二年即可成幅。二年后如欲继续深造者，可入高级班，期限亦二年。学费办法相同。每月画稿数小幅，或一大幅。并指定临摹古画，及批改创作。五、学费每月十元，邮杂费等一元，每三个月一交。如将全年或二年之学费一次交清者，可免交邮杂费。(邮局汇款，标面请书明北平西四牌楼邮局，以省手续。)六、本社寄出邮件，均系挂号，以免遗失。如学者未收到时，可以质问，以便转邮局。七、此项函授期限，普通二年，如因特殊关系，欲缩短毕业期限为三个月或半年、一年者，均可在此指定期间，将全部画稿悉数寄出，且指导捷径，以便速成。但学费于入学时交清二年全数。八、学者欲托本社购买画帖、纸张、印章、古画暨学画参考等物，先商妥，寄来物款。本社照购该件，挂号邮寄。九、欲面授者，每星期来社一次，每月学费十六元，其日期时间，临时商订。

渐渐对画临摹，十五岁时已经有学校老师和同学们找我画条幅了。不久遇见了西陵山水画家李静斋先生(名定安)……他把自己收藏的名画一张张教我临摹，告诉我怎样看古画，古画中哪些是从写生来的，怎样分析优缺点，怎样学习古人的技法。记得当时临摹过的画很多，大都是明清人的作品，有几张他认为最宝贵的是唐寅所画的山水画，他说他自己就是从唐六如的画里得到写生的技法而进行写生的。他又教我如何运用古人的技法进行写生和创作的方法，并须自创一格成为自己的面貌。由于静斋先生的教导，使我在二十岁时已经能单独创作，并且和当时的画家时相来往，加入他们的画会，列入画家之流了。会中年长的是文达斋先生，他介绍我和姜颖生、林琴南等名家见面，听到好多名画家的讲论。这个阶段中，主要是在这样有利的环境里进行自修，当时见到画家们收藏的古画很多，宋元的画也常常看见，使我在古人的技法里广开了眼界。①

文中所说西陵画家李静斋，未见文献记载。所说老画家姜筠、林纾都是20世纪初北京画坛的名宿。当时在北京的名画家还有金城、陈师曾、陈半丁、萧谦中、姚华、汤定之、贺履之等，他也是熟悉的。胡俱青在《深切的悼念》一文中说："佩衡兄从小就热爱绘画，专攻山水，五十年如一日，与著名画家姜颖生、林琴南、贺履之、陈师曾、汤定之等多有过从，所闻所见非常渊博。"②那么除了这几位画家，胡佩衡还有更熟悉、交往更多的画家吗？我想，至少要特别提到金城。金城(1878—1926)，1920年联合陈师曾、周肇祥等在北京创办中国画学研究会，同年在中央公园与研究会成员的合影中就有胡佩衡③，即胡佩衡是第一批中国画学研究会的研究员。1927年，胡佩衡由研究员升为助教，后又升任评议④。《湖社月刊》第34册(1930)有署名胡衡《北楼吾师逝世四周(年)志感》诗四首，其中二首曰：

四年断梦总成尘，每对秋风一怆神。
此日明窗净几处，商量笔墨更何人。
云烟落纸洵堪矜，继绝存亡愧未能。
举世千金享敝帚，谁将规范作传灯？

胡佩衡与金城的师生关系、师生情谊，在这里表述无疑。但在1957年写作《我怎样画山水画》一书时，他为何对自己尊敬的这位师长只字不提？这不难理解——20世纪50年代，金城被视为北京"保守派"国画的根子和最大代表，加上他又担任过北洋政府众议院议员、英国麦加利银行北京分行的总经理，经历了一系列政治运动的金氏诸弟子，谁还敢谈自己与这位老师的关系⑤？对此，我们只能予以历史的同情理解。

金城以"精研古法，博采新知"为原则，指导、提携了胡佩衡、刘子久、秦仲文、赵梦朱、吴镜

---

① 胡佩衡：《我怎样画山水画》，第129—130页，朝花美术出版社1957年版。

② 胡俱青在文章中提到她的一位兄长与胡佩衡是小学同学，因此对胡氏以"兄"相称。她对胡佩衡早年的情况比较熟悉。见1962年3月22日《北京日报》。

③ 合影中，胡氏师辈画家有金城、周肇祥、陈汉第、萧谦中、金章等，胡氏同辈画家有刘子久、吴熙曾、管平、马晋等。合影照片为王世襄先生所藏，见云雪梅《金城》，河北教育出版社2002年版。

④ 中国画学研究会成员分为研究员、助教、评议三级。1927年，胡佩衡与吴镜汀、秦仲文等14位研究员升为助教。他升任评议，是后来在湖社的时候。

⑤ 就笔者所知，在新中国时期，由于常常把艺术问题混同于政治问题，大多数金城弟子都回避谈他们与金城的关系，胡佩衡也是如此。但也有例外，如曾从金城学过画的张其翼在60年代出版的《我怎样画翎毛》一书中写道："近代花鸟画颇为发达，画家中突出的，有金城、王云、齐璜。金城学古人的各种方法，融会贯通，而成己法。"

汀、惠孝同、陈少梅、马晋、管平、张其翼等一大批出色画家。金城的弟子中，胡佩衡年最长，也最早熟。秦仲文说：“胡先生长我三岁，我于1915年，20岁来北京大学读书，课余之暇参加了校内的‘中国画法研究所’学画，得到当代老画家指点。同时胡先生也自校外前来参加。不过他的画法已经有了相当造诣，迥然与众不同；后来不久被聘为‘造型美术所’导师。”①值得注意的是，胡佩衡在画法研究会，还跟一位外籍导师学西画。他自己谈到这件事时说：“那时正是北大五四运动的高潮，我受到新潮流的影响，又由于主编杂志的原因，迫切需要对西画的认识与学习，所以，当时我从盖大士先生研究过素描、油画、水彩画、图案画等等。”②

笔者于1997年11月在台湾访问金城的侄子金开英先生，金开英回忆说：“先伯教了许多弟子……有一件事我记得很清楚，先伯买了一批丈八的宣纸，他给大徒弟们每人一张，让他们自己作稿，他也和他们一起画，交卷后，开了个丈八纸作品展览会，还记得是评了胡佩衡的画为最好。”北京大学画法研究会(即秦仲文所说“画法研究所”)成立于1918年，同时编辑出版《绘学杂志》，请胡佩衡负责编辑。北京大学画法研究会成立时聘请的中国画导师有陈师曾、贺履之、汤定之。两年后，画法研究会更名为“造型美术研究所”(即秦仲文所说“造型美术所”)，此时陈师曾已辞去导师之职，年轻的胡佩衡被聘为导师，这也正是他加入中国画研究会的那一年。

山翠落幽襟　胡佩衡　30×66cm　1928年

东方红　胡佩衡　96×177cm　1961年

① 秦仲文：《悼念胡佩衡先生》，《美术》1962年第三期。

② 胡佩衡：《我怎样学山水画》，第130页。

笔者所见胡佩衡早期临古之作，是1921年(辛酉)临石涛《溪山无尽图卷》、1923年(癸亥)临石涛《山水册》等，前者墨色淋漓，后者笔力雄壮。他在《临石涛山水册》中题："清湘老人笔墨超凡，意境玄妙，洵非食人间烟火者所能梦见。此册大半写黄砚旅游处，一丘一壑均可佩人，愚酷爱之，漫临一册，以存梗概，惟限于学力，自不免取貌遗神也。"在20年代初，胡氏前辈画家齐白石、陈师曾、陈半丁、萧谦中等均推崇石涛，胡佩衡不免受他们影响。但能够兼容中西绘画的胡佩衡，从不拘于一家一派。从20年代中期到30年代陆续出版的《胡佩衡画存》第一至五集，大多是临仿各家各派的作品，其中包括黄公望、王蒙、吴镇、沈周、王铎、程邃、程正揆、石谿、梅清、吴历、罗牧等，大体以南宗为主，但也涉猎北宗，如临《临金李山风雪杉松图》(1923)、《抚宋人雪溪归棹图》(20年代前期)均为典型的李郭派作品。他自己也说："余爱临北宗画，画存前三集第一幅皆北宗也。且余所写南宗画，多有北宗意焉。"①在《临古刍言》一文中，胡佩衡把古人作品依风格画法分为幽淡(如倪云林一派)、平正（如黄公望一派）、庄整（如董源、巨然、文徵明、沈周）、邃密（如王蒙、石谿、吴历）、豪放（如八大、石涛）、潇洒（如唐寅、恽南田）、奇古（如金冬心）、峭健（如马远、夏圭）、工致（如刘松年、赵孟頫）、烟雨（如米芾、高房山）。对于每一种风格如何临写，他都结合自己的经验加以解释，可以见出胡佩衡对临摹的深刻理解。1926年，齐白石题《冷庵先生画卷》诗云：

层次分明点画工，启人心事见毫锋。
他年画苑三千辈，个个毋忘念此翁。

桂林写生之一·竹江村　胡佩衡　25×39cm　1956年

① 胡佩衡：《临古刍言》，见《胡佩衡画存》（第四集），北京琉璃厂豹文斋印行，1934年第3版。

对胡氏作品是非常称赞的。

30年代，胡佩衡在回答《北辰画刊》记者问时说："本人学画至二十岁上，规模粗具，精神全无。则就画界前辈，如贺履之、齐白石诸先生，从事请益。有暇，则赴贺齐诸先生之私第，观其作画，如用水、调墨、着色，以及用笔之法，一一悉心领略，受业如弟子。"[①]我想，这些画界前辈也应当包括金城、陈师曾、汤定之等等。

胡佩衡20年代的作品以临仿古代名家为主要特点，大约1927年前后，其技巧成熟，独立创作多了起来，个性风格也鲜明地呈现出来。此后的临仿之作，也多参己意加以变化。这种状态一直保持到50年代初。30—40年代的作品大抵有两种面貌，一种结构繁复，勾皴细密，大体是从王蒙、石谿、吴历一路画风综合变化而来；一种多湿笔，结构有繁有简，多用泼墨，笔线粗壮，以泼辣奔放为宗，可以看到沈周特别是石涛的影响。秦仲文在谈到1962年8月在北京举办的"胡佩衡遗作展览会"时，用两句话概括胡佩衡前期作品：一是"精细可爱"，二是"尚不断致力于继承古人和吸收先进笔精墨妙的技法"。前一句是讲画法风格，后一句是指出它们与传统的密切关联。不过，秦氏所言胡佩衡前期"精细"作品是就展出的少数作品而言的，笔者所见百余件前期作品，"精细"之作并不多，即使这些精细之作，也带有纵放和随意的特质，而与金城、吴湖帆、张石园、张大千等等的精细风格不同。

50年代以降，胡佩衡谋求山水画的新风格，先后到丰沙铁路沿线（1953）、广西桂林和湖南韶山(1956)写生。其中桂林写生60幅，画风发生了很大变化。此后到他逝世，作品"多写桂林风景，笔意之辣，气象之厚，青黛之浓，丹黄之粲，都显示出奔放雄奇、与年俱老的画境，而达到他所追求的推陈出新的成就。"[②]具体言之，这一时期的作品，构图简洁，喜取近景特写，不再有山重水复、重峦叠嶂的景象；笔墨厚重，多以强悍的焦墨勾皴点画；喜用对比强烈的色彩，如石青、石绿、铅粉、洋红等，用重彩而能写意，可谓独树一帜。胡佩衡对自己的"衰年变法"充满信心，有诗为证：

万寿菊黄又一年，衰年变法气冲天。
夕阳无限春常在，树茂山崇晚更妍。

胡佩衡的成就远不止于山水画创作，他博识多能，精鉴赏，擅诗文，在美术教育、编辑出版、写作著述方面的贡献也十分突出，先后编写出版了《山水入门》、《王石谷画法抉微》、《中国山水画布置法》、《中国山水画点苔法》、《绘画随笔》、《胡佩衡画箑丛谈》、《临古刍言》、《冷庵画诣》、《我怎样画山水画》、《山水画技法研究》、《齐白石画法与欣赏》、《王石谷》等著述。这些著述以学画青年为主要对象，融画谱、美术史知识、传统画论和作品鉴赏为一，文图结合，深入浅出，可读可临，是一种新型的综合性普及读物，具有鲜明的时代特征，出版后产生了广泛的影响。

胡佩衡还是一位中国画教育家。他的课徒传授在北京画家中是有名的。柱宇在《中国画名家胡佩衡访问记》中说，胡佩衡"在中国画界，以课徒见长，此一般所公认。"钱葆昂在《胡佩衡课徒画稿·序》中说："先生之为人也如春风，冬日即之也温。其教人也孅孅不倦，探骊得珠。其言尤能深入浅出，古人千百言所不能说明者，先生不十余言，即能使深奥之精义昭然若揭。前人立言，惟恐其不玄，先生则一以科学之方法治之，所以

① 柱宇：《中国画名家胡佩衡访问记》，《北辰画刊》1930年。

② 秦仲文：《悼念胡佩衡先生》，《美术》1962年第三期。

受教育者莫不师半功倍。”[①]胡佩衡将自己的教育方法归纳为“先难后易法”、“分析法”等等，这方面的丰富经验还有待我们去发掘和研究。

胡佩衡的普及性著作也不乏精辟的见解。如作于20年代中期的《王石谷画法抉微》，有感于对王石谷“昔之人恭敬之如彼，今之人又拒绝之如此”的状况，做客观公允、正本清源的批评。文章从王石谷的艺术历程、临古、论画、各家评说、画派变迁、作品之“佳点”与“劣点”等各个角度做了全面的剖析，即使今天看来，也不失其价值。

胡佩衡又是一位出色的编辑，先后主编了北京大学画法研究会的《绘学杂志》、北京大学造型美术研究所的《造型美术》和湖社的《湖社月刊》。特别是《湖社月刊》，从1927年创刊到1937年10年共100期，是20世纪前半叶坚持时间最长的美术刊物之一，始终由胡佩衡主编[②]。该刊以金城的主张为宗旨，介绍了许多古今画家，发表了大量古今绘画作品和画论著作，还旁及书法、篆刻、古董收藏、诗词、青铜研究等，充分显示了胡佩衡宽阔的眼界和多方面的能力。这些刊物已经成了研究20世纪中国美术史的珍贵文献。

胡佩衡推崇齐白石，是齐白石的忘年交。1928年出版的第一本齐白石画册，就是胡佩衡编辑的，他在《序言》中称赞齐白石“性爽直，喜任侠，有古烈士风”，“作品之意境深刻而新颖”。1957年，他与胡橐合著了《齐白石画法与欣赏》。30年代，胡佩衡在琉璃厂创办“豹文斋”，编印了许多画册书籍，除了胡氏自己的著作外，还有《大涤子山水精印》、《黄子久富春山居图》、《齐白石画册》、《萧谦中课徒画稿》、《萧谦中山水精册》等等，这也是对弘扬中国画做出的贡献，是我们不能忘记的。

画史界正展开对“京津画派”的研究，随着研究的深入，我们对胡佩衡及其艺术也必将有更新的理解。

2006年7月21日

（“画范传灯——胡佩衡中国画精品回顾展”，展览时间：2008年2月29日—3月31日）

① 钱葆昂：《胡佩衡课徒画稿·序》，北京琉璃厂豹文斋印行，1943年11版。

② 《湖社月刊》名义上是由金城长子、湖社负责人金开藩主持，实际是由胡佩衡主编，如秦仲文在《悼念胡佩衡先生》一文中所说：“主编《湖社月刊》自始至一百余期。”

开篇大作
——人民英雄纪念碑

吴洪亮

人民英雄纪念碑作为新中国成立后第一个国家级公共艺术工程，从1949年9月30日毛泽东主席亲自奠基，到1958年5月1日正式落成，历时8年有余，是建国以来耗时最长的大型艺术项目，也是凝聚了无数人智慧、心血的艺术精品。它不仅成为中国近代史的形象载体，更体现出一个新兴国家的建国理念，堪称新中国的开篇大作。

我国著名文艺理论家、美术批评家、雕塑家王朝闻称赞人民英雄纪念碑是“纪念性与创造性的对立统一，雕塑形象的生动性与概念性的对立统一，吸收外国经验与坚持中华民族艺术风格的对立统一，爱国主义与反对因循守旧的对立统一”。它是一个结束，结束了中国的封建统治，结束了外国资本主义列强的侵略，结束了国内反动势力的迫害。同时它又是一个开始，开始了人民当家做主的自由生活，开始了新中国的苏醒，开始了新中国在世界的崛起。

阳光下的人民英雄纪念碑

人民英雄纪念碑位于天安门墙基以南436米的中轴线上，外形设计具有中国建筑传统的独特风格。碑基面积3000平方米，碑身高37.94米，正面碑心的矩形石料，高14.40米，宽2.75米，重约103吨。首层碑座四周镶有10块高2米，总长为40.68米的大理石浮雕，雕刻了有代表性的革命斗争史记。纪念碑是新中国成立后，天安门广场上的第一座建筑，也是唯一一座由毛泽东主席奠基的建筑。1952年8月1日开工，1958年5月1日举行揭幕典礼。

碑身正面镌刻毛泽东主席书写的“人民英雄永垂不朽”8个镏金大字，背面为周恩来总理手书碑文：“三年以来，在人民解放战争和人民革命中牺牲的人民英雄们永垂不朽！三十年以来，在人民解放战争和人民革命中牺牲的人民英雄们永垂不朽！由此上溯到一千八百四十年，从那时起，为了反对内外敌人，争取民族独立和人民自由幸福，在历次斗争中牺牲的人民英雄们永垂不朽！”

主题的确立

天下未有无人民而称之为国家者，亦未有无政府而称之为国家者，政府与人民，皆构造国家之要具也。

——梁启超《论政府与人民之权限》

100多年前，梁启超先生将“人民”的概念与“政府”、“国家”相提并论，于昏惑的历史中闪现出一瞬的光明。

50多年前，人民当家做主的新中国宣布成立，这个崭新的国家与梁先生相隔着半个世纪遥相呼应，以“人民共和国”命名，并为之自豪。

建国伊始，百废初兴。集结全国精工巧匠制作而成的首座纪念碑，没有历代王朝的歌功颂德，没有好大喜功的浮华夸赞，只有静静屹立在天安门前的庄严肃穆，只有凝聚在一处的亿万中国心——这座人民英雄纪念碑，纪念着的是为人民解放和人民革命而献出生命的无数人民英雄。

浮雕上刻画着一张张迥异的面孔，没有一个形象标注着自己的姓名，每个人都知道，他们有个共同的名字：“人民”。

人民英雄纪念碑的选址问题最先被提出，集中起来有三种意见：一是主张建在东单广场，一是主张建在西郊八宝山上，更多的主张是建在天安门附近。毛泽东主席和周恩来总理对选址问题非常重视，最后确定建在天安门和原中华门这一中轴线上，与天安门和正阳门距离基本相同。之所以将纪念碑建在天安门广场，周

天安门广场全景

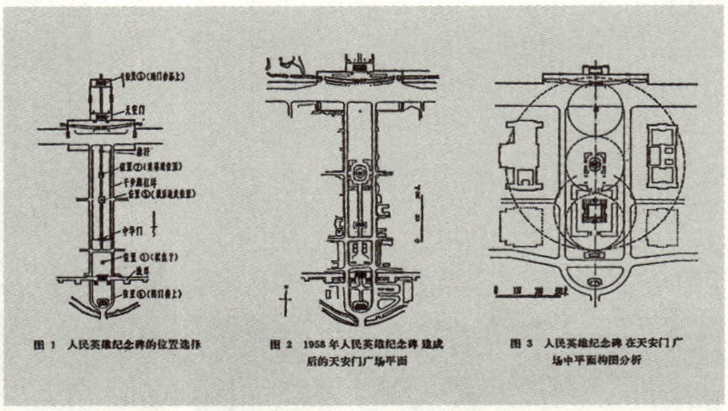

选择人民英雄纪念碑的位置

恩来总理说是因为这里体现着“五四”运动以来的革命传统，同时也是历史悠久、令全中国和全世界人民敬仰的地方。

1949年9月30日，中国人民政治协商会议第一届全体会议决定，为纪念在人民解放战争和人民革命中牺牲的人民英雄，在首都天安门广场建立人民英雄纪念碑。

此后1955年、1958年陆续开展的天安门广场扩建工程均以人民英雄纪念碑为中心展开，而今天的天安门广场格局基本也是以纪念碑为中心逐步扩建形成的。

继承与创新

1954年再次修改的纪念碑正面图

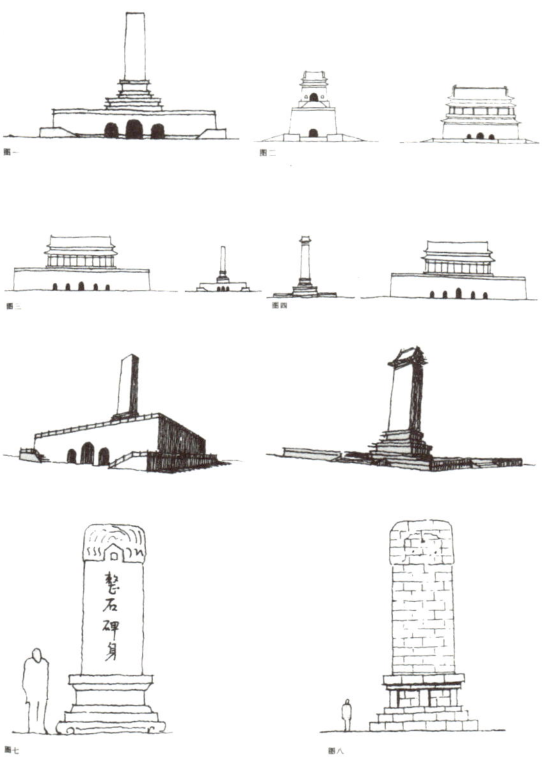

梁思成致彭真信中插图

这一部分主要从碑身设计、碑座的变换、碑顶的选择等几个方面来呈现人民英雄纪念碑建筑形制的产生过程。

1.碑身碑座设计始末

1950年至1954年，经过多次征集方案、协商修改，纪念碑的碑身、碑座最终得以确定。

当时梁思成担任首都人民英雄纪念碑兴建委员会副主任，主持人民英雄纪念碑的建筑设计工作。1951年8月29日，病中的梁思成给彭真市长写了一封信，这封信阐明了他对人民英雄纪念碑设计的基本思想，并对中央领导下决心采用现在建成的碑形具有决定性的作用。

之后，周总理广泛听取专家和群众的意见，亲自审批了纪念碑的设计方案。1952年由郑振铎主持召开会议，宣布以著名建筑设计家梁思成和夫人林徽因仿北海公园明代“琼岛春荫”石碑设计的设计方案为主，再综合另外三个方案来建筑纪念碑。至此，碑身以下全部确定，立即开始基础设计并施工，但对碑顶设计方案暂作保留。

2.碑顶的争议与确定

在人民英雄纪念碑的设计过程中，碑顶部分设计最为困难，争论最多，集中起来大致可以分为三类主张，即群像顶、宝刹顶和庑殿顶。为了早日确定碑顶的形式，北京市委领导邀请了德高望重的历史学家范文澜和其他有关专家进行了座谈。1954年11月6日，北京市人民政府委员会开会，彭真市长指示碑顶采用“建筑顶”，即梁思成最初的建议。不使用雕像的原因是碑设计高40米，碑顶放雕塑形象不易看清，而且容易冲淡主题，模糊重点。古式宝顶则与此次纪念碑方案风格无法协调，影响整体效果。

开工前的设计方案

第二次征稿时的若干方案

1953年，在第二次征稿的基础上修正后的方案，该方案改为双层须弥座，取消陈列室和检阅台，平台改为双重月台，纪念碑的碑顶以下建筑设计方案基本确定。

碑顶设计图稿，这种设计方案借鉴了苏联纪念碑的形式。

纪念碑兴建委员会制作的群像碑顶模型

纪念碑兴建委员会制作的宝刹碑顶模型

再现历史

须弥座四周的浮雕是纪念碑艺术的精华，也是最能体现时代精神的重要部分。对于人民革命历史题材如何表现，参与选稿创稿的历史学家、艺术家们经过了艰辛的研究与探索，最后选择采用人民群众斗争的场面，运用写实主义表现手法来体现纪念碑艺术的通俗性，借鉴西方浮雕艺术的方法营造层叠起伏的构图，波澜壮阔的气势。

三大战役之后，国民党政府认为长江天堑不可逾越，妄想以此来阻挡人民解放军的进攻。1949年4月21日晨，人民解放军以木帆船为主要渡江工具，强渡长江。浮雕中最大一幅表现的正是这一千帆竞渡的壮观场面。渡江的胜利，加速了全中国的解放，是新中国成立的前奏。

纪念碑浮雕《胜利渡长江　解放全中国——解放战争　一九四六年至一九四九年》
主稿：刘开渠　创稿：彦涵

1953年，彦涵创作的《胜利渡长江》草图。

《游击战》创作草图

纪念碑浮雕《游击战——抗日战争　一九三七年至一九四五年》　主稿：张松鹤

这块浮雕运用了我国传统的民间雕塑的表现手法，突出景物，表现了抗日根据地的军民紧密结合，在青纱帐和丛林中，老人、青年、妇女、儿童团结一致，为抗击日本帝国主义的侵略而进行的伟大的民族革命战争。1937年7月7日，日本侵略军在北平（今北京）西南的卢沟桥发动事变，挑起战事。8月13日又进攻上海，全国抗日战争开始。9月22日，国共两党抗日民族统一战线正式宣告成立。八路军、新四军在敌后进行了广泛的独立自主的游击战。1945年8月14日，日本宣布无条件投降。

纪念碑浮雕《八一南昌起义　一九二七年》　主稿：萧传玖

王式廓创作的《南昌起义》草图

1927年，第一次国内革命战争遭到失败。中国共产党为了挽救革命，8月1日，由周恩来、朱德、贺龙、叶挺、刘伯承等领导在中国共产党影响下的北伐军三万余人，在江西南昌举行起义，起义胜利后，成立了革命委员会。南昌起义向国民党反动派打响了第一枪，是中国共产党独立地领导武装革命的开始。本浮雕从一个连队的角度表现了这一伟大起义的情景。

纪念碑浮雕《五卅运动　一九二五年》　主稿：王临乙

1925年5月15日，上海日本纱厂资本家枪杀了中国工人顾正红，激起了全市人民的愤怒。5月30日，英国帝国主义逮捕了声援工人的学生100多人，随后万余群众集会，高呼“打到帝国主义”，并要求释放被捕的学生，英国巡捕向群众开枪射击，打死10余人，伤无数，造成“五卅惨案”。这块浮雕表现的是群众冲向巡捕房门首，英国巡捕开枪的一瞬间。在中国共产党的领导下，上海人民罢工、罢课、罢市，抗议帝国主义对中国人民的大屠杀，形成全国规模的反帝怒潮。这一运动沉重打击了帝国主义，大大提高了中国人民的觉悟，揭开了大革命高潮的序幕。

纪念碑浮雕《五四运动　一九一九年》　主稿：滑田友

《五四运动》四分之一比例尺草型

浮雕再现了1919年5月4日，北京学生数千人在天安门前集会示威游行的场面：他们高呼“外争国权，内惩国贼”、“拒绝和约签字”、“取消二十一条”等口号，要求收回山东被日本夺去的权利和帝国主义放弃在华特权。后来遭到军阀的镇压，激起了全国人民的愤怒，许多城市工人、学生罢工罢课。“五四运动”是中国人民反对帝国主义和封建主义的伟大革命运动，是中国民主革命由旧民主主义革命转变为新民主主义革命的转折点。

这幅浮雕以强烈的人物动态布局突出地表现了1911年10月10日攻打湖广总督署的新军奋不顾身的英雄形象。浮雕的石狮和落地的门额与龙旗，象征着封建王朝的覆灭。由四个浮起体积组成的四个抽象箭头，加强了构图的气势。武昌起义以后，各省纷纷宣布独立，清王朝迅速解体。辛亥革命结束了中国两千年的封建君主专制。

《武昌起义》四分之一比例尺草型

纪念碑浮雕《武昌起义——辛亥革命　一九一一年》　主稿：傅天仇

纪念碑浮雕《金田起义——太平天国　一八五一年至一八六四年》　主稿：王丙召

1851年1月11日，洪秀全领导的反对清朝封建统治的太平天国革命在广西桂平县金田村爆发。本浮雕再现了当时在金田村附近的丘陵地带，太平军连续进攻清兵的战斗场面：手持大刀、梭镖、锄头，肩扛土炮起义的汉族、壮族人民，正从山坡冲下来，革命的旌旗在迎风飘扬。太平天国运动是我国历史上一次伟大的农民革命，它有力地打击了清朝封建统治和外国资本主义侵略势力。

纪念碑浮雕《烧鸦片——鸦片战争　一八四零年至一八四二年》　主稿：曾竹韶

鸦片战争（1840—1842）是由英国强行向我国推销鸦片引起的。积极主张禁烟的两广总督林则徐率领军队进行了抵抗，广州的人民也自发地组织起来抗英，但腐败的清朝政府竟和英国侵略者签订了丧权辱国的《南京条约》。从此，中国逐步变成半殖民地半封建社会。这幅浮雕反映的是鸦片战争前夕1839年6月3日，群众在虎门销毁鸦片的场面。作者采用传统浮雕的创作方法，将不同年龄的人物分为四组。愤怒的人民，激昂慷慨，前后呼应，呈现为统一整体。浓烟也采用了传统形式，收到一定的艺术效果。画面上人物的形象，充分表现了中国人民反抗外来侵略的坚定决心。

有林则徐形象的《虎门销烟》线描稿

《虎门销烟》四分之一比例尺草型

借鉴与融合

纪念碑的装饰纹样采用了符合民族审美习惯的牡丹、荷花、百草花纹，风格以唐代装饰浮雕纹样为蓝本，同时又有和平鸽、麦穗、红旗、五星等图案。这些崭新的图案形象地体现了时代精神，较好地烘托了主题，增加了纪念碑的审美内涵。

1953年设计的正面装饰部位示意图

纪念碑身侧面浮红星、松柏和旗帜组成的“光辉永照”装饰浮雕，寓意英雄精神永垂不朽。

须弥座束腰正背面装饰浮雕纹样，由红旗牡丹、荷花组成的花圈，表达了对人民英雄的永久敬仰。

梁思成与林徽因及邱陵共同参与了人民英雄纪念碑的花纹设计，他们采用百花和卷草作为碑座装饰纹样的主题，在不同的位置上采用不同的方式以求变化，并取得建筑物本身各部分所要求的装饰效果。

（“开篇大作——人民英雄纪念碑落成五十周年纪念展”，展览时间：2008年4月30日—2008年5月19日）

大事记

1949年9月21日—30日

中国人民政治协商会议在北平召开

1949年9月21日—30日，在北平举行中国人民政治协商会议第一届全体会议。

会议通过了《中国人民政治协商会议共同纲领》、《中国人民政治协商会议组织法》和《中华人民共和国中央人民政府组织法》，选举了以毛泽东为主席，朱德、刘少奇、宋庆龄、李济深、张澜、高岗为副主席的由63人组成的中央人民政府委员会和由毛泽东等180人组成的政协第一届全国委员会。

会议还一致通过关于中华人民共和国国都、纪年、国歌、国旗的四个决议案，决定：中华人民共和国国都定于北平，自即日起改名为北京；中华人民共和国纪年采用公元，本年为1949年；在中华人民共和国国歌正式制定前，以《义勇军进行曲》为国歌；中华人民共和国国旗为五星红旗，象征中国革命人民大团结。

会议还决定在北京天安门前建立人民英雄纪念碑，并于9月30日下午6时举行奠基典礼。

1949年9月30日，新当选的中央人民政府主席毛泽东同副主席刘少奇、朱德、宋庆龄、李济深、张澜在全国政协一届会议主席台上。

1949年9月30日下午

人民英雄纪念碑奠基仪式

1949年9月30日下午6时，中国人民政治协商会议第一次会议后，由毛泽东率领全体委员到天安门广场纪念碑碑址举行奠基典礼。周恩来在纪念碑奠基典礼时致词："为号召人民纪念死者，鼓舞生者，特决定在中华人民共和国首都北京建立一个为国牺牲的人民英雄纪念碑。"全体代表脱帽默哀。随后毛主席宣读了碑文：

人民英雄纪念碑奠基典礼

三年以来，在人民解放战争和人民革命中牺牲的人民英雄们永垂不朽！

三十年以来，在人民解放战争和人民革命中牺牲的人民英雄们永垂不朽！

由此上溯到一千八百四十年，从那时起，为了反对内外敌人，争取民族独立和人民自由幸福，在历次斗争中牺牲的人民英雄们永垂不朽！

毛主席宣读完碑文后，首先亲手执铁锹铲土，以表达对先烈的崇敬之情。随后各代表团团长和在场代表一一执锹，完成了奠基典礼。

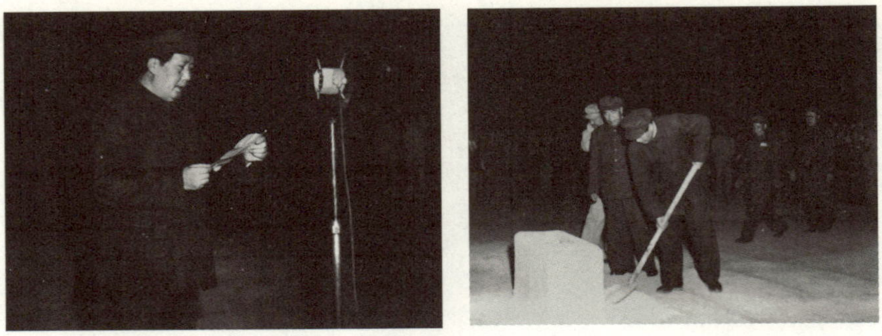

毛主席在纪念碑奠基典礼上宣读碑文并亲自奠基

1949年10月1日

开国大典

1949年10月1日下午3时，北京30万军民在天安门广场举行集会，庆祝中华人民共和国中央人民政府成立。林伯渠宣布典礼开始，主席、副主席和委员们在天安门城楼上就位。毛泽东主席宣布："中华人民共和国中央人民政府成立了。"在国歌声中，毛泽东亲自按动电钮，升起了第一面五星红旗，54门礼炮齐鸣28响。毛泽东又宣读了政府公告，向全世界宣告中华人民共和国成立。

1949年10月1日，毛主席在天安门城楼上宣布新中国成立。

1949年

召开人民英雄纪念碑设计讨论会

北京市都市计划委员会于1949年向全国各建筑设计单位、大专院校建筑系发出征选纪念碑规划设计通知，征集纪念碑设计方案，共收到各种形式的设计方案140多件。其中海外华侨陈嘉庚先生还组织华侨绘制了图纸，并制作了水泥柱头模型，寄到人民英雄纪念碑建造工程处。

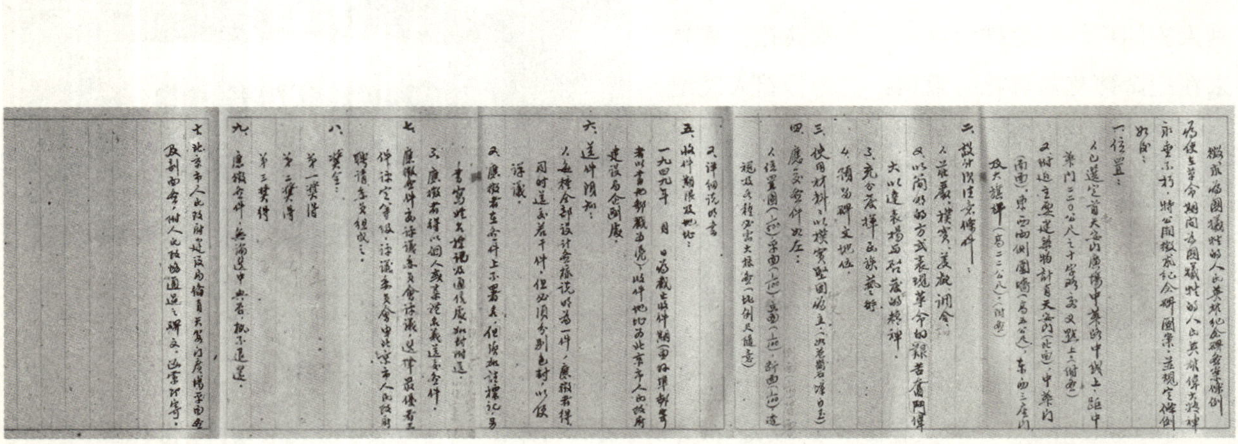

北京市都市计划委员会征稿文件

1951年10月1日

人民英雄纪念碑设计模型公开征求群众意见

为了体现周恩来总理关于建筑纪念碑目的在于“纪念死者，鼓舞生者”的指示，北京市都市计划委员会确定以“高而集中”的碑形原则，并组织设计人员归纳设计方案，连同模型送中央审定。经审查，初步选出了高耸的矩形立柱等三个方案。这三个方案都做成了1:5的大模型，同两个碑顶换上坡屋顶和群雕像的小模型，自1951年国庆节起放在天安门广场人民英雄纪念碑奠基处陈列，广泛征求群众意见。

纪念碑模型在天安门广场上征集群众意见

1952年5月10日

首都人民英雄纪念碑兴建委员会成立

组成纪念碑兴建委员会的17个单位与代表如下：

政协全国委员会（郑振铎）
全国总工会（史占春）
中共中央宣传部
军委总政治部（戴夫）
华北军区政治部（丁里）
中央文化部（王冶秋）
政务院机关事务管理局（张效曾）
中央财经委员会（冯昌伯，后由曹言行担任）
中央民族事务委员会（金民）
中央华侨事务委员会（王纪元）
全国美术工作者协会（王朝闻）
中国建筑工程学会（庄俊）
中共北京市委（薛子正）
北京市人民政府（彭真）
北京市总工会
北京市协商委员会（李建生）
北京市都市计划委员会（梁思成）

首都人民英雄纪念碑兴建委员会成立时的基本构架如下：

四个专门委员会：

建筑设计委员会
雕画史料编审委员会
结构设计专门委员会
施工委员会

三个处：

工程事务处

设计处

办事处（设秘书主任一人，文书组、会计组、总务组）

七个组：

工程事务处下辖土木施工组（其中采石组开工不久即合并到石工组）

石料供应组

电气装置组

财务会计组

摄影记录组

设计处下辖建筑设计组

美工组

最重要的三个组是土木施工组、建筑设计组、美工组。

1952年8月1日

人民英雄纪念碑工程正式开工

经过两年多的设计，人民英雄纪念碑正式动工施建。

1952年8月1日，人民英雄纪念碑工程正式开工。在开凿地基前先钻探地层，打了17个钻眼，做承重试验四处，基础混凝土在地平面以下3公尺，距地下水面尚有6公尺，无须打桩。基础钢筋混凝土按重量比配合，分层连续筑打，用气压振捣器振捣，于11月13日完成，养护保温在一个月以上。

碑体上层及月台下内部可从几处活动的地平面盖板下去，并有铁爬梯直达碑顶，以便维修。碑身坐落在30米见方的独立扩展的钢筋混凝土平基中央，为一次浇铸而成。为了使工程主要负荷施加后，结构的重力变形尽早完成，尽量减少外砌石料结构受重力变形影响，建设者严格控制了先中央、后四周的安装程序，使工程保持了长期的稳定。

工程钻探

参加纪念碑基槽施工的工作人员合影

纪念碑工程开工砌墙

1953年4月11日

人民英雄纪念碑碑心石料在青岛开凿

1953年7月，开采出的大石料荒料为长15.30米，宽3.55米，厚2.10米，重300吨，进行第一次加工整形，并减重至280吨，准备运往青岛火车站。浮山采石场距青岛车站大约30公里，且大部分是丘陵地，加上刚刚建国，运输设备缺乏，搬运大石料相当困难。在这样的情况下，鞍山老起重工张合符虽为半文盲，但凭借多年的丰富经验，提出还是采用古老的办法，用滚木及推土机一步步牵引滚移，有些小桥则下垫垛填实。"滚木"是鞍钢支援的无缝钢管的初坯，这样既稳妥，速度也不算很慢。8月19日，大石料由山场起运，经过四个村庄、一个山岭、十余处桥梁及交通最繁华的市内街道。9月27日，将石料顺利运抵青岛火车站。

1953年10月13日，大石料抵达当时的北京前门西站。

开凿纪念碑碑心大石料

在青岛浮山搬运碑心大石料

参与开凿碑心大石料的部分工作人员合影

1954年8月

人民英雄纪念碑碑身、碑座、月台设计方案确定

确定了碑身、碑座、月台等部分，并开始施工，安装石料。碑顶造型虽多次征求意见，反复设计修改，但仍未能确定。同时研究攒尖顶和群像顶等方案。

参与纪念碑施工的部分工作人员合影

1954年11月6日

人民英雄纪念碑浮雕主题确定

1954年11月6日，梁思成出席了彭真主持的北京市政府第十六次会议，彭真指示碑顶采用“建筑顶”，并确定了浮雕主题。

艺术家进行泥塑稿创作

刘开渠等人在研究浮雕创作（左起：张松鹤、萧传玖、王临乙、滑田友、刘开渠、王丙召、曾竹韶）

1955年6月9日

毛泽东主席为人民英雄纪念碑题写碑文

“人民英雄永垂不朽”八个大字，毛主席共写了三幅，并给工作人员带来口信说，要多请专家们提意见，问哪一幅可以用，也可以从这三幅字中选一些可取的字重新编排，如果认为字写得不够好，还可重写。现在纪念碑上的八个大字，就是工作人员征求专家们的意见后，从三幅字中取出个别字重新编排的，虽然不是取自一幅，但仍不失毛主席的书法神韵。

当时作为首都人民英雄纪念碑兴建委员会主任的彭真建议“写得一手极好的颜体字”的周恩来总理手写碑文。

周恩来为了写好碑文，他每天早晨的第一件事，就是写一遍碑文，他前前后后共写了四十多遍，最后选了最满意的一篇。从这一件事也可看出，周总理严肃认真，一丝不苟的工作态度和对革命先烈的崇敬、怀念之情。

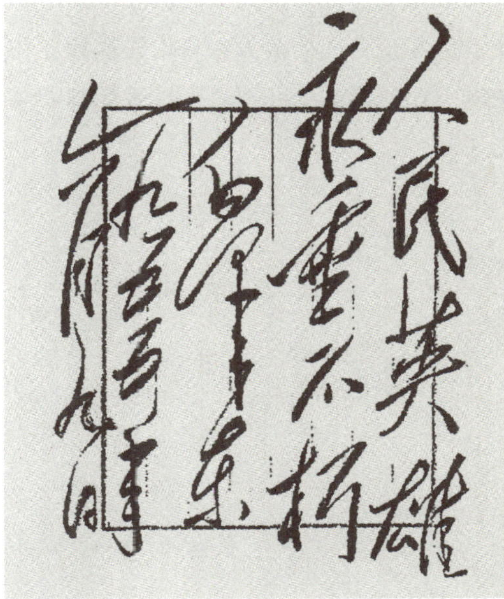

毛主席题词

1957年1月

人民英雄纪念碑汉白玉浮雕开始进入石刻阶段

人民英雄纪念碑在钢筋混凝土结构施工完成后有重要的变动，即按照兴建委员会的指示，要将整个碑面转移180度。本来按照我国传统习惯，背面朝南，故“人民英雄永垂不朽”的碑体应朝南。但是许多群众指出：重大活动都集中在天安门与纪念碑之间的广场上，碑身正面应朝北，与天安门相对。这个意见得到中央领导及专家们的同意，于是决定把碑面转移180度。

纪念碑碑身石料石刻现场

1958年5月1日

人民英雄纪念碑落成典礼

1958年5月1日，首都50万人欢庆“五一”国际劳动节，人民英雄纪念碑在万众注视下隆重揭幕。两万工人在纪念碑前，时而用白色时而用黄色的花束组成“和平”两个大字。

彭真市长发表“五一”讲话。他说：“今天，也是首都人民英雄纪念碑建成揭幕的隆重日子。我们向人民解放战争和人民革命战争中牺牲的人民英雄们致崇高的革命敬礼，向1840年以来的为了反对内外敌人，争取民族独立和人民自由幸福，在历次斗争中牺牲的人民英雄们，致崇高的革命敬礼。人民英雄永垂不朽！”

参与人民英雄纪念碑建设的全体干部合影

人民英雄纪念碑落成之后，毛主席纪念堂修建以前的天安门广场。

纸上春秋

——陈半丁生平与艺术

马明宸

陈半丁是中国近现代美术史上具有重要影响的一代大家，他在民国以及新中国时期致力于弘扬中国画艺术，组织联络北京地区的中国画艺术家，为中国画的发展传承做出了重要贡献，“文革”期间，他因为直言敢谏、刚正不阿的性格而遭受了不公正的批斗与打压，以致含冤病逝。也许正是由于这种政治原因，尽管“文革”后党和国家为陈半丁平反昭雪，恢复了名誉，但是新时期关于陈半丁艺术的研究与他的艺术成就之间还是有差距的。社会对于这位艺术家的接收与认识还是有待深入的，他在20世纪中国美术史上的价值与地位还需要重新评估。

陈半丁卓然独立的文化人格、热忱满腔的艺术活动以及雅俗共赏的诗书画印艺术共同构成了中国近现代美术史上一道奇特的文化景观，他为中国画的传承与创新做出了重要的贡献。在这里，笔者把陈半丁的艺术以及生平概括为“纸上春秋”四字为题，具有两层含义：一是指陈半丁的艺术诸科兼擅，取材广博，囊括了大千世界春夏秋冬万事万物；二是寓示陈半丁的生平遭际饱经的曲折坎坷和沧桑变幻。本文在简洁重新梳理陈半丁生平的基础上，主要是对陈半丁不同时期的艺术风格演变过程做一个初步探讨。

一、生平艺术活动

陈半丁名年，字静山，号半丁，清光绪二年（1876）生于浙江绍兴柯桥镇，祖上以行医务农为业。陈半丁早岁家境贫寒，少年时期开始接触笔墨，自言“性嗜书画入骨，饥饿犹不顾也”。青年时期，他在上海以拓印刻帖及楹联为生，工余时间学画不止，得与任伯

20世纪40年代，陈半丁在米粮库“五亩之园”院中留影。

1956年，陈半丁参加最高国务会议，
毛泽东主席与其亲切交谈。

年、蒲华、吴昌硕等海派名家交往，尤其得到了吴昌硕的点拨与提携，吴昌硕还引领陈半丁与任伯年进行了短暂的交往。此外在这个时期，陈半丁还受到了高邕之、吴穀祥、陆廉夫等清末诸大家的教诲，10余年的海上岁月使陈半丁开阔了眼界，增长了见识，为漫长的艺术人生打下了坚实的基本功。1906年，陈半丁应京派名家金城之邀来北京定居鬻画，民国初年参与了梁启超、陈师曾等发起成立的“宣南画社”，深入研习弘扬传统绘画，1916年应蔡元培之邀就职于北京大学图书馆，结识鲁迅、章士钊等，在文史方面获益颇多，同年还与齐白石相识，之后往来颇多，成为至交。1918年在北京美术学校任教。1920年与金城、周肇祥组织“中国画学研究会”。1923年任北京大学“造型美术研究会”中国画导师。1927年任国立北京艺专教授，授课之余，他与众多北京地区的书画名家合作互赠书画，聚集了一大批画家。30年代，陈半丁成为京派画坛的中坚人物。北平沦陷时期，他拒绝日伪政府的聘请，辞去教职，交游文艺名流，兴建私邸“五亩之园”，这里成为北平艺术界名流汇聚之所。此外，半老长年执教于京华美术学校，桃李满天下，张学良、梅兰芳、张爱玲都曾从他学画，后世名家齐子茹、王雪涛、尤无曲、潘君诺等也在他的门下受教。

解放初，陈半丁受到了党和国家的优遇，担任中央文史馆馆员、中国画研究会副会长等职务，受到毛主席、周总理接见。针对建国初文化百废待兴的局面，陈半丁在1956年的第二届全国政协会议上与叶恭绰发起了成立中国画院的提议。国家于1957年成立北京中国画院，吸纳了被排斥在美术院校之外的一大批社会画家。陈半丁任职北京中国画院副院长，在齐白石去世后成为北京画坛最有影响力的画家。建国后，陈半丁在坚守中国画笔墨根本的基础之上进行了大胆的艺术变革，用传统中国画抒写时代精神，服务国家政治，创作了一大批人民群众喜闻乐见的艺术作品，为新时期文艺事业的繁荣做出了贡献。陈半丁刚直不阿、疾恶如仇，敢说话、说真话，始终保持着正直知识分子的铮铮铁骨，这种性格与建国后那段流行“假、大、空”的荒谬时代发生了抵触。在政协会议上，他坚持“中国画根本不能变”的艺术主张，对于解放后一些“左”的错误政治现象提出了尖锐地批评，导致他在60年代后遭到了以康生为首一些人的政治迫害，无数次的政治批斗导致身体状况的急剧恶化，不幸于1970年1月29日含冤病逝。1979年7月，中共中央组织部做出了为陈半丁平反昭雪的决定；1980年，陈半丁骨灰安放仪式在京举行；1981年，陈半丁遗作展在民族文化宫举行。

纵观陈半丁的生平与艺术活动，他对于动乱社会的大胆批判显示出了一个知识分子的铮铮傲骨，他的这种桀骜不驯的文化人格、嫉恶如仇的社会批判意识、含冤而逝的悲剧命运激发和警醒了当代知识分子们的道德良知。

二、艺术风格演变

陈半丁是一位在清末传统中国画艺术教育模式下成长起来的，经历了民国时期，又走进新中国的一位画家，他的艺术主张以及艺术实践活动、艺术风格取向还都在传统中国画的范畴之中。陈半丁在艺术上诗书画印兼擅，绘画取材广泛，囊括了人物、山水、花鸟诸科，其中尤以花鸟、山水成就突出。陈半丁的花鸟画继承了海派画风，后在京派画坛交流融会北派诸家，自成一家，形成了古朴沉稳、雅俗共赏的艺术品格。而他的山水画则更多地保留了中国古代绘画传统，承接了沈周、石涛清新隽永，苍劲浑厚一路。人物画以道释古装人物为多，书风宽舒平和，篆刻苍浑朴茂。在这里，我把陈半丁的艺术划分为三个时期：第一个时期是早年自学书画到30岁进京之前，第二个时期是1906—1949年，第三个时期是建国后到1970年逝世。第一个时期是陈半丁的学习时期，这个时期因为没有作品留存，我们只能根据文献记载的艺术活动来分析对陈半丁的艺术风格形成的影响。在第二个时期，陈半丁在博采诸家、转益多师的基础之上逐渐形成了自己的艺术风格，进入了艺术创作的高潮，取得了重大艺术成就，产生了广泛的社会影响。在第三个时期，陈半丁对于中国画转型进行了可贵的探索，艺术风格又发生了新的变化。

白凤梧桐　陈半丁　133.5×58cm　1909年

佛像　陈半丁　95×40cm 1920年

1.陈半丁早年的师承经历

陈半丁早年学习绘画是追随了上海地区以卖画为生的一批艺术家如吴昌硕、任伯年等，这些画家的艺术风格偏于艳俗，因为要满足市场需要，照顾到民众的审美趣味。这个时期，陈半丁追随吴昌硕学画，临摹任伯年的作品，练习篆刻治印，为他的艺术打下了坚实的笔墨基础。他全面、系统地接受了传统中国画的笔墨构图技法，这种艺术成长环境也决定了他的艺术重视民俗审美趣味的基本格调。尽管陈半丁早年的作品没有留存，但是在他后来的作品中，这种艳俗清新的风格元素一直得到了保留，也成为其风格构成的一个基本因素。从他1909年为金城临摹任伯年的《白凤梧桐》可以看出，画中白凤造型严谨，笔墨充实，包括陈半丁后期多次画的《封侯图》中猴子的造型等，从中可以看出陈半丁扎实的笔墨与造型功夫。

2.陈半丁艺术成熟期的绘画风格成就

31岁后，陈半丁开始到北京以卖画谋生，步入古都画坛与讲坛，执教于北平各艺术学校一直到解放前夕，这段时期是他的艺术成熟期，他交游北京地区的文化名流，切磋画艺，接受影响，转益多师，在实践之中摸索创新，形成了自己成熟的艺术面貌。根据目前我们收集到的作品来看，陈半丁的人物画取材主要是适合民众趣味的道释人物，包括《吴昌硕祖像》、《仕女》、《钟馗》、《无量寿佛》等传统题材，其中浙江绍兴陈半丁纪念馆收藏的陈半丁人物四条屏《渔樵耕读》应该是陈半丁人物画中的精品，这一组画中，人物造型谨严，线条爽劲，精细地刻画出了不同职业身份人物的精神面貌与神情。陈半丁的山水画主要取法南宗诸家，如王蒙、沈周、石涛，他的山水画更多地保留了传统文人画的风格意境，其中既有构图繁密、措景丰富、层次繁复的一类面貌，又有淡山远水、萧疏荒寒的苍凉意境，陈半丁喜用干笔渴墨和披麻解索皴法，画中点缀以曳杖行吟、观瀑会棋的古装人物，意境古朴幽雅，具有浓郁的文人画风。

陈半丁的主要艺术成就更加突出地表现在他的花鸟画方面，其艺术特色主要体现在如下三个方面：首先，他在花卉草木的艺术形象提炼上又向前推进了一大步，陈半丁的花鸟画大多不拘泥于实景，摒弃了多余背景，构成元素洗练，以简练的折枝或者花瓶花筐组合，或以瘦石老松穿插组织结构画面，笔墨凝练，形象充实饱满，章法严谨，结构扎实。陈半丁喜用三截式构图法，一花、一石、一木，或用瓶盘错置，前后组织穿插，意境深沉隽永。其次是陈半丁的花鸟画在用色上面保留了他早年的基本取向，喜用艳色如桃红花青等与干笔渴墨相映成趣，艺术形象清新鲜活，这种新鲜艳丽的画风形成了对北京画坛陈腐之气的一种冲击。再次是陈半丁在北京地区长期的生活与艺术探索过程中逐渐接受了古都传统文人士夫审美情趣的熏陶，画风有逐渐雅化的倾向，这体现在陈半丁对于艳色的使用、对于墨法的追求上面。

和平多寿　陈半丁　95×43cm　1956年

3.陈半丁建国之后的绘画面貌

建国以后，作为一位传统的中国画家，陈半丁受到了党和国家的优遇。他在新中国担任国家艺术机构的要职，但是因为耿直的性格遭遇了荒谬的时代而最终酿成了他人生的悲剧。但在艺术上，陈半丁仍然是在坚持传统艺术根本不能变的大前提之下，为中国画的当代转型做出了艰辛探索和重要贡献。这一时期，陈半丁较少绘制独立的人物画，他的山水画也尝试着表现新的时代、新的生活，取材中出现了村庄田舍、农民麦田等新事物，在《旧地换成新世界》中，他还描绘了人民领袖毛泽东的形象，主席登临碣石，隔江喜观对面一派大好丰收景象，传达出全新的气息，表现了全新的主题。他甚至还用传统的山水画直接描绘了革命题材，创作了

《长征会师图》，表现了周恩来率领红军进行二万五千里长征的革命场面。包括后来在大跃进时期配合政治宣传画的《推陈出新》、《力争上游》等作品。陈半丁这一时期的花鸟画艺术中更多地采用了谐音寓意的艺术手法，为配合政策宣传，他创作了一大批作品，如《和平统一》、《又红又专》、《百花齐放》、《岁寒同心》等等，这些作品虽然在中国画的艺术转型探索和艺术水准上还有待讨论，但是也为新时期的花鸟画转型进行了大胆实践。中国画作为一种传统的农业文明社会的产物，它的艺术观念是很少用于表现过分具体的情景或者事物的，而是更多通过抒写人的生活情趣、寄予美好祝愿来含蓄地表现主题，中国画艺术的本质是讲求一种意境美，这种意境就是天人合一的得道境界。进入新社会，中国画就面临着这样一种艺术观念的转变，用传统的笔墨去表现具体的时代主题和情节，服务社会政治政策宣传。这种转变如何来进行，如何最终落实到具体的艺术风格形式层面，陈半丁做出了自己的努力。这种转型虽然是作为一个传统范畴之内的艺术家不得不面对的，但在艺术上也不失为一种早期初步的探索，陈半丁则表现出了可贵的艺术探索精神。

同时陈半丁的传统文化修养全面，他的诗文、书法与篆刻也具有独立艺术价值。陈半丁的诗文质朴天然、清新刚健，却又不失文雅书卷气质，例如："九月寒香露太真，东篱晚节结为邻。从来天地无私运，梅菊同开一样春。"（《题画梅》）陈半丁的行书洒脱遒劲，篆书承吴昌硕石鼓文一脉，恣肆雄浑，篆刻不让其师吴昌硕。在创作之余，陈半丁还提出了一些艺术见解，保留在他的画跋、印文中，如"书画篆刻，其法一也，手不离心，心不离法，胸有成竹，意存笔先"。他提出了对于中国画法画理的重要见解，同时在中国画继承与发扬上，他坚持了自己的看法，并在艺术实践中身体力行。他的这些艺术见解与主张在当时的文化思潮与艺术环境之下遭到了批判与否定，但是在我们今天看来，陈半丁其实真正看到了中国画艺术的本质所在，中国画艺术的传承与发扬必须保持中国艺术的根本精神，保持中华民族的文脉接续才能发展创新。

三、重新评价定位

由于种种原因，陈半丁的艺术以及他在20世纪中国美术史上的价值与地位并没有得到客观公正的认识。关于陈半丁艺术的研究一直没有形成规模，直至近年才陆续有陈半丁画册画集问世，2002年关于陈半丁的研究专著出现，2004年陈半丁纪念馆在陈半丁的家乡浙江绍兴开馆，"陈半丁与20世纪北京中国画坛学术研讨会"召开，2008年北京画院组织编撰出版画集《二十世纪中国美术大家——陈半丁》，举办"纸上春秋——陈半丁中国画精品回顾展"，再次召开"陈半丁艺术研讨会"，这些都是在新世纪传统文化逐渐复归的大背景之下对陈半丁的重新解读，是对陈半丁在20世纪中国美术史上的价值与地位进行重新审视。

正是因为陈半丁的主张与活动，新中国几个重要的中国画艺术创作与研究机构才得以建立，中国画的基本艺术精神的保持也与这位老人的正直与敢言有着直接的关系。他对中国画改革的艺术主张与实践坚持了传统中国画的发展的正确方向，他是20世纪并不多见的诗书画印兼擅的大家，取得了辉煌的艺术成就，在民国和新中国时期组织整合了北京地区的中国画艺术创作力量，为中国画的传承做出了重要的贡献。

（"纸上春秋——陈半丁中国画精品回顾展"，展览时间：2008年10月23日—11月30日）

一代大家陈半丁

龚产兴

陈半丁
(1876—1970)

20世纪初至70年代，在北京画坛上，半丁先生是个大名鼎鼎、名气很大的中国画家。他诗、书、画、印全能，花卉、山水、人物、禽兽精湛，尤以花卉画最为杰出。他嗜书画入骨，一生画笔不辍，94岁病中还在挥毫、篆刻，可谓笔耕不辍，至老不休。他高擎民族传统绘画大旗，用绘画昭示光明、凝聚人心、陶冶情操、抒发理想。从我所看到的一些作品，可见半丁先生汲古功深，为新化陈，他的艺术风格工稳平正，写中兼工、工中代写，平易中见巧妙、写形中求变化，纯朴雅致、清新自然，显示着意为主、象为用的艺术特色。他耄耋之年创作达到顶峰，所作神韵天成、异趣横生。画家摄取的物象是主观情志放在主要位置，形成绘画形象与理想因素在达意要求下的统一。画家在深入体察、精心构思，经过反复推敲、惨淡经营后，创造着具有自己个性特色的作品。

一、生平经历与处世原则

半丁先生生于清光绪二年四月二十一日（公元1876年5月14日），卒于1970年1月29日，享年95岁。他经历光绪、宣统、民国、新中国时期，是名副其实的世纪老人。祖籍浙江绍兴柯桥镇，医生世家。双生，半丁为兄，胞弟易斋，“半丁”之名由此而来。他字静山，又名半叟、半痴、半翁、半丁老人、半丁父、半野老、不舍老人、静庐居士、稽山半老、山阴道上人、鉴湖钓徒、江南布衣。斋馆号有竹环斋、天风阁、抱一轩、敬涤堂、五亩之园、二树草堂、二树山馆、莫自鸣馆等。

半丁年少时父母双亡，孤苦伶仃，靠亲戚收养。9岁务农，生活艰难，含辛茹苦，体验世态炎凉。他在兰溪学徒时，忙里偷闲，自习绘画，酷爱书画，自言："性嗜书画入骨，饥饿尤不顾也。"19岁回到绍兴，巧遇表叔吴石潜（善花卉、治印，西泠印社创始人之一）从上海回乡，得知严小舫之小长庐馆要人帮工，即带半丁前去。吴昌硕是经常出入小长庐馆的名家，其篆刻功力深厚，又敢于突破陈规，推陈出新，中年后直接从历代金石文字中吸取营养，在秦汉玺印、诏版、封泥、砖瓦、碑碣中广收博取，熔为一炉而自成家法。他见半丁嗜画如命，深为厚爱，不但自己亲自传授，还将其介绍与好友任伯年、蒲作英，这是陈半丁一生的幸运。吴昌硕认为陈半丁在绘画、篆刻上必有盛名。陈半丁选择花卉画、篆刻，我想与吴昌硕画花卉、精篆刻有直接关系，他学到了吴昌硕艺术的神髓。如果我们研究一下吴昌硕画的牡丹、水仙、藤萝、梅花、荷花、松树、达摩、无量寿佛，不仅他们的题材相同，在用笔、用色诸方面，陈半丁是师其意、师其心，而不师其迹。他临摹徐渭的花卉册，任伯年的花鸟画《梧桐白凤图》（1909年作）与蒲华（蒲作英）的《葫芦》、《牡丹》、《梅花》，显然是竭尽心力地在向前辈学习。他对任伯年极为钦佩，他说："我认为任伯年的'画才'是有清第一人。任伯年的画长于巧，吴长于拙；吴的拙处胜于他，他的巧处胜于吴。吴的学历胜于他，他的画才胜于吴；吴得力于金石书法，而他在文学修养上不是很高，所以他的作品严格地说起来——超脱有余，古拙朴厚不足，但是，他讲究结构，用色舒服，用笔巧妙，这是同时代画家所赶不上的。"他惋惜地说："我和他接近后，只有两年他便逝世了。""我和吴老相处的时间比较长。"由此可见，半老在上海的10余年，在与诸多大家的接触中已经打下了绘画、篆刻的深厚基础，崭露头角，开始了他的绘画生涯。他的两个同乡徐渭、任伯年无论从间接还是直接对其绘画的发展有着不可磨灭的影响。而他的篆刻遵缶翁钝刀之传，然篆法、章法略异，浑厚豪迈，一洗时人妩媚阴怪之习。半老在上海广泛接触绘画名家，艺术日趋成熟，他不以模仿为能事，善将前辈的经验提炼消化，融会其精华，卓然形成自己的风格。

北京文坛耆老

清末的上海已是商业繁华的世界五大城市之一，贸易之盛，洋货堆积如山；绘画市场为适应市民阶层的需要，油然而生以卖画为生者，上海出现了一批著名画家。1906年，金拱北到上海，看到陈半丁在临摹任伯年的《梧桐白凤图》，觉得他技艺精湛，邀请陈半丁前往北京。北京与上海迥然不同，是一个传统文化古都，商业尚不兴盛，传统文化根深蒂固。然而其时画风由南移北，一大批画家先后由南方来到北京，余绍宋、陈师曾、姚华、王梦白、周养庵、汤定之、萧厔泉、凌直支、金拱北、齐白石、陈半丁、吴镜汀、沈尹默……其中有些来京后任政府官员，但大多数画家在京以卖画为生。陈半丁来京后，住在金拱北家，生活并不如意，由金拱北介绍与肃亲王善耆相识，入肃亲王府为吴柳堂侍御画像。半丁的人物肖像画功底颇深，早在上海曾应吴昌硕之约，在苏州雍睦堂居住一年有余，与吴昌硕"旦夕得同室深研"。半丁一丝不苟精心绘制吴昌硕先生之父母像。他所画人物能抓住个性特征，肃亲王见之，十分赞赏，劝其入部任职为官，然半丁遵先祖遗训"一不做官，二不入幕"，自言"清风高节是家传"。先祖以锐利的目光对尘浊世道已看破："哪朝哪代都是一样，做官的都好死不了，忠臣先死，奸臣后死。看清了这个就画点画得了。"

陈半丁离开肃王府后，卖画生活并不顺利，吴昌硕得知后，利用自己的名望向各界名流人士推荐陈半丁的绘画，并亲自撰写半丁画润，足见缶翁对半丁的情谊。

半丁从民国初到新中国成立的数十年间一直定居北京，堪称北京画坛的耆老。1915年，余绍宋等牵头成立"宣南画社"，陈师曾、陈半丁、凌直支、王梦白、姚茫父积极参加。1920年，"中国画学研究会”成立，半老任评议。画会组织、笔会雅集，半老是其重要成员。北京的美术展览会在中山公园历次举办“中日绘画展”。30年代，张大千来京举办画展，以及半丁门生尤无曲画展，都是半丁支持操办，有展必到。张大千到北京寻访画友，与陈半丁关系密切，他俩都敬佩、爱好石涛的作品，观赏、临摹、切磋，陈家成为画家聚集赏画笔会之地。数十年间，陈半丁不但是北京美术活动的中坚人物，在美术教育上也是前辈良师。1918年，他受国立北京美术学校之聘，任中国画教授。北伐后，北京美术专科学校改为国立北平大学艺术学院，国画系教授有郑锦、齐白石、陈半丁、王梦白、汤定之、周肇祥、萧谦中……授课形式有点像英国大学中的沙龙方式，教授讲课和学生坐在一起，随意座谈。像齐白石、陈半丁上课时，略事座谈，铺开宣纸，即席作画，大笔挥写，墨彩淋漓，是纯中国式的教学方法。学生们围拢案前，一边看作画，一边听老师谈技法，有时学生提问，老师解答，师生感情十分融洽。他不仅对美术教育关心，与京剧界的一代名伶、名士亦交往甚密，以艺会友。名伶萧长华、程砚秋、尚小云、毛世来、荀慧生、孟小冬、梅兰芳、余叔岩、言菊朋、李少春常有戏票、书画相赠。1931年，“北平国剧学会”成立于纪晓岚故居，梅兰芳、张伯驹、余叔岩、陈半丁、齐如山为理事，由此足见陈半丁在当时北平文艺界的名望与社会影响。

抗日战争爆发，北平沦陷。半老对帝国主义侵略表示抗议，拒绝日伪政府聘请，毅然辞去国立北平艺专教授之职，不做日本侵略者的臣民。他刻有“强其骨”、“不使孽钱”等印章，表现出一个中国人的骨气和品格。其弟易斋性情刚烈，不惧日本侵略军，赤手空拳夺得日军刺刀，在与日军搏斗中伤及自身，幸而脱险。半丁得知此事刻有“天生半个汉”，并在石章上落边款：“去年岁首，家乡遭灾，弟以白手抗敌，遍体鳞伤，浑身是血，居然得脱，至今生存无恙，可谓勇也。有感于此，因而记之，弟称英雄我也汉也。”

“文革”冤案

新中国成立，陈半丁对中国共产党的政策和文艺事业真诚拥护，尽力贯彻，始终不渝。他同一些著名的文化人任中央文史馆馆员，任中国画研究会副会长、政协委员，积极参政议政，献计献策，与国家同舟共济，肝胆相照，坚定信念，顾全大局，高风亮节，淡薄名利，勤奋敬业，务实创新，努力满足广大工农兵对美术创新的需要。这时期，他同许多民主人士集体创作了巨幅作品《普天同庆》（齐白石、叶恭绰、陈半丁等合作）；与何香凝、溥雪斋、胡佩衡、王雪涛、溥松窗、汪慎生、叶恭绰合作《松石花鸟》、《芍药兰石图》、《松鹤图》；与何香凝、王雪涛合作《紫蟹黄花》；为毛泽东主席六十寿辰作《延年图》、六十四岁寿辰作《牡丹》，书写六十四个“寿”字篆书；同何香凝、于非闇创作巨幅作品《和平颂》，在全国政协会上与叶恭绰提出“继承传统，大胆创新，成立中国画院”的建议。1956年，半老被邀参加最高国务会议，与周恩来总理亲切交谈，毛泽东主席赐宴在一席。他会心地说：“此身之荣幸，足矣。”为此，他还篆刻记之：“莫负此生。”反映了他的愉悦心情。是年，半老已是八十高龄的老人，孜孜不倦地创作了一批花卉、山水、人物画，在北京举办了个人画展。他积极参与公益活动，美术创作进入了巅峰时期。展览中新作几乎占了百分之八十五，他摒弃了传统画法，以写生之法从现实生活中去寻找创作的源泉。《力争上游》就是他80多岁到河北徐水参观后创作的，足以代表八旬老人对政治、对艺术创作的热忱与心愿。

半老在“文革”中惨遭迫害。陈毅与半老常有吟唱，时而到陈家看望，谈艺论画，以诗会友成为半老人际关系的重要活动。自然，爱好书画者常以得到一纸为幸。然大恶大奸的康生指示：陈毅元帅与半老是“一路货”，都是反对共产党的。此前康生多次流露出对半老画作之爱慕，曾派其秘书到陈家游说，半老直率地对秘书说：“附庸风雅，败坏官场作风，画家们都不会将自己的画落入无聊的政客手中。”秘书听了无趣而归。在一次画展上，康生巧遇画家，因对一张画两人看法相左，半老直言：“你是搞政治的，你不懂画。”从1961年起，康生利用手中权力，开始全面调查陈半丁的诗、书、画、印。他在会上说：“陈半丁对新中国心怀仇恨，常借字画表达其思想。”1962年9月—10月间，“潘天寿画展”在京举行，康生为其题词“画坛师首，艺苑班头”，并刊登在《光明日报》上。康生自言他是针对陈半丁的，并下令中宣部副部长姚臻及文艺界领导何其芳、王冶秋、华君武、邵宇、朱丹对陈半丁的作品进行全面审查。在翻阅了他前后数十年的诗文、绘画、书法、篆刻创作后，并未发现有问题。然康生仍不罢休，1964年在文艺座谈会上再次点名：“反动画家陈半丁用隐蔽的艺术方式反党，并妄想变天。”康生的所谓“反动画家”是由《红白荷花》定的“罪名”。荷花不能画白的，只能画红色。白色是代表国民党、白专道路。这种荒唐可笑的言论，反映了他不正常的阴暗心理，是以阶级斗争为纲来看《红白荷花》。一言以蔽之，就是要消灭异己思想。1933年，陈半丁画过《独立见江船》的山水画，康生看后马上联想到1962年蒋介石要反攻大陆，无中生有，歪曲画意，有意陷害画家，这种毫无根据的强权迫害实在是骇人听闻，震古烁今。值得深思的是，造反派抄半老的家，康生知道半老家的田黄及成盒金星鸡血石和一些珍贵的字画还未交出来时，勒令陈家立即送上。后来这些珍贵石章、字画竟然在康生罪行展中展出。可见康生人品之恶劣，他对半老的迫害也是蓄谋已久的。

礼之用、和为贵的处世原则

半老的生活经历十分丰富，待人处世保持着中庸观，即《论语·雍也》所言“中庸之为德也”。他诚信友爱，与人相处自然和谐。他的思想道德、文化素养、修身处世力求时时事事适中、律己严明，所以与他相交往的人都称赞他“贵和尚中”的思想境界。这大概和祖训有关，同时也与他所接触的人都是学识渊博、品德高尚，具有远见卓识、充满活力、正义公平的人有关。蔡元培介绍他进北京大学图书馆工作，他与章士钊相敬如宾；与鲁迅相识，极为友善；他教张学良、梅兰芳学画，循循善诱，师生互敬。他特别强调要以“礼”来调节规范人际关系。正因如此，他对爱国名士、爱好文艺的人始终友善。1948年，解放军围攻北平时，傅作义将军征求著名专家对时局的看法，陈半丁与马占山、邓宝珊共商和平解放北平的问题。半老在自传中写道：热忱参加活动，及至今日，对傅作义我三个的信诚如故。他与民主人士李济深交往，通过李的关系，国民党主席李宗仁亦多次看望半丁老人。以礼相待是一种高尚的传统文化。毛泽东主席对民主人士团结照顾，给陈半丁送礼，半老为毛泽东画《延年图》、《眉寿》、《牡丹》，并写六十四个篆书“寿”字，祝贺他六十四岁寿辰。画牡丹、梅花，题“眉寿”为颂词，其出自周代金文铭“年年眉寿，眉寿永年”。半老这种“贵和尚中”的思想是他人际交往保持和谐的原则。这使他养心仁德、灵魂高尚，是他主观世界的自我塑造、自我努力，也是他九十五岁高龄的立身之本。这种思想正是我们的时代写照和社会恰当定位，它能恢复人性、伸张正义、揭露邪恶、正视历史，使人与人之间和谐、人与社会和谐。

二、绘画成就和创作思想

半老是个全能型的画家，晚年专心于花卉，成就最为突出，山水、人物各臻精妙，可惜人物创作数量比较少，但不失为大家风范。

他的花卉远承白阳、青藤，取其笔酣墨饱、痛快淋漓的水墨写意，淡墨歃毫，秀逸生动；近取吴昌硕的大气磅礴，笔力沉稳，古朴浑厚，加以写生融会，形象有自己面目，老练而不重浊，巧处显其笔力遒劲；同时又有蒲华山水的苍古秀雅，沉着厚重，蕴涵着博学的人文积淀；更得任伯年花卉的生动而有神韵，花卉勾点，极尽其态，墨彩鲜丽，清淡浓艳相结合，细笔润笔掺用，画风清新活泼。由于年轻时接触到许多名家，善于博采众长，使他对中国传统花卉的价值和审美观独有钟情。在世界艺术的园地里，中国的花卉可谓得天独厚，具有人格精神的梅花、王者之香的兰花、凌云仙子的水仙花、傲霜的菊花、清正刚直的竹子……这些奇花异草为他国稀有，具有中国艺术的独特品格，中华民族独有的精神是我国美学思想中的重要范畴。花卉画的意境、气韵、格调和笔墨情趣则是我国民族绘画中具有特殊含义的创作精神，是借景抒情。半老画牡丹、芍药、海棠、月季、梅、兰、竹、菊、荷花、芙蓉、紫藤、桃花、杏花、枇杷、柿子、石榴、茄子、葡萄、葫芦、天竺、松、柏……他画尽百花争艳，欣欣向荣，一派生机勃勃。早年临摹任伯年的作品及十三峰老人色泽鲜明亮丽的牡丹、仿新罗双勾《风竹暗生香》，都是把"意为主"放在首位，以审美主体的自我感受和艺术表现来代替对审美对象的摹写。我国花卉画历来讲究"尚意"、"重趣"，非常强调意境与抒情、主观意识的表达。新中国成立后，为适应时代的需要，半老创作的大画较多，如《松石芍药》，此图大气磅礴，画面一棵苍劲的巨松顶天立地，枝干倒挂，画面下端巨石层叠，浓重的墨色突出了石块的坚硬。一丛盛开的芍药，黄色花蕊，白色花瓣，勾花的线条灵动遒劲，层次井然，花丛中穿插着枝叶，叶片正侧背向聚散有致，叶尖嫩黄，花青藤黄掺和的叶片衬托着鲜嫩的花朵正在盛放。此图极为大气，颇有孟子所谓"充实为美，充实而有光辉之谓大"。这大气来源于画家充实的生命体验、人生感悟，以及对人生的满腔激情。他的画里洋溢着"至大至刚，配义与道"的"浩然正气"。正是由于画家的精神气质，他作为抒情审美主体的"自我"在大画面的意境中显现，也正是我们民族正气和民族精神在画中的闪光，这是陈半丁难得的巨作。

在半老晚年所作的《庆祝和平》（1956）和《又红又专 广大无边》（1958）中，我们看到画家虽然年事已高，但他自觉地用自己熟悉和擅长的画笔努力创作人民群众喜闻乐见的艺术作品，积极推进我国文艺事业的繁荣。画家的愿望、探索和创新是可敬的，也是值得肯定和赞扬的。他的许多小品册页，如《香到人间许蝶寻》（1957年与齐子茹合

松树芍药　陈半丁　200×100cm

庆祝和平　陈半丁　102×51cm 1956年

作），两朵牡丹一红一白，枝干穿插，墨色浓重，对比强烈，两只美丽的蝴蝶一正一侧翩翩起舞，工写结合，双翼轻盈，花斑、触角似有弹性，活泼灵动，整个画面富有新意。粗笔雄健，细线不弱，抒情写意，意趣高雅，可谓一花一世界，一草一精神，是生动的意境和形象的完美统一。中国画的花卉、虫鸟表现手法、艺术技巧与众不同，实际上中国画的独特和深奥就在于它处处体现着传统中国文化和精神的内涵，抓住了中国文化的精华，这也是中国绘画的灵魂。

山水画

半老的山水画早年以临摹为主，宋之郭熙，元之赵孟頫，明代之唐寅、程嘉燧、邵弥，清之石涛、石谿、罗两峰，近学蒲华、吴昌硕，广涉诸家，博采众长。尤其在上海、苏州亲见山水古画真迹尤多，其中对他影响最为深刻的是石涛，他从学画开始，1908年临摹石涛的《山水册》，1910年临摹《石涛山水册》，1934年临摹《清湘怀白云诗意》，1964年临摹《清湘山水画册》，直到89岁高龄，60余年来不断地临摹石涛的作品，可见他对石涛之喜爱和敬佩。石涛是一位有创造力的山水画家，他游遍了名山大川，看尽了怪石奇峰，以真山水为稿本，“搜尽奇峰打草稿”，不食前人残羹，师古人之迹，而不失古人之心。石涛主张“笔墨当随时代”，脱去时有构图之奇妙，笔墨之神话，题词之高超，真是睥睨千古。其实吴昌硕对石涛其艺也是极为敬重的，他画山水吸取石涛技艺而变其法，曾见吴昌硕有大册页山水画，是变石涛之法而成的。半老在上海时就夯实了山水画的基础。我们从其1959年出版的画册中可以看出山水画的成就绝不比他的花卉逊色，只是山水画的创作比之花卉来更为艰辛，所以就创作的数量而言要比花卉画少。半丁的《赤壁夜游》是山水画中常见的画题，他创作的《雨中勘闸》（1956）、《力争上游》（1958），可看出这些作品与生活的紧密联系。前者是1956年6月3日冒雨视察三江归来之作，

力争上游　陈半丁　87.5×140.5cm　1958年

后者是他去徐水参观回来后创作的。这些画面都是从现实生活中来，但不是对景写生，画面的构成是以意为主，形为其用。半老对传统山水画的技法熟练精深，如何将这些技法运用于创作，还得从心开始，从意开始，先入意而后造境。意境是画的灵魂，画上的意境是画家主观情感、感悟、认知与客观物象的有机融合，才能给人以美感的享受。半老十分重视意境美的创造，所以他的山水画富有艺术的魅力。在《雨中勘闸》中，画家取景宽广的湖泊，近景是山石坡地，大桥与对岸相连。岸坡上有树丛、房舍，桥上有勘闸人，有撑伞者，有穿蓑衣者，湖泊中有山坡平沙。画家的造景是水天辽阔，平远清出，山石皴法用笔湿润更见苍秀，雾气迷蒙，以墨韵见长，物象的阴阳虚实也起变化，达到明洁滋润，给人简练苍古、卓然自成的风格。创作《力争上游》，其时画家已83岁，为山水画创新实践的尝试：石壁直立近景，山坡上有杂树，在金秋丰收时节，宽阔的湖面上水平如镜，山色风影，农家木船载着玉米、瓜果等争相前进。为突出时代背景，一艘船上载一个大瓜、一个大棒子，以示农业大丰收。远处有隐约的山峰，近处有沙坪。画家对山水画创新的尝试应该说是积极的，有成果的。奇峦怪石，石方硬坚重，树枝细致，毫无怯懦之病。他融会了石涛、吴昌硕、蒲华等名家精华，适而师法造化，形成了自己的风格。半老的山水画清新隽永、苍劲泽厚，巧浊兼能，富有时代气息。

人物画

半丁早年在上海就打下了肖像画的基础。现在能见到的是由他精心制作的《吴昌硕先考妣影图》（1906），吴昌硕的父亲辛甲公头冠裘帽，身着皮衣，胸垂朝珠。辛甲公左前坐有结发万氏夫人（吴昌硕的生母），右前坐有继室杨氏夫人，两位夫人戴凤冠，着霞帔，帔上描有腾舞之金龙。三位祖先神态安详，所坐的皮靠椅置于有大红牡丹图案的灰色地毯上。此图为工笔写实，人物肖像逼真，惟妙惟肖。此图的左下署有“丙午三月半丁陈年敬绘”。1914年，他临摹《苦瓜上人自写照》。在《陈师曾先生遗墨集》中，我们还能见到他画的《陈师曾像》，这是一幅身穿长衫、神采非凡、潇洒飘逸的全身像，颇有时代感。他还画过《黄山谷肖像》、《唐六如肖像》、《自画像》(早年）、《达摩面壁》、《无量寿佛》，临摹过高其佩指墨《人物册》。他画的人物，时装少，多以古装人物为多。画为心声，对达摩感兴趣也许是出于一种敬业精神。吴昌硕画过多幅，半老也画过几张。达摩是南北朝时期的高僧，原为印度（天竺）国香至五弟子。公元527年从天竺泛海至我国广州，梁武帝派遣使者迎接到南京（建业），因话不投机，渡江至嵩山少林寺，终日面壁修行，闭门不出达九年之久。画家们画达摩可能是希望自己的专业修炼要像达摩一样下苦功，才能修炼出成果。

半老画的肖像人物都是他所敬佩的人，黄山谷是江西诗派的领袖，年少起即纵览六艺、老庄、内典、小说杂

吴昌硕先考妣影图　陈半丁　132 × 67cm　1906年

书，博学多闻，对中国古代绘画有较高的鉴赏能力。他的书法为宋代四大家之一，与苏轼、米芾、蔡襄并称。唐寅在绘画上山水、人物、花鸟都有卓越的成就，是一位多才多艺杰出的画家，生活狂逸，终日诗酒，游遍名山大川，自刻印章“江南第一风流才子”，又刻“百年障眼书千卷，四海资身笔一枝”自况。他与沈周、文征明、仇英为吴门四大画家。半老对石涛一生尊敬，石涛是“黄山画派”巨子，是清代的大画师。半老画石涛的肖像，不仅具有纪念意义，而且也有斯之学习，作为自己的模范之意。

创作思想

1959年，由人民美术出版社出版的《陈半丁画册》，李济深作序，半丁先生撰写了不到300字的创作经验之谈。据说先生之子陈燕龙1962年曾为父亲整理《陈半丁谈艺录》，由于先生受康生迫害，经过“文革”抄家，语录荡然无存。后经朱京生整理为“论艺摘选”，其中有许多精辟的创作经验之谈，对解读半老的艺术极为重要。我以为半老画册上写的是他晚年的创作，文字虽短，但涉及创作的许多方面，是他一生的经验之谈，笔者不敢随意诠释，现将全文恭抄于下：

> 自来作书作画，无不先讲成法，所以书有“八法”，画有“六法”。依据历来诸家创作，工写代有异同，久而久之遂有各人各别之法，辗转流传，有口授，有指授，以至师天地造化，一切一切，用法与取法，机变和巧思，运用之同与不同，这在乎天分、学识及经验、阅历、关心、见闻，其中又有时代与师承，或自研与外授，也各有各的传习。是以一般理论，往往和实际不相符合。今者，事事建新，色色都主改善，一旦学者不由推陈进化，必至脱离实际，此皆因根本基础上未加重视。于是，愈趋愈远，传统失实，再欲追根究源，难免发生问题。爰为顾虑及此，愿将七十年来所闻见诸前辈名望明辨确论，及本身自经所得，逐一诠解，聊供学者参考。
>
> 一九五七年岁次丁酉伏日八二叟陈半丁述

半老的许多创作思想和画理还凝结在他的印款里：“平平淡淡，不容雕饰者，方为上乘。”“印不让人。”“书画篆刻，其法一也，手不离心，心不离法，胸有成竹，意存笔先。”“理外理，法外法，非此道中人，何能领之？”“书画系篆刻以平淡见奇，是以难矣。”“意在神似不在工。”“作画刻印不必太工，工则失其生动。”“作画多一笔不行，少一笔不行，画一改便不舒服，要达到简、空、灵的境界。”“写生要以记忆为主，抓住基本精神和意境，不可太死，否则易被框住。”“对临名画，须用意临。”“画画的人，第一要思想品德好，第二国画要讲究气、韵、神”。“用刀如用笔，不宜加修饰。”“白文忌版刻，于平正处有巧思，方圆中互见刀笔，长短并用，粗细兼备，不受拘束，不加修饰，古人之法明矣。”“今古印重在字体，要在气韵，安排得法，用刀有方，自然成趣。”此外他还写有《论写竹》。

意足不在颜色是　陈半丁印文

这些文字简短精炼的谈艺录是老人心血之结晶，涵意深奥，文字通俗，值得从艺者细心品读思考，定能获益。

三、名家评说

晚年的半老是清醒的，他不见风使舵、人云亦云，因而处于痛苦、孤独之中。他反对浮夸的“吹牛”、“拍马”的不良社会风气，因而受到批判，挨整挨斗，诬陷他是“反党画家”，“妄想变天”。一个手无寸铁的耄耋老人，受害最深，斯文扫地，他只能沉默无声。半老的绘画成就是不用靠捧场、炒作、包装的，他的名声是靠那些精品之作让人评说的。不懂画的人确实难有卓识之见，真正内行人会做出公正的评价。

早在35岁时，吴昌硕对他的评价：“半丁旧友性嗜古，能刻画，写花草人物直追宋元，近写罗汉变幻百出，在佛法可称无上妙谛，求者履盈户外。”吴昌硕对半丁深为厚爱，正是出于他艺术上的超凡与十分好学。

1933年，鲁迅先生在《北平笺谱·序》中说：“宣统末，林琴南先生山水笺出，似为当代文人特作画笺之始，然未详。及中华民国立，义宁陈君师曾入北京，初为镌铜者作墨盒……盖至是而画师梓人，神志暗会，同力合作，遂越前修矣。稍后有齐白石、吴待秋、陈半丁、王梦白诸君，皆画笺高手。”

1922年，齐白石在《壬戌杂记》中写道：“陈半丁，山阴人，前四五年相识人也……半丁居燕京八年，缶老、师曾外，知者无多人，盖画极高耳。余知其名，闻于师曾。一日于书画助赈会得观其画，喜之。少顷，见其人，则如旧识。”

1947年8月17日《生生画报》载陈半丁的篆刻绘画成名很早，1894年，半老在沪上同吴缶庐先生过往甚密。半老篆刻的写古、绘画的苍劲，完全得力于吴缶翁，但他并不为缶翁的范围所囿，自有他个人的艺术生命，这是很可贵的一点。

台湾黄启龙先生对半老的艺术评价十分中肯：“陈半丁先生继承文人画的笔墨表现技艺，产生苍润朴拙、刚劲含蓄的画风。他重视诗书画印的统一，画面力求完整严谨，浑然一体，尤其在写意花卉方面成就最为突出。他常以上下分段的手法结构，给人均衡端庄的感觉，而注意中锋的用笔，更可见出深沉的书法功底。”

1957年，深知半丁先生的李济深为其画册作序，更是知人论画：“少爱绘事，初得任伯年、吴昌硕两家之传，后又博涉诸家，进而益上，继承创作，自成风格。又善于体物取材，于写实中含变化，平易中见技巧。居常擅作花卉、山水，然于人物、虫鱼、鸟兽以至书法、金石之属，靡不各臻精妙，老年作品益诣深厚纯熟之境，尤为识者所称道也。先生虽在耄耋高年……画兴益豪，终日写作无倦容，真有神韵苍古、逸趣横生之妙，洵属片楮足珍也。”

刘海粟先生在《齐鲁谈艺录》中云：“陈半丁作画如作书，先求其神，而后用意取法，笔姿韵味在乎天者七人者三。得古而拙，拙而见巧者为上乘，如汉卿之粗而不野，简而有味，已入苍白二石（吴昌硕、齐白石）之风，使我老眼益明。”

我引见半老同时代的艺术大师、文豪、著名人物对他在北京文坛所做的贡献历史的、全面的、科学的评价，不会因时空的流失而泯灭，他将同绘画创作中的精品一样，随着历史的发展流芳百世，名垂千秋。

2008年7月6日

（“纸上春秋——陈半丁中国画精品回顾展”，展览时间：2008年10月23日—11月30日）

承中求变

——齐白石的艺术与中国画的现当代转型

马明宸

20世纪在中国绘画史上是一个特殊的时期，也是一个关键的时期，因为近代中国社会历史的变迁，传统的文化形态发生嬗变，中国画在这100年间也经历了复杂的演变，从艺术的社会功能到总体风格面貌，再到基本的题材内容、技法语汇都发生了极其深刻的变化，中国画在20世纪的发展变迁过程中表现出深广的包容性与蓬勃的生命力，这种笔墨与宣纸擦触呈现出的材料特性与营造出的艺术意境仍然符合中国民众的审美经验，中国画与中华民族的精神融会在一起，是中华民族表现生存情感的独特方式，这说明中国画艺术里保留了我们民族永恒的精神根脉。历史总是在向后的回顾之中向前演进的，21世纪的中国画要发展，在风起云涌、花样翻新的国际艺术思潮的影响之下，我们更应该在对自己民族的传统文化返观内视之中汲取灵感与获得启迪。

和平　齐白石　68×49.5cm　1952年

鸡　徐悲鸿　114×65cm　1946年

松雉　王雪涛　96.5×56cm

20世纪的中国画史就是一大批艺术大家们的艰辛探索史，从学理上的反思到实践层面的探索，从康有为到周思聪，他们苦思苦行，共同创造了异彩纷呈、蔚然壮观的20世纪中国画艺术。齐白石作为近现代中国颇具影响力的大画家，他的艺术实践对于中国画的现当代转型发挥了一个什么样的作用？具有什么样的特点？做出了什么样的贡献？昭示了一个什么样的方向？产生了什么样的影响？这些问题无论是对于20世纪中国绘画史还是对于齐白石艺术研究都是有待深入探讨的关键问题。因为通过对这些问题的讨论，我们能够更加清晰地认识中国绘画发展转型的深层机制与内在动力，以及齐白石艺术在中国绘画史上产生重大影响的根本原因。本文力图从中国画的现当代转型这样一个角度，以这几个问题为基本结构来对齐白石的艺术做一次考察，也是对20世纪的中国画进行一次回顾与反思。

一、20世纪中国画发展的时代课题

中国画艺术在千百年的发展历程中积淀形成了完善的传统母题、科别门类、表现技法以及艺术语言，从总体上说，它是中华民族农业文明时代的产物。历史进入了近现代，中华民族经历了不同寻常的巨变，中国社会形态由古代走进了现当代。帝国主义的入侵、内部斗争的剧烈，帝制的解体、民主意识的觉醒、新兴的工业文明对农业文明的取代，西方文艺思潮的传播与接受，这些因素促使人们开始对旧的体制、观念进行批判反思，整个中国社会的文化观念、价值理念、审美经验都发生了转变。20世纪初的中国绘画史格局发生了重大的变化，这表现在传统的宫廷绘画体制衰落，美术学校的兴起对师徒制美术教育形式形成冲击，画会社团、艺术流派纷纷出现，外出留学人员对西洋画的传播，在这种复杂的思潮与背景之下，对中国画的价值进行重估与反思，如何继承与创新？中国画的方向在哪里？中国画的命运如何？这是当时画界面临的重大时代课题。一些有识之士提出了不同的主张，如康有为、蔡元培、陈独秀等人，先进

荷花翠鸟　李苦禅　99×131cm　1961年

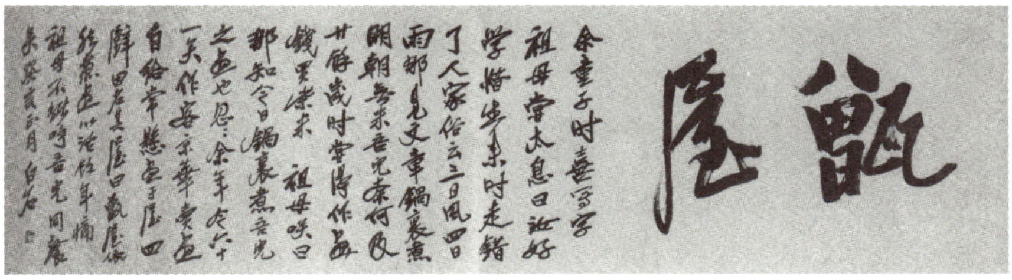

甑屋　齐白石　1923年

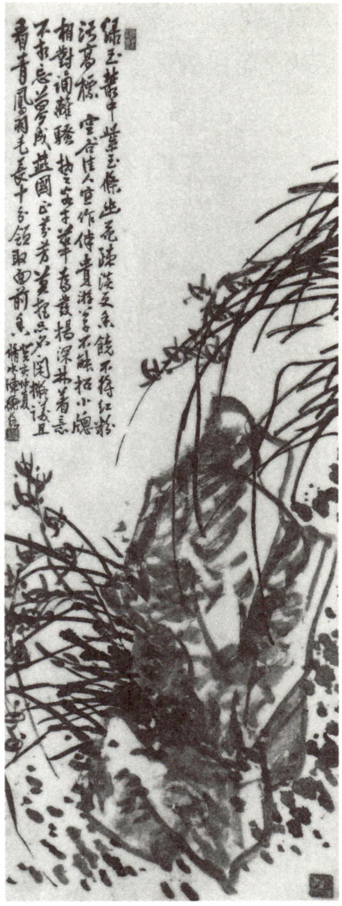

紫兰　陈师曾　131×47cm　1923年

的艺术家们进行了不同的实践，如李叔同[①]、陈师曾[②]、徐悲鸿，正是在思考与探索之中，中国画的现当代转型开始了。

康有为是民国初年提出“美术革命”的先驱人物，他提出变革中国画的主张有两点：一是复唐宋院体界画之古，变革元明以来的所谓士气写意正宗；二是以欧洲古典写实画法为参照，合中西而为画学新纪元。它的画学革新思想在徐悲鸿、刘海粟的艺术中得到践行。陈独秀对明末清初所谓四王正统表示不满，提倡个性创作，主张采用西洋画的写实主义。20世纪前半期的中国画家们或者坚守传承中国画艺术传统，或者借鉴西方艺术改造弘扬国粹，为中国画的现当代转型做出了卓越的贡献。艺术是属于时代的，并没有脱离具体的社会环境之外孤立的纯粹艺术，在一个政治风云变幻的时代，政治往往是艺术无法回避的主题，从旧社会步入新社会的艺术家要改造自己的思想观念，改造自己的艺术风格。绘画不再是农业文明时代文人雅士的浅吟低唱与孤芳自赏，它要担负起引领时代精神、引导价值取向的社会功用，在一个民主意识觉醒的时代，它要符合普通民众的审美经验，反映全新的时代精神情趣。新中国成立后，20世纪后半期又成长起来的一大批艺术家用中国画反映时代、干预生活、服务政治，表现新事物，塑造新形象，抒发新感情，他们这一辈人创造出了红色年代的中国画经典之作，完成了中国画又一

① 李叔同（1880—1942），浙江平湖人，号息霜，1905年留日学习西洋绘画与音乐，创“春柳社”，工诗词书画篆刻，后出家。

② 陈师曾（1876—1923），名衡恪，号槐堂，清末民初画家、美术教育家。

次重要的当代转型，他们发扬、继承了中国画艺术，完成了时代赋予中国画艺术的课题。齐白石是在前后两个阶段的转型过程中都发挥了重要作用的一位艺术家。

二、齐白石艺术变革的理论溯源

齐白石是我们考察20世纪中国画现当代转型中的一位关键艺术家，他经历了晚清、民国、新中国三个历史时期，在近百年的人生历程中坚持艺术追索不辍，风格面貌一直在变化，他既可以定义为中国古代绘画史最后一位文人画家，又可以定义为第一位现当代画家，中国画的现当代转型与这位艺术家有着深刻的内在联系。在传统文化复归的今天，齐白石的艺术在中国画现当代转型中所发挥的作用逐渐彰显出来。齐白石的艺术道路昭示了中国画在自我提升之中的自然转型，承中求变，而不是仅仅在材料、技法层面的盲从欧风美雨，也不是固守所谓传统正宗。齐白石带着自己的角度与追索为中国画的现当代转型迈出了重要的一步。

陈师曾是清末民初的画家与教育家，他的艺术思想对齐白石产生了重要的影响。1917年，因家乡遭兵匪之乱，齐白石进京在琉璃厂以卖画为生，在无人问津的情况下，陈师曾独具慧眼，推崇齐白石画格，亲自到西砖胡同法源寺寻访齐白石，为齐题《借山图卷》，二人遂成莫逆之交，常在陈的槐堂谈画论世。也是在陈师曾的力劝之下，齐白石下决心进行“衰年变法”，自创风格。1922年，陈师曾携齐白石的作品东渡日本参加“中日绘画联展”，引发轰动。从这里可以看出陈师曾是齐白石进行艺术变革实践的理论引导。陈师曾于1921年春发表了《文人画的价值》①一文，后又发表《中国画是进步的》。1922年，陈将二文合编为《中国文人画之研究》一书出版。在这里，陈师曾对于文人画的价值进行了冷静的思索，他认为艺术的本质和目的是要表现人的丰富情感活动和主观精神情趣，而不是复现客观对象，作画不唯求形式，而要突出神似与气韵，画家要注重人品修养与画外功夫。作为一个书画家和教育家，陈师曾既有深厚的传统文化修养与艺术实践经验，又不乏对于西方文化的了解，在理论界质疑中国画的价值，在大力提倡学习西方写实主义的背景之下，他揭示了中国画的本质和特长，在肯定吸收西法之长的同时，又提醒人们不要迷失艺术的本性，他的这一思想对于继承中国画优秀传统、创新中国画产生了积极的意义。在我们今天看来，他对于中国画的深刻反思是难能可贵的，他的这一思想应该说是符合中国画艺术自身发展规律的，对于齐白石、黄宾虹等一大批近现代艺术大师都产生了重要影响，尤其是在齐白石的艺术实践中得到了实现。齐白石的抒写世俗情趣、画吾自画、似与不似等艺术观念无疑是接受了陈师曾的影响而形成的。陈师曾对于齐白石的选择就是对齐白石本人的生活经历、学养观念形成的基础的选择，这也正是齐白石艺术变革的特殊角度。

三、齐白石对中国画转型探索的角度与特色

寂寞之道　齐白石　篆刻

齐白石生活在中国社会文化发生激剧变化的历史时期，起义变法此起彼伏，革命运动风起云涌，作为一个来自社会底层的、以卖画为生计的画师，这些时代主题都没能走进他的生活，政治气候并没有对他的艺术形成太大的的影响。齐白石于16岁时为生计所迫学习木工手艺，

---

① 发表于画法研究会主办的《绘学杂志》第2期。

牵牛草虫　齐白石　68×35cm　1936年

在做工之余，他酷爱书画，刻苦自学。26岁时才有机会专门拜师学画，逐渐走上了以卖画为生的道路。中年时期，他外出游历奔走，五出五归行万里路，读万卷书，为人做代笔并教画，回到家乡已小有名气，卖画生活有了改观，过上了闲适的的文人生活。这段时期，他与文友之间以诗文酬唱，接受传统文化的陶然，从一位民间画匠转变为一位文人画家。可是不久家乡的兵匪变乱打破了齐白石的宁静生活，他被迫北上谋生来到北平，成为一个以卖画、教学为业的京华画师。对于政治生活，他一直保持低调，坚守“星塘老屋不出公卿”的信条，潜心于自己的艺术，给自己定位为“平民画师”，也正因为如此，他才一生坚守天道酬勤的艺术信条，像一位辛勤的老农一样，把画笔当作农器，辛勤耕耘，唯求一饱。齐白石以乡村木匠出身，对于传统文化的熏染并不是太深，没有所谓精英文化的心态，他也就没有固守正统的负累，也不拒斥新文化、新事物，沉浸在自己尚能维持温饱的优雅生活之中。在乱世之中保持平民心态与生活情趣，用绘画来抒写这种生活。在民国时期，在新文化运动中，封建的精英文化遭到批判，画院体制受到冲击，具有初步民主意识的普通民众成为社会的主体，平民的审美趣味成为社会的主流，这种环境适合齐白石的艺术风格。齐白石以卖画为生，艺术创作中考虑到民众的审美需求，追求雅俗共赏，再把文人画中融入民间审美趣味，把自己的艺术与社会相结合，这成为他艺术变革的出发点。

齐白石的生活经历与出身使他具备开放的胸襟，把自己的人生与艺术拧在一处，把艺术语言化作自己感受世界的有机器官，坚守中国画艺术的根本。正是立足于这样一个角度，所以齐白石对于中国画转型探索没有也不可能直接借用西方的技法，直接转向重大政治题材或具有明显时代标志的全新事物，他仍然是在致力于中国画的自我提升，他通过体验自己对于新生活的感受，把时代精神内转潜化，转化为中国画的语言表现出来。这种艺术道路才是符合中国画艺术自身发展规律的，是秉承了中国画的历史传统的变革与转型。即使在白石老人晚年受到新中国政府的优遇之后，他画的一批歌颂新社会的作品，例如《祖国万岁》、《和平鸽》等，也是借用传统的语言与手法，极为含蓄地表达出来。

四、齐白石对中国画转型的艺术实践

落实到艺术本体层面，我们再来考察齐白石对于中国画的现当代转型进行了哪几个方面具体的探索与突破。

花鸟题材绘画是中国传统绘画艺术的一个重要门类，花卉之美，人可共赏，它又被赋予了特殊的寓意和道德品格，艺术与民俗信仰发生密切而广泛的联系，因而这一画种为社会广泛接受。寓意与品格一方面促进了花鸟题材绘画的发展，另一方面也对它形成束缚力，因而长期以来花鸟绘画被限定在一个狭窄的小圈子里面，梅兰竹菊象征君子品格，牡丹松柏寓意富贵长寿，花鸟画僵化成了信仰与道德的载体，艺术的审美本质渐渐被遮蔽了。齐白石的艺术源于他的生活，作为一个真正的艺术大师，他没有迷失，他紧紧抓住艺术的本质，摆正艺术与生活之间的关系，突破了寓意的禁锢，画前人所未画之物，画生活中能触发他美感的事物。这样，他就把自己的取材范围延伸到了传统之外，走进了生活的领域。由这种艺术观念作指导，所以才有了齐白石绘画的新面貌、新格局，开拓了花鸟画的题材范围，画前人未画，发前人所未发。齐白石在他的画中题道：“余日来所画皆少时亲手所为所见之物。”①在生活中，他认为美的事物皆可入画。牵牛花、雁来红、海棠、向日葵、鸡冠花、虾蟹、农具这些题材来自生活，不在文人画的范畴之内，也没有世俗的寓意，却以艺术的本身直接反映生活，记录了齐白石的乡村生活体验和情感。齐白石所画大都是农家庭院里的园中花，如牵牛花、鸡冠花、向日葵，这些花不骄不贵，也不雅，富于生命力，有土壤得阳光有水分就能生存，落地生根，没什么特别的寓意，如果有那就是生命力，只有生命之美张扬于其中。齐白石画中花卉或以盆栽，或用篱圈，是人化的自然，其间透露出一种生活情趣，同文人所画的世外之花，空谷幽兰的孤傲闲雅，超然物外的清高划开了界限，完全是不同境界，属于两个时代。在花卉这样一个以自然植物为题材的绘画中，齐白石把它的文人画意境转变了，从文人雅趣转向了生活情趣。即使画梅兰竹菊这些传统题材，我们也可以看到齐白石赋予了它们以世俗的意趣。白石老人的花卉题跋都是家常语、平常话，没有半点酸腐气，也没有一丝玄虚味，得之于生活，发之于肺腑，他的笔下是一个鲜活生动的世俗生活世界。

中国写意花鸟画自明末开始的变革传统，在齐白石这里完成了一次总结与升华，用中国的绘画材料来描绘物象，这之间其实有着极其复杂的转化过程。因为中国画已经形成了一套完整的语言，题材的开拓本身就

山溪群虾　齐白石
136 × 34cm　1926年

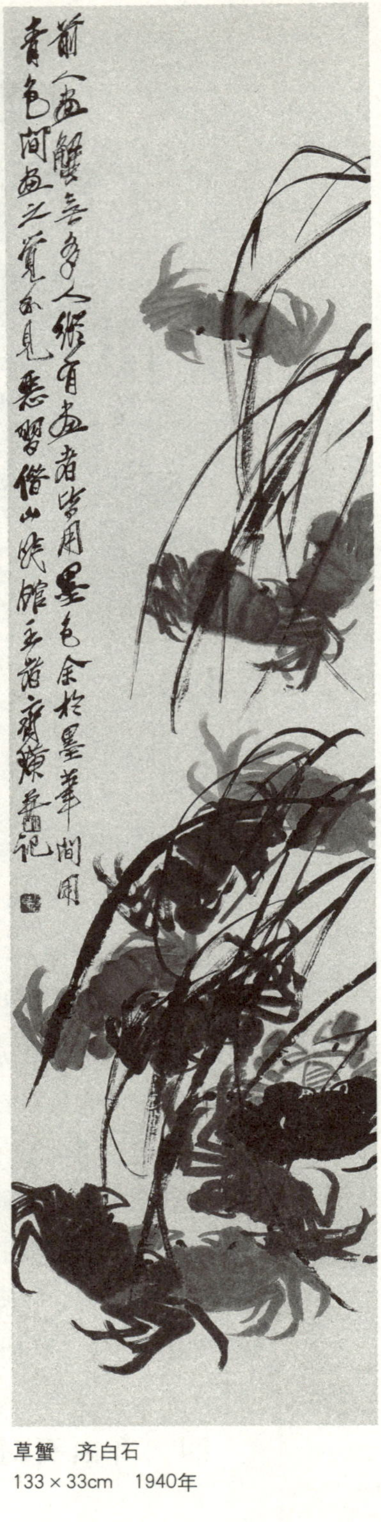

草蟹　齐白石
133 × 33cm　1940年

① 见齐白石《稻草雏鸡图》。

万山红遍　李可染　135.5×85cm　1964年

已经包含了笔墨技巧的创造。齐白石的花卉画中墨的层次大大丰富了，作品的体感与厚度韵味更足了。在用笔上，写的意味更加突出，作品笔墨充实，形象饱满。大胆使用艳色，花卉形象绚丽多彩。这些技法的创新仍然都是为了画出一种全新的寓意——饱经风霜，却又不屈不挠生命力绽放出的灿烂光华。在齐白石的花卉画之中，我们读到的是一种饱满的生命张力，是一曲歌唱生命光华的劲歌。齐白石在抒写生活、抒发情趣这样一种艺术观念的指导之下，他开拓中国画的题材门类，使中国画的取材视野重新观照新鲜的生活世界；他把传统文人画的出世情怀转换成为对世俗生活的热爱，转换了中国画的艺术意境。

五、齐白石在中国画转型中的作用与影响

新中国成立以后，齐白石受到了人民政府的优遇，他的艺术在这一时期也达到了最后的辉煌，这个时期，他又画了一批具有鲜明时代特色的作品，用“万年青”与“和平鸽”这些题材表达他对于祖国和世界的祝福，荣获“人民艺术家”称号和“世界和平奖金”证书，担任全国美协理事会主席、北京中国画院名誉院长等公职。他的艺术得到了人民政府的认可，显示了新政权对待传统艺术的态度和立场，也为新中国时期的中国画发展指明了方向，对于中国画家产生了深远的影响。齐白石提出的“似与不似”的取舍原则，成为现代写意画创作的基本原则，他开拓的花鸟画题材，例如牵牛花、虾蟹，日益完善成为独立画科。出于他门下的一批画家如李苦禅、李可染、王雪涛等，都成为现当代画坛的艺术大师，在20世纪后半期，这一批人把白石老人中国画转型变革精神更加发扬光大，为20世纪中国画发展做出了重要贡献。

这就是齐白石“承中求变”的艺术变革道路，他在20世纪中国画现当代转型中发挥了重要的作用。他的艺术实践向我们昭示了一种方向：任何一个民族的文化发展都不能建立在真空之上，对于继承与创新不能做极端的理解，正确对待与反思中国画其实就是正确对待我们自己的民族精神。中国画走到今天又面临一次重要的转型，当用传统的艺术精神来观照充斥现当代的所谓的新艺术、现当代艺术时，我们就会发现一些所谓的前卫先锋其实早已迷失，做着连他们自己也不明白正在干什么的事情。这个时候，我们就需要冷静下来，回顾与反思一下我们的传统艺术精神，走出“金钱”与“名利”的控制，走出迎合极少数人的所谓“精英艺术”，创造出回归民众，符合大众审美经验的作品，使中国画重新担负起引领时代精神、引导价值取向的社会功用。

（“齐白石·中国画——北京画院院藏精品展”，展览时间：2008年7月25日—9月22日）

齐白石年表

1864年（甲子） 1岁

1月1日（农历癸亥年十一月二十二日）生于湖南湘潭县杏子坞星斗塘。名纯芝，号渭清，又号兰亭。27岁起改名璜，号濒生，别号白石山人，又号寄园。

1870年（甲戌） 8岁

从外祖父周雨若读书，常用习字本、账簿纸作画。

1878年（戊寅） 16岁

拜周之美为师学习雕花木工。做木工之余，以残本《芥子园画谱》为师，习花鸟、人物画。

1881年（辛巳）19岁

与妻陈春君圆房。

出师后，仍跟随师傅走乡串户做雕花木器。

1888年（戊子） 26岁

拜民间艺人萧芗陔为师学画肖像。

1889年（己丑） 27岁

拜胡沁园、陈少蕃为师学诗文，得胡沁园帮助，脱离木工生活，专习绘画，为人作肖像养家。

1894年（甲午） 32岁

与王仲言等七人结“龙山诗社”，被推选为社长。后与黎松安（亦称“松庵”）等结“罗山诗社”，一起吟诗、作画、摹刻金石。

1899年（己亥） 37岁

拜湘潭名士王闿运为师学习诗文。

同年刊第一套印谱《寄园印存》，印学丁敬、黄易，规矩精密，可以乱真。

1900年（庚子） 38岁

佃居莲花峰下梅公祠，自称“百梅书屋”，并在院内盖一小屋，名“借山吟馆”，致力于绘画、作诗。

1902年（壬寅） 40岁

应夏午诒邀请，赴西安教画。在西安结识樊樊山，尽观樊所藏八大山人、金农等名家书画。

是年，其花鸟画风一变，走上写意画路径。

1903年（癸卯） 41岁

春，从西安到北京，结识曾熙、李瑞荃等，期间夏午诒拟向慈禧太后推荐齐白石做内廷供奉，坚辞之。

夏，从北京过上海，回湖南，此为“五出五归”的第一次远游。

1904年（甲辰） 42岁

随王闿运赴江西，游庐山、南昌等地，刊印《白石草衣金石刻画》，王闿运为其作序。

1905年（乙巳） 43岁

赴广西，游桂林。与蔡锷、黄兴相识。

1906年（丙午） 44岁

春节后不久，过梧州经广州到钦州，郭葆生留其教画，饱览郭所藏徐渭、八大、金农诸名家真迹。用功作画，其间常为郭代笔。

秋，回湘潭，以教画薪金购置旧屋并数十亩水田。

1907年（丁未） 45岁

春夏之交，再赴钦州，游肇庆、端溪。

冬，回湘潭。

1908年（戊申） 46岁

春即赴广州。是年，仅回湘潭小住几天，其余时间皆在广州度过。

1909年（己酉） 47岁

在广州过春节，后去钦州。

初夏，赴上海，以卖画为生。夏秋之交，游苏州。往南京拜访李梅庵，为其治印三方。

10月，返回湘潭，至此结束“五出五归”的远游生活。其后在家乡修葺“寄萍堂”，开始8年的山居生活，潜心吟诗作画。对八大山人、石涛的花鸟画多所取法，画笔更见简练，但草虫写生，多任务致，间或以写意出之。书法学金农，得其神髓。

1917年（丁巳） 55岁

6月，为避土匪之扰赴北京，正赶上“张勋复辟”，匆匆去天津避难。局势稍定，复归北京，在琉璃厂南纸铺挂润格卖画。期间与老朋友樊樊山、夏午诒、郭葆生等往来甚密，并结识陈师曾、姚茫父、陈半丁等。其中与陈师曾订交，对晚年齐白石有极大影响。

是年冬，离京返湘，乡居一年。

1919年（己未） 57岁

与胡宝珠结婚，从此定居北京。

1922年（壬戌） 60岁

春，陈师曾到日本办中国画展览会，展出的齐白石画作全部以高价售出。

1923年（癸亥）61岁

陈师曾在南京病逝，数次题诗痛悼好友。

1925年（乙丑）63岁

春，大病，人事不知七昼夜。卧病榻月余，停止作画、刻印。

梅兰芳正式拜师学画。

1926年（丙寅）64岁

母亲、父亲相继去世，两度停止作画、刻印。

1927年（丁卯）65岁

应林风眠邀请，任教于北京艺术专门学校。

1928年（戊辰）66岁

印行《白石印草》、《借山吟馆诗草》（手写本影印）

1933年（癸酉）71岁

印行《白石诗草》（八卷铅印本）

1936年（丙子）74岁

游四川，结识黄宾虹。

1937年（丁丑） 75岁（自署77岁）

听信长沙舒贻上算命说，用瞒天过海法，自署77岁。

是年7月，北平沦陷，心情悲愤，轻易不见客。

1940年（庚辰） 78岁（自署80岁）

农历正月，妻陈君春去世，撰《祭陈夫人》文。

为反抗日寇及汉奸的骚扰索画，贴出“画不卖与官家”的告白，谢绝见客。

1944年（甲申） 82岁（自署84岁）

1月，继室胡宝珠病故。

6月，拒绝北平艺专配给用煤。

1946年（丙戌） 84岁（自署86岁）

抗战结束，复又在琉璃厂挂润格恢复卖画、刻印。

10月，去南京、上海办画展，200多张画全部卖出，带回一捆捆“法币”，如同废纸，竟买不到10袋面粉。

1949年（己丑） 87岁（自署89岁）

1月，北平解放。

参加周恩来总理的招待宴会。

为毛泽东主席刻石印两方。

1950年（庚寅） 88岁（自署90岁）

担任中央美术学院名誉教授。

被聘为中央文史馆馆员。

4月，曾与毛泽东主席共进晚餐，朱德总司令作陪。

10月，将82岁时所作的《鹰》和篆书对联“海为龙世界，云是鹤家乡”赠送毛泽东主席。

参加北京市“抗美援朝书画义卖展览会”。

冬，为《人民日报》画《和平鸽》。

1951年（辛卯） 89岁（自署91岁）

2月，画作10余幅参加沈阳市“抗美援朝书画义卖展览会”。

1952年（壬辰） 90岁（自署92岁）

用三天时间，为北京“亚洲及太平洋区域和平大会”创作丈二巨幅《百花与和平鸽》。

同年，多次创作题为《和平胜利》、《和平万岁》的作品。

1953年（癸巳） 91岁（自署93岁）

1月7日，北京文化艺术界200余人参加“齐白石93岁生日庆祝会”，文化部授予齐白石“人民艺术家”荣誉奖状。周恩来总理出席了晚间的庆祝宴会。

担任北京中国画研究会主席。

10月，当选为中国美术家协会第一任理事会主席。

1954年（甲午） 92岁（自署94岁）

4月28日，中国美术家协会在故宫博物院举办“齐白石绘画展览会”。

8月，当选为全国人大代表。

9月15日，出席首届全国人民代表大会第一次会议。

1955年（乙未） 93岁（自署95岁）

6月，与陈半丁、何香凝等14位画家为世界和平大会合作巨幅《和平颂》。

1956年（丙申） 94岁（自署96岁）

4月27日，世界和平理事会宣布授予齐白石“国际和平奖金”。

9月1日，在北京隆重举行授奖仪式，周恩来总理亲自到场祝贺。

1957年（丁酉） 95岁（自署97岁）

5月15日，担任北京中国画院名誉院长。

5—6月间，作最后一幅作品《牡丹》。

9月16日，在北京医院逝世。

9月22日上午在嘉兴寺举行公祭，周恩来总理等中央领导参加了公祭。

1963年（癸卯）

齐白石被选为世界十大文化名人之一。

部分齐白石出版物目录

序号	书名	作者	出版社	出版年代	备注
1	《齐白石草虫》	齐白石绘	湖南美术出版社	2008	图册
2	《齐白石虾蟹》	齐白石绘	湖南美术出版社	2008	图册
3	《齐白石花鸟》	齐白石绘	湖南美术出版社	2008	图册
4	《齐白石书画篆刻精品集》	尹斌主编	文物出版社	2008	图册
5	《吴昌硕齐白石黄宾虹潘天寿四大家作品集》	卢炘主编	浙江人民美术出版社	2007	图册
6	《齐白石：草虫花卉册》	齐白石绘	上海书画出版社	2007	图册
7	《吴昌硕齐白石印谱》	许海山主编	中国戏剧出版社	2007	图册
8	《齐白石研究》（第一辑）	尚辉主编	湘潭大学出版社	2007	论文集
9	《齐白石——艺苑奇葩》	竞游主编	内蒙古人民出版社	2007	专著
10	《齐白石》	李福顺主编	山西教育出版社	2006	专著
11	《章实斋年谱　齐白石年谱》	胡适著	安徽教育出版社	2006	合集
12	《齐白石经典印作技法解析》	薛元明著	重庆出版社	2006	专著
13	《齐白石画集》	齐白石绘	黑龙江美术出版社	2006	图册
14	《齐白石艺术大展集萃》	首都博物馆编	北京出版社	2006	图册
15	《齐白石绘画作品图录》	刘子瑞主编	天津人民美术出版社	2006	图册
16	《齐白石的一生》	张次溪著	人民美术出版社	2006	专著
17	《齐白石传》	林浩基著	学苑出版社	2005	专著
18	《齐白石》	邹廷清著	中国少年儿童出版社	2005	专著
19	《齐白石竹木雕精选集》	刘艳平　王海平　张国友著	文物出版社	2005	图册

20	《齐白石画谱》	齐白石绘	湖南美术出版社	2005	图册
21	《齐白石贺礼才批刘淑度印稿手记》	宋致中主编	西泠印社	2004	图册
22	《齐白石精品选》	齐白石绘	天津杨柳青画社	2004	图册
23	《永存鲜活生命力的人民艺术家齐白石》	陈军　鲁玲著	海峡文艺出版社	2004	专著
24	《齐白石画集》	齐白石绘	人民美术出版社	2003	图册
25	《齐白石画集》	齐白石绘	天津人民美术出版社	2003	图册
26	《齐白石山水画集》	刘建平主编	天津人民美术出版社	2003	图册
27	《齐白石》	齐自来　马泉编著	湖北美术出版社	2003	专著
28	《北京画院秘藏齐白石精品选》（全16册）		广西美术出版社	2003	图册
29	《齐白石》	刘人岛著	人民美术出版社	2002	专著
30	《齐白石：艺术大师》	张晓伟编著	时代文艺出版社	2002	专著
31	《齐白石：艺苑奇葩》	若寒编著	延边人民出版社	2002	专著
32	《齐白石书艺》	虢筱非著	广西美术出版社	2002	专著
33	《齐白石山水册》	齐白石绘	天津杨柳青画社	2002	图册
34	《齐白石印谱》		湖南美术出版社	2002	图册
35	《齐白石作品精选》	齐白石绘	天津杨柳青画社	2002	图册
36	《齐白石绘画作品欣赏》	齐白石绘	天津人民美术出版社	2002	图册
37	《齐白石册页精品：山水》	齐白石绘	天津人民美术出版社	2002	图册
38	《齐白石册页精品：花鸟鱼虫》	齐白石绘	天津人民美术出版社	2002	图册
39	《齐白石山水画精品》	齐白石绘	天津人民美术出版社	2002	图册
40	《齐白石书法》	齐白石绘	天津人民美术出版社	2002	图册
41	《齐白石“十二生肖册”》	齐白石绘	天津人民美术出版社	2002	图册
42	《鉴识齐白石》	徐鼎一著	福建美术出版社	2001	专著
43	《齐白石与读书》	李乾坤著	明天出版社	2001	专著

44	《齐白石》	萨本介著	河北教育出版社	2001	专著
45	《齐白石印艺》	虢筱非著	广西美术出版社	2001	专著
46	《齐白石闲章精选》	白云甫　凝雪编	广西美术出版社	2001	专著
47	《齐白石名章精选》	白云甫　凝雪编	广西美术出版社	2001	专著
48	《从木匠到国画巨匠——齐白石》	刘振涛主编	岳麓书社	2000	专著
49	《齐白石》	徐改编著	河北教育出版社	2000	专著
50	《齐白石篆刻精品赏析》	汪兴燚编著	西泠印社	2000	专著
51	《齐白石篆刻作品集》	戴山青编	广西美术出版社	2000	专著
52	《齐白石草虫册》	马荣华主编	上海书画出版社	2000	图册
53	《齐白石手批师生印集》	徐自强　张聪贵编	北京图书馆出版社	2000	图册
54	《齐白石印集》	张荣　马云贤编	北京工艺美术出版社	2000	图册
55	《齐白石：中国美术馆馆藏齐白石精品展》	张培成　王兆荣编	上海画报出版社	2000	图册
56	《齐白石诗卷尺牍》	齐白石书	上海画报出版社	2000	专著
57	《齐白石画论》	徐改编著	河南人民出版社	1999	专著
58	《齐白石画语录图释》	李祥林编著	西泠印社	1999	专著
59	《齐白石篆刻及其刀法》	汪兴燚编著	西泠印社	1999	专著
60	《齐白石的青少年时代》	潘宝泉编著	山西人民出版社	1999	专著
61	《齐白石丁二仲经亨颐简经纶来楚生印风》	苏金海编著	重庆出版社	1999	专著
62	《齐白石画谱：第一辑》 《齐白石画谱：第二辑　山水》 《齐白石画谱：第三辑　人物》 《齐白石画谱：第四辑　扇面》 《齐白石画谱：第五辑　册页》	齐白石绘	湖南美术出版社	1999	图册
63	《齐白石册页》	齐白石绘	浙江人民美术出版社	1999	图册

<table>
<tr><td>64</td><td>《齐白石艺术研究》</td><td>齐良迟主编</td><td>商务印书馆</td><td>1999</td><td>专著</td></tr>
<tr><td>65</td><td>《齐白石》</td><td>军音著</td><td>四川少年儿童出版社</td><td>1998</td><td>儿童文学</td></tr>
<tr><td>66</td><td>《齐白石》</td><td>朱其</td><td>上海人民美术出版社</td><td>1998</td><td>专著</td></tr>
<tr><td>67</td><td>《齐白石》（两册）</td><td>林浩基著</td><td>中国青年出版社</td><td>1998</td><td>专著</td></tr>
<tr><td>68</td><td>《齐白石和虾》</td><td>潘肇雄编著</td><td>新世纪出版社</td><td>1998</td><td>专著</td></tr>
<tr><td>69</td><td>《齐白石谈艺录》</td><td>王振德　李天庥编著</td><td>河南美术出版社</td><td>1998</td><td>专著</td></tr>
<tr><td>70</td><td>《齐白石作品》</td><td>齐白石绘</td><td>陕西人民美术出版社</td><td>1998</td><td>图册</td></tr>
<tr><td>71</td><td>《齐白石花鸟扇面》</td><td>齐白石绘</td><td>天津人民美术出版社</td><td>1998</td><td>图册</td></tr>
<tr><td>72</td><td>《北京画院秘藏齐白石精品集》</td><td>陈履生主编</td><td>广西美术出版社
广西教育出版社</td><td>1998</td><td>图册</td></tr>
<tr><td>73</td><td>《齐白石山水扇面》</td><td>齐白石绘</td><td>天津人民美术出版社</td><td>1998</td><td>图册</td></tr>
<tr><td>74</td><td>《齐白石书画鉴定》</td><td>邢捷著</td><td>天津古籍出版社</td><td>1998</td><td>专著</td></tr>
<tr><td>75</td><td>《齐白石》</td><td>郎绍君编</td><td>天津杨柳青画社</td><td>1997</td><td>图册</td></tr>
<tr><td>76</td><td>《齐白石篆刻集》</td><td>张荫培编</td><td>人民美术出版社</td><td>1997</td><td>图册</td></tr>
<tr><td>77</td><td>《齐白石法书集》</td><td>许礼平　苏士澍编</td><td>文物出版社</td><td>1997</td><td>图册</td></tr>
<tr><td>78</td><td>《齐白石》</td><td>王砚波编著</td><td>中国和平出版社</td><td>1996</td><td>专著</td></tr>
<tr><td>79</td><td>《艺苑奇葩——齐白石》</td><td>白巍著</td><td>兰州大学出版社</td><td>1996</td><td>专著</td></tr>
<tr><td rowspan="10">80</td><td>《齐白石全集 第一卷 雕刻绘画》</td><td rowspan="10">郎绍君
郭天民主编</td><td rowspan="10">湖南美术出版社</td><td rowspan="10">1996</td><td rowspan="10">专著</td></tr>
<tr><td>《齐白石全集 第二卷 绘画》</td></tr>
<tr><td>《齐白石全集 第三卷 绘画》</td></tr>
<tr><td>《齐白石全集 第四卷 绘画》</td></tr>
<tr><td>《齐白石全集 第五卷 绘画》</td></tr>
<tr><td>《齐白石全集 第六卷 绘画》</td></tr>
<tr><td>《齐白石全集 第七卷 绘画》</td></tr>
<tr><td>《齐白石全集 第八卷 篆刻》</td></tr>
<tr><td>《齐白石全集 第九卷 书法》</td></tr>
<tr><td>《齐白石全集 第十卷 诗文》</td></tr>
</table>

81	《齐白石印影续集》	戴山青编	荣宝斋	1994	图册
82	《齐白石书画用印谱》	邢捷编	天津古籍出版社	1994	图册
83	《齐白石绘画精萃》	秦公　少楷主编 张国强等译	吉林美术出版社	1994	图册
84	《父亲齐白石和我的艺术生涯》	齐良迟口述 卢节整理	海潮出版社	1993	专著
85	《齐白石画法与欣赏》	胡佩衡著	人民美术出版社	1992	专著
86	《吴昌硕齐白石黄宾虹潘天寿四大家研究》	绍君等著	浙江美术学院出版社	1992	专著
87	《齐白石画虾画蟹》	齐白石画	西泠印社	1992	图册
88	《齐白石篆刻字典》	戴山青编	北京广播学院出版社	1992	图册
89	《齐白石画集》	齐白石画	文物出版社	1992	图册
90	《齐白石印影》	戴山青编	荣宝斋	1991	图册
91	《齐白石绘画精品集》	齐白石绘	人民美术出版社	1991	图册
92	《齐白石绘画精品选》	董玉龙主编 中国美术馆编	人民美术出版社	1991	图册
93	《齐白石画虾》	徐中敏　娄师白编	湖南美术出版社	1990	专著
94	《齐白石画集》	严欣强　金岩编	外文出版社	1990	图册
95	《齐白石作品集》	齐白石绘	天津美术出版社	1990	图册
96	《齐白石的一生》	张次溪著	人民美术出版社	1990	专著
97	《齐白石谈篆刻艺术》	杨广泰编	书目文献出版社	1989	专著
98	《齐白石印汇》	重庆市博物馆编	巴蜀书社	1989	图册
99	《齐白石绘画艺术：第一分册》 《齐白石绘画艺术：第二分册》 《齐白石绘画艺术：第三分册》 《齐白石绘画艺术：第四分册》	娄师白著	山东美术出版社	1987	专著
100	《齐白石题画诗选注》	澍群选注	湖南美术出版社	1987	专著
101	《齐白石书画集》	北京市文物商店藏品	人民美术出版社	1986	图册

102	《齐白石谈艺录》	王振德　李天庥辑注	河南人民出版社	1984	专著
103	《齐白石研究资料简编》	湘潭纪念齐白石120周年诞辰筹委会秘书处　湘潭市图书馆编	湘潭市图书馆	1983	专著
104	《齐白石书法篆刻》	齐白石著	人民美术出版社	1980	专著
105	《齐白石画选》	齐白石绘	人民美术出版社	1980	图册
106	《齐白石工笔草虫》	齐白石绘	荣宝斋	1980	图册
107	《齐白石绘画选集》	湖南省博物馆 湖南美术出版社编	湖南美术出版社	1980	图册
108	《齐白石山水画选》	齐白石绘	上海人民美术出版社	1979	图册
109	《齐白石画辑》	齐白石绘	人民美术出版社	1978	图册
110	《齐白石作品集 第一集 绘画》 《齐白石作品集 第二集 印谱书法》 《齐白石作品集 第三集 诗》	齐白石作品集编委会	人民美术出版社	1963	图册
111	《齐白石画选》	齐白石绘	人民美术出版社	1962	图册
112	《齐白石画册》	辽宁省博物馆编	辽宁美术出版社	1961	图册
113	《齐白石画集》	齐白石作	天津美术出版社	1965	图册
114	《齐白石研究》	王朝闻　力群著	上海人民美术出版社	1959	专著
115	《齐白石画法与技法》	胡佩衡著	人民美术出版社	1959	专著
116	《齐白石作品选集》	黎锦熙　齐良已	人民美术出版社	1959	图册
117	《齐白石扇面》	齐白石绘	天津美术出版社	1959	图册
118	《齐白石画集》	齐白石作	湖南美术出版社	1959	图册
119	《齐白石传略》	龙龚著	人民美术出版社	1959	专著
120	《齐白石公公的故事》	洛非编写	湖南人民出版社	1958	专著
121	《纪念齐白石》	钟灵编	人民美术出版社	1958	专著
122	《齐白石画册：花卉工虫册》	齐白石绘	辽宁画报社	1958	图册

123	《齐白石老公公》	钟灵编	少年儿童出版社	1957	儿童文学
124	《齐白石遗作展览会画册》	中国美术家协会编	人民美术出版社	1957	图册
125	《画家齐白石》	吴祖光著	北京出版社	1956	专著
126	《齐白石画集》	齐白石作	天津美术出版社	1956	图册
127	《齐白石的画》	邹雅　陈鹏编辑	朝花美术出版社	1955	图册
128	《齐白石老公公的画》	齐白石绘	少年儿童出版社	1955	图册
129	《齐白石年谱》	胡适等编	商务印书馆	1949	专著

部分齐白石研究文献目录

序号	名称	作者	发表刊物	发表时间
1	未来的齐白石纪念馆	郁　风	《美术》	1984年第3期
2	论齐白石在艺术上的革新精神	朱　丹	《美术研究》	1979年第3期
3	首都美术家为齐白石先生扫墓	侯　瀛	《美术》	1982年第5期
4	黎锦熙谈齐白石	牟小东	《今日中国》	1982年第12期
5	回忆齐白石	李苦禅	《美术》	1983年第3期
6	寄妙理于豪放之外——重读齐白石《荷花影》	薛永年	《名作欣赏》	1983年第5期
7	残荷有生趣——齐白石“变法”一例	艾中信	《美术研究》	1983年第7期
8	纪念齐白石诞生一百二十周年	华君武	《美术》	1984年第3期
9	铁屋采画记——为齐白石大师诞辰120周年而作	李　浴	《美苑》	1984年第4期
10	齐白石的借山馆故居	郁　风	《瞭望》	1984年第8期
11	想起了齐白石	黄新宇	《江西教育》	1984年第11期
12	我的老师齐白石	娄师白	《纵横》	1985年第1期
13	齐白石和《阿弥陀佛》图	刘敏华	《南方文物》	1987年第1期
14	从齐白石到二李——附谈齐白石晚年的一桩往事	李　松	《美术》	1987年第12期
15	齐白石和他的老师胡沁园	赵志超	《湖南教育》	1988年第6期
16	近现代的传统派大师 ——论吴昌硕、齐白石、黄宾虹、潘天寿	郎绍君	《新美术》	1989年第3期
17	白石风貌森然骨——浅谈王森然与齐白石的影响关系	王宏建	《美术研究》	1989年第4期
18	齐白石与篆刻艺术的发展	李刚田	《黄淮学刊》	1989年第4期
19	齐白石的西安之行	温友言	《西北大学学报》	1990年第1期

20	齐白石早期艺术创作	郭　彤	《美术研究》	1990年第1期
21	齐白石	孙长茂	《师范教育》	1991年第4期
22	齐白石绘画的形式与风格	郎绍君	《文艺研究》	1993年第4期
23	学我者生——齐白石、李苦禅艺术同异论	刘曦林	《美术》	1993年第9期
24	齐白石书法篆刻艺术审美意象构建	缪永舒	《四川师范学院学报》	1993年第4期
25	绝板木刻《齐白石像》	关　山	《人民政协报》	1994.1.6
26	珠联璧合——记齐白石梅兰芳合影	钟　灵	《工人日报》	1994.7.3
27	“烤”字非齐白石所造	齐东野	《枣庄师专学报》	1994年第1期
28	齐白石回忆点滴	钟　灵	《美术向导》	1994年第1期
29	齐白石赞助李苦禅	姜　田	《疏导》	1994年第2期
30	艺术大师齐白石的晚年生活 ——访齐白石的嫡孙齐金平先生	戴铁珊	《老年人》	1994年第2期
31	关于齐白石、黄宾虹和张大千三人书法的批评	罗厚礼	《书画世界》	1994年第5期
32	齐白石与梅兰芳	钟　灵	《中国京剧》	1994年第6期
33	国画大师齐白石的“七戒”	余志平	《东方养生》	1994年第10期
34	齐白石画虾三变	龙协涛	《健康》	1994年10期
35	齐白石的长恨歌	陆家齐	《世界文化》	1995年第1期
36	齐白石绘画的幽默和讽刺	周　怡	《齐鲁艺苑》	1995年第3期
37	齐白石篆书艺术探讨	沈建新	《书画艺术》	1995年第4期
38	齐白石赠画毛泽东	林安君	《农业考古》	1996年第2期
39	齐白石墓殡轶事	徐　征	《纵横》	1996年第4期
40	画鼠戏汉奸——齐白石轶事	宋达文	《党史纵横》	1996年第9期
41	画道养生大师齐白石	王卫民	《家庭医学》	1996年第15期
42	倡导学术研究新学风——《齐白石全集》出版感言	杨悦浦	《美术之友》	1997年第1期
43	划时代的力作——写在《齐白石全集》出版之际	赵　力	《美术之友》	1997年第1期

44	巨人的丰碑——关于《齐白石全集》	李　松	《美术之友》	1997年第1期
45	垒筑丰碑——读《齐白石全集》	文选德	《美术之友》	1997年第1期
46	爬上“阁楼”——郭天民与《齐白石全集》	王一方	《美术之友》	1997年第1期
47	齐白石在21世纪的意义——序《齐白石艺术论坛论文集》	王　仲	《美术之友》	1997年第1期
48	谈《齐白石全集》“诗文卷”	王振德	《美术之友》	1997年第1期
49	写在《齐白石全集》出版之前	齐佛来	《美术之友》	1997年第1期
50	走向中国美术的现代形态——《齐白石全集》有感	陈瑞林	《美术之友》	1997年第1期
51	回忆义父齐白石	新凤霞	《两岸关系月刊》	1997年第2期
52	笔歌墨舞气纵横 ——记解放战争时期在北平的徐悲鸿、齐白石及济贫画展	吴长江	《新文化史料》	1997年第2期
53	齐白石与鸟诗	邢湘臣	《森林与人类》	1997年第2期
54	中国人民杰出的艺术家——纪念齐白石大师逝世40周年	王炜民	《阴山学刊》	1997年第3期
55	齐白石扇面画艺术	王树春	《美术观察》	1997年第8期
56	齐白石的“两笑”	陆　泰	《瞭望》新闻周刊	1997年第3期
57	齐白石丹青生涯记趣	戴铁珊	《老年人》	1998年第1期
58	论齐白石书法篆刻艺术	陆　璐	《大理师专学报》	1998年第3期
59	齐白石与中国艺术精神	萧　元	《书屋》	1998年第3期
60	简析《蛙声十里出山泉》 ——浅议齐白石绘画艺术的“时空”观	张光明	《美术之友》	1998年第4期
61	齐白石篆刻艺术论稿	黄苏民	《书画世界》	1998年第4期
62	筑室松下　脱帽看诗——齐白石篆书联赏析	胡长春	《书法之友》	1998年第4期
63	齐白石年表	萨本介	《书画世界》	1998年第8期
64	齐白石的书法	李　松	《书画世界》	1998年第8期
65	书法的生命——齐白石书法散论	陈绶祥	《书画世界》	1998年第8期
66	齐白石谈艺启示录（一）	陈安钰	《报刊之友》	1999年第1期
67	齐白石谈艺启示录（二）	陈安钰	《报刊之友》	1999年第2期
68	齐白石绘画作品赏析	谢丽霓	《文物季刊》	1999年第1期

69	齐白石晚年“变法”	吴明仁	《老年人》	1999年第2期
70	齐白石印章边款艺术略识	张云龙	《辽宁教育学院学报》	1999年第2期
71	齐白石篆刻精品两方及“仲子”其人	涂宗涛	《新美术》	1999年第4期
72	齐白石的绘画鉴定	郎绍君	《美术观察》	1999年第9期
73	齐白石与他的河南弟子	何　频	《中州今古》	2000年第5期
74	齐白石的人格	杨泽本	《四川统一战线》	2000年第7期
75	齐白石笔下斗智	李义方	《思维与智慧》	2000年第9期
76	收藏齐白石绘画之我见	杨丹霞	《收藏家》	2000年第11期
77	齐白石与挂历	李滨声	《美术报》	2002.8.2
78	从齐白石的艺术得失——谈画家与市场的关系	吴祝元	《理论与创作》	2002年第2期
79	从齐白石的艺术得失——谈画家与市场的关系	吴祝元	《理论与创作》	2002年第2期
80	毛泽东为齐白石“纠改”地主成份	陈第甫	《湖南文史》	2002年第3期
81	齐白石画算盘	江志伟	《齐鲁珠坛》	2002年第3期
82	齐白石老人晚年书画读赏	王蔚华	《收藏界》	2002年第4期
83	毛泽东与齐白石	张容生	《文史天地》	2002年第5期
84	齐白石做过大木匠？——“齐白石木雕”真伪引起争论	南　方	《中国地名》	2002年第5期
85	齐白石：一生画虾求神似	易　石	《少年科技》	2002年第5期
86	中国现代绘画的开拓者——齐白石	霍苏华	《东方艺术》	2002年第8期
87	齐白石与花草虫	白　丹	《江淮晨报》	2003.2.9
88	文化名人齐白石	刘人岛	《当代小书画家》	2003年第1期
89	齐白石的形神论	史　洋	《南京艺术学院学报》	2003年第2期
90	不知有汉——齐白石的篆刻艺术	董绍伟	《贵州大学学报》	2003年第2期
91	齐白石绘画2002年市场行情	晓　计	《纵横》	2003年第3期
92	直觉的“画论”　最后的辉煌 ——走进齐白石晚年的艺术世界	梅墨生	《美术之友》	2003年第3期
93	铮铮傲骨齐白石	李绍平	《学习导报》	2003年第5期

94	草虫花下老来辣——齐白石四条屏雅析	杜俊萍	《国画家》	2003年第6期
95	齐白石的篆刻	查仲林	《青少年书法》	2003年第6期
96	齐白石家乡的戏台联	杨陶然	《对联·民间对联故事》	2003年第6期
97	国画巨匠齐白石的苦乐年华	黄苗子	《湖南文史》	2003年第7期
98	自有心胸甲天下——齐白石山水册（十二开）	郎绍君	《拍坛》	2003年第10期
99	土级、俗极、美极——谈齐白石的绘画艺术	张宜书	《美与时代》	2003年第11期
100	我们为什么喜欢齐白石？		《美术观察》	2003年第11期
101	首届中国北京国际美术双年展齐白石特展		《美术》	2003年第11期
102	天津市文物公司藏齐白石《草虫册》、陈少梅《二十四孝图卷》赏析	赵　强	《收藏家》	2003年第12期
103	画家齐白石墓	邢　琏	《散文百家》	2003年第10期
104	辩证拍场中出现的几件克隆齐白石人物画	牟建平	《美术报》	2004.4.7
105	齐白石《四季图》析	丁繇孙	《贵州大学学报》	2004年第1期
106	齐白石赠毛泽东《梅花茶具图》	曾庆辉	《茶叶通讯》	2004年第2期
107	品鉴齐白石	梅墨生	《美术之友》	2004年第2期
108	齐白石是怎样成名的		《美术大观》	2004年第3期
109	齐白石为朱屺瞻刻印考	张增泰	《收藏家》	2004年第4期
110	齐白石在京华美专		《书画艺术》	2004年第4期
111	首次面世的齐白石《借山诗画》	马立明	《文史博览》	2004年第5期
112	齐白石"石书堂"印石辨	侯　勇	《收藏界》	2004年第7期
113	齐白石篆刻	乙　斋	《荣宝斋》	2004年第7期
114	为万虫写照　为百鸟传神——湖南省博物馆所藏的几件齐白石作品	刘　刚	《收藏家》	2004年第7期
115	比较陈半丁与齐白石　看历史的失忆与复忆	陈履生	《艺术市场》	2004年第7期
116	中国画大师齐白石	朱京生	《今日中国》	2004年第9期
117	齐白石故居	杨宝民	《今日中国》	2004年第11期
118	齐白石的画	傅举有	《学习导报》	2004年第11期

119	齐白石书法艺术及辨伪初探	潘深亮	《收藏家》	2004年第12期
120	胸中富丘壑　腕底有鬼神 ——齐白石大师的艺术之路	李开元	《青少年书法》	2004年第14期
121	胆敢独造——说齐白石的篆刻	文　博	《青少年书法》	2004年第21期
122	齐白石：书成泣鬼神	卜祥兵	《青少年书法》	2004年第21期
123	书如佳酒不宜甜——齐白石篆书联赏析	湘　云	《青少年书法》	2004年第24期
124	艺术大师齐白石	王　洛	《中学生时代》	2004年第Z期
125	大师的青少年时代——齐白石	萧　然	《中国书画报》	2005.3.10
126	现代画家批评——齐白石	姜寿田	《南京艺术学院学报》	2005年第1期
127	缅怀一代宗师齐白石 ——首届中国（湘潭）齐白石国际文化艺术节侧记	李人毅	《美术》	2005年第1期
128	齐白石的“蔬笋气”	冰　静	《书屋》	2005年第3期
129	梅兰芳为齐白石暖脚	浩　淼	《做人与处世》	2005年第4期
130	齐白石愤画《群鼠图》	吴继金	《钟山风雨》	2005年第4期
131	有眼应识真伪——齐白石作品鉴定心得	高克非	《收藏家》	2005年第4期
132	齐白石挥毫斥权贵	刘人岛	《中国地名》	2005年第5期
133	白石山水甲天下——论齐白石山水画的鉴藏（上）	刘新惠	《收藏界》	2005年第4期
134	白石山水甲天下——论齐白石山水画的鉴藏（中）	刘新惠	《收藏界》	2005年第5期
135	白石山水甲天下——论齐白石山水画的鉴藏（下）	刘新惠	《收藏界》	2005年第6期
136	齐白石的养生艺术	慕　泽	《健身科学》	2005年第5期
137	高山流水有知音——陈半丁与齐白石二三事	徐　改	《中国书画》	2005年第6期
138	齐白石绘画的民间性	刘　石	《文艺研究》	2005年第7期
139	齐白石的酒画	黎福清	《食品与生活》	2005年第8期
140	齐白石“长江”三卷历经半个世纪重归故里		《美术》	2005年第9期
141	毛泽东与齐白石交往轶事	孟　红	《党史纵览》	2005年第10期
142	齐白石：诗书画印独霸天下	唐　恺	《检察风云》	2005年第16期
143	谈齐白石艺术人生展示的特色内容设计	柳宪辉	《中国博物馆》	2005年第1期

144	国画大师齐白石故居——杏子坞	喻国强	《学习导报》	2005年第8期
145	人民艺术家齐白石	王　谦	《三月风》	2005年第3期
146	读齐白石《延年》	陶文瑜	《广州日报》	2006.11.19
147	齐白石晚年辨伪画	祖　河	《美术报》	2006.4.1
148	解放前期齐白石是如何留居北京的	林浩基	《协商新报》	2006.4.28
149	齐白石家窗外的寿材	金　豆	《世纪》	2006年第1期
150	惨淡经营　自家造稿——齐白石笔下的人物神情	尚　辉	《芥子园》	2006年第1期
151	大雅远去　斯文犹在 ——读齐白石、黄宾虹小品、札记	梅墨生	《荣宝斋》	2006年第2期
152	小品不小　大美馨人 ——双星辉映：齐白石、黄宾虹册页、信札、诗稿作品展"观感	薛　晔	《艺术·生活》	2006年第2期
153	齐白石的"地主生涯"	孙光星	《兰台内外》	2006年03期
154	齐白石——平民化的真正的文人画家		《河北画报》	2006年第3期
155	齐如山与齐白石、梅兰芳	贺宝善	《书摘》	2006年第3期
156	齐白石与湖湘文化	李季琨	《理论与创作》	2006年第3期
157	浅谈齐白石的艺术风格	王文静	《大同职业技术学院学报》	2006年第1期
158	郑、袁"走狗案"再审 ——兼为余秋雨、齐白石诸先生一辩	李少冰	《内蒙古财经学院学报》	2006年第1期
159	再议齐白石作品的多胞胎现象	李惠力	《收藏界》	2006年第4期
160	齐白石文化资源整合开发构想的可行性研究	周　平	《湖南科技大学学报》（社会科学版）	2006年第4期
161	徐悲鸿三请齐白石	陆茂清	《现代交际》	2006年第5期
162	从图稿看名作——齐白石笔下的人物神情		《中国美术馆》	2006年第5期
163	解构与重建——析齐白石的衰年变法	杜晓春	《美与时代》	2006年第5期
164	通力合作，打造湘潭城市名片——关于第二届齐白石国际文化艺术节活动策划的几点意见	周　平	《企业家天地》	2006年第5期
165	齐白石与毛泽东	孙琴安	《报刊荟萃》	2006年第6期
166	齐白石辨伪画	祖　河	《报刊荟萃》	2006年第6期
167	齐白石"不敌"张晓刚？	牟建平	《艺术市场》	2006年第6期
168	齐白石研究拾遗	刘曦林	《中国美术馆》	2006年第6期

169	晚有弟子传芬芳 ——娄师白对齐白石艺术的传承与创新	王　镛	《新美域》	2006年第6期
170	"门客之君子"——娄师白与他的老师齐白石	李　松	《新美域》	2006年第6期
171	论齐白石之于湖湘文化的意义	李季琨	《怀化学院学报》	2006年第6期
172	经胡适考证的齐白石年龄	李凤莲	《文史博览》	2006年第7期
173	齐白石木雕孤品惊现京城	剑琴主	《收藏界》	2006年第7期
174	旁窥大匠之门庭 ——2005年香港佳士得秋拍齐白石自用印章述评	蔡大礼	《东方艺术》	2006年第8期
175	齐白石的蜀中书画缘	任　云	《中国书画》	2006年第9期
176	院藏齐白石人物画屡被克隆 ——观北京画院齐白石原作有感	牟建平	《艺术市场》	2006年第9期
177	对传统艺术的解构与重建 ——试析齐白石的"衰年变法"	庄伟涛	《南方论刊》	2006年第10期
178	浓浓翰墨情 ——毛泽东与人民艺术家齐白石的深情厚谊	罗永常	《党史文苑》(纪实版)	2006年第12期
179	齐白石的故事	龙　晏	《初中生辅导》	2006年第17期
180	走在弘扬齐派艺术的路上 ——访齐白石艺术研究会名誉会长齐展仪	晓　萌	《中国艺术报》	2007.1.19
181	齐白石——今年书画市场的一大亮点	萧　芳	《中国商报》	2007.3.29
182	是什么造就了齐白石?	王光明	《深圳商报》	2007.4.1
183	数百件艺术珍品将现场拍卖	彭桂秋 杨　勋 张智杰	《湘潭日报》	2007.5.1
184	《兰言小集》:齐白石老人的托孤之作	王积江	《中国文物报》	2007.6.13
185	齐白石奖在京宣告首设	蔡　栋	《湖南日报》	2007.7.13
186	齐白石:中国画当代转型的回望石	张亚萌	《中国艺术报》	2007.9.18
187	齐白石与荣宝斋	郑茂达	《荣宝斋》	2007年第1期
188	齐白石绘画及其文化身份	姜寿田	《荣宝斋》	2007年第1期
189	齐白石绘画艺术谈片	李　娟	《淮南师范学院学报》	2007年第2期
190	齐白石早期竹木雕刻的美学思想	侯君波	《上饶师范学院学报》	2007年第2期
191	齐白石晚年轶事	任宝祯	《春秋》	2007年第3期
192	周恩来对齐白石的关怀	毛峥嵘	《党史天地》	2007年第3期

193	浅谈齐白石绘画中的“趣”	徐　霞	《中国校外教育·理论》	2007年第3期
194	集大美者——浅析齐白石的绘画艺术	杨立志	《河套大学学报》	2007年第3期
195	中国20世纪著名画家书法艺术之二 ——齐白石的“蔬笋气”	张俊东	《书画艺术》	2007年第4期
196	齐白石艺术美学思想探析	侯君波	《江苏教育学院学报》（社会科学版）	2007年第4期
197	齐白石和毕加索	韩　羽 邢　仁	《美文》	2007年第5期
198	自然艺术中的哲学和环境视角 ——克劳德·莫奈与齐白石	蒲乐安	《艺苑》	2007年第5期
199	老头子·小虫子·小孩子 ——小孩子眼中的齐白石及他的虫草世界	史方方	《中国校外教育》	2007年第5期
200	妙造自然　鬼斧神工——北堂藏齐白石印章漫谈	王晓文	《艺术市场》	2007年第5期
201	齐白石戒烟	肖高键	《老友》	2007年第6期
202	齐白石的女弟子——郭秀仪	黄　莺	《前进论坛》	2007年第6期
203	“造化神功”齐白石艺术展	任军伟	《中国书画》	2007年第6期
204	似与不似大象妙品 ——国画大师齐白石花鸟作品赏析	大韵 堂主	《名作欣赏》	2007年第7期
205	雕虫传神韵　广大尽精微 ——齐白石工笔草虫研究	杜　锋 邱振亮	《新美域》	2007年第8期
206	齐白石作品收藏与鉴赏	一　席	《艺术市场》	2007年第8期
207	人民艺术家——齐白石对联欣赏	彭善民	《对联·民间对联故事》	2007年第8期
208	丹青巨匠　一代宗师——谈齐白石艺术给我们的启示	王　蕾	《美术大观》	2007年第9期
209	浅谈齐白石绘画的童真美	蒋红雨	《艺术理论》	2007年第9期
210	北京画院时期的齐白石	郎绍君	《当代中国画》	2007年第10期
211	齐白石对近现代韩国画的影响	金容澈	《美术》	2007年第10期
212	论齐白石艺术	陈垠仓	《美术大观》	2007年第11期
213	形神兼备　笔墨精微——读齐白石画作	潘　强	《艺术理论》	2007年第12期
214	陈子展揭短齐白石	丰绍棠	《人民日报·海外版》	2008.12.27
215	齐白石画虾	张　镛	《名人轶事》	2008年第6期
216	齐白石作品选	雷华声	《上海集邮》	总2366期

研 讨 会

“源远流长山水情——北京·台湾当代十人画展”研讨会

（根据会议录音资料整理）

时　间 ＞ 2005年10月24日

地　点 ＞ 北京画院美术馆六层会议厅

主持人 ＞ 杨延文（北京画院艺术委员会主任）

主持人：本次展览是大陆和台湾文化周活动的一项重要内容。今天的研讨会主要就以下两个题目进行探讨：一、大陆和台湾两地艺术家在中国山水画创作领域中的异同。二、二者有哪些互补性和互相促进的因素，可以使我们携起手来为中国山水画的发展起到一种推动作用。

邵大箴（中国美术家协会理论委员会主任、中央美术学院教授）

近100多年以来，不管是水墨画或者彩墨画，都有一个维护发扬光大和推陈出新的问题。既要维护它的传统、它的精神、它的笔墨以及它的体系，另外就是要发扬光大，不仅要把传统发扬光大，还要向前发展，要创新、要推进。创新的办法、途径多种多样。就20世纪来说，其中很重要的途径就是吸收西画的观念和技巧，融汇在以笔墨体系为中心的中国画创作之中。所以融合问题是20世纪中国文化的一个大背景，中西融合的大背景。就这个问题，在当前大陆，我想台湾也是如此，有两个看法：一种认为路走错了，认为中国画要保持原来的体系，不需要吸收西方的观念，或者说是20世纪过多的西画观念和技巧使中国画走上了歧途；另外一种认识认为中西融合给中国画输入了新鲜血液，才使其在20世纪取得了卓越成就。不论是坚持传统的大师，例如吴昌硕、黄宾虹、齐白石、潘天寿，还是中西融合的一派，像徐悲鸿、蒋兆和、李可染、傅抱石等等，他们都离不开中西文化交流的大背景。他们注意到了西画的观念、西画的技巧，但是基本上保持自己的传统体系。为什么齐白石讲“似与不似之间”，其实这不是齐白石的发明，明代就有人讲，文人画太注重不似。为什么潘天寿讲拉开距离，他是看到了西画的问题。有人说潘天寿不主张吸收西画的长处，其实不是。潘天寿说不要把西画中不适合中国画发展的因素搬到中国来。就是说，可以把西画的长处吸收过来，吸收过来是为了增加中国画的高度，而不是削弱这个高度。黄宾虹也是如此，黄宾虹晚期关注西画，甚至说过“20年之后中西画就没有区别了”的话，当然这只是一方面。从这一点可以看出，黄宾虹同样认为西画和中国画是可以融合的，而不是认为中国画不能吸收西画的因素。中国画和西画是两大体系，但是这两大体系不是完全对立的。它们都是视觉艺术，都是造型艺术，它们的共同性是不可忽视的。不要把中国画和西画完全隔离开来，正因为有了共同性、普遍性，然后才产生民族差异性。西画有西画的长处，中国画有中国画的长处，要保持这个优势，也要尊重西画的特点。所以我觉得“中西融合”这个问题在20世纪虽然走了弯路，对文人画否定太多，但是不能否定中西融合对中国画带来的新的生机。当然，20世纪末期，改革开放之后，我们对中西融合存在的问题采取了一种拨乱反正的态度，采取纠正以前偏差，特别关注传统文化、关注传统笔墨的态度，这是非常必要的。但是在中国画里也出了新的问题，在强调传统、强调笔墨的同时，又缺失了传统精神，过分地否定了20世纪中西大融合的背景。这种趋势其实是片面地强调笔墨，搬弄古人的笔墨，好像有了笔墨就有了中国画的精神，好像有了笔墨就有了中国画的创新。这个偏差是存在的，并且中国大陆的美术界已经关注到这个问题。当然，目前也有回归传统、回归笔墨的趋势。这对中国画的发展是有好处的，但是也要防止唯心论，防止笔墨代表一切的现象。中国画再写意也离不开自然的启发和营养，离不开现实生活。艺术和政治的关系在台湾表现得很明显，台湾抑制中国画的目的就是为了防止滋生中国情节。而大陆存在的问题则是部分人过于强调笔墨，这个问题也是理论界和画界所关注的。

第二点，大陆和台湾都面临着一个共同的问题，即在21世纪新的历史条件下，如何应对西方现代艺术观念对传统绘画的挑战。国外曾经发表过一篇很好的文章，说要维护绘画的价值，要抵制西方消减绘画传统的前卫观念。在这个展览上，我们看到台湾的画家可以分为两个类型：一是偏重于传统，一是着重在中西融合上做文章。不论在哪方面做文章，归根到底还是要有中国艺术的格调，有中国艺术的精神，还要符合中国人的审美趣味，这样中国画才能得到大家的认可。

何怀硕（*台湾著名画家*）

刚才《美术》杂志的一位记者问我“中国画”的名称，我觉得整个大陆的美术界非常诚悬。其实我们都习惯了，讲国画、中国画，都是顺口，一说脑子里就知道是什么。其实这个名字实在不应该继续使用了。我后来提倡用“水墨”的概念，其实不是我提倡的，早在唐代王维就这么说过了。中国美术史在绘画领域，自唐朝以后便慢慢形成以文人为主流的艺术大军。中国历史上绘画成就最高的都是文人画家，一直到清朝，到今天，我们还是继承笔墨的传统。也可以说，笔墨的传统是中国绘画在全人类绘画中独树一帜的重要特征。它不只是一个技巧，其背后还有一个观念、一个自然的观念：关于万物的看法以及对于人所创造的艺术应该具备何种品质的看法。笔墨的奥妙不得了，我想大家都认为“笔墨”两个字不能抛弃。我为什么说“中国画”这三个字不应该再讲了呢？很多人说把“中国画”三个字去掉，错了。我认为也不应该用“彩墨”，现在台湾某些人用“墨彩”，其实我认为这些都是多余的，“水墨”两个字就已经包括了淡彩、纯水墨。它代表我们在唐宋以后中国的绘画就走向以墨色来取代纷繁的色彩，这其实是走一条纯粹的造型之路。这条路是中国独特的，但是也并不代表所有的画家一点颜色都不用，但是再怎么用色还是以水墨、笔墨为主。“中国画”三个字只是一个笼统的泛称，指这些画都是中国艺术家创作的，所以“中国画”这个范围很大，包括油画、壁画、木刻……一切在中国文化里，不管是传统的也好，吸收外来的也好，通通都已经变成中国绘画的一部分，所以哪一种画该叫做“中国画”呢？中国画怎么能够指代文人水墨画为主的艺术形式呢？我认为这个名字一定要改。

用“国画”两个字代表“中国画”三个字并不是很恰当，我们什么时候开始用“中国画”三个字的？这其实是明清以后才慢慢形成的，因为我们将外来的绘画称之为“洋画”，所以中国绘画就相应地被叫做“国画”，这根本就是一个笼统的称呼，只不过后来我们慢慢习惯了“国画”这个名字。其实“国画”不是一个种类的名称，何况按照事物分类的原则，一定要有一个共同的标准才行。怎么能够在美术系里开的专业被冠以“国画”、“油画”、“版画”的名字？这些名字摆在一起，外国人是不会明白的。“水彩”、“版画”、“油画”这些说法和我所提倡的“水墨”是统一用材料工具为标准来分类的。“中国画”不是一个种类的名称，更不是一个学理的名称，所以在过去的几十年中，我曾多次写文章，苦口婆心地告诉大家要改过来。今天我们展览的作品都叫做“水墨画”。如果颜色用得非常多，就叫“重彩”，台湾叫“焦彩”。重彩是中国发明的，我们很早以前就有重彩，不过我个人认为它不应该归入“水墨画”的领域里。

从这个问题我们可以看出今天大家对水墨画的发展有很多分歧意见，但是这个分歧意见却很宝贵，因为大家的艺术观点没有必要完全一致。通过这次展览我们可以看到，其实每个人的画就是一种对中国水墨在现代发展的不同主张。从20世纪初以来我们的前辈，像黄宾虹、齐白石、徐悲鸿，到我们这一代，我们看到整个中国水墨画的理念在不断地演变。这演变有长有短，有各种不同的发现，各种不同的创造，也有一些是不够的，倒退、复古，这些都有可能。几乎任何一个国家、民族的文化里总有这两三类：一种过前，一种居中，一种返古或者倒退。通常这几类是在左右摆动，每个画家一生不可能是一条线，他会在这三个岔路口徘徊，越老的话就可能越保守，当然也不尽然，也有人越老越创新。今天的展览展现了两岸画家个人努力的成果，通过观摩与交流，从而引起我们大家的思考。我很仔细地看了大陆几位画家的作品，其中很多是我所没想到的。大陆的画家处在一个优厚的文化土壤里，故宫、亭台楼阁、历史文物这些都很了不起，同时我们也看到了大陆画家的经验和成就。在这里，我想说其实我们五个人并不能代表台湾，台湾还有很多其他的画家。

台湾虽小，但还是有一点点小成果，如果在20世纪的中国美术史中把台湾删掉就会不完整。自大陆改革开放以来，我们可以看到大陆的硬件和软件设施都发展得很快。北京画院美术馆建馆才有两个月，却已经具备相当完备的系统和设施。在11月的《美术观察》中有我一篇文章，对大陆艺术界的朋友提出了我的忧虑和建议。我不太赞成一部分大陆艺术界朋友的想法和文章。我看到有人在谈到中国的艺术品牌时说，现在我们国家的经济正飞速进步，而艺术大师却很少，并且在国际上没有地位，这说明我们的国际性不够。我语重心长地告诉他们这种想法是不对的，如果继续下去，中国艺术的特点和它的珍贵之处、它的生命就会越来越萎缩。

王　镛（中国艺术研究院美术研究所研究员）

这次座谈会、画展的学术性就在于它提供了一个比较和研究的平台，特别是大陆画家和台湾画家的比较、大陆画家和大陆画家的比较、台湾画家和台湾画家的比较。这是一个很好的机会，虽然说个案研究不能代表两岸美术创作的全貌，但是窥一斑可以见全貌，所以从这里便可以引申出许多话题来。我主要从三个方面来进行比较研究：一个是文化底蕴，一个是中西融合，一个是乡土视角。我觉得这三个方面是两岸画家需要共同面对的问题。我最近参加了台湾艺术大学召开的关于书法艺术与文学的学术研讨会。我对台湾当代绘画的创作情况多少了解一点，尤其是拜读了美术学院院长的画册，参观了台北的当代艺术展览以后。从文化底蕴上来看，我所接触的台湾画家，文化底蕴普遍比较深厚，谈吐非常文雅。像何怀硕先生，是一位典型的学者型画家，既是画家，又是学者。尽管他提出的关于中国画的界定和水墨画的界定这个问题比较复杂，不可能在这么短的时间内谈清楚，以后可以搞一个专题研讨会来研讨这个问题，但是可以看出何先生是一位有很高学术修养的画家，这一点值得我们大陆画家学习。我在台湾和美术界的老师、学生交流时，大家都彬彬有礼。美术学院的院长既是画家，也从事理论写作，这一点确实不是我们大陆所有画家都能做到的。这是文化底蕴的问题，当然我们也有不少有文化底蕴的画家。第二就是中西融合的问题。杨延文确实是我们大陆画家里中西融合做得非常突出的一位，他的绘画不仅得到了专家的肯定，也得到了广大公众的认可。台湾画家基于各自的背景，很多画家都有在欧美、日本留学的经历，于是自然地就把中西因素融合在一起，作品也非常好。第三是乡土视角的问题。特定的地域有独特的观看方式，比如台湾的画家画大陆山水应该有一个独特视角，和大陆画家不一样。大陆画家画台湾可以有一个独特的视角，台湾画家画台湾也应该有一个独特的视角，实际上这牵涉到一个艺术个性的问题。这一点我觉得台湾画家做得很好，我们大陆画家也做得很好，无论是杨延文的江南水乡，还是李小可画的古建筑，都是比较突出的。

下面我针对台湾“二贤”画家做比较。就文化底蕴来讲，我觉得他们同样深厚。罗振贤更超脱一些，从他的作品看他的修养，人间的烟火气比较淡。而江明贤作品中人间的烟火气、乡土色彩则比较浓厚，尤其近年的作品。他画台湾本土的山水，还有民俗、建筑，这在美术馆展出时给我留下的印象很深。当时，美术馆的管理人员跟我说那么多画家就江明贤的最出彩。为什么？因为他画了好多台湾的乡土民情，而台湾对于大陆一般公众来说还有一种神秘感、新鲜感。而罗振贤表现台湾本土山水很自然、很柔和。这不是最根本的，关键还是强调不是说画乡土题材就有乡土视角，而是在这个地域培养出独特的审美观念。你去感受台湾、感受大陆、感受世界，自然就会有一个乡土视角、一个个性的东西。而且随着台湾对大陆的逐渐开放，江明贤的神秘性可能就会消失，因为大家对这些景观都很熟悉了。一般观众不理解、不了解的是画家心灵深处的东西，是画家作为一个生长在台湾这方土地上的人观看世界的独特方式，这恐怕才是会长久起作用的。包括罗振贤先生也是这样，他不同的视角都能够体现出来。而且罗振贤先生不只是会画，诗词也很好。他的绘画表面上看比较平淡，只要细细品味就会发现他的意境很深。我想这些东西都是可以供大陆画家们学习的。希望以后这种活动经常开展，我甚至建议台湾画家在大陆发展，因为大陆的艺术市场现在非常好。希望台湾画家以台湾画派整体实力打入大陆市场，共同分享大陆市场这个大蛋糕。

李树声（中央美术学院教授）

今天看到各位的作品，我体会到两岸共同的东西太多了，而且这次参展的作品全都是创新之作。一看就是21世纪当代中国人画的，没有旧的痕迹，而且都有创意。过去展览的作品面貌都差不多，但是两岸这10位画家每位都有自己的个性，每个人都有自己的面貌，这是非常可贵的。但是，大家有一个共同的追求，那就是表现自己熟悉的、在生活里直接接触和感受的一些东西。大陆的杨延文和李小可最近都有新的成绩。贾又福最近添上了橙黄的颜色，也使得他的画面出现了新意。大家都在不断地探索创新，这10位画家的作品让我强烈地感受到一点：大家都从自己的感受、生活、经历出发，熟悉什么就画什么，哪方面感兴趣就画哪方面，成就了现代的艺术。

另外，刚才谈到"中"和"西"的问题。我一直钦佩台湾朋友对民族观念的强调，我觉得非常之可贵。不管是源自文献材料也好，实际接触也好，他们那种民族感情是非常让人敬佩的。"中"和"西"是不可避免地会有融合、有交流的，但是以谁为主这是有区别的，是以"中"为主来吸收"西"，还是以"西"为主来融合"中"？我觉得20世纪以来这个区别一直存在，所以才能有以潘天寿为代表的观点和以徐悲鸿为代表的观点。现在看来，将来还可能是双轨并行发展，但是这里面还是要多侧重一点民族本身的东西，当然民族的东西不等于就是笔墨。台湾这五位朋友的作品都是笔、是线条、是画出来的，这种做法我也是很敬佩的。

赵立忠（中国国家画院研究员）

从上世纪30年代到五六十年代，中国画有两个标准，其中一个就是说中国画不科学。原来一直有这个标准，改革开放以后慢慢醒悟了，不提"科学"了。可是中国画和油画相比，从来不会说油画没有意境，相反从别的地方提醒中国画不科学；现在明白了，"不科学"才是中国画的特点，20世纪艺术潮流都在朝着不科学发展，它超前了。现在我又提出来关于两个标准的问题。关于"融合"和"拉开距离"这个来源，据我所知是从浙江美院开始出现的。潘天寿先生提出中西绘画要拉开距离，吴冠中先生提出来中西绘画要融合，这两个观点辩证了多年。我们谈到"融合"，谁和谁融合？大融合还是小融合？我感到奇怪的是，吴先生在大的方面提出中西画派融合的同时，他个人的艺术实践却采取了另一个标准，使他和所有人都拉开了距离。我不是说凡是中国的、民族的就是最好的，也不赞成用"中西绘画"的说法，而是希望能够采用

“中外”的说法。儿是自家亲，这种民族感情可以理解。从艺术整体的发展来说，还是应该把自己的特点都搞出来，既然艺术家人人都想和别人不同，和别人拉开距离，那为什么为了与别人融合还要把自己民族的、个性的东西牺牲掉呢？我还是借助李可染先生的一句名言“民族的承传是一种基因的承传，外来的东西是个吸收的问题”，所以我比较倾向于采用“吸收”这个词，而不倾向于用“融合”。再回到刚才谈的两个标准的问题，既然大家要互相融合，那吴冠中为什么不和别人融合，为什么要和别人拉开距离呢？你把民族的融合了，把个人的拉开了距离，这是不是双重标准？

第二点，我感到这次展览有一个倾向就是在“融合”。从80年代开始最早接触台湾画家的作品时有两个感受：第一是传统文化比较深厚，第二是感受艺术语言比较超前，这两种力量都很强。最近几年，我发现这两种力量都在减弱，其中一个原因可能是大陆在80年代初期看这些作品感觉都很新鲜，但现在再看新鲜度已经减弱了；第二个原因就是我们也开始在创作中融入这样的因素，比如搞前卫的。同时这几年对传统的问题也开始认识、挖掘了；第三个原因我觉得是不是台湾画家本身也有在减弱的问题。我希望整体上，民族的东西要强化，这不是狭隘的民族主义，而是世界全球百花园中，牡丹花、芍药花……百花齐放，不要杂交到最后只剩下一种花，这样就太单调了。不是说我们民族的都是好的，我是希望艺术的百花园开得更繁花似锦。大范围是如此，小范围我也提出要区域化，要有自己的提高。

夏硕奇（中国美术家协会编审）

谈三点感想：第一点，看了两岸10位山水画家的作品，很明确地告诉我一个现象，就是大家都在进行自己的艺术探索、思考和创造。正如何怀硕先生所说，恐怕每个人都可以写出自己的一篇论文。每个人有自己不同的思考和艺术创造的方式，包括对传统、对西洋的认识和看法。在这个基础上，我感觉到假若把诸位的名字都盖上，两岸的画家放到一起的话，分不出台湾和内地，我觉得都是在中华文化这个大背景下发展着，每个人又创造出自己的艺术个性。今天我看到台湾的几位院士联合发表一个声明，声明提出“完整中国”的概念。我一下子还思考不了“一个中国”和“完整中国”的概念。当然这是有区别的，是一个大的政治问题，可以说我们这行的还思考不了那么宏观。但是，我感觉两岸的画家坐到一起，确实是一个完整的中国文化。

第二，刚才谈到对近现代学术的判断，我的判断很简单，十分乐观。乐观在哪里？就因为参展的绝大多数画家的作品里面，我没有看到老气横秋，没有看到食古人的牙慧，看到的都是自己的亲身感受和自己的创造。当然，不同画家有不同的表现方式。何怀硕先生我们很熟了，他的画非常重情，“情”是他画的根，他的根情画出了他的笔墨形态，当然也有很多哲理性的追求。贾又福的作品，我感觉他是在写山水诗，拿山水画来写诗，当然这里面也是以“情”为主的。再看杨延文的画，画南方的古城古韵，画山村夹道里的小鸡，一种乡土的浓情的美。他们都在感受着现实中的生活，都在以自己的个性、文化眼睛看着眼前所看到的东西，并以文化的形态传达出他所要表达的感情。我觉得这个事情是我们中国画的前途、希望，假若都步古人的后尘，回到清代，恐怕就糟糕了，所以我的乐观就来自于作品中的创造。

还有一个相联系的问题，上次参加中日学术研讨会的时候，提到大陆画界里“八五”思潮的汹涌澎湃，后来通过对这个现象的反思以及对艺术规律在当代形态下的发展，就必然会提出一个问题，就是回归传统。但是我觉得回归传统不是目的，回归传统是为了创造，假如脱离了创造而回归传统，那不过是卖弄看家本领而已，不足为贵。下面我就谈谈对传统理解的问题。从宏观角度来看，我们应该持认同态度。比如对我们民族文化精神的继承和发扬，恐怕没有一个画家提出怀疑。比如中西融合的问题，不管怎样，作为人类的文化遗产、人类的优秀智慧，我们作为地球上的一员不可能不予吸收。假如不吸收，那不是明智的，而是愚钝的。所以这方面我估计不会有特别大的分歧，当然每个人有每个人的方式、程度，看法会不同。那么绕来绕去又回到笔墨的问题上，这是第三个问题，一两句话很难讲清楚。当年香港邀请世界各地的学者开了一个关于笔墨的国际论辩，大家充分地准备了稿件，少则五千，多则几万。论述了好几天，各执一词，最后也没有达成定论。我与何先生的观点有差异，也有重合的部分。其实笔墨是一个现实绕不开的问题，它实际上有两个层次，一个是技术的层面，就像唱戏的必须有嗓子，画家应该有笔墨的基本功。但是笔墨基本功的层面还没有进入精神层面，进入精神层面的才算是好的笔墨。那么把基本功和精神层面混合在一起，这个标准就没法来规划了。艺术家主观和客观的碰撞产生一种审美感性、一种激情。这样一种状态、这种神韵，两两相望，天人合一，然后用灵性的笔墨表达出来，这是好笔墨。那种看家本领似的笔墨，我认为是一种太极拳的打法，不是创造。笔墨不是永恒的、超时空的、独立存在的，实际上这是根本不可能的，一代又一代的笔墨总结出“笔墨当随时代”这句话。每一个艺术家都有他的笔墨个性，根本没办法相通，不可能有一个标准。比如语言学家可能对语言学非常有研究，但是语言学家并不一定就能成为作家。实践就是这样，笔墨可能很好，但是完全有可能画不出真正有创造性、被历史记住的好画。被历史记住的必定是有丰厚传统、真诚人文关怀的作品。李可染的伟大就在于他有雄厚的传统，又有当代的创造，创造表现在哪儿？就在于他对亲历江山有着最生动、最活跃，闪着灵光的感受。他创造的李派山水是我们当代一个最伟大的楷模，我觉得这是山水画发展一个很好的路标，但是每个艺术家都要有自己不同的艺术个性，有自己不同的创造、不同的发展，在中华文化大河中贡献自己的闪光点。美术史就是如此在这条长河里不断发展前进，屹立于世界民族之林的。

梁　江（中国艺术研究院美术研究所所长）

这次大陆与台湾10位画家同台献艺，相互切磋、相互启发，形成了一种艺术上的互动，这对两岸的艺坛是一件非常有意义的事，所以感谢主办方所做的努力。刚才何怀硕先生说了他不能代表台湾画家，我以前写文章也谈到我们现在是一个没有大师的时代。如果没有月亮、满天繁星，谁能代表这片夜空呢？可能这个是我们当代理论界的一个难题。但是这10位画家在各自的领域都有相当突出的成绩，这是不能否认的，所以同台献艺这件事情本身就是非常有启发性的。刚才李树声老师也说到同宗同法、同源同流，确实抓到了笔墨重要的东西。但是我想除了这之外，我们对艺术概念的理解以及应用方面确实有比较明显的差异，像对于“中国画”和“水墨”概念的运用可能与大陆很多理论家都有差异。我也一直注意何先生一些非常有价值的观点，比如发展中国水墨的概念，还有他对书法抽象画的界定，都是让人非常有启发的。但是我想强调一点，“中国画”这个概念特别表明一种源发性的艺术，主要是从文化特征的角度而言，它与“中国绘画”可能是两个不同的概念，这个问题我们可以进一步讨论。从这些问题里面，我们可以引申出对于中国传统文化的理解。前几天，我在台湾参加了一个研讨会，感触非常深。我很赞同李树声老师说的，台湾朋友对传统文化的忠诚，以及他们保留这种文化传统的行为，有些东西做得比我们还要好。比如他们在伦理礼仪等很多方面就保留着中国传统文化里面比较优良的元素。

就这个展览而言，我想这10位画家所关注的主题和理论家所关注的主题可能有不一样的地方。因为画家可能主要还是从艺术创造的角度出发，理论家则主要偏重纯粹的理论问题。这10位画家，他们从个人对艺术的感悟入手，或者从图像语汇角度入手，偏重笔墨元素的运用。他们可能选择了一些比较偏重传统的角度，或者以融入西法为契机的角度，偏重的方式是不一样的。我想，这种直观的探索、展示本身就能给我们非常有益的启迪。因为展览凸显了两岸不同画家在表达艺术个性、表达艺术感悟、塑造个人艺术风格特色的努力。这种多元、多角度的表达才是最耐人寻味的。就是说，我们对传统文化的理解、对于艺术不同理念的理解，实际上都只能通过艺术作品本身来加以体现。

刚才何先生谈水墨的时候说水墨应该包含中国色彩的应用，我想这也是非常值得我们尊重的一种说法。我们对于传统文化的记忆可能已经丢掉了，比如对于“丹青”的理解，包括《新华字典》、《现代汉语词典》，都基本采取了一种望文生义的解读，说因为古时用红和蓝作画，所以就叫“丹青”。实际上这个“青”在《说文解字》里的解释就是“黑”的意思，据考古发现也是黑与红的墓室壁画比较多。我们现在丢掉了很多文化记忆的东西，中华民族是个色彩感非常强烈的民族。我记得杨延文先生曾经强调“色彩是感情规律不是物质规律”，我想这是对的。现在我们这种多元化的探索对于中国画的推进非常有启发意义，两岸的画家从不同的角度为我们提供了非常新鲜的经验，但是我想我们需要强调自己的文化记忆。郎绍君先生就强调一个观点，虽然现在都强调文化的多元化发展，但是“多元很可能会消减中国画”。我想这也是从另外一个角度给我们提出了一些比较有价值的启示。

刘龙庭（人民美术出版社编审）

看了这个展览以后，一是感到很振奋，二是感到很亲切，再一个是感到有好多问题我们还有讨论的空间。两岸10位画家都是比较有代表性的，他们代表了当代山水画发展的水准和趋向。对大陆几位画家我都比较熟悉了，我也仔细看了台湾几位画家的作品。台湾的画家虽然见面不多，但是感到很亲切，可以说我们一见如故。陈履生的《前言》中说到“同祖同宗”，我感到是准确的。“同源同法”恐怕要值得商榷，“同法”是不值得提倡的，如果大家都是一样的山水，这个展览就麻烦了，就变成个人画展了。

关于“中国画”的问题谈谈我的浅见。“中国画”这个概念最初是没有的，“有笔有墨谓之画”。到了明代，天主教徒到中国，带来了圣母像，西洋画的圣母像画得跟真人一样，画得很立体。到了近代西风东渐以后，我们的前辈为了区别西方绘画就起名为“中国画”。在中国有些事情是约定俗成的，比如我叫“刘龙庭”，文化大革命期间，有人劝我改名字，说“龙庭”是皇帝坐的地方，是封建的东西。后来我把“龙”改成“荣”字，但是人家还叫我“刘龙庭”。改名的事情使我想起了“中国画”的名字也不需要改，大家约定俗成都这么讲了。我们国家现在搞对外经贸很强调民族品牌，我们做的成衣、皮包，人家都认为是假冒的，但是我们中国的手艺并不差，所以我想“中国画”的词汇是不是也是品牌？所以“中国画”这个名字，谁想叫谁就叫，谁不愿意叫谁就不叫。再一个，中国画从画法上来讲有工笔、重彩、浅绛、水墨，工笔里面又有白描、勾勒全彩等等，如果把它叫“水墨画”，我认为是把中国画简单化了，把它变成一种画了。北京画院原来叫“北京中国画院”，周总理来参加开幕式，看名字的时候就说是叫“中国北京画院”好，还是“北京中国画院”好。最后决定为“北京中国画院”，是集中了北京地区中国画家的一个机构。后来，雕塑、油画等其他艺术门类融合进来，就改名为“北京画院”，它的包容量是很大的。再比如说中央工艺美院，也就是现在的清华美院，并入清华以后工艺美院的老师不受重视，完全用理工的管理模式来管理，因此都被埋没了。我认为我们中国这个品牌、这个体系、这个约定俗成的产物，还是要很好地保留它。

中国的水墨和西方的水墨有什么区别呢？中国的水墨画有书法有笔，笔为墨之骨，墨为笔之充，以笔取力、以墨取润。虽然西方的水墨画有画得好的，也有很有力度的，但是和中国的书法、日本的书道还是有细微的差别。

主持人：既然大家都肯定了这个模式，因为它开创了京台两地的联谊和交流平台；既然这种模式有意义、有作用，那我们未来还会连续不断地举办，那时我们再畅所欲言。

“承传与变革——新金陵画派经典作品展”研讨会

（根据会议录音资料整理）

时　间 > 2006年2月15日

地　点 > 北京画院美术馆五层学术报告厅

主持人 > 杨延文（北京画院艺术委员会顾问）

主持人：北方的画家近年来缺少和南方画家的交流，因此我们有必要将新金陵画派五位老艺术家的作品进行一次展示，这不仅是给后人的启示，同时也为我们这代人提供了很好的学习和借鉴机会。现在的中国画已经进入了对前途选择的关键时期，虽然名家辈出，但是同时也存在着各种争论。南京金陵画派给我们的启示有着非常重要的现实意义，今天这么多理论家能够到场讨论，一定会对北京画院的发展，对北京美术的发展影响深远。下面请李树勤讲讲整个展览的宗旨，他实际上是这次展览的操办人。今天到研讨会现场的还有钱松喦先生的家属，以及太仓美术馆馆长，在这里对他们表示欢迎。

李树勤（江苏版画院院长）

这个展览之前在合肥办过一次，北京很多朋友都去了。当时北京画院的领导说，46年前的作品如今看起来仍然有很好的借鉴作用，希望这些作品能在北京画院展出。后来北京画院的领导费了很大力气到南京把这些作品运到北京，希望能有一些现实的、有价值的经验与大家一起总结。

王明明（北京画院院长）

现在很多中国画家都在谈变革，大家都打着变革的旗帜，千方百计地要画出自己的风格。但是艺术规律是不会变的，这些老先生们实实在在地深入到生活中去，有感而发，创造出这么多好作品，所以艺术家要深入生活，由生活激发出创作灵感，这才是一个真正的艺术家应该走的道路，也是成功的必然之路。

北京画院美术馆开馆至今经常在讨论美术馆的定位到底是什么？我们认为不管我们的经费有多少，一定要投在有价值的地方，要给美术界推荐一些经典作品，并且从中发现具有艺术规律的作品。看过展览之后，我非常激动，五位艺术家的作品虽然画面很小，但内涵却十分丰富，能够从中感觉到他们画外的工夫，他们的文化底蕴。此外，值得我们学习的还有他们对待传统的态度。这些艺术家没有抛弃传统，每个人都能找到源头，所以才会产生自己的流派。所谓"流派"就是从生活中提炼出来、磨炼出来的，这些经验对于年轻的画家来说具有很好的借鉴意义。所以北京画院美术馆的宗旨就是要引进一些经典作品展现在观众面前。

赵立忠（中国国家画院研究员）

这些作品前后横跨了半个多世纪，可以看出老先生严肃认真的态度。此外，由这次展览我想到另一个问题，那就是现在的展览很多，美术馆是不是也应该有自己的特色和档次？北京画院作为国家的研究单位，它和社会上那些画廊的距离应该如何拉开？画院美术馆开馆时间比较晚，这是第二次展览。第一个展览是齐白石的草虫画，可以说两次展览都是真正的经典之作。我觉得这些展览开了一个好头，从此我们在看展览的时候就不再混乱了，能够看出档次，看出特色。再次感谢北京画院美术馆提供的机会，谢谢！

刘龙庭（人民美术出版社编审）

金陵画派在清代有"金陵八家"，所以现在大家就把60年代在江苏形成的画家群体叫"新金陵画派"。这个名词提出以后，对21世纪的中国画很有借鉴意义、前瞻意义，以及方向性意义。"金陵"指的是江苏国画院、南京、苏州、常熟、无锡这一带。明清时，全国有姓名记载的画家共5000多人，江苏就占了3000余人。这个地方的人文积淀很深厚，这是它的先天条件；其次，这个地方的文化渊源很深远。用南宋邓椿的话说："画者，文之极也……其为人也多文，虽有不晓画者寡矣，其为人也无文，虽有晓画者寡矣。"中国画就是中国文化中标志性、精华性的东西。

从明清的金陵画派到今天的新金陵画派，再到现在真正有成就的画家，我们可以得出一个结论，那就是只有具备文化修养、社会经历、人生三方面的全面素养，才可称之为"大家"。

今天的画家向金陵画派学习什么东西？刚才杨先生讲到了“团队精神”。一事之成不是个人单枪匹马、独闯独斗就能打出来的，还要靠我们国家，靠社会主义制度，靠文化界同志的齐心协力。在北京有北京画院，有中国画研究院，西南有长安画派，现在又有新金陵画派、关东画派，但是一个画派怎样才算成熟呢？必须有一个领军人物。金陵画派的领军人物我认为是傅抱石先生，他的画空绝千古，潇洒空灵，趣味盎然，确实不同凡响。当然魏紫熙、钱松喦等人的功力也非常深湛。傅抱石先生的画就当今来看不是略胜一筹，而是“百筹”。

画画，就是要用功、深入生活、观察形象、多读书等等。当然创作的过程中还有一个领悟的问题，宋人郭若虚对“气韵生动”有这样几句解释：“如其气韵，必在生知，固不可以巧密得，复不可以岁月到，默契神会，不知然而然也。”董其昌讲到“气韵生动”时说，气韵不可学，气韵不可以再生之。“文革”前，大家认为这是闲言论、偏才论，是要批判的。我认为一个时代筛选出最好的画家后还有更好的画家出现，比如李可染、齐白石。有些人即使一辈子整天读书不睡觉，也不见得有什么成就。但吴昌硕三岁学诗，五岁学画，八岁名满天下。我们评价一个时代的艺术应该是肯定最有成就的画家，从中找出他成功的原因来。李可染先生讲，画家是大天才下笨工夫，但前提涉及到“大天才”的问题，如若不是天才，下笨工夫只能是遭罪而已。

今天，我看了新金陵画派的经典画作，很佩服这些画家的认真精神，三日画一树，五日画一石。现在画家画画可以称之为“快餐”，只讲究速成。因为时间就是金钱，一天画10张就卖10张的钱，这导致了我们现在的艺术处于一种浮躁的状态，而这却不是三两天能改变的。

恽南田是清代六家之一，他在画论中提到画忌六气，其中有俗气、匠气、大气，还有脂粉气。脂粉气不见得只有女的才有，男的也有，有的男人走路像垂杨柳，我们叫“娘娘腔”。还有一种气叫“草气”，非常潦草。陈子壮的某些画就带着草气，可能从作画条件、心理状态等方面考虑，我认为他是有草气的。最后是黑气，很多流派的画面是很黑的，老远一看，画面和音箱一样。我们的山水画应该去除黑气，墨汁不研磨，总是黑的，所以说要去黑气。金陵画派的作品里没有去黑气，我觉得山水画里面的去黑气，不仅仅是北京，包括南方、东三省都未能实现，不光是山水，连人物都是黑的。

李树声（中央美术学院教授）

这么多材料都能很好地保存下来，作为一个搞历史的人来说，我感到很可贵。因为这都是大家走过的足迹，如此完好地保存下来给我们看，让我们能够从中吸取一些营养和教训。江苏确实很重视艺术活动，重视中国画的发展。

江苏省在傅抱石这些同志的领导下，为解决中国画如何走向现代，如何体现时代精神的问题做了很多努力。目前，我们正面对一个大的课题，即我们传统的艺术经历过西学的历史之后怎么变成了如今的状态？特别是我们引进、借鉴了很多西方的东西，到现在也没有停止西潮对我们的影响。但从江苏省国画院所走的道路来看，生活体验对于艺术创作确实是太重要了。江苏省国画院基本抓住了最重要的亮点，一是行万里路，一是笔墨当随时代。傅抱石是研究石涛的，他对石涛的“笔墨当随时代”这句话很欣赏，所以他要求笔墨随着生活不断变化，要真花力气到生活中去，直接感受生活、记录生活，然后再进行艺术加工，这才是艺术本来的规律。

可以说当时国画院是有组织、有领导地来进行这个工作。现在的艺术走向市场，走向个体化，竞争的是市场。因为现在不是靠领导，而是靠市场来调剂，市场卖得好，大家就一窝蜂往那个方向走。这样的话，确实是对艺术，特别是对严肃艺术的发展有很大影响。

江苏省去年年底抓现实主义的讨论会，又抓金陵百人的画展，这说明作为政府领导也开始投入到艺术事业的建设中来，开始继承原来的传统，即有领导、有组织地开展工作。如果没有政府、没有领导的投入，团队也是形成不了的，现在反而是个体化的各显身手。

新金陵画派的画家之所以能够取得成就，一方面因为他们重视生活，另外一方面则源自这些人的基础。傅抱石先生早在40年代便很有成就，而且在艺术道路上走得很好。钱松喦先生虽然当小学教师，但是他也有传统的基础，宋文冶先生受过传统科班的训练，魏紫熙也是很有传统功底的，所以他们掌握中国画传统的能力都很强。相比之下，亚明是新四军中的“红小鬼”，没有学习传统的经历，但是他很聪明，能力超凡，而且能够按照大家努力的方向去努力。总的来看，这几位有成就的画家在当时的指导思想下做了这些实践，实践证明，他们的功底还是起了相当大的作用，如果完全没有功底，他们也不可能达到今天的水平。此外，他们确实肯花力气到生活中去，这一点现在的画家很难做到了。行两万三千里路，那是不简单的，回来以后大家的感受有很多。另外就是当时的政治热情，新中国成立之后，大家看到了新国家的建设面貌，所受到的激励，感触到的情绪影响到他们的创作。我觉得一件好作品的出现有多方面的因素，其中有些因素是带有一定规律性的。江苏画派是这样的情况，西安画派、长安画派，他们也能总结出“一手伸向传统，一手伸向生活”的道理，至于实际的做法，就要按艺术的规律来办。

邵大箴（中国美术家协会理论委员会主任、中央美术学院教授）

后天的努力很重要，后天就是要师古人，师传统，师造化。我认为“师造化”这一点非常重要。有人解释说：师造化主要是体悟，确实如此。写生有多种方法，一是看，看了再写；一是一面看一面写。西方画家也不完全是一面看一面写，德加画了那么多舞女，人们都以为他是在包间看舞女表演的同时画的，其实不是。德加在那儿只看不画，之后回到画室里画，所以说画家一定要到生活中去。我认为新金陵画派之所以成为画派，主要是以傅抱石为主的这13位画家，在60年代到外面去写生，在写生的过程中领悟到传统的重要性，更领悟到艺术的创造原理以及创造规律，所以才形成江苏新金陵画派。13位画家其实生活在南京的并不多，钱松喦当时在无锡，亚明在南京。他们中间60岁以上的有两位，60年代到长白山写生，之后又到吉林。这样一来，江苏画的面貌有了转变。这和李可染先生差不多，在尚未外出写生之前，他画的山水画是一种面貌，但是50年代中期之后，他的画风就变了。李可染先生对50年代山水画写生非常重视，但是和他70年代的画比较，他认为70年代画得比50年代更好。他说50年代的画好，主要接近西方的写生。七八十年代在写生基础上更好。假如李可染先生1954年、1956年、1959年不去写生，他的画是达不到现在的高度的，修养再好也达不到这个高度。我不是说写生就可以成为大画家，它还要和传统相结合，跟修养相结合。当前我们的画家也经常写生，但是这些写生都是在浮皮潦草。傅抱石他们写生的条件是非常困难的，没有地方住，在陕西时甚至住到女浴室里，等洗澡的人走了以后，再住进去。写生不是对景描摹，你看傅抱石的画，有山河新貌的作品，他是对景描摹吗？假如那个远山不好的话，还可以把别的远山挪过来，写生是可以变化、可以取舍的。

当前的中国画之所以出现搬山头，搬树木，搬黄宾虹，就是因为缺少实景写生。有人认为李可染之后中国画便走错了道路，开始不注重线条，而写生造成了这种现象，这是不对的。李可染的画虽然是块面，但有力度在里面，这不是写生的错误，是中国画发展的新问题。不是说我们现在学黄宾虹的笔墨就可以把中国画的水平提高。学黄宾虹的笔墨对我们非常重要，但不能仅仅学笔墨，还要跟写生相结合，把写生和学习传统结合起来，中国山水画才能达到新的高度。这是本次展览给我的启发。归结起来就是西安画派提出来的“一手抓传统，一手抓生活”，就是我们古代画论中讲的“师古人，师造化”。看和领悟很重要，其中写生更是重要的内容。

孙　克（中国美术家协会中国画艺术委员会秘书长）

这次展览中写生的作品比较多，比如魏紫熙先生60年代的写生作品，而且所展作品尺幅很小，不过创造性的作品比较多，尤其是宋文治先生80年代以后描绘黄山的山水画，包括亚明同志的人物画，创造性很好，80年代初画的去水乡看戏的题材，还没有完全转到山水画上面去。这次展览和上次不同，作品更精道，能够看出他们的艺术追求。

钱松喦、宋文治和魏紫熙先生属于传统功底比较深厚的画家，在50年代末至60年代初很认真地去写生，与现实结合，努力地画现实生活，努力地画自然。魏紫熙先生有一幅《晒棉花》，非常细，非常深入，非常动人，从中可以看出那个时期的老画家们认真地结合生活，按照党的政策去创作，这点和北京画院老先生们的精神非常吻合。北京画院的老画家像秦仲文先生也是努力地画北京的现实生活。我觉得南北画家不分地域，在当时整个时代潮流之下都很真诚地去创作。

亚明先生非常聪明，进入哪个领域皆可，他对于传统的继承不是很深厚，但后来逐步走向传统，尤其是到了80年代以后，深入传统的作品增多。先生对传统、对中国画的变革有自己的想法。我和他接触过几次，听他谈艺术，他对新潮不发表观点，没有很鲜明地反对，但是他对传统的东西，对艺术的追求还是有自己的看法，追求自己的想法。

傅抱石先生有传统的功底，在去日本之前有相当的传统画基础。我觉得他是受到了日本画的影响，那种水分的用法，渲染，以笔为主，墨的渲染与笔结合得非常精彩，加上先生的文化修养又很深厚。他画的人物，尤其是古代人物非常好。但是他在60年代以后受到郭沫若先生的影响，艺术风格明显跟着时代潮流在走，反映文艺政策的作品多了。当然作为一个画家，即便有这样的作品，仍不会影响他艺术创作的成功。

一个画家在中国画领域，在不同时期有不同的侧重。五六十年代在改造中国画的思想下，特别强调写生。北方的李可染先生、张仃先生最早出去写生。李可染先生出去三次，这三次写生对他自己，对整个北方的画界，尤其中央美院这些老师们的影响很大，形成了那个时候的一股风气。南方也是这样。当然那时候这种精神跟现在不一样，那时候的老先生秉着对艺术的虔诚，尽量地改造自己，减少个人主义，没有今天这种娇气。现在出门要坐飞机，要有软卧，要有很好的招待，要有红包，这种情况使如今的艺术发展趋势令人担忧。忧心的还有商业上的炒作，有一个小杂志专门炒作画家，6月份多少钱，8月份多少钱，明年估计多少钱，好像很科学一样，其实都是一种炒作行为。炒作以后把画家的心态、艺术市场都破坏了。最近南京拍卖市场非常萧条，有的拍卖会很失败，许多人的价钱开始回落，这对作品、对创作、对市场都没有好处。

今天我们的画家缺少了团队精神，即一种集体精神，画家之间互相激励，互相促进。这种精神在北京画院有过，80年代初期还很强大。那时画院每周二都召集画家开会讨论，大家来得很齐，而且每次都有内容，还请了何海霞先生作讲座，之后大家出去写生。那时候情况已经好很多了，到地方上有人招待，但是那种互相切磋，谈艺术的精神很难得。后来因为艺术市场的发展，大家都关着门画画了，这个情况就发生变化了。

我不认为一个画家的成就高峰是在晚年，在未来。李可染先生60年代的作品就非常精彩。后来文化大革命压抑老先生，李可染先生的个性属于非常谨慎、非常胆小的，在“文革”中所受的压抑很大，他的作品到后来就凝固了。另外年纪大了，也就不处在活跃期了。我们看他的作品，晚期与早期不是一个风格，能感觉到时代对他的影响。当然学他的人很多，但都没有他的那种天分。李可染是绝顶聪明的人，那不是任何人都能模仿的。他的弟子，跳出去的还好一点，跳不出去的只能说是李派传承。

梁　江（中国艺术研究院美术研究所所长）

我认为北京画院办这个展览是非常好的事情，原因有三：第一，这个展览对当前的创作非常有启示。第二，校正了美术史界的一些错误。比如说黄宾虹担任美研所所长没有上任，我们把这些档案公开，说明他已经行使了所长的职责。第三，北京画院和江苏国画院是我们国家最早成立的三个画院中的两个，其中有段历史也和美研所有关。成立国画院之前，我了解的档案内容是黄宾虹是文化部任命的。当时全国最重要的老国画家，专职37人，兼职40人，这些资料都很齐全。最近我希望把这些档案找出来，可能对我们恢复50年代中国画走过的路会有一些历史价值，所以我认为这批作品本身对我们回顾20世纪美术史非常重要。

此外，展览有一个很重要的象征意义。1957年北京画院成立时，周总理说叫“中国画院”。之后不久，江苏国画院也成立了。几十年后，把江苏国画院的作品运到北京画院展览，有一个象征意义，即南北文化的交流，南北文化的重镇把这个传统接续起来。所以我觉得北京画院这个展览办得很好，很有意义。

说一点题外话，我建议北京画院的展览今后可以定位于学术。学术观摩、学术交流可能不太时尚，但是对于推动当代美术的发展具有重要意义，而且这种作用是其他地方无法取代的。

这批作品以前在合肥已经展过了，今天调整了作品顺序，使我又加深了印象。作品有一个特别之处，即时代气息非常浓，不会误以为是其他年代，它就是属于自己那个年代。我们说新金陵画派，关健在于一个“新”字，“新”在哪里？我们不能泛泛地讲“新”，要有一个实在的分析。我认为首先“新”在一种精神，体现了时代精神；第二，表达了一种新的意境；第三，新在题材；第四，新在笔墨；最后，新在风格。亚明先生提出要“三师”，即师人民、师传统、师生活，这是一种具有现实品德的创作理念，也是新金陵画派的灵魂所在。所以我想解读这个“新”字，也是我们解读新金陵画派不能绕过去的话题。

刘曦林（中国美术馆研究员、中国美术家协会理论委员会副主任）

展览就像今天这场小雪一样净化了当前画坛，是一股清风。

关于画派的名称，其实叫“江苏画派”或者“金陵画派”都可以，我自己倾向于叫“新金陵画派”。当我们追溯历史思潮的时候，发现新金陵画派的产生不是偶然的。新中国成立之后，对于如何改造旧文艺，如何建立新的中国画的问题，出现了一种新思潮。不仅仅是长安画派、新金陵画派这两个流派，我们还有新京派。实际上北京的传统画家也纷纷走向生活，例如当时李可染等几位先生集体出去写生。在中国出现了一个新的艺术气象，上海的吴湖帆、贺天健也发生了变化，岭南画派的第二代传承人也发生了变化。岭南画派的旗帜没有长安画派和新金陵画派旗帜鲜明，因为后者和历史拉开了更长的距离。从金陵八家到新金陵画派经过了二三百年的历史，跨度比较大，不像海派、岭南画派有衔接，有团队意识，有突出的成就。所以当我们研究这个时代，回顾这段历史的时候，应该认清它是那个时代的客观产物。

此外，新的画派应该有鲜明的时代特点、时代精神，有新的意境，因为生活发生了变化。我们现在看这些作品有种扑面而来的时代生活气息，因为造化发生了变化，思想发生了变化，人对造化的认识也发生了变化，所以新金陵画派的口号就是思想变了笔墨就会变，这是非常重要的指导思想。在我们国家统一的思维方式、领导方式的条件下，现实生活自身也在发生变化，所以他们的人物画、山水画产生了一种新的样式。从山水画的角度来讲，我总结为三种类型：一种是山河大画，一种是生产图景，还有一种是革命胜利的图景。这几类作品和过去古人的山水画存在很大变化，是非常新的时代变化。至于人物画，则是从画古人发展到走向现实生活。就新金陵画派的特点来讲，可以说是人物场景画，配有图景式的山水。今天看到魏紫熙的《春耕》，挑着担子的妇女画得非常到位，非常有艺术气息。

另外一点，新金陵画派绝不忽视艺术形式。一个画派能否成功，最终还是靠艺术上的考验。他们的笔墨、色彩、形式确实产生了很大变化，下了苦功。回到当时的情景，毛主席说过，革命的政治内容要和尽可能完美的艺术形式相统一，可以说他们在这种统一上下了工夫。

新金陵画派创作了一批经典作品，像傅抱石、钱松喦的一些作品，这些经典作品的产生与画家对艺术目标的追求有着非常紧密的关系。他们在作品中不仅仅要表示自己的思想进步，还要在艺术上达到相当的高度，因为作品是要留给历史的。我听说傅抱石在画《西陵峡》的时候画了若干遍，钱松喦的《红岩》处理得如此地道，红岩夸张了，芭蕉弱化了。如果用绿色，芭蕉就无法得到很好地表现。山东岱庙里所看到汉柏的造型就是红岩前的大树，可见当时他们创作经典艺术的心态非常真诚，饱含着激情，而且有完美的理想追求。另外就是他们的传统修养，以及他们这代人对艺术规律的把握。我们不能回避当时的极“左”思潮，但是在这种情况下还诞生了一批好画家，这批画家继承了艺术传统，这说明什么？说明画家用艺术规律去抵挡这种极“左”的思潮，他们的笔墨、修养都是非常真挚的。他们在那个强调共性的时代里，还能悄悄地把握住自己的个性。傅抱石画了很多古代文人之间感情交流的作品，说明他还有自己的一块思想，能留住这块思想很不容易，可见当时艺术家的思想非常丰富。虽然服从时代画了新山水，但是那些与古代文人思想交流的作品还是和古人作画有相通之处的。

当时画派的带头人非常重要，长安画派和新金陵画派如果没有这两位好的带头人是不可能形成的。只有赵望云，没有石鲁是不行的；只有石鲁，没有赵望云也是不行的；只有傅抱石，没有亚明是不行的。上次李树声给我讲的故事令我非常感动。反右斗争的时候，亚明是文联党组成员，分管美术口，他说我这个单位没有右派。这就是团队意识，是很重要的。今天来讲，带头人如果艺术成就不高，心态不好，为人不好，人品很差，就带不起来整个画派。北京画院的带头人就很不错。

最后，我讲一讲现实意义，以及当今画家的心态问题。当今画家有两种意识：一个是国展意识，对全国性的画展非常重视；另一个就是市场意识，也就是"卖相"，这点和当年画家的心态完全是两回事。老先生们画画从来不考虑怎样才能卖钱，不考虑画多大能卖更多的钱，他们心地非常纯正。除了受极"左"思潮干扰外，当时艺术家的创新是非常纯正的，注重艺术传承，在个性和共性的关系上尽可能地发挥。今天是个性的时代，是个性得到充分发挥的时代，当然这个时候也有共性的要求，那么在新的时代里应该怎样画？当时的老画家们如果去掉那个时代极"左"思潮的影响，我们就可以看到一个纯真的艺术心态。这个纯真的艺术心态是非常可贵的，有了才气再加上纯真的艺术心态，以及传统的修养，那么这个画家一定会成功的。

杨庚新（《艺术》杂志执行主编）

新金陵画派这几位老先生我们都比较熟悉，但是重读经典，依然引发了我们对历史、对现实的思考。20世纪末中国画进入了重要的转折期，80年代以来，在西方文化、艺术的冲击下，经过了20余年的实践，我们又重新开始认识历史，认识一个世纪以来中国画的发展道路，这其中有许多经验，也有许多教训。

这些前辈在处理传统、生活、创作的关系上为我们树立了光辉的典范，值得我们学习和思考。传统曾经一度被淡化，甚至被取消，这对我们的教训实在太多、太惨了，所以我们不能丢掉传统。现在看年轻人的画展，发现他们普遍重视传统，这点让人很欣慰。他们没有按照五六十年代那种教学方法、那种模式走，但我觉得学习传统还需要有所偏重。现在很多年轻人仅仅停留在对笔墨的学习阶段，这是远远不够的。我觉得应该从创作方法、观察方法、笔墨经验等几方面去认识传统，学习传统，学习传统应该要深化。另一方面，现在的作品普遍缺乏直观、真诚的艺术感受，这一问题比较突出，所以怎么把传统和生活感受结合起来，是我们当前重要的课题。如果我们不能正确处理这几者的关系，有可能会走到另一个极端。事情总是一反一正，一种倾向掩盖另一种倾向，这个问题应该引起警觉。

有些写生展览，画的依然是自己老一套的笔墨，我觉得这其中就存在问题。去年下半年对邹佩珠先生的采访给我很大启发。虽然是老话题，但却提出了很多新问题。我们重读李可染，重读长安画派，重读新金陵画派，他们的历史经验足够我们学习和借鉴，需要我们坐下来好好进行总结。我觉得写生应该充分被重视，有关部门应该有意识地组织画家去深入生活，去推动创作，就这方面来说我们还有很多工作可做。看了这次展览我很兴奋，同时要感谢北京画院和江苏国画院为我们创造了这么好的条件。希望关于这些问题的讨论继续深入下去，把传统、生活、创造三者结合起来，从而为新世纪中国画的发展做出更大贡献。

陈履生（中国美术馆学术一部主任、研究员）

过去我们有一种说法叫"灯下黑"，意思是眼前的历史我们并不清楚。但是对于"文革”，对于新中国美术史，很多专家不需要花太多时间就可以写出一部这方面的美术史。因为大家都对这一阶段太熟悉了，也正因为太熟悉，我们就会忽视很多史料性的基础工作。我不太赞同“新金陵画派”这个命名，因为这个名称不太符合1949年以来江苏国画发展的整体状况。今天要说的问题并不是局限在一个概念的认识上，举一个简单的例子：北京和上海两家画院成立不久，紧接着成立了江苏国画院，而不是南京国画院。于是就出现了一个很简单的问题：江苏国画1949年以来的发展同金陵画派没有任何联系。我们今天谈到的傅、钱、亚、宋、魏，没有一位是南京的画家，他们来自不同的地区。同时我们把它称为“新金陵画派”后，也忽略了一批不属于江苏国画院体系内的画家，他们同样为推动中国画的发展做出了贡献，所以我不太认同“新金陵画派”这个提法。

我认为“新金陵画派”是一个具有史学概念的名称。今天我们看到五位画家的作品，我们面对的是一个历史问题，同时也是一个现实问题。刚才很多专家已经谈到新金陵画派与今天中国画创作的关系和影响，但是如果从历史角度出发，这五位画家的重要性就在于表现了新中国建立以来，在改造中国画的过程中，江苏和北京的国画家始终在为中国画的发展做贡献，这一点我认为是很重要的。我希望不要因为我们称其为新金陵画派，就认为它能反映整个江苏地区50年代以来中国画的整体状况。展览虽好，但我不希望会产生这样的误导。50年代以来，江苏中国画发展的多样性，以及对新中国美术发展的影响，通过这个展览是不能全面反映出来的。正如刘先生刚才所讲，很多代表性的作品没有拿来，当然这并不影响展览本身的意义。

关于50年代以来中国画发展的很多问题并不是我们开一次会，出一本书就可以解决的，这些问题具有多样性和复杂性，希望今天的展览能提醒学术界去关注20世纪50年代以来中国画发展的方方面面，这对我们今天认识中国画的发展有很多启示性意义。既然谈传承，就要谈变革、谈创作，但是如何传承中国画，如何变革中国画，可以说这五位画家具有重要的启示意义。

"心迹自然——王明明花鸟作品展"研讨会

（根据会议录音资料整理）

时　间 > 2006年10月19日

地　点 > 北京画院美术馆五层学术报告厅

主持人 > 杨延文（北京画院艺术委员会顾问）

主持人：二十几年来，王明明利用他有限的创作时间，在坚持人物画创作的同时，创作了大量花鸟画，正如他这次画展的题目——"心迹自然"。这些花鸟画是他在人物画创作之余对自然感悟的内心流露。王明明儿时就有"神童"之称，在父亲的传教下，从小寻师问道，得到一些成功画家的熏陶，经常拜访一些名家并入室学习。尽管他主要从事人物画创作，但是因为他有扎实的笔墨基础，有很好的家学，有从小练就的过硬的书法功底，以及和文化界、梨园界名家交往时的耳濡目染，所以在中国画的各个领域都有很强的创作能力。70年代中期，除了现代人物以外，古代人物也是他主要的创作题材。随着艺术成就的不断展现，工作性质的不断扩展，社会活动占据了他很多时间，他只能利用点滴的时间进行创作。像过去文学家“案头拾零”那样，这些花鸟画也可以说是“艺海拾贝”。能够在零星的时间里画出那么多作品，其中不乏丈二巨作，而且卓有成就，我想除了他对工作的认真以外，还反映了他在艺术上的广阔胸怀和他对艺术的执着。今天的研讨会，一方面是请大家来进行一场交流，另一方面是对王明明在花鸟画方面取得的成就做一个探讨。

王明明（北京画院院长）

非常感谢大家前来参观我的画展并出席研讨会。希望能够利用今天的机会，请美术界的理论家、画家和朋友来聊一聊，听听大家对我作品的意见。昨天有很多朋友看过我的作品之后问：“你用什么时间画出那么多的画来？”我说：“这是我20多年种的庄稼里挑中的一部分。”事实就是这样。最近两年，我能够用于创作的时间确实更少了。我不想浪费时间，于是在创作人物画之余又画了这些花鸟，也画了其他一些作品。这次的展览是把20多年来的花鸟作品进行一场总结，让大家看一看，希望自己不要在艺术创作的道路上掉队，不要让大家误以为我只是在干一些行政工作。其实，我的愿望还是画画，是从骨子里想要进行严肃的创作。

从我个人的艺术成长道路来看，的确得到了很多老先生的培养和支持。为了准备这次展览，我在整理花鸟画作品时，把小时候的画都找出来了，其中有一幅李苦禅先生在我六岁时为我画的课徒稿，他写了一句话：“我画此画给明明看，意在增加他的胆魄，但不以画法限其本能。”老先生是要告诉我无论向谁学习，都不要限制自己风格的发展。我跟随李苦禅、吴作人等很多老先生学习绘画，从他们身上学到许多，也受了很多启发。一直以来，我对自然界很多方面都很感兴趣，每次写生回来，都会画一些花鸟画。这次展出的作品，包括画册中的作品，是我在不同阶段的创作，体现了个人不同时期的艺术追求。今天，我把这些作品整理、展现出来，希望在座的各位老师多提意见。关于中国画今后的发展问题，我在《扎根传统　立定精神——王明明访谈录》中讲述了一些自己的思考，可能很多想法还不成熟，请大家多提宝贵意见。

郭石夫（北京画院画家）

明明的工作非常繁忙，我没想到他还挤出时间和精力去画这么多作品，尤其是花鸟画。我们知道明明主要从事人物画创作，可他在中国花鸟画的创作方面是有情结的。他一开始便跟随一些老先生学习，当时就是从花鸟画入手的。到了画院之后，他又有几个阶段上的变化：第一阶段在人物画方面受周思聪的影响比较多，这是很自然的，因为那个阶段的绘画是要通过造型来解决创作中的基本问题；从第二阶段开始，他的绘画有了自我的追求，在这一追求的过程中，他更注重中国画的文化性，绘画题材多为一些与古代人物（如“竹林七贤”之类）有关的富有文化情节的创作，并在描绘古代人物题材时充实了山水、花鸟画的技法；第三个阶段就是他现在的风格，这次展览基本还是延续了他上次个展中对花鸟画的一些想法。我想明明的绘画在将来还会有更多的阶段，因为他是一个在艺术上不甘于停滞的人。他的作品从现阶段来看绘画性比较强，生活性的元素积淀得比较厚。如果我们从更高的层面来认识这批作品，我觉得他的艺术可以在文化性这条道路上走得更远。中国绘画的文化性是画家们特别要注意的问题，因为这是中国画艺术的根本。花鸟画的本质是表现对自然的感悟，而不是纯粹的再现。鸟要表现出各种情感、姿态才是最生动的。明明的作品给人感觉很光明、很灿烂，不过我觉得笔墨上的松动感还可以再加强。他才50多岁，未来还有很长一段路要走，可以说这个时期对于他的发展非常关键。一个人的艺术能否经得起岁月的检验，关键在于艺术家晚年是否可以融入到历史的文化链上。生命总有尽头，但艺术确是可以永久的。衷心希望明明在未来的艺术创作中会有更好的发展，获得艺术上的永恒。相信他从事艺术的初衷也是最终的归点，其间的发展阶段只是一个过程。

谢春彦（上海中国画院画家）

王明明是我的良师益友，能够前来参观他的画展，我很高兴。“明明”的名字有隐喻，如果要写一篇文章的话，我会用“丹青大道，在明明德”这样一个题目。近20年来，我看过很多美术评论文章，发现“张力”二字出现的频率很高。不过明明的画中，倒没有很强的张力感觉。孔子曾说，对于乱力怪神要敬而远之。现在有很多画家打着“革传统的命”的旗号，一味地追求创新。创新固然是好，因为每个时代都应有属于自己的图像模式，只是要做到真正有价值、有意义的创新又谈何容易？我们的艺术圈中就飘动着一股很浮躁的情绪。记得鲁迅先生在检讨自己一生为人和为文的时候，曾说过自己受到韩非的“峻激”和老庄的“随便”两方面影响。如果拿鲁迅先生的标准来衡量一下我们的艺术圈，可以发觉这种“峻激”和“随便”要比以前放大得多。不过我认识明明已有20年，这些年来，他一直在认真作画，如今这种认真的劲头在美术界已经非常稀少和珍贵了。

接下来说说心急的问题。中国大概从明代，特别是晚清以来，读书人的心都很急，都想立刻改变自己的处境，这种情绪也体现在绘画界的朋友身上。改革开放以来，“物欲”作用在绘画界的回应已经达到了历史上的极致。在这种状况下，很难再找到中国画应有的诗情画意。王明明一直在追求一种古老的、抒情性的意境，这也是我所为之感动的。即使忙于政事，他还是会静下心来在“潜心斋”画画。这恐怕需要摆脱许多来自世俗的引诱，但是他却做到了，单凭此事就令我非常佩服。为了抒发我们对画展的一点感想，特别作了一首打油诗：“幽梦衣冠天下秀，怪神乱力四海经。丹青大道明明德，心迹中庸贵潜心。”这首诗是我和明明的学生金城一起作的，以此祝贺王明明在花鸟画上的成就，也希望更多的朋友在“张力”肆意之时能够想到“潜心”的必要。

萧晖荣（香港艺苑出版社社长兼主编）

认识明明有20年了，他身上有很多过往大家所具备的特质，其中最重要的一点就是他对艺术的热情，对社会的责任感和重友情的天性。明明是个感情丰富的人，他的每张画都饱含真挚的感情。我认为评价一位艺术家的作品，不必分人物、花鸟、山水等门类，因为这些都是融在一起的。明明早期的作品就已体现出全方面的才华，因为他在学习的过程中就比一般画家更为全面。他对艺术有着热烈的追求，而且悟性很高，可以说已经在中国画领域开了一片新荒。中国画在色彩方面是比较局限的，王明明吸收了西方色彩和材料的处理方法，丰富了中国画的色彩，这让他的作品显得很光彩，很明亮。刚才郭石夫先生说明明作品中的鸟画得过于写实了，我却觉得传统中国画的花鸟过于人格化了。中国人还是喜欢写实的风格，如果在写实中间再融入一些特别的题材，融入自己的情感，最后在特定的环境中把所有元素和谐地表现出来，这样就会与老一辈在画法上有所不同。王明明在这方面做得就非常好。

历史上任何一位有成就的画家不仅仅是绘画以自娱，还会为社会做很多事情。这不仅可以增加画家的知名度，还可以让他们的知识更加广博。长期以来，明明为书画界做了很多事情，再加上他本身的艺术成就，可以说他已经具备了一个时代标志性画家的条件。明明今年只有五十四岁，我希望通过不断的艺术探索，他可以成为和齐白石、潘天寿、李可染一样的标志性画家。

李 松（中国美术家协会编审）

刚才我问杨延文先生，王明明的绘画之路是怎样走过来的？他的画风是怎样形成的？杨延文说，明明从来就不追求什么风格，他的风格就是他的本性，是自然形成的。刚才郭石夫提到明明今后的绘画道路该如何走的问题。明明的绘画创作确实进入了一个关键时期，究竟要不要变法，开创一种新的风格，还要由他自己决定。齐白石“衰年变法”，是在西安朋友的邀请下接触了大的社会环境和自然环境，于是才有了“五出五归”，眼界的开阔对齐白石的艺术之风影响很大。可是王明明去过的地方、见识的事物要比齐白石多得多，不管在国内还是国外，眼界自然要开阔，可以取法的对象也自然更丰富。在当代艺术的环境里，明明今后的路该怎么走，我不知道应该提出怎样的建议。不过我想他早期形成的很娴熟且已卓有成果的风格可能在以后的艺术发展中会有一定补充和拓展。明明在担任繁重的社会工作之余，还能保持很好的心态，潜下心来创作这么多优秀的作品，艺术成就如此之高，在当代画家之中是很突出的。他有一方图章刻着“万趣融其情思”，短短六个字却代表了他的艺术思想和特点。

我感觉王明明更接近江南文人的情感和精神状态，他的作品风流蕴籍、雅秀、耐看。其中人物画在某些地方和周思聪相似，却不完全相同，既有周思聪的影响，又有东洋画的艺术成分，还有自己的独特之处。他能在笔墨方面将工笔和写意很好地结合起来，同时又能娴熟地处理墨与色的关系。作品的构思非常精心，巨大豪放、水墨淋漓的画面中，鸟从大片的水墨中呈现出来，极为打动人。可见画家对画面的设计、构思构图都是很用心的。王明明的画有多方面的开拓精神、创造精神，不管在人物画、花鸟画还是山水画方面都很有成就。他如任伯年一般多才多艺，有多方面的修养和多方面的功力，这一点在当代画家之中是很难得的。

郭怡孮（中央美术学院教授）

早就知道明明的花鸟画不错，不过以前大多是看印刷品或者一些小品画。这次看到展览中如此之多的作品，真是大开眼界。这是他20年来积累下的精品，不是在创作人物画之余的随意挥写，而是认真地研究和创作。他对花鸟画的倾心让我感动，在这里，我想对明明的画谈几点想法：第一，明明对中国画的总体认识抓得很准。中国画不是指哪一种画，而是由工笔、写意、花鸟、人物、山水等元素构成的统一整体。作为一名中国画家，不能有所偏向，而要全方面掌握各种技艺。我们过去的绘画大师，他们对山水、花鸟、人物、诗词都是精通的。明明从学画之初接触的就是高层次的老画家，因此对中国画有比较全面的认识。他对人物、花鸟、山水均无偏废，这促进了他在艺术创作水平上的整体提高。他在画展《前言》中写到的对花鸟画的认识和观念都是很新的。扬州八怪之后一直到近现代，花鸟画在很多地方一直处于领先地位，特别是在反映人的思想方面更加现代。对于这一点，明明认识得非常清楚。第二点要谈谈他对自然的感情和认识。从这批作品中可以看出画家对自然的倾心，体味得也很到位。一个山水花鸟画家如果缺乏对自然的热爱和深入认识，是不可能画出这样的作品来的。这些画纯粹是他内心里的一种感悟，让人感觉非常亲切。在人类发展的历史中，人与自然的关系发生了天翻地覆的变化，从开始的恐惧、膜拜、害怕自然，到热爱、改造、征服自然，再到现在的与自然成为朋友。明明从心里面能够理解这种关系，虽然他生活在城市里，却没有忘记和自然的密切接触。这种细腻的情感是他画中的重要特点，也是其作品如此精美的重要因素。第三点，明明的人物、山水、花鸟全攻，他要做一个全面、全能的画家。在艺术上，他要求不断地完善自己，立体地呈现自己，这也是他自我严格要求的一种表现。我认为这些作品是明明在情感上的宣泄，因为在抒发情感方面，花鸟、山水相对比较自由，而人物有时则很难表现。展览中的作品感觉比较自由，比较放得开，可以看出画家在追求自己的感情点。正是因为明明有深层的思想基础和全面的艺术基础，才能创作出这样的作品。虽然也有国画家只从事某一方面的创作，但是真正高层次的画家还是应该在笔墨、意境、造型、构图、色彩、感悟等方面对自己有整体的要求。

总体来看，虽然明明只有五十多岁，但是无论在思想还是笔墨上都已经相当成熟，是当代具有代表性的画家之一。此外，我还想提一点关于创立自我绘画程式的问题。中国画的最高境界就是程式，只有达到一个程式，才会达到别人可以学习、流传、承认的，在艺术上比较完整的高度。白石老人平均一年创造一种程式，几乎每种画都上升到一个程式的高度。从整体的画风来看，明明已经具备了自己的程式。由于早年打下了很好的基础，所以接下来就可以从事自己的创作，彰显自己的特点，使其强化、提炼、完善，从而变成一种新的程式。

刘曦林（中国美术馆研究员、中国美术家协会理论委员会副主任）

看了明明的作品，又看了他的访谈录，感觉正应了郭怡孮说的那句话：明明对大的文化有整体的认识，而且很清楚。他理性地把握中国文化，把握传承、学习和创造，形成了个人风格。再者，他解决了人与自然的关系。“外师造化，中得心源”，这句话大家都很清楚，但是否所有的人进入自然之中都会激动？我想不一定都会感动，也不一定都会认真琢磨，更不一定出自真心地亲近自然。明明的画中有清新的自然感，有“天人合一”的情怀，这点是山水、花鸟画家尤其应该注意的。谈到“程式化”的问题，我觉得还需要辩证地来看。“程式”是一个艺术家成熟的标志，是一种高度，同时也是僵化的开始。现在有些画家为了生存，把某种“程式”随手抓来就用。即使是一些成功的画家也存在这个问题，用一种程式去套所有的山、水、花、鸟，去套自然。这个时候，亲近自然就成为激活程式的一个法门。

另外我想谈谈人物画、花鸟画和山水画之间的关系。王明明是一位人物画家，他的作品不禁让人联想到任伯年。任伯年的花鸟、山水并不亚于他的人物画作品，不管哪个题材都画得那么有味，这正是因为他把握住了艺术规律。由于对各个领域都很精通，所以接下来需要解决的就是造型中的一些问题。在造型上，人物、花鸟、山水也是共通的。无论是“新浙派”，还是北方的人物画家，他们都注意从花鸟、山水画中吸收笔墨的营养，吸收境界和意境的营养。我想明明在画山水、花鸟的同时，也滋惠了他的人物画。他的人物画很多都是有背景的，也都是有境界、有生存空间的。他不仅仅是为人物画添置一个背景、道具和配置物，而是寻求人物、山水、花鸟之间的内在沟通，而这也是中国画的一个规律。如果想让绘画的金字塔搭建得更宏伟，除了要提高各方面的修养外，山水、人物、花鸟画也要向更高的领域逐层递进，寻找金字塔的至高点。正如郭怡孮所说，王明明已经在艺术探索之路上形成了自家画法，能做到这点很不容易。李苦禅先生曾经为他画了那么多范本，但他没有限制明明，而是给了他更多的空间。我想对于苦禅先生的心意，明明确实领会了，因此形成了自己的风格，有自己的细密、清凉和幽远。他的画不属于“傻”、“大”、“黑”、“粗”一派，不属于“浑厚”、“着色老辣”一派，而属于“清幽、雅淡、细密”一派。画很空灵，很有意境，有一套自己的方法。对艺术方法的寻求之路，我虽然是业余的，但也有一点感受。我认为，只有在写生的过程中，在面对自然的过程中，才能找到自己的方法。一味地依靠画谱，临摹他人是不会找到属于自己的风格的。画什么样的花，什么样的鸟，这是用传统方法表现不出来的，必须要用自己感受到的笔墨，自己的语言才能够表现。这既可以在画中保持鲜活的生活气息，也是形成自我艺术风格的法门。王明明讲究作品的意境、气氛和色调，而中国画古代传统对这些关注得较少，相对来说反而对空灵、笔法讲究得比较多。我觉得明明的花鸟画有一种整体感，他对气氛的渲染同郭怡孮那种比较“满”的构图不太一样，画面疏密有度，并且能把西方的元素融入其中。

接下来，我想谈几点建议，仅供参考：一是要处理好写实与写意的关系。在造型熟练的基础上，强化写意性精神。在处理主观与客观的关系时，要进一步强化主观。在对客观物象的把握上，要适当强化创作主体对意象的感受和对不同情境的情感。这种主观情感并不是简单的“热爱自然”的情感，也不是一般的“优雅清淡”的情感，而是还包含着更具体的一些情感。齐白石见到一种物象的想法，能激发你对人生的感悟，比如说画老鼠。他是通过一些细节性的表现，再增加一些主观性的表现，从而达到这种目的。第二，在“清幽”和“凝厚”之间，在保持自己“清幽”格调的同时，强化一些沉稳的、凝厚的、执着的、迟留的成分，会让你的这种风格更趋完善。最后，正如王明明在《访谈录》中所谈到的：一个画家在进入高峰期的时候要注意完善自己。我认为明明现在正处于这种时期，他如今已经进入高峰，功成名就了。然而这时候冷静是非常重要的，多听别人的意见有助于让自己清静下来，有助于自己冷静地思考一些问题。想想接下来该怎么走，特别是在市场环境较好的当下，画家在选择艺术航向的问题上存在着严峻考验：究竟是按照藏家、买家喜好的程式一步步走，还是继续保持自己创作的活力，为历史留下一批经典作品。明明的画室叫“潜心斋”，这个名字起得好，能够排除官场的烦嚣来作画是一种潜心，在作画过程中潜入到人生境界的层面，潜入到内在的灵魂情感中，则是更深的“潜心”，这样作出的画才是真的“心画”。

李树声（中央美术学院教授）

今天一进展厅见到王明明如此之多的花鸟画作品，先是吃惊，随后便是佩服。明明在繁琐的事务之余还能画出那么多画，且画幅很大，实在令我震动。他的画不拘成法，自成一格，有自己的面貌、自己的技法，看着过瘾。我一直很关注明明的作品，如今他已形成了自己的风格，倘若用一个词来形容，就是“儒雅”。古代文人优秀的品格都能在他的画中得到体现，挥洒自如，不拘谨，朴素且自然。听过大家的发言，我在思考一个问题：明明到底是继续保持这种挥洒自如的状态好，还是多借鉴一些传统的元素好？明明的画感觉很新、很现代，即使是不懂画的人看了也会很喜欢。不过我认为，如果再补充多一些传统味道就会更好。可是假如一定要他以齐白石为镜，又会束缚了他。齐白石注重骨法用笔，注重从传统入手。不过近百年来，写实主义却对中国传统绘画的危害不小。为什么这样说？写实主义讲究逼真，可是中国画有许多艺术技巧和艺术规律性的东西，如果仅仅是纯粹客观的再现，拘泥于自然，会让人觉得不够淋漓尽致。最近看了一批水彩作品，感觉不如中国画有味道，平淡得像白开水。水彩画通常是写生、写实，是将眼前的景物移到画面上的过程。古人所总结的艺术规律，我们现今仍需掌握，那就是要回到艺术本身。作品能够让人回味，不单是用情境渲染气氛，用境界来打动人，还要注意对技法的讲究。齐白石的画中，即使是一个松枝都表现得那么生动，既自然，又有规律，杂而不乱。因此我们要学习传统的表现方法，驾驭艺术表现的能力。中国古人无论画山水、人物还是花鸟，其实都是抒发个人的主观感情。画家如何让观者看到更深的层面，看到灵魂的深处？写实的作品虽然吸引人，容易看懂，但会让人停止思考更深的层次。明明画的鸟都很写实，景色却充满情趣，让人很容易联想到齐白石作品中工细的草虫和写意的花卉，非常和谐，一点也不觉得生硬，这是因为有构图、章法的因素融于其中。希望王明明在保留自我风格的基础上还能继续向前发展。

初小玲（北京日报社副总编辑）

王院长担任了如此多的职务，工作自然很繁忙，大到北京画院的建设，小到一个装饰、一把椅子，他都非常尽心。不过他给我的感觉却很轻松，也许累对于他只是身体上的，心依然还是那样沉静。刚才很多老师都谈及官场和艺术创作之间的关系问题，在这里，我想发表一下个人的不同见解。许多时候人并不能按照自己的意愿行事，我想明明的路也不是自己完全能够左右的。不过，这并不见得就是一件坏事。刘曦林老师刚才有一句话我很赞同：明明在他的政途中总会得到一些画外的东西。我想这可以称之为“功夫自在其外”，像所谓的画外、诗外、文外功夫。中国历史上走仕途的不乏大智慧之人，王明明应该在政界之中也能有所悟得，然后再将这种感悟表现在画面上。

再谈谈我对作品的感受。他笔下的禽鸟有种安逸、坦然的感觉，我想这或许代表了他的一种心境。鸟画得很写实，而后面的花草、山水却很虚，或许代表了他的艺术境界和艺术理想。我在想这种虚实关系是不是画家多年以来对现实、社会，乃至自己生存状况在画面上的一种体现、一种比喻？写文章讲究“文无章法”，但这要看写文章的人是在什么样的层面上。我认为只有在基本功非常扎实、非常完备的基础上才能够达到“文无章法”的境界。王院长的画大家都很喜欢，他的色彩有一种亲近感，可以说平易近人，希望他能将此延续下去。中国画的门派多而学派少，我认为应该要有更多的流派。不过，形成一种流派必须要对一种事物有不同的见解、不同的诠释，中国文化和现代文化，包括西方文化怎样兼收并蓄，融会贯通，并不是简单意义上的承传。

李　松：王明明不管是从政还是从艺，从精神到作风上都是一致的。他很通透，许多难办的事情经他处理很容易就解决了。因为他办事情用的是大智慧，而不是去抠一些蝇头小利。我觉得无论从艺还是从政，王明明表现出来的都是大聪明。

陈履生（中国美术馆学术一部主任、研究员）

之前陆陆续续看过一些明明的花鸟作品，但像今天这么系统地欣赏还是第一次，看完以后有另外一番感觉。首先，他画的是花、是鸟，还是人，这其中有一种转换。倘若把作品中的花鸟换成人，同样还是王明明，所以关键的并不是画花鸟还是画人物。多年来，我一直留心他的配景，今天展出的作品，背景是可以独立出来的，上面有的画了鸟，有的画了蜻蜓或者其他昆虫，而作品的不同就在于鸟、虫的变化。他有许多丈二匹的画完全可以把其中的花鸟变成人物，这其实就是自然和人之间的一种转换。

我曾经为明明写过一篇文章，里面提到了“能”和“逸”的关系。明明的“能”是建立在扎实的基本功基础之上，他的基本功并非学院式的，而是老先生以“课徒”、“技授”的方式给予的。当然，也不排斥明明具有和学院派训练相似的基本功，那是造型的问题。我留心他画的鸟非常细致，但这种细致和齐白石又不一样。王明明有现代教育训练基础上得来的基本功，也就是造型上的各种关系。齐白石的草虫，细致得要用放大镜才能看清楚。明明的画幅比较大，因此花鸟、草虫的尺寸也会比齐白石略大。不过他将齐白石那种细致的观察，草虫身上那种绒毛的感觉把握得更深，而这种细微的变化恰恰反映在他的“能”之中。但是如果仅仅局限于“能”，我想还不是他绘画的特点。他的特点是在“能”中反映“逸”，这种“逸”正是在当代中国画继承传统的过程中表现出的一种特殊性。相比较而言，郭怡孮、郭石夫先生也画花鸟画，在传承花鸟画的过程中，每个人走的路线是完全不一致的。郭怡孮画中的装饰性，郭石夫画中那种晚清花鸟画的味道，都是有个人特点的，而王明明走的则是一条中间路线。我们可以比较一下王明明的蜻蜓和齐白石的蜻蜓：齐白石更注重写实方面，因为在他那个年代写实很重要，不过同时期的画家很难达到齐白石这种程度。王明明虽然也写实，但他强化了装饰的成分，在绘画语言上以他独有的智慧表现出“逸”在传统文人画中的现代风格。所以他的画无论尺幅大小都给人同样的感觉，拿捏得非常准确，把绘画的趣味表达出来了。

我曾经批评过当代花鸟画发展中的一些弊端，过于追求细腻而不强调绘画的趣味。在全国美展中，我们发现很多花鸟画作品都失去了写意的精神。明明是在兼工带写中把人物画的背景独立出来，发展成为具有自己特点的符号性花鸟画，让花鸟界刮目相看。他确实从齐白石的画中得到了启发。齐白石是先画草虫，之后配景；而王明明是从人物画中提炼出背景，之后再画草虫。对于他的花鸟画作品，我想用“心迹自然”四个字更能吻合他的艺术特点。

李魁正（中央民族大学教授）

看了王明明的花鸟画展，有一种朝气蓬勃同时又融合了中和之美的感觉，他的画体现了现代画家与自然的关系。对于作品的感觉，我想用以下几句话归纳：心向大千，关注生命；植物大景，心旷神怡；清纯自然，空灵俊秀；笔墨酣畅，抒情放逸；构图多变，自有法度；色墨辉映，景致和谐；饶有新意，却不做作；格调清新，心迹自然。我觉得“心迹自然”这个题目用得比较好，体现了画家的心态，即追求自然和生命的和谐。

我曾经和明明交谈过关于现代花鸟画家应该如何表现的问题，讨论这个话题是因为我们这个时代的人和古人的生存状态、精神状态都不尽相同，所以说花鸟画也应该有新的表现方法。古代的画家往往有着扎实的书法功底，他们的画是在“书意”中提炼出来的。如今我们的探索更为宽泛，可吸收的东西也更多。我认为明明的画可以称之为“鸟与风景”画，因为这种大自然的和谐正契合了他的“心迹自然”。鸟其实就是明明自己的写照，他是把自己融入到大自然之中去，而不像古今一些画家只是把花和鸟刻画得极其仔细。

我们通常所理解的“花鸟画”就是画了“花”和“鸟”，比如任伯年、吴昌硕，还有齐白石，他们的作品已经成为一种程式了。然而明明却不是简单地描摹花鸟，他完全是在表现生命与自然，鸟与植物、风景的关系。明明的画鸟实景虚，这是他的取向。我觉得这条路走得很好，也应该值得珍惜和坚持。因为到了他这种年龄，所有的“铺垫”已经累积到一定程度，如果再改变道路和风格是不太可能的。我认为艺术作品中所显露出的风格如果是艺术家自己独有的，那么这种风格就要坚持，要延续下去。明明有很好的基础，在造型方面，包括人物、鸟、树、石、蜻蜓，都画得非常准确，而且漂亮，在某些地方并不亚于齐白石。正如陈履生先生所说，明明画的蜻蜓和齐白石的味道不一样。目前很多花鸟画家的造型能力都达不到这种程度。也许有人认为明明画的鸟太自然形态了，但我认为这是明明这一阶段最好的写照。他才50多岁，以后的艺术道路会沿着现在的基础继续变革，笔墨一经凝练，稍作放逸之势便会走向任伯年一路，然而不经过目前这一步是不行的。在笔墨上，他小写意的笔线和用墨已经有了自己的语言。我们不能用任伯年或虚谷的笔墨来要求他，因为毕竟书法基础尚存在差距。他在景物处理上的笔墨用笔是他自己的语言符号，很自然，所以展览用“心迹自然”这个题目很合适。再者，他设色是浅绛的、透明的、和谐的，注重色彩和色调，这也是前人所不太注重之处。王明明的设色不是西方的，而是纯中国的色彩，但是非常透明，这很难得。此外，他的构图也合理而有法度。

明明有很好的学习精神。他转承多师，有真传，造型基础非常扎实，决不亚于学院派训练出来的功底，这点从他的人物画中可见一斑；其次，他有传统的笔墨。我看他临了许多古人的笔墨精品，但他并不用古人的笔墨程式硬套在自己的画里，而是潜移默化地吸收；第三，他有写生的本事。他用双钩写生造型，对生活的审美有很好的索取；第四，他好读书。从他的访谈录中可以看出，他对艺术、对文化是有研究的，有他自己的想法，由此可见，明明的文化修养积淀很深。

另外，他的画还有几个特点：一是对大自然的独特体悟。他热爱大自然，因为热爱，所以作品给人清丽、文秀、清润、自然、和谐、顺畅的感觉，具有空灵的美感。因此我说他不必刻意去追求所谓的老辣；第二，他的风采是从写实中变换而来的。他的画是他心迹的一种情感，是写实审美的一种抒情，画中有一种和谐甜美，有对大自然、对生命的讴歌；第三，鸟和风景。他由传统的花鸟走向风景与鸟，景致扩大了，心境扩展了，构图更加放逸，这是艺术取向的新路。这条路之前还不太能被认定，还需要花鸟画家们去思考。王明明的艺术是一个很好的提示，使人开阔视野，开阔心胸。我想我们应该更多地去思考别人在艺术创作领域中的价值。鸟实景虚是明明的特色，不必怕实，也不必怕僵，因为这是在铸塔基，将来肯定会衍变得更加放逸。就像任伯年，既准确，又活脱，这是今人都没有达到的高度；第四，他的抒情境界。明明关注生命、关注大自然，纯洁、美、清净和澄明，用“心迹自然”四个字来形容恰到好处，它包含了诸多内涵，比如回归大自然的意识、关注生命的生存环境、心境的体现，平和、谦逊、亲和、豁达、自然的心态……同样这也是明明为艺和为官的基点，他抒写的正是这样一种心平气和的心胸和情感。

对于明明未来的艺术之路，我有几点建议仅供参考：一、更注重心象幻化的主观性；二、进一步升华抒情境界；三、笔墨造型更加洗练；四、个性图式更加鲜明。

梁　江（中国艺术研究院美术研究所所长）

我和明明院长虽然交谈得很少，但是我很关注他。一是关注他的作品，他在中国画坛上是一个很难解读的个案。前些日子，我为他写了一篇简短的文字，虽然抓到一些东西，但只是一个点。我觉得他是中国画坛上个性独具的人，他的技法不拘一格，无踪无迹，工与写、干与湿等各种技法都能运用自如。后来，我发现他的画中有一样连贯的东西，就是那种悠闲、秀润的风韵。他超越了人物、山水、花鸟的局限，不能将他归在具体某一类别、门派之下。明明不是学院派，也不是师徒制培养出来的画家。虽然他的学画经历属于传统的师徒制，但是从他的画法、他的传承来看，又跨越了师徒制的藩篱。明明院长属于非常规的，富有才情的画家。在《访谈录》中，他说“研究艺术家的成长比总结他的技法，研究他的笔墨更重要”。我想，这句话也很适用于他自己。王院长的经历和创作特色对我们现在固有的艺术观念提出了挑战。我们可以从更宽广的视野去解读他的个案。至于建议，我只想说，再主观一些、随意一些、新一些，这样更能符合他目前在画坛上的位置。

张晓凌（中国艺术研究院美术研究所研究员）

看了明明的画后有几点感受：第一，明明是一位修为比较全面的画家。这个“全面”不单指他的画横跨了人物、山水、花鸟等领域，还指他在理论上有很多的见解。看过他的《访谈录》，我有很深的感受。明明在风格、技法等方面有比理论界更鲜活的见解，这给我的启发很大，目前我们就缺少这样修为全面的画家；第二，明明的画给人一片生机盎然的感觉，非常灿烂。很多非美术专业的人都能领会作品的境界和感受，而不是技法；第三，他的画很有中国气派，更准确地说是当代气派。

“中国画要扎根传统”，很多画家都会将其作为一个幌子。但我认为传统不是笔墨要如何，不是构图要如何，也不是造型要如何，关键在于“新”，如果离开这个“新”字，传统就会消失。为什么要这么说，正如我们所知晓的汉代传统、唐代传统、明清传统，它们也是因区别前朝的“新”，才会被人们所记住。若仅仅是一个对另一个的重复、复制，恐怕历史上的传统都会消失。任伯年是一个大画家，他在美术史中之所以有那么高的地位，不是因为他对传统的简单抄袭，而是他的画恰恰迎合了时代的趣味，迎合了当时的购买主体。当时的购买主体由贵族、文人、士大夫转向了市民，这样一个新兴的群体自然会产生一个新的趣味，即向世俗化的转变。如果一个文人画家还在玩弄笔墨趣味，那他就不会有如此高的地位。所以任伯年是以俗见雅，在俗中找到这样一个历史定位。任伯年敢于在传统中找到自己的立足点，找到新的道路，所以说传统的本意应该是“新”，而不是“旧”，也不是技术层面的东西。

王明明的作品用色大胆且和笔墨结合得非常好，他的绘画功底正如大家所见，不过我更欣赏他大胆的用色和用墨，甚至连西方的绘画方式也被移植进来。这是当代人对生活的感受，如今的时代就是这么透明、这么阳光灿烂和开通，所以画自然就要灿烂，这才是和时代相吻合的境界。我很反对现在一些人所谓回归明清传统、回归宋元传统的提法，我认为没有时代精神的回归并不能为美术史留下什么。再者就是写实与写意的关系。中国向来不是一个写意的国家，只是从明、清以来写意达到了一个高峰，不过纵观美术发展的整个历史来看，写实比写意要更久远。中华有5000年的悠久文明，但从真正写意的文明算起仅仅1000余年，之前的几千年都是延续着写实的传统，不过这并不是西方的写实概念。所以我认为写实的传统不能丢，写实和写意是中国文化血脉的两个部分，二者之间的关系要正确处理，不能只做简单的区分。

明明把鸟画得很实，形比较准确，透视关系处理得也好。我最近在编一本书，名为《中国现代美术史》，其实主要是梳理150余年中国美术的发展轨迹。经过梳理我们发现，100多年来，中国文化在世界文化中的地位一直不是很高。即使是鲁迅这样的文学巨人，西方人也知之甚少。由此联想到在当今现代化的前景下，我们应该有这样一个思考：要营造中国气派。作为当代画家，我们要在世界上发出自己的声音。中国为此也做了很多事情，比如汉语的推广。随着经济的发展，政治也开始发挥作用。不过文化还没有与经济、政治结合起来，在世界上还处于弱势。如今，一些规模较大的平台上发出的都是西方所选择的声音。作为我们主动的、本体的这样一个声音还没有发出来。希望通过对历史经验的总结，中国将有一代人能站在世界的舞台上说话，这才是真正意义上的中国气派的绘画，是中国真正的传统，真正的审美。所以开创时代的新绘画重任就落在明明这代人身上了，可喜的是他们这代人开创了全新的绘画面貌，这也是中国当代绘画的希望。

刘龙庭（人民美术出版社编审）

明明给人的感觉很亲切，为人和待人接物都很周到，是一个杰出的、优秀的画家。都说画如其人，“人品既已高矣，气韵不得不高；气韵既已高矣，生动不得不至”，这是古人说的。明明的人品既然已经得到了大家的赞许，他的画品不得不高，气韵生动也就不得不至。明明生于山东，长于北京，他是北京乃至中国深厚的文化氛围内，经诸位前辈老画家培养出来的一位杰出人才、优秀的画家。他赶上一个风起云涌、波澜壮阔、天翻地覆的伟大时代，几方面的合力造就了王明明这样一位品学兼优，人品、画品兼高的大画家。他必须按照自己的生活轨迹、艺术实践和自身情况来进行创作和发展。《石涛画语录》中说道：“无法之法，乃为至法。”古人又云：“画无常法。”一定要让明明像齐白石、像吴昌硕这样不现实。今天大家都为明明提了很多建议，相信他一定能择善而从。潇洒、空灵、精巧，具有时代感，这是明明的优点，他的作品融合了古今中外，可以称为“花鸟画”，也可以称为“水彩画”，比如他画的中午的蜻蜓就具有很强的光感。中国画本身是不表现光的，例如画兰，深的在前，浅的在后。明明是一位现代画家，不能用古代的方法去限制他。除了作为一位杰出的画家，明明还是一位官员，他在文化艺术方面做出了杰出的成绩。历史上很多杰出的画家同时也是官员，例如苏东坡、李公麟、赵孟頫，所以明明的官员身份对他的艺术发展并不是问题。

关于中国和西方的问题，我简单说几句。明明的画比较精巧，同属于这类风格的还有任伯年和深圳的王子武。王子武起初画人物，后来也画金鱼、花鸟等。在国画中，人物、山水、花鸟的笔墨是可以互补的，明明最擅长的是人物画，但这并不妨碍他也能把花鸟画得很好，这是悟性的问题。他已经能把人物、山水、花鸟进行和谐的统筹，成功的画家是不会把三者孤立起来的。明明今年54岁，比齐白石进京的时候还年轻，齐白石“衰年变法”是60岁以后的事情。张大千曾说，如果齐白石在60岁以前死去，那他只是一位普通的民间画家，他是在60岁变法之后才成为中国伟大的艺术家。有人问张大千，吴昌硕不如齐白石么？张大千思索了很久，之后说，还是齐白石好，因为他样样兼能。吴昌硕只是擅长大写意花鸟、古文书法，而齐白石则是山水、花鸟、人物，写意、工笔、半工半写，诗词、文章、篆刻都很出色。

我相信明明未来的艺术之路会越走越好，在这里仅提一点小小的建议。中国画论中有“巧拙互用，虚实相生”之说。如要画得空灵，就应关注拙厚的东西；习惯了拙厚，又要关注空灵的东西。我认为明明在保持目前面貌的基础之上，可以再增添一点拙、涩、深、厚的感觉。其次，作品中鸟和背景的关系可以处理得更为统一。中国有个成语叫做“浑然一体”，感觉作品在色彩处理上略微有点跳。小幅作品很好，但大幅作品会存在这样的问题。要想成为美术大家，就需要在中华文化传统的海洋中浸泡，希望明明早日实现自己的艺术追求。

闫振铎（北京画院画家）

我虽然是一名油画家，但对明明的画颇有感触。一切有作为的艺术家，无不是对生活、对自然充满了热爱，生活、自然激发了他的情思而诉诸心迹。艺术是他个人对自然的一种感受，是情思的转换和激发形成的语言形式，是具有个性的、灵性的语言创造。从这点来看，“心迹自然”这个题目取得非常好，对于我们这些从事艺术创作的人来说很有启示作用。中国绘画最大的特点就是来源于自然，来源于生活，并在创作的过程中通过了情思的转换。我们常说“画如其人”，即一个人的人品、文化素养、灵性等全部人格决定了作品中情思的高低，决定了作品是否具有文化价值。艺术家首先是个体上的人，他的情感、感受不是可以反复套用的。艺术家的感情都很丰富，这样他对事物的感觉才会非常敏感。这种敏感会变成心里激起的情思或者感悟，不过情思和感悟是会变化的，就好比今天所见之花与明日所见之花的感觉会不同。也正是有了艺术的表达才会有艺术的创造，这是我今天想谈的一点感受。

尚　辉（《美术》杂志执行主编）

无论人物画，还是花鸟画，明明的画中总是有一条主线能够贯穿他的艺术创作。他以一颗真诚的心从事艺术创作，这也是当今画家最缺失的部分。明明非常强调一个“养”字，在《访谈录》中，他提到中国画是“养”出来的，这个“养”字可以概括他对传统的一些认识。我们总是追求对传统的批判和革命，但却缺少对传统的一颗敬畏之心。明明从传统里确实学到很多东西，特别是那根贯穿始终的线。我认为中国画就是一条线的问题，无论人物、山水，还是花鸟，线是明明体悟传统所贯穿的根本。明明的花鸟画不是偶尔为之，而是持续了近20年。明明把它当作一个严肃的事来对待，一项课题来研究。他的作品中吸收了很多有益元素，比如早年受到周思聪的影响较多，有些作品体现出周思聪对线面关系的处理方法。此外，画面背景出现的山水是受了傅抱石的影响，致广大，尽精微。正如郭怡孮先生所说，明明的花鸟画从整体趋势上体现了花鸟画的一种追求，体现了大花鸟的一个意识，突破了原来花鸟画的限制。他没有选择传统的花鸟画题材，而是把一切可以感受到的自然都融入到自己的作品中，这确实体现了现代人对花鸟画的认识。李魁正先生也说，明明的画体现了在今天这样一个后工业文明、信息文明的生活环境中，画家对人和自然和谐关系的一种认识。

最后，我想谈谈明明的绘画风格。明明善于寻找、凸显一些矛盾关系，比如作品的节奏掌握得很好，有松也有紧。他用排刷、泼彩、淡墨去表现背景，再用让人惊叹的线表现花、鸟和叶子，一个细腻，一个粗放，形成鲜明的对比。明明对传统有很多继承，并自然而然地吸收了中西方的语言。他用浓墨，也用淡墨，色彩或浓或淡，这一切构成了画面丰富的关系。除了墨，还有水彩、丙烯或其他溶剂交织在一起，由此可见明明在这方面的开放性。除此之外，他在构图上大开大合，能够驾驭大幅画面，甚至把花鸟画作为主题性创作。明明的作品能够充分体现出他对画面的经营是有感而发的，是通过精心构思去体现的。他对画面的追求其实是他对个性语言追求的标志，这种标志以后也许会更加完善、更加精到，但这种模式是明明自己的模式和风格。

王志纯（北京画院艺术委员会副主任）

我常和明明在一起，其实越了解、距离越近就越难看清楚，越难把握。我与明明共事已有五六年的时间，深感他是一个让人敬佩的人。他驾驭行政事务的能力，为人处事的原则，还有很多事都让我感动。作为一名艺术家，王明明那种才情、灵性和悟性是很了不起的。我希望大家能够宏观地来看他对当代美术的贡献，对画院的贡献和他自己的艺术成就。由王明明来主持画院事务工作应该是北京画院的财富，也是北京美术界的财富。不过目前我们对他艺术成就的研究还远远不够。明明的艺术格局其实是很大的，人物、山水和花鸟都有很高的成就。他的艺术有三个方面是值得深入研究的：一是他的传统功底；二是作品中所流露的自然气息；三是他的个人风格。我想，若是对这几方面进行深入研究，则可对当代画坛有一定的启发意义。明明对待传统的态度一向是很敬仰的，同样，他对于自然的态度也是很虔诚的。基于传统功底和作品中所表现出来的自然气息，他所成就的艺术风格是很独特的，即使是放在整个中国画创作的大背景中也是突出的。

当代大多数花鸟画家很难突破传统的规范，从粉本到粉本，从程式到程式，从笔墨到笔墨，亦步亦趋地临摹、挪用、照搬，这种现象非常普遍。明明则是力主于对传统精神的继承和发扬，所以他的画感觉既有传统功底，又看不到照搬挪用的痕迹，这就是他的过人之处。他将对传统的把握和对生活的感悟融合成一种独特的艺术风格，给人面貌一新的感觉。刚才大家也谈论过他画的鸟过于写实的问题，不过我想这些只是语言、手法方面的问题，是艺术家在创作和研究中较为枝节的问题。突破传统的规范，融入自己对自然新的体验和感悟，必然形成新的画面结构，新的个性化语言方式。在艺术家个人风格演进的过程中，所有的形式因素、语言因素都在不断变化，这时候画家就好比厨师，不停添加着调味料，随时都在根据不同情况采取不同的手法和搭配方式，因此出现阶段性的不协调也是在所难免的。明明现在正处于个人艺术风格的演变过程，不同时期的作品体现出了不同的感觉，这说明他仍在不断探索。另外，从宏观的艺术创作来看，明明的人物、花鸟、山水好像在交替着向前走。他的人物画很早就形成了成熟的风格面貌，山水和花鸟因为吸收了自然的营养则更有新意，所以由此带来的课题也就更多。至于画面具体的形式语言，我想明明在今后的创作中还会不断进行调整。我更看重的是他的艺术道路以及艺术观对当代中国画发展的启示意义。

王明明：感谢大家为我提的中肯意见和建议，很多意见都具有启示作用。这些对我来说是一个梳理，比我自己思考、琢磨快捷了许多。我在创作花鸟作品时所用的气力比人物画还要大，因为每张画都要表现不同的感觉。几张丈二匹的画都是利用节假日的时间完成的，也有一些是先把墨泼上去，待有感而发后再进行创作。一幅画可能要挂上几个月甚至半年才能完成，所以这其中注入了我许多想法和心血。

我对花鸟画的灵感来源于对大自然的感觉和强烈的刺激，是它们激发了我的创作欲望。平时由于工作繁忙，没有时间拿起画笔，所以构思就会酝酿很久，一旦有闲暇时间，手持毛笔时我的情绪总是很饱满。随着行政工作时间的增长，能够进行艺术创作的时间确实少了。有时我在比较这之间的得与失，感觉若是长时间没有作画，创作的欲望就会更强烈，每天作画或许激情就不会这样饱满。另一方面，我在从事行政工作的过程中，接触到一些领导干部，他们处理问题的果断与正中要害让我领悟到这种大智慧对社会的影响。这一点对于我的人生、艺术创作和艺术策划等各方面都有很大帮助。繁忙的行政工作虽然占用了我很多的时间，但我从中学会了如何从宏观角度看问题、解决问题。我认为艺术同样如此，也需要站在一定的高度，以宏观的眼光去审视、把握传统和现代，审视自己和他人的绘画。若能做到这一点，那么这个画家永远都会是谦虚的，因为他能看到博大的艺术，看到前辈的成就。谦虚能使艺术家吸收到艺术的精华，无论传统还是现代，都能保持良好的心态。

一直以来，我都认为艺术是“养”出来的，在传统的宝库里，每天都会有新的领悟。畅游在艺海之中，有感于它的深奥，我只能天天竭尽全力地去悟道，一点一点积累，不敢怠慢。有时我要面临很多角色的转换，来到画院时我是院长，在画室里我是画家，还有诸多的场合和诸多的身份，我常常也无法给自己定性。不过，只要给我一份工作，我就会认真完成，好在我能很快适应不同的角色。很多时候，我往往没有时间进行艺术创作，不过我的头脑从没停止过思考。我喜欢的艺术风格很广泛，自己也常常在做各式各样的探索。可以说每一阶段的作品都代表了我所经历的过程，是我当时人生感悟和生命状态的一种真实反映，而这种“真实”又是不可重复的。如果一个画家始终保持创作的真诚，那他的作品就不可能重复，因为生命体验不会重复。我认为不能用画法去要求艺术家所走的路，而是要让艺术家靠自己的修养、个人感受，顺其自然地走。有时在一个阶段我会有不同的感受，那我就会利用不同的形式把这些感受和理解画出来。最后，感谢各位能够出席今天的研讨会，你们的建议我已记下来，会在今后的创作中加以改正。

主持人：今天的研讨会不仅是对王明明艺术道路的探讨，也是对当代花鸟画整体走向的探讨，对个人艺术语言和艺术风格的探讨，对很多人都会有新的启发。此外，会议还对明明的做官、为人、画画做了一个模糊，但又清晰的描述。模糊意味着有空间，它为明明将来的仕途和艺途都开辟了广阔的前景。现代社会需要复合型人才，明明就是这样一位不可多得的人才。他有平和的心态和谦虚的品格，相信未来还有更大的发展空间。

“花言鸟语——北京画院珍藏写意花鸟画作品展”研讨会

（根据会议录音资料整理）

时　间 ＞ 2007年1月24日

地　点 ＞ 北京画院美术馆五层学术报告厅

主持人 ＞ 杨延文（北京画院艺术委员会顾问）

主持人：今天以“花言鸟语”的展览为契机，北京画院召开2007年的第一次研讨会，很感谢各位理论家的出席。北京画院有丰厚的藏品和充实的理念；另外，建院以来我们有一脉相承的深厚基础，有全新的革新理念。北京画院始终遵照如何运用自己的传统资源来打造画院年轻画家的工作方针。今天我们讨论一下怎样认识20世纪写意花鸟画；如何评论这个阶段写意花鸟画的成就；以本次展出的作品来对比，上世纪与当前花鸟画创作的异同，以及怎样从20世纪写意花鸟画中吸取营养这几个问题。

李　松（中国美术家协会编审）

这次展览把南北大家的经典作品集中起来展示，这些作品对今天的画家很有借鉴意义。从19世纪末到20世纪初，花鸟画在中国画中的成就最为突出，体现在风格变化大、优秀作品多、艺术大家也多。

清末部分画家吸收金石艺术的营养，使得花鸟画笔墨的表现、精神的力度空前加强。20世纪初，这一特点被海派画家表现得更加突出。吴昌硕在工具上也有很大变化，他用的西洋红，过去的人都不大用，后来齐白石也用，这使花鸟画的面貌发生了很大变化。

清末民初时期，花鸟画出现了很多大家，他们确实有很高的成就。中国花鸟画，特别是写意画中存在很多精神性的因素，绘画的取材、形象的表现都是画家人格、节操的表现，这在外国同类题材的绘画中是没有的。另外，花鸟画的表现技法对人物画技法有很好的借鉴作用。黄胄从西北到北京的时候，有人对他说，去了一定要和苦禅先生学学笔墨的表现。花鸟画笔墨是相当丰富的，对当代绘画有很重要的影响。

大跃进时期，很多花鸟画家对政治题材的任务画都很勉强。可是苦禅先生画的《力争上游》，如果抛开时代背景来看，这幅画还是完整的，画本身也很有意思。还有很多合作画，不管是大幅还是小幅，甚至几十人合作的作品，我觉得都力求完整，很少拼凑的痕迹。现在，很多场合画家们也合作画画，画的时候大家很尽兴，但是很多这样的合作作品都不完整，留下很多拼凑的痕迹。那个时代的人对创作的态度非常严肃，严肃的追求才能产生好作品。合作这种方式以后不一定能发展，不一定可取，但从先前这些合作的作品来看，画家们都很严谨，创作出的作品也很完整，这有很多值得我们吸取的经验。

夏硕奇（中国美术家协会编审）

本次画展有很浓重的学术性，值得我们研究、思考，从中获得教育，这对开拓21世纪新的花鸟画创作是一次很好的学习机会。能来欣赏这场展览，参加这次会议，我觉得收获很大。

这些由名家、大家画的作品，有一种粗线条的感觉。构成这些画的元素，一个是功力，这些艺术家都很讲究功力；再一个是学养，从他们画面的结构、所构筑的艺术形象都可以看到画家学养中很深的层面；还有一个是才气，一看吴昌硕，那就是不一样，大才！横空出世，震动人心！他的作品为你提供了一个雄健的、磅礴的、辉煌的精神境界，让人很感动。

花鸟画深入到一定层次，还是人格魅力的体现。看了这些作品，感觉是不一样的。在座的画家都是北京画院的生力军，在这样的学术空气下，以上几个方面对他们有很重要的启示性意义。花鸟画在中华文化的历史长河里、在世界民族文化的领域里是一个独特的审美文化。作品非常讲究文化的寓意性、隐喻性和象征性，从而达到一种对精神内涵的揭示。大师和一般画家的区分在于画中精神性的表达。20世纪的大师、著名艺术家，他们的作品很充实，在情感上传达了一种人格的魅力，能够感染读画的人，有强烈的感情传递力量。现在，花鸟画界注重外在的东西比较多，有时候是一种程式的演练，对精神内涵、境界的追求较之前人有明显的差距。当然，时代在发展，我们的花鸟画也必须发展，重复20世纪的大师不是我们的发展方向、方法和追求道路。我们需要的是作品中有一种由古典文化或其嫡系到现代文化的演进，一种由传统文人画到对现代、对时代精神的感悟。一次在青岛召开的“美术理论家的工作会议”中提到了主旋律的问题，认为只有具备明确的社会主义思想的作品才算是主旋律作品。要是按这样的标准，潘天寿的作品很难归入主旋律的范畴。但是我认为他的作品正是在五六十年代，也就是中国解放后的黄金时代，那种生活巨变影响到画家精神深处的变化，并且在一个具有民主、进步思想的正直知识分子心中激起了真诚的回声，所以他的花鸟画具有精神性，带有那个年代的时代性。他跟着时代发展了，与他解放前冷逸、孤寂的情调追求相比有了很大变化。现今花鸟画的发展，特别是20世纪末到现阶段，环境问题越来越受到人类的共同关注，现代花鸟画对现代环境意识的深刻表达也是创造新时代花鸟画的一个重要方面，但却不是唯一的方面。对于前人，如青藤、白阳、八大、石涛等花鸟画精神的继承也是完全应当的。花鸟画的创作者存在时代感应的问题，同样核心的还有人格魅力的问题，这也是花鸟画最高境界的创造和营构问题。

郎绍君（中国艺术研究院美术研究所研究员）

20世纪的花鸟画家、花鸟作品没有一个全面的记载，经常会突然看见未闻其名的老画家的名字。20世纪过去了，许多20世纪较早过世的画家很快也被人们遗忘了：20年代过世的陈师曾、30年代过世的王梦白，一直到90年代过世的老画家，常常被人们遗忘。现在的拍卖市场，一方面可以唤起我们对一些老先生的记忆，同时也可以看到很多被遗忘的现象，很多20世纪老画师的画价远没有当代画家高，是否他们的艺术价值就不高呢？不能这么说。有一个很重要的原因就是这些画家从某种程度上被美术史、评论界、收藏界，甚至画界慢慢淡忘了。他们的画集出版得比较少，没有人为他们做宣传，只有学术研究时才会刊登出来，在美术馆里也很少能见到他们的作品，很多人不熟悉，甚至根本不知道这些画家，这是一个很普遍的现象。在这种情况下，北京画院举办这场展览，做学术研究、观摩，我觉得非常有意义。北京画院用自己的收藏不仅培养了院内画家，同时也培养了社会上的画家。这种展览是一种非常好的方式，如何宣传，吸引更多的人来观看，还是非常有必要思考的。

这次展览有很多画给我留下了深刻的印象，比如吴昌硕1897年的《天竺如花》、1912年的《菊花》和1915年的《竹石图》，这属于吴昌硕比较前期的作品。他于1911年左右定居上海，出大名也是在这前后，他主要算是20世纪的画家，并在晚年的时候形成了我们如今所熟悉的大写意、大气磅礴的风格。我们基本上学习的都是吴昌硕晚年的技法，而不知道他早期从任伯年一路发展过来的风格。他还有一些很精致的方面，我们如果不经历这个过程，只是从他晚年的东西入手，恐怕是学不好的。吴昌硕30多岁学画，但50岁以前并不以画画为主，主要以习书法为主。我们看到他30多岁到五六十岁的作品并不太多。所以看了这样的展览，收获特别多。

看李苦禅先生画的鹫，让我对他的作品有了新的认识。他60年代的作品我所接触的并不太多，过去总认为李先生成名主要是在七八十年代，即晚年。看了这张出自1961年的作品后，感觉画得确实特别好，一方面有晚年的力量，强调笔线的大气，同时画得很松动，不像晚年画得过于简单。可是在1961年，他的艺术风格已经高度成熟了，可以算作他的创作高峰期。

花鸟画最重要的还应该是笔墨问题，特别是写意花鸟。如果写意花鸟没有一定的笔墨能力，一定的笔墨功夫，没有很突出的笔墨个性，我觉得这种花鸟画是很难站得住的。花鸟画的精神主要不在于画了什么，主要在于怎么画。同样是画鹰、画鸟、画花，好不好，能不能动人，关键是看如何画出来的，看笔墨的力量。笔墨的力量要看三方面构成因素：一个是基本功，有没有指尖的力量，能不能把墨色把握得有韵味。现在的一些花鸟画家都欠缺功夫，一谈起笔墨功夫就觉得老掉牙、很保守，其实笔墨还是很重要的。当然，功夫并不能保证最后的成功，有了笔墨功夫后还要有“个性”，就是你的笔墨要与别人的有所区别。同样是学金石，吴昌硕本人晚年和早年的风格就不同，吴昌硕和潘天寿不同，潘天寿和李苦禅不同，齐白石和他们又不同，陈师曾、陈半丁、王个簃……都是从金石出来的，但他们都不一样，这就是笔墨个性，这比基本功夫更难。最后，就是笔墨精神。我们看吴昌硕、潘天寿……他们的精神化在笔墨里，主要不是因为他们画了什么，而是在于他们怎样运用笔墨显现出他们的精神。今天年轻画家如何创造一种时代所要求的新的笔墨风格和笔墨精神，我想还是可以从老一代的画家中吸取有益元素的，同时也可以吸收一些教训。如这次展出的大跃进时期的合作作品《力争农业大丰收》中，那种笔墨精神已经看不到了。虽然有功夫，但是大家为了一个任务合作大画，追随一种意识形态的要求。在这种情况下就要尽量湮灭或者控制自己的个性，大家求得一种共同的面貌，区分不出来是谁画的，也就没有个性了。这样的画在历史上不会再有更大的价值，但是也不完全是因为时代的关系，总的来说，北京画院很多画家在50年代以后过分强调政治，过分强调为政治服务。为了要将花鸟画画出时代精神，很多画家舍弃了自己的长处，舍弃了自己在笔墨上的修炼，没有太大的进展。我们拿陈半丁三四十年代的作品和五六十年代的作品相比，很难看出他有较大的发展。另外一些画家就不同，潘天寿的艺术成熟期在50年代，林风眠的高峰期是在五六十年代，他们都不太受政治环境的干扰，坚持自己的探索。这些历史经验很多是值得我们总结和思考的。

刘龙庭（人民美术出版社编审）

我对花鸟画虽然说不上情有独钟，但起码也是深有感情的。一个是因为老师于希宁是画花鸟的，师生关系情同父子；再一个是因为李苦禅先生是我们山东人，许麟庐先生是山东人，崔子范先生是山东人，郭味蕖先生是山东人……近代山东画花鸟的即使不能列为上乘，也有一大批，这些画家在20世纪花鸟画界还是具有一定的影响力。北京画院是块宝地，将所收藏的珍品不断向公众展示，每次展览，我们都会急忙来看。

黄、吴、齐、潘这四位大画家是大家公认的20世纪画界的泰斗，吴昌硕、齐白石、潘天寿主要以花鸟画名世，黄宾虹以山水画名世，但也有花鸟画的“副产品”。钱松喦先生也有花鸟画的“副产品”，孙其峰先生在画花鸟之余也画山水。花鸟相对于山水、人物画出现得要晚一些，但它却随着世纪革命、政治浪潮发展得很快，花鸟画的高峰也打造得比较快。相比之下，现在的花鸟画同黄、吴、齐、潘一比照，就显得比较疲软。20世纪花鸟画在中国画艺术中的分量很重。油画中的鸟是死鸟，而中国画中的鸟却是活的，王雪涛先生的锦鸡是活的，李苦禅先生的鱼也是活的。花鸟画写生和油画写生不同，它是画花、鸟、鱼、虫，梅、兰、竹、菊的神韵。花鸟画发展到吴昌硕、齐白石时已经把诗、书、画、印融合为一体，这样就把中国画的文化性、民族性，以及它丰厚的内涵提升到一定高度。而现在的一些花鸟画作品则在文化性和内涵上相形见绌。齐白石曾经题过“青藤雪个远凡胎，缶老衰年别有才”的诗句。齐白石最佩服的一是徐青藤，一是八大山人，还有一个是吴昌硕。“我欲九泉为走狗，三家门下转轮来。”这是齐白石非常谦虚的说法，齐白石对三位画家的艺术成就很佩服，甘为他们门前的“走狗”。现在很多人却没有这样的“谦虚”，他们目空一切，手底下功夫差，脾气却很大。齐白石的题跋："青藤、雪个、大涤子之画，能横涂纵抹，余心极服之，恨不生前三百年，或求为诸君磨墨理纸，诸君不纳，余于门外饿而不去亦快事也。"徐青藤、八大山人和吴昌硕对于齐白石"衰年变法"的笔墨气势和风格起了决定性的作用。齐白石琢磨的原因是：中国画的承传性不能脱节。不过现在看来，其后的发展还是脱节了。一是"文革"十年动乱，把花鸟画打成"风花雪月"；一是现在的书写工具不再是毛笔了。硬笔和毛笔的差异很大，这样一来，要想在花鸟画的笔墨功夫上超越前人是很不容易的；再者，学"大家"影响力很大，学的人很多，学得都很像，但是学得越像就越糟糕。

中国花鸟画要发展，一是要深入研究传统，一是要在现今的电脑时代、信息化时代、硬笔时代将其发扬光大。在年轻人的课堂上若讲诗、书、画、印，他们不感兴趣，说是老生常谈。可他们却喜欢在画上题跋一通感叹，什么"之乎者也"、半文半白、错字连篇，实在不敢恭维。一旦题跋就会牵扯到书法的问题，要想文思通顺、有含义就会牵扯到文学修养的问题。

刚才说到合作画。看王雪涛的画，荷花里的鸟肯定是他画的，荷花开头那几笔要比中间的挺、硬，这也能看出来，但组合在一起就比较糟糕了。按照郭味蕖所讲"气韵在笔生之，发于天授，不可以巧遇得，不能以岁月得"，天才的大画家和庸才合作实在是没办法，纵使齐白石和其他画家合作也只能湮没于其中。如果要合作，几个水平接近的人或者配合比较默契的人还好。如若来个"大杂烩"，你来"配枝"，我来"安叶"，那就不如不画。合作这种形式从古至今都有，反过来讲，大师在学生一般的作品画上几笔也能"画龙点睛"、"全盘解脱"。

在新的世纪里，在中国画界，希望在北京画院的带动下，花鸟画也能像山水画、人物画一样来一番振兴，能够运用新的角度、新的理念、新的笔墨使花鸟画出现新的面貌。石涛说"笔墨当随时代"，这句话我反复琢磨，"笔墨"不单单当随时代，它必然要随时代。艺术作品是社会生活的反映，不管过去、现在，还是未来。

主持人：刘龙庭先生为画院提出了合作中很值得思考的问题，针对我们合作当中消失个性的问题提出了警戒。当然，合作以后肯定还会有，如何协调起来而不失个性　两位先生给我们做出了很好的评断，提出了很好的建议，我们应该从中得到启示。

王为政（北京画院画家）

最近，《北京晚报》新开设了一个栏目叫"国人读书和国民素质"，请我写一篇文章，我说，陆放翁教导儿子"汝欲学写诗，功夫在诗外"，这句话是对的，但我觉得要看对谁来说。对陆放翁本人来说是对的，可是对他的儿子来说就不一定对，对后辈来说也不见得对，因为我们在"诗内"的功夫还没有下够。鲁迅先生在接受某个刊物的采访时被问到"对当代的青年人有什么寄予或者告诫"，先生说了很多，其中说道："少读或不看中国书。"这话对鲁迅先生来说是对的，但对我来说就不对。因为鲁迅早就把中国书都读透了、读烂了。他要把眼界放宽，多读全世界的书，中国书他可以不读了。此外，他还要搞创作，把自己的才华释放出来。我却不能这么做，对于大量的青年人来说也不能这么干。这个问题引申到今天其实就是继承传统的问题。当然，继承传统是为了超越传统，传统是不可以轻视的，不是敢想敢干就行，必须一步一个脚印沿着传统的路走，最后才能超越。

金连经（北京画院画家）

王为政刚才说的话我深有体会，艺术从古至今一直没有太大的变化，必须一步一步地走。四川有个画家说过 农民的儿子可以从父辈那里继承驴子或拖拉机，艺术家的儿子在父辈那里只能一笔一画地继承，无论什么时候都只能从基础一步一步地走。艺术是一个非常严肃、严格、认真的学问，是一个表现过程，不可能走捷径的。如果到不了那个深度，到不了那个位置，就会永远浮在上面。这次展览展出了大跃进时代的作品，是一批宝贵的作品，真正体现了“笔墨当随时代”的理念。 中国画在世界上是独一无二的，应该很好地研究和发扬。

薛永年（中国美术家协会理论委员会副主任、中央美术学院教授）

围绕着写意花鸟画，我思考了两个问题：一、形与影的关系。陈白阳和徐青藤的诗里都讲到形与影的关系，在更早的美术史和理论著述中这种探讨更多。他们曾说画竹子、梅花、葡萄是看墙上、窗上的影子。苏东坡也曾说过画人物是看人照在墙上的影子，因为影子是能传神的。山水画也有个说法叫“留影”，就是学习、实践怎样提炼要描写的对象，怎么进行概括和幻化。二、草书和写意画的关系。徐渭在谈到陈白阳的时候，总结了一条经验：草书兴盛后才有的写意画。写意画作为花鸟画的一个品类存在提炼的问题，其中笔墨又和草书关系密切，这就是古人遗留下来的传统和经验遗产。写意画与山水画中的反复积墨不一样，画在构思、在程序完成的时候也就完成了。尽管有些地方需要略微斟酌，但它基本是一次性在时间过程内完成的，保持了画家将胸中花鸟世界变成纸上花鸟世界这种运作过程的连贯性，以致笔势的连贯性也成为造成画面气势贯穿、生动活泼的原因。

联系到当代的创作，我们引进西方的平面构成来安排构图。平面构成注重几何形状间的关系在平面中的组织，组织得好可以增加视觉的张力，让人不可不看，吸引眼球。这当然可以拿来，但是这种平面构成是一种设计意识，它有长处，必然也有短处。它吸收了书法特别是草书的感情，不过这和画家个性随着笔势运动融到形象中去还是有区别的。理性因素多了，流淌出的意识并不一定强，而是要把从平面构成以及书法中所吸收的优点结合起来，把花鸟画的个性和感情抒写出来。

新时期以来，我们的花鸟画有了很大变化，都比较追求“原生态”，把折枝的、一撮的恢复到大的环境中去，恢复的方法比郭味蕖那个年代又更丰富些。郭先生画个石头，画个流泉，就算山水和花鸟结合了，而我们新的花鸟还讲究渲染气氛。这无疑是一种突破，但究竟是不是超越就值得思考了，如果没有画环境仍然能够还原“原生态”的感觉，说明画家的手段高明，善于提炼；如果环境画得多余，影响了主体、花鸟，或者平分秋色，那就是提炼得不够。花鸟作为一个绘画主题在唐代就有了，宋代专门列了一科。单立一科的时候就有不同的意见，这意见到20世纪依然存在。苏东坡讲过“占色而画，画之陋也”。画家要是挑品种来画，只画某一种画，这对于整个中国画来说是一种衰落的表现。到了60年代，潘天寿先生认为中国画必须分科教学，后来才有了中央美院和各个艺术学院、画院在培养学生时的分科，同时也发展了不同风格的画种。所以我们认真地研究传统，把对于传统的不同看法做一些思考：为什么苏东坡说分科会导致绘画的衰败？为什么潘天寿作为人民代表、政协委员的提案会被采纳，还提出“分科培养中国画人才”？不同的历史环境有不同的道理，那么今天怎么说才对？浙江五六十年代的人物画创作，从花鸟画中吸取了笔墨，这是否可以理解为我们如若进一步发展花鸟画，也可以在人物、山水画上提高一些素养。艺术家传达给别人的视觉要能唤起看画人的其他感受和对花鸟世界的总体印象，这样才能进一步作用于人的思维和精神。因此，我认为可以分科去画，同时也要重视苏东坡的提醒，要从其他画种里吸取营养，从整体上去把握世界。

另外，画院是中国从古到今的特色，这一点在上世纪50年代开始凸现。无论是创作、教学，还是研究，都形成了两条腿：一条腿是各种美术学院，另一条腿就是画院。宋代的画院，画师除了作画还要鉴赏，鉴别画的真伪，艺术品的高下、精粗。北京画院通过本单位的鉴赏，结合作品的研讨与自己的思考，提高了我们鉴别艺术品的眼光。徐悲鸿先生最自信的一条就是能识别古今中外作品的优劣。眼睛高了，手才能随之提高。关于文化传承这个问题，有人说新世纪要东方既白，要走向世界，要弘扬我们的文化，让外国人认识我们……那么你的根就要积累得很深厚。画院的收藏是一种重要的文化资源积累、一种积淀、一种财富，大家需要充分利用这些资源。

展出的作品可分两种：一是花鸟画家常画的题材；一是企图按照要求表现新时代的内容，如大丰收、力争上游等题材。这种传统题材、画法、风格都非常丰富，各不相同，功夫非常深厚，连题诗也很有寓意。我注意到吴昌硕的《菊花》，这幅画画得不太好，我请教郎绍君先生，他说可能是学任伯年早年的风格，画得软了些。但是“秋容匝地，石气凌天”这个题非常好，恰恰反映出20世纪花鸟画的一大变化，即追求那种碑味的大气魄，这些都从这张画中体现出来了。另外一点，画本身要有境界、品格、格调。因为它是一种文化符号，形象本身可以有个性，在这种范围里追求有生命力的东西。这些作品中能够达到一种高度的是周思聪的荷花。周思聪晚年受病痛折磨，非常痛苦，但她画的是一种神仙境界的荷花，寄托了她崇高的格调和精神境界，题材是老的，内涵却是新的。

20世纪花鸟画的用色比原来浓，笔墨的节奏感也比原来有所加强，或者说更活跃、更有节奏。崔子范先生主持院政的时候直接指导画家用色，这反映出20世纪以来色彩和墨的节奏有所加强。关于由雅入俗的问题，俗是功能上的，不是品格上的。比如陈师曾的《竹石图》，这幅画是祝寿用的，选材非常好，画的寿石、灵芝都意味着长寿，同时他还画了竹子，代表一种高风亮节。作品用于祝寿，功能上具有市民化特征，这是20世纪花鸟画的特点。以雅来画俗，又不完全是入俗，它是要从画中体现一种传统，体现一种寄托在花鸟画中的精神追求。

现在一些笔会活动会将山水、人物、花鸟分成三组，然后找一个人先开笔，接下来大伙儿就往上加，最后再烘托整体效果，谁画什么，大家有商量。但展厅这幅合作的《花鸟》，并不是商量着画的，先画石头，然后逐渐往上补。齐白石画的鹌鹑和石头的笔墨干湿还比较接近，然后陈半丁画的黄菊，王雪涛画的霜柯，汪慎生画的蝴蝶，吴镜汀画的山坡。这是山水、花鸟的合作。我们单科的画家多增加山水、人物、花鸟画的互动，合作画是有好处的。

这次展出了郭味蕖先生四条屏的博古，尚辉提醒我说画上的拓片是贴上去的。过去我看过印刷品，晚清的吴大澂、任薰、任伯年、吴昌硕、蒲华……都有一批博古画，器物拓了片再往上画，这是当时的风尚，到了20世纪还有个别人如此。这种画法是一种很现代的艺术表现形式，在晚清就出现了，可以称之为综合媒材。所以不要以为要“现代”就只能学外国的东西，传统也是可以挖掘的。拓片与中国画的结合其实也是一种创新，而且有特殊的含义。牡丹是国色，其下的古器物代表悠久的历史，深奥的文化。所以说我们的传统资源可以通过藏品去思考获悟。

主持人：北京画院是最早拥有收藏经费的单位之一。这份责任很重，买假了、买贵了是要承担责任、留下骂名的。于是，我们每年收藏一些现代的作品，鼓励画家为我们的收藏事业做奉献，而我们象征性地回馈一些经济奖励。起初我们还到拍卖市场购买，可是市场水涨船高。今后大家如若有好的作品，也请为我们的收藏公益事业多做贡献。

刘曦林（中国美术馆研究员、中国美术家协会理论委员会副主任）

北京画院把优秀的藏品有组织、有学术规范、有主次地一一推出来，这为美术界做了很大贡献。看过展览使我对20世纪的花鸟画有了新的认识，它让我进一步认清了20世纪几个转化现象。一是从古代的文人花鸟画转换成世俗化的过渡期。吴昌硕、齐白石属于转换期的重要人物。古今转化过程无疑是受了市场、社会世俗化，或者大众化艺术思潮的影响，因此也有了从阴柔向阳刚、从水墨向色彩这样的转化。特别是潘天寿、吴昌硕、齐白石等这几位大家审美倾向的转化；再者，从水墨写意转向墨、彩并重。在这个问题上，写意花鸟画早于写意山水画。在赵之谦、吴昌硕、蒲华、齐白石、潘天寿完成写意重彩花鸟画的转化之后才有了山水画的转化，才有了朱屺瞻、刘海粟、张大千把中国的浓墨和重彩结合在一起，从而自觉、不自觉地形成20世纪中国画风的一种演化。此外还有一种转化，20世纪后半叶，即1949年之后，花鸟画被社会化了。并不是说文人画不是社会化的现象，文人画的产生正是古代文人的心境，那种洁身自好的人格的表现，也是一种反抗意识的发泄，而水墨正是最好的发泄形式。1949年以后，受极“左”思想的影响，同时也有时代对花鸟画的特殊要求，才出现了《农业大跃进》这种有代表性的作品。《农业大跃进》在艺术上并不是最好的，它有很多弱点，但是能将30多种农作物组合在一起也相当不容易。可贵的是这批画家并没有都去画《农业大跃进》这种画，尽管所有的画家都画过稻子、棉花、玉米，像郭味蕖先生在五六十年代画过《银锄》，但都不像齐白石当年画玉米那样真诚。包括吴作人先生画粪筐、画扁担……他们是带着知识分子进行思想改造的情感，对自己要求过苛，一定要和文人画划清界线，这都是那段历史造成的。但在这样的艰苦岁月里，一些画家依然能从花鸟画自身来考虑怎样表达一种健康的情怀，表达自己的人格，实在难能可贵。潘天寿和李苦禅有两张画是当时的代表作，两人题材相近，风格不同。我也在考虑李苦禅的艺术盛期是在“文革”之前还是之后。“文革”之后，他的艺术进入新的辉煌期，之前的小画画得很多，虽然已经非常好了，但还不是特别出彩。我看了这几张作品后，调整了自己的看法，其实他在五六十年代就已经画得相当好了。

另外一点，从20世纪花鸟画的演变来看今天对花鸟画的想法，我想应该重新来认识。一是重新认识写意。这个“写意”，我考虑了多少年，有时候很回避这两个字。我认为“写意”更倾向于一种美学观念，不单纯当“书写”的“写”来讲。我在一次有关写意画的研讨会上发表过这样一个观点：关于“写”，在《辞源》中有“转移”之说，即从一个容器到另一个容器叫“写”(xiè)；还有就是“一写(xiè)我心”、“一写(xiè)我忧”，这些都是当“倾泻”的“泻”来讲的。唯独用到写意画概念的时候读为xiě，而不是xiè这个发音，这时候，它带有“写意”的意思。今天，我们认识写意画则要回到它更广义或多意的观念上去。大家约定俗成地将其作为一种题材来认识这未尝不可。和“写意”对应的是“写实”，和“工笔”对应的不是“写意”，而应该是“简笔”，或者是“疏体”，或者“密体”。只是我们的使用一直不规范，大家已经约定俗成，所以未尝不可这样来使用。尽管我尽量地回避，但在文章里也不得不这么混用。这里面的问题是：当作xiě来讲的时候有一种中国书法对中国写意艺术的催化作用，内涵很重要；作为xiè来讲，倾泻自己的心意、情思、感受的时候，就比xiě有更高的要求。有的朋友称自己的画是"大写意"、"超大写意"，我对这个不太认同。其实往往只是笔法的简练程度而已，甚至笔法还不一定要简练到那个程度就称为"超大写意"，就成为一种标榜、一种水平，这对写意并没有真正地认识，真正地理解。既然我们的写意是"从于心"的话，那么就和"从于力"是截然相反的概念。

我对几张画感触很深，吴昌硕的《菊花》并不是他最好的东西，薛永年先生对画的真伪还曾提出质疑。我觉得这个画是值得怀疑的，感觉题的八个字不真，花也稍微松散了点。1912年接近吴昌硕艺术的后期，这时的作品给人感觉应该有更好、更丰富的表现。我的话仅作参考，不一定对，也许有的画越像他的，就越是假的。

何香凝的《梅花》应该是她的精品。她敢于把梅花直线交叉、直角交叉，这与她的个性相关。周思聪的三张荷花有两张非常好。她晚年与世无争，这种心境和感情在笔墨里的自然流露是值得我们画荷花的画家去参考的。什么样的情思、什么样的情感可以驱动你找到什么样的艺术表现符号，可以说这两位女画家的作品很有启发作用。

写意艺术、简笔艺术最后要能站得住脚，笔墨达到的火候是非常重要的，所以这也是一个大器晚成的画种，越到晚年画得越好。因为不到一定火候，意识不到笔墨的精髓。李可染先生到了晚年领悟到董其昌的墨很清，由于他的心境需求，要对古代文人重新认识。有些笔墨会随着时代变化被重新认识，有些笔墨会随着我们自身水平的提高被重新认识，所以不到那个火候就没有那个"成色"。

最后谈一谈合作画，我感到那个时代的合作画是非常认真严肃的，当然展出的两张合作花鸟画并不及合作的山水好。为庆祝苏联十月社会主义革命当时有一大批画，最好的是《万古长青》，另外还有一张大花鸟画，送到苏联去了。当时都是经过精心构思的，谁画什么，画在什么位置。老一辈的文人、前贤们合作时是互相揖让的。现在的合作画，画家们互相商量不足，以应酬的心态，还相互争夺地盘要把自己的部分画得最突出，不知道互相揖让、互相协调。另外，山水、花鸟、人物不要单打，它们之间要有互补关系，很多老画家不管山水、人物、花鸟都能画。三者之间的情感是有共鸣的，或者有同构关系，笔墨里面更有内在的联系，甚至和油画也有相通之处。

李魁正（中央民族大学教授）

我有三点看法：第一，展览让我看到了实实在在的笔墨造型。我在教学中不断地研习和临摹传统，给学生讲解不同画家不同风格，同时也获得了不断向前辈和大师学习的机会和体味。就技法观念来讲，假如说凹凸结构法是工笔画的本法，（凹凸法，即西洋画的素描关系，中国画的结构关系），那么写意画的根本法就是笔墨结构法。笔墨在写意画中是不可缺少的。特别是元代以后，文人画家在这方面做出了很高成就。实实在在的写实造型，不管写意，还是工笔，都是意象的写实，虽然惟妙惟肖，却不是具象的。如果是完全的具象，那就不存在"意"了，所以应该是意象的写实。在工笔画写生里面，我觉得不能再现自然。写生是不可缺少的，我们没有古人那种超强的记忆力。写意应该是默记的、规律性的去学习，这样我们才不是具象的写实，工笔也不是客观的再现。不能单纯地靠写生，特别是如实地记录。谈到写实，齐白石、王雪涛的写实可谓技艺高超。写形和造型其实是一种认识和体悟，对形的理解其实有很大的伸缩性，所以笔墨表现结构寓意是有开示作用的。就像修炼，很多高僧讲法是要开示的，往往能点播最根本的东西，使得很多修炼家顿时开悟，这在笔墨中也是有的。风格的差别是每个人对笔墨造型、写形、尽意的独立感悟的体现，因此风格可以拉开。先说写意，再说造型，再说结构，这么多大师级作品摆在那里是一种全然不同的感觉。由此可见，花鸟画的发展道路应该是非常开阔的。

第二，天赋和涵养。将品格融入画面，一笔一墨、一情一景、一情一意体现了20世纪花鸟画的精神，这批画家正是如此。他们非常沉静、沉稳，而且有涵养，个人的气质与大自然生命的契合在他们的画里都淋漓尽致地表现了出来。今天，我仍然认为文人画家要读书，要体悟书法和篆刻中的审美要素，在书法里体会用笔的意蕴，在篆刻里体会黑白的构成。如果能将这种黑、白、灰的关系处理好，那么画面里墨色的关系也会搞好，再加上本身的气质，我想这幅画就画出来了，至于画的高低还要看作者的涵养。其实有很多古代画家，他们跨越的领域不一定很全面，但他们会在山水、花鸟、人物画中互相借用。我个人就从李可染、黄宾虹那里得到很多山水画的技法。在构图上，李可染是以黑为主，周围一圈留白，具有很强的张力；潘天寿的大石头是一块空。其实他们的构图方式是一样的，只是翻过来用罢了。对待创作问题有时需要用这样的思考方法，不然我们没法开阔，所以我觉得潘天寿的画法更可取。当我看潘天寿的秃鹰和蟾蜍时，觉得它们非常有张力，阔达雄伟。

第三，我认为临摹、写生和创作是新一代学画年轻人的必修课程。以前学画要临摹《芥子园画谱》，它是有生活的。现在的临摹很容易临死，学院派的教学还有很多需要商讨的地方。虽然说它培养出不少专家，但同时也培养出不少废品。临摹是“间觉”，写生是“直觉”。“间觉”是学习中不可缺少的，是间接从别人那里得到的感觉。就像修炼打坐的同时还须念经、听禅一样，可以吸取别人修炼的经验和觉悟。写生作为直接觉悟的过程也是必不可少的，只有兼顾二者才能创造。创造是悟觉的验证，是通过了“间觉”和“直觉”的验证。前辈大师的一大优点是能扬长避短，我们要有能觉察出大师不足之处的本领。这不等于狂妄自大，而是要寻找他们找到自己位置的经验。优点其实也是缺点的暴露，包括任伯年、吴昌硕、齐白石……他们以优点掩盖缺点的同时就把缺点暴露出来了，比如吴昌硕的粗野、任伯年的草率。潘天寿的《鹰》和李苦禅的《山岳钟英》有很多的不同，比如审美和观念。潘天寿的墨韵非常坚硬，没有李苦禅的漂亮，细看也没什么层次，有点像版画。石头没有八大的圆润，只是个“框子”，也比不上郭味蕖的石头那么漂亮。但是他非常聪明，在“框子”里点了很多点，还有很多草，稍稍掺入“写”笔的石头也很丰富，突出了画面的精华——秃鹰。体会前辈的成功经验，尊重自己的感悟，开启个性的潜能，创造时代的花鸟画和花鸟精神，这种精神涵盖了中华民族一切优秀的元素，从而具有今天的整体心态和面貌。我认为，历今承古、立中读西、立足本根应该是我们创造20世纪和21世纪花鸟画的本质精神。成功之路不甚相同，也无需认同一种规范。

陈履生（中国美术馆学术一部主任、研究员）

欣赏这个展览有种阅读美术史的感觉，它给我们提供了研究写意花鸟的个案。我认真观看了一件作品——《农业大跃进》，这是我以前从来没有见过的作品，它和《力争农业大丰收》是对应的作品。在20多年的美术作品研究中有很多误区，认为新中国画家出于无奈画了这些作品。我认为应该辩证地来看时代对一个时期艺术的影响。比如说：如果没有这样一个时代，画家就不能画那么多种植物，我们的花鸟画也难以呈现出那么多的面貌。辩证地看时代与艺术的关系时，看50年代改造中国画的问题时，除了那些很明显的问题外，还有一些积极因素刺激了当时以梅、兰、竹、菊为主要方向的写意花鸟画的发展，改变了这种发展路线，出现了以描绘眼前生活景象的花鸟画新题材。虽然在齐白石的作品中已经出现过一些农作物题材，但题材如此之全，或者予以它新的寓意，或者新的表现方法，都是一种时代特点。20世纪花鸟画多样化的发展，改变了文人画的审美趣味。新题材不断出现在花鸟画中，也改变了花鸟画的画法。旧画法和新画法的结合对20世纪花鸟画的影响是以后我们要慢慢研究的问题。

整个写意花鸟画在当代中国绘画中的衰落是一个不容忽视的问题。比如在主流阵营中的画家，张立辰、郭怡孮、李魁正等一批画家基本代表了写意花鸟画的发展方向，但从整体的水准上来看仍处于衰落状态。北京画院这次展览对反思当代写意花鸟画具有很好的借鉴意义。

赵力忠（中国国家画院研究员）

尽管20世纪写意花鸟画取得了很大成就，但当时的时代背景却非常糟糕：前半叶是动乱，后半叶是动荡，出现了像李苦禅这样一批老画家看大门、卖电影票的情况。直到1957年北京画院成立后，才把他们集中到一起搞研究创作。当时这些老画家的心情是很复杂的，既有进入新社会、迎接新生活的感激心情，又有如履薄冰、站在激进中沉闷的心情，怕犯错误。尤其是经历了1957年反右运动以后，他们的心情很复杂，于是这种背景下出现了这批作品。从作品来说，20世纪花鸟画的转轨就是把中国画里原本属于私家的艺术转向公共的空间，这是20世纪一个很大的转变。设想一下，如果没有这种转变，我们只能把那些小扇面之类的作品放到人民大会堂中去。我们直接或间接地利用了他们探索的成果，尽管表现在艺术的功能上，但也体现了艺术的发展。如果功能缺乏、功能弱化，甚至退化，那么艺术就无法发展。如果中国画还没有进入公共空间，仍然停留在画扇面、手卷，或是三五个朋友相互把玩的层面，它可能难以发展到如今中国画热火朝天的状态。举个例子，绣花鞋样在“破四旧”的过程中消失了，如果绣花鞋样能从私家艺术的鞋面上扩展到公共空间的领域里发展，它就很有可能流传下来。

邵大箴（中国美术家协会理论委员会主任、中央美术学院教授）

20世纪上半叶，花鸟画的辉煌时期已经过去，想旧梦重温恐怕已经很难了。在此，我想谈谈关于艺术教育的问题。

20世纪的教育取得很多成绩，但问题也很多，现在的艺术教育培养不出这种类型的花鸟画家。解放后培养出一些有影响的画家，有的在当代仍然很活跃，但是达不到这种高峰。任继愈说过，现在的艺术教育是蒸馒头，一个锅里蒸出来的都差不多。所以现在的花鸟画要想重现以前的辉煌，可以说很难。我们应该考虑如何在21世纪培养新的画家、艺术家，包括改革艺术教育、改革招聘人才制度。现在的社会太注重学历，民间许多人画得很好，但进不了学校。我曾经很不解20世纪90年代初周思聪在《青年报》上发表的一篇文章，说考美术院校文化课不重要，现在想想不无道理。现在考学要求学生面面俱到，要求全面，有特点的人进不了门。很多数学家、化学家、物理学家，如果讲究面面俱到，恐怕连大学都上不了。当然，这不是说画家只会画画，进门后可以再去培养。

21世纪花鸟画的衰落尤其明显，品格不高、精神不充实、没有诗意。刚才讲到形和影的关系。如何表现影的神态？其实就是把它转化了，诗意地把握现实。它是从现实中来，但画的时候却不能留下客观的形。还有笔墨的问题，不能说我们的笔墨不行就去仿效，要达到大师的水平是不容易的。这代人是明末清初至20世纪前期培养出的大画家，解放后几乎很难再培养出这样的人。北京画院举办这些展览，并且出版了画集，这将引导我们的创作，指导我们的艺术教育，指导我们对人才的招聘制度。

主持人：今天的研讨会是一种高端的学术理论研究，希望能对我们的画家有所启发：一是要求我们如何做学问，专家已经指明了方法；一是要求我们在这样的基础上如何修炼自己，这就是邵先生所提到的关于再造的问题。学历不高的进来后要补充学问，增强在文学、史学方面的驾驭能力，甚至在哲学方面也尽量要有所建树。最后，我代表北京画院对各位先生表示衷心的感谢！

“和而不同——北京画院院藏人物画作品展、草泥乡里——齐白石笔下的水族意趣”学术研讨会

（根据会议录音资料整理）

时　间 > 2007年8月3日

地　点 > 北京画院美术馆五层学术报告厅

主持人 > 杨延文（北京画院艺术委员会顾问）

主持人：黄胄、蒋兆和这些先生的作品对于现在的年轻人来说可能很生疏，但是对于我们这种年龄的人来说则是再熟悉不过了。我年轻的时候做过艺术研究，天天面对这些作品，对它们的创作年代记得很清楚。包括叶浅予先生的《程砚秋在舞台上》，还有黄胄、李斛先生的代表作品。这些大师的作品当时在展出时对北京艺术界产生了深远影响。现在将这些作品重新展示出来，同时对这些画家、对画院的藏品进行研讨，是为了更好地认识人物画的意义。此外，我们集中把齐白石先生的水族系列（主要是描绘虾、蟹、鱼的作品）做一个梳理性的展览，这个展览是继齐白石的人物、花鸟、梅兰竹菊展览之后的又一次专题性展览。

邵大箴（中国美术家协会理论委员会主任、中央美术学院教授）

黄胄是一位了不起的画家，晚年时每次开讨论会，他都不想听恭维之词，而是要听人家对他的意见，这是黄胄的雅量。黄胄创作的中国人物画为中国画的风气注射了新鲜氧气。后来他进一步发展了自己的创作，从平面造型、白描的神韵和西画的素描造型来表现人物的性格、神情以及韵致，而其中又是有差异的。

今天所看到的人物画造型手法有两种：一种是素描，一种是中国传统的白描，这两种手法是有区别的。中国画以素描手法入画的画家有蒋兆和、李斛，在他们前面的还有徐悲鸿，他确实有自己的独到之处。这种手法无论画面的体面造型、立体造型，还是结构，都比较符合现代人物造型，徐悲鸿确实具备了这种能力和水平。以白描手法入画的有中国画的神韵，但是缺少了素描的现实感。这两种手法到现在为止还有争论，所以新人物画发展起来以后，周思聪、卢沉进行过反省。当时周思聪用毛笔画人物画，在世界上恐怕是独一无二的，没有人能画得这么准确，用毛笔把人塑造得那么生动。周思聪在90年代初期有一点动摇，她感觉过去画的人物画落伍了，感觉到中国画以线为主的造型与自己之前的手法存在着差别，她想重新走一条路，后来周思聪走得比较成功。

人物画造型手法的这两条路到今天仍可以继续走下去，一种是融合西方的素描造型继续发展，一种是延续中国的传统白描造型继续发展。因为中国画传统不仅是人物画的传统，还有汉画的传统、唐代绘画的传统。今天看到的这些人物画作品，包括蒋兆和、黄胄、周思聪、李斛的作品，使我认识到人物画的道路应该是很宽广的。它和山水画有相似之处，山水画在反思了李可染的方法，感觉到一种新的风气之后有所改变。所以山水画和人物画一样，道路应该是非常宽广的。

我为这次齐白石的水族画展览写了一篇文章，想来想去，写什么呢？就谈到齐白石渐变和特变的问题。齐白石是渐变的，他游虾画得最多，恐怕在座诸位对虾的了解没有我了解得深入。我在乡下从小是抓过虾，钓过虾的，齐白石对虾的把握也是如此。他自己也说，以前没有人这样画过，也许以后有人会和他画得一样。这类题材的绘画太了不起了，我感觉齐白石“草泥乡里”的展览办得很好。

郎绍君（中国艺术研究院美术研究所研究员）

大家都知道齐白石的水族画得好，刚才邵先生也说到这是一个逐渐的过程。其实齐白石画水族最初也不是写生，而是从临摹入手的。《沁园主人戏笔》这张画画于1882年，当时齐白石才18周岁，那时他还不认识胡沁园，他从胡沁园学画是27岁以后的事情，所以这张画应该是胡沁园画的，上面的题字也不是齐白石的。不过我们可以从这里了解到，胡沁园也是能画虾的，并且和齐白石的虾存在一种渊源关系。齐白石画草虫最初也是师从胡沁园，是从临摹中来的，但是齐白石的写生主要还是观察。他不像我们学画那样一笔一笔地描，因为虾是活的，只能画速写。就像我们画活动的模特不可能画素描，只能采用速写的方式。所以齐白石的案头总是放着一只大碗，养着草虾，用笔杆子一捅虾就游起来，这样做是为了便于观察。他画鹰最初也是临摹，后来才让齐良已向朋友借了一只鹰。画鹤也是如此，后来觉得画得不好，就跑到动物园去看，这些都是有记载的。

我觉得齐白石画水族最了不起的地方是他把形似和笔墨表现高度地统一起来。因为中国传统的绘画，追求笔墨往往就要舍弃形象，这是一个很大的问题。齐白石不是学素描的，他没有受过拘束，所以也就跳出了这个过程。他有自己的观察和描绘方法，这些和学西画的人有所不同。但是齐白石又有画肖像的经历，有过一点对素描的认识，他能画得很逼真。齐白石创造了一套办法来画虾、画蟹、画鱼。头怎么画，脚怎么画，壳怎么画，感觉是什么，他都刻意去追求，追求高度的形似，以及笔墨的那种经验，那种韵味。虽然有很多人仿造齐白石的画，但是熟悉齐白石作品的人一看就知道不是他的。齐白石画水族、画小鸡是这样，但是画人物、花草的时候就不再这样画了，一种技法只是限定在某些对象上。绘画材料的使用主要是以水墨在生纸上画。黄胄画驴在某种程度上也继承了这种传统，不过黄胄的驴更简化了齐白石的创作风格。吴作人画牦牛、画金鱼、画骆驼，达到了高度的简化，但是用笔的力量还是无法和齐白石相比。在笔墨力度上，吴作人不如黄胄，但是他比黄胄的画面更干净、简洁。因为吴先生的画有一种高度概括的笔力和造型上的修养，要比黄胄好。但是就笔墨功底而言，吴先生的墨用起来还是不足的，还没有达到笔精墨妙的程度。所以我们今天如何学习，如何继承，还有很多问题是值得研究的。

齐白石捐赠的这些作品是他过世后家里存的一批藏品。但是据我所知，齐白石的一些优秀作品存在家里的并不多，很多精彩的画基本都是给别人画的，比如最精彩的山水画都送给朋友了。重庆博物馆收藏的十二条屏非常好，是齐白石为四川军阀画的。他家里精彩的作品不是很多，因为自己并不收藏。不过这部分作品却有很好的研究价值，比如我们今天看到的这些水族画，鱼虾题材的作品有很多可以供我们参照和研究。精妙的作品虽然不是很多，但是尝试性、探索性的作品很多，我们可以深入地研究齐白石的创作过程。精神、体力、心情、材料，很多因素都决定了作品的好坏，我们不能要求一个大画家的每幅作品都是最优秀的。总之，我认为这个展览是很有研究价值的。

此外齐白石有一些提法也很有意思，从美术史的意义上看，齐白石生活的北京是很排斥海派这些画家的。40年代的时候，谁家里挂着任伯年的画是要被人取笑的。只有徐悲鸿、齐白石这些没有宗派观念的人才敢说海派的作品好，而且齐白石本人和海派的关系很密切，有很多继承关系。我们看不到齐白石对任伯年等人的见解，但他对此还是很注意的。他有自己的看法，但不一定要说出来，直白评论画家的题跋并不多，但是能感觉到在那个环境里，齐白石和当时北京人的看法是不同的。

主持人：这确实给我们很多启发，人们总认为齐白石画的虾是透明的，实际上他是用焦墨画虾，很实在、很厚重，虾的壳子立体而透明。下面有请齐白石的弟子娄师白先生发言。

娄师白（北京画院画家）

齐先生画虾，我和他学画的时候已经变了好几次。在我向他学习之前，齐先生画的虾还没有达到高度的质感，只是点了头和身子。那时候的虾画得很伏贴，也画得细。齐白石的变化是在每一次作画中都有表现的，这是我的体会。我向他学画的时候，他已经72岁了，那时候的画风比较成熟，画虾的手法也做了一次变化，从虾的胸部最容易看出来。这之后，虾头上的用墨就比较经典了，改成像虾壳一样的硬，这就是给人印象中的透明感。

齐先生一直在画，从不满足。但是从思想上来看，画虾还是和他自己的喜好及生活有关系。他原来接触过虾米，说小虾子能咬人，是用钳子夹，这是他小时候就有的印象，所以一直对虾很注意。后来卖对虾的多了，他又觉得原来的小虾不够气派，于是又研究起对虾来。对虾没有前面的钳子，但是身子更大，他就把小虾的钳子安到大对虾的身子上去。所以你若要追求齐白石笔底游虾的具体形象，就会发现它们既不是对虾，也不是河虾。

主持人：感谢娄先生，把最大的秘密泄露出来。娄先生十几岁就跟着齐先生学画，对他整体艺术风格形成的过程很了解。虾画几个须子，哪个年代改变了，哪个年代改良了，这些细节都很清楚，这对我们研究齐白石的水族作品意义很大。现在绘画往往是浅尝辄止，无法达到齐先生研究生活的严肃，以及观察水族的认真这种创作态度了。

陈　醉（中国艺术研究院美术研究所研究员）

我对传统艺术有很大的感触，这些感触归结成一句话就是：真正接近艺术真谛的还应该是中国绘画。我接触过西洋绘画，自己也摸索过中国绘画，确实感觉后者给人的触动更深。因为有过这种感受，所以总会想到一件事情，即中西艺术的比较，中西艺术在本质上的拼接，尤其是在美术源头上的拼接。我上大学的时候，美评课主要是讲黑格尔、康德这些哲学家的理论。其中印象最深的就是车尔尼雪夫斯基的“论青蛙”，他说“青蛙是丑的，在它身上有一股尸体般的黏液，艺术家是不会对它感兴趣的”。可是齐白石笔下的青蛙多美，多有灵性，有神韵，这就是中国艺术的伟大之处。

西洋艺术有其伟大之处，如人物像的逼真性。西方人画橙子，能画出橙子被切开后上面还留有橙汁的感觉，让人有想吃的欲望，这点很了不起。中国人可能没有这个能力，但毕竟我们是两个体系。我们叫“花鸟”，他们叫“静物”。花鸟不仅仅是花和鸟，而是一种美感，是美的享受，有一种灵魂的东西。静物则是把对象很准确地表达出来，所以中西方绘画还是不一样的。外国人画橙子画得很好，但画花鸟不行，比如玫瑰虽然画得很像，但怎么画都是一个标本。尤其是画鸟，完全是标本的感觉，没有灵性。虽然羽毛、颜色都很像，但感觉是死的。中国的花鸟是非常活的，尤其是齐白石画的水族。我尚未发现外国人画过这类题材，也没有像我们这般如此自由地表达。可以说描绘万物在环境里的自由感觉和人类心里的自由感觉，西方绘画语言都不及中国。

今天看齐白石的这些虾、青蛙、螃蟹，会感到一种灵性，一种生命力，一种造化的伟大。中国艺术有很多比喻性：画条鲶鱼，意味着年年有余。这种境界在西洋绘画里是没有的，这个感觉、高度、境界确实对中国传统绘画贡献很大。

此外，新中国建立以后，迫切需要人物画，这是政治需要，而不是艺术规律本身的需要，但对中国传统人物画的发展在客观上起了极为重要的推动作用。不过那时人物画作品的需求为数极少，不能作为一个国家意志来表达。许多年以后，这种政治上的需要又促进了人物画的发展，所以说这样的综合可以慢慢推动中国人物画的进步。

周思聪后来的作品浑然一体，不光是衣服和脸形，甚至结构和构成都很自如地融合在一起。这是她几十年摸索的结果，这一代的画家有非常明显的突破，有一个新的面貌。如今中国式的人物画已经逐渐在我们心中形成了，相信我们在这样的努力下会有更好的发展。

刘曦林（中国美术馆研究员、中国美术家协会理论委员会副主任）

关于齐白石水族的展览，前面几位老师从造型和笔墨等方面发了言，我想除此之外还有齐白石的一种情绪，一种心态，这些草虫作品背后还有很多心思值得我们去研究。另外我感到老一辈艺术家的传统功夫与现今试图表现时代的艺术青年却苦于找不到方法的现实形成了巨大反差。当年蒋兆和到北京来，徐燕荪让蒋兆和拜他为师，蒋兆和却没有拜师，这背后的味道就在这里。蒋兆和很自命不凡，不画老一套的东西，而是要画新东西，走新路子。

刘龙庭（人民美术出版社编审）

北京画院的藏品都是珍品，宝中之宝。周思聪70年代的作品和80年代已有了很大变化。在王雪涛的追悼会上，我跟周思聪并排坐，我说她现在画得没有以前好了。那些变形的人物画，有的人画成了斗眼，不好看。她说自己画得从来都不好，但是现在的作品自己感觉有意思，回头看从前的画，感觉一点意思都没有。这大概是因为周思聪到日本访问之后受到了一些启发。她和卢沉都是中国人物画变形和探索的先驱。北京画院这次展览不是作品内容的展览，不是中国画历史的展览，而是技法的展览，是画家综合素养的展览。

闫振铎（北京画院画家）

看了展览，特别是看了齐白石老先生的这些作品后，认识了他对待艺术的态度，这对我们来说是一次教育。齐白石的贡献可以从中国画的传统角度来看。中国画的老前辈有几位是有新的发现和创造的，而且这种创造是全方位的。齐白石如何从实际观察中提炼笔墨，提炼出中国特有的表现方式，如何在生宣、水、笔上运筹？这不仅是神似，而且用笔、用墨都要精到。不仅要表现具体事物的神，还要表现对象的质感。现在的艺术家一谈到表现就是自我，这个“自我”要怎么去对待它？我觉得从齐白石先生的艺术实践中可以得到启发。

刚才大家谈到西画和中国画的不同，这其中情思、情趣、情感是重要的，可是画肖像怎么借西方的素描来表现自我的情趣、情感、情思，这是有困难的。为什么画古代人物会好一点，因为古代人物的形神音貌如今已不再，况且没有照片素材，创作空间就非常大。所以画古代人物形象的时候，实际上是在画作者本人的情、趣、思。中国画的特点就在这里，它不是表现对象本身，而是画自己的情、趣、思。我觉得从事油画创作的年轻人需要注意这个问题，只有这样做，中国的油画才能有前途。

王培东（北京画院画家）

写意画是从写生中来，从写生到写意，之后再写生，再写意，这才是符合艺术创作的规律。来源于生活，但要高于生活，白石老人确实遵循这样的规律来探讨艺术。他画螃蟹不是乱画的，画画的人要研究这个东西，掌握这个东西，画出来的东西才是活的，而不是死板地再现。所以大写意的作品也要推敲，比如尾巴在什么地方，怎么移一点，不是信笔一挥就出来的。齐白石非常认真，即使写意画也不是草草带过。从齐白石老人的艺术中我得到了一种启发：要继承中国最优秀的传统并加以发展。齐白石最推崇的前辈大师，像八大、吴昌硕、青藤，齐白石对他们崇拜得五体投地，甚至有诗言甘为三家门下之“走狗”，这表现出他对中国优秀文化的崇拜。他从来不标榜自己是大师，曾经说过“老夫也是平凡的”这样的话。即便有这么高的艺术成就，齐白石从没有标榜过自己，不像现在的画家有些浮躁，所以说白石老人的精神是值得我们继承和学习的。

王明明（北京画院院长）

通过这次展览，我有非常强烈的和新的感受，觉得齐白石很了不起。齐白石画了很多相同题材的作品，现在的画家如果把同一题材的作品摆放在一起就会让人感觉像是行活。但是齐白石每一张画里的螃蟹虽然形象上类似，可是在认真看完以后，你会发现他每一只螃蟹的画法和笔法，浓淡墨以及位置摆放是完全不一样的。齐白石没有按既定的想法不断去复制，而是用心去画。他笔下的鱼，从头至尾用笔的转折、虚实、弧度和相互位置，让人感觉是在水里游动，这一点是后人很难超越的。他能够写意到这种程度，是因为把握住了绘画中的法和度。大写意到了这种程度，其实就是一种把握。齐白石后来画的鱼，能感觉沉得住、托得住，每一笔转折都很自然，都不一样。另外，“和而不同”人物画作品展的策划是出于另一种想法，就是我们试图把同一时代不同风格的艺术家的作品集合在一起，从而使人们能够更清晰地对他们有一个全面认识，以此来深入我们的研究。例如通过比较，我们可以看出艺术家缺失的部分、融入的部分、驾驭的手法等等，这对于美术史研究是很有意义和价值的。

“疎影留香——于非闇作品展”研讨会

（根据会议录音资料整理）

时　间 > 2007年12月17日

地　点 > 北京画院美术馆五层学术报告厅

主持人 > 杨延文（北京画院艺术委员会顾问）

王明明（北京画院院长）

很高兴能请到于先生的家属参加我们的研讨会。于非闇先生的作品是北京画院继齐白石之后最重要，也是数量最多且非常完整的一批藏品。这些年来，北京画院经过不断的努力，最终在今年与广西美术出版社合作出版了于先生的作品集。此书还收录了先生很多教学上的文章，可以算当前内容最全面的一本。我们在编辑此书时尽可能地收录于先生全部的作品和藏品。北京画院这批藏品是1959年于先生去世以后由家属捐献给国家的，在艺术市场如此红火的时候，这些作品每天都在升值。于先生的家属将其捐给国家，为国家做了贡献，堪称义举。北京画院利用这些藏品为于先生筹备展览、出版画册，也是我们应该为于先生及其家属做的一点事情。

今天大家聚集在一起，一是要讨论于非闇的艺术成就，以及他对后人的影响；一是要向媒体界的朋友发布我们出版于非闇先生画册的消息，希望你们能够对这项活动进行报道宣传。于先生的作品目前已经形成了展览规模，我们有一个想法，就是每年都要推出于先生的专题展览，并且和外省市的美术馆形成馆际交流，尽可能扩大影响。工笔画发展到今天，我们回顾于先生的艺术成就，仍有很多问题是需要反思的。

于　琛（于非闇长女）

刚才王院长谈到的这批藏品是我父亲去世以后由我们兄妹五人，在赵枫川、王友石先生的帮助下捐赠给政府，之后又转到北京画院的。我之前在北京画院工作，父亲去世后，在画院同志们的帮助下我成了家，后来调到故宫工作，一待就是几十年。今天回到北京画院，见到了院领导，我的心情特别激动。多亏了画院，我父亲的作品才能保存得如此完好，在这里要感谢北京画院。

董建华（于非闇家属）

很感谢北京画院为我外祖父筹备展览、出版画集所做的努力，今天又召开这么隆重的研讨会，我代表家属向北京画院、向王院长以及所有到场的嘉宾表示感谢，谢谢你们！

主持人：于先生家属这种公益心、这种高尚的觉悟是我们在画院工作中经常会向画家和职工讲述的内容。我记得在建院50周年时就提过这个问题，为什么要给齐先生、于先生做那样大规模的推介活动。其实我们希望每一个在画院工作过的老画家都有这样的机会，只不过我们没有作品，无法举办展览。后来我们开始要求在职画家都要学习于先生家属这种高风亮节。画院收藏作品也是为国家保存，实际上是替国家收藏。有了这些作品，再加上艺术家本来的成就，就可以推动艺术界各方面向更高层次的方向发展。于先生家属在北京画院在职及退休画家的心目当中留下了非常深刻的印象，是我们学习的榜样。

金鸿钧（中央美术学院教授）

王明明院长很好地执行了中央的政策，为我们工笔花鸟画的老祖师爷出版了这样精美的画册，筹办了这样高水准的展览，我在此表示感谢。如果各级领导都这样做，那么对推动工笔花鸟画的发展，对推进我们和谐社会的建设，一定会起到很大的作用。就像王院长所说，于非闇先生的贡献、他的艺术成就，我们怎样评价都不为过。我老师就是于非闇先生的弟子，到我已经算是徒孙辈了，不过我一生都会为此感到自豪。我觉得自己是个笨拙的人，正是因为有了这样好的老师、这样好的祖师爷，在他们已有艺术成就的指引下，我才有了一些进步和成绩。我在教育学生的时候一直都在宣传于非闇先生的成就和他的功绩。

那时候，中国写意画、大写意画发展得很好，但是工笔，特别是双勾、重彩的工笔花鸟画已经灭绝了。当时后继无人，于老真知灼见，发掘宋代的花鸟画，继承并发展起来。站在对时代的作用和意义这个角度来讲，于非闇先生的贡献是非常大的。先生有很好的国学底子，同时又做过记者，有很好的文学功底和文艺理论知识，还能写书。他那个时候一边学传统一边学民间，一边继承别人的遗产以便自己深入生活、深入民间、深入到花鸟世界中去。于先生做得最早，并且身体力行。他指导学生也是如此，在教学中一手伸向传统，一手伸向生活，然后再进行创作。在创作中又有比较先进的理论作为指导，有生活，但又不拘泥于生活。于先生的起点很高，他研究并临摹宋徽宗的作品，因为这代表了北宋宫廷艺术的高峰。后来他还学习了很多民间的东西，把中国宫廷艺术和民间艺术很好地吸收过来，而且他在写生的过程中形象非常丰富。他有自己的画本，其中有一幅玉兰，玉兰上面还有一个小尖，戴了一个小帽子。这是写生的时候玉兰似掉没掉，好像戴了个小帽子，很有意思，这张画可以说是上世纪一幅代表性作品。我还看到一幅牡丹，画得非常艳丽、非常丰富，好像六尺那么大。于老虽然是那个时代的人，但是由于他做过记者，又和很多民间画工交朋友，因此他拥有普通人民大众的思想感情。特别是解放以后，结合了解放初期对画家的教育，于老生病后很感谢党，他专门刻过一方印章，这表明他的思想感情很能跟上时代。所以他的作品在解放前后有很大不同，50年代的作品是明朗的、积极向上的，很符合解放后人民的心情。现在我们改革开放以后艺术面扩大了，各式各样的风格、流派有很多，但是有些画家喜好很偏，还有点埋怨，埋怨自己这种艺术为什么别人不接受、不喜欢？我觉得这不是新旧的问题，关键还是要和我们这个时代，和广大人民群众，和我们中国人的习惯、喜好以及文化传统相符合。于先生的画在这方面既继承了传统优秀的元素，有些很深入的东西画得很好，同时又很现代，很能符合解放以后五六十年代的社会气氛与生活，所以他的作品才能得到大家的欢迎。于先生的作品成为我们工笔花鸟的一个主流风格，很多学生都喜欢他的画，他的画要留存下来发扬光大。今天很感谢画院为于先生所做的努力，这也是对于非闇先生及其家属为国家做贡献的回报。

邵大箴（中国美术家协会理论委员会主任、中央美术学院教授）

于老的画过去看过很多，但一直还没有看过这么全面的展览。我觉得于老解放之后非常要求进步，而且解放前他在花鸟画方面的成就已经很高了。我读了他的《我怎样画工笔花鸟画》之后，对工笔花鸟画有一点认识。从西画的观点看中国工笔花鸟画总感觉很老、很传统，没有什么新意，但是读了他这本小册子以后，我感觉我们必须以传统的观点看工笔花鸟画的发展，这点给我很大启发。于非闇先生讲过一个观点，他说他画工笔花鸟画是从临摹开始的，但是他后来建议工笔花鸟画还是要从写生开始。我想于先生观点的改变可能和他解放之后所受的教育有关，和现实主义教育有关。其实我觉得工笔花鸟画还是要从临摹开始，于先生很注重写生，他以前养过花鸟虫鱼，那个时候他虽然没有写生，但是临摹的时候有体会。实际上于先生的作品是从临摹开始的，关于临摹他讲到三个方面：一是学画的时候临摹；二是临摹古代的作品；三是临摹宋代的工笔花鸟画，他自己是三结合。其实他的工笔花鸟画之所以有这么大的功底是和临摹有关系的，他是结合写生来临摹古代的作品。我看到他那些白描的稿子，他的写生画得非常精彩。所以中国的传统绘画包括工笔花鸟画要发展，首先是要继承，要把前辈的东西继承下来加以发展。我觉得于先生重要的贡献就在于通过他的艺术实践和艺术教育，把工笔花鸟画的精神和技巧继承下来加以发扬光大。这个传统尤其对京派画家，于先生的贡献可谓非常之大。

郎绍君（中国艺术研究院美术研究所研究员）

非常感谢北京画院能够举办这样精彩的专题展，对于一个做美术研究的人，这次展览就是我学习的老师。于非闇先生在20世纪中国画历史当中占有很重要的地位，因为20世纪的中国画总体来说还是写意画的天下。写意画成为一种大的画派，像齐白石、陈半丁、潘天寿以及吴昌硕，有一大批人都是画写意的，画工笔的则相对较少，能获得很高成就的尤其少。于非闇先生是20世纪少有的几个工笔大家之一。当然在北京提倡学工笔可能是金城更早一些，他生于1878年，比于先生大11岁。他在1920年成立中国画研究会之后培养了一批弟子，并在当时提出一个建议，认为中国绘画应该以院画工笔传承为正宗，以写意为别派。这是他在1920年提出的明确主张，首先是提倡学北宗，其次是南宗。针对几百年来中国画发展过于忽视宋代传统，只强调写意传统而相对忽视写生的工笔传统、作家传统的问题，金城及其弟子很多是强调画工笔的。

于非闇先生在1935年开始画工笔，提倡工笔，在此之前，北京已经有一批画家在画了，虽然画花鸟的不是太多。有一位画家叫赵梦朱，他生于1891年，比于非闇先生小两三岁，也是金城的学生。他接触工笔花鸟可能比于非闇先生还要早一些。我看过一些于非闇先生20年代后期画的山水，很像齐白石的风格。据我所知，于非闇先生在20年代后期跟齐白石先生学过画、篆刻，还有山水，他自己也提到过向齐白石学习画雪景的染法。他和齐白石先生交往的这个阶段，是不是正式拜师我们不知道，但是他确实跟齐先生有过这么一段交往。30年代初，张大千到北京来认识了于非闇先生，因为张大千这时候的山水特别是花鸟画是学工笔的。虽然张大千比于非闇先生小10多岁，但他属于早熟的画家，于先生也从张大千那里得到一些借鉴。我们今天对于先生学画的经历还不是特别清楚，至少从我看到的材料还缺少非常详细的记载，比如他跟齐白石如何学？学了哪些？从张大千身上吸收到什么？此外他早年和金城有没有接触、艺术思想上是不是接受了他的影响？所有这些以我见到的材料来看好像还不是特别详细，所以对于做美术史研究的人来说，我们还需要对于非闇先生做一些调查研究工作，也希望家属能提供更多的材料。比如于先生早年的日记、笔记，哪怕是只言片语，我想也是非常珍贵的。北京画院之前有一次展览有他一段题跋，讲述了他自己学画的过程，我还抄了下来，像这些材料我们还没有做过专题研究，迄今为止没有见过研究于非闇的硕士和博士论文。我想于先生应该成为美术史研究的个案题目，一篇论文就写这一位艺术家，然后想法穷尽他的有关材料，对他做一个比较全面的评定、叙述，这样就会使研究做得更深入一点。

于非闇先生1935年开始学画，学花鸟画时46岁，不过此前10年，他已经开始学画，主要画写意，而且已经开始写字。此外还有很丰富的养花、养鸟、观察花鸟的经验，在画家之中是少见的文化修养较为全面的大师。他还能写文章，正式学工笔花鸟的那年，他的几本书就出版了。46岁的时候，于非闇在艺术思想、在写意画的经历上都很成熟，不像一个年轻人学工笔花鸟那样重新开始，他的起点非常高。所以1937年以后成立国画研究馆时，他就是倡导人之一，是导师。这时候，尽管于先生正式画工笔花鸟才两年多时间，但是他已经是北京工笔花鸟的领军人物。对这样的过程，我们应该怎么看？我觉得我们还缺乏深入的研究，这也需要我们接下来不断完善。近百年来，虽然我们提倡学习宋元，从蔡元培、鲁迅这些文化人，从金城一直到南方的很多画家，比如吴湖帆、陆一非这些艺术家，也都实践学习过宋代的绘画，但是近些年，特别是20世纪上半叶，总体来说还是以写意画为主。所以于非闇先生在转折时期成为一位工笔画大家，他的影响不只在北方，也不只在北京。我接触到南方一些工笔画家，他们也都学习过于先生的绘画，此外广东、香港一些画家和收藏家也都非常重视收藏和研究于非闇先生的画作。对于先生在工笔画方面的贡献，以及他在画法方面，在解放后提倡复兴国画的过程中所起到的作用，我觉得还应该进行更深入的探索。这方面我自己没有做过研究，只能寄希望于更多的年轻人接着来做。

刘曦林（中国美术馆研究员、中国美术家协会理论委员会副主任）

于非闇先生的画册出版，画院对此非常重视，专门举办了首发式，筹备了展览，组织了研讨会。我曾经参与过对于先生的研究，不过研究得还不到位。书中说于先生有6个子女，其实应该是5个子女，两男三女，这个责任由我来负。其他方面我认为还是很严谨的，当时我还提供了自己收藏的《中国画颜色的研究》这本书，是上小学时候买的。北京画院这本画册出得非常好，集中了于先生的许多印章，使我加深了对先生的了解。根据我所了解的资料和线索，包括于先生和齐白石先生的关系，有些是他自己履历表里自己的说法，不是我妄下的结论。今天我强调几点，于先生在开宗立派、兴废继绝这个方面，从传统的角度来讲是做出了重要贡献的。有无开宗立派之心，对一个艺术家能否成为大家、大师，成为巨匠是很重要的。于先生还有几点值得我们学习和思考，在了解于先生的过程中，我拜读了先生早期的几本著作，即《都门钓鱼记》、《都门豢鸽记》、《都门艺兰记》，这几本书讲得非常细致，可以看出先生对兰、鸽子、钓鱼是很有研究的。他对自然的研究源自对自然的热爱，他性格细腻，有童心，并向那些养花、养鸟、钓鱼的把式们学了不少知识，而且这些知识都运用到花鸟画创作中来了。他跟王润暄先生学画的时候，开始学习研制材料，后来学逗蛐蛐，后来才学如何画画。我们读他关于钓鱼、艺兰这几本书的时候，再想起他的写生意识，可以看出他对北京牡丹的研究、对北京鸽子的研究都不是凭空而来，而是经过认真观察而来的。有几件作品真是经得起生活的考验，例如要到什么地方看鸽子才能画出合适的角度来等等，可见他对生活观察的细腻。

他关心传统，从小学开始读《说文解字》；他研究金石学，崇拜宋徽宗，见到一个照片就要临，见到一张画千方百计借来也要临，而且见一张临一张。于非闇先生研究传统研究得这样深、这样透，我们后代人与他还有很大差距。同时他从传统的文论、书论、诗论之中得到了哪些启发，总结了哪些理论，走出了怎样的新道路，这些都是我们需要研究的。中国画需要变革，需要不断推陈出新、兴废继绝，把古人、今人疏忽的东西重新梳理学习，并融入传统。于先生和时代之间的关系就好比毛泽东所说过的一句话，知识分子就如同浮在皮上的毛，他有人格独立的一面，也有依附于社会和时代的一面，有不能独立生存的一面。于非闇在五六十年代和时代的关系我们是可以理解的，在那样一个时代里，共产党非常重视他、体谅他、关怀他。因此他热爱这样一个善待、拥护他的时代，他要把自己的心献给这个时代。于是他牺牲了很多悲欢喜乐，将自己的感情暂时回避了。他服从了社会时代的大背景，他的心是真诚的，正因为真诚，所以要把作品画到最好，画到最精。画这个时代的阳光和春天，画活“画本所无，活本所有”的一种新风格，这对我们今天是很有启发意义的。艺术家离不开他所处的时代，他参与、关心这个时代，可能就把握住了所处时代的当代意识、当代思潮。我想于非闇先生这样做了，他牺牲了很多自己的东西，当时很多知识分子都牺牲了个人的喜怒哀乐。他画了淡色牡丹，但当时还不敢敞开心扉地说自己也喜爱雅淡、平和、闲逸的画法，他虽然画了，却不敢如此说。

今天这个时代比起于非闇那个岁月要好得多，是个空前未有的好时代。这个时候倘若画不好画，不能怪领导，只能怪自己。领导只会为艺术家的创作提供良好的条件，而不会干预创作中主题、题材的选择问题。

这次我重读了《中国画颜色的研究》这篇文章，以及对原来文章的补充部分，还有于先生对工具、材料、画法的自述和学生们对他的介绍，结合自己一些观察和总结归纳，我发现于先生在技法上是非常严格、丰富，而且到位的。今天的画家是不是到位了，我经常会打问号。比如画工笔画时用到的“勒”，“勾”和“染”大家都知道，可有些人不知道何为“勒”。于先生的勒法在于局部里冷暖关系的处理，仔细观察的话会觉得美妙极了。色彩里有大对比，大对比里又有小对比，尽可能令其尽善尽美，真是下了功夫，一丝不苟。包括他的笔法、设色都非常到位。我想任何艺术品类都没有高下，但是品类自身是有高下的，自身深入到什么程度是对艺术家的考验。于先生是经得起考验的艺术家，他对中国现代工笔花鸟画做出了非常重要的贡献。如果能把他和陈之佛、刘奎龄的作品集合在一起办个展览做比较研究，那对中国当代工笔花鸟画的研究领域将是非常有意思的事情。等到2009年于先生诞辰120周年的时候，假如把其他地方的藏品和画院的藏品集合在一起，为于先生举办一场更大规模的展览，我想这对弥补于非闇研究领域的不足是很有价值的。

李树声（中央美术学院教授）

我很崇拜于非闇先生，因为我的老师就曾跟从于先生学画，我也到过于先生的家。北京画院所做的这些工作，使我们这些搞历史研究的人能够对有些问题更进一步地深入研究和思考，这是非常有意义的。于非闇先生在近百年的中国绘画史上，就工笔花鸟画这一项来说，他不仅影响了北京画坛，而且在全国也堪称第一。全国范围内没有比他更能够代表中国工笔花鸟画，更能够体现宋、元传统的画家了。于先生的治学和治艺态度令人敬佩。虽然我的专业是美术史，但我一直把他的两本小册子保存到现在。于先生那种严谨治学、一丝不苟的认真态度和他画画一样，我也很钦佩先生能够写出这样的文章。让工笔花鸟画反映时代精神是花鸟画家们最难做到的事情。因为花鸟画没有政治主题，50年代国家强调艺术要为政治服务，画家没有办法，只能画条红领巾，好像这就表示了新社会的时代特征。但是于非闇先生的一张《玉兰黄鹂》创作出来以后，让人感觉振奋，感觉和当时人的心情十分合拍，能够代表当时欣欣向荣的景象。于先生的作品中有着和建国初期到“文革”以前相一致的时代脉搏，这点是很难做到的。所以他在治艺方面及其作品所体现出的花鸟画的精神境界都是最拔尖的。这一点大家没有异议，只是目前宣传和研究得不够，这个大家都有责任，不过也离不开整个社会环境。

工笔花鸟画不仅是宫廷贵族喜欢的题材，也是老百姓喜欢的题材。这包括解放后将工笔花鸟元素用于染织设计，并且将其作为染织技艺的基本功，因为画被面都要画花，要把花画得生动、画得活起来。这是需要下苦功的，但是现在大家都急于创造价值，谁也不愿意下这个苦功，从而也影响了工笔画的发展。其实刺绣也离不开工笔花鸟画，于非闇先生的画从民间的缂丝工艺中吸收了很多有益元素。海派兴起以后大家都愿意搞大写意，可是工笔花鸟作为中国老百姓喜闻乐见的首要品种，如果我们不将其弘扬光大，就是空喊“为人民服务”的口号。百姓对一些横涂直抹的作品实际上是不喜欢的，那只不过是画家的自我欣赏而已。但是如果说真正让全国人民都去喜欢哪一个画种是很难的。

我们不仅要纪念于非闇先生，而且也应该考虑如何进一步创造条件来发展工笔花鸟画。北方现在也有些同志在画，但总感觉还差点火候，我们为什么不能达到老先生们的高度，在艺术上所取得的水平和对颜色、构图、情感抒发各方面所达到的高度，这显然与画家各方面修养和条件都有关系。最后，我希望能够有更多的同志把中国传统的东西，把在民间扎根很深的东西能够传承下去，能够弘扬光大。

王庆升（北京画院画家）

我1958年在北京画院进修，当时于非闇先生在北京画院讲课，我有幸亲耳听到于先生对我们的教导，这对我的一生起了十分关键的作用。我当时的技术不行，有些不对或者不到位的地方，老师上来用颜色走一遍之后的效果就特别好，因此这就变成传统工笔画的技法。人物画基本还是用这种方法，比如用朱砂画红袍，再用深红勒一遍，就会显得特别有味道。于先生的创作精神在于他不仅仅是对自然花鸟的简单写生，他的写生是深入实际生活进行观察。先生有一幅作品画的是看菊花，这幅画是我在画院进修时他带我们到老舍家看菊花写生后画的。我们进了老舍先生家的院子后看到菊花就开始画，谁都没有注意到柿子树。于先生却将其收入画中，这说明他对柿子树产生了一种灵感，于是马上抓住柿子树而忽略了菊花，这对于艺术家来说是很关键的一点。画家对生活的观察要非常敏感，不是说今天画牡丹就去对着牡丹写生。向老师的学习不仅仅是技法上的，更要学习他的精神。于先生有一幅兰花，兰花似是张开，不大，只有四片叶、四朵花，这张画我认为是精品。四片叶增一片嫌多，减一分嫌短，花也一片不可少，其艺术水平已经到了炉火纯青的地步。这张《兰花》是从生活中来，而且得到高度提炼概括的，这是工笔画里最难也是最需要的精神。现在把纸画满了很容易，画圆满了却很难。我在创作的过程中一直都在学习老师这种精神，画少而精。精品在技术上、艺术上都要经得住推敲。还有一幅作品叫《迎春》，画中几根枝条的形状非常经典。工笔画容易画得俗、画得匠，这都是工笔画的大忌，但是老师这张《牡丹》就脱俗了，不是一般的牡丹，它经过了千锤百炼的研究。那些叶子都在动，高度的艺术化又加上于先生勾勒的功夫，才让这张画如此生动。三朵花一个花蕾，一条枝，就像一个高雅的美人。李苦禅先生说过，牡丹是一个极俗的题材，但是如何把它画得不俗，这就是画家需要动脑筋的地方。于非闇老人画的牡丹脱俗了，他手下的牡丹是经过升华了的牡丹。

李树声：刚才郎绍君同志说他没有一个学生研究于非闇先生，我倒是遇到了研究于非闇先生的人，虽然是业余的，但一直都在努力从事于非闇先生的研究工作。俞致贞先生有一名学生名叫高宗水，一直在工艺美院教书。他的工笔花鸟画画得很不错，并努力培养了一批学生。我见过他，也见过他的学生，他们致力于研究于非闇先生的艺术，目前仍在进行之中。

于　琛：高宗水现在已经退休了，但是他每周三晚上利用业余时间仍在继续教于非闇画派的画。

陈履生（中国美术馆学术一部主任、研究员）

研究李可染、齐白石、傅抱石的论文很多，但是像于非闇先生这批画家就缺少研究。当然，学术界有学术界的问题，社会有社会的问题，为什么本来属于正宗的于非闇花鸟画派，现在却沦落为非主流的派别？我想这是一个值得研究的问题。我们现在的展览制度、各种推动美术发展的制度，制约了一些代表我们传统艺术的画法，甚至在对美术史的认识方面都有很大的制约性。看了这个展览，我很感叹画家把作品捐献给国家的重要性。此外，北京画院不忘前人，能够把老先生的作品拿出来展览供后人学习，使我们后人研究美术史能够有一个正确的图象认识或者是美术史上的认识，这一点很重要。

我主要就当代花鸟画的现状和于非闇先生的作品做一个比较。在占据全国美展绝大多数的主流花鸟画中，可以说于非闇先生这种细而不腻、小而见大的绘画风格，无法得到美展评委的青睐。现在充斥于画坛的是一些细腻到不能再细腻的画，画幅虽然很大，但是感觉很小。从折枝式的工笔花鸟到全景工笔花鸟的变化，凸显了我们这个时代的一种风尚，这种风尚可能会遮蔽于传统文化中，特别是传统美术中许多优秀内容的发挥。于非闇先生的画可以说并没有太大的画幅，他的画面虽然小，气局却很大。传统中国绘画讲的就是气局，哪怕是一个小小的扇面，都可以给人气势宏大的感觉。现在工笔花鸟画的尺幅可以说是史无前例的大，之前最大的工笔花鸟画可能就是陈之佛先生为人民大会堂画的仙鹤，其他画家并没有太大画幅的作品。但是现在画家的画幅越来越大，这种大之下我们再细细品位，想要找到像刚才王先生说的叶子、花多一笔、多一瓣都不行的状况是相当难的。因此我想动用更多的学术力量来支持美术史中，特别是20世纪美术史中一些个案的研究，使我们的美术史能更多地还原历史的真实，或者让美术史更多地去为当代美术的发展起作用、起影响。我想这是最重要，也是我们今天举办展览、出版画册的重要意义所在。如果没有这样具体、深入、细致的个案研究，去挖掘那些曾经为美术史做出巨大贡献而如今却被人们遗忘的画家，将是我们这个时代的错误。于非闇先生这样的画家确实在20世纪50年代以来的中国美术史中有着重要影响，但目前对他的评价还不够高，认识也不够深入，这说明美术史的书写还是存在一定问题的。

主持人：幸亏我们保留了一些作品，可以用来做研究。于先生曾经给公安部画过一幅写意的雪景，是不可多得的精品。当年我们花了36万去买，已经是天价了。虽然我不是搞工笔的，但却十分推崇于先生的艺术。我最早认识于先生是在老美协的一次师生联展上，就是这次展览推出了俞致贞先生。我当时得出一个结论：于先生画出了男子气魄的工笔画，而俞致贞先生则带有淑女般的优雅。后来，俞先生调到了我们艺术学院。我是画写意的，喜欢工笔却掌控不好，只是推崇。要画好工笔花鸟，写好瘦金体是很重要的，写不好瘦金体怎么能勾好线、怎么能勒好？所以，我觉得学习于先生从瘦金体书法练起可能更有效。

金连经（北京画院画家）

我小时候也想学画，但是对工笔不是特别感兴趣，可是于非闇先生的工笔给我的印象却非常深。他那幅《玉兰黄鹂》可以说是家喻户晓。画院这次举办于先生的展览和研讨会是一件很有意义的事情，不仅是对于先生个人艺术成就的敬重和艺术人品的宣扬，也真正做到了北京画院建院的初衷：一是画，二是研究，而且要发扬光大。

再者，我刚刚知道这些画都已经捐给画院，这反映出于先生的为人对其后代产生了很好的影响，家属们也是很有水平的，值得后人借鉴学习。

最后，对于画院来讲，工笔画应当发扬光大。上世纪二三四十年代正好处于战乱期间，没有那么多人踏实下来，而于先生能踏实下来，这是很不容易的。我们现在是和平盛世、安定团结，因此我觉得更有条件能够踏实下来进行工笔画的研究和创作。现在是一个很好的时间、很好的契机，因此我相信搞工笔画的人是大有可为的。

郭石夫（北京画院画家）

尽管我没有机缘跟于先生认识，但是从小接触他很多作品。我认识一位北京的老先生姓黄，与于非闇先生是同一辈。他和于先生的关系不一般，因为我在他家看到于先生画的白布窗帘，画的山水。其中有一幅作品画的柳树草虫，上面大概有二三十只工笔草虫。此外还有于非闇先生与张大千先生合画的牡丹、鸽子，由张大千补的景。我的一个邻居在解放前是清秘阁的经理，清秘阁倒闭后，他就租住我们家的房子，所以也有好多张大千、于非闇的画。那时候临摹了很多于先生的作品，这次展览中有些作品我就临摹过。

从民国到现在，像于非闇这样的工笔画就北京范围内几乎只有先生一人，就全国来说也只有于先生一人。南方有个陈之佛，但是俩人的风格不一样。能够在工笔绘画里继承宋元传统而大放异彩的只有于先生一人。成就一个画家的因素，其自身条件是第一位的。不管他画什么内容、题材，才情是首位的。于先生在工笔画方面的才情堪称一流，没有人能去比拟。功力排第二，第三则是学养。所以一个好画家，不管是中国的还是外国的，首先要有深厚的文化积淀，否则很难画好。刚才说工笔画容易匠气，其实匠气的不是工笔画，而是因为画的人是匠人，他画不好。所以我觉得一个工笔画家首先要有修养，不看别的，单看他在瘦金书方面的修养。我从小在故宫看到很多宋徽宗的瘦金书，但是从那以后再看到瘦金书，除了于非闇没有别人了。如今的工笔花鸟画家没有哪一位能把瘦金书写成样。

于先生年轻的时候山水画得很好，可是为什么不画了，而要一头扎到工笔画里，并且选择从宋元传统中走出来，我认为于先生有他自己的想法。于先生的画中有种中国文化的阳刚之气，那种大度、那种精神在工笔画中放射出光芒，这是很少有人能做到的。我认为中国文化里是不存在写实主义的，只存在写意，即使工笔也是写意的。它其实是另外一种形式的写意，这是中国文化的一个特征。如果把工笔画用写实主义的方法去画，我想怎么也画不好，因为我们不知道从哪儿去突破。所以工笔画与书法的精神、书写性的精神，包括里面的线条和人的价值精神，都是第一位的，这是画家一生文化修养的积淀。于非闇先生晚年的一些作品是那么灿烂、那么光明，是因为先生的心底无私，所以才能够有这样的作品。如果当下学工笔画的人从这种角度去认识工笔画，就能够了解中国文化背后的精神是什么，学习前景也会比较乐观。除此之外，还要有画家自己的才情、修养和功力。

于非闇先生的书我从小学画时就买来看。我感觉张大千工笔画里的花鸟很多，有些和于先生的性质一样。过去学工笔叫“硬彩”，就是用很多石青石绿，现在没有哪位画家石青石绿可以用得这么好。包括刚才大家说的《玉兰黄鹂》，能把石青的底子染成那样，没有一点功力是不行的。于先生是一遍一遍地染，然后用湿毛巾压起来慢慢画，一点水气都没有，画才会放出那样的光明。宋元的画之所以精彩，不是制作工艺多么精细，而是精神面貌好。这种光明气才是绘画中最主要的。

李小可（北京画院艺术委员会主任）

因为工笔画比较实，看到于先生的画以后才感觉到中国工笔画在世界文化中的地位。过去看宋徽宗的作品会有一种惊讶，但惊讶的并不是他的写实，而是他绘画方式中所表现出中国写实的格调。于先生的字写得非常好，很大气，但是他并不会随便乱写。其中有一张画，字写在两个叶子中间，字很小，几乎看不见，这说明于先生在处理画面的时候不会乱来。虽然他的字写得好，但却不是随便在画面上乱写的，由此可见他在处理画面时的精微细心。另外，他对牡丹结构处理的格调很精到，可以看出他绝对不是一个随意的人。我感觉他能抓住平常中的不平常，比如看见迎春、牡丹，大家都会画，但是看他的画一眼就能感觉到一种大气，这种大气源自何处，那就是他的格调。格调不仅要从生活观察中来，实际上还源自对传统文化的理解，包括宋元以来中国绘画精到的处理手段。有的作品题字很多，用印也非常讲究，颜色方面，红用几分，蓝用几分，都花了心思，所以让人感觉他的画于平常中又孕育着不平常。

在当前这种浮躁的氛围下，于先生对现在年轻画家来说是一个很好的表率。他把传统山水程式化的结构处理得相当精到，采用了平远的概括处理方法，这些较如今的山水画家处理得要更好些。这些源自他对传统文化语言、构图以及结构方式上的体验和修养，也是我们当代画家应该认真学习的。于先生的家属把这些作品捐献给国家，有利于后人集中看到于先生的作品，同时也有利于对于非闇的研究工作能够更好地进行。

王培东（北京画院画家）

于先生在中国工笔花鸟画界确实是一个突出的代表人物。中国的工笔花鸟画经五代、北宋、南宋发展到一个高峰，至元开始进入一种衰落趋势。明代虽有几位优秀的工笔花鸟画家，但人数却很少。清代几乎没有太突出且有分量的工笔花鸟画家。到了20世纪，工笔花鸟画在于非闇先生的努力下又掀起了一个新的振兴、发展高峰。

王志纯（北京画院艺术委员会副主任）

于非闇是20世纪中国工笔画的大家，是一个时代的高峰，他的艺术不仅继承了宫廷传统，同时也包含了对生活的体验，尤为珍贵的是他对时代的感情，他热爱新社会、拥护共产党，并将这种浓烈的感情融在了自己的艺术中。由于社会的变革或者审美趣味的变迁，这种感情在后来的工笔画发展道路中始终没有再现过。尽管于非闇的画册出版了，但我感觉对于非闇的研究还只是一个新的开始。我们对于非闇的生活轨迹、艺术演变轨迹以及他所经历的时代背景这些信息掌握得太少。目前对于非闇的研究还存在很多盲点，这影响了对他更深入的研究和更准确的判断。尽管于先生去世以后于非闇画派还有很多传人，但是于非闇的光辉已经过去，后来传人的高度远远没有达到于先生的水平。他在审美态度、审美观念以及艺术成就方面的高度，后人是难以企及的。

社会的审美趣味标准一直在变，这种现状确实会失去很多东西。于非闇身上有很多珍贵的东西，比如他对传统的态度，对传统技法、材料方面的继承，他对生活炙热的感情，然而这些在当今的艺术创作中都在淡化。相信对这些20世纪老一辈有成就的画家进行不断深入地研究会对当代中国画的发展具有很大的启发意义。

王明明：于非闇给我们的启示，就是要我们反思现在的工笔画创作。于先生的作品有很重要的艺术概括性，他画的东西并不多，却让人感觉画外的东西有很多。现在有很多工笔画，包括很多工笔画展览，制作的成分太多、气氛渲染得太多。我经常和学生说，你把工笔画的颜色全部去掉后，你的线还能不能立住？你的结构是不是严谨？你的趣味性在哪儿？很多工笔画作品经不起把所有的渲染、烘染还有颜色去掉，去掉以后可能什么都不是了。目前中国画的发展会面临很多这样的问题，我们要继承什么？前人所创造的经典作品，其经典在哪儿？概括性又在哪儿？我们参加全国美展评选的时候，很多工笔画作品非常漂亮，烘染得非常好，可是当你仔细看的时候，它却撑不起来。

现在很多人觉得工笔画必须要烘染，有些人说于先生的空白给人的感觉不够强烈，实际上于先生的学问、意义都在这空白之中。于先生的高人之处，他创作时的精到、用色的讲究并没有传下来。现在年轻工笔画家的创作方法可能不太正确，这些问题还需要大家多做研究。在一些艺术的最关键问题上，理论家要多提问题让画家去反思。我一直说艺术不是一代比一代强的问题，艺术高峰有可能从某一个艺术家开始就衰落了，并不是现在的画家有自己的话语权，能够做得更好、宣传得更到位就可以把画画得更好。这种继承、研究，包括对于先生的学问、文章的研究，用墨、用彩的研究，是我们都应该认真往下去做的事情。我每次看于非闇先生的画，尤其是在库房整理他的作品时，从中得到的理解都不一样，都会想到另外一些问题，引发另外一些想法。所以说大师的榜样和他经典的作品会时刻引起我们的反思。

主持人：感谢各位精彩的发言，也感谢家属在寒冷的冬天出席本次研讨会。研讨会非常成功，它不仅可以影响北京画院的一些画家，同时也会给工笔画艺术的研究人员打开一个思路，为未来中国画的发展起到推动作用。谢谢各位！

"画范传灯——胡佩衡中国画精品回顾展"研讨会

（根据会议录音资料整理）

时　间 > 2008年2月29日
地　点 > 北京画院美术馆五层学术报告厅
主持人 > 杨延文（北京画院艺术委员会顾问）

主持人：今天我们有机会在这里召开胡佩衡先生的研讨会，很多重量级的理论家都到场了，这是对胡佩衡先生所留下的艺术珍品，对他的为人，以及他在书法和教育方面所做贡献的一种肯定。一方面，我们希望通过对胡先生的作品予以整体研讨来教育年轻的画家，使他的艺术精神得到广泛传播。另一方面，希望借此对北京画院的发展，对北京地区艺术的发掘、发扬起到推动作用。下面首先请吴洪亮馆长讲一讲展览策划的过程。

吴洪亮（北京画院美术馆馆长）

很高兴大家能够出席胡佩衡先生的研讨会。本次展览属于北京画院筹备的“二十世纪中国美术大家系列展”之一，目前已经是第六次展览了。在筹备这些展览的过程中，我感觉我们已经形成了一种风格，一种对中国画大师的认知状态。尤其当这些已故大师的成就慢慢淡去的时候，我们重新来审视他们的作品，我认为是一件幸运也很幸福的事情。

胡佩衡先生的画册已经出版过，可我们仍觉得有很多脉络在画册里未能找到。我们和胡新老师交流了很多次，他在家反复整理后找到很多胡佩衡先生的一手材料，包括他发表在报纸上的文章报摘，还有一些手稿，尤其是他的课徒稿，这让我们觉得一个艺术家是立体的、多方面的。此外还有胡先生在抗美援朝时期的捐赠单据等等。开始接触这些材料会感觉有一点杂乱，不过看见它们我特别感动。作为年轻人，我在整理胡先生这些作品的过程中有很深的感受。比如他在课徒或者研究的时候，会临摹“四王”等名家作品构图，然后再梳理创作。这个过程可能是今天很多艺术家所缺少的。所以在筹备这次展览的时候，我们将一层展厅全部用于展示胡佩衡先生的画稿，而没有把最顶级的作品放在那里。一层基本上是画稿，展览过程中令很多朋友感动的也恰恰是这部分。二层因为空间关系，没有按照胡佩衡先生的艺术脉络来陈设作品，但基本上还是按照创作时间摆放的。从二层作品中可以较为清楚地看到胡佩衡先生艺术创作的发展，从临习古人到开始强调写生，后来又进入变革状态。纵观胡先生一生的艺术创作，我们经过几番讨论，定下一个相对可以表达胡佩衡先生创作历程的题目，即“画范传灯”。“画范”是中国人独有的一种对于绘画规范的用词，“传灯”有“薪火相传”的意思，具有一种传承的概念。胡佩衡先生是一位伟大的传承者，他对传统的认知是我们所能体会到的，因此定题目的时候我们很慎重。

胡佩衡先生的选题恰恰是我们在以自己的方式来陈述艺术除市场之外的价值，而这种价值更应该被彰显和认知。我们会继续把“二十世纪中国美术大家系列展”做下去，今年下半年将会陆续推出陈半丁、王雪涛老师的展览，在这里也希望听到各位专家老师的意见。关于本次展览的细节，我想请具体负责展览的马明宸做详细的介绍。

马明宸（北京画院美术馆策划部成员）

各位老师，大家好！下面我把本次展览主题的确立以及呈现方式向大家做一个介绍。胡佩衡早年是兼职图画教员，后来成为专职的中国画教授。30年代的《北辰画刊》对胡佩衡先生有一个评价，说胡佩衡在画家中以课徒见长，这说明当时的社会对胡佩衡先生的绘画教育是持肯定态度的。胡佩衡先生编录出版的书籍有建国前出版的《胡佩衡课徒画稿》，建国后出版的《我怎样画山水》，包括他和于非闇先生一起校定的《芥子园画谱》。总结以上三个方面，我们提出了这次展览的主题，在美术史上把胡佩衡定位成20世纪精研中国传统画范的大师。白石老人在1926年的时候为胡佩衡先生的画集题诗，告诫“他年画苑三千辈，个个毋忘念此翁”，我们今天的画展其实也是对白石老人80年前这份告诫的当代回应。

为了清晰地表达“画范传灯”的展览主题，我们和胡先生的后人进行了多方面的联络和协调，一共筛选了北京画院以及胡新先生家藏的胡佩衡艺术精品78件、画稿32件、诗稿7件，还有部分文物、文献资料。整个展览分为两部分：第一部分主要展示胡佩衡先生的生平以及艺术教育活动。对于胡佩衡先生的生平，我们以社会的变迁划分为三个时期。第一时期为1892年至1917年，这段时间胡佩衡主要是自修画艺，从临摹古画入手，积累了扎实的功力。第二时期从1918年至1948年，这段时期胡佩衡先后在多所学校担任图画教员、中国画教授，包括他创办学社也是这段时间。第三时期为1949年至1962年，这段时间胡佩衡壮心不已，转变画风，坚持到江西、湖南一带写生，创作出了一批讴歌新生、祝福祖国的画作。此外，展览以画语录的形式陈列在作品中间。这次画展我们增加了规范的注释文字，保证学术质量的同时照顾到观众需求，也是遵照王明明院长的意见强调了画展可观性与学术性的统一。当然展览还有很多不足之处，请各位专家老师指正，也希望通过这次展览把胡佩衡先生的研究向前推进。

胡　新（胡佩衡家属）

感谢各位嘉宾今天能在百忙之中抽出时间来出席我爷爷的艺术研讨会。我虽然学的是西洋画，但从小对中国画耳濡目染，中国画的博大精深给予我很多创作灵感，我想通过这次研讨会会让我对中国画有更深刻的认识和了解。谢谢大家！

郎绍君（中国艺术研究院美术研究所研究员）

北京画院编写这么大规模的《20世纪北京绘画史》，又组织策划过20世纪名家的系列展，我觉得这是非常有意义的事情。一个美术馆能够这样重视我们的传统，特别是距离我们年代最近的传统（实际上这些传统常常被人们忽视和遗忘），我认为北京画院的这些工作是非常有意义、有价值、有贡献的。

我最早接触胡佩衡的材料是他编著的《齐白石画法与欣赏》，这是我在60年代买的一本书，后来又看到他所著的《怎样画山水画》。最早接触他的画论就是通过这些书，后来才看到他的山水画。实际上胡佩衡先生是一位非常全面的艺术家，虽然在解放前很长一段时期内，他是以一个铁路职工的身份来维持生存，但他同时也从事书画创作，并主编过两本非常有名的刊物《绘学杂志》和《湖社月刊》。《湖社月刊》名义上是金开藩主编，实际上胡佩衡先生才是主编。一个靠山水画创作为生的画家，写了那么多的著作，而且还办起“山水函授画社”，这个学校在解放前非常有名。《湖社月刊》曾经长期连载他讲课的记录稿，他培养了很多人，并且自己主持一个画社。他的教学方法也很有意思，学生交了费，他会定期把自己画的示范画寄给学生。所以这么多年，究竟他画了多少这种课徒画稿？我在拍卖会上见过这种课徒画稿，感觉有的画稿比他的创作还要好，画得非常随意，特别能显示自由表现的水平。不过这些课徒稿的数量到现在我们还不是很清楚，这么大量的画稿以后还能搜集到多少？这也是我们在进行美术史研究中很重要的任务。

此外，胡佩衡先生在琉璃厂办豹文斋，豹文斋除了经营齐白石的书画之外还出版著作。1927年，齐白石的第一本画册就是胡佩衡先生编辑的。胡先生和齐白石是忘年交，他们一生保持着特别好的友谊。齐白石过世以后，胡佩衡父子还编写了《齐白石画法与欣赏》。至今我觉得在齐白石的研究当中，他是一个拓荒者，而且他对齐白石画法的记述对我们来说是非常珍贵的资料，讲得都是他亲眼看到和经历的事情，所以对这本书的价值我们应该给予充分肯定。胡佩衡先生集画家、职员、导师、编辑的角色于一身，此外他还是个商人。晚清以来，画家、艺术家从商绝对是一个新现象，他们为这些老画家的艺术传播做出了贡献。

胡佩衡先生作为近现代美术史研究的对象，他的经历、作品，艺术行为、艺术活动还有很多地方需要我们去发掘和研究，这不仅是对胡先生的研究，也是对20世纪中国美术史的研究。关于胡先生的书虽然出版过一些，但是我觉得如果有条件，北京画院能否组织力量把他的全部著作，包括书信，以及能够搜集到的文章，编辑成一本比较完整的作品集。另外，现在胡新编辑的《胡佩衡画集》已经在人民美术出版社出版了，但是我觉得这还是不够的。我在网上看到的拍卖中，被认为是胡佩衡的作品有将近260件，这说明一些很精彩的作品还是在民间。在这十几年中，拍卖行流转有一批很精的作品。胡佩衡像其他写意画家一样，会有很多并不代表他典型风格或者主要水平的作品，如果能把这些精品都搜集来，我们可能会看到一个和现在相比更不一样的胡佩衡。任何一个画家都不可能像潘天寿一样，每幅作品都是精品。所以如何搜集到艺术家的精品，真正显出他们的真面目，我们还需要做很多工作。

胡先生在三四十年代成熟期的画有两种面貌：一种是比较细腻的，结构细腻，勾勒细腻，主要从王蒙继承发展过来，另一路是从石涛、沈周继承下来的。细腻的作品都很精，但是数量不多。这次展览中细腻的作品也不是很多，相对粗放的作品比较多。秦仲文先生当时就认为重彩水墨写意这种画法很创新，很有特点，这种画法即使是今天看来也是大胆的，这种强烈的颜色用法在那一代老画家中间是很少见的。或许大家对这批作品可能看法不一，但是如何看待作品在当时时代中的意义和价值，还是值得研究的。

最后，我想说这次展览以“画范传灯”为题目很好，源自胡佩衡一首诗——“谁将规范做传灯”。胡佩衡先生过世了，画范谁来传灯？应该是由那些优秀的画家，懂得传统又有传统根底的画家传下来。这个名字起得很好，胡佩衡先生确实是一个传灯式的人物。

薛永年（中国美术家协会理论委员会副主任、中央美术学院教授）

北京画院筹备“二十世纪中国美术大家系列展”活动，举办那些有成就的已故画家的展览，展示他们的作品，并组织研讨会，这对传承、发展中国画是有深远意义的。胡先生是近代京派绘画中根底深厚、与时俱进的重要画家之一，是首开函授课徒这种教学方式的美术教育家，还是先后主编过很多有影响力的杂志如《绘学杂志》、《湖社月刊》来弘扬传统、普及美育的美术编辑家。他在20世纪西学东渐、国画改革的潮流里，选择了借古开今的艺术道路，在继承传统的基础上又能吸收西洋绘画的有利因素，为中国画的古今之变做出积极探索。我是拜读过胡先生的著作后才见到他本人，没有近距离的接触，但是他的著作和创作对我具有很大的教育意义。我最早读他的书是他于民国二十五年写就的《画扇丛谈》，这是我上中学的时候，在护国寺的书摊上买的。书中的内容讲得非常实际，除了构图笔墨之外，还讲到如何去处理扇子：扇子沾了胶画不上去，要拿着绒沾着粉一擦就能画上去了，给我印象很深，很多都是经验之谈。也买过几本《湖社月刊》，50年代都在搞运动，提倡国画改革，真正接触到传统的还是《湖社月刊》。它有当代的、有古代的、有鉴赏的，很丰富，使我打下了关于国画所需传统文化的背景基础。那时候我不知道他是《湖社月刊》的主编，但是我在书里边看到了被50年代所遮蔽的传统。可以说《湖社月刊》是我最初对美术史、国画产生兴趣的原因之一。

我最早见到胡先生是在1958年中国画院举办的第一届业余进修班的开学典礼上，后来在这一年的学习中我又见到他多次。大概第二年也就是1959年，胡先生出版了《齐白石画法与欣赏》，这本书是美术爱好者的主要读物。书写得深入浅出，其中介绍了齐白石的生平、绘画、书法、篆刻艺术，以及由临摹到创作的道路，而且还讲了齐白石画虾是怎么变法的。后来我看齐白石的作品变了四五次，最后在虾的头部再加一笔黑，这些内容在书中全讲了。既有普及美育的意义，又有教人学画的作用。

胡佩衡先生重视写生，他晚年的风格豪放而浓重，构图比较简洁，是从写生入手提炼的。用笔比较苍辣、奔放，用墨比较重，焦墨，颜色很鲜艳，有石色还有白粉，非常有活力。这和我在《画扇丛谈》与《湖社月刊》中所看到的中年作品不一样。我曾经看过胡先生一幅画韶山的作品，后来写了一篇关于胡佩衡画韶山的论文，这是我考入美院的一篇文章。我学习美术史之后，有四本资料是关于20世纪以来重要的美术论文，其中有陈独秀、蔡元培，还有胡佩衡先生的文章，都是重要的历史文献，其中包括他在20年代发表的《中国画山水写生问题》。

胡佩衡先生由传统入手兼收并蓄，还重视写生。他不保守，是一个注意吸取西方经验并把它化为己有的画家。他在二十七八岁的时候就被蔡元培聘为北京大学画法研究会的导师，并担任《绘学杂志》的主编，发表了很多篇论文。对于写生问题，他曾说，中国的山水画在唐朝和宋朝最兴盛，当时善山水画的画家都具有创造的能力。他说目前教育部成立了美术研究会，为的是参酌西洋的美术来改良中国画。胡佩衡把吸收西方的优点和盲目崇洋严格区别开来，坚持民族立场，表现出一种在西方强势文化重压下的民族自尊心和自信心。

丰富传统技巧，在传统的基础上发展中国画，其实他讲的古法虽然表现的是笔墨章法，但还有民族的审美期望。他写的《中国山水画气韵的研究》解释了传统中国画的气韵问题，文章大意是说主客观结合体验出的这种精神气韵是接触到本质的。古法写生主张在他的作品中有所体现，不过三四十年代的作品不如五六十年代的那么明显。他的作品继承了三种传统：一是所谓的南宗文人画传统，即王蒙、沈周、王石谷一路；二是个性派的文人画传统，即石涛一路；三是所谓的北宗传统，比如宋画之类。但他善于综合，在南宗里融入北宗，正统里面融入个性，能粗能细，细的有力，放的有法。整体给人的印象是恬静而生活，清雅而沉厚，不过图式还是传统的。到了50年代，他的风格大变，首先是变了情调，由宁静变为热烈；其次变了图式，由古人超脱的全景式变为拉近与观者距离的近景式。然后变了笔墨，由雍容温厚变成老辣雄厚，由内含筋骨变为外露锋芒。此外还变了色彩，由水墨为主变为浓重灿烂，这一系列变化反映了胡先生为适应新时代要求所做的积极探索。

我在上世纪八九十年代重新研究起五四运动时期被片面化批判的王石谷。在搜索前人的研究成果时，我发现胡先生不仅在新中国成立之后为上海美术出版社写过王石谷，而且在20年代就写过《王石谷画法抉微》一书。他在《序言》里针对关于王石谷评判的大起大落有感而发地说："昔之人恭敬之如彼，今之人又拒绝之如此。"为了做出客观公正的评价，他从王石谷艺术历程、临古的途径、各家的评论、王派的变迁里找出王石谷作品里的优缺点，从各个角度做出全面剖析。在那个时期，在画界主流意识批判王石谷相当于思想界批判孔子的激进浪潮中，他敢于实事求是地选择研究课题，发表不合时宜的学术见解，在今天看来是非常难能可贵的。

去年中央美院的吕鹏博士写了一篇名为《湖社研究》的博士论文，我在指导的过程中又把《湖社月刊》系统地看了一遍。今天看来这个刊物办得很有特点，既有专门性，又有丰富性，堪称古今结合，既介绍古代的画家名作，又推出当代画家。其次是理论与实践结合，既介绍古代画论，也发表当代画家的著作。第三是发布信息与市场衔接，报道中国画界的动态、展览消息、国际交流、刊发画家的稿费标准。第四是重视绘画和与绘画互为表里的传统文化，刊发内容涉及古典诗词、书法、篆刻、金石、文物鉴赏这些领域。所以这本刊物起着传承文脉、启迪后学的作用。胡先生是“湖社画会”的骨干，又是《湖社月刊》的实际主编。这本刊物贯彻了“湖社画会”的宗旨，引导了并非中西融合一路的京津画派，在西方强势文化的挤压下自觉地从中国自身文化出发走出一条借古开今的道路来传承民族文脉，力争以大众可以接受的方式在延续传统之中来求更新、求变革，避免了传统的断裂和变革的盲目。我觉得这是很有贡献的。

近20年来，中国画创作取得了前所未有的成就，美术传媒的兴盛、美术市场的空前繁荣都是《湖社月刊》出版时所不能比拟的。但是发展的节奏太快，也造成了一些盲动和浮躁。在文化建设的新高潮中，在北京画院编写出版《20世纪北京绘画史》的同时，陆续举办纪念京派前辈画家的活动，这个意义我想不仅仅是慎终追远，而且是面向未来的。它的重要意义就在于总结京派绘画借古开今的历史经验，在历史的联系中从学术层面深化我们的认识。在新的时代需求下，以民族文化身份的自觉和丰富的传统资源，在传统的基础上吸收外来营养，与时俱进地推动国画创作的繁荣。希望这个活动可以继续下去，也希望北京画院以刊物的形式将研讨会的内容予以刊发，同时发表研究成果和讨论纪要，或者也可以以小册子的形式作为资料保留和信息传播。这样活动的影响力就会超越参观者和与会者，实现北京画院对全国各地画院所起到的积极促进作用。

黄正襄（中央文史馆研究员、胡佩衡弟子）

听了几位专家对胡老师各方面的推赞和介绍，我很受启发。我是胡先生弟子中年纪最大的，也是拜师最早的。我14岁时向胡先生磕头拜师，当时是在齐白石家。因为我们家没有钱交学费，恰好胡老师有一位公子要向我父亲黄均学人物画，父亲就想到交换拜师，均不收取学费，两家都同意了。那时家里认为拜师要有点礼貌，于是我向先生磕了三个头，又送去两瓶酒，胡先生很高兴，当时就还礼送给我一本自己编著的《山水入门》，内容上有一部分和《芥子园画谱》差不多，但是那时候出版一本书是很不容易的。

后来我离开北京到了东海，跟胡老师的学习也就中断了。胡先生在北京大学教学的时候，我中学还没毕业；等我考上北大时，他已经不在那里教书了，所以我还不能算胡先生在北京大学的学生，而应该说是他的入室弟子，不过遗憾的是在笔法等各方面我都没有跟老师好好学习。那时胡先生研究齐白石不是以文字研究为主，而是亲身向齐白石讨教。

今天的研讨会除了纪念胡老师生平卓越的成就之外，更应当向社会宣布几条宣言。现在美术界存在一些不好的风气，北京画院应当作为北京画坛的领头人，同时在全国也要产生很大的影响，这是非常重要的。作为画院的画家、文史馆的专家只是画画是不行的，还要对诗书画进行全面的研究。

我认为北京画院美术馆比中国美术馆还要好。中国美术馆现在过于注重收取场地费，一些外省市的画家没什么名气，只要交钱就可以在这里办展，之后便在自己的生平里写道：曾在中国美术馆举行隆重展览，这就算是一个资历。我记得我叔叔去世的时候，在讣文里有“慈禧皇太后曾赐宴”的字样，如若将此也算作一种资历那就成为笑话了，从事绘画事业的人应当重自修，今天的研讨会不单纯是纪念，更应当从现在起通过这种力量把首都的画风扶正。

张守涛（北京中国画研究会副会长、胡佩衡弟子）

胡老1918年进入北京大学当山水画导师时，我才刚刚出生，而胡先生在画坛上已经很有声望了。我还未向先生学画前就已经对先生有所了解。在当时的画坛，有三样事情特别突出：第一，胡老师出的画册最多，而且画册中有一些是理论文章；第二，当时胡老的学生最多；第三，在画界里胡老的作品多，这些作品当然也包括他的课徒稿。

胡老的早期作品绝大部分属于水墨淡彩，而当看他晚年作品的时候，我们会感到一种震撼。这种震撼源自胡老从内心精神状态所迸发的振奋给人留下的深刻印象。他从旧社会到新社会，接触了大自然、接触了广大人民以后的那种兴奋都表现在作品里。所以画面看起来很鲜艳，但给人的印象却很兴奋。不过技法、笔墨却一点都没变，还是原来的基础。今天参加研讨会我感受很深，也有不少收获。谢谢大家！

李　松（中国美术家协会编审）

这次展览是有思想、有理论、有思考的。在北京地区的几个美术馆中，我觉得北京画院美术馆在这方面做得最好。胡先生是当代中国绘画史上很有代表性的画家，无论大陆还是台湾都很肯定这一点。台湾的国立历史博物馆在1998年举办过两次展览，一次叫“民族十二家北方画坛”，一次叫“民族十二家上海画坛”，胡佩衡先生就是展览中很重要的一位。1937年，傅抱石先生有一篇文章谈到民国以来的几位国画大师，当时胡佩衡先生30年代在北京是与“二萧”齐名的，所以被称为 “二萧一胡”。傅抱石在文章中讲到“当代萧谦中、溥心畬、张大千，甚至胡佩衡都有声容并茂的佳作。他们的山水画是站在宋朝建筑元明清修葺过的山水舞台上，都是重要的角色”。傅抱石不仅肯定了这些画家的成就，也提出一些问题，即元明清以来山水画创作像打了一个结，怎么去突破这个结很困难。尽管很多画家的成就很高，但是还脱离不了那个束缚，那个既定的创作模式。这是民国以来几十年中画家们都非常努力想解决的问题。如何使山水画突破以往的程式，能够形成与时代相呼应的新面貌，这是很多画家花了一生精力所致力于的事情，在这方面，胡先生是比较突出的一位。他早年的成就非常高，到了60年代有一个很重要的变化。当时他在北京的展览我是看过的，印象非常深，感觉他的山水画有一个很新的面貌，但是他还没有完全解决这个问题。胡先生的艺术根基很深，而且他勇于创造，提出了古法写生的问题。这个问题在那个时期还处于需要讨论、解决的过程，胡先生如果能够再多活一二十年，可能在这个问题上会解决得更好，会有一个更新的面貌。

胡先生为中国绘画理论特别是创作理论做了很大贡献，他从自己的实践经验出发，并且有明确的理论思考，他的著作非常有价值，对今后的创作是一个很重要的参考。当代美术史上有两位画家，他们在当代绘画界的位置与胡佩衡先生所做的工作有直接关系，一是齐白石，一是金城。胡先生和齐白石接触的年代很早，可追溯到上世纪20年代，那时齐白石刚刚在北京定居，也刚刚成名。当时他不太愿意参加画会的活动，因为两个画会矛盾很多，他还特别刻了一方图章，“一切画会无能加入”。实际上两个画会都想争取他，后来《湖社月刊》上登了一幅齐白石画的雪景，齐白石在题跋里特别提到自己已经很久不画山水，早期画人物，而现在主要致力于花卉。胡先生和齐白石关系密切，虽然齐白石已经20多年不画山水，但胡先生请他画他还是画了，而且很正式地登在《湖社月刊》上。那一年，胡先生还自己出钱给齐白石出版了第一本画集。他和齐先生有直接的长期接触，能够看到他作画的过程，有些记录非常宝贵，是研究齐白石的重要资料。齐白石对当代绘画的影响首先在于他的艺术成就，同时也和当时人们对他的研究分不开，其中胡佩衡先生就起到很重要的作用。金城的作品后来都分散了，《湖社月刊》从第一期到第一百期一直不断地研究金城的艺术，介绍他的创作理论和作品，把他的艺术成就、绘画思想传承下来。金城是当时北方画坛非常有影响的一位大家，他既是画家，又是理论家。但是如果没有《湖社月刊》的作用，没有胡佩衡先生的推介，他的面貌在中国现代美术史中会是很模糊的。所以胡佩衡先生对保存那个时代的绘画成就、绘画面貌以及绘画史籍都起到了不可磨灭的作用。

徐东鹏（*齐白石艺术研究会副会长、胡佩衡弟子*）

胡先生在中国美术界有几项很特殊的贡献，这些贡献不仅值得我们怀念，而且也值得我们深入研究。首先，就像李松先生所言，胡佩衡对齐白石研究以及齐白石在现代美术史上地位的确立起了很大作用。胡先生不仅是著名的画家和学者，还是中国美术界的伯乐。在1918年北京大学画法研究会成立的时候，他就与陈师曾、汤定之等一起任教。此前，他已结识了还在庙里摆摊卖画刻字的齐白石先生，并且结成忘年交，此后他一直致力于推介齐白石的作品。我小的时候，有机会经常能够接触到齐白石和胡佩衡，在他们的来往中，我多次听到齐白石讲胡佩衡如何帮助他，如何把陈师曾引见给他。在我印象中，齐白石只要一提到胡佩衡、陈师曾，总是充满了感激之情。1928年，胡先生又自己出资给齐老出版了《齐白石画册》，对齐白石的人品和画作给予了极高的评价。解放后，胡老师还和儿子胡橐共同出版了《齐白石画法与欣赏》。据我所知，在写这本书的时候，胡橐曾经对齐白石作画的过程进行了分节拍照，这些都是极其珍贵的资料。本次展览虽然没有看见这部分资料，但展览还是准备得很充分，尤其分了专题进行介绍，这是很好的。

胡佩衡对齐白石的研究从青年时代就已经开始，整整做了几十年。他不仅自己这么做，而且还让他的孩子参与进来。胡橐原本是在南开大学学地质的，后来弃工学文，和父亲一起研究齐白石。胡佩衡对齐白石的研究和推荐，为确定齐白石在现代美术史中的地位做出了一定贡献。尤其他在当时已经是很有名的大画家了，还能几十年致力于研究、推介同时代的画家，这在美术界是极为罕见的。

胡先生早期的作品比较传统，也比较细腻；中期的作品提倡用写生创作，还属于比较传统的；后期开始趋向于写意重彩。胡先生对绘画传统的继承和批评为我们树立了典范，他一生都在坚持金城“精研古法、博采新知”的主张。胡佩衡对传统既有肯定、继承的一面，同时又有批评落后的一面。此外，他对西方美术也绝不排斥，还曾学习研究过。他在北大任教时有一位外国人也在做导师，胡先生还曾向他学习过西画。我小时候画过油画、水彩，他对此都非常支持。胡佩衡不仅研究西画，他晚年在湖南、广西的写生也都很好地体现了其关于传统和创新的理念，无论构图还是用色都令人耳目一新。胡先生在30年代就对王石谷进行了深入的研究，他的著作至今仍有价值，难能可贵的是这其中体现出一位学者不随波逐流，客观公允的治学态度。

这次画展的题目非常好，在教学上胡佩衡贯穿了“精研古法、博采新知”的理念，不掺杂任何个人杂念，总是强调在精通传统的基础上紧随时代，以及结合自身特点发挥个人特长的学习方法，他非常反对一味模仿老师的学习方法，应该说这些教学理念在当时国画界传承中，在过分强调门派继承的风气中是独树一帜的，是难能可贵的。

李树声（中央美术学院教授）

胡先生既是画家，又是美术教育家，同时他还是美术史家和美术理论家，就这三方面而言，他堪称当时处于领先地位的人物。刚才黄先生也讲过，现在美术界的思想很乱，有人认为自己是天下第一，根本不把传统看在眼里。但是老一代的画家初学绘画时都先学传统，而且传统功底都非常好。胡佩衡先生以临摹传统打下基本功，而且涉猎很广，他不只学王石谷和石涛，还广泛吸收各家各派，这一点是胡佩衡先生很突出的学习特点。不论南宗也好，北宗也好，他都肯去研究、学习，而且很有成果，本次展览也展出了一些这样的作品。

胡先生处于“西学东渐”刚开始的时代，那时候传统画家对西画不理睬，也不欢迎。在对待西画的问题上，胡佩衡先生采取了与他们不一样的态度。临摹传统古画与西画讲求的写生是对立的，西画是背着画夹到处画风景、静物、人体，传统绘画到明清之后则很少有人写生，所以写生刚引进时还属于新事物，有些老先生是不接受的，他们觉得这与传统画法是相冲突的。何况古人已经创造了很多方法，为什么不去继承，而要自己从头开始，背着画夹想怎样画就怎样画呢？没有程式化的基础就算没有一点基础吗？画画之前，前辈艺术家的经验总结都要打倒、彻底丢掉吗？胡先生不同意这种做法，他在传统和写生的尖锐矛盾之间提出了自己的口号，号召我们在学古法的同时，还要回到大自然里去师造化。古人师造化的传统在明清以后就基本被丢掉了，写生接触的是客观自然，但是老先生的写生基本是建立在自身已掌握古人画山水的经验基础上的，这个程式化的方法怎么与自己感受的自然相结合、相碰撞，并且将其运用于其中？一般从洋学堂出身的人在这点上与老画家们是不一样的，因为他们没有传统的基础，没有受过严格的古法训练。

现在年轻人学画都直接从写生入手，很少有人肯下临摹的苦功夫，但是谁把临摹与写生对立起来谁就会吃亏，很多经验教训已经摆在这里，两者必须要交叉互用。别人的经验为何不肯去研究、去吸收呢？黄胄同志到晚年认识到这一点，拼命地临古画，他已经很有成就了，但是认识到这个问题后还是花了很大精力去学习传统。现在的年轻艺术家应该多从前辈画家身上吸取有益的经验，好好研究传统。创新是应该的，可是我们不能过于强调创新了。外国的画廊中追求创新的作品总是卖得很好，可是如果没有艺术功底，创新的作品又怎能站得住脚？艺术家之所以能够经受住历史的考验正因为艺术上的功夫，没功夫的作品早晚是要被淘汰的。功夫是很重要的因素，忽略了这点是我们当代人的遗憾。

胡佩衡先生的艺术风格经历了几变，建国后他希望有一个彻底改变。那时，他作品中的色彩、情感、图式都发生了变化，同时也丢掉了一些好的东西，不免有一些遗憾。希望有人能够把他的基础真正继承下去、发展下去。

接下来谈谈他的著作，胡佩衡先生编的《绘学杂志》是我的启蒙资料，而且成为我学习美术史的入门书籍。《绘学杂志》虽然数量不多，但是其中刊登了陈师曾的《文人画之价值》、徐悲鸿的《中国画改良论》、胡佩衡的《中国山水画写生问题》等文章，这些文章都非常有分量、有价值。而且《绘学杂志》还刊登了美术学校的开学记，记录了中央美术学院1918年成立时的情况。此外他编了《湖社月刊》，湖社是金北楼先生之子金开藩组织的。当时有点封建意识，只要参加这个组织就要改名字，在名字中加一个“湖”字，不过胡佩衡先生的名字中就没有。胡先生的观念比较新，他在新文化运动中受蔡元培的影响，所以不愿意搞“改名字”这类事情。不过，他实实在在做了很多事情，同时也是《湖社月刊》的实际主编。如今，这一百期《湖社月刊》已经在天津古籍出版社影印了，这些刊物对我们学习古代美术史、增长知识、认识传统绘画都是有益的。

胡佩衡和齐白石两家走得很近，而且齐白石赠给胡先生的画也是最多的。凡是题“冷庵先生赏”的，包括为胡橐画的八大山人，都是送给胡先生的。后来因为胡家生活遇到困难，许多作品都卖了，还好这些作品被黄胄收走，没有流出北京。所以现在炎黄艺术馆很多齐白石藏品都有“冷庵先生”的题款，那些画都是齐白石送给胡佩衡的。此外胡佩衡还是齐白石的伯乐，他推介齐白石，帮助大家认识、了解齐白石，这些对从事史论研究的人来说是很有帮助的。

刘龙庭（人民美术出版社编审）

我起初在山东，像《绘学杂志》、《湖社月刊》这些都是看不到的，所知寥寥。1957年，我考到山东师范学院艺术系之后，拿到的第一本绘画书就是胡先生写的《我怎样画山水画》。从这本书中，我了解到山怎么画、树怎么画、水怎么画。可以说除了学校的几位老师外，胡佩衡先生就是我校外的启蒙者和导师。另外从《我怎样画山水画》后面的附图中，我知道了萧谦中、汤定之、金城、萧俊贤等艺术大师，此后我开始对中国画逐渐入门了。胡佩衡编著的《齐白石画法与欣赏》我也拜读过，特别记得书中写道，齐白石画虾时先用笔点一下虾头，然后往笔根处注点水，画虾的身节，以及用什么笔画须。胡先生把齐白石画虾的过程讲得很详细，那时候没有录像，通过胡先生对齐白石画法的介绍，使画界的人对齐白石的艺术有了一个综合性理解。

在展览中，我看到胡佩衡早年的小册页，有些像《芥子园画谱》中的内容。可能年轻的同志会觉得比较古老，但是这些册页让我想到了陆游的诗：“古人学问无遗力，少壮工夫老始成。纸上得来终觉浅，绝知此事要躬行。”今天，北京画院办的“画范传灯”展览对我们这一代包括年轻一代都是有启发的。现在的画家像是快餐式的速成画家，回过头来看看我们老前辈对学问、对艺术的严肃态度，他们扎扎实实的功夫，可以说对当前还是有启迪意义的。

改革开放需要关注前沿学科，但同时也应很好地研究历史。现在关注前沿，特别是科技方面，国家是很强调的，而对历史的研究则弱化了很多。我们的前辈，像陈师曾、郭沫若、鲁迅都是对历史下了很大功夫的。胡佩衡是一位山水画家，取得了相当高的艺术成就，但同时他也写了很多美术史著作，推荐了齐白石、金城等人，可以说他是一位综合性的艺术家。中国画历史上，像宋代的苏东坡，元代的赵孟頫、明代的董其昌，近代的黄宾虹、潘天寿、傅抱石等人，都应该被称为中国文化或者中国画的艺术家。他们不仅能画，而且还能讲出一番道理，并且这些道理直到今天还有承前启后的意义。比如金城讲的“精研古法、博采新知”，后面其实还应该加上“兼收并蓄、集其大成”。

胡佩衡晚年的作品的确丢掉了一些早年比较好的东西，这不能完全怪他个人，而是和时代环境有关。1958年“大跃进”，画一块砖头叫“红透专深”，画一群鱼叫“力争上游”，很多作品都是为政治服务的。我认为胡佩衡先生有很多好作品，像《阳朔奇峰》、《颐和园后湖》，当然有些作品中颜色和水墨还不是很协调。北京画院将胡佩衡先生作为20世纪中国美术大家进行专题展览、举行研讨会，从学术角度来讲这个创意和方式是非常好的。

我们今天的画家也好，理论家也好，除了知道当代的范曾、吴冠中之外，还应知道清代的“四王”、明代的“四家”。从北京画院这一次“画范传灯”的展览来看，他们没有忘记过去，这对如今的艺术界是很有启示意义的。我们要找今天的问题，就要拿过去的东西作参照，才能知古而鉴今。对艺术的研究，21世纪画家们的视野还应该更开阔。胡佩衡老先生摊的铺子有点大，一个人的精力毕竟有限，理论要搞，画也要画，诗也要作，最后他却没有成为一个时代的大家。但是作为一位富有综合性艺术修养，对理论和画法都做了深入探讨而独具特色的艺术家，他仍然为中国画做出了不可替代的贡献。大家都想当明星，这点可以理解，但是中国画的发展、中国画的未来，我认为不完全取决于明星。

于　洋（首都师范大学美术学院教师）

我在这里就胡佩衡研究以及对于20世纪中国画家研究的体验谈一点自己的看法。我的博士论文题目是《激变与守护的现代求索》，一篇关于民国时期中国画论争方面的研究，其中涉及到很多有关该时期传统派画家的言论。我感觉最迫切的问题不是划分派别，而是史实材料的收集研究，也就是扎实的资料工作，这可能是关于20世纪中国美术史最迫切、最棘手的研究。正如德国学者施莱格尔所说：“最好的艺术理论就是美术史本身。”

陈师曾最早是学路矿、博物学的，在日本和鲁迅是同学。他从“进化论”的角度提出“中国画是进步的”这一学说。姚华、金城、胡佩衡最早是学铁路专业的，也就是说这些传统派大家在20世纪初学习的都是新学科门类，这和晚清以前的画家是不一样的。而且胡佩衡曾经研习过西画，从这点来讲，他对于中国画的传统问题是以一个新的角度来切入的。比如他发表于《绘学杂志》的一篇名为《中国山水画气韵的研究》的文章，从一个新学的角度谈气韵。他说，前人阐释气韵的真意，总不肯解释透，可以意会，不可言传，即“神而明之，存乎其人”。实际上他对古代画论中关于气韵玄之又玄的观点是不认同的，这和我们今天对国粹派的想象不太一致。此外他针对气韵又提出很多文人画的要求，比如他提出五种“俗气”，说绘画“不要霸悍气、不要市井气、不要板滞气，不要污涨气和草率气”。此外，他还提倡五种“雅秀气”，即雄厚气、苍润气、灵爽气、淡寂气和清秀气。这些都是他从绘画实践中提炼出来的，是一种真知灼见。他的一些画论都是经验之谈，是具体化、体验性的见地，而不是理论与实践相脱钩的空谈，这正是胡佩衡与其他画家画论不一样的地方。

此外，胡佩衡就山水画的功能提出了“学画山水，可以养性情，除烦闷，释燥气，迎静气”的观点，这完全是画家由亲身体验升华出的对山水画的体悟。我想这一点无论对于中国画近代教育体制的变化，还是对于中国画在20世纪吸收西学的过程都有他自身非常深刻的体会。

所以说胡佩衡既保留了传统中国画的教学体制，同时又不拒绝西学，主张对西学的吸纳；既不迷信于传统程式化，也不轻易追随20年代新的西学大潮，这些都是胡佩衡与其他同时代传统画家不一样的地方。他还在20年代提出了“法古”与“创作”需交相辉映的观点。20世纪早期很多画家，如萧俊贤等都是从“四王”入手的，但是我们却从胡佩衡的作品中看到一种可以称之为“雍容雅秀”的气度。

娄师白（北京画院画家）

胡佩衡与齐白石关系密切，的确如此。齐白石刚到北京时比较困难，当时他的知音除了陈师曾，就是胡佩衡，还有后来的徐悲鸿。何以见得齐白石和胡佩衡是知音呢？有一年胡佩衡为齐老印第一部诗集，齐老给他写了一封信，嘱咐胡佩衡先生诗集封皮要用黄色的牛皮纸，且订诗集的线要用头一号的大粗线。胡佩衡给齐老出书，齐老还让他设计封皮、规定要几号线，这说明他们之间很不客气。另外胡佩衡到齐老家里要画，齐老通常都会给，这和齐老对待一般朋友是不一样的。齐老对待普通朋友，赠画一般只有一次，胡佩衡就不一样了，他会在旁边坐着等齐老画。有一次，我看胡先生还没有走，齐老说他要张画，正在给他画呢。画的是蛤蟆吃蚊子，这是齐老第一次画这种内容，齐老在题跋中解释说，画这张画的时候，因为你急得要，纸不是好的六吉宣，这点你不能怪我。这两点说明齐老和胡佩衡的关系密切。此外，齐老的姨太太改为继室的时候，在分家邀请名单上列了很多人，其中就包括胡佩衡先生。

当时胡先生在湖社画会负责主编《湖社月刊》，但是杂志上没有署他的名字。他既在湖社写稿，又没有反对中国画学研究会，从这点看来胡先生是很客观的，不存在门户之见。

张大千到北京后引起了北京画家对他的一些意见。张大千有一句话叫“我奴视一切”，这句话确实惹到了北京的画家，他们要在法院起诉维护名誉。那时胡佩衡先生没有介入这件事情，齐先生也没介入，这说明他们二人对待这个问题的态度是一致的，也说明胡佩衡在人品上不存在门户之见。他对任何画家都很尊重，这是他最大的优点。提到这本《齐白石画法与欣赏》，我觉得他很虚心，会找我来一起研究，问问齐老的事情，我也为他提供了两幅齐老的作品。

王明明（北京画院院长）

北京画院和北京画院美术馆这两年致力于筹办研究性的展览，把已故老先生的作品，包括他们的研究呈现给社会，这实际上也是我们的责任。画院美术馆的面积虽然不大，可是只要我们有自己的平台，就会为北京美术界带来一些研究成果。这是北京画院的研究方向，这个方向是不可动摇的。我们有责任偿还历史上欠的帐，老先生没有办过的展览，我们要办；没有研究的东西，我们要研究，认真整理他们的资料。下一步我们可能还要出版胡佩衡的文集。

北京要建北京美术馆，并且已经在积极筹划中了，这样大的美术馆需要很多学术研究来支撑。目前，美术界研究性的展览太少，能够存留下来作为历史积淀的展览太少，而过眼烟云的展览又太多，所以北京画院有责任去挑起这个重担。我们最近引入了几位年轻的理论家，也都在积极做这方面的工作。北京画院还会继续发展一批有志于研究北京绘画史的年轻理论家，同时也会出资举办展览、出版画册书籍等等，让展览逐渐形成一个系列。

今天我们有幸听到老先生们的讨论，了解到之前不曾知晓的事情。实际上中国画的延续就是在这种研讨中慢慢去体会的。现在大家经过了学校的素描和速写训练，人物画造型上去了，可是要进入中国画最本质的层面就困难了。中国画的观察方法、思维方式完全是不一样的，所以要做到中国画与历史的衔接，不一定必须按照老先生的风格走，很多传统的东西，包括对中国画深入的理解，都是我们应该认真体会的。老先生为我们留下的遗产我们应该主动去继承，承接中国画最本质的东西。老先生们所追求的境界和从西画入手的境界是不一样的，所以我一直在想若进入中国画的情境，我们需要追求什么。刚才有理论家提到胡佩衡画论中关于中国画的几个弊病，可以说现在的中国画完全是按这些弊病发展的。我二三十岁时是拒绝传统的，随着长时间的接触，我却走到了截然相反的一边。我认为只有全身心地投入到传统中去，才能抓住中国画中最本质的东西。

现在很多学院教学不再讲传统笔墨和传统精神，又或许讲了，但学生没有听进去。无法领会传统的精髓对于一个画家来说是很遗憾的。通过我们的策划和研究，把老一辈艺术家的作品呈现出来，从中找到规律性的东西，这对学艺之人是很有帮助的。“继承”与“创新”本没有矛盾，矛盾往往由我们人为地制造出来的。我常常体会李可染先生说过的一句话——“能进能出”。其实，只有具备了造型能力，在打进传统之后才能够出来。所以我们要时常体会老先生说过的话，从中慢慢找出规律。此外，我们这一代人还应该提出一些问题和课题让理论家们去研究，这对中国画的发展是有好处的。

相对于有些画家一时兴起而举办的展览，我更愿意通过几个月甚至半年的时间去研究一位传统派画家，为后人留下点什么。这是北京画院作为一个文化事业单位应该做的事情。画院的画家应该尊重前人、尊重历史，经常研究前人的经验，这样我们才能理清历史的脉络，跟上时代的脚步。我们的年轻画家有两项责任：一是要把作品的风格呈现出来；一是要研究画院过去好的传统，通过研究以增强创作能力，这样才能承接传统。希望各位在学术上给予我们更大的支持，让我们做得更好。

“开篇大作——人民英雄纪念碑落成五十周年纪念展（北京展）”研讨会

（根据会议录音资料整理）

时　间 > 2008年4月29日

地　点 > 北京画院美术馆五层学术报告厅

主持人 > 吴洪亮（北京画院美术馆馆长）

主持人：各位领导、各位嘉宾，大家早上好！感谢大家能够出席今天的研讨会，特别是雕塑界三位老先生，以及著名理论家的到场，让我们感到十分荣幸。今天的会议主要是针对“开篇大作——人民英雄纪念碑落成五十周年”这一问题进行研讨。为了纪念这个特别的日子，北京画院发起筹备了“开篇大作”的展览，并得到了文化部等诸多单位的支持。关于人民英雄纪念碑的问题，我们的展览筹划小组用了半年多的时间去思考。今天我们以展览的形式将思考的结果向大家展示，希望能够得到在座的各位老师以及广大观众的认可。

殷双喜老师的专著《永恒的象征——人民英雄纪念碑研究》可以说是关于人民英雄纪念碑学术研究的开始。我们站在这部著作的肩膀上做了一些基础性工作，如图片、影像、实物资料的收集。下面有请本次展览的学术主持殷老师发言，作为本次研讨会的开篇。

殷双喜（中央美术学院《美术研究》副主编）

人民英雄纪念碑在50年前的4月23日完成工程，举行了揭幕仪式，一眨眼50年就过去了。我从1999年开始研究这个项目，前后持续了将近三年时间。那个时候，我跑到广东东莞清溪镇的乡下去找张松鹤先生，张松鹤先生摔断了腿，坐在轮椅上。如今参加纪念碑建设的先生们都一个个走了，当年的八位雕刻家现在只有曾竹韶先生还健康在世。人民英雄纪念碑是20世纪中国雕塑创作中当之无愧的的高峰之作，它使几代雕塑家在20世纪的中国美术发展史上占到了非常崇高的位子，这是我们雕塑界的自豪和光荣，证明雕塑对于时代和人民是无愧的。我曾经说过：艺术家的作品不要看它当时多红、价格多高，而要看它能被多少人看到？能在人们的心目中持续多久？我做过一个初步匡算，50年来，人民英雄纪念碑的浮雕在天安门广场上，能够看到它的观众应该以亿和10亿来计算，这才是最有价值的艺术品，呈现了雕塑和公共艺术的巨大价值。

对纪念碑的研究，目前还只是一个起步阶段。每个历史时期都有重大的雕塑艺术项目创作落成，但我们雕塑史的研究到目前还远远跟不上。最近几年来，我们有一些青年学者开始成长，在座的刘礼宾先生就开始对民国以来的雕塑进行研究。我希望以人民英雄纪念碑研究为契机，整个雕塑界能够重视历史、尊重历史、研究历史，研究我们在20世纪已经取得的成就和成果，树立我们中国雕塑界自己的学术自信。就像我们讨论30年代中国电影的发展，中国电影像《一江春水向东流》在当时世界电影发展史上都是领先的。我们的雕塑创作是充满了民族自信的艺术创作，而不是一种单纯的模仿和拷贝。前辈们虽然都有留洋经历，但是他们对中国传统雕塑、对中国雕塑文脉非常重视。在纪念碑创作的过程中，刘开渠先生带领这些雕塑家到中国石窟遗址走了一圈，回来还作了报告，并且出版了中国古代雕塑的画册，出行的同时还带了翻模工。当时经过郑振铎的批准，翻制了一部分中国古代雕塑的石膏模，这些模后来一部分给了故宫，一部分留在中央美院。然而现在不可能翻了，即使袁运生教授立了项，要去翻也非常困难。就算国家文物局给了信，但执行到下面也很艰难，而且当时翻了模的雕塑现在有许多已经毁坏风化了，也就是说模子比现有作品还要好。中国古代雕塑的保护、研究到了“迫不及待”的时候，曾竹韶一直反复呼吁希望建立中国古代雕塑博物馆，但是迄今为止这个愿望还没有实现。

盛　杨（中国美术家协会雕塑艺术委员会主任）

在人民英雄纪念碑落成50周年的日子，举行这样的展览，召开这样的研讨会，我认为它们的意义很深刻。在这里，我首先要向展览的策划人员以及从事纪念碑研究的学者表示感谢。人民英雄纪念碑是新中国美术历程中的重要课题。每一种艺术的功能性都有很多，但雕塑有一项功能是其他艺术门类所不能代替的，那就是它的纪念性，对人类文明、人类历史发展的记载。不过目前，纪念性的雕塑在我们这个时代已经慢慢被人们所忽略，又或者很多同志没有勇气敢于承担起雕塑的这项功能，所以这时我们再来探讨纪念碑雕塑的价值，我认为是很有意义的。

人民英雄纪念碑在中国雕塑史中有着特殊的地位和意义。尽管中国古代的雕塑文明也很灿烂辉煌，但它始终是为宗教、祭祀和墓葬服务的，真正反映现实生活的雕塑可以说极为有限。20世纪以后，雕塑才从之前的功能转向为现实服务，这是中国雕塑百年历史中一项重要变化。人民英雄纪念碑建造之前，也有一些雕塑家创作过纪念性的雕塑，但这大多是以具体人物作为艺术造型，并没有以无名英雄、以人民大众作为艺术创作的对象。可以说这是中国雕塑史近50年来的又一次转折。尽管刘开渠先生做过《无名英雄纪念碑》、《工农之家》这样的作品，但仍属于零星的现象，所以真正以人民形象作为雕塑艺术造型开端的还是人民英雄纪念碑。我们不能忽视杰出人物对历史的贡献，更不能忽视人民群众对历史的作用。杰出人物是从人民群众中提炼出来的，他和人民有着密不可分的联系。不管我们创作纪念性的雕塑，还是风俗性的雕塑，都不能忘记人民的力量，不能忘记人民对历史的贡献。

现在有很多雕塑家在创作中过多地抒发个人的、私密的情感，从而脱离了群众，脱离了现实生活，我认为这样的作品，它的现实价值，它的历史价值，它对促进人类进步作用的价值就会减弱。所以雕塑创作既要有个性、主观的表现，同时也要注重和群众间的联系，这是当今我们需要关注的课题。艺术从根本上来说都是个人行为，但是在特殊的历史条件下，集体精神又是不可缺少的。例如人民英雄纪念碑，绝对不可能由艺术家个体单独完成。因为它是对百年中国重大历史的纪念，所以一定要由集体的力量共同建造。像画家、历史学家都参与到纪念碑的建造活动中，所以它汇聚了很多人的知识。现今这个时代，从事艺术创作仍然需要合作精神，需要很多人共同的努力。曾经有人顾虑雕塑家与画家、建筑家之间的关系，我认为应该是合作的关系。这次展览通过文献资料的展示，向观众呈现了画家、史学家在纪念碑建造过程中的作用，这是很有意义的。

很多人说中国的雕塑仅仅是法国和前苏联雕塑艺术的结合，我认为人民英雄纪念碑就是对这种论调最好的驳斥。虽然很多建设者都有法国留学的经历，但他们并没有简单地照搬国外模式，而是在创作的过程中保留了很强烈的民族精神，他们还曾经到石窟中去感受传统艺术的魅力。所以我想说，真正经典的艺术是经得起历史检验的。

乔　迁（中国工艺美术家协会艺术委员会副秘书长）

人民英雄纪念碑给我最大的启示就是它作为一项大型的公共艺术工程，采取了团队协作的方式，但这丝毫不会加剧个人风格和集体创作之间的矛盾，其中有两个原因：一是由于参与纪念碑建设的这批老先生，他们的艺术水准普遍比较高；二是当时的建设者在精神追求方面目标统一，尤其是进行团队协作的时候，这种精神追求就更需要统一。个人需要对集体创作意识保持认同，在团队合作中对个性的抒发做适当的保留。

王明贤（中国艺术研究院建筑研究所副所长）

纪念碑上的题词，一面是毛泽东的，一面是周恩来的，也恰恰是这两个人在主导中国革命。毛泽东从遵义会议开始主导中国革命，周恩来于20年代从法国归来，那时才20多岁，马上到黄埔军校，在中国共产党中具有重要地位。他们对几十年的中国革命历程起到了决定性作用。纪念碑是毛泽东和周恩来的题词，那么为什么是他们题字，而不是别人？这就牵扯到中华人民共和国历史的研究。

再者从现代雕塑史的角度看，人民英雄纪念碑的雕塑可能是中国现代雕塑史上最重要的作品。从1949年到1977年，中国现代雕塑史上一是人民英雄纪念碑的雕塑，一是农展馆的雕塑，此外还有1967年在中国美术馆建设的大型红卫兵雕塑，1969年在沈阳红旗广场树立的“毛主席革命路线胜利万岁”雕塑，中央美院组织的西藏大型雕塑，毛主席纪念堂的雕塑。这批雕塑构成了整个中国现代雕塑史最重要的篇章。除了这些雕塑外，中国近现代雕塑还有许多问题值得研究。比如绘画，以徐悲鸿先生为首的写实主义是中国自1949年以来的主导。中国雕塑则以刘开渠先生为主导，但如果我们从研究的角度，其他绘画和雕塑也应该在研究者的视野中。1949年后不属于这种写实主义风格的画家，他们的经历非常悲惨。像一代大师林风眠，他在20年代创办了国立艺术院，和蔡元培一起对中国的现代艺术有很大的推动，但解放以后却被浙江美院免了职。中国现代艺术这种艰难的历程在雕塑家中也有体现，很多雕塑家在二三十年代留学法国，但是后来遭遇都很悲惨，我们大家不应该忘记这批人。

最后从中国现代建筑史的角度看，我觉得人民英雄纪念碑确实是非常重要的起点，到1959年人民大会堂等十大工程，正好树立了中华人民共和国的建筑形象。首先从建筑角度来看，纪念碑做得很出色。不过它还不算一个传统建筑，应该算作现代新建筑。那么新建筑如何创造新的纪念碑形象，在当时会有不同意见。纪念碑碑顶总体是一个仿古式的建筑，而如何创造一种新型现代因素，这就需要留给另外一代人来思考。当然，清华大学建筑系、梁思成和林徽因先生都对纪念碑倾注了很大心血。现在的八宝山公墓，林徽因先生的墓前和人民英雄纪念碑雕刻的式样都源自梁思成统一的设计创造理念。但是中国的建筑其实也跟美术界一样有各个流派，比如清华大学建筑系的梁思成作为一个派别，同济大学、东南大学也有对西方现代建筑比较注意的另外一个学术传统，所以我在想我们要能把这几方面综合起来也许会有一些更新的发现。

主持人：在整个展览的筹备过程中，朱尚熹老师给了我们很大支持。尤其是周末带着所有人文空间研究所的同仁帮我们整理资料，共整理出1000余幅当时的图片。接下来我们有请朱老师谈谈。

朱尚熹（北京人文空间雕塑研究所所长）

这个展览和研究的意义有它的现实性：一个是对研究的现实性，还有就是对创作的现实指导意义。我们现在看当时的艺术家组合，艺术家有来自苏区、白区的，还有从欧洲刚回来的。他们是一个大的组合，也是个大杂烩，水平高低参差不齐。新中国刚刚建立，从上到下到每个老百姓全部都是同样的感情，他们那么不一样，但是在这么一个大的氛围下，他们的作品就反映出一种强烈的不约而同的时代感。我们现在很多雕塑做得像垃圾，在一个所谓前卫、所谓当代、所谓低声吟唱个人化氛围笼罩下面做出的一些垃圾，谈不上有任何前卫的东西。当你前卫的时候肯定有目标，而现在我们这个环境是给你一个比较开放的环境，这个前卫已经失去目标了。目标是什么呢？就是为人民利益。前两天很有幸感受了一下奥运火炬传递，火炬传递的时候，海内外华人在同一种感情下面站到一起。我听到一首歌是《中国的复兴不可阻挡》，听得热泪盈眶，海内外中国人对整个民族还是有一个共鸣的。回过头，我们的评论家也好，策划人也好，以后应该搞一些真正反映时代的艺术创作。

主持人：我觉得这也是今天很多艺术家要思考的问题。张伟老师是曾竹韶先生那本画册的主要编著者，下面我们请张伟老师给我们聊一聊。

张　伟（中央美术学院雕塑系教师）

很早的时候，中央美院的老师、学生一直在讲人民英雄纪念碑，从技法的层面说得比较多，前期工作是后来在准备几次老先生的展览和画册的过程中，包括看到殷老师的这本书后才慢慢了解的。这些背后的事情，老先生当时亲身经历当然有所了解，我们这些年轻人还真是不了解。这种百感交集更多的是一些惭愧，除了看这些老先生的创作过程，更多的感觉是在疑惑我们现在为什么不要求自己这么做了？这个展览除了艺术圈内的人，实际上更多要面对的是一些政府官员，包括这本书、这个展览。当初作为一个公共艺术，一座纪念碑是怎么做成的？为什么要用这么长时间？为什么召集了这么多人？我有幸参加了抗日战争群雕的制作，包括后来南昌的八一广场浮雕的制作。我们感觉自己已经是很用心了，但还是没有达到这些老先生做事的状态。他们实际上是慎而又慎，是有意识、有策略地树立雕塑。今天看完这个展览，我觉得很有必要重新拾回或者建立雕塑行业的标准要求。当时这些艺术家在创作过程中拥有很大的自由空间，他们去考察，包括加工的这一环节，那时的石匠手艺技术已经很高了，但还要继续培训。艺术家、搞绘画的建筑师之间的合作模式、政府之间的模式，包括公众参与或者几万公众提意见的形式，到后来作品一步一步的完成，都是国家有组织的计划。作为新中国的开篇大作，纪念碑实际上已经为我们树立了标准，我们绝不能放弃它，而且现在应该有意识地将它扩大化，不仅要触动艺术家，还要触动相关的人员。

主持人：刚才张老师说了一个特别重要的问题，就是人民英雄纪念碑建立了一个中国大型公共艺术项目或者公共雕塑项目的行业标准，它有一个高的起点。下面有请白老师谈谈。

白澜生（中央美术学院教授）

我今年快70岁了，当时建设人民英雄纪念碑的时候还不到20岁，算是人民英雄纪念碑的见证者，但还不是参与者，真正的参与者是我的老师那一辈，现在都年事已高了。我当时在学校读二年级，感触最深的有两件事：一是1958年去参观人民英雄纪念碑，去看老师如何做浮雕，因为那时还没上浮雕课，感觉非常新鲜；二是人民英雄纪念碑除了对先烈的纪念意义外，它在雕塑界也具有里程碑的作用，在组织创作和培养人才方面做出了非常大的贡献。北京和广州是当时雕塑家比较集中的城市，其他地方还没有太多的雕塑家，而北京的雕塑家又集中在中央美术学院，所以现在看起来当时已经集中了国内最优秀的雕塑家参与纪念碑的创作。我们现在老是谈传统、谈继承，实际上人民英雄纪念碑的诞生和创作在探索民族化这方面也是一个比较成功的例子。因为当时参与的老先生大都是留法或留日的，也有我们自己培养的，像张松鹤先生。这样一个水平不是很整齐的队伍在一起能够创作如此具有民族气派、民族精神的作品，可见老先生们对于当时探索民族化方面的问题做了很大努力。

关于培养人才也要建立这样一种机制，从人民英雄纪念碑以后就开始了我们过去说的创作模式，即领导、专家、群众三结合，当时也是按照这种模式进行的。但是，我觉得领导是非常有远见的，当时直接参与纪念碑工程的是北京市市长彭真，而且周总理还会亲自过问。通过这样一个大工程，几年下来，不仅培养了一批雕塑家，还盖出了一个雕塑工厂。我毕业以后曾在雕塑工厂工作了20多年，1990年又回到学校，所以说我是一个见证者。当时参加人民英雄纪念碑工程的有北京、四川、江苏的工人，来了以后，用专家们做出的稿子对他们进行考试，请他们来做石膏。部分展品就是这些工人之前练习的作品，后来他们都成为了雕塑工厂的骨干力量，我们称为老八级工。最出色的，像王二生、刘润芳都是直接参与创作。所以人民英雄纪念碑工程完成之后，周总理就说这部分人不能丢、不能散伙，要成立一个工厂，所以就成立了北京市建筑艺术雕塑工厂。雕塑工厂当时有雕塑室，吸收了大部分参加纪念碑工作的老先生的助手，后来都成为雕塑工厂的骨干力量，我们是后来分配来的，此后学校又有一批学生充实到这里。

曹春生（中央美术学院教授）

大家通过这个展览回忆一个划时代意义作品的出现和它的创作历程，能够吸取很多有益的东西，能够促进我们今后文化创作工作、雕塑创作以及文化艺术活动的发展，我觉得确实很有意义。当时的领导们很有眼光，很尊重艺术规律，也尊重艺术家的创作。正是因为当时创作活动中由最高领导直接过目，有彭真同志及文化部门同志的参与领导和对重大阶段工作的把关，人民英雄纪念碑后来的工作才很出色。包括1995年到2000年北京市发起创作抗日战争胜利雕塑园，在这个过程中，我体会到领导如果很开明、很尊重艺术创作规律，而且与艺术家有很好的合作，尊重艺术家创作的话，最后的结果就会比较成功。

今天早上中央新闻台《新闻1+1》节目披露了天津为北京奥运建了天津机场，机场大堂里建了一座雕塑，经过了严格的程序，包括征稿、专家研讨，最后才建立起来。因为天津机场以风筝的含义建立，雕塑也跟风筝有关系，而且充分地反映了天津杨柳青年画的特点。这个采用了杨柳青色彩元素创作的雕塑很多人都认为不错，但是在机场即将使用之前，市长就把这个雕塑给否了，说我不喜欢这个雕塑。问他什么原因？他说我不喜欢这个颜色。最后由于市长一句话，没过两天，这个雕塑就被拆除了。中央电视台的记者还访问了作者，作者说也没跟我谈什么原因？怎么不好？怎么修改？没有任何说法，凭市长一句话就拆掉了。电视台就指责说按照程序进行的创作为什么在去掉的时候不按程序？这是我们当前在城市建设中经常遇到的问题，雕塑家也很苦恼。

作为领导者不尊重艺术创作、不按照艺术规律办事，就像首长工程、节日工程往往都是失败的案例。所以我们要完成一件好的作品，领导的远见卓识、领导按艺术规律办事、尊重艺术家的创作是极其重要的，这对我们社会有很现实的意义。抗日战争群雕做了五年时间，1995年开始创意，到2000年才落成，这个时间就比较合适。前期策划有很多工作，我们做稿子要有小稿、定稿、大稿。要想做划时代留存久远的纪念性建筑，没有好的揣摩、推敲是做不成的。这种推敲既包括本人的创作推敲，也要进行社会调查和考察，各方面都很重要。

另外，作为艺术家，我们要自律，雕塑家是雕塑创作的重要主体方，我们自己如何对待创作？如何按艺术规律去做？这是很重要的。现在当然有很多客观原因，有的时候时间太紧、太仓促，有的人认为资金少，不可能投入太多精力，种种原因都是没有按照艺术创作规律办事。作为一个雕塑家不能把创作当作一个赚钱的行活来对待。米开朗基罗、罗丹许多重要的创作实际上都是社会订货，米开朗基罗的作品很多是教皇订货。教皇给了他时间和物质的保证，同时他自己也是对创作呕心沥血，反复推敲，所以很多年过去，这些作品仍然被认为是杰作。因此，作为艺术创作的主体，我们要自律，严格地按照艺术创作规律办事，要吸取老一辈艺术家尊重艺术创作规律、严于律己的好品质。

至于相关部门领导的问题，恐怕在相当长一段时期内还会存在，确实需要各方面呼吁。中央电视台的呼吁对领导敲响了警钟，不经过任何讨论程序，仅凭市长一句话，200万的项目就拆了，这种情况只有在当今中国出现得比较多，这也是各方面都需要解决的问题。人民英雄纪念碑的创作经验确实值得我们去学习、去研讨。老一辈艺术家除了艺术造诣、艺术修养深厚外，他们还能够进行非常好的合作和研究。现在整个社会状态比较浮躁，心态沉不下来。这样一个时代，由国家出面组织、领导尊重艺术规律、艺术家很好地参与，才是进行有效艺术创作的必要条件。

主持人：谢谢曹先生对于政府和艺术家责任问题的探讨。我们今天请到《雕塑》杂志的副主编陈培一老师，请您代表媒体说几句。

陈培一（《雕塑》杂志副主编）

当时的艺术家是用心去做的，现在一些所谓的工程是用手做的，我觉得最大的区别就在这里。在展厅里看到许多当时艺术家创作的手稿，一些东西是以前没有见过的。我觉得这比纪念碑的单纯研究更有价值，因为它里面提到许多艺术家原创性的元素，一些主要思想，它们都潜伏着、隐藏着，在多次修改的过程中，不少好东西可能被修改掉了。第二，对纪念碑的研究，我觉得历史跨度应该再往前延伸一点，应该延伸到秦代。秦始皇留存的好多刻石，比如泰山刻石、峄山刻石，这是民工纪事的东西，应该是最早的纪念碑雏形。从研究的角度来说，应该再回到原点上，从秦始皇时代开始，往下延伸就是纪念碑的开篇之作，就是草稿的研究。

主持人：在此之前，北京画院美术馆举办过胡佩衡先生的国画展览，我们用整整一层展厅呈现胡佩衡先生创作的山水画的图稿。雕塑其实也是这样一个过程，大家可以从展览里看到一些老艺术家如何从中国传统艺术以及西方艺术中学习吸收，最终完成纪念碑这个作品。下面有请王少军教授讲讲。

王少军（中央美术学院雕塑系副主任）

纪念碑这件作品太不简单了，它所包含的方方面面不是一个人，也不是一代人能够完全把它说准说清的。我最初对纪念碑有一种震动、有一种想法是看过殷双喜老师这篇论著以后开始的。后来我又参与了雕塑系筹备的曾竹韶百年华诞纪念活动，也涉及到人民英雄纪念碑。所以今天的展览和研讨会是对纪念碑创作过程研究的又一个小进步，是很有意义的。

纪念碑具有一种过去时态的集体主义艺术创作的典型性，而且它的成功是大家公认的。雕塑界也好，绘画界也好，常常会提出一个问题，即如今艺术家的个人化问题。面对历史遗留的资产，面对其中集体主义性质的东西，我们应该怎么做？该保持怎样的姿态？我个人认为，这里面可能有非常深奥的内在联系，它不是绝对对立的关系。理论界也在谈论这个话题，也就是新的集体主义。另外也有人说这不可取，还是要弘扬当代的个人精神、个性化，这是我们思想解放的一个前提。说实话，这个问题相当尖锐，而且事关每一个人。这个课题可能是由具体的艺术作品，包括艺术行为带出来的，而且是具有核心性的东西，是我们要直接面对的事情。对此，我并不表态、不下结论，也不反对。我认为历史总是历史，它是过去已经成型的东西，我们去分析、研究它，它的价值可能会辐射到当代，而恰恰当代才是最紧迫，当代在做的事才是更重要的。

于　洋（首都师范大学美术学院教师）

我是做中国近代美术教学研究的，在教学当中发现近代美术雕塑部分和绘画相比，处于一个比较落后甚至有点缺失的地位。所以我觉得这样一个展览把一些文献，特别是第一手的资料，把亲历者、重要的研究者聚集在一起进行研究，它所展示出来历史上的细节，为后面做美术史研究的人提供了很多细节资料，这一点非常重要。

接下来谈谈人民英雄纪念碑的意义和价值。前面王明贤先生提到这个对于中华人民共和国新国史的研究关系非常密切，我非常同意这一点，在我看来，人民英雄纪念碑最大的意义可以说是这百年以来或者说是整个20世纪中国社会形态的一种浓缩。从半殖民地半封建社会过渡到一个新兴的政权，特别在西方文化植入的大环境下反映出一种国族意识的大型艺术工程，这是难能可贵的。这个难能可贵反映在三点上：第一，题材上，它是为了纪念国家的政权诞生的。第二，表现在技法上，写实的表现技法融合了很多民族性的手法。第三，它是国家行为，是一个新政权的第一个重要艺术工程。这三点也决定了人民英雄纪念碑无可替代的意义和价值。

刚才曹老师提到的公共艺术的评审体系。纪念碑在评审机制上是一个完美的统一，树立了行业的标准，解决了艺术家、国家行为、群众观点的矛盾。完善这一机制是纪念碑给我们的思考。

刘礼宾（中央美术学院博士）

这次展览收集了很多历史文献和实物，可见策划人员颇费苦心。人民英雄纪念碑是20世纪雕塑史研究中一个很重要的转折点。参与其中的雕塑家，他们的技法与艺术造诣其实在民国时期就已经形成了，后来他们投身到纪念碑的创作中去。为什么之前没有参与过大型集体公共艺术项目创作的一批人能够迅速聚集起来，并且创作出这样一座具有典范意义的历史丰碑，我认为这是与当时国家的整体氛围相关联的，艺术家们是和国家、民族的命运相契合的。这让我想起了中央美术学院为奥运会所从事的设计工作，同样是在一个时代的背景下，在全国人民共同的关注下，艺术家们团结起来，为祖国、为社会奉献自己的热情。

另外一点，我看到展览中一块展板记录了很多工匠的名字，数量极其庞大。如果向前推100年，按照西方的标准，这些人应该被称为中国的雕塑家，然而我们却一直把他们视为工匠。为什么在新世纪下，我们强调民族传统的时候，这些承载着中国传统技艺的人们，他们的地位却如此卑微。而又是怎样一种书写体系，最终奠定了目前我们所认同的这些雕塑家的身份，这是一个非常尖锐，同时又值得我们深思的问题。

接下来谈谈我自己的研究领域。在民国雕塑的研究中，有一个典型的案例，那就是中山陵。中山陵有两座孙中山的雕塑，其中一个是坐像，一个是躺像，这两座雕像都是由外国人设计的。当时孙中山的儿子孙科也参考了中国雕塑家的设计方案，例如李金发的设计，但是这些最终都没有入选。人民英雄纪念碑这样一座重要的历史纪念雕塑，选择用中国自己的雕塑家来进行设计和建造，这表明了上世纪50年代，中国雕塑家群体的地位已经得到了确认。

李　峰（民生银行现代美术馆筹备组成员）

我在这里谈三点感受：首先，人民英雄纪念碑的创作者主要是由一批留法的艺术家组成的，像刘开渠、曾竹韶、滑田友这些人。这就和油画领域形成了一个鲜明的对照，林风眠，还有写实主义大师徐悲鸿，这些油画家其实并不适应解放后新形势下的艺术创作。与此相对照的是雕塑艺术在新中国成立后，它的创作手法是持续有效的。其次，人民英雄纪念碑作为新中国的“开篇大作”，它其实也开启了中国雕塑的新生。因为解放前的雕塑多是单体的纪念像，很少出现像纪念碑这种群体雕像。在此之后，开始有了群像造型，有了集体创作的雕塑作品。第三，人民英雄纪念碑为后来的雕塑创作提供了很多新的模式。例如小稿设计的选择，面向公众征求意见，这就是后来我们所说的“开门创作”。《农奴愤》这件作品在创作中也是这样，创作者会向拉萨当地的群众征求意见，让群众加入到雕塑的创作中去。另外我想谈谈对艺术品的尊重问题，我们知道一些作品很随意就被毁掉了。例如《农奴愤》，它是“文革”后期，由中央美术学院九位艺术家去西藏创作而成的，并且结合了西藏本地的力量，运用了西藏民间的手法，当时产生了很大的社会影响。但是随着“文革”的结束，在90年代的时候整个被毁掉了，仅仅保留了部分人物的头像，整个纪念馆也被拆掉了。艺术品是历史的存留，它不应该被损坏。这次展览展示了纪念碑创作时的草图，其中有天安门广场当初设计建造的图纸，包括千步廊，是一个很完整的空间，但是后来却被拆毁了。所以说我们的领导应该更加注重对艺术作品的保存。

宛少军（北京画院学术部副主任）

纪念碑的创作过程始终扎根于民族的艺术传统，当然它也吸收了外来艺术的有益营养，最终形成具有中国气派、民族精神的纪念碑形式。这一点无论对当时还是现今都具有特别现实的意义。我们在审视一个艺术作品的时候，应该放眼于世界，应该站在世界民族文化艺术的视角。如果我们不是从民族的、世界的对比眼光来看，那么我们则难以觉察到自身民族的文化创作力。人民英雄纪念碑无疑是民族文化创作的典范，这样一个典范究竟是如何完成的？就是扎根于传统，同时又吸收外来艺术的成果。这样一个过程究竟是如何完成的，尤其在构思和草稿阶段，它对于民族艺术传统继承了什么？发扬了什么？摒弃了什么？为什么继承？为什么摒弃？这在草稿中是特别需要我们留意和考察的，这中间包含的规律可能对今天的创作仍具有重要意义。总之，我认为人民英雄纪念碑所具有的民族文化创作力在今天仍然值得我们去褒扬和发扬。

赵　磊（北京人文空间雕塑研究所副所长）

在一个浮躁的时代能够做这样一场展览，我认为特别有必要。

王明明（北京画院院长）

刚才听了各位先生的讲话非常有感触。从构思阶段，我就把这个展览作为北京画院今年最重要的一项任务。首先，我觉得它对于当今美术界的意义非常重要。50年来，回顾老先生们的经典之作，我越来越觉得可贵。我们在奋力往前走、拼搏自己艺术的同时，回首望去，感触颇深。之前，我陪贾庆林主席参观郭味蕖的展览，贾主席问我这个展览如何？我说中国画革命了几十年，当我们转身回望这条道路的时候，我感觉我们的革命白做了。因为郭先生在60年代之前就已经创作出我们现在都无法画出的作品，所以说不是观念新了，我们的艺术就能前进。这次纪念碑的展览带给我很多启示，我一直在思考艺术形式和情感哪个更重要？这些老先生放弃了自己的个性和张扬，注重合作，他们用朴实的艺术语言表达出了最真挚的情感，那份对中国革命胜利的喜悦，这种情感能够穿越所有时代的隔阂。

我策划了两届北京国际双年展，其中看到不少雕塑作品，起初觉得很兴奋，但这种兴奋是短暂的。作品在形式、材料各个方面都很先进，打动你的是材料和观念的东西，可是我觉得作品中流露的真正情感才会让人永远激动。纪念碑的展览让我们深思很多，我特别同意几位的研究成果，殷双喜同志耐住寂寞写出这本著作作为本次展览的支撑，我们是接着他的台阶继续再走。当代的理论家、官员和艺术领导者有责任把重点放在研究上。我觉得我们当代的艺术家和领导者不能狗熊掰棒子，只注眼前、当今、当下的这一点艺术活动，应该放到长远、放到历史的长河之中去思考我们应该弘扬什么？重点研究什么？扶持什么？我们应该非常明确地把资金投向这些地方。

北京画院美术馆场地虽小，但我一直强调像这种具有艺术性、学术性的展览，即使付出再多的时间、精力、金钱，我们也要办。临时性的展览虽然可以给我们带来一定的收入，但它对艺术的发展没有什么作用，所以我们没有必要花很大精力在这上面。今天看到很多年轻的理论家也在研究历史中经典的艺术，研究京派的艺术，我很欣慰，也很高兴。如果以后大家在学术上有什么想法可以来和我提，对于有研究价值的展览，北京画院是全力支持的。

主持人：今天的研讨会到此结束，谢谢大家！

“开篇大作——人民英雄纪念碑落成五十周年纪念展（湖北巡展）”研讨会

（根据会议录音资料整理）

时　间 > 2008年8月15日

地　点 > 湖北省艺术馆一楼公共大厅

主持人 > 吴洪亮（北京画院美术馆馆长）

主持人：十分感谢各位领导、专家前来参加“开篇大作——人民英雄纪念碑落成五十周年纪念展”研讨会。展览从北京经上海、深圳，今天来到武汉，一直离不开各位老师的支持，离不开展览本身的艺术内涵，更离不开新中国美术的发展轨迹。此外，纪念碑浮雕中恰恰有反映武昌起义的内容，这和展览地点又十分契合。纪念碑的展览能够成形，首先要感谢安远远老师，在文化部艺术司的支持下，展览成长为一个全国性的展览；再者要感谢殷双喜老师，殷老师的《永恒的象征——人民英雄纪念碑研究》成为这次展览的理论基础；最后要感谢傅馆长，纪念碑的展览能到武汉，与傅馆长的大力支持是分不开的。

有记者问我，作为一个年轻人为什么能做成这个展览？其实很多事情是偶然的机遇。2002年，我在北京做过一个国际性的雕塑展，展览有一部分是关于北京雕塑的回顾展。在筹备过程中，我们发现了大量历史文献资料，同时殷老师关于人民英雄纪念碑的著作也给了我很大启发，之后我们用了将近三年的时间进行采访和搜集图片资料工作。如今看到的这些实物，如刘开渠先生的原作复制品、张松鹤先生的原作都是从不同地方一件件借来的。展览能够顺利举行源自很多人的努力，刚才说了许多感谢的话，那么下面首先请文化部艺术司文学美术处处长安远远老师讲话。

安远远（文化部艺术司文学美术处处长）

我看到吴洪亮在策划这个展览的时候非常感动，因为人民英雄纪念碑对所有的中国人来讲是一种心灵的寄托、一种象征。我第一次看到人民英雄纪念碑的时候有一种敬仰之情：80年代，我刚到北京，放下行李后做的第一件事就是到天安门广场，站在纪念碑台基上阅读碑文，发现有“由此上溯到一千八百四十年”这样的字句，这时候，一个共和国和一个人命运的关系就变得很具体，同时又很抽象。纪念抗日战争胜利60周年的时候，我们以国家的形式对抗日阵亡的烈士进行安魂，那时候，我感受颇深。在“5·12”国家哀悼日对地震遇难者进行哀悼的时候，我突然觉得人民英雄纪念碑不再是一座冷冷的建筑，而是一座真正的丰碑。在这个丰碑上，凝聚了太多中国人民的艰难历程和不屈不挠的奉献。纪念碑修建的那个年代，国家投资艺术的方式呈现出对新中国建立的寄托，对阵亡烈士的追忆。它所蕴含的理想、现实、信念以及它的表现手法给我们后来人带来很多启示，可是这种启示由于尚未有人从这些角度仔细观摩、总结，因此很多人不知道应该从艺术的角度看这样一座建筑、一个作品。

展览的筹办是用一种艺术的方式使人回归历史，从中得到更多的感动……百废待兴的新中国，除了人民英雄纪念碑，还有十大建筑，如中国美术馆，当时文化部向中央报的是“中央美术展览馆”，这个名字是要请毛泽东主席来题的，毛主席拿到这个报告以后就把“中央美术展览馆”改成了“中国美术馆”。从那一刻起，中国的美术馆作为艺术博物馆的一个新概念就出现在我们新的美术史历程里。这些年，我一直在考虑：当时改名的目的是什么？基于怎样的想法？我个人推测，五四运动以后，蔡元培有一个很好的理论，就是“以美育代宗教”，说中国是泛神理论下，释道儒三家相融合的文化传统中的国民教育体。“以美育代宗教”是新文化运动的理想，当时蔡元培先生作为北大的校长，而毛泽东那时是北大的职员，我想“以美育代宗教”一定会影响到他，而且从现在一些史料来看，毛泽东对蔡元培是很尊敬的。所以我们看到在社会进步、城市化越来越发达的过程中，美术馆、博物馆在社会中的作用变得越来越强大，而且成为富裕或者说繁复的社会生活中不可缺少的城市大课题，成为一个城市聚会的场所。我们对于审美教育的缺失，使现代中国从建设到人的成长，特别是心灵健康方面，都有很多缺失。回头看，我们现在非常需要给予城市、公民，还有其他方面以审美教育，而我们在这方面又有太多问题。非常感谢我们的前辈，他们付出了那么多的牺牲，甚至是通过几代人的辛苦努力才给我们留下一些精神遗产，所以像纪念碑这样一个政治化的建筑物，它有那么多人投入了艺术的心血、思想的贡献，特别是在今年纪念碑落成50周年的时候，又有那么多历史经验和历史的巧合让我们对人民英雄纪念碑这样一个具体的建筑物引发以人为本、以民为本的思考，引发我们对“人民”这个词的重新审视。

还有，这样一个展览在湖北新落成的艺术馆举办，这是一个涵盖很多公共教育和文化传播功能的新建筑物。通过艺术展览来引发我们对许多问题的认识，我想这个展览不同于一般的美术展览，它的意义更加深远。

主持人：谢谢安远远老师从很个人化的感受谈到艺术本体的状态，再谈到艺术管理，包括我们这个展览的意义。刚才安老师也提到“人民”这个概念，为什么叫“人民英雄纪念碑”？为什么这个纪念碑上没有任何一个具体的人物？这也是我们在做展览时所注重的问题。在它的初稿中有林则徐、洪秀全这样的人物，然而渐渐地这些人物形象远去了，留下的是一个个我们看不太清楚又看得很清楚的“人民”的状态。有趣的是，当我们做展览策划和寻找一些具体文献的时候，我们发现最早完整提到“人民”这个概念的人是梁启超，而纪念碑建筑总体设计、形象总体面貌的设计者是梁思成，这两代人和这个国家的关系也成为纪念碑中一个很有趣的现象。不仅如此，纪念碑也是新中国成立以后第一件最重要的大型公共艺术作品。谈到艺术的公共性，我们接下来有请本次展览的学术主持殷双喜先生来谈谈关于纪念碑与公共性的问题。

殷双喜（中央美术学院《美术研究》副主编）

有关纪念碑的研究在国际上是一个专门的，同时又综合了各个领域的学术研究课题。今天，我简要地提出几个问题，希望和大家一起讨论。

一般来说，纪念碑是人类艺术史上一个很重要的艺术类型，通常它是碑体、建筑、雕塑、绘画、文字及其相关的环境规划、灯光绿化等要素构成的综合体。但是我认为它基本上可以定位为一个建筑主体。雕塑在纪念碑的综合体中占有最重要的位置，即使没有采用纪念性浮雕或者圆雕的纪念碑，其碑身造型也可以视为一个抽象雕塑的形体。世界各国与各民族无论意识形态和社会制度有何不同，对于凝聚了民族精神与文化的纪念碑雕塑都是十分重视的，甚至不惜投入巨大的人力和物力，而一座建立于大城市的重要纪念碑，其观众可以轻易地超过数百万人。50年代，每年劳动节和国庆节的时候都要举行游行和领导检阅。最初天安门广场因为非常狭窄，游行时出现拥挤踩踏伤亡的情况，后来为了集会方便，就有人提出要将天安门广场改造成为容纳百万人的巨大广场。作为世界上最大的广场之一，天安门广场主要是出于政治集会目的而兴建的。包括人民大会堂最初的定位是万人大会堂，也是要开上万人的大会，这体现了政治活动在新中国社会活动中所具有的决定性意义。所以人民英雄纪念碑从1958年落成到现在50周年，我们可以做一个粗略的估算：根据天安门广场的容量，我个人觉得如此下来观众是以数十亿来计算的。在人类历史上有哪一件艺术品可以有以亿来计数的观众？面对这样的观众人数，任何纪念碑的投入都是非常值得的，从经济学角度来说这不算是浪费：因为纪念碑在当时最后的决算是400万到500万人民币。根据当时的国民总产值折算相当于今天的好几个亿，但是它的预算大部分是建筑和土地方面的，雕塑方面的预算在其中比例并不大。就观众人数这个因素而言，纪念碑和雕塑在所有的艺术种类中是最绝对的公共性艺术典型。新中国建立后培养的第一代雕塑家主要是从事纪念碑雕塑的，如中央美院在50年代招的雕塑学生主要是培养纪念碑的创作人才，那时候还招了新中国第一代女雕塑家，有10个人左右。她们后来甚至怀孕了还在架子上做雕塑，非常能干、能吃苦，跟男同志相比一点不逊色，她们的任务就是做纪念性的雕塑。直到70年代，纪念碑雕塑和纪念性的雕塑始终是新中国雕塑的主要部分，目前在中国土地上有多少纪念碑和纪念性的雕塑还没有确切统计，但是它们已经构成了我们的文化生存环境，成为现代城市景观的重要组成部分。所以我们说对纪念碑历史文化、纪念雕塑纹理等从专业角度加以研究，可以深入了解一个国家和民族的主流意识和价值观，也可以了解一个时代的雕塑发展脉搏，这是纪念碑研究的重要意义。

另外谈谈其他国家的纪念碑，首先是美国的越战纪念碑，又叫“越南老兵纪念碑”。它的设计者是人民英雄纪念碑设计者梁思成夫人林徽因的侄女——林璎，她当时21岁。一般对战争的纪念有几个要素：正义、国家和胜利。纪念碑歌颂的是正义的战争、胜利的战争，是代表国家的战争。越战却是失败的战争，因为它的正义感不大，而且这批作战的老兵回国以后几乎被人们遗忘了，默默地变为一个边缘群体。所以越战老兵自发地组织起来要求反映他们，最初只是提出要有公墓、设一块不起眼的石板，后来又有越战老兵纪念周，再后来由老兵提议出资完成一个纪念浮雕，由国家艺术委员会来进行建设，之后又发生了激烈的争论。最后这个纪念碑的建设牵扯到内务部、议会、议员，甚至以法案的形式被确定。因此，涉及到国家大型工程和项目，必然从根本上触动这个国家艺术制度、艺术形态和价值观的发展。就像我们的人民英雄纪念碑上“人民英雄永垂不朽”这几个字是朝北的，一般人不是很注意，碑在中国的传统理论中朝南的是碑阳，朝北的是碑阴。天安门广场是坐北朝南，过去说面南称王，过去外国使节要从永定门下来，走好几公里路，一步一步进到前门，进到故宫拜见皇帝。在这个漫长的过程中，他要逐步领会中国皇帝的威严和朝拜天子之国家的过程。这是利用一个长长的过渡进行洗脑，就像我们到南京中山陵要一个一个台阶慢慢上，绝不会一进门“开门见陵”。最后为什么毛主席决定把纪念碑的主面朝北，这是非常有意思的课题，把周恩来题的字朝南，本来应该是倒过来的。包括纪念碑最后浮雕的题目选择都是直接由最高领导来决定的，所以它确确实实是一种特殊的艺术形式，它牵涉到最高领导的关注和人民广泛的参与。比如在天安门广场就曾经把它的小样放大在那里，几十万人参观提意见，然后政协、人大领导全部去看，提修改意见。纪念碑兴建最初叫“首都人民英雄纪念碑”，后来六个战士说这是中国的，不是首都的，要求把“首都”两字去掉。首都纪念碑委员会还是首都的，由北京市主办，这都是采纳了观众的意见，它牵涉的面非常广。

最初林璎设计的越战纪念碑引起了巨大的争议，其中就有人说她没有参与过战争，对战争理解不了。另外她又是一个亚裔，还是个女性，她设计的纪念碑没有像传统的纪念碑那样高耸入云。传统的纪念碑形式跟碑、跟教堂有关，是和男性生殖器的阳刚英雄崇拜有关，但是它却像一个子宫，在地面以下，把所有人都吸收进来包容进去。最后激烈的争议增加了许多附加的东西，现在看到有一面国旗，一个白人、一个黑人、一个西班牙人，这是经过妥协由议员提出的法案，由另外一个艺术家负责设计。于是后来加入了男性的形象，突出了战士的英雄气概，使它恢复某种传统纪念碑的意义。因为林璎设计的纪念碑太新颖，没有沿袭传统纪念碑的形式，其中还有一个坡道可以让观众缓慢地走下去，上面刻了五万多在越战中牺牲的烈士姓名。虽然这是一个高度开放的公共性建筑，但是个人可以在这儿进行非常私密的交流。下面还放着各种各样的观众的贺卡、表达个人心情的东西。这个纪念碑引起大量参与越南战争的战士、老

越战纪念碑

韩战纪念碑

犹太人二战纪念碑

兵、家属对它的敬重，甚至把越战期间重要的遗物、纪念物放在这里，管理者要不停地收集整理，现在已经收集了10万多件有关越战的东西，准备分门别类地放在纪念馆里，这是一个开放的纪念碑能够带来的持续过程。越战纪念碑位于的华盛顿国家广场是一个很庞大的纪念区，这里还有二战海军太平洋战争纪念碑。美国这个国家历史不长，移民国家为了树立国家的形象和民族凝聚力、向心力，在重大历史事件和纪念性方面是不惜工本，高强度大量的投入和建设，最终就是为了凝聚爱国的热情。

还有韩战纪念碑。朝鲜战争也是美国的一个失败战争，在一个错误的时间、一个错误的地点和一个错误的对手打了一场战争。这个纪念碑跟林璎的设计相比，创造性就小多了。设计者做了一批美国士兵在朝鲜战争期间的塑像，是高度写实的方式，回到了传统的人物雕塑纪念上。但是，这个也跟林璎的作品相呼应，而且始终降半旗，因为士兵并不是斗志高昂、很英勇很自豪的，而是充满了很复杂的心情。他们手里拿的是那个年代的军用大哥大，美国在朝鲜战争中死亡了54246人，联合国军死亡628833人，16个国家参加这场战争。

柏林的纪念碑是比较传统的形式，一个柱体到上端以后有一个造型。我们的人民英雄纪念碑在建造的过程中，一批主要雕塑家当时和建筑师发生激烈争论：雕塑家希望碑顶是人物，建筑家认为人物太高了，在高耸的逆光下就看不见了，而且会干扰“人民英雄永垂不朽”的碑文。在传统纪念碑造型里一般建筑体的顶端是雕塑，但是浮雕和建筑学结合顶端是具体的造型人物在逆光下是看不清的。

柏林的犹太人二战纪念碑刚落成不久，它的造型非常奇特，完全采用高高低低的水泥墩子，长方的。但是水泥面仔细看不是平的，你能看出它是有倾斜的，但是这种倾斜的面有非常微妙的变化，实际上类似于梯形。这样的方

德国柏林威廉皇帝纪念教堂

案能够得到接受并且实施，反映出如今对纪念碑的认识和观念都发生了很大的变化，不再是宽阔广场上树立一个柱子了。这样的造型和陵墓、棺材、建筑、围城、集中营很类似，你可以有各种各样的想象，它没有任何的解释和任何具体的形象，这是德国对二战反思的鲜明体现。

中国的纪念碑实际上受到前苏联的影响，列宁在世的时候有一个兴建苏维埃纪念碑的计划，要在全国建几千座纪念碑，中国在当时受到这个影响，也在全国建了许许多多的纪念碑，这种形式就是传统的纪念碑形式，建筑结构体上有花环、刻字，上面是人物的形象。例如哈尔滨的抗洪纪念碑，以及北京展览馆的纪念碑，都是从前苏联学来的，也和罗马的建筑形式有关联。“纪念碑”这个概念现在在西方概念扩大化了，不仅仅是一个塔、一个碑，它是一个地点、一个遗址。我们现在说汶川作为一个纪念地、遗址，而不是像我们理解的树立一个碑，整个汶川废墟都可以作为一个纪念碑，只要具有纪念性都可以广泛地作为一个纪念碑，所以“纪念碑”的概念现在在国外越来越宽泛。

柏林在二战时期有一座被炸毁的教堂，没有被拆除，而是留了下来。这个教堂本身就是一个巨大的纪念碑，在它的旁边又建了一个新的教堂，新旧教堂并存，更让人感受到二战给这个城市带来的伤害。这也是纪念碑的一种表现形式，所以我们说纪念碑要有一种大的体量，承载着一种巨大的历史内涵。新教堂用的玻璃实际上是原有教堂的彩色玻璃装束，和原有教堂还保持了文脉的联系，它很现代，但是又和原有教堂有着联系。在它旁边大概200米左右还有一个大型雕塑，你可以有各种理解，包括链条的挣脱、束缚等等联系。

主持人：谢谢殷老师给我们大家做如此丰富且具有国际视野的介绍，对二战、越战、韩战等各国纪念碑的独特分析。下面有请湖北美协主席唐小禾先生发言。

唐小禾（湖北省美术家协会主席）

在建国以后到“文革”之前，有17年的时间是中国美术一段非常重要的历史，但是现在很容易被忽略。特别是“文革”以后对美术功能及其意义的一些讨论和一些新的观念、新的创作，又往往对这17年当中社会主义意识形态的一些美术作品不那么重视。美术除了一般审美作用以外还有教化作用，历代都是如此。社会主义形态的美术是很强调教育意义的，刚才殷双喜先生谈了很多纪念碑的意义，包括在前苏联。列宁在上世纪30年代提出了纪念碑宣传，对美术的宣传作用和教化作用非常重视。一个民族把自己的重大历史事件、自己伟大的英雄人物做成纪念碑，肯定对人民群众有很大的鼓励作用。刚才殷先生也说，这是一个民族自己价值观念的体现。这个很重要，结束了中国的封建统治，建立了一个新的民主中国。

在17年当中，社会主义意识形态的作品开始提倡革命的现实主义，后来到了1964年、1965年又开始提倡革命的现实主义和革命浪漫主义相结合，这当中出现了一些非常优秀的作品，比如说蔡亮的《延安的火炬》、杜健的《在激流中前进》等等这些作品，我觉得这是在体现当时艺术主张里面非常有智慧、有成就的作品。现在我们回头再看这些画会得到很多启发。我们不要把自己的艺术之路走得太窄，仅仅靠玩观念是很局限的，很多艺术和人民群众的关系越走越远。回想那一段时间的作品，我觉得是非常辉煌、非常值得我们研究的，应该在美术史上重重地记上一笔，而不是像现在一概地忽略，好像完全忘记了有这么一回事。我今天特别提出这个问题，是希望我们的美术史家能够很好地重视一下，对那段时间我们的艺术主张所形成的一些优秀作品给予关注。

主持人：谢谢唐老师给我们提出美术史研究的重要问题。纪念碑不仅仅只是美术的事情，也不仅仅是雕塑，它还是一个重要的建筑体，整个外形也是一个建筑体，尤其是梁思成参与到其中，对创作起了决定性的作用。下面请武汉大学的赵冰教授为我们谈谈。

赵　冰（武汉大学建筑学院教授）

“人民英雄纪念碑落成五十周年纪念展”可以算是个案研究的代表。我觉得抓住人民英雄纪念碑这样一个个案来深入挖掘它的历史，还原它当时的创意、当时的设计过程、施工过程，以及后来随着周边空间的演化它本身被赋予的空间含义，这种研究是对历史的还原，它本身也是我们在研究领域的一个推进，在研究上非常具有前瞻性。同时正是这样一种研究，使我们反观当时整个意识形态的变化、整个中国现代人民的革命运动。应该说，从1949年一直到1979年，这30年见证了天安门广场空间生成的完整过程。在这个过程中，反映了政治权利与空间的关系，那么这个空间的生成正是以人民为旗帜的一种革命权益不断膨胀以及削弱的发展过程。

整个天安门广场，从清代的天安门一直到人民英雄纪念碑、天安门广场、革命历史博物馆，再到最后的毛泽东纪念堂，在天安门和前门之间的空间上演着一场空间和权利的博弈。这种关联同时也反映了斗争，这个斗争首先是对于皇权的对抗：早期设计者画的效果图往往正面都是从南面望过去，所以背景有天安门，我想他们的创意主导意念实际上是朝南的。所有的艺术家，甚至包括建筑师梁思成的设计，背景都是天安门。所以在他们心中，天安门前的人民英雄纪念碑是一个按照中国传统由北向南的这样一个南北轴线的布局，面南的布局，而这个布局恰恰在人民英雄纪念碑设计的过程中被扭转了。这是一种权利革命的象征。毛泽东为什么要把它扭转过来？这是用人民的权利来对抗皇权，在这个轴线上怎么可能会以天安门后面这些午门、端门、太和殿做背景呢？绝对是跟它对抗的。人民的革命是一场北伐的延续，从南向北不断推进，毛泽东恰恰延续了孙中山北上的过程，他领导中国革命从南方一路向北，最终解放了北京，取得了全国革命的胜利，以人民的名义获得了完全的权利。因此这样一个从南向北的人民革命运动，它的主要面不向北难道向南吗？所以毛泽东心中的空间意向一定是反过来的，从纪念碑开始就扭转过来了，形成了对皇权的对抗；另一方面，当毛泽东站在天安门城楼的时候，他和人民的关系不是背影的关系，而是相互间的亲近关系。人民英雄纪念碑一方面是纪念死者，但是把它转为生者是更进一步的革命，是一种对抗性，是死亡的同时也是向死而生的革命性。由这个开端后来发生了很多事情，包括人民大会堂的设计、周边的设计，我看草图里好多都还是一个苗头，在50年代初期，还没有发展得这么剧烈。总的来讲，在这种权利意识上没有选择一个现代性，选择了一个古典性，这个纪念碑顶部选择了传统的屋顶造型。但是到人民大会堂的时候情景就变了，首先是中心性，主要路口向东，形成了人民广场的一个合围，这在中国传统中是没有的。中国传统都是由北向南这条轴线构成的，所以主要建筑入口一定是朝南的。当然，人民大会堂在设计的时候也提供了很多方案，我导师的方案比较现代，轴线是南北的，我认为他这个轴线延续了北京传统的南北轴线。但是为什么最终人民大会堂的轴线一下子又转向了东呢？它实际上是在突出中心意识，实际上是古典的西方意识、中心意识，而这个中心意识导致了它的门朝东，轴线变成了东西向，所以这个建筑就变成东西向为主体。在风格上，抛弃了人民英雄纪念碑的传统屋顶样式，直接用了很西式的；柱子完全是古典的，最终选择了斯大林式。这当然是由于中苏关系当时同在共产主义运动的阵营里，所以风格当然要相同。这时向欧洲移植风格选择了斯大林式，它的特点是非常强化权利意识，所以到后来我都觉得人民英雄纪念碑矮了。因为站在人民大会堂的柱子下，会感觉到一股巨大的、受压抑的力量。

天安门广场的生成过程其实透露着一种向死而生的观念。例如广场收尾收在了毛泽东纪念堂，同样是和死亡有关。不同于耶稣被钉十字架的竖立造型，毛主席是平躺在纪念堂的，平躺在首都的中心。这个死亡意识可以说是中国有史以来从来就有的，到今天仍然存在。我认为这也时常能够提醒我们，面对死亡，向死而生，我认为它的意义就在这儿。

今天反观天安门广场30年来的生成变化，我感觉空间的现代性略有不足，传统的意识比较严重。我导师的方案由于过于现代，所以没被选中，这恰恰是一个时代的象征，中国在那个时代不会选择现代。

主持人：谢谢赵教授！建筑师、规划师往往对纪念碑有不同的看法，王明贤老师也谈到天安门广场权利与空间的关系，您的解释很富有新意。下面请方方再来谈一谈。

方　方（湖北省作家协会主席）

为什么纪念碑除雕塑家、建筑家以外，还要画家来介入？我看到书上说雕塑家没有参加革命，没有革命经验，画家参加过革命，他们画过革命历史题材，所以让画家来参加。那么雕塑家在这个时候心情如何？一个雕塑家不被信任，画稿让画家去画而不让他画，他的心情怎么样？他怎么处理人际关系？一件作品是在怎样一个背景氛围中才做出来的？作者的心态、心情如何？这是我们需要讨论的。我看资料上说，为什么纪念碑会翻面？这是因为很多老百姓提出来天安门广场是一个集会性的场所，集会的时候我们应该面对纪念碑的正面，而不是面对背面。中央听取了老百姓的意见，所以把它掉过来。在这里，赵老师又提到另外一种说法：可能是毛泽东要扭转以前帝王的东西，要自己面对这个纪念碑，我觉得这都是非常有意思的观点。有时候，实际与我们的想象经常有巨大的错位，我想这些错位的对象是我们需要把握的。

主持人：谢谢方方老师！刚才谈到朝北的事，我提供一个新的信息，有一个从空间概念的解释：以前北京的整个城市概念是从南而北的南北向。苏联专家来做新北京建设规划的时候，由于提高了长安街在北京的重要性，整个城市交通走向变成东西向的。当时有一个考虑，认为在长安街只看到纪念碑的背面会有一点遗憾，这可能和城市规划有关系。还有一个概念是毛泽东曾经的说法，即北为大。我一直在找这个渊源，可目前还没有找到。但是有一个实证就是毛主席纪念堂，它的正门也是朝北的，正门是华国锋当时题的字，有一种说法是根据毛主席这句话来的，围合了整个天安门广场，这就是刚才赵老师所说的权利中心的概念。

赵　冰：毛泽东的家乡韶山故居就是面北的，风水不错，但是是反的风水，所以他的一生就是革命的一生。从小肯定就受风水的积淀，他能接受这个。

主持人：我们下面有请郭和平老师作为建筑师给我们谈谈对纪念碑的感受。

郭和平（中南建筑设计院总工程师）

我在1979年念书的时候就看过类似的说法。当时清华大学举办梁思成诞辰70周年的展览，看到了梁思成的手稿。今天来了也有更大的收获，获取了更多的信息，对纪念碑我确实有一点个人的感受。总体感觉这个设计还是非常成功的，因为它处于一个特定的历史条件下，就中国的空间观念来说是反中国的空间观念。中国的空间主要是以中轴线为中心，建筑、雕塑一般位于中心两侧，例如中国陵墓雕刻就是位于中轴路的两侧。当时出于一个等级的概念是皇道，如位于中轴线上的祈年殿是祈祷丰收的，真正的天坛中间也是空的，我认为这个空间布局是反中国空间观念的。这也正好是中西结合，引进了西方的一种空间概念，这种方式正好也顺应了当时的社会需求。中国在当时处于一个大的转折期，由充满硝烟的战场转向艰难的崛起，不管是在科技、文化、艺术、工农业生产，还是体育，中华民族都面临着艰难的挑战。那种反向构思的空间布局具有很大的象征意义，这个意义一直延伸到现在，还会传承到将来。当时虽然是政治需要，我个人认为从某种角度来说也是一种民族需要，所以说这个碑体的产生应该是应运而生。它的落成象征着中国人民民主政权在中国的确立，包括“人民英雄永垂不朽”八个大字面北而立。中国五代皇城有外城和内城，当时内城的核心是太和殿，解放以后中华人民共和国的标志性建筑是天安门。既然有天安门作为整个政权建筑的象征意义，“人民英雄永垂不朽”不可能背过去，所以构思方方面面的处理还是非常地成功。当初确实有很多的方案备选，我看了很多资料，今天是最齐全的一次。这件作品在当时就体现出社会特色，作为一件国家大事，真可谓集聚了全国的力量。需要什么东西就买什么东西，需要什么人就调什么人，最后才能得到这个非常完美的结果。

周向林（湖北美术学院副院长）

相对近些年中国的一些公共建筑或者纪念碑来说，我觉得人民英雄纪念碑是一个比较成功的作品。我想它有几个方面的原因，一个是举全国之力拿出当年万分之二点几的财政收入费用来做这样一个工程，而且集中了当时全国最好的建筑师和艺术家。我觉得很重要的一点是当时的政府官员能充分听取专家意见，充分听取群众意见，而不像现在很多建筑、很多纪念性的雕塑都是长官意志，所以它能取得这样的结果。我们从草图构思到成品，还是最后这个方案特别庄重，特别符合当时的时代精神。

从最初的方案里有具体的人物到最后把人物抽象化，变成人民的概念，这使它更具有永恒性，不会受到时代的局限性，而且强调人民创造历史，人民是真正的英雄。另外它也表现了当时领导人的胸怀，它是共产党的政权建立的纪念碑，但是它不仅仅是对共产党英雄的纪念，它是对1840年鸦片战争以来整个中华民族的纪念，强调了一种国家概念，可以看出当时领导人政治上的远见和胸怀。此外，它显示的宽广胸怀是艺术上的完整性。我们从当时的草案来看有苏联式的顶部，有雕塑的形式，后来梁思成一再强调这样的结构具有中国民族性，这一点做得比较成功。最近一些城市的纪念性建筑或者雕塑有点粗制滥造的感觉。当时花那么大财力用了八年时间做的作品在今天已经很难做到了，现在一个纪念碑几个月就出来了，不可能用这么长的时间来做。我在国外也看到一些纪念碑式的建筑，觉得他们在建筑形式上有很大的发展，有一种当代性。

冀少峰（河北美术出版社社长助理、编审）

很容幸殷双喜老师选择在河北美术出版社出版《永恒的象征——人民英雄纪念碑研究》这本书。这本书拿了两个国家大奖：一是中国图书艺术类的图书奖，一是中宣部和新闻出版署“三个一百”的原创工程奖。书里面涉及到很多国家机密，包括主席和总理的题词，碑的模型、草稿以及许多原始资料。殷老师非常幸运，能够看到这些文献，以前很多资料是不让看的。比如纪念碑是空心的还是实心的，书中全都涉及了，所以说可读性、资料性、文献性兼备。同时这本书还作为重大选题报批，因为书里的内容关系到国家机密，不能随便出版。于是就报到中宣部、中央文献研究室逐条逐句地找错误，经过一年的审核才能够出版。这从一个侧面反映出做事的态度问题。在这种浮躁的时代，谁还能扎扎实实地严谨求证求实，不厌其烦地重复当时的历史语境，不断地和当事人做口述，而且往返西安、四川，找古代残留下来的碑的形式。

当时在编辑这本书的时候，我曾经想过这本书可以算是纸上展览，什么时候可以策划一场真正的展览，不过这种念头只是一闪而过。今天，吴洪亮把这个接力棒接住了，举办了这么成功的展览。现在书也有了，展览也有了，对于人民英雄纪念碑的展示和研究可以说有了理论上和空间上的呈现。参加展览以后，我感觉这么大气、这么有包容量的展览为什么没有由中国美术馆来做。展览在北京开幕那天去了很多国宝级的人物，像101岁的曾竹韶先生，都是难得一见的雕塑界泰斗，场面非常大。北京画院美术馆的条件是没有问题的，环境也非常好，只不过展览和这里的情境不太符合。好在吴洪亮比较机智，后来又把展览办成巡展的形式，这就比仅仅在北京展览丰富得多。这次湖北巡展很有意义，因为武汉作为武昌起义的发源地，而武昌起义又是纪念碑的主题浮雕之一。展览从北京到上海，今天来到武汉，下一站还有可能到天津，我希望也能到石家庄展一次。

人民英雄纪念碑的建设历经八年，在此期间充分听取民主人士的意见。包括之前称“首都英雄纪念碑”，后来因为有人提议纪念碑应该是全国人民的，所以又改成“人民英雄纪念碑”，这期间很多插曲都让我们深思。如今很多县级工程一定要赶某个时间揭幕、开馆，往往在这个过程中就很容易出现马虎、草率的事。但是人民英雄纪念碑的建设历时八年，殷老师的这本著作历时好几年，这次展览运作了三年多的时间。从中可见，尽管如今是一个浮躁的年代，不过事情只要扎扎实实就能做好，不用做得太多，专心做一件就行。

肖　丰（华中师范大学艺术学院院长）

很多专家已经就建筑或雕塑等问题进行了讨论，接下来我想从绘画和展览的方面谈谈。这个展览堪称完整的文献展，通过全面、珍贵的文献材料，让我们还原到建国初期。当时无论是政治家还是民主人士都很开明，一个重要原因就是当时的民主风气很盛行。民主人士、专家、艺术家还有学者都参与了。就我个人而言有两大启示：首先，毛泽东骨子里是个民族主义者，从展览的材料来看，人民英雄纪念碑的样式为什么是现在这个样子，而不是纯苏联式的西方样式，原因就在于我们的最高决策者是个民族主义者，他能够接纳梁思成的观点也是源自他的文化根基。虽然他是很革命的共产主义者，是西方思想武装的革命者，但是他不教条，按照十七大的话来说，他是有中国特色的。现在我们很强调中国特色、中国方式、中国特点、中国风格，说起来还是民族性的问题。如今，我们吸收了西方的一些方法和理念，但是最根本的方式还是我们自己的方式。虽然嫁接了很多新的理论，但是做的还是自己熟悉的套路。因此从这些文献材料可以清楚地看出，专家、学者的意见一定是契合了领导的想法，否则也会被推翻。不过一些创作特点的突出也是被允许的，比如为什么要用人民英雄，而不树立一些共产党的战争英雄，这和当时共产党坐天下的胸怀有很大关系。

此外，从我个人的艺术感受来说。我很认真地看了这些浮雕，感觉五四运动的雕塑非常完美，处理的方式很有中国特点，很自然，而且空间安排也非常漂亮，做得很精到。刘开渠在法国留学，不过从手稿到成品，他一直把西方元素和传统元素结合得非常好。通过展出的文献，我知道了纪念碑的建设是集体智慧的结晶，不过期间参与者的意见也会存在不一致的情况。雕塑语言对于一个普通的观赏者都会有不同的反应，我想通过人民英雄纪念碑的大揭秘，每个观赏者都可以找到自己感兴趣的点，慢慢发挥自己的想象思维去考虑新中国初期的社会情况。专业人士可以考虑雕塑建设和城市环境的关系，普通人可以看到如此重大的事件是怎样演绎完成的。把一个经典的作品放到公共文化场所里推广，可以看出主办者和幕后操作者的用心良苦，这是让我们能够感受到的中国雕塑建筑。

主持人：我每次看碑文的时候都会关注到几个词，就是“独立”、“民主”、“自由”、“幸福”，我觉得这就是当时那一代国家领导人面对一个新兴的国家、一个刚刚独立的国家的感受。这不是很简单的政治感受，而是有很多包容性的东西在里面。我们策划展览的时候一直在为起名字伤脑筋，希望这个名字是一个相对中性和学术性的，比如“开篇”，我们想固定它的时间问题，人民英雄纪念碑在1949年9月30号建国头一天奠基到1958年建成，它无疑是新中国成立的第一件由国家投资的公共艺术作品。同时它又堪称“大作”，历时这么长时间，花了这么多人力、财力。在展览的策划过程中，北京画院很多同事都做出了努力，下面我们有请北京画院的宛少军老师谈一谈。

宛少军（北京画院学术部副主任）

人民英雄纪念碑从某种意义上讲自它落成以来就成为中国人民民族精神的象征，它丰富的意义和内涵应该说是不言而喻的。吴馆长反复和我探讨以怎样的方式和手法来回顾、展现这样一个新中国的大型工程，最后确定从美术史，特别从雕塑艺术的角度来充分展现这样一个巨作。

人民英雄纪念碑落成之后，据资料记载，当时至少每天10万人参观，这在当时社会公众中的影响是非常大的。随着时间推移，大家也提到长时间以来我们可能有意无意地忽略了它在艺术上的价值和意义，使它的艺术面貌越来越模糊。特别是现在它被围起来，人们不能够近距离感受它精美的艺术创作，更使得纪念碑与公众视线离得越来越远。从这个角度来说，展览以大量、丰富的细节文献还原历史现场，使我们有机会通过对文献的感知，以增进对人民英雄纪念碑八年建造过程的历史感知，使公众增添对人民英雄纪念碑历史的亲近感，可以说是对公众很好的教育。如果抛开意识形态方面的争论或者干扰，仅仅从尊重历史过程的角度来说，我们现在把这样一个相对客观的历史展现在公众面前，让人们了解到纪念碑背后鲜为人知的事情。就这一点来说，这个展览无疑具有重要意义。年轻一辈的艺术家实际上对人民英雄纪念碑的建造过程并不了解，展览让我们再一次重新认识和理解人民英雄纪念碑的建造过程，我想对艺术家的创作来讲也是非常有意义的。

展览以全面的、专业化的方式展现在公众面前，它给我们的艺术家，特别是公共雕塑艺术家提出了一个不可能回避的问题。我们都承认人民英雄纪念碑具有巨大的艺术价值，那么在当下的环境中，它对我们还具有怎样的意义？当然现代中国的思想文化环境和建国初期的文化环境显然是不一样的，我们也不可能再去复制那样一个环境，比如集中全国最一流的优秀艺术家，国家拿出雄厚的资金来支持。

从人民英雄纪念碑雕塑历程的角度来讲，它在过程中所体现出来的创作方法、对民族艺术风格的探索是特别值得我们注意的。比如说八块浮雕主题确定之后，艺术家用艺术的方式对它们进行阐释，在艺术形式上反复提炼，以非常准确的定位来展现主题的内涵，这样一个创作方法和创作态度乃至艺术精神也是我们今天的艺术家值得学习的。当时艺术家对民族艺术风格的坚持、探索，当然也不排除对西方优秀艺术的吸收和借鉴，例如中国传统装饰手法和写实性高度统一，这样的艺术创造也是今天艺术家值得学习的地方。人民英雄纪念碑体现了那个时代的民族精神，是那个时代民族精神的代表。我们当今已经处于全球化的大背景下，艺术家肯定要具有世界性的宽广视野。人民英雄纪念碑鲜明地体现出了一个民族的风格或者说民族风的独创性。这一点在建造策划、建造过程中都已经非常明确地体现出来，这是对民族风的探索。我特别想提到的是人民英雄纪念碑所体现出来的民族精神，这个民族精神不仅仅体现在它本身具有的象征性上，更重要的是当时那些艺术家通过这样一种民族风格的坚持和探索来体现和张扬民族精神。我一直以为对民族艺术、对民族精神的彰显是一个艺术家艺术创作的重要驱动力，如果我们以一个世界的、历史的角度来看，如果没有民族精神的支撑、没有民族风格的创作，我们便无法思考中国文化艺术对世界艺术的创造力问题，只有坚持了这一点，我们才有可能谈到中国的艺术家对于世界文化艺术的贡献和创意。

徐　健（湖北省美术家协会秘书长）

我特别关注了纪念碑在建设过程中的组织和管理状况，很显然，人民英雄纪念碑是一个经典的传世之作，它之所以能够流传久远，是和当时我们国家对于大型艺术的组织和管理分不开的。当初为建设纪念碑这样一个重要的纪念性公共艺术，国家专门成立了筹备委员会，17位党委成员参加了该筹委会。其中包括中宣部、文化系统还有建筑方面等等各个领域。虽然当时属于计划经济时代，在那样的政治环境之下，却形成了一个系统且高效的组织和管理方式。今天我们在进行大型公共艺术创作和建设时，还是应该吸收当时的一些经验。政府、文化部门要建立一个制度性规范，甚至进入法律程序，这样才能保证我们的大型公共艺术能够真正承载起历史的、民族的、社会的、意识形态的、艺术的责任，而不是完全凭借长官意识、私人关系、不尊重艺术的态度、不尊重艺术规律的方法来进行建设和创作。

殷双喜：我要向大家检讨，其实在我的研究里面，由于一些顾虑，所以像组织管理这方面的问题没敢写进去。建国初期公私合营不久，采购石材全部要签合同，完全是规范的市场经济模式，质量标准、一方多少钱，在青岛专门设了办事处签合同采购石头，而且派了一个部队转业的参谋负责。但是只要有市场经济就有行贿腐蚀，结果他被当地的农民腐蚀了，好吃好喝，最后把伪劣次品拉回来了。后来发现了，把他给抓了起来。但是我当时没有写这件事，这应该属于文学方面的素材。

主持人：纪念碑的机制也很有好处，大家看到纪念碑的建造过程跨越了反右的时间。据老先生的回忆，所有参加纪念碑建造的人都躲过了反右的运动。当然也有后补的，就是离开了纪念碑的组织以后又补到右派里。刚才徐秘书长谈到管理的问题，例如国外公共艺术百分比的制度，也许可以通过我们这次活动把这些方案提到重要议程上来。

项金国（湖北美术学院雕塑系主任）

我经常说在雕塑圈里，纪念性雕塑就是人胸前戴的一朵光荣花。为什么这么说？一个人对人类有多大贡献，最后为他立一尊铜像。一个事件对人类有多大贡献，最后为它立一座纪念碑。正如人民英雄纪念碑，从鸦片战争开始一直到人民解放军渡长江解放全中国，最后在中国最中央的地方立了一座纪念碑。当然我们也做了很多中国革命题材、历史题材的雕像。我记得1984年全国城市雕塑建设办公室最早有一个名单，是经过研究后同意可以立像的人名单，其中就包括湖北的董必武。

接下来谈一谈公共性的问题。由于人民英雄纪念碑参观者太多，如今已经被围起来了，参观者不能接近，这实际上违背了公共艺术公共性的原则。具有公共性的纪念碑也好，雕塑也好，艺术品也好，最重要的一点就是要有人的参与性。参观的人多了，时间长了，艺术品不免会有所磨损。如今我们国家的国门大开，我们也能看到其他国家公共性的东西，人家怕不怕弄坏？当然也怕弄坏，但是是有办法补救的。对纪念碑的浮雕、历史故事需要深入了解的人，尤其是小孩，如果距离很远的话会很不好。至于解决的办法，其实有很多具体的方式。比如天安门广场有关管理部门可以从浮雕上面用现代材料把模翻制下来，如果一两百年以后原作坏了，再换上新的，老的放在博物馆里保存起来。30年前，我们做了武汉江汉路的民俗雕塑，还有老教授在《人民日报》上发表文章对我提出三点质疑。第一点是作为铜像应该有高高的台座，第二点要有铁栅栏围住，第三点说好的雕塑从山上滚下来要不断胳膊不断腿，这些是那个时代的想法。现在公共艺术设计的就是一种参与性，在步行街上要有桌子有凳子，人们累了就可以坐那儿休息一下。

现在中国有很多艺术家都在做一些新的实验和尝试，然而有关政府部门能不能接纳，我觉得还需要时间。至于还能不能做出像人民英雄纪念碑这样的精品，我认为根据中国美术的发展程度，应该说是能做出来的。但是现在为什么出不了这样的精品呢？原因有很多。首先，中国经过了10年文化大革命；改革开放以后，我们有一种浮躁的心理，人们冷静不下来、安静不下来，追求的都是短、平、快。其次，谈到公共艺术管理问题，现在很多情况下政府都是作为政绩在很短的时间内完成一件事。时间没有保证，想做好也不可能。随着年龄的增长，思想境界的提高，等心平静下来的时候再回过头来看，艺术家就会后悔。作为我们这一代的艺术家还都要凭自己的良心默默地做自己该做的事情。不要工人不工人、农民不农民，要文化没有文化，最后雕塑不是雕塑。

主持人：特别感谢项老师带领他的学生在现场完成武昌起义这件作品的复制，让展览有了一种进行时的状态。下面进入自由发言时间，请各位老师畅谈。

陈顺安（湖北美术学院环境设计系主任）

看了殷双喜老师的书，看了“开篇大作”的展览，我深有感触。在今天看来，我认为人民英雄纪念碑是很具有当代性的。首先，它是以人民为背景的，之前还有具体的人物形象，但是在后来的过程中这些形象都慢慢模糊了，变成了人民的形象。其次，从艺术形象来看，它也是很当代的。它把很多民族的片段集中到碑体上。为什么说是片断呢？因为纪念碑上的浮雕把很多事件连接在一起，同时又选择了具有民族象征性的四面坡顶作为碑顶造型，而不是个人英雄的造型。可见当时的执政者是从民族性、全民性的角度出发的。用今天的一句话来说就是“以人为本”，以人民的形象作为纪念碑主要的造型元素，这就是民族主义的艺术样式，即通过某一事件或历史片断，进而烘托整个民族的含义。从人民英雄纪念碑的建造过程来看，虽然发生在上世纪中期，但我认为它仍然很具有当代性。我之前看过纪念碑，但没有像今天这般仔细。通过展览、通过殷老师的书，对纪念碑了解了很多，我感觉即使是今天，纪念碑的民族性，它对传统的继承，仍然有很多值得我们借鉴的东西。

赵　冰：我认为并不是这样。由于纪念碑以人民的名义把活生生的个体生命提炼出去了，所以我认为它不是当代的，真正的当代应该是弘扬个体生命。相比较而言，美国的越战纪念碑有很具体的战士名字在里面，这样个体生命的概念就体现出来了。

陈绿寿（湖北美术学院壁画与综合材料绘画系主任）

我认为当代就是当时那个时代，比如人民英雄纪念碑一看就知道是50年代建造的。通过看纪念碑上的浮雕，我感觉那种高度的程式化对后来的“文革”雕塑有很大影响。刚才大家从形式和意义方面对纪念碑进行了分析，在这里，我谈谈自己的感受。这个展览为我们提供了很完整的人民英雄纪念碑的背景材料，而且通过今天的研讨会，我逐渐清楚了展览的目的和纪念碑的研究情况，很感谢展览的组织者！

唐小禾：我觉得在意识上纪念碑创作有很大的局限性，当然这个局限性不是把有生命的个体有意地抽掉了。因为这些老一辈的雕塑家除了极个别的以前做过一些浮雕，像刘开渠和王临乙，大多数没有做过大规模的多人物组合的作品，所以模样都是一个样子，连嘴角翘得都是一样。在巴黎的凯旋门上也有浮雕，人的体态、表情、动态都非常有个性。我觉得由于制作人民英雄纪念碑的这些雕塑家以前没有大规模创作的经验和体会，突然做这样的大场面，很难把每个形象都区别开。我们在创作中其实不是刻意把对象都画成一个模样，不过到头来却成了一个模样，这实际上是我们比较容易把人都画成自己心中的那个模样。

安远远：现代雕塑是从西方引入中国的，完全的现代雕塑形式也正是从这批人刚刚开始的。中国人以前主要是做佛像，这种模式化的东西在中国雕塑史上很有影响，正是人民英雄纪念碑这个浮雕改写了中国现代美术史。而现代美术史的重大雕塑工作，或者说雕塑作品也是从这里开始的。这其中有诸多原因，历史的、艺术的、情感的和表达情感技术支撑的艺术手段问题等。创作者都是从法国回来的雕塑家，这就存在一个雕塑习惯的问题，还有就是他们在学术、技术上存在的个性或者共性所体现出的差异性。

方　方：刚才有朋友讲到管理的问题，说可以借鉴当初做人民英雄纪念碑的模式，但是我觉得其实不能借鉴。这是国家操办的方式，国家开国大典做纪念碑是很难得的，但是真要是倡导用这样的国力不计成本地做一件事，用占当时万分之二的财力来做还是不宜的。其实作为艺术品要有度，在这个度内你的水平发挥到哪里就是哪里，你不计成本就是用钱来铺垫，所以我觉得这种方式不宜提倡。

唐小禾：中国最中心的地方做这样的东西没有国家级的管理方式不行。

主持人：包括奥运会开幕式，包括我们今天谈到的人民英雄纪念碑，其实最终有一点我们要考虑的就是我们是一个发展中国家，看完以后，我觉得中国的集体智慧可能也就到这个度了。作为发展中国家，我们可能只能集中全力来做一件事情，因为这个机制，所以它的个性化肯定有所抹煞。我们想办一件大事，但是我们没有这个能力，如果一个个人能完成一个浩大的工程的话，那么他何乐而不为呢？从纪念碑研究过程中，我体会的就是这点，不通过这样的机制可能很难完成。

方　方：如果仅仅为了实现艺术家的欲望而带来更多老百姓的损失，那么这种超大型的建筑还有必要经常去做吗？艺术家的梦想是做超大的作品，能够留传百世乃至千世，就像埃及的神庙。可它的必要性在哪里？其实一切都是源自帝王的权欲，可艺术家为什么要和帝王有一样的欲望呢？说到底还是权力和艺术本身的问题。艺术是投靠权力呢，还是让它作为独立的个体去体现自身？我认为这所触及的才是根本问题。

唐小禾：我估计是在规划和撰写方案的过程当中产生了做浮雕的想法，不会是毛主席一句话就决定要做浮雕。可能也是由专家提议，不知道对这一情况的研究如何？

殷双喜：刚才唐先生说到水平的问题，我和他的看法有一点差异：我们现在看到的石雕有一个重要的步骤就是由石工打出来的。从那个时候中央美院出的素描集来看，这批法国回来的老先生在造型能力上是没有问题的，但是这群石工是从曲阳、苏州调过来的，他们都是做传统民间雕塑出身，根本没打过西洋雕塑。当时让他们整整培训了半年多，每天用石头练习，现在刘开渠家里有几个头像还是当时练习时留下来的。虽然练了半年多，但他们还是对西洋雕塑不太熟悉。不像西方有些雕塑是雕塑家自己制作，这次是雕塑家做了石膏，然后由石工打的。直到几年以后，这批石匠才摸着一点门道。此外，他们还在一起开会要求自己压抑个性，必须寻求整体统一，这就是刚才说的艺术家做室内架上创作与公共艺术创作的差异。公共艺术创作是艺术家要和社会公众互动，要听取社会公众意见。另外他的艺术风格不能无限个人化，他必须妥协，所以公共艺术在某种意义上是妥协的艺术，折中的艺术，不是艺术家淋漓尽致的个人的发挥。在某种意义上毕竟是取一个公约数，一个中间偏上的水平。当时他们在一起开会说浮雕的厚度不能超过12厘米，前后有几个层次，要讨论，相互提意见修改，某种意义上已经酝酿了后来集体讨论、集体创作的思路。军事博物馆有两组苏联人教的学生作品，跟曾竹韶他们在军博两边的工、农、兵、海、陆、空相比，留法这一代还是与建筑结合得比较密切，概括整体，而留苏讲究光线和笔触，在外光条件下人物比较软弱，特别像泥塑，而不像石雕，那种感觉是不一样的。这些老先生在做纪念碑时可以说是他们一生中的最高峰，边做边摸索地施展了自己的才华。

魏光庆（湖北美术学院传媒动画学院院长）

我们这代人都是有记忆的一代人，都经历过两个时代的状态，一个是政治上没有道德底线的时代，而目前则是一个经济上没有道德底线的时代。可以说在如今这个状态下，人们的信仰是有问题的。从这个角度来看，人民英雄纪念碑这个展览带给我们很多反思。例如文献资料中所反映出来的建设者们的态度，他们的人生信仰，都是现今很多年轻人需要学习的地方。在“八五美术思潮”的时代，艺术家利用文学或者哲学来重新解读艺术。我们这代人可以说真的很执着，这种执着其实是来自内心的信仰。记得费大为说过，1989年在“现代艺术大展”开幕时，政府因为担心还派了警察，不过当官员看到展览的时候，他们很惊讶，对于当代艺术，他们是可以接受的，并且从中受到的触动很深。由此可见，我们这些官员的思想还是与时俱进的。

刚才有的老师谈到“文革”美术的问题，我觉得“文革”时期的美术是很具有代表性的。那种高、大、全，红、光、亮的图示即使放在世界美术史也是丝毫不逊色的。例如当时在欧洲极少主义的盛行，实际上正是由于国家体制的介入，这一点和我们的纪念碑建造过程较为类似。

傅中望（湖北省艺术馆馆长）

今天的研讨会大家谈得都非常有意义、有价值。我认为一个展览的成功应该是多方面的，有学术价值，也有社会价值。除了展品以外，我们还考虑到怎么样让更多的人接近文献、接近艺术品。策展部、公共教育部还有馆里各大部门都为这次展览提出了各种各样的方案。比如我们在一楼看到的青少年方尖碑。那些少年儿童有他们的英雄概念，有他们的价值观，他们觉得他们的英雄可能是自己的父亲，可能是一个影星或者球星，所以在一楼让很多小朋友写上他认为的英雄。另外我们专门开设了一个展厅，请美术学院雕塑系的学生现场做雕塑，这个活动也很有意义，能够引起社会广泛的兴趣。很多观众不知道雕塑是怎么做的，怎么从一个画稿最后变成一个石材，所以我们就以展览为载体为观众呈现这种过程。我们选择临摹武昌起义这块浮雕，是因为它和湖北这个地域有关系，其实也是基于一种文化上的情节。在这里，我们也要感谢湖北美术学院雕塑系为展览做的大量工作。

“纸上春秋——陈半丁与20世纪中国传统绘画”学术研讨会

（根据会议录音资料整理）

时　间 ＞ 2008年10月22日

地　点 ＞ 北京画院美术馆五层学术报告厅

主持人 ＞ 邵大箴（中国美术家协会理论委员会主任、中央美术学院教授）

主持人：今天出席研讨会的都是对陈半丁先生有研究的学者和画家，还有陈先生的弟子和家属。陈半丁是京派一位重要的画家，2004年，我们曾经在陈先生的故乡绍兴召开过关于他的学术研讨会。本次展览既有北京画院院藏的作品，也有家属提供的作品，是一次很难得的机会，可以看到陈半丁先生六七十年艺术生涯的创作过程，看到他从青年时期一直到晚年的作品。在座的很多专家都对陈半丁艺术做过研究，也发表过论文，所以今天的会议将是一个学术性很强的研讨会。

王文元（原全国政协副主席）

陈半丁先生的精品回顾展在北京画院美术馆举行，这是中国画坛上一个很重要的展览，我对此表示热烈祝贺。陈半丁先生是中国现代美术史上成就卓越的书画大家，是京派绘画的杰出代表之一。他在长期的艺术探索中始终坚持继承、发展和弘扬民族艺术传统，为保护和继承中国画的艺术传统做出了重要贡献。陈半丁先生为人正直、刚正不阿，在逆境中表现出了高尚的品格。此次画展将使社会公众有更多机会去认识陈半丁，而陈半丁对传统中国画的艺术思想以及卓越的艺术实践必将为当代中国画的发展带来更多的思考与启迪。

薛永年（中国美术家协会理论委员会副主任、中央美术学院教授）

陈半丁先生是1951年成立中央文史研究馆时的第一批馆员。1958年，陈先生办过一个学习班，这期间，我和他见过很多次面，也有过交谈。

陈先生是传统派的画家，书画、篆刻兼擅，花鸟、山水、人物全都有所涉及。篆刻方面，他起初学吴昌硕、学秦汉，也旁参明清文人印，形成了品位极高的独特风格，浑厚苍朴中见平淡自然。陈先生的书法也是四体擅长，篆书以大篆居多，很有金石味道；隶书是体方用圆，还有一些幽默感；行书写得最多，开始属吴昌硕一派，比较雄强，后来由碑入帖学“二王”，受米芾的影响较大，所以他的行书有“二王”的虚和恬淡、米芾的多姿多彩。陈半丁的绘画主要是参悟古人，先学一家，然后遍及各家，化古法为我法。花鸟画由吴昌硕上溯青藤、白阳、扬州八怪；山水学石涛更多，并广泛学习各家。他的绘画倾向图式单纯化，不仅使用空白，而且所画的花鸟山石也都尽量单纯化。笔墨上不追求狂放恣肆，而讲究苍润朴拙、雍容自得。他的画不讨好观者，也不吓唬观者，不求图式的新奇，而注重笔墨的内涵，章法里营造疏中之密和密中之疏。过去讲疏可走马，密不透风，他在此之上愈加升华。相较于王雪涛先生的花鸟，王先生侧峰多，有时候用笔肚，有时候用笔根，花姿鸟态丰富多变且非常活泼。他比较外露，有点像武术中的少林拳。陈半丁先生用中锋较多，追求所谓笔端金刚杵，绵里藏针，笔下的花鸟既端庄又润泽。陈半丁花鸟作品的风格是很鲜明的，比如画石头，他也有勾，不是一遍而成，擦和染相结合，画面非常整体、非常单纯，还有一定的平面感。陈半丁画的牡丹花浑圆饱满厚实，又非常沉着，绝不妖艳。他画的荷叶不是一遍墨，也是有复笔的。

陈先生的艺术造诣能达到如此高度，这在于他对基本功的强调。20世纪以来，中国画的基本功有两点，一是写生的基本功，一是临摹的基本功。陈半丁先生临摹的基本功非常高。展览展出的几幅临本将原作的神韵全传达出来了，这说明他非常重视临摹。但这并不代表他没有写生能力，起初我们看他画的猴，觉得写实功力生动准确。今天看到他为吴昌硕祖先画的像，面部处理非常准确，虽然不是西式的写生，但是对物象的观察却很深入。

接下来谈谈陈先生在美术发展中的地位和贡献。陈半丁是20世纪传统派中的重要代表，是京派老派画家里的中心人物之一。新中国成立之前，他还是北京画坛中京派和海派融合的代表。陈先生是清末绍兴人，在上海开始了他的艺术生涯，本来师从吴昌硕和任伯年，承传的是明清雅俗共赏的个性派，是从八大、石涛、“八怪”这一派而来，并非正统派，属于任伯年、吴昌硕之后清末的海派画家。20世纪初，他定居北京后，成为北京中国画研究会最早的骨干，后来长期担任副会长。陈半丁既是在京的职业画家，又是北京西式专科学校里的老师，同时也在自己家中教徒。20世纪初以来，无论在美术活动，还是在国画教育方面，他都是北京画坛国画界非常有影响的人物，这影响不仅仅体现在美术界，比如梅兰芳也曾拜陈半丁为师。陈半丁不是北京人，却在京派里发挥了重要作用，他是金北楼从上海引进的人才，这个问题很长时间以来一直被忽略了。一讲到京派好像和其他几位没有关系，其实不是这样的，齐白石、陈师曾、陈半丁都是从外地来的，融合到北京这个地域环境之后，在北京画坛发挥了重要作用。五六十年代，社会对五四运动以来的北京画坛只承认个别几位传统派画家，这在现在看起来是有些片面的，是站在能不能反映现实或者写实的观念上得出的结论；是站在用科学要求中国画的角度上得出的结论；是用融合派的主张来要求中国画得出的结论。北京作为六朝古都，传统文化非常深厚，既有宫廷绘画，也有正统派文人绘画、民间绘画，但是正统派文人画和工笔画到清末就逐渐衰落了，因为摹古使绘画失去创造性、失去生机活力。自古以来北京美术包罗广泛，在编写《20世纪北京绘画史》的过程中，我们发现北京是一个非常具有包容性的城市，它的文化在融合了很多的文化之后形成了自己的特点。正因为此，北京还受到明清宫廷绘画和正派文人画之前的影响，比如宋元的影响。特别是民国初，年皇家收藏的开放对画界起了很大作用，接续了之前几乎断裂的宋元传统，这是其一。另一方面是受到非正统派的富有创造性的文人派绘画影响，这两支脉络在皇家收藏开放之后发挥的作用比较大。金北楼一派主张重振宋元画风以开发新意，齐白石揭去了文人个性派的传统，把它同民间趣味相结合，成为刷新中国画面貌的大师。陈半丁代表了京派与海派的融合，把适应城市发展和市民需要的新审美带入北京，和宋元的庙堂气结合起来。他同陈师曾一样，在新时代实现了京沪融合，成为京派画风的重要人物。齐白石在变法前是学八大山人的，变化之后主要借助于海派吴昌硕创造了自己的画风。陈半丁也是学吴昌硕的，所以齐白石在他变法前后让他的三儿子齐子如拜陈半丁为师，这也说明陈半丁在海派与京派融合中的重要地位和作用。

我想纪念陈半丁先生还有一个原因，就是新中国成立之后，他和政协委员们一起推动政府设立了中国画院，并担任新中国最早的北京中国画院的副院长。上世纪60年代，由于新增了其他画种，北京中国画院改名为北京画院。政府办画院，在中国有悠久的传统，只不过古代都是皇家画院，现在则是由人民政府开办。新中国建立后成立的第一家画院就是北京中国画院，这项提案被采纳和陈半丁先生有着密切的关系。新中国的美术教学创作机构，一是美术学院，再一个就是画院，二者互补互动，缺一不可，保证了中国画的健康传承和发展。美术学院是学习西方的产物，50年代之前，美术学院中处于主导地位的师资基本都是海归派，因此在艺术上更强调融合中西，而写实也就成了新中国美术学院的主流。学院派对传统新派画家是团结的，但是他们对传统的认识有不全面之处，对传统派的画家也有苛求之处，因而在50年代爆发了一场中国画改革运动。其实这场运动就提高中国画反映现实生活，提高造型能力这方面而言是合理的，但是它对各种各样的中国画家也有求全责备的一面，最终导致了民族虚无主义的上升，使系统、全面继承民族传统的精髓失去了主要途径。在这种情况下，叶恭绰、陈半丁等老先生的提案被政府接受，在机构设置上保证了民族传统传承和创新的有效性，这是一个很重要的历史功绩。

20世纪引进的画种，无论油画，还是版画、雕塑，都有一个中国化的过程，因为它是要给中国人看的。引进美术品种的艺术创作中真正的自觉，除去画家深入改革开放的实践之外，加强对传统的研究就势在必行。可是有一个现象：60年代北京中国画院改为北京画院，不久前中国画研究院也改为国家画院，这样一来，画院加强了各种画种之间的互动与融合，但是却丢失了强调民族传统的中国画院。从有中国特色的文化建设上看，从战略眼光上看，我们回想1956年陈半丁、叶恭绰等先生的提案何以被采纳，这个问题可以启发我们深刻的思考。

王国荣（绍兴陈半丁纪念馆馆长）

首先请允许我代表绍兴县人民政府洪县长和张副县长两位领导对本次研讨会的召开表示热烈的祝贺。陈半丁先生是浙江绍兴人，1876年出生在绍兴西泽村，就是我们建馆的地方。他从17岁离开家乡到94岁去世，其间70多年的艺术生涯中回到家乡只有寥寥几次，但是他对家乡的情愫、对家乡的眷恋始终埋在心底。这点我们从荣宝斋出版的一本《近现代篆刻名家印谱丛书：陈半丁》中可以得到印证。我粗略的看了一下，这其中共有大约380方印章，牵涉到我们绍兴山阴的非常多，其中“山阴陈年”同样的印文12方，“山阴道上人”9方、“山阴陈年”章5方，还有“山阴半叟”、“山阴七十以后作”、“山阴八十以后作”等等，尤其“山阴九十以后作”的印章还有许多方，而且变化无穷，非常精彩，足以说明他对山阴故土的眷恋。即使在外70多年，仍然十分热爱家乡。然而由于历史原因，绍兴一些圈外人士对陈半丁的了解并不多，尤其是“70后”、“80后”、“90后”更是知者寥寥。2000年，我们创办陈半丁纪念馆的时候很多人不知道陈半丁是何许人。为了纪念这位绍兴的艺术大师，2000年经绍兴市政协委员盛先生建议，绍兴县柯岩风景区管理处于2003年12月19日与陈半丁子女签订了关于建立陈半丁纪念馆的协议。经过三年的作品收集，于2004年4月28日举行了盛大的开馆仪式。29日还于绍兴柯桥鲁镇，由北京画院、北京市美术家协会、柯岩风景区联合举办了“陈半丁与20世纪北京中国画坛学术研讨会”。中央和省市的各级领导、学术界著名专家亲历会议现场，全国10余家媒体做了相关报道。

陈半丁纪念馆开馆至今，平均每天接待观众150人以上，累计接待观众25万余人次，许多党和国家领导人、文艺界领导都先后参观了我馆。为了扩大影响，我们采取了“走出去，请进来”的办法。“走出去”是将陈半丁先生的作品带到绍兴市展览。绍兴市博物馆于今年4月19日至6月4日举办了“陈半丁先生百印展”，展出了先生的108方印章原作。5月18日，“博物馆日”又举办了陈半丁先生篆刻研讨会。6月，这些印章又在中国印学博物馆进行了为期一个多月的展览。期间，《书画报》、《美术报》、《绍兴文博》等刊物都刊登了展览消息，这次展览在绍兴、杭州周边地区对篆刻爱好者起到了一个非常大的激励和促进作用。“请进来”是指截止到目前共有四个文化美术教育组织先后在纪念馆挂牌，并建立了活动创作基地。四年半以来，陈半丁纪念馆作为我县的文化教育平台，每年举办展览、活动三到五次。当地一些书画团体和书画家为能在陈半丁纪念馆举办展览而感到自豪和荣耀。通过活动交流，许多艺术家朋友，尤其是年轻人，对陈半丁先生的艺术有了更加深入的了解和感悟。

从纪念馆开馆建设以来，我们的团队凭着一股热情，凭着对陈半丁先生的热爱以及对他艺术的崇敬，建立了一整套严格的安保和管理制度，包括监控技术、保卫制度、日常维护管理，投入了很多的精力，使纪念馆得以安全运行和健康发展。媒体经常报道，许多现代游乐场所年轻游客如云，但一些专业文艺纪念馆却门可罗雀。陈半丁纪念馆可以说是文化艺术与旅游行业结合的典范，是绍兴文艺界、旅游界的亮点。它对提升绍兴市文化品位起了非常积极的作用，在社会上的影响已初步呈现，并在广度和深度上不断发挥积极作用。作为创建者和管理者，我们会一如既往地努力工作，使陈老先生的纪念馆越办越好。在这里，我邀请各位领导和专家到绍兴陈半丁纪念馆参观指导。

王庆升（北京画院画家）

有了以陈半丁先生为首的老前辈的提议，才有了后来1960年北京第一期进修班。我是1961年第二期进修班的学生，当时画院要抢救传统，培养中国画艺术的接班人，于是有了画院前两届学生，这些学员来自专业美术学校的老师，画院属于代培，不收取费用。陈半丁先生在画院建设方面功不可没，我们在文字上应该记载。如今我们回过头来再看这段历史，会觉得当时的眼光非常远，也非常准，“抢救传统”这个口号至今仍不过时。

李树声（中央美术学院教授）

陈半丁应该说是和吴昌硕学画的这些人中学习时间最长的一位，有30多年。而且他最先到北京，之后陈师曾和王梦白才到。齐白石先生虽然很崇拜吴昌硕先生，但恐怕却没怎么见过吴昌硕的面。相比之下，陈半丁先生与吴昌硕的关系更为深厚，也是早期将海派画风引进北京的重要人物。

陈半丁先生在北京画坛很有影响，也很有成就，他一直是中国画研究会的骨干力量。中国画研究会能持续这么长时间和这些老先生对传统的执着维护是分不开的。西学进入以后不断侵占我们的阵地，中国画完全处于守势状态。不过由于北京一直有中国画研究会的存在，所以中国绘画的传统能够在北京延续，这比南方的广州、上海要好得多。北京也没有过于强调中西融合，而是按照中国自己的传统来发展。

建国以后，陈半丁先生为中国画的事业积极奔走呼吁，因为1949年的文代会把中国画列为中国传统旧艺术，要进行改造。在这个前提下，当时执行的政策非但不能够认识中国画的长处，而且还把它推到了一边。这个时期，陈半丁先生为了中国画的事业尽心尽力，几次向中央打报告要求建立北京中国画院。至于建立画院的原因，是由于一开始建立了中国画研究所，陈半丁先生虽然被聘请为研究所的研究员，但实际上这个研究所一到了中央美院就变味了。当时中央的意思是要研究中国画，所以请这些老先生当所长、研究员，可是到了中央美院其性质就变成研究中国画史论了。于是陈半丁先生和叶恭绰先生联名向中央打报告要求建立中国画院，所以中国画院的历史和陈半丁先生的积极努力是分不开的。毛主席、周总理对此项提案非常重视，而且中央也明确强调名为中国画院，后来成立的中国画研究院也特别强调“中国画”三个字。我觉得当时党中央对国画的关心和对国画的认识，在现在的领导层中间并没有得到广泛理解和接受，因此也没有像原来那样花费很大力气继续中国画的研究。现在对传统艺术能够有研究、有了解的人越来越少，王明明院长对这个问题是有认识的，他所开展的学术研究工作大部分还是在中国画方面，这是可喜的。

此外，从展览展示的作品中，我们还可以看到解放后陈半丁先生的政治态度，比如为庆祝建国十五周年而创作的《旧地换成新世界》里就画了毛主席。他一直热爱祖国、热爱中国共产党，只是因为得罪了康生，结果遭到了不公的待遇。陈老之所以得罪康生，有可能是因为康生向他无理索要一些东西。陈半丁很倔强，不太吃这一套，所以得罪了他。康生还举办了一个黑画展览。我有机会看了这场展览，给我的印象就是感觉陈半丁画得真好，特别是一幅白荷花，至今我的印象还很深刻。 也有人画过荷花，但是能到陈半丁先生那种水平的实在不多。

李 松（中国美术家协会编审）

今天的展览全面展示了陈半丁先生的绘画成就，这对了解陈半丁先生在当代画坛的地位和作用是非常重要的。我想谈几点：一是陈半丁在近代中国画坛的作用。他曾经是南北画坛的骨干画家，在南方，他和上海画派代表性画家有着密切关系，同时他自己也是海派代表。在北方，他曾经参加过宣南画会的活动，这是一个很重要的美术团体。他于南北画坛都是骨干画家，而且长期在美术院校任教，在各个领域中均起到重要作用。第二点，陈半丁是京派、海派融合的代表，他对沟通南北画界起了重要作用。他同海上画派的任伯年、吴昌硕都有接触和来往，后来到北京又和金城、齐白石等画家有着非常密切的关系。世纪之初，他把创新精神、艺术观念和创作经验带到北方，对北方画坛影响深远。从创新方面又对传统艺术有所推动和发展，在20世纪早期起到了融合两派的作用，可以说功不可没。第三点是在美术史中的纵向作用，30至60年代，陈半丁是中国画传承和发展道路上的重要代表，对中国画传统的传接、继承作用突出。

陈半丁的艺术在很长一段时期内没有得到充分研究和宣传，他对当代画坛的实际作用和影响与我们现在对他的了解和研究成果是不相称的，还需要我们不断研究和丰富。陈半丁在传统文化修养方面的功力高过同时代的很多画家，即使是相较于齐白石这样的画家，陈半丁仍有过人之处。所以齐白石对陈半丁是很尊重的，还让自己的儿子向陈半丁学画。但是从艺术的个性方面来说，不管是取材，还是绘画风格，陈半丁都不像有些画家那么鲜明、那么凸显，这对我们了解他的艺术成就存在一些影响。再者，他在艺术鉴别和创作经验方面留下的文字材料不是太多。在他的绘画作品中，文字题跋或者书信里涉及到创作经验方面的内容比较少，所以梳理起来也比较困难。现在，很多人开始重新认识陈半丁，如果能很好地挖掘、研究，薪火就可以传承下去。此外，60年代对陈半丁的打压也有负面影响，再之前整个大的文化环境又很压抑。陈半丁是一个正直的人，有什么说什么，在当时被认为不入时流，这些也都是使人们对陈半丁的研究受到了影响。所以他晚年起了一个名字叫“哂翁”，这其中包含着画家很多的心酸和不平，内涵是很深厚的。

像陈半丁这样的画家，我们有必要进行全面研究。譬如我们可以通过整理他的书信、文字材料、题跋记录下他的艺术观点，不用急于分析，先搜集资料，再仔细研究。这是一个基础，否则就很难深入下去。包括当时他所处时代的文化环境，与他有关系的人，这样构架起他当时所在环境的网，深入研究后就可以对他有新的、更深入的了解。此外，还有他的创作经验、对当代中国画发展的观念和建议，比如刚才说到的他向政府的提案。从这些资料里可以发掘出他非常有价值的建议、观点，这些对我们当代中国美术曾经有着重要影响。

王振德（天津美术学院教授）

陈半丁先生如此高的艺术成就在近百年来是较为罕见的，他的学术功绩已经开始引起人们的重视并着手研究。从世纪之交开始，朱京生先生的一本《陈半丁》带给大家很大启发。对半丁老人的学术定位是一个很重要的问题，而对半丁老人的认识恐怕还需要一个过程。建国以后，尽管半丁老人衷心地拥护共产党、拥护社会主义、拥护毛主席、热爱周总理，但他却遭遇到康生之流的打压。作为一介书生，那实在是不堪忍受的。他甚至觉得报国无门、报国乏路，本来一心想要弘扬中国画，却因这种政治气候造成了他难以逾越的障碍。陈半丁提了很多弘扬中国画的建议，也做了很多工作。目前虽然中国画已经得到了弘扬，但是距离半丁老人的思路仍差得很远。

目前，对半丁老人的学术定位还不太准确，尤其当今美术史还将半丁老人视为保守型画家。希望北京画院、绍兴陈半丁纪念馆继续组织一些学术活动，把半丁老人一生的业绩和他的艺术创作进行系统的收集和整理。我想，用不了10年的功夫，一定会有丰硕的成果。我在前辈的引荐下得以接触到半丁老人，听过他的教诲。我本是学文学的，受他的影响后不知不觉地搞起了绘画，从1977年到现在一直从事美术史论研究和中国画创作。我对半丁老人的印象一直挥之不去，他确实有着高尚的人格魅力。

接下来谈谈陈半丁和齐白石的关系。齐白石后来之所以有那么伟大的成就，除了陈师曾、徐悲鸿的帮助之外，陈半丁的作用也是不可忽视的。齐白石刚到北京的时候还分不清吴昌硕作品的优劣真伪，他到琉璃厂买来吴昌硕的画，经陈半丁一看却是假的。经陈半丁介绍，齐白石认识了吴昌硕艺术的精华所在，所以齐白石从心里感激半丁老人，并让自己的孩子齐子茹拜半丁老人为师。凡是齐白石的学生，白石老人都让他们去拜见陈半丁，把陈半丁放在比自己还高的位置，当然这也是白石老人一生的美德。齐白石先生最初刻的图章往往比较生硬，半丁老人说刻图章不能只学“急就章”，那是县官上任时在颠簸的轿子里刻的，篆刻要入碑入帖。在半丁老人的启发下，齐白石的艺术达到了一个更高的境界。白石老人曾经说自己是吃了很多桑叶才吐出了丝，意思是说自己得到了很多人的帮助，而其中就有陈半丁。

陈、齐两人的交往是中国近现代画坛上的一段美誉，但在齐白石的自序中却说得很少。原因在于解放以后陈半丁是内定的反动画家，当时一个普通的青年学生为报纸写了一篇文章，编辑说不能宣传陈半丁，他思想反动，他画的菊花都体现出对社会主义的不满，后来这个学生以至于毕业分配都受到了影响。在那个以阶级斗争为纲的年代，对陈半丁的宣传是很难的。

陈半丁被打压某种程度上是因为他得罪了康生。半丁先生说康生不懂画，康生想看他家里的东西，却被老人拒绝了。记得我小时候到陈半丁先生家里，当时对绘画知之甚少，半丁老人将他的收藏给我看，他即使让一个学生看，都不让康生这种位高权重的人看，可见老人性格的耿直。康生是写魏碑的，喜欢外露、专横跋扈，特别强硬的风格。半丁老人说过“我的画平和至上”，康生不欣赏陈半丁的画是因为有他的艺术偏见。当时潘天寿到北京以后，康生认为潘天寿是画坛的魁首、榜样，而北京的陈半丁不行。这是审美眼光的问题，也不完全是政治成见。

陈半丁到北京以后，是如何在融合海派和京派的过程中从吴昌硕的艺术模式中走出了自己的艺术道路呢？他采取了以帖入画的方法，这种平和是从吴昌硕的豪纵中发展出来的，是一种更高的境界。陈半丁长期处在一种激烈的阶级斗争年代，人们看惯了霸占、矛盾，看惯了不协调，对于和谐的东西却认为很平淡，其实这正是半丁老人的可贵之处。我认为上世纪中国经历了两次开放：一次是被动开放。各国列强侵略中国，中国国力很弱，实力也很弱，不得不向国外学习，而且很多人被国外吓怕了，开始崇洋媚外，认为国外什么都好，不仅工业发达、科技发达，连画也好，认为油画就是比中国画强。所以我们的美术学院不必再开国学、再学诗文、再打书法功底了，而开始注重素描训练。中央美院在解放以后，学生的素描、速写都很好，可是拿起毛笔却无法和古人相比，他们只是到了毕业创作的时候才拿起毛笔来，导致整个中国画从元气上大受损伤，更不用提作诗了。陈半丁说诗文书画结合乃中国画一个根本的根本，而这个根本的根本却失掉了，即使到今天仍然是个问题。当年文字改革的时候要取消汉字，国学大师章太炎痛哭流涕，说不要汉字，中华民族就要亡祖亡族了！陈半丁认为中国画也是这样，不学诗文书画，不学国学，只学素描速写，中国画就不是中国画了。中国画是绘画中要重点研究的课题，否则中国画就没有在艺术上的立国之本，弘扬国学就少了一项关键元素。半丁老人的观点在今天看来仍然具有远见，他的深刻性并不亚于齐白石，只是齐白石生逢其时，半丁老人却没有恰逢时节。陈半丁由于自己耿直的个性遭到了一些人的厌恶，但他却是为了中华民族，不惜个人名利勇往直前，他所弘扬的正是中华民族的正脉、正宗。就这一点来看，今天的研讨会对于如何弘扬中国画，如何把当前弘扬中国画的美术教育搞好，有着深刻的启发意义。

朱京生（中国艺术研究院美术研究所副研究员）

我谈两点，第一点是领袖的担当。陈半丁是较早（1906年）将吴昌硕的画风带到北京的画家，成为“南风北渐”的重要人物。除陈师曾之外，他对白石老人的“衰年变法”有帮助。当年拜访过半丁老人的王振德先生之后对此有过详细的记述：当时齐白石的画卖不好，也卖不贵，陈半丁劝他学学缶老昌硕，他听从了……陈半丁还对齐白石的篆刻有所指点，叫他不要学急就章，等等，陈半丁认为齐白石很知言，又善于学习，所以才有了后来的成绩。从齐白石将三子子茹送到陈半丁门下而不是陈师曾门下学画一事，不难看出陈半丁在齐白石心中的分量。另外，梅兰芳早在清末就拜陈半丁为师，早于他拜王梦白和齐白石。

1923年、1926年，京派的两大领袖人物陈师曾、金城相继去世。1927年，陈半丁与周肇祥一同改组中国画学研究会，之后一直任副会长一职，以“精研古法，博采新知”为己任，培养了大量国画人才。1934年，王梦白去世，陈半丁召集同仁在琉璃厂集萃山房搞拍卖，所得用来办理王梦白的后事、接济家人。“七七事变”后，北平沦陷，他拒绝日伪政府的聘请，辞掉了艺专教授之职，并刻“强其骨”、“不使孽钱”二印为座右铭，坚持以卖画、刻印为生，坚守民族气节，受到国家的表彰和奖励。抗战和解放后，由于周肇祥的所谓“汉奸问题”，开始淡出画坛的领袖作用，陈半丁的作用日益凸显，他的作品经常作为国礼赠送给各国友好、政要，为祖国赢得了荣誉。

新中国成立之初，由于民族虚无主义盛行，社会上普遍对传统文化不太重视，书法水平也开始下降，造成日本人看不起中国书法。曾经有一个日本代表团中的人来找陈半丁，说要和中国人比试书法，陈半丁当即对这个不怀好意的日本人给予了驳斥，并连夜给毛泽东写了一封信，建议书法要从孩子抓起。解放初期，在中小学中普及写毛笔字的运动就是由陈半丁的这封信所引发的。陈半丁还是文字改革委员会的委员，他曾就文字改革中的问题给毛泽东写信，提出自己的看法，毛泽东曾回信对老人的做法给予肯定。

由于受到极左思潮和民族虚无主义的影响，传统中国画一度未受重视，留在中央美院的一部分传统画家，如李苦禅、高希舜、王青芳等都不同程度地受到排斥，李苦禅曾被安排到工会负责卖电影票，高希舜得不到授课的机会，还有更多的中国画画家被排斥在美术院校之外，既没有工作，又不能卖画，生活窘困。在这种情况下，陈半丁团结许多传统画家对这一现象进行了抵制和斗争。在他担任中国画学研究会副会长、会长之时，他上下呼吁，与文化部门一起设法解决老画家的生活问题，并通过李济深（时任国家副主席）的关系，把这个情况“吵”到毛泽东主席那里。毛泽东知道这个情况以后，很快有了一个批示，即1952年12月关于“琴棋书画无产阶级不去占领，资产阶级必然去占领”的批示。有了这个批示以后，国家为了团结老画家，解决他们的生活问题，发展传统绘画，经中宣部和人民政府倡议，1953年5月正式成立了美术研究所。6月，由蔡若虹先生起草了《国画研究所实施方案》，文化部还拨专款盖了大楼，这就是今天的中国艺术研究院美术研究所的前身，它是中国有史以来第一个国家级的专业美术研究机构，陈半丁在其中功不可没。

美术研究所成立之初，文化部对美研所的任务有三方面的要求：第一是关于绘画史、绘画理论的研究；第二是关于绘画创作和技法的研究；第三是组织画家开展创作。但是，好景不长，美研所并没有按照预期的方向发展。当时，虽然黄宾虹被任命为美术研究所所长，但在所内有一股力量阻止他来北京就任；有专家推荐陈少梅、启功来所从事研究工作，却又有负责人说“这么多老先生来了以后不好弄”，当年陈少梅和启功，一个45岁，一个42岁。当一些老画家根据文化部规定的三个任务进行创作的时候，经常有人出来呵斥，说美研所是搞理论的地方，不准画画！很快空落、尴尬和郁闷的情绪开始弥漫。总之，一切的不顺都是指向传统绘画和传统派老画家的。到1956年，陈半丁在政协会上尖锐地指出：“本门做的事情，一直到今天焦头烂额，一点没有起色。不客气地说，现在才下手，已嫌迟了些。”遂与叶恭绰一起提出了“继承传统，大胆创新，成立中国画院”的建议，国画问题再次引起毛泽东的重视。同年，刘少奇在对文化部党组的讲话中说：“国画家的地位比中医还难，有些国画家没有得到很好的安顿。”周恩来总理多次接见陈半丁，向他征求意见，研究建院的有关事宜。在周总理的关心下，终于成立了北京中国画院，使众多老画家有所归依，美研所这批老画家后来基本上都调到北京中国画院去了。有趣的是，画院成立的日子是1957年的5月14日，这一天正好是陈半丁82岁生日。我不太相信这是一个巧合，我愿意把它理解成陈半丁的一个节日，也可以理解成整个这一派画家或者说中国画的节日，一个中国画重生的日子。画院成立以后，陈半丁任第一副院长，主抓业务，做了很多工作，包括画家培训班等等，培养了很多国画人才。

顺便说一句，后来众多老画家的离开、美术研究所脱离中央美术学院以后，文化部对美术研究所的工作性质有过一个限定，就是专门从事美术史论研究，这可能是新中国美术理论和创作分途的一个开端，得失一言难尽。

总之，无论是在民国，还是新中国，陈半丁在自己的创作之外对中国画有大的担当。中国有史以来第一个国家级的美术研究机构的组建与新中国第一个画院的成立更是与陈半丁的努力分不开的，他在这方面的作用也是美术界无人能匹敌的，陈半丁恩泽后世的这份历史贡献与担当，历史是不应该忘记的。

第二个问题是“陈半丁是怎么被打倒的”。陈半丁从交恶康生以后，命运开始发生逆转。

齐白石去世以后，北京画坛从资历到影响就要数陈半丁了，他平素与同道朋友交往，总是有求必应。但是也有例外，康生曾经通过各种渠道流露出对陈半丁作品的喜爱，意思在于索画，但陈半丁因为讨厌这种政客始终未予理睬，由此得罪了康生。1962年9月30日，潘天寿的画展在美协展览馆展出，陈半丁以北京画院副院长的身份去参加。在参观过程中，陈半丁不太认可康生对某一幅作品的评价，发表了与康生截然相反的意见，并说康生“是搞政治的，不懂画”，使得康生大丢面子，康生遂临走时在画展留言簿上写下了八个大字，即“画坛师首，艺苑班头”，然后悻悻离去，由此招致了陈半丁日后的不幸。

当时《光明日报》是在康生掌控之下的，他有一些玩票的作品也会发表在上面，比如他自以为得意的一幅书名“鲁赤水”的《荷花》就发表在上面。1962年10月7日，康生所把持的《光明日报》对潘天寿的画展进行了隆重的推介，第二版刊出两篇文章，一篇报道，一篇评论，第四版整版推出潘天寿的作品，同时刊出了康生为潘天寿画展的题字，用意不言自明；紧接着，10月17日又刊登了一个长篇报道，一篇评论，并刊登了一幅潘天寿的教学照片；20日有一篇接近整版的谈潘天寿构图的长文；29日又有一篇题为《造险与破险》的文章，谈潘天寿中国画的表现。这些文章多半是由潘天寿先生任院长的浙江美院的教授所写。我们回过头来比较一下，同样一家报纸，作为北京画坛领袖的陈半丁在上面露面的情况。1962年9月14日，北京和平画店举行了一个篆刻展览，《光明日报》刊登了一幅陈半丁为篆刻爱好者示范篆刻的照片及文字说明；10月1日，《光明日报》“东风”栏目为庆祝国庆，刊登了一幅陈半丁画的花卉，上题“年年今日共同乐”。半个月内两次上《光明日报》已属不易，从中能看出陈半丁在当时美术界的崇高地位。但如果此番和潘天寿做一比较则形成了天壤之别，无论是介绍的数量，还是篇幅，都是陈半丁不能比拟的，而且也是其他一切画家无法比拟的。在中国，“两报一刊”的导向性作用是不言而喻的，在那个年代更是如此。我认为康生对潘天寿的绘画有偏好、有推介，这都无可厚非，但以这样一种力度、这样一种篇幅、这样一种规模推出一个画家，不仅是空前的，恐怕也是绝后的，这是陈半丁与康生的争论，激发而且强化了康生对潘天寿绘画推介的力度和强度，因此它也是反常的。

与此同时，康生余怒未消，下令全面调查陈半丁的诗书画印，诬陷陈半丁在美蒋反攻大陆时写黑诗、画黑画、刻黑印，说他《独立见江帆》这幅作品是要翻天，今天我们从他的档案中可知同一时期整他的黑材料已经可以见到了；又说他的《玉泉山》是从故纸堆里找材料，指桑骂槐，借古讽今，把矛头直接指向毛主席和中央首长，污蔑我们伟大的党没有把国家治理好，把国家玷污了，立即下令把画从荣宝斋摘下来，并恶狠狠地说：“陈半丁要整！”第二天就布置对陈半丁的审查。1964年1月，在一次文艺座谈会上，康生再一次把矛头指向陈半丁，他说：“反动画家陈半丁，用隐蔽的方式反党，妄想变天。”欲置陈半丁于死地而后快，在日后的一系列审查中，陈半丁在民国前与肃亲王的关系，民国时与金城及各界要人的书画交往，都成了历史问题，抗战胜利后，国家为在抗战中守住了民族气节者颁发奖章，与蒋介石是同乡等，都被列为与国民党蒋介石有瓜葛，陈半丁在各种场合的言论，对组织的思想汇报，也一并罗列成为他的罪状，所以陈半丁的不幸早在“文革”之前就开始了。“文革”给了康生进一步打击陈半丁的最好时机，他亲自派人抄了陈半丁的家，并将一些上好的鸡血石和珍稀字画据为己有，接下来便是无休止的批斗，直至陈半丁去世。“文革”中，康生的几次讲话道出了他推介潘天寿的真实目的。有一次，他对浙江代表团讲话时说：“我与你们谈一个问题，潘天寿在这里搞了一个展览，我去题了八个字(画坛师首，艺苑班头)是反对陈半丁的。陈半丁是个死反革命，解放以来经常反共，解放前是国民党御用画家，齐白石死了，他一定要做领袖，在地下搞了一批旧画家，我利用潘天寿的展览题了字，《光明日报》登了，陈半丁就拉一批人来反对我，我们去看看陈半丁的画，许多是用来反共的，美术界要彻底反对陈半丁。”1968年，当康生得知江青对潘天寿的画有看法时便说：“陈半丁这个人很坏，我树潘天寿是为了打陈半丁。”所以说潘天寿是康生亲手树起来的，是当代美术史上不容否认的一个事实。确实，康生做到了，一个人被树起来，一个人被打倒。我们很惊奇，惊奇于艺术家天上与地下的这种变换，在康生的手掌中就能如此轻而易举地完成。陈半丁这么一倒，便是身后寂寞的30年。今天在这里追述这样一段往事，我觉得无论是对潘天寿先生，还是陈半丁先生，乃至新中国的美术史，都是不容回避的真实的历史。

单越明（绍兴陈半丁纪念馆常务副馆长）

今天能有机会来北京参加陈半丁艺术研讨会感到非常荣幸。今年4月28日是陈半丁纪念馆开馆四周年纪念日，我根据四年多来收集的信息资料进行了综合性评析，写了一篇文章，名为《从国宝回归——还原二十世纪美术史中的陈半丁》。全文15000字，想趁陈半丁艺术研讨会这个难得的机会和大家做个交流。今天陈述部分章节，标题为《从海派到京派南画北渐促进南北大交流》。

任何一位伟大人物的出现都有他的历史背景，也就是我们常说的“时势造英雄”，陈半丁这个伟大人物的出现也离不开他当时的历史背景。中国画跟随着上下五千年文明史进入清朝中后期，世代相沿的文脉多元化现象越来越复杂起来。由于外来军事、政治的入侵，中华民族文化也遭到了猛烈的冲击。何去何从？大批的书画家开始探求新的方向、出路。处于江浙皖沿海一带的书画家们怀着探新猎奇的心态，纷纷涌向开放式的通商港口新兴城市——上海，满怀希望在亚洲第一大都会里寻求生存和发展空间。他们充分发挥近地优势，善于利用上海之北扬州的朱耷、石涛等四僧，上海之南的徐渭、陈白阳等前辈业已开启的画风，善于吸收民间优秀的工艺技法，开创了融“现实性、艺术性、国际性和商业性”于一体的上海画派，即后来被人广称的“海派”。海派经前海派、后海派数百著名书画家的努力，很快成为全国的中心，它比之北方的京派，南方的岭南派，其笔墨、风格、形式既统一，又多样，雅俗共赏，呈现了前所未有的壮观。19世纪末，海派影响遍及全国，盛况空前。正于此时，1894年，19岁的陈半丁来到了上海，可谓适逢其时。

陈半丁到上海是由他表叔、西冷印社四君子之一的吴隐介绍的，与其说照顾谋生，还不如说是特意的安排和培养，这么说完全符合吴隐的身份。从小就“嗜书画入骨，饥饿犹不顾也”的陈半丁，学徒于沪上，以书画印章为营生，书画名家鱼贯出入的小长庐馆，无疑是如鱼得水，龙入大海。陈半丁的品行很快博得了小长庐馆特聘画师蒲华、任伯年和吴昌硕的器重与关爱。蒲、任、吴三人都是海派有名的领军巨擘，特别是吴昌硕，他与陈半丁朝夕相处10多年，此乃千年难遇的良机，加上陈半丁生性勤奋好学，书画技艺突飞猛进，很快成为海派中一名最年轻的干将。年仅29岁的陈半丁，吴昌硕约他去苏州家中做伴，并放手让半丁临绘自家的祖像，此祖像至今还常供奉于吴家正堂之上。

陈半丁在沪的10多年间，博采了诸多名家名辈的长处，集他们的精华于已身。正当陈半丁在沪上崭露头角之际，且又碰上了金城的一双慧眼。陈半丁正在上海宁波会馆复制任伯年的一幅巨画时，正巧被金城看到了。时已在北方享有很高声望的金城一眼看上陈半丁非凡的艺术才华，恳求小长庐馆的主人严信厚之子严子钧（时任上海宁波会馆董事），要带半丁北上。主人为了半丁前程，欣然应允。于是在1906年，金城携半丁同往北平。

此时的北平与上海完全不同，它虽然也受到外来势力猛烈冲击，但它是中国政治、军事、文化、经济的中心，是历时几百年的六朝皇都，显得非常顽固和保守。就北平画坛而言，完全没有上海那种风起云涌的势潮，大量的故宫藏画、大批的宫廷画师成了全国各地无与伦比的优势，但它也控制和影响了北平画坛以老大自居的面貌。它像一块巨大的磁石，牢牢吸引着数以千百计画徒画生难以越轨。早年形成的“四王”（王时敏、王鉴、王翚、王原祁）一统天下的格局很难打破，多年膜拜董其昌的观念根深蒂固。中间虽有外来影响的加入，如意大利画家郎世宁坐上宫廷画师的交椅，也曾引起不小的风波。郎世宁擅长西方油画，他因为乾隆画了一尊座像，形象逼真传神，赢得清廷上下一片喝彩。后又兼学中国画，出于他的艺术天赋，学成很快，画作也多，但毕竟只身孤舟，即使加上有些力图革新者的支持，终也形不成一股强大的力量去冲破顽强的保守壁垒。这种局势引起了不少卓识之士的不满和担忧，他们一心想改变现状，却又力不从心，长期往返于京、沪两地的金城就是其中之一。

金城携半丁北上，不仅仅是对他才华的喜好，而且是看中了他实力浓厚、年轻有为，看中了他能成为改变北平现状的中坚力量。陈半丁一到北平，金城便待若上宾，让他住在自己家里，后又很快推荐给肃亲王善耆，以图尽快发挥陈半丁在京城的影响。然而陈半丁初到北平，大家对一个陌生人的认同还需时日，头三年情势不佳，恩师吴昌硕心知肚明，即专程赴京亲自为陈半丁把场，盘桓达数月之久，破天荒地为他写了润格，润格的全文如下：

半丁画润

整张：四尺四两，五尺陆两，六尺捌两，八尺拾贰两。

条幅：视整张减半。

册页、纨执扇：每件壹两。

半丁旧友，性嗜古，能刻画，写花卉，人物直追宋元，近写罗汉变幻百出，在佛法中可称无上妙谛，求者履盈户外，为定润目如右。庚辰长夏吴俊卿（钤“吴俊之印”）。

刻印每字壹两

砚铭另议

陈半丁生意日隆，名声渐播。名门望族、达官显贵纷纷慕名拜访，一时间，陈半丁家中的“周宴”美誉京城，梅兰芳、马连良、程砚秋、荀慧生、萧长华等京剧界巨斗还拜于陈半丁门下习画为徒。直至1980年北京市委为陈半丁举行平反昭雪的追悼会上，梅夫人福芝芳率子葆玥、葆琛、绍武、葆玖敬献挽联，联曰“先夫曾受业万紫千红忆当年，画坛数灵光十年沉冤终得雪”。北平最高政要傅作义、马占山、邓宝珊等人与陈半丁诚信如故，陈半丁因此而为和平解放北平效过犬马之劳。

吴昌硕此举除了师生情谊之外，更怀有与金城同样的期盼。作为后海派的领袖，又对京城有着重大影响的人物，多希望京华画坛能与上海共兴共荣。吴昌硕与金城两人是英雄所见略同，不谋而合。金、吴二人的合力提携成了陈半丁在京城异军突起的极为重要的奠基，成了北平画坛革新派的强大后援力量。

在海派阵营中，直接投身于北平画坛革新的主要有三人：陈师曾、陈半丁和齐白石。在他们三人周围相继聚集了一大批拥护并参与革新的画家，开创了北平画坛的新局面，他们以上海为榜样，从保守单一中走向繁荣。只是陈师曾于1923年早早去世，齐白石1922年才移眷定居，在陈师曾、齐白石二人无法顾及的时空里，是陈半丁独撑大旗（金城与吴昌硕亦于1926年和1927年相继病故）。陈半丁没有辜负金、吴两位知遇和恩师的期望，当20世纪30年代，陈半丁已卓然成为一员众所公认的北方画坛骁将，新一代京派的领袖了。从海派到京派，促进了南北两大画坛的大交融，陈半丁应是功居第一。

何延喆（天津美术学院教授）

我们认定一个画家的成就、地位以及他的社会影响主要从两方面来看：一方面是学术的关注情况，另一方面是艺术市场。为什么陈半丁先生的艺术成就、艺术影响力以及他在美术史上的地位与现在对他的关注程度明显不成比例？这个问题值得思考。虽然已经有学者正在做这方面的工作，而且很有成就，但是我们对陈半丁先生的研究仍需深入。

在这里谈谈陈半丁先生艺术风格的形成。从美术学的角度说，风格的形成因素是多方面的，比如时代地域因素、本人的社会经历，包括他的取法以及个人实践、学养等方面都决定了他艺术风格的形成。那么我们应该如何认识陈半丁先生的艺术风格以及他在20世纪京派画坛当中的面貌和地位，刚才几位学者已经谈到了，另外有研究文章也提到他最初是取法海派的。海派的风格特点从传统的意义来看有几方面的因素：一是明清时代个性较强的水墨写意风尚，一是晚明以来变形人物的观念，此外还有清代中晚期以来的金石学影响以及部分西洋的写实精神，共同构成了海派艺术的特征，同时海派文化特征还有很强的商业特色。陈半丁先生早年接受了这些元素，但又不是全部接受。陈半丁是绍兴人，家乡的几位画家对他影响非常大，后来他又汲取了金石派的一些特征，从而形成了早期风格。陈半丁艺术地位的确立不是偶然的。当时的社会气候正处在新文化运动的历史范围中，两派论争也很激烈。一派强调西学为用，另一派强调传统，但是这两者有一个共同的认识，即均认同当时的中国画正处在一种衰落的局面之下。中国画衰落该怎么办？一派主张从西画入手进行改良，另一派则主张精研古法，比如金城。他出过国，西洋的东西看了不少，但是他的观点却和别人不同。从他的画、教学思想还有平时的言行来看，他是企图恢复传统中国画的最佳状态的。当时尽管很多人学传统，但是却看不到传统中真正好的东西。随着故宫对外开放，人们有机会看到传统中最好的作品。另外，北京画坛和上海画坛的不同之处，这点前人早有论述，就是上海比较重商业层面上的实践，而北京更重学术研究，把中国传统绘画作为一种高层次的学术来进行研究，画学研究会的宗旨其实就是沿着这样一条道路发展的。如果把陈半丁和另外几个从南方到北京的画家相比较，就会发现他们进京的时间不同，所持主张不同，所从事的画种内容、风格面貌也全然不同。可以说陈半丁先生在从南方到北京来的几位画家之中，成就是最高的，其他人的绘画题材都局限于山水画，而陈半丁先生是比较全面的。他的这种海派风格到北京以后又有变化，但不是技术层面上的变化，而是因为接受了北京都市文化的影响，所以更能够被北京人所接受。刚才有人总结了陈半丁先生的风格，比如半丁先生的单纯。我同意这种看法，但我认为陈半丁先生的单纯是一种丰富之中的单纯。这一点可以同李苦禅先生相比，李苦禅先生是单纯中的丰富，这两种风格恰好可以互补。

陈半丁先生在艺术上不追求十分强烈的风格，他的画风追求朴茂、严谨、踏实、沉稳，不求突兀，虽然有个性，但不张扬，具有很强的职业画家特征，又具有很强的文人学识特征。刚才有人提到由于种种原因，陈半丁在画学思想张扬方面受到一定限制，从他的作品、画印可以反映出先生的思想。尽管他是一个铁骨铮铮的人，但仍可看出他还是很矛盾的。因为作为一个文化人，不管多么有骨气，但往往在权力面前却不堪一击。他的图章里有这样几方，一是“铁肩担道义　妙手著文章”，还有“山阴道上人”。山阴指的是绍兴，但是这个词还有它自身的词原意。山阴即山的阴面，站在山的阴面就感到冷，感到孤独。

刚才有些学者提到对西学东渐问题的看法以及对国粹的看法，我觉得现实变化无常，有很多东西出乎我们的意料，让我们摸不着头脑。我举一个例子，刚才大家都提到画院的问题，这个问题讨论了十几年。前段时间很多人建议取消画院，还有人提出要给画院“断奶”，但是最近又成立了国家画院，这些都是出乎我们意料之外的。另外，在对待传统和西学的问题上，目前仍存在走极端的现象。前几年，广州举办了一场实验水墨的活动，其中一个人现场播放了他在美国纽约双年展行为艺术的录像：他从国内走私了一块北魏时期的碑，大概一米见方，又在美国买了一块有200年历史的小孩墓碑。之后分别把北魏和美国的石碑拓印下来贴在墙上，接着把这两块碑对在一起磨，最后把两块碑都磨成了黑的。有人说，倒卖文物不是犯罪么？他说，如果没有人支持我，我能私运出国么？又有人说，挺好的碑为什么把它磨平了？他说，我毁这点东西算什么，共产党毁的不更多么？他做这个行为的目的就是为了说明美国的石碑仅有200多年历史，最后被磨成一种混沌状态，而北魏的石碑有1000多年的历史却还磨不过它，结论就是中国传统的东西早晚会被消磨。而另一种极端是强调国粹，把徐悲鸿的路线否定得一塌糊涂，这种现象在江浙一带非常明显。我们且不从理论上批评，而是先做一个设想，如果现在没有徐悲鸿路线，一味只是我们心目当中的传统国画，那么中国的美术、中国画又将是何种状况？这很难设想。就像如果说中医好就全都改为中医，没有西医，那中国的医疗将是什么状况？所以我们不能走极端，应该对这个问题进行客观的认识，多层面的思考。

林　木（四川大学艺术学院教授）

20世纪中国画的历史非常复杂，盛衰起伏也非常大。在这段历史中，我们如果要找一个或几个人来体现整个中国画史的命运，陈半丁可能是最适合的人选。陈半丁活到95岁，从19世纪末一直到20世纪中期，经历了清末民初、五四运动、民国中期、新中国历次重大的政治运动。他经历的是一个变动起伏的动荡时代，最后结束于史无前例的文化大革命。大家知道文化大革命是摧毁中国文化的一个极端运动，而陈半丁在文化大革命中去世则具有标志性意义。徐悲鸿、林风眠都不能代表中国画命运的盛衰史，傅抱石也不太恰当，因为他后来到日本留学后开始倾向中西结合。齐白石不太发表言论，而且他也没有经历后来的一些政治运动。比较相似的是潘天寿，但是潘天寿又比较含蓄。陈半丁要反对的，潘天寿也反对，但是陈半丁是直言不讳，而潘天寿则比较隐晦含蓄。所以说在20世纪这些名家大师之中，陈半丁是能代表中国画命运盛衰史的合适人选之一。

第二点，陈半丁是画坛的核心人物和领袖人物，他在若干重要事件中一直处于核心地位。最初海上画派领导整个画坛的时候，陈半丁和吴昌硕、任伯年都有交往，这在20世纪的画家中是很罕见的。因为年龄的原因，很多人不可能和这些海派画家有密切交往，尤其像吴昌硕这种领袖中的领袖。后来到了北京，他所交往的如陈师曾、齐白石都是很重要的人物，而且他对齐白石这样重量级的人物也有相当影响。至于中国画教学中关于素描的批判问题，1947年秦仲文批判徐悲鸿的时候，陈半丁是支持的，50年代中期，他甚至还点名批评徐悲鸿的中国画教学方式，这和潘天寿也形成了一些区别。

第三点，在动荡与变化的漫长时代中，他一直关心中国画的命运，他直言敢谏，说无人敢说的问题。他对中国画命运的捍卫、对中国画精神的捍卫是一种大无畏的担当精神和民族责任感。比如当时傅抱石反对取消国画系，潘天寿也反对素描过分干扰中国画教学，但他们都不敢直言。陈半丁不仅敢说，而且还敢做，这在中国画的历史上是罕见的。

第四点，陈半丁的创作典型地体现了20世纪中国画的历史。最初海派流行的时候，他属于海派风格，后来石涛的风格盛行，他也是中坚力量。在捍卫中国画的三四十年代乃至50年代，他绘画中那种纯粹的画风，他认为是绝对不能改的。五六十年代，陈半丁画了一批政治性题材的作品，我相信他在创作时是真诚的。有一个加州大学的美国人说潘天寿画政治性题材是被迫的，潘公凯当时就纠正说他父亲是真诚的。陈半丁画的那些大玉米、大南瓜，画得非常认真。他还画了毛泽东，在那个全民精神焕发的时代，我相信他是真诚的。陈半丁在艺术上的介入，用我们今天的话来讲其实是与时俱进，他在20世纪初的各个思潮中实际上都属于重要人物、核心人物、领军人物。因此从陈半丁的身上可以呈现出一部活生生的20世纪中国画史，这一点可能我们很多画家未必能够达到陈半丁先生的高度。

最后，在西方打压东方的时代风潮中（这个打压从19世纪末20世纪初一直持续到今天，今天我们仍然处于强大的西方文化笼罩之下），他坚决捍卫中华传统的纯洁性与独立性，强化与西方艺术相区别的观念，因此成为该信仰中最重要的代表人物之一。比如潘天寿说要拉开距离，但他的表述是极其含蓄的，而陈半丁却是直言不讳。陈半丁的教学方式也是纯中国的，比如潘天寿谈到徐悲鸿的素描对中国画教学的干扰时说得非常委婉，说某些从西方留学回来的先生端着他们从西方学来的素描，而不会直呼其名。陈半丁却直接点出徐悲鸿的艺术素描对中国画的破坏和摧残。如果没有一种强烈的民族责任感和敢于担当的精神，陈半丁不至于得罪那么多人，也不至于沦落到一个大画家到今天只有朱京生先生写过的一本书。当时能够和毛泽东、周恩来接触的画家，现在却不为人所知，这是有些可悲的。这么一位担当民族精神的人，最后却被毛泽东冠以“齐白石、陈半丁之流连模特儿都不能画，还不如徐悲鸿”的评价，一锤定音。陈半丁95岁到医院抢救的时候，因为毛主席的这句话，很多医生不敢妄动，结果延误了抢救时间。如果抢救及时的话，陈半丁活100岁是没有问题的。这样捍卫民族精神、捍卫中国画纯洁性的陈半丁先生值得我们好好深入研究。他在美术史、在中国画史上的地位是不言而喻的。

尚　辉（《美术》杂志执行主编）

我有两点感想：一是历史总是由后人来写。林先生谈到了陈半丁对中国画的担当意识，我更感兴趣的是这种担当意识为什么在半个多世纪以来我们没有认识到？这其中当然有政治的因素，有我们对西方文化的渴求和追慕，有我们对现实主义美学思想的追求。正是因为现实主义概念，使我们在相当一段时间内对传统、对传统中国画的认识模糊了。现在来看，陈半丁先生当时对中国画的认识是非常深刻的。比如他说国画当然要改，但情况各有不同，基本功要练好才能变，旧社会做买卖也要有基本功。改，但不要乱改，首先要掌握“陈”，在“陈”的基础上创作才能出新。如果对“陈”一无所知，甚至还胜不过“陈”，就无法推陈出新。他还说“改造改造，旧法中哪一条要改造，我不爱听改造，画家只能谈画”。他的这番话是1964年说的，当时中国画的命运正处于新旧交替之时，中国画面临着要改造、要创新，要表现现实生活的问题。在研究美术史的时候，我们都把这样一个过程作为从传统形态到现代形态转化的重要过程，这是正面的意义。但是我们在强调中国画改造，强调中国画家改造的时候，也确实忽略了对中国画自身规律的认识。陈半丁先生说过，变的基础要在沿袭传统的基础上，在掌握了“陈”的基础上。这样一番话可能我们今天能够认识，但是半个世纪以来，我们的美术史家包括中国画家对这个认识还不够深刻。可以说这种担当意识和陈半丁先生对传统中国画的创作规律、学习规律的深刻理解是紧密相连的。

陈半丁先生的晚年带有悲剧色彩，但这种悲剧是时代的悲剧，是这个时代对中国画、对中国文化传统认识不够深入所造成的。所以他个人的命运反映出我们整个民族在20世纪后半叶以来对传统文化的遮蔽，这是我们民族文化上的缺憾。今天，第一次比较全面地看到陈半丁的作品，他是海派在北京的一个延续、传承和创造。刚才大家谈到他是继陈师曾之后引领京派画坛在40年代发展的重要画家，但是今天看了作品以后，我感觉陈半丁先生的高峰期应该在30至40年代。他和吴昌硕的关系如此密切，这在京派其他几位画家当中是少有的。陈半丁学到了吴昌硕金石重彩的大写意方法，但在这些作品中，我们看到的更多是他在沿袭中国画的过程中丰富的学养和扎实的山水画功底。他的山水画师承于石涛、梅清，最后在三四十年代融合为一。他将石涛、梅清、髡残的风格相融合，最终形成了自己的面目。因为他是浙江绍兴人，又经过海派文化的熏陶，学习海派文化是由文人文化到世俗文化的过程。他的山水有着孤高冷逸的文人风格，这是他在改变了原来清末“四王”的画风后所形成的个人风格。除此之外还有很多区别，比如他进行了一定程度的简化、纯化和单纯性的处理。这一点正如他所说的是在“陈”中学习，而在学习的过程中又发生了一些水到渠成的变化，这些变化和他的个人风格也是紧密衔接的。

陈半丁和吴昌硕的花鸟画不同，这个不同是和他在北方文化的厚重中追溯南宗绘画特有的文化意味相联系的。他的花鸟画明丽、恬淡、温润、敦厚，在厚重中追求一种淡雅的清静和意趣。总体来说，他的花鸟画是在厚重中追求淡，这和吴昌硕那种很苍厚凝重的个性是有所区别的。

我认为陈半丁在三四十年代形成了他的艺术高峰，这种画风和当时京城其他山水画、花鸟画不太一样，在当时来说是新颖的。但是50年代以后，他尽管也画过《力争上游》、《推陈出新》这样的花鸟画和山水画作品，但是因为其他各种原因，他的政治遭遇、文化经历使他的创作高峰渐趋衰弱。他的作品让我们看到了20世纪50年代之前京派绘画的创作面貌，但是这个创作面貌到50

年代发生了变化。陈半丁本人的变化正好隐喻了20世纪后半叶中国画的变化过程，他的文化遭遇是一个时代遭遇的象征。我们今天对他的研究不仅仅要谈他对中国文化、对传统中国画的重要贡献，更重要的要从社会学的角度来看我们这50年是怎么走过来的。我想今天所处的社会现象和原来不一样，现在各地乃至世界都出现了国学热，出现了对汉学、对中国文化的研究浪潮，只有在今天这样一个历史情境中，我想我们才能更深刻地理解陈半丁的心路历程。

梁　江（中国艺术研究院美术研究所所长）

刚才各位都讲了美术研究所是陈半丁先生倡议建立起来的，美术研究所对陈半丁先生的研究一直以来都比较重视，除了朱京生先生写的这本书以外，前两年王镛先生也在绍兴主持了一个研讨会。目前我正在负责一个国家项目，主要是关于陈半丁先生当年筹备美术研究所前后的研究，现在正在进行当中。

陈半丁是一个在山水、花鸟、人物方面都有精湛功力的画家，是20世纪有代表性的画家，但是对陈半丁确实存在评价不足的问题。今天的展览以及研讨会很可能会成为对陈半丁重新评价的重要转折点，虽然我们以前也做了不少工作，却未能引起学术界如此大的关注和广泛参与。关于陈半丁研究不足的问题，在之前绍兴举行的研讨会中就曾有人提出是市场因素造成的。陈半丁当时和齐白石齐名，为什么1965年以后齐白石的名声大震，陈半丁却慢慢被遗忘了呢？其中一个影响因素就是市场的力量。由于陈半丁没人炒作，所以被遗忘了。我想齐白石和陈半丁的比较还有更重要、更深层的问题值得我们重新考虑。

我们都说陈半丁的绘画特征是海派和京派的融合，但他怎么融合，在哪些方面体现出自己新的东西呢？这是需要进一步研究的问题。从岭南派、海派、京派来看（当然关于京派的说法还有不同看法，我姑且借用这个名字阐述一下自己的见解），岭南派和京派直接交往不多，但却和海派交往很多，而海派和京派基本到了可以融合的程度，像陈师曾、陈半丁都曾受到海派的影响。陈半丁的绘画在那个时代承担了这样一种功能，即新中国成立、新社会来临时，这批画家承担了从庙堂到民间，从帝王到平民的转型。在这个转型当中，如果陈半丁不来北京，他的成就恐怕不会有那么大。陈半丁实际上是南风北渐的一个典型个案，他把海派的平民意识转到了北京，引起了北京画坛的变化。关于陈半丁艺术地位的骤变，如果仅仅说是康生的打压，我想问题还不会这么简单。毛泽东在1965年7月18日有一封信写道："齐白石、陈半丁之流，他们的花木可能不如清末某些名家，他们不会画人物。"当然这不符合事实，因为齐白石、陈半丁都能画人物，这是一个误会。毛泽东这个评价实际上是有相当代表性的，齐白石和陈半丁都来自南方，但是齐白石的画风更多吸取了民间元素，承载了新时代的气势，比如他画的《祖国万岁》、《和平万岁》等一系列作品，所以他获得了和平奖章。齐白石的画不直接画主题性的东西，但是作品的内涵体现了新社会的气势，符合主流意识形态的趋向。但陈半丁的画不同，如果说齐白石更多还是源自传统民间，他的作品更偏向海派中平民化的风格，虽然也有一些直接画领袖题材的作品，但只是少数。陈半丁的笔法则带有比较多的文人气，很多特立独行的言论和他的画风有内在联系。他有自己的文人骨气，不随便改变自己。将陈半丁的画和齐白石进行比较，明显感到是齐白石的画更能体现新社会的价值趋向。所以我认为这个深层原因才是导致对齐白石和陈半丁的评价如此迥异的根本。

对陈半丁的研究不仅仅是一个人的评价问题，这牵扯到解放初期画坛深入研究的问题，牵扯到艺术与政治甚至政界的关系问题，这已经超出了个人研究的范围，仅仅局限在陈半丁的个人范围很可能是研究不透的，有些事情我们可能把握不住原因。一些回忆录说陈半丁去世的前一年，94岁还在家里画画。当时条件非常艰苦，那时已经到了“文革”后期，画要交到北京画院，要送到颐和园展览，是奉命作画，可他95岁就去世了。对陈半丁的评价研究，实际上要联系新中国社会的转型、中国画的境地，还有我们这个时代的价值取向等问题，这样才不会被个别评价或一两句话所局限，这样我们才能找出更深层的原因。我想我们现在研究陈半丁，对他重新做出评价，实际上也是对新中国这几十年来的美术进行重新审视，体现了学术的理性和这个时代的宽容。现在的研究中有一些对毛泽东的看法都允许有不同意见，这就是这个时代的宽容。

陈燕妍（陈半丁之女）

我们不断回忆起父亲很多往事，父亲的性格、生活习惯、绘画过程、对子女的教育。父亲酷爱绘画，也非常喜欢京剧，他常说这两项艺术是中国的国粹，是相通的。正因为此，我们家成了戏剧界和画界朋友相聚的地方，他们在一起交流研究，是艺术把他们联系在一起成为朋友和至交。1951年成立中央文史馆，父亲第一批被聘为中央文史馆馆员，当时父亲已是古稀之年，但是他以满腔的热血，积极投入各项有益的文化活动中。1956年，他参加了最高国务会议，并且在二届二次政协会议上与叶恭绰先生提出了继承传统、大胆创新的提案。1957年5月14日，画院成立，父亲为中国画的继承和发展起到了推动作用。父亲的绘画也常被作为国礼，比如与齐白石合画的作品就赠送给印度尼西亚总统苏加诺，还有一些送给西哈努克、斯大林，得到党和外宾的一致好评。同时像尼泊尔、日本、罗马尼亚等很多国家都以父亲的画作为国家之间交往的礼品。

父亲的民族气节和爱国精神从以下几方面可以得到印证：日伪政府聘请父亲任职，但他辞掉了；他的弟弟在抗日斗争中受伤，他称“胞弟勇也，弟英雄我汗也”，并且刻有两方图章，“强其骨”和“不使孽钱”。第二是肃亲王聘父亲为官也被他谢绝了，他坚持以自己的艺术求生。第三，他在解放前夕与傅作义、马占山等商议和平解放北平，父亲是和平解放北平的积极支持者和参与者。第四，国画曾一度处在被排挤和被取缔的态势，父亲坚持这是国宝，不能削弱，要发扬，他是中国画的传承者和捍卫者。从以上几方面证明父亲的为人正直，他的民族气节和爱国热忱。虽然父亲的一生经历了数次时代的巨大变更，从晚清到民国到共和国，处于多事之秋，在旧社会生活了大半辈子，往往带有一些传统观念的印痕。但是他对中国的美术事业，特别对中国画的继承和发展做出了毕生的努力和巨大的贡献。他的大方向是对的，无可怀疑的，他的所作所为也是可圈可点的。

我父亲对子女要求非常严格，从小就教导我们节俭，不许浪费，但是他对朋友绝不吝啬。王梦白的后事就是父亲负责安排的，他还接济了梦白先生一家老小。在举办画展的时候，全部费用都由父亲承担，体现了他对学生的倍加爱护。他尊重人才、培养人才，并且重亲情。他对自己的老师尊师重道，对自己的学生从不以老师自居。他常对学生说，你们学我的画，但不能完全像我的画，你们要比我画得好，要有你们的特点，要有自己的风格，有创新，有发展。他非常注重人品，故他有斋号“二树草堂”。

在“文革”前，由于父亲的直爽性格，他看到不对的就要批评，从不搞两面派，因此得罪了康生，康生在不同时期、不同的会议中曾多次提出美术界要彻底批判陈半丁，安排审查陈半丁的历史。在一次政协会议和一次文艺座谈会上，康生把矛头直接指向父亲进行恶意攻击，“反动学术权威、反党反社会主义、反对毛主席、妄想变天”等罪名全部加在父亲的头上，政协会议和文艺座谈会均成为陈半丁的批判会。1964年下来一道命令，宾馆、饭店、十大建筑等所有公共场所一律不准悬挂陈半丁的字画，父亲的字画全部消失。1966年文化大革命开始，来势凶猛，很快父亲又成为运动中的批判对象，不实的罪名再次压到父亲身上。我记得有一天我在家照顾生病的孩子，突然门铃响了，十几个红卫兵进来抄家“破四旧”。在这之后，单位、学校、街道，社会上还有不知名的所谓单位甚至个人陆续来抄家，我已经记不清楚被抄了多少次家。最严重的一次仅西四北六条的家里就被抄走两卡车的东西，而实际还回来的只有一个平板三轮。当时没被抄走的只剩下一些生活必需品，并且扣发了父亲的工资和所有津贴，每月只有27块钱生活费，单位的汽车也不提供了。年纪已八九十岁的父亲每天都要到单位参加学习和批判，开始母亲用推车送父亲到单位，后来父亲上下车实在困难，母亲没办法，用90块钱包了一辆三轮车。母亲坐在放脚的拖斗里，每天陪父亲到单位参加学习和批斗，直到军宣队进入画院，父亲得到周总理和有关领导的过问，情况才得以改善。一次，军宣队的领导来到我家曾向母亲和我说：“周总理来过多次电话叮嘱我们，陈半丁对我们有贡献，他是国内外知名的艺术家，已经90岁了，你们要保护他的安全，要注意他的身体。”听到这些话，我和母亲都哭了，当时的感激之情无法用语言表达，在这种非常时期能听到周总理关怀挚爱的声音，对我们来说是极大的宽慰。父亲此时也不需要每天到单位了，就在这个时候，他又重新拿起画笔从事他的绘画创作。我记得1969年“九大”召开前夕，要求父亲绘画做献礼，当时母亲和我很担心，依照父亲的性格，加之运动中受到这么大的冤屈，可能会拒绝，但是他却一口答应了。画了一幅红梅，题的是毛主席诗词。父亲画这幅画的时候，所有在家的子女都围在身边，特别是在题毛主席诗词时，大家一字一字地提醒，最后还是掉了一个字，立即让父亲改了过来，直到上交以后，我们悬着的心才算放下。当时“文革”中很多绘画工具和图章被抄走，他就用笔画了一个图章叫“表衷心”，这张画现在就在展厅。1970年1月，《光明日报》发表了一篇批判周扬的文章，其中涉及到父亲，并占有一定的篇幅。看到报道后，父亲10日就病倒了，被送到北大医院。医院听说患者是陈半丁则开始逐级请示，下午3点送到医院后就一直停放在走廊，直到深夜12点左右才送入病房。由于延误了治疗时间，很快转成了中毒性肺炎，白血球达到了40000多。到了病房，父亲刚躺到床上，还未经治疗就含冤辞世，永远地离开了我们。我和母亲在整理他的遗物时发现批判周扬的《光明日报》就放在他的被褥底下，这张报纸被我藏起来，不知何时又到了他的手中，可见这张报纸对他的影响之大。“文革”结束后，故宫有个内部展览揭露了康生迫害父亲的一系列罪行，父亲的冤案才得以澄清，加在父亲头上的罪名才得以推翻。1979年，胡耀邦对父亲的冤案也有过具体批示，从此还给父亲清白。1980年，父亲逝世10周年补开了追悼会，吊唁的人达到了1000人左右，同时还为父亲举办了遗作展。2004年4月28日在绍兴柯岩风景区成立了陈半丁纪念馆。落成的时候，我们这些子女心潮澎湃、悲喜交加、泣不成声。

在这里有子女的感激之情，感谢绍兴县和柯岩风景区领导的决心和支持，特别在资金和场地上的投入，才使父亲的纪念馆在很短的时间内落成，子女们的长期愿望也得以实现，真诚地感谢绍兴各级领导的大力支持。作为陈半丁的子女，也因有这样一位刚正不阿、为人正直、为艺术绘画贡献出自己一切的父亲而骄傲和自豪。由于我涉足这门学科较晚，在这方面的知识很浅，无权对艺术加以评论，在绍兴研讨会和今天的研讨会上，专家、学者、老前辈们的发言足以描绘出父亲在花卉、山水、人物、书法及篆刻方面的艺术成就，客观地反映出他艺术的方方面面和他的艺术特点，描绘出他的绘画人生。大家对父亲给予了足够的肯定和很高的评价，我想今天在九泉之下的父亲也会得到最大的宽慰。借此机会，我代表所有的家属，特别向北京画院、中央文史馆表示感谢！同时还感谢全国政协、人民大会堂、国家博物馆、钓鱼台国宾馆、中国美术馆、北京饭店、友谊宾馆、上海博物馆、上海书画院、天津美术出版社等等近40家单位的大力支持！还要感谢今天参加会议的领导和画界朋友，谢谢朋友们的支持！

郎绍君（中国艺术研究院美术研究所研究员）

20世纪北京很多画家属于南人北迁，南方人定居在北京，生活在北京，或者一个阶段生活在北京。我认为20世纪没有严格意义上的京派和海派，所以说陈半丁融合南北派，怎么落实？在艺术上要谈清楚比较困难，我觉得更主要的是他的个人风格。陈半丁不像他的老师吴昌硕，画风强悍，而是转变为一种平和、平淡。我认为这主要不是陈半丁迁居北京的缘故，而在于他个人的原因。第二，用“领袖”、“领军人物”这样的称呼形容陈半丁是不合适的。不说他是“领袖”、“领军人物”不等于说他没有很高的艺术成就。我认为齐白石、黄宾虹、陈半丁都不是领袖、领军式的人物，说金城、周肇祥、陈师曾可以，他们曾创办中国画学研究会，是领军人物，是领袖人物。说徐悲鸿是领袖人物也可以，徐悲鸿学派确实存在，这个学派的领袖人物就是徐悲鸿。领袖人物同艺术水平的高低不一定成正比，周肇祥是中国画学研究会的领军人物，但他不是一个大艺术家，甚至连一个优秀的艺术家都够不上。他是学者，但他是中国画学研究会的领袖，这点毫无疑问。

大家提到康生对陈半丁先生的打压，这确实是一个非常值得研究的问题。以政治家的身份压制迫害艺术家，这在20世纪是非常普遍的现象。所以很多20世纪的艺术家被遮蔽就是由于政治原因，他们被强迫忘记，包括金城也是如此。但是有一点，艺术家的名声后来大不大和政治打压没有整体性的因果关系。潘天寿也被江青打压过，他也是被迫害死的，但是这没有影响他后来的艺术地位。他的艺术地位主要源自他的艺术成就，另外就是他的儿子对他做了系统的宣传。所以说艺术家的名声地位是很多原因造成的。

我想补充一点，过去有一个说法，认为石涛、八大的风潮是张大千兄弟掀起来的。事实上张氏兄弟临摹石涛、八大是1920年以后，是在拜师曾熙、李瑞清之后。因为曾熙特别推崇石涛，李瑞清特别推崇八大，因此张氏兄弟也对二人极为推崇。但是早在这之前的10年，陈半丁已经在推崇石涛，而且一生都在推崇石涛。陈半丁不如齐白石的作品多，但也得有几千张甚至几万张，而如今我们才看到多少张？另外他那么多交流，我们知道的又有多少？他讲的话或者题跋我们看到的又有多少？这些问题确实值得我们深入研究。

金　煜（北京教育学院教授）

陈半丁先生是西泠印社受尊重的早期社员之一。刚才很多先生都谈了关于半丁老人各方面的艺术成就，我想在这里想谈谈他的篆刻。半丁先生的篆刻，他的根是吴昌硕，他的变是由于自己的广采博收。有根有变，说明半丁先生不是墨守成规的一位画家、书法家或者是篆刻家。他是在近代中国美术史中把中国传统绘画运用于诗书画印，运用于文人绘画的代表。他的绘画和篆刻联系得非常广，二者表现出的风格是一致的。我简单总结三条：一是去掉浮华而出静雅，这点从他的绘画和篆刻作品中可以看出；二是去掉了俏俊而出浑厚；三是去掉严谨而出闲怡，在绘画、篆刻中表达出文人风格的内容。例如他篆刻的早期作品和吴昌硕先生的篆刻是很难区分的；中年以后，他的篆刻风格已经开始转变，尤其是从南方到北方以后，他自己在慢慢转变，有了很多变化；老年以后，他所刻的不管是冲刀也好，切刀也好，平刀也好，还有我们叫乱砍乱凿也好，运刀如运笔，已经是信手拈来的一种风格，进入了他与画画一样的画境来表达内心的情感。我想请各位专家们多多研究一下半丁老人的篆刻和篆刻的边款。这些篆刻边款如果从早年、中年到晚年积累起来的话，记载的正是对20世纪美术史的诠释。

陈思娣（中央文史馆文史业务司司长）

在坚守、保护、弘扬民族文化传统方面做的工作希望得到在座专家、学者的支持，还希望能和文化研究机构加深合作。本次展览北京画院做了大量工作，包括半丁先生的各位子女，他们也是团结协作、合力艰苦工作了几年才促成这次研讨会和画展的举办。谢谢大家！

研究成果一览表

序　　号：001

《草间偷活——齐白石笔下的草虫世界》

编　　者：北京画院

编辑委员会

主　　任：王明明

副 主 任：杨延文　王志纯

委　　员：王民德　朱虹子　孙晓彤　李盈春　陈履生　海　洋

执行编辑：朱虹子　王民德

装帧设计：海　洋

设计制作：北京锦绣东方图文设计有限公司

印　　刷：深圳雅昌彩色印刷有限公司

序　　号：002

《第六回 · 中日美术交流联合展作品集》

主　　办：北京画院　日本南画院

后援单位：北京市文化局　日本国驻华大使馆

实行委员会

实行委员长：王明明　町田泰宣

实行委员：（中方）王明明　王志纯　王民德　冯　远　刘大为
庄小雷　纪清远　宋　涤　李问汉　李盈春
李小可　杨延文　尚　辉　赵振川　郭石夫
程大利

（日方）町田泰宣　市川皓　村岸良华　山本和夫
江尻清音　渡边堂仙　潮见冲天　三科隆一
堀江春美　林春杏　吹田华淞　萩原朝美
金沢徹　梅田秀

主　　编：王志纯

翻　　译：王　云

装帧设计：海　洋

设计制作：北京锦绣东方图文设计有限公司

印　　刷：深圳雅昌彩色印刷有限公司

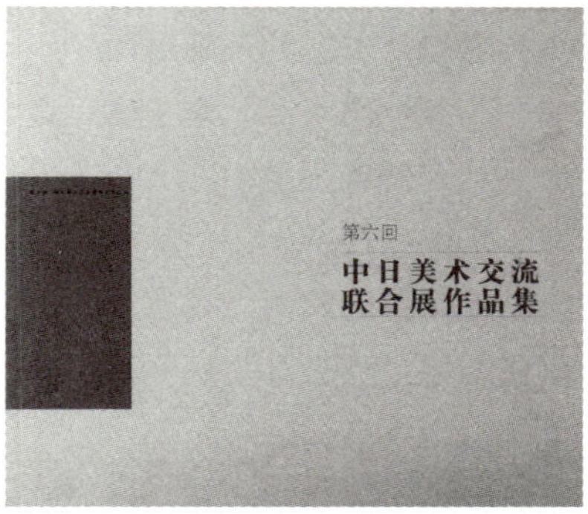

序　　号：003

《源远流长山水情——北京·台湾当代十人作品集》

编　　者：北京画院

指导单位：文化部　国务院台湾事务办公室　北京市人民政府

主办单位：中华文化联谊会　北京市人民政府台湾事务办公室
　　　　　北京市文化局

承办单位：北京画院

策　　划：王明明　陈履生　朱虹子　尚　辉

编　　辑：尚　辉

装帧设计：海　洋

设计制作：北京锦绣东方图文设计有限公司

印　　刷：深圳雅昌彩色印刷有限公司

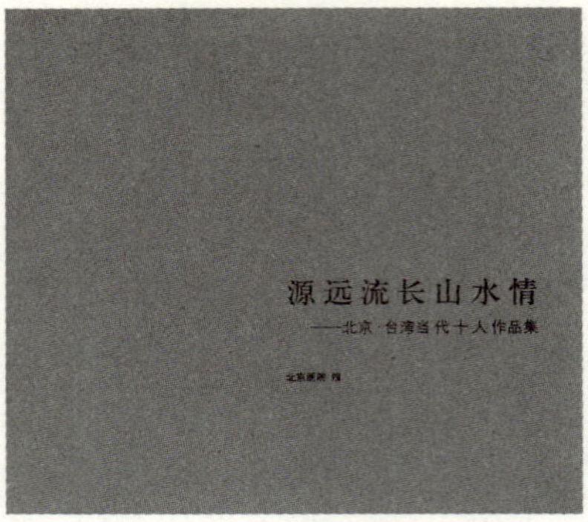

序　　号：004

《于非闇》

编　　者：北京画院

编辑委员会

主　　任：王明明　杨延文

副 主 任：王志纯

委　　员：于　琛　于　衡　王民德　王书灵　王学峰　申少君
　　　　　李盈春　宛少军　姚震西　海　洋　董建华　董瑞丽

主　　编：王明明

执行主编：王志纯　姚震西

编　　务：汤　苗　李　琼　黄　戈

出 版 人：蓝小星

终　　审：黄宗湖

策划编辑：姚震西　钟艺兵

责任编辑：陈先卓　杨　勇　陈　凌　潘海清

文字编辑：马　琳

责任校对：陈宇虹　黄雪婷　陈小英

审　　读：欧阳耀地

设计指导：海　洋

设计制作：北京锦绣东方图文设计有限公司

出版发行：广西美术出版社

印　　刷：深圳雅昌彩色印刷有限公司

版　　次：2007年10月第1版

开　　本：1／8

书　　号：ISBN 978-7-80746-235-4/J·811

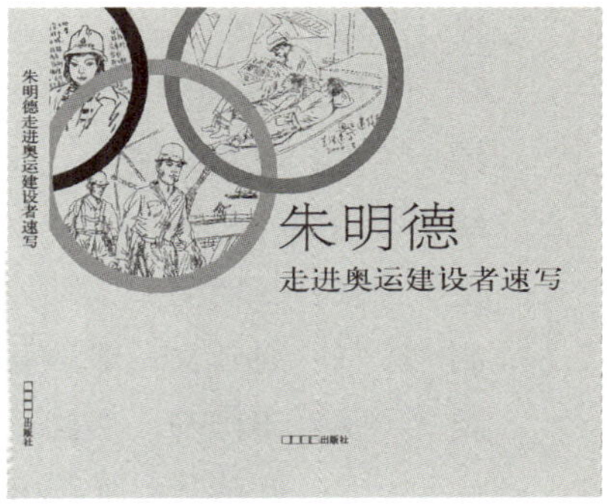

序　　号：005

《朱明德走近奥运建设者速写》

主　　编：王明明

副 主 编：贺成才　王界山

设计制作：北京锦绣东方图文设计有限公司

出版发行：河北美术出版社

印　　刷：北京中华儿女印刷厂

版　　次：2007年11月第1版

开　　本：1／24

书　　号：ISBN 7-5310-2952-9

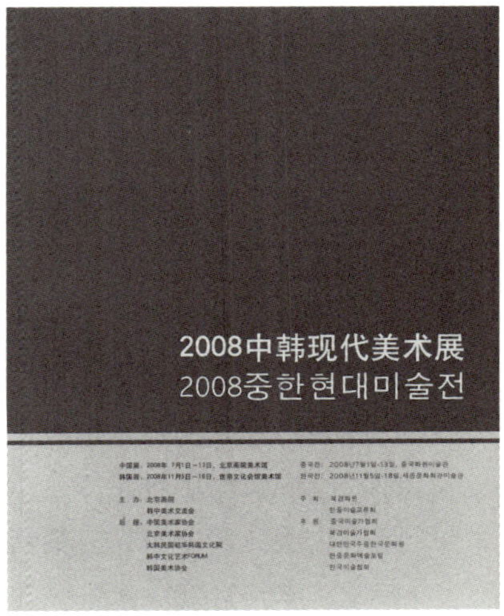

序　　号：006

《2008中韩现代美术展》

策　　划：（中）王明明　李盈春　雷　波　吴洪亮　宛少军

（韩）朴洸真　李光春

设计指导：海　洋

编　　辑：宛少军

序　　号：007

《第七回 · 中日美术交流联合展作品集》

主　　办：北京画院　日本南画院

后援单位：北京市文化局　日本国驻华大使馆

实行委员会

实行委员长：王明明　町田泰宣

实行委员：（中方）王明明　王志纯　庄小雷　纪清远　宋　涤　李盈春　李小可　杨延文　吴洪亮　宛少军　雷　波

（日方）町田泰宣　市川皓　村岸良华　山本和夫　江尻清音　渡边堂仙　潮见冲天　三科隆一　堀江春美　林春杏　吹田华淞　萩原朝美　金沢徹　梅田秀

编　　辑：宛少军

翻　　译：苗　彤

装帧设计：海　洋

设计制作：北京锦绣东方图文设计有限公司

序　　号：008

《二十世纪中国美术大家——陈半丁》（上下）

编　　者：北京画院

编辑委员会

主　　任：王明明

副 主 任：杨延文　李小可

委　　员：王国荣　李盈春　杨遇泰　吴洪亮　陈菊影　陈燕龙
陈燕华　陈燕妍　陈燕明　陈燕保　陈燕姮　陈燕娇
陈燕珠　陈燕麟　金　煜　宛少军　单越明　海　洋
高信峰　董瑞丽　雷　波

主　　编：王明明

副 主 编：宛少军

编　　务：汤　苗　李　琼

责任编辑：董瑞丽　沈悦苓　宛少军

责任校对：崔建文

设计指导：海　洋

设计制作：北京锦绣东方图文设计有限公司

出版发行：文化艺术出版社

印　　刷：深圳雅昌彩色印刷有限公司

版　　次：2008年10月第1版

开　　本：1／8

书　　号：ISBN 978-7-5039-3580-0/J · 967

典藏

藏品、藏品档案及藏品画库管理规定

为维护藏品画库及藏品的安全，对人员及物品进出进行妥善管理，特设立此管理规定，并由专人负责画库的管理工作。有关人员及物品出入库须严格遵守本规定。

一、总则

1. 设立藏品专库，由专人负责保管。

2. 设立藏品总账、分类账及电子账（含图片档案），每件藏品按规定建档。

二、画库进出人员安全管理

1. 为确保藏品和画库安全，总账管理员与保管组出纳管理员分别对画库账目与实物进行管理。

2. 调用画库作品、取画、存画、精品收藏和画展观摩，需要开库门锁，须本部门领导批准方可进入画库，保证三人以上。须严格执行三人同进库、同出库规定，互相监督是保管组人员的义务。

3. 内部观摩展须报保卫部备案，做好监控工作。

4. 开画库门锁之前，主管要先进行开门前安全检查和监控报警设备处理工作。

5. 画库工作人员在画库工作时要及时关门，严防各种害虫进入画库。

6. 进入画库的工作人员必须做好自身检查，严禁打火机、火柴、易燃易爆物品进入画库。

7. 进入画库工作人员要严格遵守登记、签名制度，写明时间、事由、作品名称，以便保存备查。

8. 画库开门工作期间，严禁在画库内接待客人，无关人员一律不准进入画库。

9. 画库钥匙要严格分管管理，钥匙分开存放，定人、定位，责任落实到人。

10. 画库藏品每年汇总与清点一次，清点情况应汇总上报、存档。遇到画库管理人员人事调动时，至少提前2个月进行藏品的清点交接，点交情况应及时上报、存档。

11. 保管组要每日监测并记录画库的温、湿度，并根据各类藏品不同特性的要求，积极配合设备的空调组做好各画库的温、湿度控制。

三、藏品入库管理

1. 新藏品入库

1）藏品验收后，应依次登记入库藏品方位号，并将藏品放置在画库指定位置。入库藏品须标明入库号码和入库方位号，由保管人员用不脱色的墨水笔书写在物品背后，同时标识须贴在清点时容易分辨的位置。

2）完善和保障一系列用于互相参考的索引系统。数据索引系统包括物品的基本情况，如入库号码、藏品描述、作者、时间及有关藏品的后续资料，并将其归纳于不同的项目，用总账号或分类号的顺序或作者姓氏拼音字母的顺序排列，以便于查找。

3）新藏品入库时须及时拍摄藏品照片，用于检索藏品信息、藏品研究或画册出版。须在照片底片标注藏品账号，并保存在档案资料中。

2．外借藏品入库

1）保管组出纳管理员和维护管理员须共同认真检查藏品性状并做出记录后，方可凭借《北京画院院藏作品外部借展协议》及作品明细等手续单办理入库手续，如外借藏品性状发生较大变化，应及时上报。

2）藏品入库前，保管组维护管理员要对藏品进行除尘、检验、装配、记号、包装等必要编目进行维护处理。

四、藏品出库管理

1．藏品出库应由借用人提出申请，并填写《北京画院院藏作品外部借展协议》及作品明细。

2．用于院内陈列的藏品出库，权限由艺术部主任审批。

3．外借展品或提看藏品的出库须按级申请，由主管副院长报院长（法人）审批。

4．总账管理员负责办理相关审批手续，相关领导审批完毕后，方可出库。出库前，保管组维护管理员须在出入库单上注明作品性状记录。

5．借出作品的所有权归北京画院所有。

6．凡借出用于拍照者，须在画院内拍照。如有特殊情况需要进行院外拍照者，必须三天内归还，重要藏品须当日归还。

7．画院聘用画家借用本人作品参加外部展览，借用人必须为作者本人，填写《北京画院院藏作品外部借展协议》及作品明细，由艺术部主任审批同意后方可借用。展出后一星期内归还。

8．借出作品如发现损坏或遗失，借用人须按照《北京画院院藏作品外部借展协议》内容进行赔偿。

9．借出作品若过期不予归还者，将按照《北京画院院藏作品外部借展协议》的有关规定对借用人进行罚款。

画库工作人员须认真遵守本规定，如违反制度规定的各项条例，将依照北京画院管理规定进行处罚，扣除负责人当月奖金，对造成损失和影响者要依法追究刑事责任。

入库流程图：

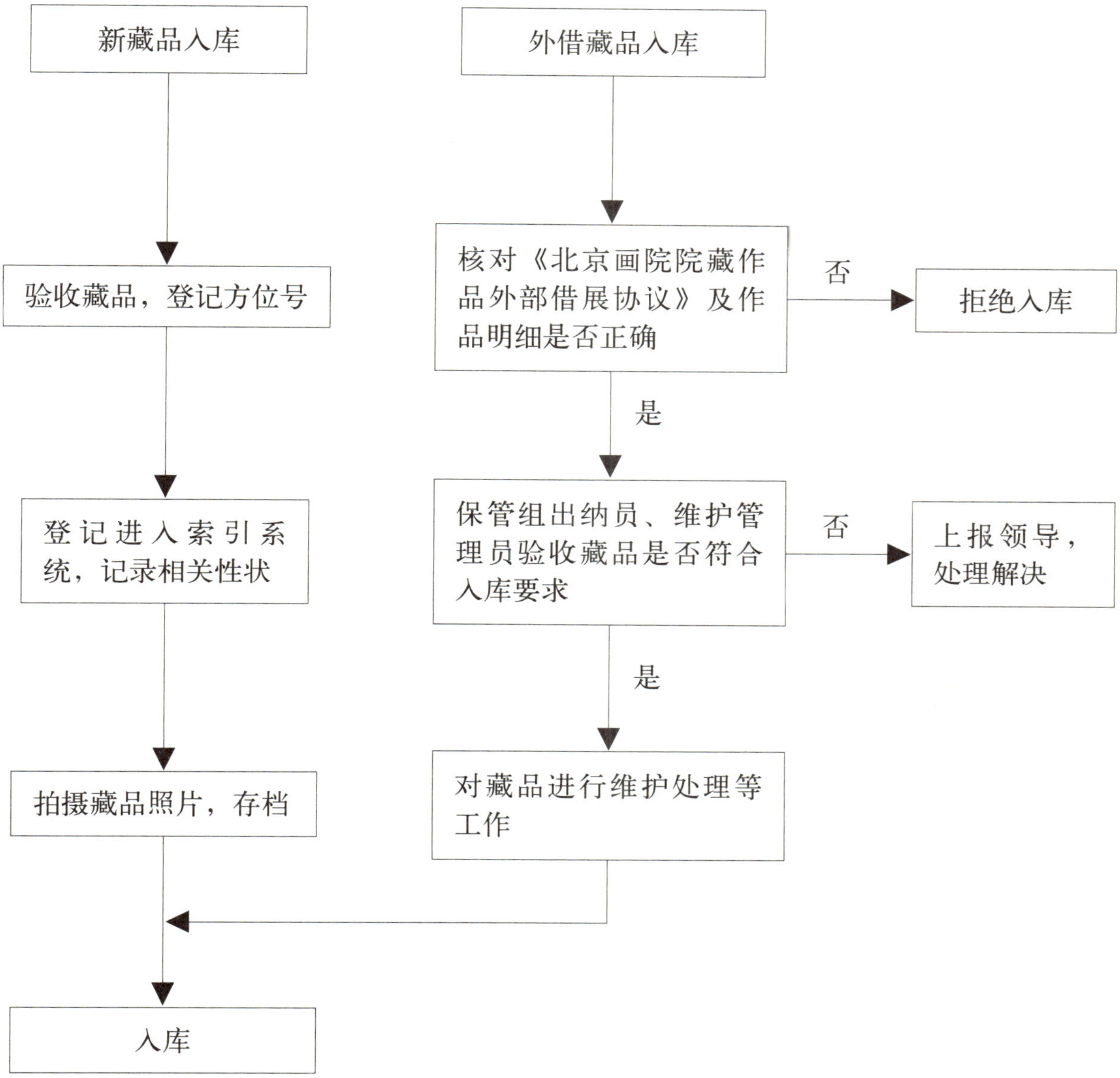
新藏品入库
验收藏品，登记方位号
登记进入索引系统，记录相关性状
拍摄藏品照片，存档
外借藏品入库
核对《北京画院院藏作品外部借展协议》及作品明细是否正确
否
拒绝入库
是
保管组出纳员、维护管理员验收藏品是否符合入库要求
否
上报领导，处理解决
是
对藏品进行维护处理等工作
入库

出库流程图：

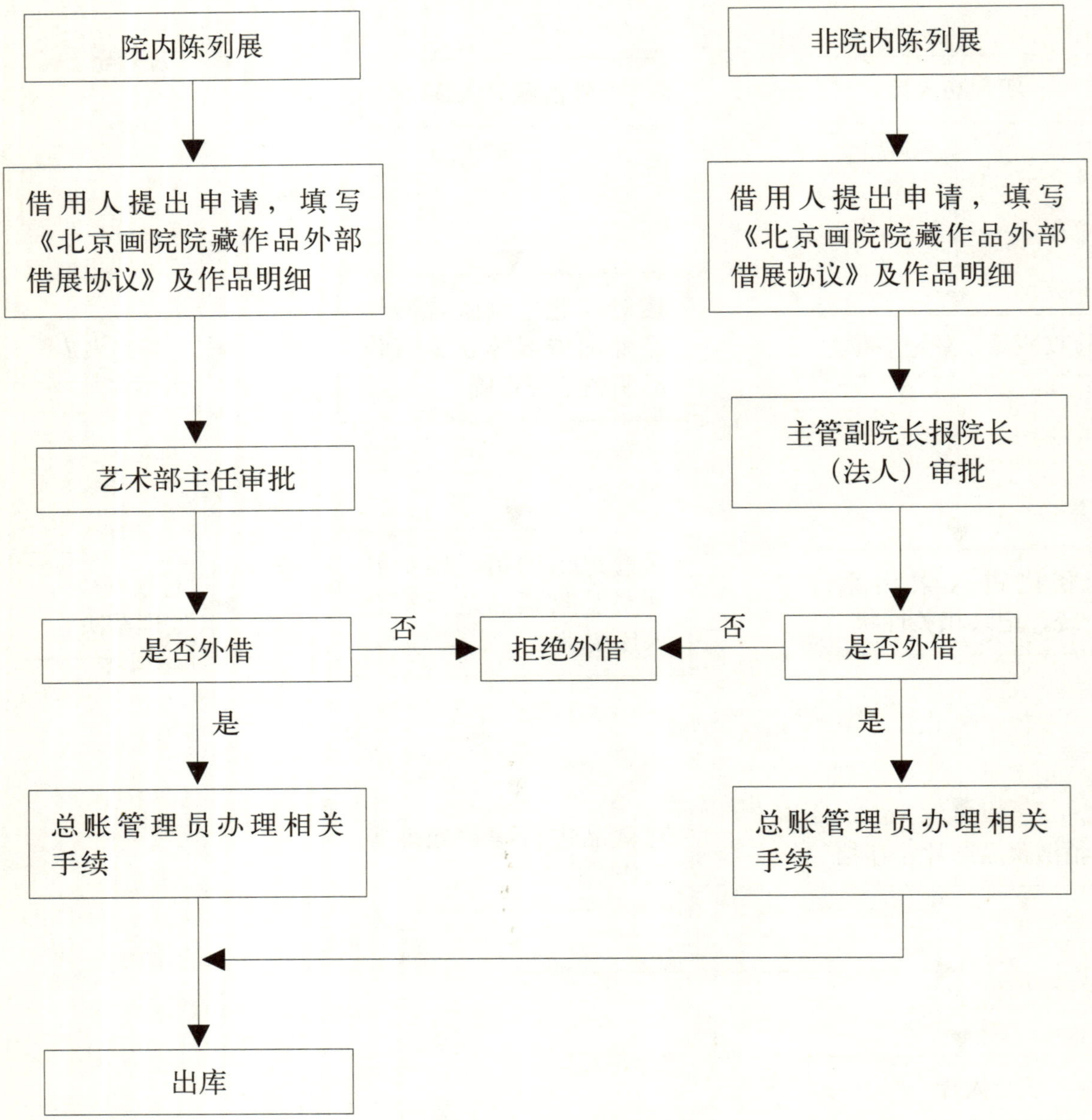
院内陈列展
借用人提出申请，填写《北京画院院藏作品外部借展协议》及作品明细
艺术部主任审批
是否外借
否
是
总账管理员办理相关手续
出库
拒绝外借
非院内陈列展
借用人提出申请，填写《北京画院院藏作品外部借展协议》及作品明细
主管副院长报院长（法人）审批
是否外借
否
是
总账管理员办理相关手续

装潢者，书画之司命也

王 旭

王旭参与2008北京奥运会开幕式影片的拍摄工作

中国书画艺术从战国缣帛画到唐宋元明清的纸、绢书画，其发展经历了漫长的岁月。朝代变迁，烽火不断，经历千百次劫难，仍有许多书画名家的珍品流传今日而完好无损地陈列于博物馆或存于藏家之手，使中国书画这一伟大民族奇葩得以在今日世界艺术之坛盛开。这其中，书画装裱技艺功不可没，也说明古代装裱技艺是何等的高超。如果没有我们历代装裱良工巨匠的精心装潢，我们就无缘欣赏到历史上书画大家的传世珍品。历史上著名的《富春山居图》和《五牛图》都是经过劫难后由裱工精心装裱修复才得以流传后世的，这样的事例不胜枚举。

书画装裱对中国的文化发展也有着不可磨灭的功绩。在唐代以前，“卷轴”作为书籍与绘画的唯一装潢形式，备受士大夫阶层的推崇。当时有“金题玉躞”之说，就是用金泥题写书签，用上好美玉来做轴头，其装潢效果非常华美。如果从装潢形式上说，书籍与绘画应是出于一辙，所以用“书画同源”来说明书籍与绘画的历史关系是非常恰当的。这样，我们就知道唐代诗人杜甫的名句“读书破万卷，下笔如有神”及唐代诗人韩愈的诗句“邺侯家多书，插架三万轴”的由来了。他们对于书的量词表述用的是“卷”和“轴”，而不是像现在我们用的“本”和“册”。在第二十九届奥运会开幕式上，用徐徐打开的卷轴来述说华夏几千年文明发展史，其创意独具匠心，又恰如其分。为了让不同肤色的观众能够了解卷轴的创意，笔者应邀拍摄了20秒的装裱书画的视频。这20秒不是给我个人的，它是属于历代裱师巨匠

《鼓足干劲争上游，夺得高产双丰收》（局部）修复前

《鼓足干劲争上游，夺得高产双丰收》修复后

的，是他们创造的卷轴承载着历史的重任滚动到今天。

古人云："装潢者，书画之司命也。"又云："潢，犹池也，外加缘则内为池，装成卷册，谓之装潢。"所以装裱书画又称"装潢"、"装池"。司命，即可掌握其命运也。古人的说法精辟至极，在从事书画装裱工作的20多年里，我是渐渐才懂得了"司命"的真正含义。我初学裱画时，父亲曾对我说过："没有十年二十年出不来一个好裱工。"当时不解其意，也不以为然，觉得有些过了。时至今日，我懂了，此话一点儿也不过分。2005年，北京画院美术馆落成，画院有了自己的展馆，院中所藏的许多大师的珍品在沉睡了几十年后，终于可以让世人一睹尊容，由此我便开始了对北京画院藏品的修复工作。

画院收藏的作品中，一部分是因为年代久远而形成的自然损坏现象，如一些作品的反铅、断裂，还有一些是因为过去条件有限保存不善而损坏的，再有就是"文革"过程中造成的人为损坏。

反铅是因为绘画作品中的白粉经过长时间的氧化后发灰或发黑，多出现在人物的面部，花卉的花瓣等部位。吴光宇先生的人物画和徐聪佑先生等几位画家的作品均有程度不同的反铅现象。古人就已经总结出一套处理反铅的方法，如明代周家胄在《装潢志》中记载："面用粉或制不得法，或经秽气熏染，遂变黑色矣。生纸用粉，犹易变黑。用法治之，其白如故。法用白净碱块调水，即浣衣者，以新笔涂黑处，不可使晕开，将连七纸覆盖，卷收过半月，取看其黑气，尽透连七纸上。如未退净，再如法治，轻者一二次退，年久者三四次，无不洁净如新。再用新烹淡茶涂一次，以去碱气。"此种方法虽然不复杂，但时间太长，去一次铅要一两个月的时间，不适合现代社会的工作节奏，也不适合画院的工作节拍。现在常用的还有另两种方法：用双氧水漂洗和白酒燃烧去铅，这两种方法实际就是一个氧化还原的过程。

双氧水去除反铅虽简单快捷，经实验，我觉得效果不是很理想。在处理过程中，我决定采取对画面效果最佳而对宣纸保护最好的酒烧法。酒烧法，顾名思义就是用白酒来烧。白酒的燃烧过程也是一个氧化还原反应的过程。这个方法虽然效果最好，但会有很大风险，一般缺乏经验者不敢冒用，曾有不得要领者将画心烧坏。我家三代人经反复实践，对酒烧法的要领都熟记于心，能做到万无一失。其具体方法是：先将整个画面用清水闷湿，水分要均匀，这是关键的一步。如果没有这一步，火可能就会烧到画纸，往往操作失败就因为此项环节没有做好。然后用宣纸卷成一公分左右粗的纸卷，也要用水浸湿。用纸卷将反铅的部位围住，像建小水坝一样，不要留口以防白酒溢出。接着将高浓度的白酒，最好是二锅头、老白干一类倒入围好的反铅部位，不要漫过纸卷。手边放一水盆，准备好一支新的毛笔。用火柴将白酒点燃，手拿沾水的毛笔轻轻搅动火的部位，随时观察反铅部位的情况。这时候反铅的部位在燃起的火焰下会由黑变浅，由浅变白，当黑色完全褪去，白粉的本色完全呈现出来时，迅速吹灭火焰。这样，白粉的本来面目就会崭新地呈现在你眼前。这个过程给人感觉比较紧张，既要有娴熟的技巧，同时也是对装裱师心理素质的挑战。画面上起火而画面不焚，而且越烧越白，反铅的书画像涅槃的凤凰一样在浴火中重生了。

第二类藏品是因为长时间保存不善而损坏的。如胡絜青先生的《鼓足干劲争上游，夺得高产双丰收》，这是胡絜青老人很少见的工笔精品。整个画面由于长时间受湿

《长春有喜》（局部）修复前

《长春有喜》修复后

潮而霉烂，画面有许多霉斑，中间很重要的部位腐烂掉长40余公分，宽10余公分的画面，其中大部分短缺，边沿保存部分也已经腐蚀成粉状，整张作品已经毫无生气可言。这张作品的修补难点是既要清洗霉斑，还要修补画面。于是我决定先把整张画的破损处按原状复原。经过对整幅画面的仔细分析，我决定用分隔法来漂洗画面，即在画面上覆一层宣纸打湿、排平，用稀释的高锰酸钾溶液在这层宣纸上反复冲洗。因为有一层宣纸的保护，尽可能减少对画面的直接接触，但这样漂洗的时间会长一些，在霉斑基本消除后，再将稀释的草酸溶液将高锰酸钾的色迹去除（注意草酸的浓度要低）。在高锰酸钾的色迹完全消除后，要马上用清水反复冲洗，将高锰酸钾溶液和草酸溶液的残留去除。经过几十遍清水的漂洗后，洗药的浓度接近于零。等画晾干后，按照残损部位底色的深浅来选修补的画纸。为什么在这时候选择修补所用的画纸呢？因为在画面没有漂洗前，整个画面阴暗发霉，洗后洁净明快，这时候选配修补的画纸更加接近原画，这就是先漂洗而后补纸的道理。当所有残损的画纸都修补好后，再根据画面破损处的情况进行接画。先将短缺的纸条补齐，然后再填色，每一笔都要小心谨慎，仔细推敲。还有一点非常重要，就是接画时毛笔里的水分要极少，几乎是在干蹭，这样反复进行几遍，逐渐达到和画面相同的色度。如果毛笔中含有过多的水分，接画和全色时就会出现许多色点和水印，俗称“眼圈”。经过反复的推敲和精心的操作，胡絜青先生的这幅作品终于修复完成。修复前后有脱胎换骨的感觉，胡老先生如在世间应该也会满意的。这类保存不好的作品还有像于非闇先生的《长春有喜》，这是于非闇先生工写俱佳的一幅珍品，但作品上部损坏严重，左边松树边际短缺了一部分。此幅作品经过了两次修复，第一次因为急于拍照，只将画芯开裂的部分修复好，而残缺部分未来得及全色和接画。登记拍照后，我又重新将松树残缺部分进行全色接画。先找好同一种宣纸，在年代和质地上都要与原画相近，然后再按照残缺旁边的部分染底色，经过几遍的晕染，待底色和原画非常接近后，将染好底色的宣纸从正面补在残缺部位（如果第一次揭裱的话，应该从背面补纸），从正面补纸要比在背面补纸的难度高出许多，因为在边际交接部位容易有明显的痕迹。这时不能用熟纸，熟纸交接处用牛角刀刮不出纤维。先用牛角刀将画面残缺部位的边际刮薄，再把用于修补的宣纸闷湿，上浆平覆于残缺处，宣纸湿润时和残缺相接的边际线很明显，这时用牛角刀沿交接处刮薄，让补纸和残缺部分薄薄的纤维部分相接，就可以做到天衣无缝了。处理好染色的补纸后便可接画。过去在行业内，裱工揭裱旧画、全色是分内之事，而接画则不在职责之内。因为接画需要具有一定的绘画技巧和摹仿能力，因此具有接画技艺的良工少之又少，所谓“管全不管接”就是如此。接画之前，我仔细揣摩和研究于非闇先生松枝的画法，用笔的力度，临摹了三四遍，待心中有数后才正式在原作上下笔。这时落笔一定要准，颜色要浅于原作，这样就可以复笔，然后逐渐加深。如果颜色深于原作，将不好补救。所接松枝的动感方向一定要和原作一致，三处残缺的画面用了两天时间才完成修补。修复后的这幅作品挂在北京画院美术馆的展厅里，站在距离画面两米远的地方，我问一位展厅服务员：“你看得出这幅画哪里修补过吗？”他端详了半天说：“看不出。”简单的三个字却比任何华丽的词句都让我激动，它是对司命之职的最好褒奖。

北京画院的藏品中还有一类作品是属于严重人为损坏的，即文化大革命中被批为“黑画”的作品。这些所谓的“黑画”，都是大师级的作品，像黄胄、李苦禅、陈半丁等。破坏的程度也是最严重的，许多已被撕成几片，十几片，而且画面多有残缺，甚至有圆珠笔和铅笔写的“打倒”、“批斗”之类的字迹。望着这些支离破碎的“黑画”，一位造访我的朋友大发感慨，痛斥曾经毁坏这些“黑画”的造反者。他看到我很平静，就问：“你是不是看惯了这些碎烂的东西，并不觉得心疼啊？”我说：“其实要感谢你骂的这些人。”他惊愕地问：“为什么？”我回答：“他们还算手下留情，只是撕碎了而已，干裱画的不怕碎烂的纸片，就怕一根火柴。”朋友看到的画就是陈半丁先生的这幅《洛阳春色》。此时我觉得古人的话分量很重，“装潢者，书画之司命也”，只要作品没有化为灰烬，我就要尽司命之职，还作品之魂魄，使其重生。实际上，在修复这些残缺的宣纸碎片时，也在修复一段残缺的历史。

《洛阳春色》和《墨荷》的揭裱修复同时进行，这两幅都是陈半丁先生的精品之作，它们背后还贴着批判黑画的标签。这两幅作品的大部分修复工作是由徐建光完成的。在经过揭褙纸、对缝、嵌折、补画纸等几步重要的工序后，两幅画已经有了很完整的感觉。《墨荷》的左上部缺失一角，半片荷叶残缺。《洛阳春色》右下角的山石部分和蝴蝶、花、叶子部分残缺，且左下方残缺一角。《墨荷》的荷叶和《洛阳春色》的残缺画面都是大写意手法，接画的难度比起工笔来更大一些。大写意的效果都是一气呵成，有些效果存在非常大的偶然性，不像工笔可以多次重复由浅及深，修复效果的必然性能够相对大一些。这次接画没有像往常一样补完纸在画面上接，而是把要补的画纸紧贴残缺的画面，参照原作笔墨的浓度、笔锋走势来画残缺部分。《墨荷》的半片荷叶，反复试画了十几张，待凉干后，选定墨色最为接近的一幅，补在荷叶残缺处。《洛阳春色》的山石部分也是运用这种方法。半丁先生的这两幅真迹经过一个月的修复，终于还其魂魄，得以重生。半丁先生若在天有知，尽可宽心矣。而那些泛黄的纸签，我并未将其丢弃，而是将它们展平后贴在劫后重生的墨迹背面，上面还保留着“批黑画展览”的字迹。因为修复一幅作品不仅要将它完整地呈现给观众，还要把它们所经历的历史岁月信息尽可能多

《洛阳春色》修复前

《洛阳春色》修复后

《墨荷》修复前

《墨荷》修复后

地保存下来。张张纸签背后其实在述说着一段迷茫的历史，后人不该忘记！

作为中华民族的宝贵财富，书画装潢与修复自古绵延至今，已经形成了一套以洗、揭、补、全为主要手段的技艺流程，各项步骤环环相扣，每一步操作都会影响作品最终的复原效果，关系到几十年乃至数百年之后这些作品的寿命是延长还是缩短的问题。装潢与修复伴随着书画艺术的流传和收藏一路发展、演进，如今已有近2000年的历史。它是中国文化中重要的传统技艺，同时也是我国一项独特而宝贵的非物质文化遗产，不管在历史上，还是今天，都对保护、延存我国传统书画作品发挥了不可替代的作用。

收藏一览表（2005—2008）

序号	作者	题目	种类	尺寸（cm）	创作年代	收藏时间
1	艾　轩	穿越米拉山	油画	100×100	2005	2005
2	白羽平	白塔寺远眺	油画	180×150	2005	2005
3	白羽平	南堂余晖——宣武门教堂	油画	150×150	2005	2005
4	白羽平	晨光——珠市口基督教堂	油画	90×180	2005	2005
5	白羽平	雪野	油画	73×140	2005	2005
6	蔡玉水	母子情深	国画	181×97	2005	2005
7	曹达立	北堂初雪	油画	160×130	2005	2005
8	陈　辉	帝都遗韵	国画	132×171	2005	2005
9	程大利	戒台听松	国画	173×144	2005	2005
10	崔晓东	法海寺瑞雪	国画	118×126	2005	2005
11	费　正	苍壁礼天	油画	130×105	2005	2005
12	郭宝君	东岳庙——听雪	国画	220×161	2005	2005
13	郭宝君	泰陵秋色	国画	120×221	2005	2005
14	郭宝君	下雪了	国画	89×168	2005	2005
15	何冠霖	随风而去——明十三陵景陵	油画	90×170	2005	2005
16	纪清远	李时珍	国画	176×95	2005	2005
17	金连经	江水东流	国画	96×178	2005	2005
18	匡　剑	永陵大红门	油画	80×130	2005	2005
19	李　凯	皇穹宇瑞雪	油画	120×130	2005	2005
20	李乃宙	天凉好个秋	国画	247×124	2005	2005
21	李小可	祈年殿远眺	国画	98×98	2005	2005

22	卢　平	泉声	国画	176×95	2005	2005
23	马　冰	雪饰皇陵	油画	110×180	2005	2005
24	毛岱宗	天坛印象	油画	110×140	2005	2005
25	莫晓松	思陵的晚风	国画	122×119	2005	2005
26	莫晓松	荷塘清雅秋高图	国画	93×174	2005	2005
27	南海岩	好时光	国画	154×125	2005	2005
28	邵　飞	人生舞台	油画	90×120	2005	2005
29	石　齐	八面来风	国画	142×360	2005	2005
30	司子杰	教堂霁影	油画	55×46	2005	2005
31	宋　涤	红螺寺	国画	124×124	2005	2005
32	谭涤夫	基督教教务委员会会址	油画	160×160	2005	2005
33	谭涤夫	十三陵石牌坊	油画	130×185	2005	2005
34	谭涤夫	昭陵双柱门	油画	114×195	2005	2005
35	谭涤夫	康陵祾恩殿遗址	油画	130×185	2005	2005
36	万纪元	碑林	油画	130×194	2005	2005
37	汪建伟	迷语	多媒体		2005	2005
38	王　路	颐和园——后山神庙	油画	97×145	2005	2005
39	王明明	秋晓钟鼓声	国画	179×96	2005	2005
40	王明明	雪霁	国画	179×96	2005	2005
41	王明明	松泉兴会图	国画	53×463	2005	2005
42	王为政	老子出关图	国画	180×97	2005	2005
43	王文芳	戒台祈福	国画	147×144	2005	2005
44	王沂东	闹房	油画	90×90	2005	2005
45	魏小明	捕风	青铜雕塑	230×180×150	2004	2005
46	魏小明	海的女儿	青铜雕塑	108×180×140	2004	2005
47	闻立鹏	古柏	油画	162×130	2005	2005

48	吴　茜 何　扬	牛街礼拜寺大殿	国画	145×226	2005	2005
49	谢永增	寂静的吕梁	国画	178×137	2005	2005
50	闫振铎	白云观——藏经阁	油画	226×100	2005	2005
51	闫振铎	沐雨	油画	90×130	2005	2005
52	杨　刚	骑手	国画	145×182	2005	2005
53	杨达林	堆云积雨年丰	国画	115×210	2005	2005
54	杨延文	春到潭柘寺	国画	121×124	2005	2005
55	杨延文	清漓夜泊图	国画	179×97	2005	2005
56	姚　远	水乡	油画	105×85	2005	2005
57	张京生	皇穹宇上的天空	油画	100×125	2005	2005
58	张钦若	东堂晨雾——王府井教堂	油画	180×145	2005	2005
59	张仁芝	苍松翠柏掩长陵	国画	124×149	2005	2005
60	张小勇	藏区的寺庙	油画	123×81	2005	2005
61	赵　卫	戒台闲在	国画	180×97	2005	2005
62	赵成民	梁山好汉图	国画	96×179	2005	2005
63	赵振川	西山八大处写景	国画	96×178	2005	2005
64	庄小雷	放眼风景	油画	100×100	2001	2005
65	庄小雷	西山青翠碧云寺	国画	123×124	2005	2005
66	庄小雷	家住吕梁	国画	125×125	2005	2005
67	艾　轩	风停了	油画	100×100	2006	2006
68	白羽平	钟鼓楼的回忆	油画	150×180	2006	2006
69	白羽平	胡同与院落	油画	73×140	2006	2006
70	白羽平	静静的胡同	油画	80×160	2006	2006
71	白羽平	夜	油画	150×150	2006	2006
72	白羽平	白石老人	油画	180×121	2006	2006

73	白羽平	封山	油画	90×100	2006	2006
74	卞国强	胡同、院子、日子（组画12）	国画	39×39	2006	2006
75	蔡玉水	梅兰芳菲——青年时代的梅兰芳	国画	123×246	2006	2006
76	蔡玉水	厘雨	国画	214×144	2006	2006
77	曹达立	食尽鸟投林（曹雪芹故居）	油画	130×97	2006	2006
78	杜滋龄	春天的韵律	国画	96×180	2006	2006
79	郭宝君	明城遗址	国画	113×222	2006	2006
80	郭宝君	北大未明湖	国画	221×91	2006	2006
81	郭宝君	古崖居	国画	89×169	2006	2006
82	郭石夫	兰竹吾知己	国画	70×300		2006
83	郭石夫 王培东 莫晓松	紫气东来	国画	20×300	2006	2006
84	胡南开	夜读	国画	127×127	2006	2006
85	纪清远	微言终日阅 ——纪晓岚在阅微草堂	国画	96×180	2006	2006
86	纪清远	寒凝大地发春华	国画	180×96.5	2006	2006
87	金连经	垄上人家	国画	180.5×97	2006	2006
88	李小可	家园	国画	180×97	2006	2006
89	李秀实	湖广会馆	油画	101×160	2006	2006
90	卢　平	风范照千秋	国画	180×96.5	2006	2006
91	马　冰	昔日——东交民巷	油画	105×152	2006	2006
92	马海方	全聚德烤鸭流程图	国画	248×62	2006	2006
93	买鸿钧	乱石溪声近	国画	155×85	2006	2006
94	毛以岗	影像记忆	油画	91×61.5	2006	2006
95	苗再新	老舍先生	国画	178×97	2006	2006
96	莫晓松	红叶	国画	171×90	2006	2006

97	南海岩	引香	国画	181.5×96.5	2006	2006
98	彭　薇	芍药花	国画	137×57	2006	2006
99	任惠中	兔爷儿	国画	179×96	2006	2006
100	邵　飞	喜迎春	油画	82×120	2006	2006
101	司子杰	通往前门的街景	油画	72×69	2006	2006
102	司子杰	东城锣鼓巷	油画	35×34	2006	2006
103	宋　涤	角楼	国画	124×124	2006	2006
104	谭涤夫	华灯初上——崇文门地门	油画	112×145.7	2006	2006
105	谭涤夫	西交民巷	油画	150×150	2006	2006
106	万纪元	钟鼓楼	油画	130×220	2006	2006
107	万纪元	龙潭庙会	油画	130×172	2006	2006
108	汪建伟	链接	多媒体		2006	2006
109	王　晖	天安门之晨	油画	130×200	2006	2006
110	王冠军	锦瑟华年	国画	135×84	2006	2006
111	王明明	曹雪芹金秋著书图	国画	180×97	2006	2006
112	王明明	溪山品茗图	国画	123×246.5	2006	2006
113	王为政	牧驼图	国画	97.5×180.5	2006	2006
114	王晓龙	什刹海之春	国画	124×126	2006	2006
115	王沂东	老白干	油画	80×100	2006	2006
116	谢永增	钟楼周边的胡同	国画	144×209	2006	2006
117	谢永增	吕梁清秋	国画	178.5×96.5	2006	2006
118	闫振铎	新北京风情	油画	160×140	2006	2006
119	杨　凡	童年的回忆——地坛庙会	国画	84×192	2006	2006
120	杨延文	雪竹装点天香庭	国画	96×179	2006	2006
121	姚　远	水乡	油画	80×100	2006	2006
122	姚大伍	江南三月春雨时	国画	135×84	2006	2006

123	张京生	春末夏初——记恭王府诗画堂	油画	102×127	2006	2006
124	张钦若	雪落钟楼	油画	120×140	2006	2006
125	张仁芝	菖蒲河新貌	国画	69×138	2006	2006
126	张文新	对话（故宫）	油画	110×90	2006	2006
127	张小勇	东岳庙牌坊	油画	118×196	2006	2006
128	张小勇	明陵遗址	油画	80×130	2005	2006
129	赵俊生	春至河开	国画	136×68	2006	2006
130	赵俊生	旧京风情——天桥杂技	国画	135×68	2006	2006
131	赵俊生	旧京风情——跤手	国画	135×135	2006	2006
132	庄　言	夕阳美如画	油画	80×100	1986	2006
133	庄　言	刘胡兰	油画	70×50	1965	2006
134	庄　言	警报	油画	70×97	1962	2006
135	庄　言	修船厂	油画	63×83	1958	2006
136	庄　言	春天的故乡	油画	80×100	1986	2006
137	庄　言	守卫海洋	油画	72×50	1962	2006
138	庄　言	花（静物）	油画	62×62	1985	2006
139	庄　言	农民（肖像）	油画	61×50	1963	2006
140	庄　言	水兵	油画	50×40	1963	2006
141	庄　言	故宫	油画	20×30	1963	2006
142	庄　言	前门	油画	20×30	1950	2006
143	庄　言	故宫一角	油画	20×30	1963	2006
144	庄　言	宣武钢厂	油画	20×30	1958	2006
145	庄　言	伦敦一家后院	油画	20×30	1956	2006
146	庄　言	泰晤士河	油画	20×30	1956	2006
147	庄　言	飞行员	油画	52×39	1963	2006

148	庄　言	炮兵	油画	54×39	1963	2006
149	庄　言	闽江放筏	油画	39×54	1963	2006
150	庄　言	老兵	油画	54×39	1963	2006
151	庄　言	吹笛的战士	油画	54×39	1963	2006
152	庄　言	静物	油画	32×40	1954	2006
153	庄　言	速写（1）	速写	28×21		2006
154	庄　言	速写（2）	速写	27×20		2006
155	庄　言	速写（3）	速写	19×14		2006
156	庄　言	速写（4）	速写	20.5×14		2006
157	庄　言	速写（5）	速写	28×20.5		2006
158	庄　言	速写（6）	速写	36×27		2006
159	庄　言	速写（7）	速写	20×14		2006
160	庄　言	速写（8）	速写	22.5×19		2006
161	庄　言	速写（9）	速写	27.5×20		2006
162	庄　言	速写（10）	速写	22.5×19		2006
163	庄　言	速写（11）	速写	17.5×13.5		2006
164	庄　言	速写（12）	速写	13.5×17.5		2006
165	庄　言	速写（13）	速写	12.5×17.5		2006
166	庄　言	速写（14）	速写	28×19		2006
167	庄　言	速写（15）	速写	14×18.5		2006
168	庄　言	速写（16）	速写	14×18		2006
169	庄　言	速写（17）	速写	27.5×21		2006
170	庄　言	速写（18）	速写	18×13.5		2006
171	庄　言	速写（19）	速写	25.5×17.5		2006
172	庄　言	速写（20）	速写	27×20		2006

173	庄　言	速写（21）	速写	24.5×18.5		2006
174	庄　言	速写（22）	速写	29.5×22		2006
175	庄　言	速写（23）	速写	25.5×17.5		2006
176	庄　言	速写（24）	速写	28×21		2006
177	庄　言	速写（25）	速写	26.5×20.5		2006
178	庄　言	速写（26）	速写	19.5×15		2006
179	庄　言	速写（27）	速写	25×34		2006
180	庄　言	速写（28）	速写	34×27		2006
181	庄　言	速写（29）	速写	17×13		2006
182	庄　言	速写（30）	速写	37.5×27		2006
183	庄　言	速写（31）	速写	27×20		2006
184	庄　言	速写（32）	速写	21×15.5		2006
185	庄　言	速写（33）	速写	21×15.5		2006
186	庄　言	速写（34）	速写	12×18		2006
187	庄　言	速写（35）	速写	12.5×18		2006
188	庄　言	速写（36）	速写	18×24		2006
189	庄　言	速写（37）	油画	38×28.5		2006
190	庄　言	速写（38）	油画	20×25		2006
191	庄　言	版画（39）	版画	12×11.5		2006
192	庄　言	版画（40）	版画	12×9.5		2006
193	庄　言	版画（41）	版画	16×19		2006
194	庄道静	福娃	国画	183×90	2006	2006
195	庄小雷	走西口	国画	240.5×123	2006	2006
196	白羽平	秋染野三坡	油画	120×140	2007	2007
197	白羽平	早春樱桃沟	油画	114×146	2007	2007

198	白羽平	八达岭	油画	81×130	2007	2007
199	白羽平	秋色	油画	93×116	2007	2007
200	蔡玉水	母子情深之一	国画	210×145	2007	2007
201	崔开玺	拒马河畔	油画	150×100	2007	2007
202	段　铁	军都山高图	国画	245×123	2007	2007
203	郭宝君	情寄——云居寺	国画	119×221	2007	2007
204	郭宝君	吟秋——沿河城	国画	219×117.5	2007	2007
205	郭宝君	沐雪之三	国画	221×86.5	2007	2007
206	何大桥	通州燃灯佛舍利塔	油画	214×317	2007	2007
207	纪清远	蒋兆和	国画	178×96	2007	2007
208	金连经	爨底好个秋	国画	245×125	2007	2007
209	金连经	云间烟火是人家	国画	178×97	2007	2007
210	李小可	云蒙山色	国画	228×97	2007	2007
211	卢　平	迎春	国画	178×96	2007	2007
212	马　冰	粉妆玉琢——温榆河	油画	152.5×122	2007	2007
213	马　琳	寒冷地带之九	油画	117×73	2007	2007
214	买鸿钧	五龙潭	国画	145×230	2007	2007
215	买鸿钧	云断天边数重山	国画	200×123	2007	2007
216	毛以刚	十渡秋韵	油画	65×120	2007	2007
217	莫大风	拒马河岩壁（十渡）	油画	80×160	2007	2007
218	莫晓松	菊花	国画	131×134	2007	2007
219	莫晓松	玉兰	国画	90×169	2007	2007
220	莫晓松	竹鹤图	国画	200×746	2007	2007
221	南海岩	早春	国画	178×96	2007	2007
222	彭　薇	彩墨锦绣	国画	180×120	2007	2007

223	邵　飞	千古之谜—古崖居	油画	120×160	2007	2007
224	邵　飞	采莲	油画	82×120	2007	2007
225	沈尧伊	地球的红飘带	连环画	1–163幅：58cm×60cm 164–926幅：39cm×60cm	1993	2007
		地球的红飘带速写本	速写			2007
		地球的红飘带	草图			2007
226	石　齐	双清别墅	国画	144×185	2007	2007
227	谭涤夫	周口店	油画	130×185	2007	2007
228	谭涤夫	古北口秋色	油画	185×130	2007	2007
229	谭涤夫	龙庆峡风光	油画	185×130	2007	2007
230	万纪元	天泰山下有人家	油画	130×173	2007	2007
231	汪建伟	躲闪	多媒体		2007	2007
232	王冠军	似水流年	国画	85×58	2007	2007
233	王冠军	淡品相思	国画	134×86	2007	2007
234	王焕青	团河行宫遗址	油画	80×130	2007	2007
235	王明明	灵山初雪	国画	178×96	2007	2007
236	王明明	山乡秋实	国画	220×144	2007	2007
237	王明明	四条屏	国画	96×34×4	2007	2007
238	王为政	山鬼	国画	97×196	2007	2007
239	王沂东	听戏	油画	80×100	2007	2007
240	谢永增	爨底下	国画	145×215	2007	2007
241	谢永增	泉声	国画	180×97	2007	2007
242	徐光聚	百花山	国画	240×139	2007	2007
243	许　俊	十渡纪行	国画	176×94	2007	2007
244	杨延文	潮白河畔	国画	124×124	2007	2007

245	杨延文	井冈山里杜鹃红	国画	178×96	2007	2007
246	杨延文 王明明 庄小雷 王文芳 李小可	江山锦绣	国画	189×708.5	2007	2007
247	姚　远	水乡	油画	80×100	2007	2007
248	姚大伍	幼竹	国画	211×97	2007	2007
249	张仁芝	静湖休憩	国画		2007	2007
250	张小勇	白色的塔	油画	91.5×122	2007	2007
251	庄小雷	晴光暖翠云蒙山	国画	240×123	2007	2007
252	庄小雷	春回八达岭	国画	240×123	2007	2007
253	庄小雷	满城春色八达岭	国画	169×91	2007	2007
255	白羽平	CBD	油画	250×130	2008	2008
256	白羽平	吴哥窟	油画	100×90	2008	2008
257	蔡玉水	北川母子	国画	201×105	2008	2008
258	崔建社	我们社区的秧歌队	国画	123×245	2008	2008
259	郭宝君	空谷传音	国画	170×120	2008	2008
260	纪清远	苏武牧羊	国画	180×97	2008	2008
261	靳尚谊	维吾尔族老人	油画	51×39	1981	2008
262	雷　波	郊外——那屯小景	油画	100×130	2008	2008
263	李小可	古都今日	国画	124×124	2008	2008
264	卢　平	飞毽迎春	国画	180×97	2008	2008
265	马　琳	水立方	油画	190×160	2008	2008
266	马　琳	人体	油画	133×81	2008	2008
267	马　冰	雪·北京	油画	150×185	2008	2008
268	马海方	空竹玩家	国画	178×97	2008	2008

269	买鸿钧	近郭乱山横	国画	212×96	2008	2008
270	毛以岗	古典与现代 ——远眺国家大剧院	油画	120×50	2008	2008
271	莫晓松	冬日花香	国画	120×120	2008	2008
272	莫晓松	竹鹤图	国画	170×90	2008	2008
273	莫晓松 姚大伍 王培东	春色满堂	国画	124×247	2008	2008
274	南海岩	笛声渐远	国画	96×180	2008	2008
275	彭　薇	瑞翔2008	国画	155×85	2008	2008
276	彭　薇	彩墨锦绣	国画	90×160	2008	2008
277	邵　飞	母爱	油画	84×120	2008	2008
278	孙　纲	都市阳光	油画	215×155	2008	2008
279	谭涤夫	雨后·国家大剧院	油画	185×130	2008	2008
280	谭涤夫	朝晖·鸟巢	油画	185×130	2008	2008
281	谭涤夫	东方广场之晨	油画	185×130	2008	2008
282	万纪元	新北京您好	油画	260×130	2008	2008
283	万纪元	天通苑的清晨	油画	220×130	2008	2008
284	汪建伟	布哈林是叛徒?	多媒体		2008	2008
285	王冠军	少年游系列4—3	国画	136×84	2008	2008
286	王明明	秋晖	国画	182×102	2008	2008
287	王明明	杜牧诗意图	国画	179×97	2008	2008
288	王为政	渊明赏菊图	国画	184×97	2008	2008
289	王沂东	农闲	油画	80×100	2008	2008
290	谢永增	雨过荞麦川	国画	180×96	2008	2008
291	杨金星	才子佳人	国画	147×97	2008	2008
292	杨延文	CBD之光	国画	143×200	2008	2008

293	姚　远	水乡	油画	97 × 130	2008	2008
294	姚大伍	静	国画	209 × 97	2008	2008
295	张国利	建设中的中央电视台新址	油画	140 × 120	2008	2008
296	张仁芝	施工中的北京南站	国画	97 × 303	2008	2008
297	张小勇	北展剧场	油画	130 × 90	2008	2008
298	张小勇	石窟	油画	80 × 125	2008	2008
299	张新武	水立方	油画	150 × 150	2008	2008
300	张占山	高速凝聚力	油画	200 × 120	2008	2008
301	赵洪生	从皇帝码头看北京展览馆	油画	130 × 160	2008	2008
302	庄小雷	四条屏	国画	138 × 34 × 4	2008	2008

捐赠一览表（2005–2008）

序号	作者	题目	种类	尺寸（cm）	创作年代	收藏时间	捐赠人
1	郭西元	春归	国画	136×50.5		2005	郭西元
2	王　群	正月	国画	0.83×25.4		2008	王明明
3	高长荣	兰花	国画	104×34.5		2008	高长荣
4	高长荣	兰花	国画	104×34.6		2008	高长荣
5	高长荣	兰花	国画	104×34.7		2008	高长荣
6	崔子范	花鸟	国画	68×68		2008	王明明
7	启　功	对联（书艺大宗）	书法	69×12.5		2008	启功家属
8	启　功	对联（静则生明）	书法	69×12.6		2008	启功家属
9	梅　生	古都寻梦·妙应寺	摄影	54×36	2004.12	2008	梅　生
10	梅　生	古都寻梦·永安寺	摄影	54×36	2004.12	2008	梅　生
11	梅　生	古都寻梦· 群狮拱日	摄影	54×36	2004.12	2008	梅　生
12	梅　生	古都寻梦·石狮卧雪	摄影	54×36	2004.12	2008	梅　生
14	梅　生	古都寻梦·真觉寺	摄影	54×36	2004.10	2008	梅　生
13	梅　生	古都寻梦·琼华岛	摄影	54×36	2004.6	2008	梅　生
15	梅　生	古都寻梦·古井	摄影	54×36	1996.10	2008	梅　生
16	梅　生	古都寻梦·皇陵残梦	摄影	81×54	1994.9	2008	梅　生
17	梅　生	故宫·大内禁地	摄影	108×54	2008.4	2008	梅　生
18	梅　生	故宫·斗角勾心	摄影	54×54	2008.4	2008	梅　生

19	梅　生	故宫 · 御花园	摄影	81 × 54	2004.12	2008	梅　生
20	梅　生	故宫 · 凤楼龙阁连霄汉	摄影	135 × 54	2003.12	2008	梅　生
21	梅　生	故宫 · 角楼晨曦	摄影	81 × 54	2003.6	2008	梅　生
22	梅　生	故宫 · 养心殿	摄影	108 × 54	2002.12	2008	梅　生
23	梅　生	故宫 · 太和雪霁	摄影	150 × 100	2002.12	2008	梅　生
24	梅　生	故宫 · 护城河	摄影	81 × 54	2002.6	2008	梅　生
25	梅　生	故宫 · 帝城天象	摄影	81 × 54	2002.6	2008	梅　生
26	梅　生	故宫 · 梦回深宫	摄影	81 × 54	2002.5	2008	梅　生
27	梅　生	故宫 · 宫墙柳	摄影	81 × 54	2002.4	2008	梅　生
28	梅　生	故宫 · 太平金缸	摄影	81 × 54	2001.5	2008	梅　生
29	梅　生	故宫 · 铺首门丁	摄影	81 × 54	2000.12	2008	梅　生
30	梅　生	故宫 · 雪掩丹陛	摄影	81 × 54	2000.12	2008	梅　生
31	梅　生	故宫 · 高云情	摄影	81 × 54	2000.5	2008	梅　生
32	梅　生	故宫 · 王朝背影	摄影	81 × 54	2000.1	2008	梅　生
33	梅　生	故宫 · 铜鹤凌天	摄影	81 × 54	1996.12	2008	梅　生
34	梅　生	故宫 · 螭首吟秋	摄影	54 × 54	1995.10	2008	梅　生
35	梅　生	颐和园 · 谐趣园	摄影	108 × 54	2008.4	2008	梅　生
36	梅　生	颐和园 · 平湖归舟	摄影	81 × 54	2006.1	2008	梅　生
37	梅　生	颐和园 · 龙衔玉带	摄影	81 × 54	2003.2	2008	梅　生
38	梅　生	颐和园 · 云水自凉	摄影	54 × 54	2002.6	2008	梅　生
39	梅　生	颐和园 · 长虹卧波	摄影	81 × 54	2002.4	2008	梅　生
40	梅　生	颐和园 · 弱柳拂金	摄影	54 × 54	2002.4	2008	梅　生
41	梅　生	颐和园 · 长堤雪柳	摄影	81 × 54	2000.12	2008	梅　生
42	梅　生	颐和园 · 万寿山	摄影	81 × 54	2000.6	2008	梅　生

43	梅　生	颐和园 · 静影沉璧	摄影	81 × 54	1999.11	2008	梅　生
44	梅　生	颐和园 · 高阁引雪	摄影	81 × 54	1996.12	2008	梅　生
45	梅　生	颐和园 · 秀漪烟霞	摄影	81 × 54	1996.6	2008	梅　生
46	梅　生	颐和园 · 景明楼	摄影	81 × 54	1995.12	2008	梅　生
47	梅　生	颐和园 · 西堤柳韵	摄影	81 × 54	1995.6	2008	梅　生
48	梅　生	颐和园 · 云迟春早	摄影	81 × 54	1995.4	2008	梅　生
49	梅　生	颐和园 · 寒桥暮霭	摄影	81 × 54	1984.1	2008	梅　生
50	梅　生	清西陵 · 泰陵风水	摄影	81 × 54	2004.5	2008	梅　生
51	梅　生	清西陵 · 石五供	摄影	81 × 65	2000.5	2008	梅　生
52	梅　生	清东陵 · 景陵残碑	摄影	80 × 65	1996.8	2008	梅　生
53	梅　生	清东陵 · 孝陵神道	摄影	81 × 54	1995.11	2008	梅　生
54	梅　生	明十三陵 · 皇陵残梦	摄影	108 × 54	2008.4	2008	梅　生
55	梅　生	明十三陵 · 虬龙吼天	摄影	81 × 54	2006.4	2008	梅　生
56	梅　生	明十三陵 · 石雕武将	摄影	80 × 65	1998.11	2008	梅　生
57	梅　生	明十三陵 · 石雕文臣	摄影	80 × 65	1998.11	2008	梅　生
58	梅　生	明十三陵 · 康陵明楼	摄影	80 × 65	1998.4	2008	梅　生
59	梅　生	明十三陵 · 无字碑	摄影	80 × 65	1998.4	2008	梅　生
60	梅　生	明十三陵 · 康陵残迹	摄影	80 × 65	1998.4	2008	梅　生
61	梅　生	明十三陵 · 裕陵古松	摄影	80 × 65	1996.6	2008	梅　生
62	梅　生	明十三陵 · 德陵五供	摄影	80 × 65	1996.1	2008	梅　生
63	梅　生	明十三陵 · 思陵沉暮	摄影	81 × 54	1995.1	2008	梅　生
64	梅　生	长城 · 雄关万里	摄影	108 × 54	2000.6	2008	梅　生
65	梅　生	长城 · 日照雄关	摄影	81 × 54	1999.10	2008	梅　生

66	梅　生	长城 · 云拥雄关	摄影	81 × 54	1997.6	2008	梅　生
67	梅　生	长城 · 山雨欲来	摄影	81 × 54	1997.6	2008	梅　生
68	梅　生	长城 · 荒城寥廓	摄影	81 × 54	1996.12	2008	梅　生
69	梅　生	长城 · 古城春晓	摄影	81 × 54	1996.4	2008	梅　生
70	梅　生	长城 · 慕田峪	摄影	81 × 54	1994.4	2008	梅　生
71	梅　生	长城 · 边塞烽烟	摄影	81 × 54	1994.4	2008	梅　生
72	梅　生	长城 · 片石孤城	摄影	81 × 54	1984.12	2008	梅　生
73	梅　生	长城 · 紫塞金城	摄影	80 × 65	1984.12	2008	梅　生
74	梅　生	长城 · 古城堞影	摄影	80 × 65	1984.10	2008	梅　生
75	梅　生	天坛 · 凤首祈天	摄影	81 × 54	2006.6	2008	梅　生
76	梅　生	天坛 · 日影映圣	摄影	81 × 54	2001.1	2008	梅　生
77	梅　生	天坛 · 御道朝天	摄影	81 × 54	2000.6	2008	梅　生
78	梅　生	天坛 · 祈年殿	摄影	81 × 54	2000.6	2008	梅　生
79	梅　生	天坛 · 圜丘	摄影	81 × 54	2000.6	2008	梅　生
80	梅　生	天坛 · 象天法地	摄影	81 × 54	2000.6	2008	梅　生
81	梅　生	天坛 · 棂星耀日	摄影	81 × 54	2000.5	2008	梅　生
82	梅　生	梦归何处 · 故城遗梦	摄影	81 × 54	2002.12	2008	梅　生
83	梅　生	梦归何处 · 灵龟吐瑞	摄影	54 × 54	2002.5	2008	梅　生
84	梅　生	梦归何处 · 承天载地	摄影	54 × 54	1998.1	2008	梅　生
85	梅　生	梦归何处 · 长亭晚照	摄影	81 × 54	1996.12	2008	梅　生
86	梅　生	梦归何处 · 一柱擎天	摄影	54 × 54	1996.10	2008	梅　生
87	梅　生	梦归何处 · 古桥秋雨	摄影	81 × 54	1996.9	2008	梅　生
88	梅　生	梦归何处 · 中和韶礼	摄影	54 × 54	1989.6	2008	梅　生

教育

北京画院美术馆教育工作概述

高 原

作为公共文化资源，美术馆在当下越来越显现出它的公共性：从最初主要着眼于作品收藏和管理的机构日益发展成为对外向社会和观众提供服务的公益机构，从关注"物"转变到服务"人"。教育是美术馆的重要职能之一，也是考量美术馆整体水平的一个重要指标。丰富的馆藏艺术品和高品质的艺术展览能使公众近距离地感受到艺术的魅力，通过美术馆教育则能使公众在愉悦中提高自身的艺术审美修养，可以说，美术馆是公众最为长期有效的美育实践场所。北京画院拥有丰厚的藏品并进行了大量的学术展览，北京画院美术馆教育部以此为基础组织了相关教育活动，并在活动过程中不断总结和完善，形成了北京画院美术馆的特色教育策略，主要有以下几个方面：

一、立足观众调查，以观众为出发点的教育策略

北京画院美术馆自开馆以来接待了大量观众，这些观众来自社会各界，有学美术的学生，也有社会上的美术爱好者；有少年儿童，也有老者；有教师、媒体人，也有附近的居民。因此要做好美术馆的教育工作，就要对观众群有深入的分析，考虑到每个群体不同的艺术接受方式，北京画院美术馆采用了问卷、口头咨询、信函、参观留言等多种形式做了广泛的观众调查。在此基础上，对观众进行深度分析，按年龄、职业等多重因素划分观众群体。在实际操作中，根据不同受众人群设计和采用相应的教育模式，开展针对性强的主题活动，力求普及性与学术性兼顾。比如说，针对不同层面的观众群体设计教育内容，循序渐进，激发美术馆与公众间的互动活力，以达到提高公众艺术欣赏水平的目标，满足公众在艺术、历史、求知等方面的深层需求和潜在目的，获得更好的效果。

二、以观众为教育主体，还观众自主权，建构式教育策略

在任何教育活动中，学生都是受教育的主体。不同年龄段的学生具有各自的典型特征，因此要做好美术馆教育工作，就需要对他们的思维方式、兴趣爱好、接受能力等方面做深入了解。在面向学生观众群的教育活动中，如何引领他们进入艺术世界是一个重要问题。传统的灌输式教育方法往往容易忽视观众的审美体验，这时艺术教育仅仅是作为知识性介绍。如今的美术馆教育大多偏重于对作品美术常识或作者奇闻趣事的讲解，其实这种方式已经不适用于当下的艺术教育活动。美术馆应该在展览中融入观众体验概念，引导观众去与艺术作品和作者进行对话，并通过这样的对话解读出作品中新的意义，从而自表层进入更深层的内涵。尤其是对于儿童，因为他们天生具有的形式感还较少受到后天理性思维的破坏，而儿童有时比成人能更准确、更强烈地感受到形式美。在教育工作中，北京画院美术馆更多地采用了引导法，在参观之前提出问题，让观众在体验的过程中寻找答案、自主探究，通过这些经典的艺术作品引导他们深入体验，让观众做美术馆这所开放式人文教育课堂中真正的主人。

三、以丰厚藏品为基础，提升展览学术内涵，
形成以展览为本的美术馆教育策略

北京画院美术馆注重学术研究，在展览策划方面有意增加研究工作的比重，提升展览的学术内涵。因此在教育部的工作中，如何将这些学术成果结合展览有效地传达给观众，完善其审美接受的过程是一个重要问题。美术博物馆学专家布鲁斯·阿尔什那认为，“艺术博物馆的教育层面有两个方面：一是艺术品展示的方式，二是在博物馆内外向观众解读作品的活动”。18世纪晚期，艺术品开始根据国家、流派以年代顺序进行展示，随着时代发展，出现了不同方式的展陈模式。在展览策划中，美术馆认识到艺术品展示方式是影响教育效果的重要因素，因此很多展览都会根据具体情况进行独特的展陈设计，并且注重利用展品本身进行美术馆教育。例如在“开篇大作——人民英雄纪念碑落成五十周年纪念展”中，我们陈列了雕塑创作中使用的点线仪等实物工具进行展示，并在展厅内复原了当时雕塑家在工作室的创作情景。此外，展览还特别邀请了雕塑家进行现场演示，站在展厅一隅，仿佛置身于当年的创作室，不

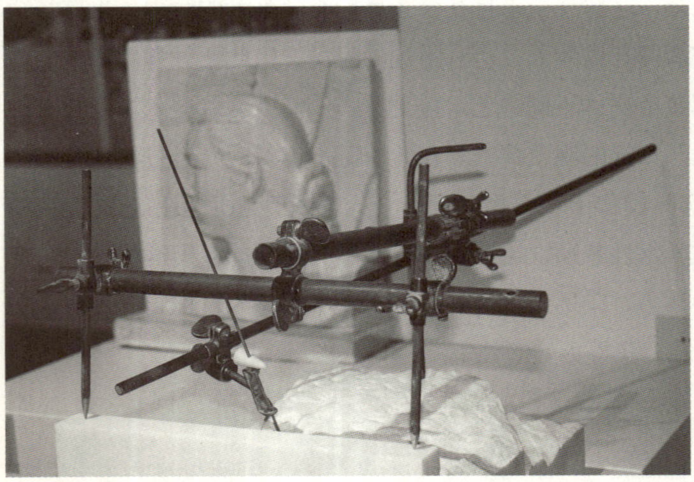

“开篇大作——人民英雄纪念碑落成五十周年纪念展”中配合展览陈列了雕塑创作工具——点线仪

“陶之记忆——中国古代陶塑展”图文并茂的展板涵盖了丰富的教育信息

复原的齐白石书房画案

仅使观众了解了雕塑作品的创作过程，更被艺术家如此细腻严谨的创作精神所打动。在“陶之记忆——中国古代陶塑艺术展”中，策划部精心编撰了教育文案，并制作成展板，将教育内容融入展览之中。此外，“齐白石生平展”在美术馆一层展出，让观众在进入齐白石艺术世界之前就能够先了解这位大师的艺术之路，了解他所生活的时代；美术馆四层依照齐白石在雨儿胡同的故居复原了他的画室，使观众能身临其境地感受大师创作时的情景，展开想象的翅膀。美术馆通过一系列的措施使观众多角度地了解齐白石，感受齐白石的艺术。通过展览体现美术馆的教育功能，对观众的艺术理解和自导式参观起着潜移默化的影响。以展览为本的美术馆教育思路，适应了人们对美术馆教育兴趣日渐浓厚的需要，打通了艺术创作与艺术接受的关系。

四、与院校教育互补，结合各种社会资源共同发展的美术馆教育策略

院校美术教育与美术馆教育各有特色，形成互补关系。为了使二者的优势同时发挥，北京画院美术馆加强了与馆校之间的互动工作。我们设计制作了学生参观卡，有组织地向多所大中专院校和中小学发送，他们可以凭卡免费参观北京画院美术馆的所有展览。为了方便中小学生暑假参观，我们还提供了让更多人了解和学习中国画的机会，学生凭卡可同家长一起免费参观。通过多次活动，北京画院美术馆已经与中央美术学院、中国传媒大学、北京语言大学、北京服装学院、北京城市建设学校等多所高校建立了长期合作关系，并与周边的团结湖小学、呼家楼小学、甘露园小学等中小学校建立了联系。针对较远地区的学校，我们开展了一些针对教师群体的活动，将传播力度最大化。比如2008年暑期，北京画院美术馆为配合“齐白石·中国画”展览开展了主题教育活动，邀请周边小学的师生来美术馆参观。2008年9月，美术馆与朝阳区教研中心合作开展了主题活动，与区教研员共同制定了公开课内容。在这次活动中，有50所小学的美术教师来到美术馆进行了教学观摩，这些教师多数来自目前不便于组织学生来馆的距离较远的学校，他们带着收获回到课堂，将自己所领会的艺术感悟传递给更多的学生。通过大范围的馆校互动，更多的学生、家长、教师走进了美术馆，从而扩大了北京画院美术馆的受众范围，培养了潜在观众，更好地发挥了美术馆的公众教育职能。另外，北京画院美术馆注重多种社会教育资源的互动。如2007年3月，“北京市少年宫绘画、书法、摄影作品展”在北京画院美术馆举办，展出了来自孩子们创作的艺术作品。

五、以丰富形式开展主题活动的教育策略

根据自身的特点和优势，针对各界观众的实际需要，北京画院美术馆主要通过举办学术讲座、主题日活动等方式来开展公共教育。另外，我们也会根据具体展览和活动需要，开展各种灵活多样的公共教育活动。如2008年初，“小池·童趣”活动率先在试点学校——和平里一小展开；六一儿童节期间，“赏白石经典、享绘画快乐、展少年风采暨和平里一小学生迎‘六一’作品展”开幕，这个活动收到了很好的效果。此外，我们还在活动中加入了有奖征文内容，提升了儿童对艺术作品的兴趣，加深了他们对北京画院美术馆的印象。

六、以扩大开放程度促进美术馆教育的策略

北京画院美术馆创造条件为专业人士提供更多便利，如配合画院美术教育工作允许学员进入展厅临摹原作等。

在院领导班子的正确指导和支持下，几年来，北京画院美术馆的教育工作有了不断的发展和进步。根据院工作要求，美术馆制定了公共教育工作的近期、中期和远期目标，这“三期目标”的实现将促使北京画院美术馆形成系统的美术馆教育体系。美术馆的教育是一个丰富且具有挑战性的课题，工作内容比较多，涵盖范围也比较广。为更好地实现美术馆的公共教育功能，美术馆的工作人员仍在不断探索和开发新的活动项目。本文中所提到的只是有关美术馆教育问题的一些思路和实践经验，由此展开，相信会引申出更多新的思考，从而推动美术馆的整体建设。

教育活动纪要

2007年

2007年3月24日

“北京市少年宫绘画、书法、摄影作品展”开幕式在北京画院美术馆举行。本次展览展出了孩子们创作的大量美术作品，这些作品童趣盎然，生动地表现了孩子们对美好生活的理解，反映了他们的审美趣味。

北京画院美术馆自开馆伊始即重视开展教育普及活动，此次展览吸引了众多儿童和家长前来观展。

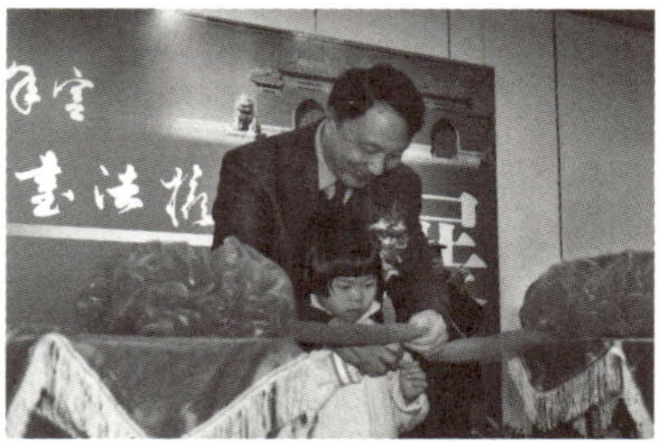

北京画院院长王明明为小朋友的绘画、书法、摄影展览剪彩。

“北京市少年宫绘画、书法、摄影作品展”展览现场，小朋友和家长们正在参观。

2008年

2008年1月22日

北京画院美术馆展开教育普及系列活动，“小池·童趣”活动率先在试点学校——和平里一小展开，发放学生卡和普及资料近千份。

北京画院美术馆馆长吴洪亮出席“小池·童趣”有奖征文活动颁奖仪式，并为获奖同学颁奖。

2008年3月

和平里一小、府学小学的学生及家长分批来馆参观展览，参观总人数近2000人。同期，北京画院美术馆开展了主题征文活动，先后收到稿件577篇。负责美术馆教育的工作人员认真进行了评选工作，为获奖同学举行颁奖仪式，发放奖品和纪念品，鼓励和激发孩子的学习热情。

“开篇大作——人民英雄纪念碑落成五十周年纪念展”展览中，北京画院美术馆在一面泥塑墙上动态地展示出浮雕泥塑的创作过程。

2008年4月30日

“开篇大作——人民英雄纪念碑落成五十周年纪念展”开幕。在展

创作过程，向公众进行雕塑艺术的普及和知识推广，同时也使观者了解到人民英雄纪念碑浮雕的创作过程。

2008年5月8日

“开篇大作——人民英雄纪念碑落成五十周年纪念展”展览期间，中央美术学院殷双喜副教授在北京画院美术馆五层学术报告厅举办讲座，为中央美术学院相关专业学生讲述人民英雄纪念碑的创作过程及艺术成就。

殷双喜为美术专业学生讲述人民英雄纪念碑建造过程中的各种事迹

2008年5月18日

北京画院美术馆与Tom网美术频道合作举办“开篇大作——人民英雄纪念碑落成五十周年纪念展”主题教育讲座，主讲人为北京画院美术馆策划部马明宸先生。讲座在美术馆展厅进行，与展出作品紧密结合，使听众能深切领会到纪念碑的艺术价值、历史价值和社会价值。

在展览现场开展的主题教育讲座全程网上直播，此次活动受到广泛好评。

2008年5月22日

经过两个月的筹备，“赏白石经典、享绘画快乐、展少年风采暨和平里一小学生迎‘六一’作品展”开幕，展览集中展出了同学们在参观齐白石作品后所创作的丰富多彩的作品。

小朋友在认真欣赏作品

2008年6月20日

“开篇大作——人民英雄纪念碑落成五十周年纪念展”移师上海，在上海中国画院美术馆隆重开幕，并最大程度面向公众免费开放。展览期间，北京画院美术馆馆长吴洪亮举办主题讲座，向上海公众深入讲述了人民英雄纪念碑在建筑、雕塑、书法、公共建筑方面所取得的艺术成就。

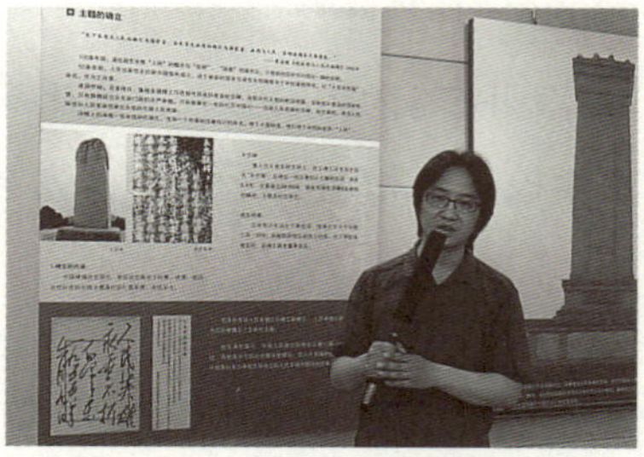

北京画院美术馆馆长吴洪亮为上海观众讲述人民英雄纪念碑所取得的多方面的艺术成就

2008年7月18日

“开篇大作——人民英雄纪念碑落成五十周年纪念展”在深圳关山月美术馆举办。关山月美术馆把展厅变成了爱国主义教育大讲堂，先后多次组织中小学生来馆参观，配合展览实物、文献资料进行讲解，为同学们上了生动的一课。

湖北省艺术馆组织湖北美术学院学生在现场复制人民英雄纪念碑浮雕《武昌起义》

2008年8月15日

“开篇大作——人民英雄纪念碑落成五十周年纪念展”巡展至湖北武汉，在湖北省艺术馆隆重开幕，并举办了面向中小学生的纪念碑主题爱国主义美术互动教育活动等一系列活动。

在展厅里，湖北省中小学学生积极参与互动活动，亲手制作人民英雄纪念碑浮雕。展览通过组织多样化的教育活动，向祖国的年轻一代宣讲了革命先烈的英雄事迹和爱国主义精神，为孩子们上了丰富而生动的一课。

湖北省中小学学生在互动环节结束后，与自己创作的浮雕作品合影。

2008年9月19日

为配合“开篇大作——人民英雄纪念碑落成五十周年纪念展”天津巡展，北京画院美术馆馆长吴洪亮应邀在天津美术学院举办讲座。

2008年9月22日

朝阳区教研中心小学组美术教师来北京画院美术馆进行教育教学观摩活动，区教研员巩老师现场教学。观摩后，教师们进行了交流和研讨。通过这次活动，朝阳区的教师们将他们在美术馆的收获带到课堂上，让更多的学生分享，扩大了美术馆教育的影响范围。

吴洪亮馆长在天津美术学院举办讲座

2008年10月27日

北京服装学院集体组织在校学生到北京画院美术馆参观“纸上春秋——陈半丁中国画精品回顾展”。

北京城市建筑学校的师生在认真观赏陈半丁的画作

2008年11月4日、5日

北京城市建筑学校师生先后两次集体组织到北京画院美术馆参观“纸上春秋——陈半丁中国画精品回顾展”。

中国传媒大学师生正在聚精会神地欣赏齐白石的篆刻作品

2008年11月13日

中国传媒大学师生集体参观北京画院美术馆，了解、学习传统中国画艺术，并认真观看了齐白石纪念馆陈列的作品。

教育联络机构一览表

<table>
<tr><td rowspan="6">大中专院校</td><td>中央美术学院</td></tr>
<tr><td>清华大学美术学院</td></tr>
<tr><td>中国传媒大学</td></tr>
<tr><td>北京服装学院</td></tr>
<tr><td>北京城市建筑学校</td></tr>
<tr><td>北京语言大学</td></tr>
<tr><td rowspan="8">中小学</td><td>和平里一小</td></tr>
<tr><td>团结湖一小</td></tr>
<tr><td>团结湖二小</td></tr>
<tr><td>呼家楼二小</td></tr>
<tr><td>甘露园小学</td></tr>
<tr><td>康静里小学</td></tr>
<tr><td>三里屯中学</td></tr>
<tr><td>北京市工读学校</td></tr>
<tr><td rowspan="2">其他机构</td><td>朝阳区教研中心小学教研组</td></tr>
<tr><td>北京市少年宫</td></tr>
</table>

讲　座

世纪可染

时　间 > 2007年11月15日

地　点 > 北京画院多功能厅

主讲人 > 李小可

在“世纪可染——李可染诞辰100周年纪念展览”上，大家看到我父亲的《午困图》、《钟馗嫁妹》、《读画图》、《铁拐李》，这些作品中没有明暗关系，全部是线条。他画这些作品的时候没有稿子，但是他不用起稿的条件是因为在13岁时，他就拜钱食芝老师学画，老师把他叫到屋里看怎么画梅兰竹菊、画山水，所以我父亲受到中国传统绘画方式的感染、感动。父亲在钱食芝老师那里学习到传统的表现方式，就像梅兰芳、程砚秋一样。可能是他在过去的戏班子里学徒学出来的，他把中国戏剧的方式学来，但是最后梅兰芳、程砚秋这些人成为戏界的巨匠、大师，启蒙他的老师并不一定是最有名的，老师把这种传统的方式教给他们就可以了。父亲在19岁的时候，徐州的军阀张忠昌为他的母亲做寿，举办了一个规模盛大的堂会。据记载，当时中国京剧界的大师们，包括余叔岩、杨小楼、程砚秋、钱金福等一些人，这些戏剧家实际上是当时中国传统文化的顶峰。这个堂会持续了三天，因为我爷爷当时开饭馆，给了家里请帖，当时我父亲很喜欢戏曲，就去参加这个堂会。听了三天戏，他很受震

李小可正在写生

撼和感动，他领略到中国戏剧的感染力和韵味。杨小楼干净、简洁、利落的武生表演，余叔岩高亢的老生的唱腔，最让父亲感动的是程砚秋的唱腔。他那种苍浑、委婉、含蓄的吟唱，描写悲剧性的吟唱，对父亲是一种震撼。他说："一般人说余音绕梁三日不绝，我听了程砚秋的戏以后不只绕梁三日，而是在耳畔环绕半年、一年的时间。"程砚秋的戏实际上伴随了我父亲的一生，他晚年的时候有一个很小的录音机，录音机里放的还是程砚秋的戏。他听到了中国艺术的一种韵味，含蓄且浑厚，不是一个很光滑的感觉。所以李可染的艺术无论人们喜欢与否，他的风格是含蓄的，不是追求表面光滑的，而是在追求一种内在的、有余味的风格。所谓"浑"，就是含蓄、丰富、无界，这些对我父亲很重要。他的绘画不仅仅是绘画本身，实际上也是对东方艺术一种综合性的了解。后来他讲中国艺术是一种意境，具有简洁和整体感。后来他讲中国戏剧和中国绘画的同一性对他绘画产生的影响，在画面上要把影响画面主体和中心的东西全部去掉。他在画画的时候，画面上如果有一个针眼大的白点都不行，他要压掉，目的是突出画面的整体感、冲击力、完整性，这是他个人的风格。当然中国画讲究笔墨，点滴的笔墨，一笔或者一条线。但是他为了整体的冲击力，要牺牲画面中一些不必要的细节，这是他自己个性非常强的一面，就是把任何不要的东西全部去掉，达到最简洁、最整体。李可染讲中国京戏《空城计》，诸葛亮在城楼，城楼下有两个扫地的老军，城前是司马懿和他的儿子，还有他们的兵将。当诸葛亮在城楼唱这一段的时候，扫地的老军是不动的，动作都停住了，司马懿的脸是对着后台的，是背对着观众，其他人都没有表情，目的是什么呢？这一段戏的重点实际上是让观众听诸葛亮的唱腔，那些细微的变化，很精微的感觉。如果在台前有晃动的旗帜、走动的老军，那么就破坏了画面和戏剧的整体感。这是中国京戏戏剧的剪裁，把不必要的东西裁掉而突出最重要的东西。当诸葛亮唱完这段的时候，老军会扫两下地，司马懿也转过来整一下胡子，这实际上不是偶然的，而是经过千锤百炼以后总结出来的艺术处理手法。实际上，无论中国的文化还是世界的文化，任何一位大师在处理他的艺术时不是简简单单的，不是偶然的。李可染受到具有乡土气息的地方戏影响，又受到钱食芝老师传统绘画语言的影响，使他看到了东方艺术的韵味。

我们现在画画不仅仅是画画，需要对中国艺术、对世界的艺术，甚至对建筑都要有所了解。在处理的过程中尽管不同的艺术形式会有不同的差异，但是它们有相通的规律。我们在不同的艺术规律中要能够吸取对绘画有营养的元素，这实际上是刚才讲的第一个条件。如果李可染没有看到那场堂会，或者就生活在徐州这个地方，他能不能成为一个当代性的画家？我想不可能。因为他后来见到林风眠、徐悲鸿、齐白石、黄宾虹，在杭州美专了解到世界的文化，包括印象派、后期印象派、古典主义，包括塞尚、高更、梵高、列宾这些艺术家的作品。他的抗日宣传画是钢笔画，显然是受到珂勒惠支的影响。所以说，我们学习不应该仅仅是单一性的，而是对于这个时代、对于综合性的文化，包括对音乐、戏剧、电影等多种艺术的了解来充实我们的绘画。

父亲认为第二个影响他人生的重要转折是杭州美专，他20多岁的时候去报考杭州国立艺术院，当时他的学历类似于中专，是在上海美术学校学习的。上海这个地方也对他产生了影响，使他的眼界比在徐州时略有开阔，但是真正对他绘画产生重要影响的第二个大的转折点是杭州国立艺术院。当时他以同等学历报考林风眠的研究生部，要考油画，可是我父亲没有画过油画。在报考的路上，他碰见了张挑同学，我父亲问他："我没学过油画，也没画过油画，怎么办？"张挑说："我画过，我来辅导你。"他们在一起练习了一段时间，结果我父亲考上了，但是张挑没考上。后来，我父亲对林风眠校长说张挑是特别好的人，他的文学修养、艺术修养都很好，极力向林风眠推荐，最后林校长录取了张挑。林风眠校长是从法国留学回来的，法国是艺术的中心，尤其是绘画艺术的中心，印象派、后期印象派都是在法国发展的。林风眠希望把杭州国立艺术院变成一个多元的、可以有选择性的、中西方文化融合的学校。父亲在这个环境里开阔了眼界，不仅了解了传统的文化，并对世界文化也有了广泛的认识，这使他能够有一个文化的比较，把东方文化和西方文化进行比较。在杭州国立艺术院教父亲素描的老师是法国柯罗多教授，他的绘画还不完全属于古典主义，而是有点后印象派之后的风格，从中可以看出杭州国立艺术院实际上是很开放的。杭州国立艺术院给父亲打开一扇看世界文化的窗口，他的同学回忆说，他当时喜欢高更、塞尚、米开朗基罗这些艺术家，另外对德国表现主义的珂勒惠支也非常喜欢，后来父亲一直保留着珂勒惠支的画册。

那个时期要学习素描，父亲从来没有画过，他是学中国画出身，根本不知道素描怎么画，所以刚开始上课的时候，他汗流浃背，非常紧张。他在画板上写了一个“亡”字，含意是要有亡命的精神来画画。一年之后，他的素描成绩就在学校名列前茅了。父亲画的素描很黑、很结实，柯罗多看了以后就说你是不是有病啊？但是回去想了一下后又对父亲说，你还是按照自己想象的去画吧。他说中国绘画的特征是笔墨，可能对于黑色有特别的感受，所以允许你有自己的风格和想法，并不强求非要按照某一种模式去画。在杭州国立艺术院，父亲看到了林风眠校长的画，那种酣畅，水墨与现代的结合，画面的整体感令他非常感动。另外在杭州国立艺术院有一种民主思想，当时组织了“一八艺社”。所以说，杭州国立艺术院为父亲提供了一个比较开放的、有比较的、多元的环境，使他更多地了解到中国文化和西方文化的特征。后来他讲，对于外来西方文化的借鉴和吸收，要采取呼之即来、挥之即去的选择性、吸收态度。

杭州国立艺术院对于西方光影、素描和中国传统程式化的结合，对李可染后来画面的整体感有很大的帮助。范曾过去和我父亲学画，父亲说他亮的部分只占画面很小的一部分，怎么来控制画面的主体、光和暗部的层次问题。绘画需要在传统文化、其他文化中吸取不同的营养，使这些营养融入自己本土的文化。父亲曾说外来的文化是营养，中国的传统文化是血液，传统的中国文化方式是自己的特征，我们要保持自己的特征。外来文化我们不排斥，要吸取、学习外来文化的经验和长处。所谓的传统实际上包含着古今中外，此前人类文明的结晶都叫“传统”，如果你拒绝传统就是拒绝站在巨人的肩膀上。人类文明在不停地发展，人们要运用这些文明的经验。但是对于经验还有三、次问题，还有个人选择的问题，我们要把自己文化的特征放在主要地位。

李可染非常喜欢石涛的画，早年他有一张《松下观图》，那张画很像石涛的风格，用笔如无起止之迹，看不到笔的开头在哪儿，也看不到笔的结束在哪儿，在空间产生，又在空间消失。所以这张作品是他从传统的绘画，从对石涛、八大的理解中来描绘的，但是又不能停留在八大、石涛那里。他说如果我停在这里，现在还有没有李可染呢？有没有现在这个模式？但是这个绘画的图式和样式无论你是否承认，它都已经成为20世纪绘画的存在。其实李可染的作品有很多人反对，50年代就有人说“江山如此多黑”，他改变了传统绘画中的一些东西，自己审美上也在充实一些东西。他画的《鲁迅故居》、《杏花春雨江南》，画上面没有线。早期画的《东山携妓》，线描如游丝一般，画一个仕女思春，如何表现思春呢？父亲画了一只蜻蜓落在仕女的发髻上，因为她的脑子里正想着情人，所以连蜻蜓落在头上也没有感觉到，父亲通过东方的视觉方式来反映这个意境。但是他晚年的《杏花春雨江南》中的山减弱了线，完全是墨，充分地用墨。墨表现的是他心里的一种意境，这个意境最适合来宣泄。宣泄这种意境的语言是什么，不是一种模式，而是对墨的规律，那种黑瓦和浓郁的花、和房子白墙、和整体墨的关系。他舍弃了部分的线，但是又不能用一种模式来衡量他，说李可染的画没有线或者没有笔墨。绘画是非常个人化的，你说梵高的画出于哪儿？毕加索的画出于哪儿？他有来源，而不能用一种模式或一种尺度去衡量它的好坏。他的价值在于从传统、从生活中吸取了营养之后，创造了自己的一种艺术语言，而这种语言更适合表现他自己内心和审美的要求。

为什么齐白石能成为大师？他在传统语言里找到了一个既和传统有联系，但又不同于传统，且具有他自己特殊性的表现方式。这种表现方式是出其不意的，让人想象不到的，不会一看到齐白石的画就想到某位画家，他是一个全新的艺术面貌。齐白石心里有自己喜欢的大艺术家，但是他的绘画完全是个人化的。他找到了一种属于自己的绘画语言，表现自己对这个客观世界的感受，而不是去模拟任何人。我看到齐白石册页的时候很惊讶，一个老人怎么这么智慧？这智慧从哪里来？其实是他对生活的一种细微感受，对传统文化的一种融会贯通的了解，对中国文化表现方式的了解。他的每一张画都是自己想的，都是打破常规的，但这其中有没有传统的因素？肯定有。这实际上需要我们把传统的绘画同我们自己的感受结合起来，找到属于自己的且具有表现力的绘画语言。

一个艺术家，一个大师，李可染也好，齐白石也好，林风眠也好，黄宾虹也好，他们都有自己很明确的看法，并坚持自己的看法。绘画的支撑点是什么？对生活的感受要表现的是什么？要有自己的感受，又有自己绘画语言的转化和支撑点，这当然不是一天两天就能形成的，不管哪个画派我们都不能轻视。比如吴冠中先生对传统有自己不同的看法，但是对于艺术他有自己很明确的支撑点。我们应该从这些大师或者不同艺术家身上吸取他们的营养，而不要有门户之见。一个大师的学生很多，但为什么最后只有几个人成功？这就在于他对一个事情的理解不是表面化的，而是非常深刻、深入的。他吸收诸家之长，然后糅到自己的艺术当中，并没有排斥。没有听父亲说过谁的坏话，每一个艺术家都有他的长处和短处。我们需要吸取别人的长处，而不能看到人家的短处就去否定人家的长处，这样会把自己的路走得比较窄。艺术家必然要有自己的看法，这个看法是随着阅历、经历、眼界在变化的。读书破万卷，下笔如有神，你看得多，了解得多，眼界才会宽。

李可染的第三个转折点是抗日战争时期在国民政治部第三厅工作。当时周恩来任政治部主任，厅长是郭沫若。办公室下面有田汉、叶浅予、傅抱石，还有音乐界、戏剧界的人，当时20世纪的中国文化巨人很多都集中在这里。李可染接触了这些人，一方面他可能有一种抗日爱国的激情，同时在文化上他们有一个高水准的无声交流。戏剧界的人谈戏剧，电影界的人谈电影，音乐界的人谈音乐，这些人代表了一个时代的文化水平。这是他的经历，也是一个机缘，缘于抗日，抗日聚集了20世纪中国的文化巨人在这里工作。三厅解散以后，父亲到了重庆，住在金刚坡，当时林风眠校长也在那里画画。父亲经常带些便饭去看林风眠老师。林风眠在一间很小的屋里画画，一张很小的桌子，但是每天还是画几十张。林风眠先生把西方绘画的色彩和中国的水墨用一种简洁的、整体的、写意的语言去结合，他把绘画语言简到最简。我们可以看到大师在他们作品背后所付出的代价和研究，他对我父亲这一代画家的影响是潜移默化的。1989年11月在中国美术馆举办了一个林风眠的画展，当时林风眠生活在香港，展厅很冷清，我父亲和母亲送了一个花篮，写着“送给林风眠校长，学生李可染、邹佩珠”。当时吴冠中、艾青、刘开渠都去看了这个展览。父亲看了这个展览后说：“林先生的画能动人，他的色彩、他的语言、他的风格、他的境界，对人的感动是始终如一的。”这次北京画院建院50周年的展览中，有林风眠先生和齐白石先生的展览。看他们作品的同时，要慢慢了解作品背后的作者对待生活和人生的态度，如果没有艺术家对艺术、对生活的那种精神态度和情感，他的作品是不会成功的。

父亲在重庆的时候还是年轻的画家，初出茅庐。当时在重庆举办了一个水彩画展，徐悲鸿先生带着一些菲律宾客人去参观这个展览。看完之后，他觉得李可染的画很有特点，很有个人风格，很喜欢，觉得这个不知名的人的画很有意思。当时我父亲没在，徐悲鸿就和在场的工作人员说能不能结识一下李可染先生，并表示愿意用他的作品和父亲换一张作品。当时徐悲鸿先生是赫赫有名的艺术家，也是当时学界的校长，他愿意用自己的作品和一个年轻画家的作品做交换是很不容易的。后来徐先生结识了我父亲，还送给我父亲一张猫。

父亲认为，如果他们这一代画家不向齐白石和黄宾虹学习的话，将犯历史的错误，会割断历史，无法使传统文化延续下来。因为有这句话，在“文革”中，我父亲受到很大的批判，说这句话是为齐白石复辟翻案的一个宣言书，当时就批判李可染，让他在中央美院大会上做检查，紧接着批黑画，都是因为这句话的关系。40年代，徐悲鸿先生推荐父亲到北京，并拿父亲的画给齐白石老人看。齐白石当时已经是绘画界的国手，很有名，岁数也很大了，我父亲见齐白石的时候有些战战兢兢，不知名的年轻人拿着画见大师还是会紧张。齐白石开始坐在凳子上看，看了几张后，他就站了起来，问：“你的画出过画册没有？”后来又说道如果要出画册用什么样的开本，用什么样的纸张比较好？通过作品，他们之间有了理解和沟通。齐白石觉得这个年轻人的画很大胆，有出其不意的地方。第一次见面结束的时候，父亲也表示能不能拜白石老人为师？他提出了这个愿望，当时齐白石就答应了。父亲想齐白石是当时的国手，要拜他为师怎么也要请几桌饭让绘画界的朋友聚一下，郑重其事地向齐白石拜师。正因为此，拜师的事情就耽搁了，因为当时没有钱，要把画卖掉攒点钱请几桌饭，所以拖了个把星期。齐白石当时就有点嘀咕，有点生气了，和他儿子说李可染要拜我为师，他是不是不想拜了。他儿子马上到我家和父亲说，他父亲有点生气了，上回说的拜师之事是否算数？父亲把前因后果讲了一下，他说不用这么麻烦，赶快去吧。我父亲就马上到齐白石家磕头拜他为师。

父亲说看到齐老师坐在藤椅上的时候，虽然很少说话，但是觉得他是一座无语的大山，他的智慧在他的画笔当中，在他的心里头，而不是在他的嘴上。这实际上是齐白石老人对他的学生、对他后人的一种震撼，一种感染力。

父亲常说艺术的成功要靠条件，对艺术的态度希望能宽一点，多吸收一点，不要把自己圈在一个很小的圈子里。你要想成为一棵大树，你的根就不能是一根豆芽菜，而是要扩伸出去。这是大家都知道的一句话，但是做起来对任何人来说都不容易，希望大家能从其中吸取到更多的东西。

油画·写实艺术创作漫谈

时　间 > 2008年2月25日

地　点 > 北京画院多功能厅

主讲人 > 王沂东

王沂东

油画人物写实是一种非常重要的绘画方法，但对于将形式置于第一位的艺术家来说，这个不重要。例如波纳尔以色彩为主的绘画，人物只是一个大概的符号。这时人物的准确性并不重要，准确了反而会影响点线面的发挥，大结构才是重要的。不过就我个人而言，造型的准确性还是很重要的。

其次，就是人物动态的准确性。人物动态在绘画里起着非常重要的作用，这个动态包括头、胸廓、骨盆这三点的角度。往大一点说就是肢体语言，肢体语言在舞蹈中非常重要，如果没有它们之间的穿插，在远距离就没法欣赏，当然不包括现代舞。现代舞有时候是故意要头颈肩的机械人动作，这是另外一种。我是说传统意义上的头、胸廓、骨盆之间的角度变化，和头的仰视、俯视，加上四肢的变化。肢体语言的准确性在绘画中起着非常重要的作用，你可以借助肢体语言、形体语言来传达脸部的吸引人的东西。

肢体语言再往下说就是它的重心，如果没有重心，别的都谈不上。因为有时候动作大了，重心失去以后，就没法传达给别人。观者对画面中人的重心要求非常苛刻，重心一旦失去，画面就会处于一种不稳定的状态，别人的眼睛也会开始出现偏差，他便不能继续欣赏下去，会被画面中的不稳定所牵引。所以肢体语言和重心的稳定性是联系在一起的。

肢体语言再往外派生就会涉及到一个分寸的问题。分寸在艺术表达范畴内起的作用，极端一点说，可以称得上艺术创作中的根本问题。大家都在画，都在跳，都在演奏，最重要的就是分寸问题。不过分寸也需要基于某种立场、角度，比如人家将分寸把握得很好，而你自己没有体会到这个分寸，没有接到这个信息，那就说明你的审美有问题，需要训练自己。把眼睛训高了，你再看东西就会很“贼”，一眼就知道，在这里才能看出分寸。如果你欣赏大师的画，好的东西你看不出分寸，你就体会不到这个东西，等你自己做的话，又降了一格。所以分寸你掌握不了，画的格调就没法提高。说到分寸，很多东西都是从这里开始看高低，素描、造型都是如此。你把所有的因素加起来是不是达到一个最好的点，也就是咱们通常说的恰到好处。这个恰到好处，我的体会有以下几种：一种是画面这种大动荡、大动作、大穿插、大结构，这种东西的变化是在大的框架下的分寸，不需要小的分寸。只要大的东西做到了，能够远距离欣赏，那么这就是成功的。还有一种要求把大的框架下的分寸做好后，细节也要做得好，这些很微妙的地方都要把握住。说到分寸就把以下元素都囊括进来了，造型、色彩、黑白灰、构图、构成，甚至人物动态跟周围环境的分寸感，这些都需要仔细去把握。

我觉得色彩是一个人的情绪，情绪的好坏跟色彩有特别的关系。阴天了，画面上的色彩就比较忧郁一些；阳光灿烂的时候，色彩就好了，会比较明朗一些。色彩起到调节情感的作用，某些方面它是绝对的，比如康定斯基擅长的色彩点线面的组合，可以说是从色彩上直接表达情感，但是如果放在造型准确的人物处理中，色彩就只能起到辅助作用，就是说它在增强人体形象的美感。一个东方的黄种人，你能否把黄种人的黄皮肤把握好，这需要非常扎实的基本功。大部分学画的人看原作，可是那些原作都是洋人画的，西洋画家是解决白皮肤的基本功，他有自己的一套方法以及色彩组合，但是无法解决中国人的黄皮肤。黄皮肤中也有亮一点儿的黄、黑一点儿的黄，或者棕色一点儿的黄，这个颜色的细微差别如果把握不住，色彩本身就可以削弱画家的造型能力，无法使人体会到美感的极致。所以在人物造型创作中，东方人皮肤的特征、特性是非常重要的，这个基本功就需要慢慢琢磨。

颜色的处理及画法又分两种：一种是固有色的画法，还有一种是印象派的画法。大家都知道印象派是怎么回事，一个人物、一个物体在环境当中会受周围环境的影响，印象派追求瞬间的色彩变换。如果你是单纯追求色彩的生动性，而把人物塑造放在第二位，那么这幅作品可以很强烈地打动人的情绪，但要是作为造型严谨的人物创作来讲，我觉得色彩的运用应该放在第二步。色彩的基本功练习也是一个长期的过程，最好是在固有色的画法中也要找出它的规律，印象派的色彩也要找出它的规律，才能把这个问题解决好，你的素描、造型才能上升到一定高度。

构图就比较宽泛一些，但是我觉得构图中有很重要的一条规律：构图的重心是帮助别人欣赏你塑造的人物，而不是把人物变成第二位，构成或者构图变成第一位了，那么人物造型就会失去作用，所以重心问题非常重要。我看美术展览时经常能看到某个人的创作作品受一幅画的影响，或者这段时间受某一个展览的影响，他脑子里装的、画面所追求的是那种效果，效果模仿得非常好，但是人物没有抓住。结果一看画面，就会觉得这幅作品像某位画家的风格，这幅创作作品在模仿别人，观者无法在这幅画面中体会作者想向别人传达的情感。构图一定要服从于人物的造型，但是构成、构图也非常重要，一幅作品能在远距离之外把观众吸引过来，抓到画面前，让他在画前站三分钟，很大程度是作品的构成、构图在起作用。因为这是一幅作品中大的形式，大形式如果不能抓住别人，别人就没法去欣赏。我虽然现在画人物画，但是以前学了一点儿国画，我觉得中国画里面构图变化太丰富了，所以在中国画作品中可以找到很多构图，黑白灰，点线面的启发。我觉得作为一个中国画家，这是一座很大的宝库，不应该完全从洋人那里吸收东西，从本民族的造型手法中也可以吸收营养，但是把这些启发变成有空间的、写实绘画的形式中来用才有意义。如果你拿过来无法驾驭，就会变成油国画了，那就失去了你借鉴的价值。借鉴的基本功也是非常重要的，但是如果无法处理借鉴而来的东西就会把自己原来已形成的风格弄零散，不知道自己的位置了。

我归纳起来，就人物造型来讲，素描是第一位的，人物造型是素描里的重中之重，色彩是第二位的，因为看人的画，第一感觉是造型在起作用。两个人见面，不管多长时间多少年，要认出对方，是从造型来确认这个人。此外，还要看这个人的特征，特征抓住了，就可以确认这个人了。这说明一个问题，造型和特征在人物绘画里非常重要。其次是情绪，看气色，气色是一种内在的关系，你把造型先解决了，才能抓到后面这些关系，然后是构成、构图，这些都是非常重要的基本功。

这些基本功的外围还有一个更重要的因素。你作为在特定的社会环境里生活的人，你所创造的对象、人物，不仅仅是为了把一个人画整，画整不是第一位，不是目标。目标是什么呢？而是借一个人物创作来抒发自己内心情感的表达，这种表达可以是很抽象的，但是我是用具象的人物来表达。人这类动物高就高在情绪变化多，内心活动丰富，但是人的情感变化是自我的中心。这就需要在日常生活当中抓住一种情绪，这种情绪是可以用绘画语言来传达的。你要观察社会、体验生活，在生活当中找到适合用绘画语言表达的情绪。

艺术创作里面的形式很多，有用声音来说话的，有用故事长度来说话的，比如电影必须用一个半小时到两小时，用时间来感动你。绘画难就难在它是瞬间艺术，把这个人物固定在这个环境里，在这个有限的环境里传达一种情感而把别人感动是非常难的事。别人用一个半小时讲一个故事，讲得你痛哭流涕。但是绘画无法采用这种感动人的方式，所以一定要找到一种形式适合在瞬间、固定在相对稳定的环境里来感动别人。我前面讲的创作的基本功是必须掌握的，如果不掌握这些，你再激动、再有情感也无法让别人接受你的信息。

我印象很深的是贺友直在美院办讲座时说，一个人激动得快炸了，双臂往外一伸，啊！啊完了没词了，表达不出来。所以掌握表达的语言非常重要，我说的那些形式，那些必须掌握的语言，里面的微量元素越多，感动别人的强度就越多。比如参观一个博物馆，看到一幅很好的作品，需要在画前站三分钟：第一分钟先看画面大的布局，把你震住了；第二分钟看精神面貌非常好；第三分钟看人物造型能把你抓住，这已经很不简单了。可能画一辈子的画，别人能看三分钟就不错了。从绘画角度来讲，喜欢你作品的人要研究你是怎么画的那是另外一回事。作为一个普通观众来讲，我认为他能在你的画前站三分钟都不容易，能达到的很不容易。

影像与绘画的视觉表现

时　间 > 2008年6月12日

地　点 > 北京画院多功能厅

主讲人 > 梅　生

梅生

我小时候画画，后来因某种机遇拿起了相机，20多年一直在做摄影的事情，有一些专题性的探索拍摄。今天，王院长看了我拍的一些照片，建议从摄影、绘画、书法、篆刻之间的关系和大家做一些交流。

美术和摄影从学术的角度来看都属于视觉艺术，艺术大致分为以下几大门类：一类是文学艺术，以文字作为一个基本的记录符号来表达人类思想情感和对世界的认识（用文字，不论是中文、英文、法文、俄文，不论是小说、诗歌、散文，不论什么文字，什么文体）；第二类就是视觉艺术，以视觉的观察和感受，用具体或抽象的形象来表达对这个世界的认识；第三类是形体艺术，用人自身的肢体语言来表达，如舞蹈、戏剧中的某些种类。

早在没有文字的时候，人们就是用绘画来表现对世界的感知。像非常古老的岩画——贺兰山岩画，可以追溯到5万至10万年前。早在那时，我们的先人就以绘画的形式来记录客观事物并抒发主观情感。从贺兰山的岩画中，我们可以看到古代先人对生活状态的单纯记录性描摹，比如打猎，见到的野兽到底是什么形状？人和它有什么关系？这是单纯情景的记录；还有一种是对人类情感、情绪或是主观欲望的描绘。我们能看到很多长发飘飘、丰乳肥臀的女人，她表现的欢乐、痛苦都是人类自身所有的情绪，动物没有这种状态。所以绘画最早是以视觉艺术的方式来解决人类对世界认知的一种手段。

在美术史的发展过程中，我们看到美术领域中的种种表现形式，如建筑、陶瓷、染织以及单纯的绘画。而在绘画之后还有许多其他的延伸，其中就有雕塑。雕塑是在岩画之后发展起来的一种艺术表现形式，这是我们看到人类用自己手中的工具改造艺术表现形式的非常重要的一个例证。无论是古希腊，还是中国的殷商周，都有许许多多不胜枚举的事例。

170年前，一个法国人不经意间发明了摄影术，一位叫盖达尔的化学家突然发现在感光材料上能够显示出客观的物像，摄影术由此产生。摄影术产生之后引起了美术界很大的恐慌，因为摄影对客观事物记录的真实性，它的表达能力在当时让一些美术家如临大敌，不知道摄影最后能发展到什么程度。后来有人得出结论，认为绘画可能要毁于摄影。但是170年过去了，我们大家实际上都已经很明白地看到美术跟摄影虽然都是用视觉观察来感受，但它们却属于两个不同状态的体系，所以美术既不能毁灭摄影，摄影也无法替代美术，这是人们所共知的道理。但近几年反观美术界和摄影界的一些现象，却发现在这两个艺术门类相互碰撞、相互交流的时候，那些曾经令前人担忧的事情似乎正渐渐变为现实，也就是说美术与摄影可能将会进入一种相互毁灭的状态。当然这个结论还不能成为定论，不过它已渐渐成为一种实验性的现实。如果我们对于这种现象不能保持清醒的认识，那么它定会一步一步侵蚀这两个门类。

从20世纪50年代一直到90年代中期这50年间，摄影在很大程度上是模仿绘画，用绘画的语言去表现。摄影从开始的一种纯记录、纯客观描述的方式变成了一种主观认识上的表达，这让摄影具有了更多的主观性。当时以摄影模仿中国水墨画的有一位最著名画家——郎静山老先生，就是其中的代表。此外，西方也有以摄影模仿油画、版画乃至雕塑等艺术门类的现象，这些绘画门类在摄影当中有强烈模仿的痕迹，曾经一度形成一个主流的流派，即“画意摄影”。“画意摄影”本身对摄影语言自身的强调已经很弱化了，而且将模仿绘画语言作为一个最高的境界。这种境界提高了摄影人的主观表现能力，但同时也弱化了它的客观真实性。因为摄影最重要的是对客观事物的反映，是摄影家或每个拿起相机的人对客观事物的一种记录描述或者一种主观的认识，当然主观的认识也要服从于客观。摄影的客观性非常重要，而绘画的主观性则是非常强烈的。现在画家已经很少再去写生，做速写的素材积累。因为素描、速写这些绘画语言已经开始让画家觉得很繁琐、很误时间，于是很多画家开始画照片。其实，画照片最大的一个问题就是画家本身的主观性以及对客观事物的提炼、升华缺失了，只是用一张照片替代了自己的思考，最后形成了美术语言上的一种僵化。当然也有非常聪明、非常有智慧的画家从照片当中又开辟出另外一条门路，不过这样的画家现在是极少极少的。需要说明的是，当代摄影和当代绘画并不在这个门类里边。因为当代摄影、当代绘画已经没有严格的界限区分，它们已经成为共同交融的一个体系。

在此想对摄影的绘画性语言做一些探讨，大家都知道“荷”是中国传统绘画中一个非常重要的题材。中国文化对于“荷”的认识不是单纯的客观物象，也不是单纯的花卉品类，而是赋予它一种文化上的认知，即君子之风。很多人对于“荷”有不同的描写，在中国绘画当中以画“荷”作为主要题材的画家有很多很多，很多大画家一生之中也画过不少“荷”的题材。比如张大千、潘天寿，以及近代许许多多的大家，像齐白石，也有表现“荷”的作品。而文学上的描写更是大有人在，比如文学大家周敦颐的《爱莲说》，是结合了荷的客观物象特性、生物学特性，并将人主观的品性、主观的文化认知加载在“荷”的身上，使其作为一个符号、一个载体。这个时候，“荷”实际上已经脱离了它的客观生物学属性，成为艺术家们表达自己主观思想、主观情感的载体。摄影家或许对“荷”也有这样那样的偏好，对于“荷”的阅读也很多，来源于文学的、绘画的，甚至是音乐的。出于对“荷”的感受，使得我拍了这组照片。摄影家中有很多是专门拍“荷”的，他们的作品大多数是表现“接天莲叶无穷碧，映日荷花别样红”那种欣欣向荣的景象。作为一个摄影人，我对“荷”情有独钟，由于个人情感上的经历以及对“荷”的主观认识拍了一组“残荷”。严冬，风疾雪冷，霜苦冰寒，“荷”这时候实际上已经结束了它的生命历程，叶残枝枯，但是在冰天雪地之中，这种特定形象所呈现出来的文化品性对我有一种强烈的吸引，正是这种吸引使得我拿起相机开始拍“荷”。冬天水结了冰，雪覆盖在冰面上。雪地上的残荷成了一个文化符号，它的形象决定了残荷冰清玉洁的文化属性。这种属性实际上是非常传统的，只不过古人或者其他摄影人、画家很少把雪和残荷结合在一起。我运用了中国传统花鸟画当中折枝花卉的方法，在构图上是有这样的考虑。“荷”其实是在水面上遍地丛生的植物，经常千枝万枝簇拥在一起。如何将它提炼出来，怎样把它孤高的品性表现出来，把对它的情感认知表现出来？拍这一组残荷已经是十几年前的事了，只是近几年才开始拿出来整理并且跟艺术界的朋友交流一下。大家反映都比较强烈，无论是搞音乐的，还是搞文学的。搞音乐的认为它里面有节奏和旋律，搞文学的认为它里面有文韵诗情，搞绘画的认为它里面有线条和色彩。我拍摄的初衷是源于一个非常偶然的因素，当然这种偶然当中也含有必然。这个因素是我个人的一段情感经历，曾经令我心灰意冷。那时精神和情感都受到很大的影响，而这种影响本身就带有强烈的情绪性，这种情绪让我对大自然的美好，对“接天莲叶无穷碧，映日荷花别样红”全都视而不见了，觉得这些跟我没关系，人的生活状态也改变了，所以这时自然界中一些跟我心情相符合的物象就比较容易产生共鸣。比如说“荷”，当它经历了夏天的欣欣向荣、碧叶千里、繁花满塘，到冬天开始枯萎、凋零、铺冰卧雪，这恰恰是自身心态的一种表现。在《残荷001》这幅照片中，我们看到一个直立的“荷”和一个枯萎的“荷”，两者缠绕在一起。在我没有解释它的情节性因素之前，每个人都有自己的感受。但是它有非常具体的情节，就是一个男人和一个女人的故事。男人和女人在这幅照片上大家一目了然，同样也是这样一个感受，这样一个主题，它是一个男人和一个女人不同的状态、不同的生活场景。在拍的时候采用了中国绘画当中折枝花卉的构图方式，但又强调了摄影的语言，就是它的光影效果。中国画很少表现光和影的状态，但是摄影当中光和影是非常重要的语言，它相当于中国画的笔墨。如果摄影里丧失了这种语言，摄影的技术本质也会减弱很多。光和影在摄影当中是取决于光本身的变化，大家看到《残荷002》这幅照片中的影子很长，这个影子的长短是由太阳高低来决定的，

残荷001　梅生　摄影

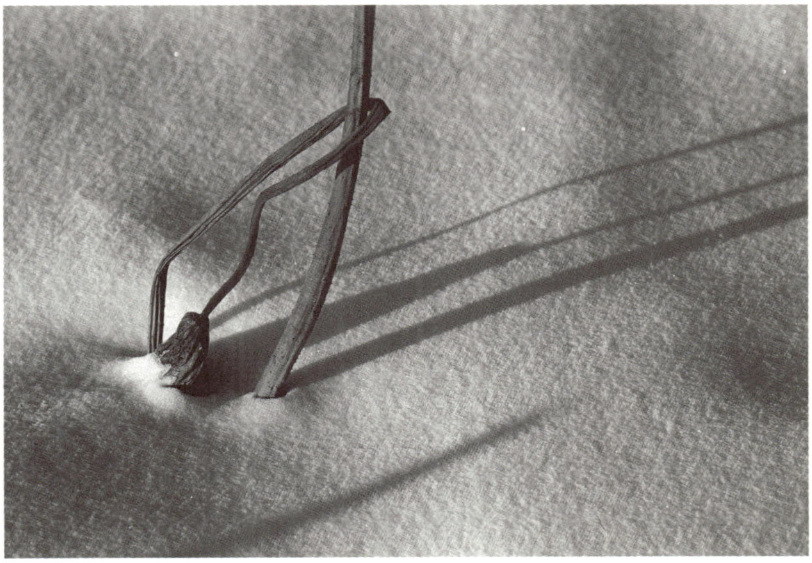

残荷002　梅生　摄影

影子很长是因为太阳处于比较低的位置。有一点需要注意，白色在摄影当中是很难表现的一种颜色，因为它会受周围环境色的影响。而冰雪作为白色的一个客观物象，它的影像表现非常困难。结晶体形成的冰雪有强烈的反光，反光形成很大的光比，使得感光材料对于质感的表现受到很大局限。这是区别于绘画的一个很重要的因素。绘画和摄影各自独立的语言体系是不应该抹煞的，如果丧失了自己独立的语言体系，摄影将不称之为摄影，绘画也不称之为绘画。

这张照片也是非常强调光的本质和光影本身的效果。这组照片从开始对一种具体情感因素的表达，慢慢变得越来越抽象。这过程本身是在具体的情节性、故事性的表达中抽象出来的，单纯表达一个人的情感。这张照片中残荷的枝干和叶子中间断了一块，这个断不是人为的，这也是摄影中应该非常注意的一个因素，画面中不要有任何干预客观物像的行为。用人为的因素决定客观物象的状态，有悖于摄影中的记录性和真实性。这张照片是选了一个非常客观的真实物象，这种真实证明了一个人主观情绪上的反映。比如我们讲的“藕断丝连”、“情断意不断”之类。在我们中国画的表现上是笔断意不断，那么这个“断”和“不断”之间是怎样表现的呢？它有一个趋势。这里我们看到的枝干和叶子之间有一种动态的趋势，这种趋势是荷叶在枯萎的过程中有一个自然垂下的动态表现，而中间的断是一个偶然因素。断叶残枝是很多人不太注重的一个题材，那么在这个题材中应该怎样去表现？这种表现从潜意识上是借鉴了大量中国绘画的语言。我拍这组残荷大概陆续经历了几年的时间，在拍的过程中，我又注意到了中国画界的一个非常有个性的人物——李老十。老十先生现在已经不在了，当时他在人民美术出版社，我们之间也有过一些交往。那个时候，他也在画残荷，后来，李老十生命历程的结束也印证了他当时画残荷、画鬼怪这两种题材的心境。两个人，一个画家，一个摄影家，在同一个时间段内关注同一个题材，难免就会有一些情感上、精神上的共鸣，如果没有这样的共鸣就不会对这个题材做出自己的判断。

从具象情节的故事性到一种更抽象的情感、精神上的表现，是一种抽象的升华。情感是每个人对这个世界表达自己存在的第一状态，喜怒哀乐，平民百姓有，皇帝老子有，耄耋老者有，牙牙学语的小孩也有，它是表现第一层次的情绪。精神则是人更高层次的东西，它是对情感的升华，而情感是个人的。个人之间的情感有时候可能会影响其他人，也可能跟其他人毫无关系，但是情感如果要升华到精神这个层面时就不一样了。精神有一种文化属性，是有高度的。在摄影中之所以要有非常具体的过程的叙述，是因为人对事物和对自己状态的认识存在一个过程。当一个摄影人的情绪、情感对他的影响慢慢平复了之后，影像就是对这个事情本身的一个回溯。这个回溯的结果使得情感上升为一种精神，而精神的东西

残荷003　梅生　摄影

残荷004　梅生　摄影

就更抽象一些。如果这张照片我们不加以解释，它表现出来的客观物象已经完全没有“荷”自身的客观表现。因为我们大家都知道，“荷”的形象表现在于荷花、荷叶和莲藕。所以莲藕出瘀泥，荷花而不染，莲叶无穷碧，这是一个互相连带的情节性、有连带关系的生物客观状态。现在看到的这张照片本身已经没有这种状态了，就只是一个枯萎的枝干，而这个枝干又失去了它在生长过程中的原始状态。当生命已经逝去的时候，它已经没有生物属性的存在，但它仍然是自己生命力的象征，这种象征虽然干枯，虽然冰埋雪掩，却起到了一个非常重要的作用。光映照在它身上那片灿烂的金黄色和在雪地上的影子，预示着一个人的精神还留存在这个地方。我常年跑高原、跑藏区，藏区有一个很特殊的现象就体现了宗教对人的影响。人有时候能对肉体上、生理上的巨大苦痛于不顾，正是因为宗教对人在精神上的一种引导。这张片子就是讲一句话，即从情感到精神的升华。这种精神升华状态中仍然还有许许多多的情节、客观因素在其中。在我的作品中经常出现一枝残荷、两枝残荷、三枝残荷，这里的人物关系大家都非常明白了，无非是一个人、两个人、三个人之间的这种状态。

这个状态是不同人物的身份状态，由于中国的文化给“荷”一个文化属性，使得它对人有一种情感精神方面的引导。这里的具体身份是一个男人宁折不弯的现象，一个女人非常柔韧的线条，两个人物身份在这里就有了一种象征性的体现，这种体现已经超脱了摄影本身的客观表现。“荷”在这张照片里已经没有了自己的生物属性，完全是人对于它的认识。我曾经阅读了大量中国和外国摄影史中的图片，想尝试把客观事物用一条线来表现，同时还要准确表达出人的思考。在绘画中，我也查找了一些例证，但是在摄影当中却完全找不到。这张照片是一条线和它的影子，这条线就成为一个符号。符号是一个非常简洁而有代表性的形象，具有非常重要的象征意义。我们看到的照片前面一条实线是残荷的枝干，这个枝干是它的局部，那个影子是它的整体。这张照片就把客观物象的表现升高到了一个哲理性、寓言性、符号性的阶段。人经常由于自身认识的局限性而只能看到客观事物的局部或者表象。这个实体是残荷的一部分，而这一部分我们看到的是一条直线，实际上整体是弯曲的，这条曲线在它的影子里面就有所表现。这张照片就是虚与实、曲与直、是与非这些概念性表述。是非曲直虚实，是人主观的一种认定，是人类对客观事物的一种认定，而这种认定是借助于一条实线才完成的一个画面。在摄影史上，以一条直线作为一个完整的、哲理的象征符号，形成一个完整画面的，在此之前还没有过。这张照片运用了对角线构图，对角线是一个矩形画面中最长的一条线，它是最具冲击力的。而照片中对角线后面又有弯曲的这条线，同样是在对角线上延伸的。因此，这幅作品从用光、构图、符号性、寓意性的表现都达到了一

残荷005　梅生　摄影

个非常完美的状态。这是“残荷”这组照片我所用的实验性手法和题材。这个题材如果引申到绘画当中去，我也针对性地做了中国水墨上的实验。

在这些抽象性的表现中，我做实际探索时有一个非常重要的潜在因素，以当代绘画的观察认识来做摄影上的探索。从这张照片中可以看到很多当代绘画的痕迹，其中一个重要因素就是摄影自身的语言。对质感的表现、光的表现，都要用摄影自身语言方式来表达，比如光的语言、镜头语言、构图语言。我对构图的认知是一个大概念，就是你对客观事物认识的一个结果。当我们拿起照相机，大家站在同样的机位上，为什么你的兴趣在这儿？他的兴趣在那儿？为什么你拍到的东西和别人拍到的东西不一样？这就是你对客观事物的一种选取。这是一个大构图的概念，这个构图是摄影人或画家自身对客观世界的认识，它已经脱离了单纯的具体画面上的安排。在这幅照片里，我们看到的还是对光自身非常强烈的一种表现，而光一直是我强调的摄影语言之中非常重要的一种语言方式。这种语言方式趋同于中国画的笔墨，因为任何一个独立的艺术门类如果没有它独立的语言体系，那么这个艺术门类将不再独立下去。一个摄影人如果对光不敏感，你没办法把摄影中光的语言做到极致，就像一个音乐家、一个指挥家对于声音没有非常敏锐的感受能力，那么你对乐队当中发生的错误就会漠然。

除了光、线条、构图，还有很重要的一个因素，即摄影语言上另外一个跟绘画相同的因素——色彩。色彩在绘画上是主观色彩，在摄影上是客观色彩，它一定是借助与自然界中自身光线的变化来变化。这幅作品除了我们前面讲到的那些情节性因素以外，比如说它的枝干、它的荷叶、它的人与人之间身份上的区别、身份之间的关系，很重要的一点就是这幅作品借鉴了中国绘画的表现方式，是一幅典型的画意派摄影。水里面的这些影子，还有旁边那些残荷的荷叶，因为有风，风摆动柳枝，此时水面形成的影子就是虚的，而这种虚幻的结果又形成了一种水墨效果。这种效果在我后面的几张照片里会达到极致。前面看到的那些照片很多都是顺光、侧逆光，而这张是完全的逆光。逆光的主体形象有一个非常突出的表现，类似于我们绘画当中的焦墨效果。而在绘画中我们看到美术史上很重要的一个脉络，就是从写实写意到抽象，这是一个大的脉络。这个脉络在中国、外国的美术史上都有所表现，它是一种趋势，是一个客观事实。写实是基于人对客观物象的基本认识，人用绘画、用视觉这种方式表达了第一状态，用眼睛看到了一个真实的世界；第二状态就是人对于客观世界的一种提炼、一种升华。写意也就是人对客观事物所表现出的意境的表达。从写实、写意到抽象表现，三大体系当中，我们可能还在第二台阶上。中国画的写意延续了上千年，以梁楷的《泼墨仙人》为例，不难看出中国的写意水平已经达到一个非常高的境界。梁楷所处的年代是公元1225年前后，比西方的“文艺复兴”早上百年。而西方是在“文艺复兴”以后才达到了写意的状态，所以说中国人实际上在这方面往前走了一大步。但是这段历史的结果使得我们又放慢了脚步，与世界的现状有了一段距离。摄影有摄影的语言，绘画有绘画的语言，这两种语言在近几十年当中一直互相影响、互相冲击。画意派摄影，也有非常抽象地去表现一枝残荷和枯枝，完全没有客观形象的影像表现，把摄影对于客观的认识提高到主观这一步。这里光影、构图、物像的表现都有一个重要的载体，那就是摄影自身。笔墨是中国绘画当中非常重要的语言方式，如果现在完全抛弃它，如果说完全让笔墨等于零，那么中国绘画的生命就会归于夭折。一种艺术表现形式如果没有独特的语言体系，那么这种艺术形式就找不到支撑自我生命的根本。所以我认为，不管摄影上的影像语言——光线，还是绘画上最重要的本质语言——笔墨，都是非常重要、独立的体系。如果将其抛弃，那将会使一种语言方式、一种表达体系失去生命的基础，其结果不是转基因的异化，就是本质的灭亡。

我们前面看到是一些传统的绘画语言，现在这张是对当代绘画、当代艺术中的一些语言关系做的一些探索。我想以一个摄影人自身能够把握的方法来对各种不同的艺术形式做一些交流。这是我在国外拍摄的作品，受到一些西方当代雕塑的影响。当代雕塑是西方艺术这几年当中主流的表现方式。写实的雕塑在西方已经很少。这张照片里的语言除了一些当代艺术的表现形式之外，着重强调了光的语言。这幅作品又是现代水墨的一种实验，以一种水墨的韵味、线条的表现，使它更抽象一些，全部利用光线、倒影、一种符号语言。在逆光下，这种成分就会更加强烈一些。我刚才一直讲顺光、逆光、侧逆光，相当于我们中国绘画中的浓墨、淡墨、焦墨等不同的用墨方式，所谓墨韵在影像上的表现就是光的不同变化。这组“残荷”出自单纯的一个摄影家最原始的动机，对两种不同的语言体系、两种不同的艺术表现方法的探索。就摄影和绘画来说，当代绘画、传统绘画在这里边对于影像的影响，我用一个专题拍摄做了一些探索，这个专题就是“残荷”，作为一种实验性的表现给大家看一看。我知道现在作画的人很多都以相机作为捕捉素材的一种方式，这种方式无可厚非，但是这种方式怎么能在你第一时间摁下快门的时候就把摄影和绘画做一个比较呢？希望这组照片给大家一个参考。

现在大家对语言方式不太重视，从摄影人的角度来认识问题、比较问题可能会有一些自己的想法。它和中国文化、绘画之间到底有怎样的联系？就我所刻的一组印章跟大家交流一下。

中国印章中有一个门类叫做“肖形印”，两三千年的时间一直在流传，跟中国的文字有很大的关系。中国最早的甲骨文是象形文字，比如“日”，是太阳的形象，把它的图案简化，光芒四射就变成了四个互相垂直的横竖线。中间是一个“日”字，它在甲骨文当中是一个圆圈中间加一点。这方印把象形文字和当代文字及印章形式结合在一起，这是对客观物象的一种再认识，把绘画、文字结合在一起，形成新的艺术状态。这方印章是一个“月”字，日月在中国文化当中具有非常重要的象征意义，这种象征是中国人对世界的认识。而“月”字在这里既是一个象形的半月形，又是“月”字在甲骨文中的一个具体的写法，用的边框也是一个圆形的边框，边框在半月形的前方敲掉之后形成一个同心圆，重复的曲线形成一种韵律。日和月在一起，集中国文化之大成。日月组织在一起，就是一个“明”字。日月都是光明的

“日”字印文　梅生　篆刻

“月”字印文　梅生　篆刻

“明明”印文　梅生　篆刻

本源，它们在中国文化当中代表了阴阳、代表了乾坤，是宇宙结构中非常重要的本质性的东西。阴阳乾坤的概念促使我选择了这样一种构图，“明明”这方印章的原始想法就是日月空，里边“日”和“月”连绵不断，它是阴和阳的互相交汇（这里“阳”是“日”字的具体表现，“日”字是突出的，它在整体连绵图象的最外延，而“月”字都是凹进去的，这里面阴和阳形成一个主题，阴阳聚集在一起连绵不断、生生不息，中国人对宇宙的认识，日月之大明，明明与天下，大象无形，所有的概念在一方印章里有了这样一种体现）。一个中国人对宇宙认识的哲学元素就是阴阳，外在的表现即为日月。在客观形象当中又是一个凹凸的形象，凹凸形象连绵不断是选自中国古代星相学的图形表现。有了原始构思，有了日月阴阳、大象无形的概念，有了之前所看到的两方各自单独表现“日”、“月”的印章，演变为日月结合，就是这个日月明明。借鉴中国古代的星相学，图形上表现为连绵不断，周而复始，日月经天，这些因素结合在一起形成了这样一方印章。这个印章本身所包含的内容远远超过了一个具体汉字的表现。它的构图、所受绘画和影像的影响，在这方印章里都有所表现。日月本身形成的具体含义就是光明。

“云雨”也是基于这样一个表现，用的是阴文。满天的阴云，“云雨”两字的线条有一种随机性的表现。线条表现出人独立的个性，它像弯曲的钢丝一样，随印石自然开裂的纹理，不是规整的形态，不是汉字规范的写法，但是它那种内敛的线条在里面像一根充满弹性内力的钢丝。表现印文里面的内涵，与人大不相同，要有独立的个性，这方印章就更加个性化了。这种个性强调的是布局，是刀法，也是从具象到抽象一个认识的过程，这个过程也是整个中国艺术发展的大脉络，就是写实、写意、抽象，从具像当中抽象出来不是天马行空，而是有一个具体的表现和升华，是人从情感到精神的升华。情感是具象的，大家

“云雨”印文　梅生　篆刻

“不惑”印文　梅生　篆刻

“四十”印文　梅生　篆刻

“得大自在”印文　梅生　篆刻

“幽思”印文　梅生　篆刻

都能看得到，有一个直接的观察，喜怒哀乐都在脸上，一目了然。而精神是一种内敛的，从情感到精神的升华就是从写实到写意的升华，如果再高一步就是抽象的表现了，而抽象的表现在中国艺术当中最重要的一个门类就是中国书法。写中国字的朋友都有这种感觉，不管你的水平如何，只要认识中国字，看到中国字时都会有这样一种感觉：这个字写得很老辣，这字很强悍，这个字很飘逸，这个字很稚嫩，我们看到的老辣、强悍、飘逸、稚嫩，这些都应该是由具体的客观形象表现出来的。我们所说的强悍，一个彪形大汉的形象往那儿一站就有一种强悍的感觉，一个牙牙学语的小孩往那儿一站就给人很稚嫩、很童真的感觉。中国字没有具体的表现、没有具体的形象，就是横、竖、撇、捺……为什么就给人这样一种感觉呢？我

"大器"印文 梅生 篆刻

"归一"印文 梅生 篆刻

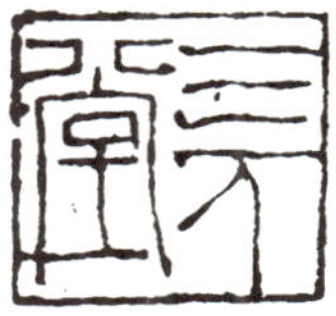

"二元堂"印文 梅生 篆刻

"三省"印文 梅生 篆刻

觉得这是抽象艺术的表现，一些更精深的东西在中国书法当中有了一些非常成熟的表现。在印章里面，我对这种具象到抽象的表现也做了些实验。作品"不惑"，四十而不惑，四十岁的年龄实际上已经到了写实转向写意的过程，写意还没有到抽象，还有更大的升华，这时候对文字也有了不同程度的认识。

这方印在原始构思的时候，"不惑"两个字有非常完整的表现，有非常具体的写法。经过几次构思，这方印刻了三次，最后这方我比较满意，充分体现了从写实到写意的过程。我们看到"惑"字底下的"心"，不心而语，这时已经有了不惑的感触。在"惑"的右下角应该有一个"口"字，这个"口"字刻成之后，由于石头本身的结构有了一点缺失，后来被我全部敲掉了，"口"只剩下了似是而非的一个位置，如果没有解释的话，大家会看到"不"字、"心"字，但是无法组成"不惑"两个具体的文字，没有确切的意义，抽象的表现刚有感觉，但是不会有具体的形象表现。这方印章是我研究文字从写实到写意变化过程的实验结果。这方印章"象外"就更抽象了，抽象是从具象当中升华出来的，"象外"是中国人的一个哲学认识，就是超以象外，得其寰中。只有超越了具象，才能得到升华，象外就是超以象外，"外"字左边还能看到一些形象，"象"字也是像"不惑"的处理方法，"象"字在这里面用了甲骨文中大象的鼻子，雕刻石材选择了很容易崩裂的青田石，具体处理上使"象"已经完全失去了具体文字的表现。这方印章应该是从具象到抽象的一个升华。四十而不惑，这方印跟"不惑"是在很短的几天时间内刻的。在我生日期间的一个月里刻了十几方印，留下了五六方，也是从具象到抽象的表现。"四"字用了结绳记事的方法，"十"字已经不是三十岁张扬的形象，一条直线变成了一个点，这个时候也是文字本身的从写实到写意，从写意到抽象的过程。在篆刻中如果没有刀法，这个事情也没有办法站得住。用了不同的刀法之后，让我在篆刻上也有了不同的思考。我们看到了一系列的"不"字，这里有几方大字的印，"得大自在"、"大器"，这是不同的状态，一种是强调自己的内敛，一种是强调客观世界的状态。"得大自在"达到一种"幽思的状态"。幽思，也是一种状态，一种思考，一种自省。两方印，一方阳文，一方阴文，整体构思上没超脱汉字的字形，两个有相似之处。关键就是刀法的变化，刀法的变化使得这两方印有了截然不同的面貌，一个洒脱，一个厚重，但是都有一种内敛的思考意味在里边。幽思的结果是归一。"二元堂"也是用了线条的重复，"三省"是幽思之后对自己的反省，也是我经常用的几方印章。

今天谈了几种艺术门类：摄影、绘画、书法、篆刻；人的感知模式：行为、情感、精神；艺术的表现形式：具象、写意、抽象。其中有许多连带关系，虽然人的思维不可能全部表现到艺术作品之中，但潜移默化的相互渗透会起到意想不到的作用。

当思想平庸时，相机也无奈，画笔也无奈。多一份思考，多一份收获，从感知到升华，就是思考的过程。

谢谢大家！

人民英雄纪念碑工程兴建始末

时　间 > 2008年5月18日

地　点 > 北京画院美术馆第二展厅

主讲人 > 马明宸

（本次讲座为配合“开篇大作——人民英雄纪念碑落成五十周年纪念展”而举办，以下内容根据录音资料整理而成）

北京画院美术馆策划部成员　马明宸

大家好！感谢TOM网舒小虎先生的邀请，也感谢美术馆吴洪亮先生的安排，非常荣幸能与大家一起学习和交流关于人民英雄纪念碑工程的一段有趣的历史往事。

人民英雄纪念碑是新中国第一个大型公共艺术，它的兴建工程也是建国初期的第一个国家政治行为，同时还是开国第一个重要的文化事件，长期以来在观赏纪念碑的同时，人们也产生了一些疑问，流行着一些关于纪念碑的传说，例如人民英雄纪念碑的项目费用是多少？我们今天见到的纪念碑是最后的完成品吗？人民英雄纪念碑为什么建造了那么长的时间？梁思成与刘开渠两个主要业务负责人的关系如何？几个因为政治原因的重要工程参与者的下落如何？后来参与了林彪反革命集团的陈伯达与纪念碑的最终面貌有无关系？一代才女林徽因与纪念碑花纹设计有何渊源？毛泽东、周恩来书写碑文的细节怎样？纪念碑工程竣工后参与者的归宿遭遇如何？等等，可以说人民英雄纪念碑的兴建过程本身就是一部饶有趣味的历史，这段历史因为与政治有着特殊的关系，一些细节被隐没了。50年后，时代赋予了我们眼光、态度和胆识，我们把在参与这项工作中采集到的新资料，站在新的角度，暂时抛开纪念碑艺术本身，来述说一段建国初期的专题史。在充分学习殷双喜先生、吴洪亮先生研究成果的基础上，我把纪念碑的兴建始末梳理出了一条线索，划分为三个时期，并以此为宏观结构，以解答上述问题为微观模式，引领大家共同品读人民英雄纪念碑的工程史。我们的目的是澄清一些历史真相，给已故的工程参与者下一个公论，同时从这段历史中我们还可以反思一些问题，比如社会文化创新与传统继承的关系，政治与艺术的关系，甚至我们人与人之间的关系。

第一阶段：1949年9月－1952年5月

这一段分期的依据来自于工程领导组织机构的变迁，在这一阶段，开始还没有成立专门的工程机构，承担这一时期工作的机构是中国人民政治协商会议与北京都市计划委员会，这段时期的纪念碑建设工作还处在务虚阶段，也就是工程的提议立案、讨论协商、设计草稿，还都处在前期筹备阶段。

人民英雄纪念碑的提议应该是延续了中国古代的文化传统，历朝历代建国初期都有修建凌烟阁之类的纪念性建筑纪念开国功臣的礼制，不同的是在帝制时代，在王权意识范畴下纪念的是个人英雄、是帝王将相、忠臣义士；今天我们进入了民主的时代、共和的时代，纪念的是团体、是无名的人民英雄，过去没有哪一个朝代为普通士兵立碑，更没有为农民立碑的，人民英雄纪念碑的的建立就是为了取代宗法政治制度下帝王祭祀天地祖先的封建旧礼，树立全新的当代政治纪念方式，这是人民英雄纪念碑第一点对于中华传统文化的继承与创新。应该说建国初建碑纪念英雄是一种普遍的社会意识，是很多人共同的心愿，但是我们只看到了著名雕塑家滑田友关于修建纪念碑的材料。人民英雄纪念碑尚未通过决议以前，1949年9月23日，滑田友给北京市建设局曹言行等三位正副局长写信，在这封信中，他说天安门前广场可算是中国的红场，最好建一个雕塑建筑合组的纪念物。1949年9月30日，中国人民政治协商会议第一次会议的最后一天，大会通过了建立人民英雄纪念碑的决议和毛泽东亲自撰写的碑文。这样提议就通过了，纪念碑走过了第一道关。

纪念碑建在哪儿呢？当时也有不同的意见。有人主张建在东单广场，有人主张建在西郊八宝山上，但是更多的人主张建在天安门广场。最终周恩来总理建议建在天安门广场上。他说天安门广场有“五四”以来的革命传统，同时这里也是全国人民和全世界人民敬仰的地方，大多数人赞同这个意见。将纪念碑建在天安门广场的哪个具体方位呢？又有人主张建在前门楼上或放在中华门南面约相当于现在毛主席纪念堂的位置；也有人主张拆除端门的城楼，将纪念碑建在端门台基上。经过反复讨论，全国政协第一次会议通过纪念碑建在天安门广场国旗旗座南面，天安门与原中华门门洞的中轴线上，并与天安门和正阳门的距离大致相当。

9月30日傍晚，政治协商会议还在紧张地选举唱票和统计过程中，趁此间隙，大会全体代表六七百人由毛泽东率领乘车直赴天安门广场。6时，全体委员在初选的天安门广场纪念碑碑址处举行奠基典礼。周恩来致词，毛泽东宣读了碑文，亲自为纪念碑挥锨培土奠基，后来纪念碑建成的位置与奠基时的位置不在一个点上，吴良镛认为纪念碑在施工时沿中轴线比奠基时的位置向南移动了一段距离。

最后共征集到140多个草案，经初步整理区分为四个类型，即高型、矮型、分散型、集中型。经评议研究，认为高而集中型方案与人民英雄的丰功伟绩相一致，决定采用此型。纪念碑具体的高度是怎样出来的呢？这来自它周围的建筑环境，当时考虑到天安门高33.70米，正阳门高40.96米，设计者最初将纪念碑的计划高度定为39米。大约在1952年七八月间，在由郑振铎主持召开的会议上，确立了现在建成的纪念碑设计方案，将纪念碑的高度定为约40.50米（实际建成的高度为37.94米），这是根据天安门广场将要扩建为宽200–250米的方案所定。这样"由北面任何一点望过去，在透视上碑都高过正阳门城楼（高约42米），结构方面还考虑到土壤荷载力和地震等问题"。也就是说，我们今天看到的纪念碑并不是先建成了长方形广场后再来设计它的位置和高度，而是根据未来广场的可能规模来设计纪念碑。都委会以此为指导思想选出八个方案在天安门广场展览，征求首都各界及市民的意见。1951年10月1日，又在天安门广场纪念碑奠基地点陈列展出一个人民英雄纪念碑五分之一的缩尺模型，同时陈列了有坡顶及有群像的两个较小的模型，公开征求意见。应该说展出的大模型就是都委会的初步意向，这一方案碑头为立方体，上有五星图案，碑身为立方柱，须弥座下面是高台，高台下面开三个门洞。在征稿与讨论的基础上，都市计划委员会设计人员陈天在没有征得时任都委会副主任梁思成意见的情况下，综合设计出草图制作模型送呈领导审查。在这种情况下，梁思成得知后万分着急。1951年8月29日，他就都市计划委员会送呈北京市领导的三种人民英雄纪念碑草图一事写信给彭真市长，详呈自己对于这三个草图的意见，阐述了人民英雄纪念碑的基本设计思想。应该说这封信把刚刚形成的初步意向给否定了，下一步该怎么办？就在一片纷争之中，纪念碑的组织领导机构又变换了。

第二阶段：1952年5月–1954年11月

1952年4月29日，北京市政府邀请中央部、军委总政治部、政协全国委员会等九个有关单位举行纪念碑筹建座谈会，决定成立"首都人民英雄纪念碑兴建委员会"。5月10日，人民英雄纪念碑兴建委员会成立会议召开，推选彭真市长为主任委员；郑振铎、梁思成为副主任委员；薛子正为秘书长。下设四个专门委员会、三个处、七个组。最为重要的三个组是土木施工组、建筑设计组、美术工作组。可以说，1952年5月10日前是人民英雄纪念碑兴建工作的第一个阶段，即前期征稿与碑形初步设计阶段。5月10日，人民英雄纪念碑兴建委员会成立，全面负责各项事务，从此纪念碑的兴建进入了第二个阶段，在施工过程中修改方案。7月，副主任郑振铎主持召开会议决定采用前期设计展览的三个模型之中的另外一个小模型，此模型大致与今天落成的纪念碑一致，带有检阅台和陈列室，碑身以下全部定案，但对碑顶暂作保留，送呈北京政协会议通过。1952年8月1日，人民英雄纪念碑工程正式开工，开始了基础挖方工程、基础钢筋混凝土工程，并于1952年底水泥基础露出地面。1953年4月在青岛浮山开凿碑心大石料，毛重约280吨，加工后重约94吨，体积为14.70米×0.83米×2.92米。10月7日起运，10月13日到达首都西站，运到天安门工地后，经过刻凿加工，成材为60吨，用于镌刻毛泽东书写的正面碑文。

这一时期的软件工程建设工作也开始着手，以范文澜为首的雕画史料专门委员会研究确定浮雕题材为10个重大历史事件，送呈中央领导审查，中央美院一批画家开始参与人民英雄纪念碑的画稿工作。毛泽东、郭沫若都对此提出了意见，按事件发生时间，纪念碑正面即毛主席题字的北面浮雕应是自1840年依次排列，即由远及近。但纪念碑碑文排列顺序却是由近及远：三年以来，……三十年以来，……由此上溯到一千八百四十年，……此外，《胜利渡长江》表现的是中国人民在中国共产党的领导下彻底推翻了反动统治，建立了中华人民共和国，这是最重要的历史事件，应放在最显要的位置，因此浮雕排列顺序改为由近及远。兴建委对于雕塑形象中要不要出现具体人物、领袖形象，如林则徐等问题进行了讨论，最后决定要以人民为主，几次斗争都以人民战争的场面来处理。此外，一些历史人物当今仍活在世上，对今后的祭奠活动会形成障碍。经讨论要大力颂扬人民的革命精神，在有限的空间中更多地去表现人民英雄，不去强调敌人残暴凶狠的形象，不再出现反面人物。

1953年9月，首都人民英雄纪念碑兴建委员会初步肯定了最后的碑形，确定了碑身、碑座、月台等部分，并开始施工，安装石料。而碑顶造型虽多次征求意见，反复设计修改，但仍未能确定。1954年11月6日，北京市人民政府委员会召开会议，彭真指示采用“建筑顶”，即梁思成的最初方案。同时确定了浮雕题材，并做出一个重大决策，即调整原来面南背北的设计方案。根据资料，1952年7月28日，纪念碑兴建委员会建筑设计专门委员会的第三次会议，以及1952年8月1日由中央通过并开始施工的设计方案，都是面南背北的。1953年9月26日至10月30日，首都人民英雄纪念碑兴建委员会举行了碑形资料展览会，建筑工程学会的代表们参观之后在座谈会上提出建议：“天安门检阅观礼，看到碑的背阴，不太好。”这是比较早地考虑将毛主席题写的八个大字放在北面，将北面作为主面的一个建议。殷双喜先生认为有可能是最高领导做出了纪念碑朝向改变的决定，而由彭真担任领导的北京市政府向纪念碑兴建委员会下达了调整纪念碑朝向的决定。

谁是纪念碑面貌的决定者呢？依旧是新中国的领导者，他们是伟大的革命家。他们的革命思想要打破旧的社会政治，但是他们的艺术审美眼光仍然来自中国传统。他们又是普通的艺术接受主体，因此在决策艺术设计方案的时候只能用自己的审美眼光。由于这一批政治家的艺术眼光偏向传统，所以最终还是民族的审美传统决定了纪念碑的基本面貌。

随着工程的进展，中后期工作的重心开始从建筑工程转向了雕塑，为加强建筑设计组与美术工作组的工作，纪念碑兴建委员会成立了设计处，将建筑设计组从工程事务处转到设计处，由梁思成与刘开渠担任处长。1953年2月，梁思成参加科学院访苏代表团，六七月间才回到北京，有半年多的时间没有参加纪念碑工作。1953年2月，刘开渠由杭州到北京，作为人民英雄纪念碑美术工作组组长正式参加这一公共艺术工程。在梁思成出国未归之前，由刘开渠负责。梁思成回国后因清华大学教务繁忙，加之1955年1月2日又因病住院，至10月出院，期间未过问纪念碑的设计及施工。他逐渐淡出纪念碑工程，浮雕工作完全由刘开渠负责。

第三阶段：1954年12月－1958年4月

在建筑方案基本确定，浮雕题材画稿基本确定的情况下，浮雕与碑文镌刻工作成为重点，根据工作重心的转移，我们从这里断为第三阶段。人民英雄纪念碑的浮雕是在天安门广场纪念碑工地南面的工作室中进行的，大概的位置在现在的毛主席纪念堂北门外。1955年下半年，雕塑家开始创作泥塑终稿，尺寸为纪念碑浮雕尺寸的二分之一，耗费数月时间。1956年春开始放大泥塑定稿，尺寸为浮雕原大。1956年国庆，第一块浮雕放大定稿《南昌起义》完成。在泥稿的制作过程中，每一个人物都是先做人体，再穿衣服，人体要对照模特儿，动态是在构图阶段早已确定的，由模特儿摆出设计图稿中的姿势，雕塑家对照模特儿进行创作。当时的北京有“人市”，相当于今天的劳务市场，在广安门附近，有农村人，也有城里人，模特儿都是从那里找来的。有时也去部队找一些战士，有的战士同意脱衣服，有的战士不愿意，那就穿条短裤。

“人民英雄永垂不朽”八个大字，毛主席共写了三幅，并给工作人员带来口信说，要多请专家们提意见，问哪一幅可以用，也可以从这三幅字中选一些可取的字重新编排。如果认为写得不够好，还可重写。这一段历史需要澄清一下，据当时亲身参与这一具体工作的解长贺先生讲，毛主席只写了两幅，他自己也拿不准用哪一幅。讨论未果，最后大家请来了当时北京地区的一位书法家叫魏长青，请他来审定。魏长青否定了拼合的办法，说这样做气脉就断了，最后由他选定了一幅。周恩来为了写好碑文，每天早晨的第一件事就是写一遍碑文。他前后写了40多遍，最后挑选了自己最满意的一幅。有一天，他来到工地，拿出自己写的碑文征求刘开渠的意见，诚恳地询问：“怎么样，行不行？”从这里，我们可以看出所有的工程参与者，从国家领导人到一般石工，他们对于这一工程的虔诚态度。

1954年11月，纪念碑兴建委员会主任彭真召开会议，决定采用的碑顶还是带有宝顶的设计方案，可是会议之后仍然有争议。在这种情况下，当时兴建委副主任邀请了著名历史学家范文澜先生以及时任毛泽东秘书的陈伯达协商，最后陈伯达说，碑顶既然有争议，咱们就把这个争议保留。孙中山先生说过“革命尚未成功，同志仍须努力”，把决策权留给后人，让后人来评定吧。就这样才有了今天我们看到的人民英雄纪念碑，其实还有一个宝顶没有安装。后来由于陈伯达参与了林彪反革命集团的活动，这一细节也就没人敢提了。

1955年4月1日，作为纪念碑装饰花纹设计者之一的林徽因没能等到工程竣工就因病去逝了。由人民英雄纪念碑兴建委员会负责林徽因墓的修建施工，梁思成亲自为她设计了墓与碑。墓碑上采用的浮雕装饰图案，正是梁思成和林徽因共同为人民英雄纪念碑设计的图案。林徽因与她设计的图案永远相伴，长眠于八宝山革命公墓。这一设计深深地表达了梁思成对林徽因的怀念，也说明梁思成对纪念碑图案情有独钟。

1958年4月22日，人民英雄纪念碑建成。1958年5月1日，在天安门广场举行人民英雄纪念碑落成揭幕仪式，其建设经费相当于今天3.2亿人民币。1959年国庆节后，周恩来总理曾指示将碑顶及人民大会堂的国徽改用能发光的材料，并指定吴晗召集一些建筑师、艺术家开会研究碑顶，也可考虑另行设计。当时各设计部门和高校又送来约二三十个方案，有用雕像的，有用红星的，也有些相当“现代”的。但经过三四次会议讨论，大家认为没有一个方案有特别突出的优点，改了之后的效果不一定比现在的顶部更令人满意，于是改顶的工作暂时作罢。

1958年下半年纪念碑竣工后，在周恩来总理的亲自关怀和批示下，由刘开渠同志主持，贾国卿担任厂长，石雕工人与部分参加纪念碑工作的雕塑家组成了“北京市建筑艺术雕塑工厂”，成为了新中国成立后蓬勃发展的雕塑事业的基本力量，参与了北京地区乃至全国一大批革命历史题材的雕塑、纪念碑工程的设计与建设。

2008年4月29日下午2时30分，健在的人民英雄纪念碑工程参与者共计50余人齐聚北京画院美术馆，参加“人民英雄纪念碑工程参与者五十年后再聚首”活动。人民英雄纪念碑浮雕《烧鸦片》的主稿艺术家，已101岁高龄的中国当代雕塑界泰斗级人物曾竹韶老先生亲临现场，与其他人民英雄纪念碑工程参与者李祯祥、陈光铭等人，在50年后再度重逢合影，留下了难忘的历史瞬间。

交流

同祖同宗　同源同法
——写在北京、台湾山水画展之前

陈履生

中国的山水画作为中国文化中的一种精英文化，一直以中原文化的内涵为精髓，以江南地区的文化为表象，这种更多地倾注了中国文人精神的艺术在古代边疆地区的发展是极其有限的，它往往是通过中央政府所派遣的官员为政之余的舞文弄墨的传统，给予边疆地区的文化以有限的影响。

台湾因为在中国版图上的特殊位置，海峡的阻隔为中华文化的传播带来了障碍，可是我们的先人还是以其智慧和力量逾越了障碍。当中华文化的帆船停泊在这里的时候，文化就成了突破海峡阻隔的桥梁。台湾山水画在1949年之后，因为有一批在大陆已经功成名就的山水画画家的进入而获得了前所未有的发展和提升。当然，这其中的历史所反映出的与日本画的抗争，与西洋画的斗法，都表现了山水画在台湾的发展所呈现出的中国传统文化精神在这一地区潜在的力量。张大千、溥心畬、黄君璧、江兆申等一代山水画大家是其中的代表人物，他们的成就是20世纪中国山水画史上的重要篇章，而当代台湾山水画坛更是新人辈出，群星灿烂。

北京是中国文化的重镇，历史上不断有在中国美术史上占有重要地位的画家出现，或在此活动，尤其是在明清时期，紫禁城内的宫廷绘画往往主导了一个时期内中国画的发展。晚清民国时期的“京派”成为与“海派”、“岭南派”鼎足而立的重要画派，而“京派”中的山水画则是其成就的主要代表。北京山水画的发展与台湾山水画的发展有其相似之处，1949年也给它带来了发展的机缘。一大批画家随着新政权而移居北京，北京也成了与中央政府相应的美术活动中心。而北京发达的美术教育、尖端的展览设施，又为这一地区中国画的发展增添了动力。如今的北京积聚了一批当代山水画的重要画家，他们为发展当代山水画艺术承前启后，星光耀眼。

基于在中国文化范围内的北京和台湾两地山水画发展所表现出的共同点和不同点，特别是当代在西方文化的影响下所遇到的共同问题，集中两地代表性的画家作品举办一个专门的展览，显然具有特别的意义。通过这种具有个案性的展览，可以探讨当代山水画发展的经验以及问题。可以说，北京、台湾两地的山水画同祖同宗，同源同法，特别是在审美范围内所表现出的与中国传统文化的关系，使地域性的差异更多地表现为画家的个性与语言或教育背景的不同。而这种交流和互动也在比较中显现出一种地方性的特色，从而反映出发展中的文化背景的差异给予山水画艺术的影响。

“第七回·中日美术交流联合展”（中国·北京展）开幕寄语

高村正彦（日本外务大臣）

值此社团法人日本南画院与北京画院共同主办“第七届·中日美术交流联合展”（中国·北京展），对此表示由衷庆贺。

据我所知，社团法人日本南画院与北京画院的合作关系长达20多年，为促进日中两国美术界的交流做出了很大贡献。本次联合展将迎来第七届，期望汇集在北京画院美术馆的日中两国画家的精心作品能够吸引众多观众流连忘返。

今年正值日中和平友好条约缔结30周年，以及日中青少年友好交流年。加之5月，中国国家主席胡锦涛先生圆满结束访日，据此日中两国政府正在致力于全面推进“战略互惠关系”，其中的重要内容之一是加强文化方面的相互交流。本届联合展的举办恰合时机，感到无比高兴。

最后，向为举办本届联合展尽力的日中双方有关人员表示敬意。衷心期望通过本届联合展能够进一步促进日中两国的相互理解和友好交流。预祝本届联合展取得圆满成功！

2008年7月

二十六年间　一段水墨缘
——记“第七回·中日美术交流联合展”

马明宸

由北京画院和日本南画院联合主办的“中日美术交流联合展”，展出了两个国家91位在当代最具代表性的画家力作。这一批作品均以水墨为材料，取材范围广泛，艺术风格交相辉映，充分诠释出水墨画在不同的文化语境里的独特风采。

中日水墨同宗异彩

这次展出的41幅中国画家的作品是画家们自2003年以来创作的以描绘古都北京地区的山水建筑与民俗风物为主要题材的作品，从气势恢弘的皇家古建到深幽静谧的四合小院，从古典凝重的城池园林到奇特时尚的体育场馆，全面描绘了千年古都的古典韵致与时代风采，为人们鉴赏古都风韵提供了一个艺术视角，这一批作品也把中国画领域前卫艺术家们近年的艰辛审美探索呈现出来。日本画家们的南画则是水墨艺术的异曲同工妙品，取材既有奔腾飞扬的川塬瀑布，又有金秋时节的万里平畴，既有温柔端庄的和服淑女，又有满脸沧桑的农家村妇，另样面貌的水墨画具有浓郁的异域风格，也呈显出水墨画在不同的文化环境中演绎出的独特美质。展览中50幅日本南画作品对于有着深厚水墨审美趣味和欣赏基础的中国观众来说无疑是一次审美挑战，也必将大大开拓人们对于水墨艺术的鉴赏经验。

南画演绎水墨新境

中国画与日本南画虽然呈现出不尽相同的风格面貌，但是它们同属于东方水墨艺术的大范畴之中，同样讲求笔墨布白，抒写意趣，意境空灵。日本南画已有1000余年的历史，是由来华学习的日本僧人在兼收南北两派绘画之长的基础上并将中国名画带回日本而流传下来形成的画派。日本的南画在与世界艺术交流的过程中，经过日本艺术家的艰辛探索，吸收西方艺术的精华，开拓创新，发展了墨彩的肌理效果，借用油画艺术技法表现本土生活情感，创造出了独具地域风格的成熟画种，与中国绘画各呈异彩，日本南画拓展了水墨艺术的新概念。

二十六年水墨情缘

北京画院作为中国首善之区的国家专业绘画机构，有着50年余的辉煌历史和深厚的民族文化底蕴，汇聚了一批活跃在当代的年富力强、坚持艺术追索的著名书画家，他们的作品代表了传统中国画在今天的发展方向与艺术水准。日本南画院也是代表了日本国内当代水墨画艺术的一支重要力量。因为水墨艺术的同宗关系，两个国家的艺术家有着长期的交流合作历史，自1982年中日恢复邦交10周年举办第一次“中日美术交流联合展”以来，已经走过26年。26年间，两个画院、两国画家在中国美术家协会、日本京都府日中友好协会等政府机构与协会组织的帮助下，在不同地区成功举办了六次联合展览，这不但是两国政治友好的见证，更是深层次的艺术交流。

中日共襄东方水墨

这一活动把水墨艺术的探索力量扩展到了两个邻邦国家，水墨画家交流切磋，合作探索形成合力，共同致力于水墨画在当代的继承与创新的实践探索，开拓转换水墨材料在绘画取材造型、线条墨彩等技法层面表现当代人生存情感的可能性，为传承、发扬这一历史悠久的传统画科努力探索，把具有悠久传统的水墨画艺术在21世纪的今天，在东亚乃至亚洲地区发扬光大，使之成为一支东方艺术奇葩。同时这一活动对于水墨艺术在国际范围内广泛传播，彰显东方审美情趣，弘扬东亚文化艺术，拓展民众的鉴赏经验，增强水墨画在国际艺坛的影响力，促进两国政治、文化交流都发挥了重要的作用。

白石精品现身“艺术之岛” 荆襄民众叩启“大匠之门”

——武汉美术馆、北京画院美术馆馆际交流体验

薛　良

2008年12月26日，历时三年改造完工的武汉美术馆正式开馆，并同时推出四大精品展览作为开幕展：“天机自得——齐白石的笔下画境”（“北京画院院藏齐白石作品特展”）、“晴川·晴川——湖北十人中国画作品展”、“模式——旅法艺术家王度特展”、“互动——2008中国当代油画邀请展”。北京画院美术馆作为“天机自得——齐白石的笔下画境”展览的策划组织者和主办方之一，有幸与武汉美术馆的同行们以合作的方式完成了这次展览。此次武汉之行，笔者有感于我国美术馆行业建设的长足进步，特别是国内馆际交流活动的增多和逐渐深入，故作此文以述馆际交流的体验。

武汉美术馆外景

馆际间交流　合作的基础

北京画院作为国家最早成立的画院，一直肩负着推动首都地区美术事业发展的重任。齐白石去世后，齐白石后人将家中所藏的1000多幅齐白石作品无偿捐献给国家，由北京画院代为收藏。所以在全国范围内，北京画院所藏齐白石作品最为丰富，也最为精彩。因为其中包含了许多齐白石秘不示人的创作手稿，这是我们研究齐白石艺术创作风格形成的重要材料和资源。这批藏品涵

武汉美术馆馆内天井

盖了齐白石传奇一生中创作的各种绘画门类，创作时间更是从画家的早年临摹一直延续到晚年精品。关于北京画院院藏齐白石作品的巡展问题，画院很早就制定了严格的审查制度和保护机制。进入新世纪以来，这批作品曾在关山月美术馆进行过展出，但是将齐白石的作品在一座刚刚成立的美术馆作为开幕展进行展出尚没有先例可循。因此在此次展览举办之前，北京画院及北京画院美术馆的领导曾两次亲赴武汉美术馆对其安全设施进行实地考察，并根据实际展出要求对武汉美术馆的安防设施提出建设性意见，力求使齐白石作品展厅达到国家一级文物保护水平。

作品的安全保护一直是中国美术馆界较为重视的问题，但很多时候它也是美术馆工作人员较为薄弱的关注点。身为展览策划人员，即使无法深入了解安保工作的每一个细节，也要清楚地把握珍贵美术作品所需的安防水准，这对于保证展览的整体展示效果和安保水平是十分有益的。在这次“天机自得——齐白石的笔下画境”展览布展过程中，北京画院美术馆与武汉美术馆通力合作，进一步完善了展厅内监控系统及温湿度系统，使齐白石作品的安全系数大大提高，并达到最佳展示效果。

武汉美术馆新馆位于中山大道保华街2号，即原武汉少儿图书馆旧址，更早以前是我国著名建筑师庄俊先生于1930年设计建造的“金城银行”。作为一座有着70多年历史的老建筑，武汉美术馆本身就是建筑史上的一件艺术品。不过，新成立的武汉美术馆在建筑形制上十分注重原有建筑风格的保留和美术馆功能性的建设，努力调解历史建筑形制与美术馆高科技引进之间的矛盾。

武汉美术馆位于汉口市的商业中心区，周边消费场所遍布，人流量巨大，给美术馆带来大量的参观群体。但是商业区内交通环境复杂，人员流动性大且成分复杂，也给美术馆的安全带来一定的挑战和考验。武汉美术馆结合自身实际情况，在紧邻交通干道的部位开辟侧门，所有运输车辆可以直接从街道上驶入主建筑物内部，使藏品的装卸工作直接在美术馆内部完全封闭式完成，从而减少了大量的搬运环节，提高了作品运输过程中的安全系数。此外，武汉美术馆将原来“金城银行”的金库改为展览作品存放的地库，从这点看，金城银行与武汉美术馆对建筑功能性的要求和使用不谋而合。所不同的是，艺术品保藏对温湿度的要求更高。

值得一提的是，武汉美术馆的活动场所为美术馆内部的室内天井，此处为独立空间，并与各个展厅相隔绝，既避免了人员过多时与美术作品的直接接触，也便于展厅内温湿度的控制，有效地保证了展出作品的安全。

展览主题及概况

白石老人的作品已遍行天下，作品中“妙在似与不似之间”的艺术形象带给人们美的享受和愉悦，老人“一挥而就”的洒脱，也带给后人无限的欣羡。但是“台上一分钟，台下十年功“，白石老人潇洒的笔墨中凝结着太多的辛勤和汗水，北京画院收藏的齐白石画稿、诗稿、日记等藏品正是揭示齐白石绘画艺术发展脉络的最好资料。此次在武汉美术馆展出的齐白石作品，采取了手稿与作品相对照的展出形式：作品创作时间横跨齐白石的整个艺术生涯，从学画伊始的临摹、白描到“红花墨叶”写意风格的形成，所有作品都有相应图稿呈现；作品题材涵盖了齐白石创作的各个门类，人物、花卉、禽鸟、梅兰竹菊、水族、工虫、山水、杂画无所不包，仅蔬果一项所存图稿较少。

齐白石的创作手稿是留给后人的宝贵遗产，这些创作手稿详细记录了白石老人艺术起步、发展并至大成的过程，如早年的《寄园日记》。若能将这批手稿作品详细梳理，将会从中看到白石老人的人生和艺术轨迹，正如老人所言：“少时粉本老犹存，如此工夫觉笑人，不忍轻轻却抛弃，污朱犹是劫灰痕。”

这些创作手稿是白石老人精心保存的艺术财富，与作品相比，更具有独特的审美意味，同时也是深入了解齐白石艺术风格的重要佐证。“天机自得”的手稿作品向人们展示了齐白石创作过程中，自“胸中之竹”到“手中之竹”的阐变状态。此外，齐白石的另一艺术成就在于他对绘画题材的拓展，通过这批手稿，我们可以进一步了解老人对于生活细节的关注，对自然生活的热爱。但是由于很多手稿无明确纪年，白石老人又喜将同一题材反复描绘，所以对这批图稿的系统梳理将是一项繁杂的工作。通过武汉美术馆的这次展览，北京画院美术馆将齐白石部分优秀手稿首先整理出来呈现给大家，并希望通过这次展览带动对齐白石手稿作品的研究工作，从而对齐白石的创作过程有更深入的了解。

北京画院副院长李盈春（二排左二）、雷波（二排左三）及展览工作人员在武汉美术馆前合影

国内美术馆之间的交流

南北方经济文化的差异在绘画艺术方面得到直接而充分的表现：自唐代以来，董其昌就将中国画进行南北分派；至明清之际，这种情况则愈演愈烈，常常会看见诸如“南陈北崔”、“南吴北齐”、“南张北溥”等这样的称谓；直至21世纪，人们仍会将南北方的代表画家相应地对照起来。这样的对照看似是对美术史有了清晰的比照，但是同时也会形成南北方普通大众对艺术家认识的误区。即便是像齐白石这样全国知名的“人民艺术家”、“世界文化名人”，曾出生于南方地区，但人们还是很难在美术展馆中看到他的真迹，人们对于他的认识还停留在“白石的虾画得最好”这样的层面。诚然，虾可以说是齐白石笔下独特的艺术形象，但是齐白石其他题材的绘画创作也很精彩，如齐白石创作的人物画、大写意花鸟画、山水画都具有很高的艺术成就。由于国内各大美术博物馆内齐白石藏品流通不畅，宣传力度不够，所以人们对齐白石艺术的认识通常只是停留在“虾”这个艺术形象上。这带来了学术研究方面的倾斜和缺失，使齐白石很多其他题材的优秀作品渐渐流失到观众视野之外。如果这种现象逐渐形成恶性循环，大众以后将更难认识到齐白石艺术的全貌。

为了使武汉观众全面了解齐白石的绘画艺术，北京画院特意从院藏的1000多幅齐白石真迹中精选出70多幅作品，筹办了这次“天机自得——齐白石的笔下画境”展览（北京画院院藏齐白石作品特展）。除了《借山图卷》等山水题材作品外，各个门类的作品均在这次展览中有所呈现，目的就是为了让人们看到一个与自己印象中不一样的“齐白石”，让普通大众认识到：齐白石不仅仅鱼虾画得好，其他艺术形象同样描绘得非常精彩。

这批作品来源于齐白石去世后其家人的捐赠，其中很多精品都在齐白石遗作展中出现过。国家投入大量的专项资金对齐白石的精品进行保存和管理，这不仅仅保护了国家的文化财富，更重要的是能让更多的人有机会欣赏到我国经典的美术作品，了解我国优秀的传统文化。这次北京画院美术馆与武汉美术馆通力合作，将北京画院的院藏精品送至武汉进行展出，可以说为国内众多拥有丰富藏品的美术机构做了很好的表率，一定程度上改变了那种“藏而不展”的格局，很好地发挥了藏品的作用和价值。今后，北京画院美术馆应该更好地利用本身丰富的藏品资源，积极地让齐白石作品巡展走到那些没有条件欣赏齐白石真迹的地区，促进南北方文化资源的共享和交流，强化美术馆公共文化服务的职能，为爱好艺术、爱好齐白石作品的人们提供高水准的展览。

纪事

北京画院美术馆大事记（2005—2008）

2005年

9月19日，北京画院美术馆、北京画院齐白石纪念馆举行落成预展。

9月23日，北京画院美术馆、北京画院齐白石纪念馆举行挂牌仪式。中央统战部副部长陈喜庆、北京市副市长孙安民参加了揭牌仪式。开馆当天，“北京画院院史展”、“北京画院精品展”、“草间偷活——齐白石笔下的草虫世界”同时面向公众开放。

2005年9月23日，中央统战部副部长陈喜庆（中）为北京画院美术馆挂牌。

9月，尚辉任北京画院美术馆馆长。

10月17日，“第六回·中日美术交流联合展”开幕，北京画院院长王明明和日本南画院理事长町田泰宣分别致开幕词。当天召开了学术研讨会，由北京画院艺术委员会主任杨延文、副主任王志纯主持，中日美术界80余位专家、学者进行了交流。

“第六回·日中美术交流联合展”开幕式。

10月24日，“源远流长山水情——北京·台湾当代十人展”开幕，北京市台湾事务办公室副主任曹居京、北京市文化局副局长王珠、台湾艺术大学美术学院院长罗振贤出席了开幕式。

2005年10月24日，“源远流长山水情——北京·台湾当代十人展”开幕式。

2006年

1月12日，由北京画院和北京美术家协会联合主办的“承传与变革——新金陵画派经典作品展”在北京画院美术馆开幕，江苏省省委宣传部副部长杨承志、江苏省版画院院长李树勤、宋文治艺术馆馆长蔡萌萌以及画家家属出席了开幕式。

2006年1月12日，“承传与变革——新金陵画派经典作品展”开幕式。

2月1日，北京市领导王岐山、蔡赴朝及北京市文化局领导降巩民、李恩杰等在北京画院美术馆六层会议厅与首都文化界人士王刚、张国立等举行座谈会，并参观了“草间偷活——齐白石笔下的草虫世界”展览。

2006年2月1日，北京市领导王岐山、蔡赴朝及北京市文化局领导降巩民、李恩杰等在北京画院美术馆与首都文化界人士举行座谈会。

2月10日，为宣传北京画院美术馆、北京画院齐白石纪念馆，北京画院在美术馆学术报告厅举行新闻发布会，北京市9家重要媒体单位出席了该活动。

2月15日，“承传与变革——新金陵画派经典作品展”研讨会在画院美术馆五层学术报告厅举行。

3月8日，北京画院邀请各国驻华大使夫人参观北京画院美术馆，并赠送画册作为纪念。

2006年3月8日，各国驻华大使夫人赴北京画院美术馆参观。

4月15日，“风景在高处——陈逸青作品展”在北京画院美术馆第二展厅开幕。

4月17日，北京市文化局在北京画院美术馆学术报告厅举行“关于重大历史题材美术创作研讨会”。

4月21日，由北京美术家协会、中国艺术研究院、北京画院美术馆联合主办的“女儿·匡剑油画展2004—2005”在北京画院美术馆第二展厅开幕。

4月28日，“自家造稿——齐白石笔下的人物

2006年4月28日，“新变与转换——北京画院珍藏20世纪中期工笔画展”现场。

神情”展和“新变与转换——北京画院珍藏20世纪中期工笔画展”同时开幕。

5月12日，“自家造稿——齐白石笔下的人物神情”展览研讨会在学术报告厅举行。

6月25日，“陈履生画展”在北京画院美术馆第二展厅举行。

7月5日，由北京画院美术馆、广东美术馆、三联书店、上海书店出版社共同主办的“呼吸——蒋悦&韦尔乔纸上作品展”在北京画院美术馆第二展厅开幕。

2006年7月5日，“呼吸——蒋悦&韦尔乔纸上作品展”展览现场。

9月23日，北京画院美术馆接待了奥运文化系列活动“2006年全国中小学‘绿色梦想，彩绘奥运’绘画比赛”的获奖选手。小选手参观了展览，并得到北京画院赠送的纪念品一套。

10月17日，“借山娱目——齐白石笔下的山水意境”、“梅菊远思——齐白石笔下梅兰竹菊松的世俗意趣”、“心迹自然——王明明花鸟作品展”新闻发布会在北京画院美术馆第四会议室举行。

10月20日，北京画院美术馆推出北京画院秘藏齐白石作品系列特展“借山娱目——齐白石笔下的山水意境”和“梅菊远思——齐白石笔下梅兰竹菊松的世俗意趣”，同时推出的展览还有“心迹自然——王明明花鸟作品展”。全国政协主席贾庆林、副主席王忠禹参观了展览。

2006年10月20日，全国政协主席贾庆林在王明明院长的陪同下参观展览。

11月6日，“重构——十人当代艺术展”在北京画院美术馆第二展厅开幕。

11月15日，北京画院首批签约制画家展览“继承与开拓——谢永增、南海岩、郭宝君作品联展”在画院美术馆第二展厅举行，并于当天上午举行了研讨会。

2006年11月15日，“继承与开拓——谢永增、南海岩、郭宝君作品联展”展览现场。

11月23日，由北京画院、南京书画院联合主办的“南京书画院作品展”在北京画院美术馆第一、二展厅举行，展出作品60余幅。

12月1日，由中国美术出版总社、北京画院共同主办的“物·语——胡建斌静物画展”在北京画院美术馆第二展厅开幕。

12月7日，由中国美术家协会中国画艺术委员会、《国画家》杂志主办的“交流与展望——2006年《国画家》提名展”在北京画院美术馆第一、二展厅举行。展览展出了方向、方楚乔、王晓辉、白云乡、甘长霖、李壮阁、吕绍福、朱道平、张立柱、张江舟、何家安、周华君、林容生、曾先国、韩敬伟共15位艺术家的作品，并于当天在画院美术馆六层会议室举行了学术研讨会。

2006年12月7日，"交流与展望——2006年《国画家》提名展"研讨会现场。

12月14日，北京市市长王岐山在画院美术馆举办"欢度新年招待会"，100多个国家的使节参加了招待会。

12月15日，由北京画院、同路而行合作社主办的"北方的诗学——同路而行 第三届油画作品展"在北京画院美术馆举行。

12月21日，"新瓷器时代——法蓝瓷重燃华人瓷艺骄傲展"在北京画院美术馆第二展厅开幕。

2007年

1月19日，"花言鸟语——北京画院珍藏写意花鸟画作品展"在画院美术馆举办，展出院藏20世纪大师、名家的写意花鸟画作品56幅。

1月23日，"花言鸟语——北京画院珍藏写意花鸟画作品展"研讨会在北京画院美术馆学术报告厅举行，由艺术委员会顾问杨延文主持。

2007年1月23日，"花言鸟语——北京画院珍藏写意花鸟画作品展"研讨会现场。

2月10日，由中国美术出版总社、北京画院、荣宝斋主办的"笔墨辑痕——王铁全山水画展"在北京画院美术馆第二展厅举行。

3月24日，由北京市少年宫主办的"北京市少年宫绘画、书法、摄影作品展"在北京画院美术馆第二展厅展出。

2007年3月24日，"北京市少年宫绘画、书法、摄影作品展"开幕式。

3月30日，由中国美术家协会、北京美术家协会、北京画院主办，中国长城书画院协办的“天地神韵——汤文选、汤立大写意作品展”在北京画院美术馆第一、二展厅举行，展览展出作品164幅。

4月7日，由首都师范大学美术学院主办的“纸上——段正渠纸本作品展”在北京画院美术馆第二展厅展出。

4月16日，由北京美术家协会、雅临轩（北京）旅游文化艺术中心主办的“和谐盛世——雅临轩首届中国著名画家邀请展”在北京画院美术馆第一、二展厅开幕，展出高北峰、程振国、吴庆林、周曦、王绿霞、赵刚、柴京津、吴涛毅、韦红燕、刘学思、刘健、杜军、王巨亭、王力军等人的多幅佳作。

4月24日，由中国美术家协会中国画艺术委员会、江苏省文化厅、江苏省文联、四川省美术家协会联合主办的“彤管流芳——宁、京、蓉著名女画家联展”在北京画院美术馆举行，共展出杨春华、孙晓云、徐乐乐、胡宁娜、吴湘云、喻慧、姚红、靳卫红、雷苗、秦艾、潘东篱、方原、庞媛、朱理存、陈雅丹、王迎春、孔紫、胡明哲、孙玉敏、纪京宁、韦红燕、潘缨、宫丽、高晓笛、崔虹、李江、周雅玲、姚思敏、王玮、胡冰、李青稞共31位女艺术家的作品。

2007年4月24日，“彤管流芳——宁、京、蓉著名女画家联展”参展画家合影。

4月30日，由深圳市文学艺术界联合会和世界华人书画家联合会主办的“山川气象——大土三阳山水画展”在北京画院美术馆第二展厅举行。

2007年4月30日，著名美术理论家邵大箴在“山川气象——大土三阳山水画展”开幕式上致辞。

5月16日，“梅溪画展”在北京画院美术馆开幕。

5月24日，由河北省师范大学主办的“制造理想——蒋世国作品展”在北京画院美术馆举行。

5月31日，台湾女画家“花之觉——张佳婷油画个展”在北京画院美术馆第二展厅展出。

6月15日，由北京市文学艺术界联合会、北京美术家协会、北京画院联合主办的“陈广文梅花画展”在北京画院美术馆举行，贾庆林、王忠禹、张思卿、阳安江、蔡赴朝等领导同志出席了开幕式。

2007年6月15日，北京画院艺术委员会顾问杨延文主持“陈广文梅花画展”开幕式。

6月18日，全国政协主席贾庆林在院长王明明的陪同下观看了北京画院美术馆正在展出的“借山娱目——齐白石笔下的山水意境”、“梅菊远思——齐白石笔下梅兰竹菊松的世俗意趣”以及“陈广文梅花画展”。

2007年6月18日，全国政协主席贾庆林前来北京画院美术馆参观。

6月22日，由中国美术家协会艺术委员会、湖北美术学院主办的“学院·经典——首届全国美术院校工笔画名家作品展”在北京画院美术馆第一、二展厅举行，展出于敏、王玉珏、王天胜、王颖生、韦红燕、冯斌、卢禹舜、叶军、刘大为、刘永杰、刘临、刘泉义、孙志钧、庄道静、朱理存、朱兴华、江宏伟、齐鸣、何家英、吴团良、张导曦、张见、李乃蔚、李峰、李水歌、李宁、李传真、李桐、肖蓝、苏百钧、陈孟昕、陈运权、陈子、周京新、周彦生、林凡、林容生、金纳、姚大伍、姚舜熙、宫丽、胡明哲、赵洁、钟鸣、唐勇力、唐秀玲、徐勇民、桑建国、莫晓松、贾广健、顾正主、高茜、崔进、喻惠、谢振瓯、雷苗、熊明非、潘缨共58位艺术家的绘画作品。

7月1日，由中国美术家协会、中国国家画院、北京画院主办的“庆祝香港回归十周年——萧晖荣中国画展”在北京画院美术馆开幕，全国政协副主席张思卿出席了开幕式。

7月7日，由中国美术家协会艺术委员会、北京保利博物馆主办的“人文奥运　魅力北京——旅美画家赵准旺北京四季风韵画展”在北京画院美术馆第二展厅举行。

2007年7月7日，“人文奥运　魅力北京——旅美画家赵准旺北京四季风韵画展”开幕式。

7月26日，“二十世纪中国美术大家系列展”之“启功联语墨迹展”在北京画院美术馆举办，展出启功先生楹联作品95幅，生前照片36幅。同日，研讨会在北京画院美术馆五层学术报告厅举行。院长王明明以及北京师范大学、中央文史馆、全国政协书画室的领导、专家、启功先生生前好友及首都多家新闻媒体参加了研讨会。

2007年7月26日，“启功联语墨迹展”展览现场。

7月，吴洪亮任北京画院美术馆馆长。

8月3日，“草泥乡里——齐白石笔下的水族意趣”在北京画院美术馆举办，展出画院珍藏的齐白石水族精品102幅。同期举行的还有“和而不同——北京画院院藏人物画作品展”，展出院藏人物画佳作48幅。当天在五层学术报告厅召开了研讨会，会议由艺术委员会顾问杨延文、副主任王志纯主持，院长王明明、全院在职画家以及在京著名理论家出席了研讨会。

2007年8月3日，"草泥乡里——齐白石笔下的水族意趣"、"和而不同——北京画院院藏人物画作品展"学术研讨会现场。

8月8日，国际奥委会主席罗格的夫人参观了北京画院美术馆。吴洪亮馆长就美术馆的情况以及正在展出的展览做了详细介绍，并赠送画册作为纪念。

2007年8月8日，国际奥委会主席罗格的夫人在吴洪亮馆长的陪同下参观北京画院美术馆。

8月31日，由沈阳书画院、沈阳美术馆主办的"曹明油画展"在北京画院美术馆第二展厅举行，并于当天召开了学术研讨会。

9月6日，北京画院第二批签约制画家白羽平、蔡玉水、莫晓松在画院美术馆举办"东方神韵——白羽平、蔡玉水、莫晓松作品展"。

2007年9月6日，"东方神韵——白羽平、蔡玉水、莫晓松作品展"展览现场。

9月12日，智利大使雷耶斯·马塔在吴洪亮馆长的陪同下参观北京画院美术馆。

2007年9月12日，智利大使雷耶斯·马塔参观北京画院美术馆，与吴洪亮馆长亲切握手。

9月13日，云南省美术家协会、雅临轩（北京）旅游文化艺术中心主办的"彩云之南——中国画名家云南采风作品展"在北京画院美术馆第一、二展厅举行。

9月19日，"盛世风华·云峰画苑二十周年艺术大展"在北京画院美术馆开幕。

9月29日，由全国政协书画室、中国美术家协会、中国美术家协会中国画艺术委员会、中央美术学院、人民美术出版社、北京美术家协会、北京画院主办的"二十世纪中国美术大家系列展"之"造化与真情——姚有多水墨艺术纪念展"在北京画院美术馆开幕，展出作品71件。

2007年9月29日，"造化与真情——姚有多水墨艺术纪念展"开幕式。

10月10日，由人民美术出版社、中国美术家协会连环画艺委会、中国版协连环画艺委会、北京美术家协会、北京画院主办的“二十世纪中国美术大家系列展”之“任率英——连环画艺术回顾展”在北京画院美术馆开幕，展出任率英创作的连环画原作100余件。

10月15日，奥组委开闭幕式团队在王明明院长、吴洪亮馆长的陪同下参观了北京画院美术馆。

2007年10月15日，奥组委开闭幕式团队到北京画院美术馆参观并合影。

10月18日，“二十世纪中国美术大家系列展”之“疎影留香——北京画院院藏于非闇作品展”在北京画院美术馆举办，共展出院藏于非闇工笔花鸟作品67幅。同期出版了大型画集《于非闇》，收入于非闇作品65幅，研究文章及于非闇遗著《我怎样画工笔花鸟画》、《中国画颜色的研究》等共计10余万字。

10月25日，各省、市级画院领导参观北京画院美术馆并合影留念。

2007年10月25日，各省、市级画院领导参观北京画院美术馆并合影留念。

11月8日，由北京市文学艺术界联合会主办的“奥运向我们走来——北京市区县文联书画联展”在北京画院美术馆第一、二展厅举行，展出作品112幅。

11月15日，中国美术家协会中国画艺委会、《国画家》杂志主办的“地域·风格——2007年《国画家》提名展”在北京画院美术馆开幕，展出杨启舆、冯今松、王振中、赵树松、胡正伟、王之海、甘长霖、贺成、马寒松、李壮阁、张运河、梁时民、周石峰、陈芳桂、吉瑞森共15位艺术家的作品120幅。

11月22日，在北京市文化局、北京市文学艺术界联合会的支持下，由北京美术家协会、北京文化艺术活动中心主办的“美好家园·和谐社区——北京美术作品展”在北京画院美术馆第一、二展厅举行，展出作品96幅。

2007年11月22日，“美好家园·和谐社区——北京美术作品展”展览现场。

12月17日，“疎影留香——北京画院院藏于非闇作品展”研讨会在北京画院美术馆五层学术报告厅举行，北京画院艺术委员会顾问杨延文负责主持。

12月20日，由北京美术家协会、北京画院主办的

2007年12月20日，“朱明德——走近奥运建设者速写展”开幕式。

"朱明德——走近奥运建设者速写展"在北京画院美术馆第一、二展厅举行，展出作品200幅。

12月29日，由北京工笔重彩画会、中国当代绘画交流主办的"学院工笔——第二届全国青年工笔画名家艺术展"在北京画院美术馆第二展厅开幕。

2008年

1月5日，由北京市法律援助基金会、北京市政协文化俱乐部、北京美术家协会、北京书法家协会、北京画院联合主办的"爱心·艺术——首都书画界名家公益作品展"在北京画院美术馆第二展厅开幕。

2008年1月5日，"爱心·艺术——首都书画界名家公益作品展"展览现场。

2008年1月10日，北京市政协主席阳安江在院长王明明、艺术委员会顾问杨延文等人的陪同下参观北京画院美术馆正在举办的"爱心·艺术——首都书画界名家公益作品展"。

1月10日，北京市政协主席阳安江在北京画院院长王明明、艺术委员会顾问杨延文以及画院画家的陪同下参观了北京画院美术馆正在举办的"爱心·艺术——首都书画界名家公益作品展"。

1月12日，由中国美术家协会中国画艺委会、北京画院、湖南省文学艺术界联合会、湖南省美术家协会主办的"欧阳笃材书画作品展"在北京画院美术馆第二展厅举办，展出作品50余件。

2008年1月12日，"欧阳笃材书画作品展"开幕式。

1月15日，"北京服装学院美术系教师作品展"在北京画院美术馆第一、二展厅开幕。

2月22日，由北京市文学艺术界联合会、北京美术家协会、北京书法家协会主办的"心法自然——穆永瑞、王兴家、张志国、孙佩杰书画展"在北京画院美术馆第二展厅开幕。

2008年2月22日，"心法自然——穆永瑞、王兴家、张志国、孙佩杰书画展"展览现场。

2月29日，"二十世纪中国美术大家系列展"之"画范传灯——胡佩衡中国画精品回顾展"在北京画院美术馆举行，展出作品117幅，文献9件。

3月19日，"画范传灯——胡佩衡中国画精品回顾展研讨会"在北京画院美术馆五层学术报告厅举行，由北京画院艺术委员会顾问杨延文主持，北京画院院长王明明，北京画院画家娄师白，著名理论家郎绍君、李松、刘龙庭以及画院在职画家、胡佩衡家属和学生等出席了研讨会。

2008年3月19日，"画范传灯——胡佩衡中国画精品回顾展研讨会"现场。

3月28日，"北京画院秘藏齐白石作品系列特展"之"花能解语——齐白石笔下的花卉情趣"在北京画院美术馆第三、四展厅举行，展出画院珍藏齐白石花卉精品104幅。

4月2日，"走近太行——中国画名家采风作品展"在北京画院美术馆第一、二展厅开幕。

4月9日，由《美术》、《清华美术》联合提名的"四季水墨·春——当代优秀艺术家中国画提名展"在北京画院美术馆举行，展出张桂铭、朱振庚、杜大恺、董小明、张培成、田黎明、刘进安、周京新、刘庆和、徐华翔共10位艺术家创作的水墨新作50余件。

2008年4月9日，吴洪亮馆长主持"四季水墨·春——当代优秀艺术家中国画提名展"开幕式。

4月11日，"开篇大作——人民英雄纪念碑落成五十周年纪念展新闻发布会"在北京画院美术馆五层学术报告厅举行。出席发布会的有北京画院院长王明明、中国雕塑学会秘书长吴鹤林、中央美术学院教授殷双喜等。美术馆馆长吴洪亮主持发布会并对展览情况做了介绍，同时还向新闻媒体展示了部分珍贵展品。

4月16日，"幻象·本质——'当代'工笔画之新方向"在北京画院美术馆第二展厅举行，展出徐累、崔进、姜吉安、陈林、雷苗、张见、高茜、秦艾、徐华翎、杭春晖、郑庆余共11位画家的工笔画作。

4月23日，由北京画院美术馆、人民日报社、神州书画院主办的"韩国画家潭园金昌培北京画院邀请个人展"在北京画院美术馆第二展厅开幕。作为中韩两国的艺术交流活动，展览得到了驻华韩国文化院、驻华大韩体育会、驻华韩国人会、韩国月刊书艺文人画等机构的大力支持。

2008年4月23日，韩国画家金昌培在“韩国画家潭园金昌培北京画院邀请个人展”上向观众介绍自己的作品。

4月29日，“开篇大作——人民英雄纪念碑落成五十周年纪念展研讨会”在北京画院美术馆五层学术报告厅举行，出席研讨会的有北京画院院长王明明，副院长李盈春、雷波，全国雕塑建设指导委员会艺术委员会主任曹春生，中央美术学院教授盛扬、白澜生、殷双喜及雕塑系副主任王少军，北京人文空间雕塑研究所所长朱尚熹，中国艺术研究院建筑所副所长王明贤，《雕塑》杂志副主编陈培一，中国工艺美术家协会艺术委员会副秘书长乔迁等。研讨会由北京画院美术馆馆长吴洪亮主持，与会者就人民英雄纪念碑的艺术性及其当代意义等议题进行了讨论。

2008年4月29日，著名雕塑家盛杨出席了“开篇大作——人民英雄纪念碑落成五十周年纪念展研讨会”并参观展览。

4月30日，由文化部艺术司、中国雕塑学会、北京美术家协会、上海美术家协会、北京画院、上海中国画院主办的“纪念碑五十年再聚首”活动暨展览开幕式在北京画院美术馆举行，文化部艺术司副司长刘中军出席了开幕式。百岁老人、纪念碑浮雕《鸦片战争》的主稿雕塑家曾竹韶以及参与人民英雄纪念碑设计、建设的艺术家、设计者、石工欢聚一堂。展览分为纪念碑工程与艺术本体两部分，首次全面展示了体现纪念碑建设过程的大量史料性照片、设计图稿及实物小样，共计200余件。

2008年4月30日，雕塑家曾竹韶老人出席“开篇大作——人民英雄纪念碑落成五一周年纪念展”开幕式并为展览剪彩。

5月19日，“怀古寄情——王明明手卷、册页、扇面作品展” 新闻发布会在北京画院美术馆六层会议室举行。北京画院院长王明明、艺术委员会副主任王志纯、美术馆馆长吴洪亮、学术部副主任宛少军以及《中国文化报》、《中国艺术报》、《北京日报》等多家媒体出席了发布会。

5月21日，由全国政协书画室、中国美术家协会、北京美术家协会、北京画院共同主办的“怀古寄情——王明明手卷、册页、扇面作品展”在北京画院美术馆第一、二展厅举行。本次展览共展出王明明从1988—2008年的艺术创作68件，其中手卷15卷，册页36幅，扇面17幅。这是王明明继“回归自然——王明明中国画展”、“心迹自然——王明明花鸟画展”之后所推出的又一个专题成果展示。展览期间举行画集义卖活动，所得款项全部捐献四川地震灾区。开幕当天，著名画家李可染的夫人邹佩珠女士前来参观。

2008年5月21日，"怀古寄情——王明明手卷、册页、扇面作品展"展览现场。

5月22日，原全国政协副主席张思卿在北京画院院长王明明的陪同下参观了"怀古寄情——王明明手卷、册页、扇面作品展"。

2008年5月22日，原全国政协副主席张思卿在王明明院长的陪同下参观"怀古寄情——王明明手卷、册页、扇面作品展"。

5月28日，北京市政协主席阳安江在王明明院长的陪同下参观了"怀古寄情——王明明手卷、册页、扇面作品展"。

"和平里一小迎六一绘画作品展"在北京画院美术馆开幕。

2008年5月28日，"和平里一小迎六一绘画作品展"展览中，小朋友在认真观赏绘画作品。

6月6日，中央政治局常委、全国政协主席贾庆林在王明明院长的陪同下参观了"怀古寄情——王明明手卷、册页、扇面作品展"。

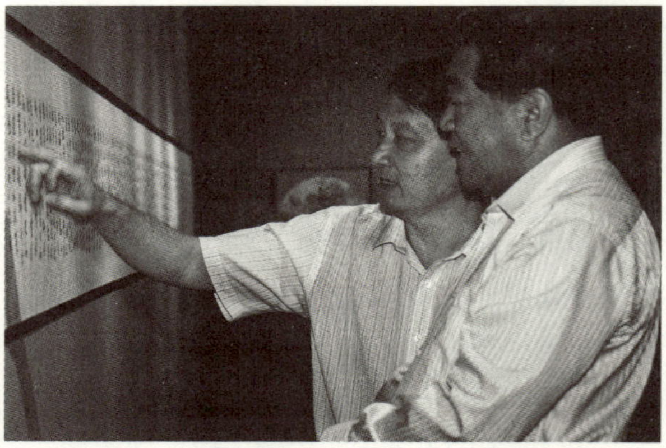

2008年6月6日，全国政协主席贾庆林在王明明院长的陪同下参观"怀古寄情——王明明手卷、册页、扇面作品展"。

6月11日，由中国民主同盟北京市委员会、北京美术家协会展览部、北京画院美术馆、北京书画艺术研究会主办的"京城往事——刘洪宽中国画展"在北京画院美术馆第一、二展厅开幕。

6月19日，"张必强花鸟遗作展"在北京画院美术馆举办。

6月20日，"开篇大作——人民英雄纪念碑落成五十周年纪念展"（上海巡展）在上海中国画院美术馆开幕。

6月24日，为纪念宁斧成诞辰110周年，由北京画院美术馆、宁斧成艺术研究会主办的"淡中有味——宁斧成金石书画展"在北京画院美术馆

第二展厅开幕，展出宁斧成绘画、书法、金石篆刻作品90余件。

7月1日，由北京画院、韩中美术交流会主办的“2008中韩现代美术展”在北京画院美术馆开幕。韩国驻华大使辛正承、韩国驻华大使馆文化院院长朴永大、北京市文化局副局长王珠、中国美协分党组书记吴长江、北京画院院长王明明等出席了开幕式。展览汇集了中韩两国30位优秀艺术家的作品45幅。

2008年7月1日，韩国驻华大使辛正承在“2008中韩现代美术展”开幕式中致词。

7月16日，由中国摄影家协会、北京画院主办的“古都寻梦——一个摄影家对皇城古老梦境的寻访（梅生摄影艺术展）”在北京画院美术馆第一、二展厅开幕。故宫博物院院长郑欣淼、中国摄影家协会分党组书记李前光、文物出版社社长苏士澍、北京画院院长王明明出席了开幕式。展出摄影名家梅生以北京皇家宫殿、园林、陵寝、坛庙等代表性建筑物为题材的摄影作品80件。

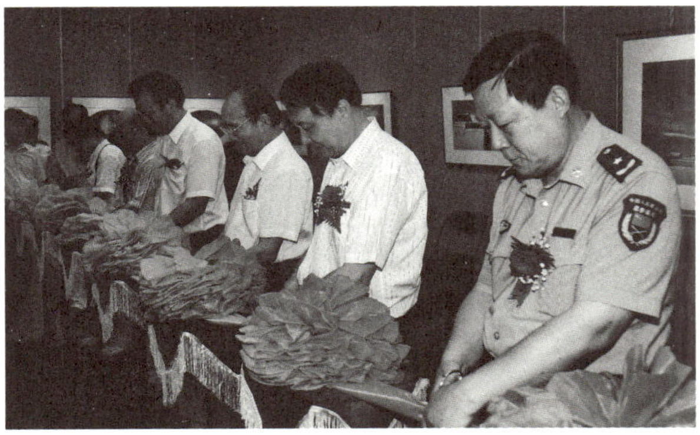

2008年7月16日，“古都寻梦——一个摄影家对皇城古老梦境的寻访（梅生摄影艺术展）”开幕式。

7月18日，“开篇大作——人民英雄纪念碑落成五十周年纪念展（深圳巡展）”在深圳关山月美术馆A、B展厅开幕。

7月25日，“齐白石·中国画——北京画院院藏精品展”在北京画院美术馆举行。展览分为本真无变、世纪丹青、心画大象三大主题，展出齐白石作品100余件、画稿20件、石印16枚、诗稿4卷，以及同时期绘画大家的艺术精品60余件。

8月3日，奥运宾客一行在奥组委、市有关领导以及旅游局工作人员的陪同下参观了北京画院美术馆正在举办的“齐白石·中国画——北京画院院藏精品展”。

2008年8月3日，奥运宾客一行参观北京画院美术馆并合影留念。

8月15日，“开篇大作——人民英雄纪念碑落成五十周年纪念展（湖北巡展）”在湖北省艺术馆3、4、5、6号展厅举行。同期在湖北省艺术馆一楼公共大厅召开了学术研讨会，由北京画院美术馆馆长吴洪亮主持，文化部艺术司文学美术处处长安远远、中央美术学院《美术研究》主编殷双喜、湖北省美术家协会主席唐小禾、湖北省作协主席方方、武汉大学建筑学院教授赵冰、湖北美术学院副院长周向林、湖北省艺术馆馆长傅中望等人出席了研讨会。

9月11日，北京画院美术馆“空中花园”工程正式施工。

9月20日，“开篇大作——人民英雄纪念碑落成五十周年纪念展（天津巡展）”在天津美术学院美术馆开幕。

9月28日，由中国美术家协会展览部主办的“走出清华——清华大学美术学院2006级访问学者作品联展”在北京画院美术馆第一、二展厅开幕，展出2006级清华美院访问学者王界山、王书万、王金花、申世辉、卢晓波、关宏臣、朱海刚、蒋才坤共8位画家的新作60余幅。

2008年9月28日，王明明院长在“走出清华——清华大学美术学院2006级访问学者作品联展”开幕式上致词。

10月13日，由北京画院、日本南画院主办的“第七回·中日美术交流联合展”在北京画院美术馆第一、二展厅开幕。日本南画院理事长町田泰宣，副理事长市川皓、村岸良华，原北京市政协主席陈广文，北京市文化局副局长王

2008年10月13日，北京画院艺术委员会顾问杨延文在“第七回·中日美术交流联合展”开幕式上发言。

珠，北京画院艺术委员会顾问杨延文、主任李小可出席了开幕式。本次展览聚焦了91位中日两国当代画坛中的杰出画家，展出水墨艺术作品91幅，充分诠释出水墨画在不同文化语境里的独特风采。当天，中日双方画家、理论家参加了在北京画院美术馆五层学术报告厅召开的座谈会，就中国画与日本南画的传统以及发展创新等话题进行了讨论。

10月22日，为配合“纸上春秋——陈半丁中国画精品回顾展”的举办，“陈半丁与20世纪中国传统绘画学术研讨会”在北京画院美术馆五层学术报告厅举行。研讨会由中央美术学院教授邵大箴主持，美术理论家、北京画院画家、陈半丁家属以及新闻媒体记者出席了研讨会与会者就“陈半丁的艺术特色与艺术思想”、“陈半丁的艺术贡献与历史地位”、“陈半丁艺术的当代意义”等议题展开了广泛讨论。

2008年10月22日，“陈半丁与20世纪中国传统绘画学术研讨会”现场。

10月23日，由中央文史研究馆、北京画院主办的“纸上春秋——陈半丁中国画精品回顾展”在北京画院美术馆开幕，这是北京画院策划筹办的“二十世纪中国美术大家系列展”第六个专题展览。全国政协书画室副主任赵喜明、国务院参事室副主任陈鹤良、中国美术家协会中国画艺术委员会副主任委员郭怡琮、绍兴陈半丁纪念馆馆长王国荣等出席了开幕式。展览汇聚了北京画院

以及陈半丁家属收藏的陈半丁书画艺术精品84件，印章16枚，以及相关的文献、文物资料。同时北京画院还编辑出版了《二十世纪中国美术大家——陈半丁》精装画册。

2008年10月23日，举办“纸上春秋——陈半丁中国画精品回顾展”开幕式，陈半丁家属与北京画院及美术馆人员合影。

12月3日，由人民美术出版社主办的“《中国美术家作品集》首发式暨当代中国画名家九人展” 在北京画院美术馆第一、二展厅举行。展览展出了李宝林、郭怡孮、杜滋龄、姜宝林、程大利、刘大为、龙瑞、冯远、王明明共9位中国画名家的作品。

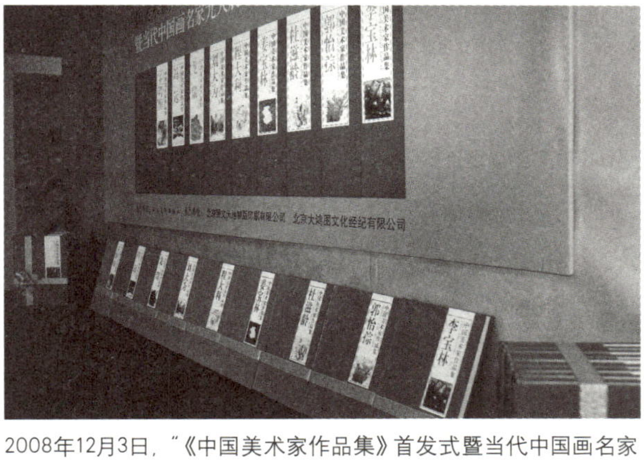

2008年12月3日，“《中国美术家作品集》首发式暨当代中国画名家九人展”展览现场。

12月18日，由北京画院、中国文物信息咨询中心、北京城市雕塑建设管理办公室、北京美术家协会主办的“陶之记忆——中国古代陶塑艺术展暨《凝聚梦想》北京百件奥运雕塑画册首发式”在北京画院美术馆举行。展览展出从新石器时代到汉唐宋辽金各时期陶塑精品30余件套，彰显了我国古陶文明的灿烂历史。

2008年12月18日，“陶之记忆——中国古代陶塑艺术展暨《凝聚梦想》北京百件奥运雕塑画册首发式”展览现场。

12月26日，由武汉市文学艺术界联合会、北京画院，武汉美术馆共同主办的“北京画院院藏齐白石系列作品特展”之“天机自得——齐白石的笔下画境”在武汉美术馆开幕。展览汇聚了齐白石各个时期的绘画精品，包含工虫、水族、人物、花卉、禽鸟、梅兰竹菊、杂画七个门类，作品64幅，较全面地展示了齐白石的艺术成就。此次展览通过手稿和作品之间的比照展示，力求发掘齐白石绘画艺术的形成过程和创作手法。

12月27日，由中央美术学院研究生部主办的“自然·而然——唐寅油画展”在北京画院美术馆开幕，集中了唐寅创作的39幅油画作品，展示出画家在当代艺术的语境下和绘画传承的道路上对写生价值的重新思考与认识。